RECHTSWISSENSCHAFT
IN
DER
BERLINER
REPUBLIK

# 柏林共和时代的德国法学

〔德〕托马斯·杜斐　〔德〕斯特凡·鲁珀特　李富鹏　编

郭逸豪　王泽荣　蒋　毅　等译

商务印书馆
The Commercial Press

# 横空跨海同怀 为有与共世界

## （代序）

进入 2020 年三个月了，一年的四分之一时间已经过去。然而，先是中国，而后全球，新冠肺炎搅得几乎所有人都不得安宁，惊慌失措，2020 年已注定成为全世界难以忘记的一年。

不过，宅居也好，隔离也罢，却给了读书人更多时间读书。所以，当远在德国的李富鹏博士告诉我，一些出身于中国政法大学中德法学院，如今大多天各一方的年轻留德法律人，横空跨海、同心戮力地联手翻译了德国马克斯·普朗克法律史与法理论研究所所长杜斐教授（Thomas Duve）等合著的《柏林共和时代的德国法学》一书，希望我能为此书作序时，我一来高兴，二来赞赏。因为在这样一个特殊而困难的时期，他们仍能坚持这样一个具有广博文化情怀但无疑十分辛苦的学术工作，其精神应该得到赞赏。因此，我自是欣然允诺。不仅如此，我还觉得这是这几个月来最让我高兴的一件事。

通览"中德人"合力翻译的这部著作后，我想我有充分的信心向读者推荐这部译作。理由很简单：这是近年来我所看到的时代脉搏感最强、论题涉猎最前沿、内容覆盖颇广的一部当代德国和欧洲法律史著作。

首先，柏林共和国时期是离我们最近，我们尚处其中的时期。从时间上看，以两德统一为标志开始的"柏林共和国"至今正好 30 年。就历史而言,这段时间很短,柏林共和国可能才刚刚开始。但这30年却是一个内容丰富多彩的大时代,是世界格局大变、历史事件迭出、人类社会飞跃发展的时期。差不多与两德统一同时发生的东欧剧变、苏联解体;继之欧洲一体化进程、《马斯特里赫特条约》以及在此基础上建立的欧盟、区域经济一体化到经济全球化浪潮;"9·11"事件引发的文明冲突乃至文化战争,随之而来的恐怖主义和极端主义;电子和网络技术迅速发展、互联网网罗天下、大数据和人工智能等等,所有这些,深刻地影响了整个世界或人类社会生活、观念及行为方式。进一步说,这些事件和变化必然折射到法律规则和制度上。法律制度构建和规则制定立足于特定时代的政治和经济,每一个法律现象后面都有经济背景。所以,刚刚过去的30年对人类社会现在与未来影响之深刻,怎么估量都不过分。所有亲历和处在其中的人,若想把握时代的脉搏并保持对未来世界的清醒认识,做一个自觉的历史中人,那么就有必要对这一段精彩但却惊心的历史有基本的了解。《柏林共和时代的德国法学》实际为我们展现了一个宏大的时代场域。总的来说,这是一个既令我们为今天世界的发展兴奋不已,又让我们对未来人类的前途颇为忧虑,悲欣交集的时期。这部书所展现的时空实际上是整个西方世界法律发展的一个现实缩影。

其次,恰恰由于这部著作有上述那样丰富而宏大的时代背景,所以它涉猎的论题自然也最为前沿和颇具吸引力。举其大端如:数字化文明和大数据手段给我们带来的可见于社会生活与生产各个方面的挑战和影响;经济全球化悄无声息地对大陆法系国家立法和司法运作机制的影响,如从法治国家转向法官国家,"外包式"立法对原有立法模式的冲击,公法、私法传统意义上的界限日渐模糊以及民法的政治化;刑法中的程序化倾向;作为营商环境的法律制度已然成为国家间竞争的场域；法律渊源已经突破"民族精神"藩篱，"自下而上"地从普遍法律实践中产生，体现着"全球法律和商业共同体"的共同观念和期待；作为一项基本权利的宗教自由未来可能带来的极大危险；"敌人刑法"理论讨论再起波澜；权利的政治化和法律的重新政治化；法律承认同性生活共同体，其最终被"法律共同体"法定化。诸如此类，都是在别人那里已经发生，而在我们这里尚未发生或者或多或少已经开始的议题。仅此而言，《柏林共和时代的德国法学》已有足够的学习阅读价值。

再次，这部书涉猎的论题不仅很前沿，而且其内容还几乎覆盖了法学学科的所有重要领域。读者会看到，传统的基础学科和新兴学科的内容，如法理学、宪法学、法律史学、比较法学、国际法和国际私法、欧盟法、刑法和刑事诉讼法、民法、行政法、商法和公司法等等，都可见诸本书中，其中有些内容颇有思考深度。所以，我相信许多读者都可以从这部书中发现自己感兴趣或贴近自己专业领域的内容。当然，我们不能要求这部著作囊括所有法学各类专业的内容并且都那么精细。但是，至少它给读者提供了非常丰富的信息、线索和学术动向。阅读过这部书的读者尤其是法律人，一定可以从中获得领益和启发。

1998 年，我所主持的"当代德国法学名著"翻译项目在德国学术交流中心（DAAD）的支持下正式开展。设计并开展这个项目的初衷，得益于中国清末民初法律改制的启示：现今中国的法律制度，完全是这次法律改制的结果。而这次法律改制的起点就是翻译西方，尤其是欧洲大陆法国家的法律文献，其中又以德国、法国法律文献居多。但是，客观地说，当时翻译的法律文献，选材和翻译水平都有限。然而，正是这些有限的法律翻译，却影响了百年以来中国法律制度发展的方向与进程。所以，我们当年留德的一些法律人，决心通过翻译一些好书，催生一些好的教材，最后培养一批优秀的法律人，以期能够长久地推动中国法制发展进步。2005 年,中国政法大学成立了中德法学院,实际开始了培养留德法律人,即育人阶段。从 2007 年送出第一批学生去德国到现在,中德法学院十几年里已经向德国输送了 230 名法学硕士。如今,负笈留学的"中德人"足迹已经遍布德国各州的大学,学成回国的已有讲师、副教授和教授。现在,这些留德法律人又共同翻译了读者眼前这部洋洋几十万字的著作。无论是作为一个从事几十年法学教育的教师,还是作为"当代德国法学名著"和中德法学院的推动者,我自然都感到高兴和欣慰。

不过,这种高兴和欣慰绝不单是为这部译著作序,更重要的是,我看到了一批具有良好法学专业素养、广阔学术视野、高远思想境界和强烈时代意识的青年法律人已然成长起来。我相信,这些留德青年法律人的作用才刚刚显现,他们不仅一定会在未来中国法学教育和法制发展进程中发挥越来越大的作用,而且还会在未来不同法律文化交流中,在人类越来越兴衰与共的历史进程中起到无法估量的作用。他们今天拿出的成果,已经证明他们正在发挥他们的应有作用。我们感到骄傲的是,当代中国法制发展事实上又一次因为留德法律人的劳动付出而汲取到人类知识文化的养分。现今乃至未来可预见的几十年里,中国法制的发展进步又将因为所有这些法律人的劳动付出而机缘巧合地与人类法律文化发展联系起来。

最后我想说,这样的译事之所以发生并能完成,自有其情怀和信念的诠释,这就是:横空跨海同怀,为有与共世界。

米健

二〇二〇年清明于澳门凼仔学院路

# 中文版序言

我们生活在一个法（律）与法学都日趋国际化的时代。经济全球化不仅引发了跨国法的显著增长——2021年将是中国加入WTO的20周年，同时也导致了国内法的剧烈变革。中国正在经历一场巨大的转型，着力于改革法律体系并探索自身的法治之道。除却诸多的差异，西方观察者已然认识到这些改革进程的历史维度。例如，安守廉（William Alford）在 *The China Questions* 一书中强调，中国在过去几十年做出了"世界史上最深刻的由国家所主导的努力，以奠定一个正式的法律体系的基础"。

在全球化的背景之下，跨国法之发展与国内法之改革，其他法律体系的知识与比较法，正在获取特别的重要地位。同样，比较法在中国亦可谓源远流长。一个世纪以来，西方法学、法律与宪法的文本，为中国学者所翻译与研究，以解决中国问题。例如，晚清以降的中国近代民法法典化，在开始阶段就已经利用了欧洲民法典的中文翻译。之后，中国派出大臣出洋考察，更有不计其数的留学生远赴欧美。与此同时，中国学者也开始对西方国家的公法与宪法产生兴趣，并尝试将其转译为自身的文化逻辑。近年来，中国法学则不断致力于法教义学以及法律体系之建构。中国法学会比较法学研究会在1990年正式成立，这标志着比较法学的重要地位。此后至今，关注外国法与比较法的杂志、机构与学术出版物不断涌现。在众多的法律领域，除了英美法之外，德语法学与德国立法仍是探寻中国法的重要参照点。

这种中德法学之间密切交流的传统,也鼓励着我们承担起译介《柏林共和时代的德国法学》一书的学术使命。该文集由苏尔坎普出版社发行于 2018 年,其中所收录的篇目,乃是由民法、刑法、公法与宪法,以及法律史、法理论与比较法的学者,分别就各自领域内的重要进展所作的总结性叙述。

标题中的"柏林共和"首先涉及一个问题:在魏玛共和、波恩共和之后,我们是否真切感受到柏林共和的存在。作为一个历史转折(caesura),1990 年的两德统一也适用于法学吗?对此稍作预告:只有将 1990 年的德国统一放在世界的剧烈转型之下,尤其放在全球化与数字化的进程中,我们才能获得有意义的理解。全球化与数字化同样已经改变了我们的法(律)与法学。只不过在绝大多数的时候,这些宏观改变在法律教义上仅仅体现为一些微而不见的进展。本书的核心目的之一,就是显现这些微小变化,并将其置入一个更广阔的语境之中。

文集的编者亦欣然于本书所增益的法学当代史能够以中文呈现。马克斯·普朗克法律史与法理论研究所资助了这项翻译计划,李富鹏博士承担了主要工作。较之德文原著,中文版进行了重新选编,收录了原书大部分篇章,并进行了适当修订。米健教授对中文版所作的序言,也使我们有幸了解一位资深的比较法学者对德国法学的进展所作出的中国观察。并且,本书的所有译者与校者,虽来自不同领域,却都先后受教于中国政法大学中德法学院,公派赴欧洲留学,可谓师出同门。2019 年 11 月,我们与部分译者在中国政法大学面对面交流,讨论译文,交换学术意见,深感他们本人正是中德法学交流之历史传统的参与者。为了保证翻译质量,本书经过初译、自校与互校等三个环节。校者提出了很多宝贵的翻译建议,但是翻译成果的最终呈现仍由译者本人决定。

我们对译者的个人翻译风格予以尊重,对译者、校者的学识与付出深表敬意。最后,我们感谢商务印书馆的白中林先生,正因为他的努力,本书才得以顺利出版。我们希望这本书能够增进中德法学之间更好的理解。

托马斯·杜斐　李富鹏
二〇二〇年四月于法兰克福

# 目录

# 序　言

本书所收录的文章，源于 2013 年至 2015 年间由马克斯·普朗克法律史与法理论研究所主办的一系列学术讨论。两德统一已经过去四分之一世纪之久，对 1990 年以来的法学发展进行初步回顾，显然具有意义。如此一来，我们便可以续写迪特尔·西蒙（Dieter Simon）所主编的《波恩共和时代的德国法学》（*Rechtswissenschaft in der Bonner Republik*）一书，其由苏尔坎普出版社发行于 1994 年。

本书的作者们主要为年轻一代的同仁，在柏林共和时代的前半段，他们仅以观察者的视角亲历，而未直接参与当代史的进程。但也有一些作者，对自己所描述的学术史发展有过推动与影响。本书最后对于法学国际化的回顾正是对这些论文的补充（中文版未收录——译者注）。当然，许多学科在本书中并没有得到讨论，将考察视野延伸到国际层面也甚为必要。也许，这样的讨论应放在国际框架下继续进行。

许多同仁尤其是马普所的同事们，一直陪伴着这项计划；Nicole Pasakarnis 与 Simon Groth 提供了宝贵的支持。我们衷心感谢所有参与者，包括苏尔坎普出版社的 Jan-Erik Strasser。

托马斯·杜斐　斯特凡·鲁珀特

二〇一七年四月于法兰克福

# 柏林共和时代的德国法学：导言

〔德〕托马斯·杜斐* 〔德〕斯特凡·鲁珀特** 著

李富鹏*** 译 王泽荣**** 校

"柏林不是波恩。"这句话能否如同阿勒曼（Fritz René Allemann）的名言"波恩不是魏玛"[1]一样显而易见？作为转折之年的 1989 年，引发了 20 世纪德意志动荡历史上的最后一次重大事件。许多德国人的生活以戏剧性的方式发生了改变。欢愉与解放，强烈的希望但也有些许的沮丧，不安与挫败，这一切都烙印在此后的岁月中。对于民主德国的 1640 多万人而言，几乎一切都变了，而对于联邦德国的 6268 多万居民来说，却似乎只发生了微小的结构性改变。人们在拓张，在循序发展，在重建。西德的律师事务所在德累斯顿、莱比锡和

---

* 托马斯·杜斐（Thomas Duve），生于 1967 年，先后求学于海德堡、布宜诺斯艾利斯和慕尼黑，1997 年获得博士学位，2005 年获得教授资格。2009 年起任德国马克斯·普朗克法律史与法理论研究所所长，2010 年起任法兰克福大学比较法律史教授。（* 后为译者注，下同）

** 斯特凡·鲁珀特（Stefan Ruppert），生于 1971 年，曾在法兰克福大学学习法学、政治学和历史，2001 年博士毕业，2012 年获得教授资格。直至 2017 年兼任德国马克斯·普朗克法律史与法理论研究所研究员，2017 年起任德国联邦议会议员。

*** 李富鹏，辽宁沈阳人，中国政法大学法学博士，德国法兰克福大学法学博士，现任中国政法大学法学院副教授，德国马克斯·普朗克法律史与法理论研究所兼任研究员。主要研究领域：法律史、比较法。

**** 王泽荣，山西临汾人，柏林洪堡大学宪法学博士候选人。主要研究领域：宪法学方法论、宗教宪法和基本权利。

1 Allemann, *Bonn ist nicht Weimar.*

柏林设立了办公室。法官、检察官、官员以及高校教师们被委派于新加入的各州或在新的各州承担着额外的工作任务。对于来自西德的法学家们，这一切带来了事业的新契机。根据《统一条约》附件一，所谓加入地区需采用联邦德国的法律体系，此外还有许多新的法律问题——从对未决财产问题的规定一直到前当权者或者其镇守柏林墙的刑事责任，这些都造成对法律职业人士的巨大需求。尽管如此，民主德国的法学家却很少受到召请。法学院在新的各州陆续建立，教学、考试与培训制度却都遵循着老联邦德国的既有规定。民主德国的法学期刊几乎无一得以幸存，民主德国的司法和法学也迅速地成了法律史。20 世纪德国大地上的第六个宪法秩序及其法体系——继德意志帝国、魏玛共和国、纳粹德国、早期联邦德国与民主德国之后，一个再度统一、主权独立、持续融入欧盟的联邦德国[2]——似乎已经相对平顺地建立起来。然而，1989 年过后的最初几年，对于许多原东德人的人生而言，却意味着一个残酷的甚至至今都无法弥合的裂痕；同样，某些"西德人"关于两德统一的第一记忆大约还停留于"团结税"（Soli）。[3]

　　单单是团结税这项产生于 1991 年的财税措施就让我们注意到，1989 年所发生的事件绝不只是人们刚开始所看到的"东德的追补革命"。[4] 因为它不仅填补了所谓第一次海湾战争的财政支出，而且引介

---

　　2　Rüthers, »Regimewechsel als Rechts- und Juristenkrisen«. 请参见其他著作，如 Jesse, *Systemwechsel in Deutschland*。

　　3　关于这个时期的文化史全貌，参见 Schildt/Siegfried, *Deutsche Kulturgeschichte*, S. 471 ff., 以及 S. 504 ff. 关于柏林共和时代的政治文化。

　　4　参见 Engel u. a., »Introduction«；Kocka, *1989—eine transnationale Revolution und ihre Folgen*。

该团结税的法律在设计之初,就必须顾及"欧洲共同体内部的税收协调"。[5] 这已然表明,1990 年后的岁月是如此地嵌入一种宏大动力中——无论是时间上还是空间上。当代史研究则更倾向于在 20 世纪 70 年代后期"繁荣之后"[6] 的时间里——一个伴随着全球化而丧失许多经济与社会文化确定性的年代——界定出某种重大转折。这一转折也同样深刻影响了联邦德国的人文社会科学。[7] "洞穿"了 1989 年这一重大事件并释放出"崭新、长效而深远变革"的某种进程,之前就已经开始。[8] 关于民族国家之未来及其制度效率的种种问题开始浮现。前数十年的调控乐观主义(Steuerungsoptimismus)则消失殆尽。对于德国经济前景、社会和谐与全球和平的担忧不断增加。人们以此作答:不断深化欧洲一体化,同时进行欧洲东扩并寻求欧洲作为全球性区域的新角色。与此同时,1989 年本身日益被理解为一个全球性的时刻,所有生活领域之经济化的序曲,以及"数字文化"[9] 的起飞之年。谈及"柏林共和时代"[10]——一个长于四分之一世纪的时段,则意指着所有这一切,该时段的名称系于国家政治宪法的改变,在此时期内,政治、文化和社会的长期变化也在清晰渗透于公众意识之中。

柏林共和时代的岁月对德国法学究竟意味着什么? ——反过来

---

5　参见德国基民盟(CDU)、基社盟(CSU)与自民党(FDP)的法律草案,Bt.-Dr. 12/220 vom 11. 03. 1991, http://dipbt. bundestag. de/doc/btd/12/002/1200220. pdf:"鉴于近来世界局势的变化(在中东、东南欧与东欧,以及新加入的各州的一些发展),这些都对联邦德国提出了更高的要求……"

6　Doering-Manteufel/Raphael, *Nach dem Boom*.

7　关于 20 世纪 60 年代与 70 年代的"动荡"(Destabilisierung),以及 80 年代的重整,参见 Prinz/Weingart, »Innenansichten geisteswissenschaftlicher Forschung«。

8　Wirsching, *Demokratie und Globalisierung*, S. 11. 另请参见 Wirsching, *Der Preis der Freiheit*。

9　Stalder, *Kultur der Digitalität*.

10　Görtemaker, *Die Berliner Republik*; Bienert u. a. (Hg.), *Die Berliner Republik*.

呢？法学自身发生了怎样的变化？当时代大趋势折射在法学上，法学对此有何反应，又有何意义？——在全球变化的视野下，这些追问似乎别有特殊意味。当然，即便是最剧烈的变革，也只能整体透过大量近距离的观察才能被把握，亦如任何一个社会分支，科学也具有自我反思的自然偏好。倘若把当下置于更长远的历史进程，人们兴许能够识别学科发展中的缓慢变化或不明显却并非无效的路径依赖；同时，人们对于自身行为的每一次反思也蕴含着潜能的解放。

即便就最近这四分之一世纪的德国社会史而言，当代史视角对法学也不全然微不足道。大多数解释方式很少关注到法运作及其参与者——至少是那种在法系统中所承担功能几乎不能为非专业人士所理解的法学。汉斯-乌尔里希·韦勒（Hans-Ulrich Wehler）也承认，他在其持续至 1990 年的《德国社会史》中，对法"在其相对自治下的意义［……］未能给予足够严肃的对待"，[11]这凸显出当代史对法学投入更多注意的必要性。

当法学家与社会学家们如今观察法世界中的根本变化时，情况则更加严峻：一场从社会调节到社会控制的法发展，可谓成果颇丰；[12]一场"从法治国家（Rechtsstaat）到法官国家（Richterstaat）的悄然革命"，伴随着法官形象与职能的转变，直至其媒体存在感；[13]一场法的国际化、欧洲化及跨国化进程，迄今为止仍无法全窥其貌；[14]一种规范创制（Normsetzung）与冲突平衡（Konfliktausgleich）的去国家化趋势，它赋予

---

11　Wehler, *Deutsche Gesellschaftsgeschichte. Band 5*, S. 421.

12　Streeck, »Von der Gesellschaftssteuerung zur sozialen Kontrolle«.

13　Rüthers, *Die heimliche Revolution vom Rechtsstaat zum Richterstaat*.

14　参见例如 Sieber, » Rechtliche Ordnung in einer globalen Welt «; Grimm, *Die Zukunft der Verfassung II*; Duve, »Internationalisierung und Transnationalisierung der Rechtswissenschaft«。

私人组织、专家网络及大型律所显然更加重要的角色;[15]一次传统德国"学院式的"法在国际乃至国内空间的影响流失;[16]在普遍呼吁国际化与跨学科的时代,重新思考法学之自我特性(Proprium)的必要性。[17] 绝非偶然,德国科学委员会(Wissenschaftsrat)在 2012 年出版的报告《法学前景》中,梳理了一系列相似的论断,并附上了具有说服力的建议。[18]本书所收录的以下自我观察,也属于对这些面向未来思考的发展。这些文章作为探照灯纵然几乎无法光照大地,但也许可以成为法学当代史的开端,这些专注于本国发展的文章,或将呈现法学的国际化视角和专业化语境。

# 一、语境

长久以来,科学史的书写几乎仅仅出于每种专业话语的内部逻辑。当然,这也能带来一些富有启发性的见解。然而,晚近的知识史和科学社会学却清楚地表明,这些"知识生产"(Wissensproduktion)的条件——由制度、讨论和习熟用词所构成的语境,在何种程度上影响了"产品"本身。[19] 法学的教义、体系、制度或思想,构成知识机制(Wissensregime)的一部分,在知识机制之下,科学与学术的知识产出(Wissenserzeugung)受

---

15 Kadelbach/Günther, »Recht ohne Staat?«,尤其请注意编者序言。

16 参见例如 Schönberger, Der »German Approach«; Lepsius, *Relationen*。

17 Engel/Schön (Hg.), *Das Proprium der Rechtswissenschaft*; Jestaedt/Lepsius (Hg.), *Rechtswissenschaftstheorie*; Jestaedt, » Wissenschaft im Recht «; Hilgendorf/Schulze-Fielitz (Hg.), *Selbstreflexion der Rechtswissenschaft*.

18 Wissenschaftsrat, *Perspektiven der Rechtswissenschaft in Deutschland*.

19 参见 Weingarts, *Wissenschaftssoziologie*; Stichweh, *Wissenschaft, Universität, Professionen*; Renn/Hyman, »The Globalization of Knowledge in History«。更多信息细节,参见 Duve, »Rechtsgeschichte—Traditionen und Perspektiven«。

其媒介、社会与经济的条件限制,同经济、政治与社会公众之间相互影响。[20] 这里只能扼要叙述特定语境中能对法学史的知识史视角产生意义的少数几种,亦即关乎政治史和法律史的大事件,诸如深化欧洲一体化的稳步前进(1993 年《马斯特里赫特条约》、1999 年货币联盟、2003 年《尼斯条约》、2009 年《里斯本条约》),此外还有 2001 年的"9·11"恐怖袭击、所谓的哈茨 4 号方案(Hartz-IV)、2008 年金融危机,以及作为先决条件的全球化、数字化及经济化。

观察科学系统可知,20 世纪 90 年代与 21 世纪最初十年在法学领域的突出表现为教席与学生数量的显著增长,以及关于学制改革与缩短学习年限的长久讨论。[21] 在 1990 年,德国各高校的法学专业共计有 83 182 名在册学生,此后该数据屡创新高。2015 年的相关统计显示已达112 271名学生,这也是过去 25 年的最高值之一。[22] 虽然大学教席的增长不成比例,但在德国的应用科技大学(Fachhochschulen)中,法学教授的数量在 21 世纪最初十年却几乎翻了一番。截至数据采集时,三分之一的法学教授在应用科技大学任教,而在此类院校注册的法学院学生却仅占8.7%。[23] 尽管有巨大的政策压力,性别体制(Gender-Regime)却显而易见没有发生本质改变。[24]

另一方面,大学课程在某些方面也发生了改变,这不只涉及国家考

---

20　Vgl. Wehling, »Wissensregime«.

21　统计数据收录于德国科学委员会 2012 年报告,其包括了几乎所有领域的相关话题。关于高等学院与教学改革的辩论,参见 Hof/Olenhusen(Hg.), *Rechtsgestaltung—Rechtskritik—Konkurrenz von Rechtsordnungen*。

22　数据根据以下网站:*Statistisches Bundesamt, Studierende. Studienfach Rechtswissenschaft. Deutschland*〈https://www. destatis. de/DE/ZahlenFakten/Indikatoren/LangeReihen/Bildung/lrbil03. html〉。

23　见注释 18。

24　Schultz, »Bisher wenig Wechsel im Genderregime an deutschen juristischen Fakultäten«.

试的设置——至今仍有种种废除国家考试的要求。通过对考试成绩的非中心化评价,许多大学借机实现了专门研究和地区差异。此外,这也导致了基础学科的地位改变。[25] 两德统一带来的动力虽不惊人却也值得注意,只是没能带来富有成效的尝试,无法将那些在"波恩共和"时期被大量讨论的替代国家考试的方案落于现实。[26] 将法学教育简化为一阶段的改革热情在联邦德国就已经消散,对学习与见习两阶段的回归则重新成了普遍标准,而这一标准之后也完全被五个新加入的州引入。所谓的博洛尼亚改革(Bologna-Reform),曾给许多学科的学业带来显著改变,却几乎对法学教学毫无影响。[27] 相反,更重要的可能是当时从私立大学的建立中产生的内在动力。例如,2000 年德国第一所私立法学院校即博锐思法学院(Bucerius Law School)在汉堡成立,2011 年欧洲商学院(EBS)增设了法学院。博锐思法学院的学生在国家考试中获得的成绩要远高于平均水平,可见入学选拔与高强度培训能够增进教学成果,即便在国家考试的模式下。

　　在一般高等教育政策领域可以观察到巨大的改变,高等教育政策通常聚焦于科研密集型与资本密集型的学科,尤其是自然科学领域,但其他在工作方式上结构相异的学科包括法学也受其影响。[28] 高等教育政策改革遵循着不同的目标——尤其当这些改革试图推动高校与其他

---

25　Lepsius, »Stellung und Bedeutung der Grundlagenfächer im juristischen Studium in Deutschland«.

26　Vgl. Wissenschaftsrat, *Empfehlungen zur Forschung und Lehre auf dem Gebiet der Rechtswissenschaft in den neuen Ländern.*

27　参见德国大学校长联席会议(Hochschulrektorenkonferenz)的观点, *Juristenausbildung heute*。

28　Vgl. Krull, » Neue Entwicklungen in der Hochschulpolitik und ihre Folgen für die Rechtswissenschaften«.

科研院所去满足不断提升的社会期待。[29] 此外,这些改革也持续推动着资金分配模式的转变,即从基础投入模式(Grundausstattung)转为在竞争性程序框架下进行研究资助的分配。两轮由联邦政府与州政府资助的德国精英大学计划(Exzellenzinitiative)(2005/2006 年至 2012 年)以及一系列其他措施持续地改变了德国科学系统。[30] 自 1995 年至 2012 年,在德国募集的所谓第三方资助的绝对数值增长了一倍多,第三方资助占高校经常性开支的比重也从 14% 增长到了 28%。[31] 然而,其中法学各分支学科的获益却相对较少。在 2000 年至 2010 年间,虽然法学教席所获第三方资助的平均金额实现翻番,达到 34 000 欧元。但该数值依然远远低于诸如语言学及文化学教席所获资助的平均值(56 000 欧元)。并且,德国科学基金会(DFG)资助的涨幅则显然更低。在 2003 年至 2011 年间,法学从该基金会获得的经费仅仅增长了 18%,从 590 万欧元增至 700 万欧元,与此同时,历史学的资助经费却增长了约四分之三,每年从 185 万欧元增至 322 万欧元。[32] 同样地,在 2011 年至 2013 年间,"法学相对而言不甚热衷于向德国科学基金会申请资助",而在德国精英大学计划和德国科学基金会所分配的其他项目中也都敬陪末座。[33]

第三方资助在一般意义上,相对占比较少的德国科学基金会资助在特殊意义上,都会引发一番针对法学研究自主性的追问,原因在于,

---

29　德国科学委员会在 2015 年发表的意见书具有启发性,参见 Wissenschaftsrat, *Zum wissenschaftspolitischen Diskurs über Große gesellschaftliche Herausforderungen*。

30　德国科学委员会关于数据的综述,参见 Wissenschaftsrat, *Perspektiven des deutschen Wissenschaftssystems*。

31　相关数据,参见 Dinkel/Wagner, »Wer stellt Anträge bei der DFG?«。

32　见注释 31,S. 14 – 15。

33　Forschungsgemeinschaft, *Förderatlas 2015*, S. 125,以及图表 5 – 2, S. 169。

并非所有的资助者都会尽力根据学术质量来分配资助,例如德国科学基金会的分配方式,无论如何要以规章为据并耗用学术共同体的大量时间资源。此外,法学专业领域的成员在统计之外,却通过如专家意见之类的活动而获得私人的额外收入。

对于自20世纪90年代以来在高校政策下所期盼的赞助,以及学术和社会实践之间的紧密关系,也都可以批判地看待。[34] 很多大学设立了基金教席(Stiftungsprofessur),例如作为基金会大学(Stiftungshochschule)的法兰克福大学从2008年就开始设立该教席,而在其他地方——例如慕尼黑在2003年成立的劳动关系与劳动法中心(ZAAR)——则出现了由私人资金支持的法学研究所,其在学术研究上应当保持自由,但在实践上却不免自觉有实现特定的法政治目标的义务。积极地看,这些资助至少能带来更广阔的活动空间、更充分的科研经费,以利于研究、专业化与实践导向。

此外,高等教育政策所驱动的改革有助于科研工作的商业化,而改革所带来的一些间接影响却呈现出对法学的不利趋势。[35] 原因在于,随着研究资金逐步从高校基础投入转移至竞争性程序,并经过经济化所引发的高校内部举措以及学生数量的同时增加,如许多参与者所感知到的,那些未能从中获益的专业的自由发展空间就发生了收缩。此外,竞争性程序所导致的专业化效应,似乎也很少作用于法学,然而许多时间却被浪费在相互评估与精美手册、海报的制作上。有些抱怨并不少见,即法学院在大学里似乎已经失去了那种传统上富有影响力的角色;

---

34　一些尖锐的观察,参见 Fischer-Lescano, »Guttenberg oder der ›Sieg der Wissenschaft‹?«,以及 *KritV* 杂志在 2007 年第 3 期和 2009 年第 3 期刊登的论文,尤其是 Albrecht, »Anmerkungen zum Verfall der Wissenschaft an deutschen Universitäten«。

35　Vgl. Hubich, »Kommerzialisierung von Forschung und Wissenschaft«.

在一个对评价方法、奖励与第三方资助进行统一计量的声誉系统中,法学院已经处于大学校长及高校政策关注的边缘。

一个更重要的语境变化是学术政策所不断寻求和推动的高等院校的国际化。[36] 德国科学委员会的建议也强调了这种趋向,无论是一般性地面对全部科学,还是特别针对法学本身。[37] 法学作为传统上针对国家自身的学科,其国际化无疑是一场挑战。[38] 然而从结构上看来——例如本文集最后对那些参与国际化对谈的学者( Dedek, Günther, Kemmerer, Randeria)所作的回顾——似乎仅发生了微小的改变。但科学系统的变化与法系统密切相关,"如今已不再有一处避难之地,使德国的某个法领域能不受打扰地存立",赖纳·瓦尔( Rainer Wahl) 于 2006 年如此说明这一基本事实。[39] 然而,至少就知识生产的结构而言,德国法学界的反应却显而易见地相当踌躇不前。

科研工作的媒介条件也发生了根本性转变。[40] 自 20 世纪 60 年代起,处于"法律洪流"( Gesetzesflut) 印象中的人们,开始思考如何处理法学信息的供给与加工,建立了诸如 JURIS 的信息系统,在 90 年代随着互联网的发展又添出一种新的维度。[41] 《法律人的个人计算机顾问》在 1995 年版中就已经开始提供互联网的信息途径[42]——与现在的情况相

---

36  Hochschulrektorenkonferenz, *Die deutschen Hochschulen internationalisieren!*
37  见注释 30。
38  见注释 14。
39  Wahl, *Herausforderungen und Antworten*, S. 95.
40  参见例如 Taubert/Weingart, »Wandel des wissenschaftlichen Publizierens«; Herb, »Empfehlungen, Stellungnahmen, Deklarationen und Aktivitäten wissenschaftspolitischer Akteure zur Gestaltung des wissenschaftlichen Kommunikationssystems«; Parthey, »Formen der Forschung und Publikation im Wandel der Wissenschaft«。关于法学的综述,参见 Hoeren, »Elektronische Medien«。
41  关于相关发展的综述,参见 Pohl/Vogel, »Die digitale Welt des Rechts«。
42  Müller/Schallbruch, *PC-Ratgeber für Juristen*, S. 291 ff.

比较自然可以确知,从那时就已经发生了范畴性变化。数字教学将愈发重要,[43]而出版界正处于变革的拐点。与此同时,数据库、电子杂志和电子书等正影响着法与法学的日常生活。这种工作原理的改变不可能对工作结果毫无影响。既有的学科上的大量实践方式——对注意力的调整、对质量的把关以及社群化(Vergemeinschaftung),都受到交流条件变化所带来的影响。

# 二、内部视角

特定于柏林共和时代的那种法学其实是不存在的。收录于本文集的各篇文章所得出的结论,既是这些时代见证者对大量趋势的观察,也是一些对本学科相近或相反的感知。他们大多将 1990 年视为转折点。新的进展处于传统与延续性的对立面,从一个分支领域所得出的观察也未必适用于另一个领域。因此,对于柏林共和时代的法学,下文将不试图描绘出一幅同质性画面。毋宁说,我们不过是将之前四次专题研讨会中的论文与讨论,结集出版而成本书。

## (一) 作为法学难题的德国统一

两德统一标志着柏林共和时代真正到来,也抛出了大量特殊的法学难题。东德的法学家极少参加学术与实践的相关讨论。受累于政治上的各种牵连,他们承受着研究对象即民主德国的法全面消失的痛苦(参见 Röthel)。那些来自西德的同行则主导着全德国的讨论,即便是

---

43　Vgl. Sutter, »Zum Stand des digitalen Lehrens und Lernens in juristischen Studiengängen in Deutschland«.

那些新成立的法学院,他们多数也支持不制定新宪法的决定,他们参与过所有权争议(参见 Magen, Ruppert),并在德意志第二个政治旧史(Vergangenheitspolitik)的象征话题(Symbolthema)下进行过激烈讨论:对柏林墙镇守事件进行刑事定罪的可能性(参见 Ambos, Ruppert)。然而,同其他知识分子一样,他们似乎已经失去了对日常政治讨论的影响力(参见 Hoeren, Ruppert)。统一之后的法权(Einheitsfolgenrecht),尽管如此多样,却只在个别情形下影响到了柏林共和时代的法学讨论。

## (二) 欧洲化、国际化与全球化

两德统一无疑是冷战结束之最醒目的标志,而 20 世纪最后十年内全球化的加速,则是这个年代的第二个标记。因此,多位作者认为"柏林共和"这个时代概念过于被德国视角所影响(参见 Thiessen, Tröger)。实际上,所有法领域的欧洲化都在柏林共和时代自然发生。许多新兴法领域的形成的确要归功于欧洲的动力,例如反歧视法和规制法(Regulierungsrecht)(参见 Mangold, Magen)。此外,诸如集体劳动法、社会法或刑法,虽然从布鲁塞尔所获的立法推动较少(参见 Bender, Graser, Kubiciel),却依然需要考量欧洲语境。在这一过程中,德国法学的方法和论证模式,不再总能对接其他欧洲国家(参见 Schuppert 对 Oliver Lepsius 的引用[44])。作为一个学科,欧洲法自身经历了其所预期的成长。例如在国家法领域,核心议题包括基本权利、欧洲的宪治化以及欧盟与民族国家的关系。当欧洲法的代表捍卫着不断深化的欧洲一体化时,这种对自身研究对象的进取态度在过去十年却造成了撕裂,于

---

44　Lepsius, »Problemzugänge und Denktraditionen im öffentlichen Recht«, S. 87, Fußnote 3.

是民族国家的视角重新回归这个学科(参见 Schorkopf)。但是这种发展正在超越欧洲一体化:法学讨论逐渐融入全球语境,而离开了欧洲中心视角(参见 Duve，Pfeiffer)。在资本市场法领域,经济思维模式正在靠近盎格鲁-撒克逊范式。莱茵资本主义(Rheinischer Kapitalismus)的观念——企业不应直接被视为可交易商品——已经被击败(参见 Thiessen，Tröger)。一方面服务于企业融资,另一方面服务于养老保险的股票,已经转变为可自由交易,银行则失去了对企业的直接影响。波恩共和时代的德国股份公司无法在全球资本市场存活下去;以盎格鲁-撒克逊资本主义为范,对企业管理透明度的要求也日益增高(参见 Thiessen，Tröger)。总体而言,德国教授开始习惯于英美法讨论的(形式)语言(参见 Schorkopf)。毫无意外,各个法秩序愈发脱离国家框架而逐渐跨国化,这也造成比较法(参见 Röthel)与国际私法(参见 Pfeiffer)的繁荣。在国际讨论中,真正的国际法比欧洲法更有存在感。两德统一所提升的重要性反映于此:"与波恩共和时代最大的不同之处在于,德国重新开始成为活跃于北约之外的军事力量。通过 1994 年联邦宪法法院第二庭的解释性突破,这一变化成为可能。"(参见 Schorkopf)此外,一个跨国性法发展的典型例子是反歧视法,它于德国而言相对新颖,同时又明显与柏林共和紧密相关。这主要归功于"从波恩共和国中的同质性想象(Homogenitätsvorstellungen)向多样且多彩之柏林共和国理想的转变"(参见 Mangold)。

## (三) 私有化、经济化与国家任务的扩张

一场深远的私有化讨论主导了柏林共和时代头 20 年。柏林共和是一种"经济的共和"(参见 Thiessen 对 Knut Wolfgang Nörr 的借鉴)。20 世纪 70 年代对计划的亢奋(Planungseuphorie)最终导向对法的调控

能力与私有化讨论的怀疑。以前国家所履行的基础设施任务,诸如在铁路、邮政和通信等领域内,如今已经让位于一种新的国家性"保障责任"(参见 Magen, Schuppert)。这一发展既与不断扩张的国家任务形成对比,又因财政紧缺而被持续推广。通常这并不是将国家任务移交给私人部门,而是一次被规制的自我规制,或是"国家与非国家参与者"新一次"连接为规制性网络"(参见 Bender)。由于人口结构变化与卫生事业的开支增长,社会国(Sozialstaat)承受着巨大的支出压力,但基于护理保险或者母亲退休金(Mütterrente)的理由却仍在持续寻求着新的任务(参见 Graser)。在这种形势下,经济学范式成为一个提高国家行政效率的工具。盎格鲁-撒克逊的自由竞争观念,引发了欧洲层面的范式转变,导致了"行政法的广泛经济化",国家法(参见 Graser, Krüper, Magen)与家庭法(参见 Röthel)亦然,这也体现为仲裁法庭与非正式纠纷解决的意义上升(参见 Pfeiffer)。与之相对,过去的几年却兴起一股强烈的反向发展。"假如国家将经济性的效率概念单独交给股份公司,那么股份公司就不仅作为经济实体,更作为政治实体而过于重要。根据国家的理解,股份公司从来都不是现在也不是股东的私人组织。"(参见 Thiessen)[45] 公司治理准则(Corporate Governance Kodex)或者妇女比例(Frauenquote)已清楚表明,在柏林共和时代出现了一个民法的政治化趋势(参见 Thiessen, Tröger)。此外也可以观察到,法学讨论发生某种程度的道德化,人们更愿意站在"正确的"、进步的一边(参见 Ruppert, Schorkopf;与此相对,则是关于婚姻法教义化的判断——Röthel)。对于法学而言,柏林城区普伦茨劳贝格中毕德麦耶式的安逸

---

45　此外,关于德国视角,参见 Jongh, *Tussen societas en universitas*;更多细节性评论,参见 Fleckner, »Tussen societas en universitas(Rezension)«。

悠闲,偶尔也成为"柏林共和时代的典范居落"(参见 Auer)。[46]

### (四)面对新敌人的(刑事)法学

2001 年的"9·11"事件对法学当然不会没有影响。关于自由与安全之间适当平衡的政治讨论,在新感知到身处威胁的特殊语境下被译介到柏林共和国,或许人们可以将之回溯于雅各布斯(Günther Jakobs)在 1999 年所提出的敌人刑法(Feindstrafrecht)观念。对此,库比彻尔(Michael Kubiciel)和哈姆(Rainer Hamm)的论文以不同的视角,反映出围绕这些问题的各种争执。哈姆认为,不断要求"刑事司法的良性运作"最终反而会损害公正程序。"司法程式的固有价值"——按照他的错误理解,在刑法实体法的执行过程中会让位于各种效率观点。从这一角度出发,法治国下程序性保障的消逝,对受害者保护的强调,扩大化的"辩诉交易",以及根据《刑法》第 153a 条而不断增加的诉讼终止,都标志着法治国的保证在柏林共和时代的瓦解趋势。库比彻尔并未直接反对这样的评价,而是将其定性为结构性保守且无法充分参与国际讨论的观点。他支持一种积极面对不断变化之社会现实的刑法学。环境刑法与经济刑法成为刑法学的新领域(亦成为国际法的新领域,参见 Schorkopf),它们不仅"想要自守家业阻碍发展,而且应当[……]——相较于迄今为止而言更加强烈地——通过议程设定的方式显现出来"。一段讨论的平复之后,库比彻尔观察到报复论的加强、法益概念的相对化以及对犯罪论的意兴阑珊。两位作者都观察到,刑法的"宏大理论"正失去意义,一种褒贬不一的新实用主义将取而代之。

---

46　Sußebach, »Bionade-Biedermeier«, S. 46.

## （五）尽管学科边界模糊以及宪治化，但制度惯性仍然存在

教义学科（dogmatischer Fach）与基础学科（Grundlagenfach）的划分一如既往地在法学院和课程体系中占着主导地位。这种逻辑决定着未来的教授聘任机会，并随着越来越多学术课程的设置更强烈地引导着学生的注意力。与此同时，私法与公法之间的很多传统界限已经变得十分脆弱，尽管这种变化尚未体现在教席名称上（参见 Pfeiffer）。此外，基础学科对教义学科的发展产生了深刻影响。例如，这可见于新的规制法（参见 Magen）。各个法领域的宪治化（Konstitutionalisierung）也是柏林共和时代之法学的标志（参见 Mangold，Röthel）。对德国而言，堪为新生事物的反歧视法有着确切的宪法根基，在这一地基上则加盖了一种民法性的上层建筑（参见 Mangold）。细加考量，应用科技大学中法律教育的扩张也造成资源性的增长，这尤其涉及一些与实践相关的专业，例如家庭法与社会法（参见 Röthel，Graser）。这两个专业都对长期以来为政治所影响的讨论做出教义化与去政治化的回应。可见，当人们选择留在"波恩"，似乎是为了避免来自"柏林"的冲击，或至少能够保持一个安全距离，以思考后续的法律定位（Einordnung）。

## （六）基础学科的地位

在 20 世纪 90 年代，所谓的教义学科与基础学科之间的权重关系造成对学科基础的重压。在这样窘迫的制度状况下，德国科学委员会在2012 年明确建议加强基础学科建设，但至今却无所改善。相悖于大趋势，法律史教席的数量依然在下降（其他基础科目亦然），尽管由于积极参与第三方基金所支持的研究，法律史学在过去 25 年颇有成绩与创见。作为独立的学科，法社会学的教席正持续在流失。但是这并不等

同于其专业影响的式微。例如,历史与社会的解释模型,甚至慢慢开始进入那些更偏重教义的学科讨论[47]（参见 Auer, Bender, Duve, Pfeiffer, Schuppert）。历史学思考方法不再流行之处,则通过社会学或比较法获得补偿（"外国作为论据"——参见 Röthel）。若对基础学科缺乏重视,则会受到应有的批判（参见 Kubiciel）。

在主题上,可以察觉基础学科的某种新动向。玛丽埃塔·奥尔（Marietta Auer）将其描述为:"法理学研究因重申跨学科性而发生碎片化;在法适用发生广泛的欧洲化与国际化之后,法概念与法源学说也随之发生多元化。"规范秩序的形成超然于国家,不只受到精英研究集群,实则受到所有基础学科的关注,这些学科越来越在世界范围内不断加强与历史学家、政治学家、社会学家及哲学家等的交流。但是对于法学中那些致力于强化学科性与自身教义的学科而言,通过跨学科性而引发知识接触却似乎造成破坏,这也许会使人忧心（参见 Auer, Duve, Schuppert）。特别是所谓"诸神的回归",在很多领域引发了针对作为规范性的法与宗教之间关系,以及针对其相关学科之间关系的追问（参见 Duve, Schuppert）。

## （七）方法转向

一些法学家在本书中趋向性地抨击了对方法问题的讨论缺失（参见 Kubiciel, Pfeiffer）。关于方法的深入讨论,主要发生在 20 世纪 90 年代初的危机模式下（参见 Duve）。此论调也可能在柏林共和之前就已经出现。首先,舒佩特（Gunnar Folke Schuppert）与马根（Stefan Magen）

---

47　这些贡献首先产生于公法,例如上文注释 17。关于此学科之科学理论的综述,参见 Funke/Lüdemann（Hg.）, *Öffentliches Recht und Wissenschaftstheorie*。

描述了在公法领域的一次根本性方法转向。"除了高权的法律执行,还有合意的和信息的;除了公法性的,还有私法性的实施机制。[……]只有使用广阔视角将法学理解为规制科学,才能够理解深刻影响现代国家性的规制框架多样性。"(参见 Schuppert)马根将新的"调控学的方法论热潮"稍作相对化处理,但也描述了大量新规制工具的教义化。值得注目的是,行政法的实验场无法触及社会法等实践性较强的学科(参见 Graser)。一种新的将程序合法性相对化的方法实用主义也部分地受到批判(参见 Hamm)。相反,在民法与刑法领域,却显然存在着一种强烈的方法延续性。家庭法尤为如此。来自布鲁塞尔的对传统方法准则(Methodenkanon)的侵犯,比如在反歧视法领域,大多数马上遭到严厉拒绝。与欧洲化和国际化的趋势相对,德国仍存在着民族国家的法(参见 Kubiciel, Pfeiffer)进行自我宣称的倾向。

## (八) 连续性

本书的多篇文章都强调波恩共和与柏林共和之间的延续性。当涉及债法与家庭法时,这种延续性最为显著。"德国统一后的家庭法,诸如对理论讨论、研究方式与成果的基本观察,都突破了'旧'联邦德国的主题与方法空间。"(参见 Röthel)在民法两千年的传统中,一次深入的债法改革虽然取得了买卖法重大修改的成果(参见 Seinecke),但所涉讨论的参照点从来都不是新的(参见 Rückert)。虽然所谓的社会问题触及债法体系,但改革所处的更为长远的传统线索,显然并非柏林共和国的新创(参见 Rückert, Foljanty, Pierson, Seinecke)。在商法和公司法领域,这样的参照系从 1870 年至今几乎没有变得更严格。在这一领域,新法律的创制频率同一般的民法领域一样(参见 Thiessen)。在国家法的讨论中,相较于国家组织法,基本权利依然占据主导(参见 Krüper)。

绍尔科普夫（Frank Schorkopf）谈及了修正的连续性，并提到开放的国家性，亦即某种面对主权国家的自由及其通过多边主义的补偿时而持续存在的忧虑。联邦宪法法院将其视为连续性的沉锚。尽管行政法在"环境法的实验场"找到了新的规制形式，然而，这样的新形式本质上只是面对原有的主要由系统论所证立的有关法调控能力的怀疑所作出的反应（参见 Magen）。此外，在法学理论方面，许多讨论依然围绕于康德和凯尔森（参见 Auer），法律史学则在对新领域尤其是公法新领域的开拓之外，依然追随既有主题的潮流（参见 Duve）。

## （九）立法、司法与法学的关系

关于经典法源理论的认知，本书的各篇文章存在差异。在国家法中，联邦宪法法院的主导地位获得进一步扩大（参见 Schorkopf），在家庭法等其他学科中，联邦宪法法院则引导着"宪治化"（参见 Röthel）。有鉴于此，一本文集谈到了"去边界的法院"。[48] 例如，联邦宪法法院直接从宪法中解读出至多允许 15 名超额议员席位（Überhangmandat），尽管司法解释的艺术受到公认，但这种处理依旧出人意料，并且引发了对宪法法院与立法机关之关系的追问（参见 Ruppert）。然而，由于法院在民众中享有崇高声誉，立法机关若提出批评须面临风险。此外，在大法官的铨选实践中所形成的某种垄断，也有碍于其他人批评那些任职于联邦宪法法院的教授们。在国际刑法领域，那些主事的行政官员，尤其也有德国法学家，对国际刑事法院的构想产生了巨大的影响（参见 Ambos, Schorkopf），而对于国内刑法学的讨论却明显可以察觉出学科影响力的衰退（参见 Kubiciel）。有所不同的是，债法改革显著地参考了重

---

48　Jestaedt u. a. (Hg.), *Das entgrenzte Gericht.*

要民法学者的前期工作(参见 Rückert)。在商法和公司法领域,德国联邦最高法院法官、学者以及有学术追求的律师之间的传统纽带正逐渐弱化,而作为"法律设计者"的司法部相关负责人之重要性正日益增强(参见 Thiessen)。总体而言,法学研究对于司法与立法的影响力正日趋衰退。尤其法院只是在固守于本国法的应用,而且法学也经常被感受为更多地在被动反应而更少地在主动塑造,这一状况显然比柏林共和的时间更为悠久(参见 Graser)。对"外包式"立法观察,也涉及大型律所的专业化律师,他们完全与学界享有平等地位。

## (十) 数字化与媒介转向

媒体多元外加电视、广播的私人提供,到互联网的广泛分布与数字化,新媒介的多样化为柏林共和时代的不同时期留下了深刻印记。在很长一段时间内,保守的法学似乎错过了这场变化所带来的显著影响。此外,产生于 20 世纪 60 年代的法信息学(Rechtsinformatik)正在消亡,其继续发展的尝试并未成功(参见 Hoeren)。不考虑在跨区域日报上发表文章的资深撰稿人,法学家在新旧媒体上的克制十分引人注目。法官与律师在法庭中的风格完全被固化,与之相对,至少在大型律所,营销的概念持续扩大。此外,教学现代化通过新媒体而实现,这一点在法学领域却明显滞后(参见 Hoeren)。类似的滞后同样发生在法学的出版形式上,开源出版至今不被认可,读者仍需要为出版物支付费用。无可争议的是,"学术研究的媒介条件[……]已经发生了根本改变"(参见 Duve),但是法学家自身却很少意识到这种影响,否则我们该如何解释本书中的多篇论文都对此疏于阐发呢? 也许,在今后数年或数十年之后,研究实践的改变才能更清晰地呈现。

# 参考文献

Peter-Alexis Albrecht,»Anmerkungen zum Verfall der Wissenschaft an deutschen Universitäten«, in: *Kritische Vierteljahresschrift für Gesetzgebung und Rechtswissenschaft* 92 (2009), S. 266‑271.

Fritz René Allemann, *Bonn ist nicht Weimar*, Köln, Berlin 1956.

Michael C. Bienert u. a. (Hg.), *Die Berliner Republik. Beiträge zur deutschen Zeitgeschichte seit 1990*, Berlin 2013.

William Dinkel, Judith Wagner,»Wer stellt Anträge bei der DFG? Antragsentwicklung und Antragstellerschaft im Spiegel der Statistik«, in: *DFG infobrief* I (2015), S. I‑II.

Anselm Doering-Manteuffel, Lutz Raphael, *Nach dem Boom. Perspektiven auf die Zeitgeschichte seit 1970*, Göttingen ³2012.

—,»Nach dem Boom. Neue Einsichten und Erklärungsversuche«, in: Anselm Doering-Manteuffel u. a. (Hg.), *Vorgeschichte der Gegenwart. Dimensionen des Strukturbruchs nach dem Boom*, Göttingen 2016, S. 9‑34.

Thomas Duve,»Rechtsgeschichte—Traditionen und Perspektiven«, in: *Kritische Vierteljahresschrift für Gesetzgebung und Rechtswissenschaft* 97 (2014), S. 96‑132.

—,»Internationalisierung und Transnationalisierung der Rechtswissenschaft«, in: Dieter Grimm u. a. (Hg.), *Rechtswege. Kontextsensible Rechtswissenschaft vor der transnationalen Herausforderung*, Baden-Baden 2015, S. 167‑195.

Christoph Engel, Wolfgang Schön (Hg.), *Das Proprium der Rechtswissenschaft*, Tübingen 2007.

Ulf Engel,»Introduction«, in: Ulf Engel u. a. (Hg.), *1989 in a Global Perspective*, Leipzig 2015, S. 7‑32.

Andreas Fischer-Lescano,»Guttenberg oder der › Sieg der Wissenschaft ‹?«, in: *Blätter für deutsche und internationale Politik* 2 (2012), S. 53‑62.

Andreas Fleckner,»Tussen societas en universitas. De beursvennootschap en haar aandeelhouders in historisch perspectief ( Rezension )«, in: *Zeitschrift der*

*Savigny-Stiftung für Rechtsgeschichte. Germanistische Abteilung* 133 (2016), S. 671 – 675.

Deutsche Forschungsgemeinschaft, *Förderatlas 2015. Kennzahlen zur öffentlich finanzierten Forschung in Deutschland*, Meckenheim 2015.

Andreas Funke, Jörn Lüdemann (Hg.), *Öffentliches Recht und Wissenschaftstheorie*, Tübingen 2009.

Manfred Görtemaker, *Die Berliner Republik. Wiedervereinigung und Neuorientierung*, Berlin 2009.

Dieter Grimm, *Die Zukunft der Verfassung II. Auswirkungen von Europäisierung und Globalisierung*, Frankfurt am Main 2012.

Ulrich Herb, »Empfehlungen, Stellungnahmen, Deklarationen und Aktivitäten wissenschaftspolitischer Akteure zur Gestaltung des wissenschaftlichen Kommunikationssystems«, in: Peter Weingart, Niels Taubert (Hg.), *Wissenschaftliches Publizieren. Zwischen Digitalisierung, Leistungsmessung, Ökonomisierung und medialer Beobachtung*, Berlin, Boston (MA) 2016, S. 147 – 177.

Eric Hilgendorf, Helmuth Schulze-Fielitz (Hg.), *Selbstreflexion der Rechtswissenschaft*, Mohr Siebeck 2015.

Hochschulrektorenkonferenz, *Die deutschen Hochschulen internationalisieren! Internationale Strategie der HRK. Sprachenpolitik an deutschen Hochschulen*, Bonn 2012.

Hochschulrektorenkonferenz, *Juristenausbildung heute. Zwischen Berlin und Bologna*, Bonn 2014.

Thomas Hoeren, »Elektronische Medien«, in: Willoweit, Dietmar (Hg.), *Rechtswissenschaft und Rechtsliteratur im 20. Jahrhundert. Mit Beiträgen zur Entwicklung des Verlages C. H. Beck*, München 2007, S. 1173 – 1190.

Hagen Hof, Peter Götz von Olenhusen (Hg.), *Rechtsgestaltung—Rechtskritik— Konkurrenz von Rechtsordnungen .... Neue Akzente für die Juristenausbildung*, Baden-Baden 2012.

Hermann Hoffmann, Andreas Maurer, » Entstaatlichung der Justiz. Empirische Belege zum Bedeutungsverlust staatlicher Gerichte für internationale

Wirtschaftsstreitigkeiten «, in: *Zeitschrift für Rechtssoziologie* 31 ( 2010 ), S. 279 – 302.

Christoph Hubich, »Kommerzialisierung von Forschung und Wissenschaft«, in: Matthias Kettner, Peter Koslowski ( Hg. ), *Ökonomisierung und Kommerzialisierung der Gesellschaft. Wirtschaftsphilosophische Unterscheidungen*, Paderborn 2011, S. 159 – 176.

Eckhard Jesse, *Systemwechsel in Deutschland. 1918/19—1933—1945/49—1989/ 90*, Köln, Weimar, Wien 2011.

Matthias Jestaedt, »Wissenschaft im Recht. Rechtsdogmatik im Wissenschaftsvergleich«, in: *JuristenZeitung* 69 (2014), S. 1 – 12.

Matthias Jestaedt, in: Oliver Lepsius ( Hg. ), *Rechtswissenschaftstheorie*, Tübingen 2008.

Matthias Jestaedt u. a. ( Hg. ), *Das entgrenzte Gericht. Eine kritische Bilanz nach sechzig Jahren Bundesverfassungsgericht*, Berlin 2011.

Johan Matthijs de Jongh, *Tussen societas en universitas. De beursvennootschap en haar aandeelhouders in historisch perspectief*, Deventer 2014.

Stefan Kadelbach, Klaus Günther, » Recht ohne Staat? «, in: Stefan Kadelbach, Klaus Günther ( Hg. ), *Recht ohne Staat? Zur Normativität nichtstaatlicher Rechtsetzung*, Frankfurt am Main, New York 2011, S. 9 – 48.

Jürgen Kocka, *1989—eine transnationale Revolution und ihre Folgen*, Warschau 2010.

Wilhelm Krull, »Neue Entwicklungen in der Hochschulpolitik und ihre Folgen für die Rechtswissenschaften«, in: Eric Hilgendorf, Helmuth Schulze-Fielitz ( Hg. ), *Selbstreflexion der Rechtswissenschaft*, Tübingen 2015, S. 243 – 259.

Oliver Lepsius, »Problemzugänge und Denktraditionen im öffentlichen Recht«, in: Eric Hilgendorf, Helmuth Schulze-Fielitz ( Hg. ), *Selbstreflexion der Rechtswissenschaft*, Tübingen 2015, S. 53 – 92.

—, *Relationen: Plädoyer für eine bessere Rechtswissenschaft*, Tübingen 2016.

Susanne Lepsius, »Stellung und Bedeutung der Grundlagenfächer im juristischen Studium in Deutschland—unter besonderer Berücksichtigung der Rechtsgeschichte «, in: *Zeitschrift für Didaktik der Rechtswissenschaft* 3 (2016), S. 206 – 241.

Inga Markovits, *Gerechtigkeit in Lüritz. Eine ostdeutsche Rechtsgeschichte*, München 2006.

Norman Müller, Martin Schallbruch, *PC-Ratgeber für Juristen. Textverarbeitung. Datenbanken. Internet*, Berlin 1999.

Heinrich Parthey, »Formen der Forschung und Publikation im Wandel der Wissenschaft«, in: Heinrich Parthey, Walther Umstätter ( Hg. ), *Forschung und Publikation in der Wissenschaft. Wissenschaftsforschung Jahrbuch 2013*, Berlin 2013, S. 9 – 26.

Angela Pohl, Ivo Vogel, »Die digitale Welt des Rechts: Von den Anfängen des Internets bis zur Virtuellen Fachbibliothek Recht«, in: Detlev Fischer, Marcus Obert ( Hg. ), *Festschrift für Dietrich Pannier zum 65. Geburtstag am 24. Juni 2010*, Köln 2010, S. 349 – 372.

Wolfgang Prinz, Peter Weingart, »Innenansichten geisteswissenschaftlicher Forschung: Einleitende Bemerkungen «, in: Wolfgang Prinz, Peter Weingart ( Hg. ), *Die sog. Geisteswissenschaften. Innenansichten*, Frankfurt am Main 1990, S. 9 – 23.

Jürgen Renn, Malcolm H. Hyman, »The Globalization of Knowledge in History: An Introduction«, in: Jürgen Renn ( Hg. ), *The Globalization of Knowledge in History*, Berlin 2012, S. 15 – 44.

Bernd Rüthers, »Regimewechsel als Rechts- und Juristenkrisen«, in: Julian Krüper, Heiko Sauer ( Hg. ), *Staat und Recht in Teilung und Einheit*, Tübingen 2011, S. 68 – 87.

—, *Die heimliche Revolution vom Rechtsstaat zum Richterstaat. Verfassung und Methoden. Ein Essay*, Tübingen [2]2016.

Axel Schildt, Detlef Siegfried, *Deutsche Kulturgeschichte: Die Bundesrepublik von 1945 bis zur Gegenwart*, München 2009.

Christoph Schönberger, *Der » German Approach «. Die deutsche Staatsrechtslehre im Wissenschaftsvergleich*, Tübingen 2015.

Ulrike Schultz, »Bisher wenig Wechsel im Genderregime an deutschen juristischen Fakultäten. Kommentar zum Artikel von Margaret Thornton: The Changing Gender Regime in the Neoliberal Legal Academy«, in: *Zeitschrift für Rechtssoziologie* 33 ( 2012/2013 ), S. 253 – 264.

Ulrich Sieber, »Rechtliche Ordnung in einer globalen Welt. Die Entwicklung zu einem fragmentierten System von nationalen, internationalen und privaten Normen«, in: *Rechtstheorie* 41 (2010), S. 151 – 198.

Felix Stalder, *Kultur der Digitalität*, Berlin 2016.

Statistisches Bundesamt, *Studierende. Studienfach Rechtswissenschaft. Deutschland*, Webseite 2017, 〈https://www. destatis. de/DE/ZahlenFakten/Indikatoren/ LangeReihen/Bildung/lrbil03. html 〉.

Rudolf Stichweh, *Wissenschaft, Universität, Professionen. Soziologische Analysen*, Frankfurt am Main [2]2013.

Wolfgang Streeck, »Von der Gesellschaftssteuerung zur sozialen Kontrolle. Rückblick auf ein halbes Jahrhundert Soziologie in Theorie und Praxis«, in: *Blätter für deutsche und internationale Politik* 60 (2015), S. 63 – 80.

Henning Sußebach, » Bionade-Biedermeier «, in: *ZEIT magazin* 46 ( 2007 ), S. 44 – 51.

Carolin Sutter, » Zum Stand des digitalen Lehrens und Lernens in juristischen Studiengängen in Deutschland—Folgerungen für Hochschullehre und Hochschullehrende «, in: *Zeitschrift für Didaktik der Rechtswissenschaft* 3 (2016), S. 44 – 70.

Niels Taubert, Peter Weingart, »Wandel des wissenschaftlichen Publizierens—eine Heuristik zur Analyse rezenter Wandlungsprozesse«, in: Niels Taubert, Peter Weingart ( Hg. ), *Wissenschaftliches Publizieren. Zwischen Digitalisierung, Leistungsmessung, Ökonomisierung und medialer Beobachtung*, Berlin, Boston ( MA) 2016, S. 3 – 38.

Rainer Wahl, *Herausforderungen und Antworten: Das öffentliche Recht der letzten fünf Jahrzehnte*, Berlin 2006.

Hans-Ulrich Wehler, *Deutsche Gesellschaftsgeschichte. Bundesrepublik und DDR, 1949 – 1990. Band 5*, München [1]2008.

Peter Wehling, »Wissensregime«, in: Rainer Schützeichel ( Hg. ), *Handbuch Wissenssoziologie und Wissensforschung*, Konstanz 2007, S. 705 – 712.

Peter Weingart, *Wissenschaftssoziologie*, Bielefeld 2003.

Andreas Wirsching, *Der Preis der Freiheit. Geschichte Europas in unserer Zeit*,

München 2012.

—, *Demokratie und Globalisierung. Europa seit 1989*, München 2015.

Wissenschaftsrat, *Empfehlungen zur Forschung und Lehre auf dem Gebiet der Rechtswissenschaft in den neuen Ländern*; Drs. *96/91*, Mainz 1991.

—, *Perspektiven der Rechtswissenschaft in Deutschland. Situation, Analysen, Empfehlungen*; Drs. *2558 - 12*, Hamburg 2012.

—, *Perspektiven des deutschen Wissenschaftssystems*; Drs. *3228 - 13*, Braunschweig 2013.

—, *Zum wissenschaftspolitischen Diskurs über Große gesellschaftliche Herausforderungen. Positionspapier*; Drs. *4594 - 15*, Hamburg 2015.

# 柏林共和国

## ——一个暂时的定位

〔德〕斯特凡·鲁珀特* 著

郭逸豪** 译 杨若濛*** 校

# 一、引言

柏林不是波恩。[1]帝国议会取代了自来水厂,世界都市的魅力取代了闲适安逸,柏林太空船取代了波恩乳酪盘:两者的区别不仅在政治新闻[2]中得到了显著刻画,这些新闻用图片来反复展现柏林和波恩之间那种主观臆断的差异;这样的差异清单还可以任意延长。倘若离开政治

---

\* 斯特凡·鲁珀特(Stefan Ruppert),生于1971年,曾在法兰克福大学学习法学、政治学和历史,2001年博士毕业,2012年获得教授资格。直至2017年兼任德国马克斯·普朗克法律史与法理论研究所研究员,2017年起任德国联邦议会议员。

\*\* 郭逸豪,浙江温州人,意大利罗马第二大学法学博士,现任中国政法大学法学院法律史研究所讲师。主要研究领域:西方法律史、西方政治思想史。

\*\*\* 杨若濛,山西太原人,德国法兰克福大学法学博士,现任澳门特别行政区政府政策研究和区域发展局研究员。主要研究领域:民法、法律史。

1 这种表述源自阿勒曼的"波恩不是魏玛"。

2 关于政治与新闻的关系的最新发展,以及关于新闻本身,参见 Hachmeister, *Nervöse Zone*。一个关于柏林政治新闻改变了的条件的值得关注的研究和政治描述的结果,参见 Bolz, *Postjournalismus*。

剧场化的层面[3]（和相互各异的都市与建筑风格），我们便会发现，在莱茵河（Rhein）和施普雷河（Spree）河畔的议会所在地之间，明显存在着更为强烈的连续性。相较于此文的开头，弗里茨·雷纳·阿勒曼（Fritz René Allemann）的著名格言"波恩不是魏玛"肯定能找到更多的证据。伴随着国家社会主义、大屠杀和第二次世界大战，魏玛和波恩的距离要远大于一种新的宪法秩序，于此，德国和平地从分裂走向了统一，并最终与"二战"的同盟国达成了一致协议。[4] 不同于冷战时期[5]较晚的再统一计划，西德人拥有基本法和法律体系。此外，魏玛与柏林共和国的差异也并不体现在一种牢固的民主传统之上。

如果离开德国史的宏观层面[6]去关注法律科学史的细节，我们就会更明显地看到这些连续性。对于西德的法学家而言，1990 年意味着：东部无新鲜事，至少没有新的法律。[7] 不同于波恩共和国建立之初的那些年，反复验证的东西仅在适用领域得以拓展。[8] 依据《统一条约》（Einigungsvertrag）第 3 条，《基本法》在新联邦州如勃兰登堡、梅克伦堡-

---

3　这里参见 Lutz, *Berlin als Hauptstadt des wiedervereinigten Deutschlands*。Lutz 将重点放在了这座城市的历史上，它的城市化和政治建筑物的影响，参见 Bohrer, *Die Ästhetik des Staates revisited*。

4　关于这些事件的文献无法一一列举。个别时间段的研究参见 Hertle, *Chronik des Mauerfalls*。总体的历史描述参见 Rödder, *Deutschland einig Vaterland*。

5　此处参见 Blumenwitz 以保守视角所写的著作, *Die Überwindung der deutschen Teilung und die Vier Mächte*。

6　直到几年前，对于联邦共和国历史的描述大部分都截止到 1990 年。这主要是出于现实的原因，但也和审查有关。在此期间，总体性的描述进入了新千年之后的这段时期，参见 Winkler, *Der lange Weg nach Westen*, Bd. 2；Wehler, *Deutsche Gesellschaftsgeschichte*, Bd. 5。关于最近的历史，参见 Wolfrum, *Die geglückte Demokratie*；Görtemaker, *Kleine Geschichte der Bundesrepublik Deutschland*；Schildt/Siegfried, *Deutsche Kulturgeschichte*。

7　关于法律统一实现的概况，参见 Sauer, »Einheit durch Recht? «，尤其是第 167 及以下诸页。

8　《统一条约》第 8 条规定，西德的联邦法律只能延伸涉及少量事实，尤其是《统一条约》附件一中提及的关于合并领域的事项。

西波美拉尼亚、萨克森、萨克森-安哈尔特和图林根州以及东柏林生效。在《统一条约》第 4 条到第 7 条的规定中,《基本法》也少有改动。政治(Politik)以大部分西德国家法理论的绝对支持,拒绝了依据《基本法》第 146 条制定新宪法的要求, [9] 取而代之地,它选择依据旧《基本法》第23 条来合并。[10]

即便我们必须在联邦制中创造新的事物,重点也更是放在久经考验的地方。诸多法学家协同东德各州的司法部门一起参与了州宪法的创造、新行政系统的设立或普遍意义上东德各州法治国家的建设。[11] 西德的教授从此影响了东德的院系。[12] 众所周知,法学在民主德国(DDR)扮演次要的角色,[13] 如今,它们的代表人物的政治信誉受损。[14]到处都在创设新的法律,西德法学家们决定性地参与到了它的理念之中。著名的思维模式和教学方法也因此传播了进来。至今仍在被适用和教授的法律扮演了参照系的角色,或者毋宁说是扮演着需要被废除的反面角色。再度统一为东德人民带来了一种由西德确立的大规模的

---

9　从相关文献中我们知道,随着两德合并,依据旧《基本法》第23 条,可以要求所有德国人依据旧《基本法》第 146 条来创造新的宪法,参见 Speckmaier, »Kommentierung Art. 146 GG n. F«, S. 1756,关于辩论参见第 1756—1758 页。如这个讨论所展现的宪法神圣化的趋势,参见 Dreier, »Gilt das Grundgesetz ewig?«,德国国家法理论下关于辩论的边界,参见 Hofmann, »Über Verfassungsfieber«, S. 310。

10　从赫尔穆特·科尔(Helmut Kohl)在 1989 年 11 月 28 日提出的"十点计划"(Zehn-Punkte-Programm)的期满到《统一条约》的协商和联邦议会与联邦参议院的共同宪法委员会的协商,参见 Stern, *Das Staatsrecht der Bundesrepublik Deutschland*, Bd. 5;两次德国国家法学者大会上关于这个问题的协商,参见 Stolleis 的概况, *Geschichte der öffentlichen Rechts in Deutschland*, Bd. 4。

11　此处参见有更多证据的概况,Stern(同上)。

12　关于公法教席,参见 Stolleis, *Geschichte der öffentlichen Rechts in Deutschland*, Bd. 4。

13　关于早期的民主德国,参见 Diestelkamp, »Zur Rolle der Rechtswissenschaft in der sowjetisch besetzen Zone Deutschlands«。

14　少量的例外参见 Stolleis, *Geschichte der öffentlichen Rechts in Deutschland*, Bd. 4, S. 646;关于普遍的发展,参见 Kocka/Mayntz(Hg.), *Wissenschaft und Wiedervereinigung*。

法律新秩序。[15] 它也为五个新联邦州的法学家引入了西德的法律科学。对于东德的法学家而言，尤其在大学教学时，他们被禁止在绝大多数的案例中对新法进行科学处理。他们的学院生涯大部分都止于 1990 年后不久。[16]

经过以上的叙述，我们可能思考的是如何去调整这项已在概念上被前述抛弃的有关柏林共和国法律史的研究计划。但这里还值得更多的关注——如往常一样。随着德国的再度统一和欧洲一体化进程的迅速发展，随着德国新角色的扮演、冷战的结束、新的宗教对立的出现，随着新的伊斯兰恐怖主义危机和全球化经济的发展，外部条件在德国、欧洲和全球都发生了持续的变化，对于法律科学来说也是如此。即便仅仅概括性地描述这些变化，也几乎不可能；因此，我接下来将简短和粗略地勾勒出这些变化，而非全面性地细究。然而重要的是，它们对法律和法律科学产生了深远的影响。约翰内斯·格罗斯（Johannes Gross）在其出版于 1995 年的极具影响力的著作《柏林共和国的建立》（*Begründung der Berliner Republik*）中对此进行了精辟的描述："柏林共和国在国家法层面上与波恩共和国一样；但在社会、政治和文化层面则不是。"[17]这种差异对法律科学来说也不是毫无影响，它在连续性和变化之间制造了一种张力。因此，所有困难和这段延续至今的当代史的暂时性值得我们给予更多的关注。[18]

柏林共和国始于何时，存在这段时期的预兆吗？谁强调这个重大转折的意义，那他就使得这个"断层"（Bruch）再次相对化：新的东部政

---

15　此处参见 Markovits, *Die Abwicklung. Ein Tagebuch zum Ende der DDR-Justiz*。

16　概况参见 Stolleis, *Geschichte der öffentlichen Rechts in Deutschland*, Bd. 4。

17　Gross, *Begründung der Berliner Republik*, S. 8；参见 Bahners, *Begrunderzeit*。

18　参见 Bösch 和 Danyel 主编的 *Zeitgeschichte—Konzepte und Methode* 中的文章。

策,社会国执行能力的限制和拉姆多夫文件(Lambsdorff-Papier),通过
1968年的制度前进,国家法的连续性——这都只是一些更强调连续性
的可想象的联想(Assoziationen)。另一方面,柏林共和国就其自身而言
并非铁板一块,大量事件将过去差不多30年分成了几个阶段:科尔时
代(Ära Kohl)的结束和第一届红-绿联邦政府,"9·11"事件,金融与难
民危机——还有诸多能够想到的国内事件。

接下来第一步便是在时间上定位柏林共和国。尽管事情将会表明,
从此处选取的角度来看,因为人们对于柏林共和国的诞生时间有完全不
同的设想,转折点可以被合理化为最有力的切入点。但是,一旦发现这一
点,它的重要性就会因同样明显的连续性而被再次相对化,这段时期就其
本身也会被历史化与分割。历史转折发生得越久远,就越可信。

像任何有意义的时代名称一样,柏林共和国不仅标志着一个确定的
时间段。因此,一个小的概念史应该在第二步中表明,这是一个十分政治
化的概念,尤其是在20世纪90年代。与波恩共和国相反,有人对进一步
的发展表示了担忧,而另一些人试图用这个概念来实现他们自己的政治目
标。这些政治意涵一直保留到了今天,但重要性却越来越低。它在历史学
中的历史化又一次引发了关于它根本上是否是一个重要转折点的辩论。

## 二、柏林共和国始于何时,如何将它历史化?

如今的当代史研究将柏林共和国与一段短暂的历史时期联系在一起。[19]

---

19　一个好的概况参见 Beinert 等人主编的 *Die Berliner Republik*,其中每篇单独的文章
都有大量的进一步的证据;一个批判性的总结分析参见 Schildt, *Zeitgeschichte der Berliner
Republik*;但 Schildt 也主要涉及了这段时期写作的历史作品;这个概念在当代史的研究中
逐渐获得认可,并在大量出版物中被用作标志,除了已援引过的概况,参见 Görtemaker,
*Die Berliner Republik*。

人们对它确切的起始时间有不同的认定。1989 年 11 月 9 日的柏林墙倒塌开启了一段迅速发展的进程,使得民主德国于 1990 年 10 月 3 日在宪法上加入了联邦德国。在这个过程中,重要的法律条款在记忆中被短暂唤醒。第一个重要的中间步骤是 1990 年 5 月 18 日签订的《关于实现民主德国和联邦德国之间货币、经济和社会统一的条约》;[20]随着该条约的签订,人们已经开启了基于旧《基本法》第 23 条的合并之路。随后,通过 1990 年 8 月 31 日的《民主德国和联邦德国关于建立统一德国的条约》,德国成功地实现了统一。[21]《统一条约》的第 2 条第 1 款规定,柏林是德国再统一后的首都。1991 年 6 月 20 日,德国联邦议会在老波恩水厂的临时会场大厅决定将议会和政府迁往柏林。[22]

除了《统一条约》以外,在柏林共和国成立初期,还存在一个关于德意志联邦共和国新的对外政策意义的协定,其重要性不亚于前者。1990 年 9 月 12 日,法国、英国、美国和苏联的外交部长作为一方,民主德国的最后一任总理以及联邦德国的外交部长作为另一方,共同签署了《最终解决德国问题条约》,即所谓的《2 + 4 条约》。这是"二战"同盟国与两个德国最后一次面对面登场。尽管有相互的利益冲突,但冷战的鸿沟在此刻即便不是被消弭,也是显著缩小了。因此,1990 年这一年意味着德国统一的实现,同样也意味着冷战的结束,标志着柏林共和国的开端。如果要寻找一个生日的话,那么最早应该是 1990 年 10 月 3 日。[23]

一旦这个生日被历史性地确认,那么它的重要性将被再次相对化。对于柏林共和国而言,许多重要的事件发生在 1990 年之前,有些则明

---

20　BGBI. II 1990, S. 537.

21　BGBI. II 1990, S. 889.

22　联邦议会的全部辩论记录在 Bundestag（Hg.）, *Berlin—Bonn. Die Debatte*。

23　参见 Görtemaker, *Die Berliner Republik*, S. 9。

显在之后才发生,它们基于重要的先发事件,或者与标志着转折点的事件(德国的再度统一)完全无关。原本的重大转折过后陆续还会有更多的事情发生。[24] 如之前所言,柏林共和国本来就并非铁板一块。

柏林共和国的某种连续性体现在为德国寻找一个新的外交和安全政策角色之上。德国在军事冲突中增加的责任被普遍接受,且在不同的背景下一再得到新的诠释。[25] 南斯拉夫的内战,赫尔辛基协议(KSZE)转变为欧洲安全合作组织(OSZE),海湾战争,一个历经改革且明显扩大化的北约,联邦国防军进驻阿富汗和"阿拉伯之春"事件之后的安全政策要求——应激模型和行为模式一直不断在改变。人们前不久还在宣传军事保守的德国文化,过后就热烈谈论起了联邦共和国在全球军事冲突中也在不断增加的责任。在外交政策上,柏林共和国主要受到寻找新方向的影响,这种情形尤其影响了法律科学的历史,当然,主要影响的是国际法和宪法。[26]

显而易见地,德国统一尤其决定性地影响了柏林共和国的第一个15年。德国马克的引入,行政体系和一个新的司法体系的建立,对民主德国崩溃的经济进行清算、私有化和重组,[27] 但主要还是创造可比的生活条件的漫长道路,展现了至今仍未完全解决的艰巨任务。信托机构最终给出了一张赤字2000亿马克和丢失250万个工业工作岗位的结算平衡表——但总的说来,柏林共和国的工作依旧是成功的。[28] 大量未决

---

24　此处参见 Sabrow, *Zäsuren in der Zeitgeschichte*。

25　此处参见 Epkenhans, *Die Bundesrepublik Deutschland und der Krieg*。

26　相应文献中的评价也会有相应的不同,参见大量相应的出版作品,如 Schwarz, *Die Zentralmacht Europas*; Hacke, *Die Außenpolitik der Bundesrepublik Deutschland*; Petersen, *Einsatz am Hindukusch*; Rauch, *Auslandseinsätze der Bundeswehr*。

27　Vgl. Steiner, *Die DDR als ökonomische Konkurrenz*.

28　参见 Paqué, »Hat die deutsche Einheit die soziale Marktwirtschaft verändert?«,统计数据在第 182 页。

的法律问题有待处理。许多问题首先向立法者提出,他们或多或少从实践层面解决了无数个现实问题,多半都是从西方的视角出发。正是如何应对民主德国的法律问题也让法律科学面临着巨大的挑战。至今仍重要且尤其著名的,是对民主德国的"不法"(Unrecht)的处理,一项新的"过去政策"(Vergangenheitspolitik)明显不同于1945年之后一直被视作参照系的政策。它最清晰地反映在被人们反复讨论的有关"墙体保护"(Mauerschützen)[29]的程序和针对民主德国政治领导人的程序中。"墙体保护"之外的关键词还包括如民主德国的间谍事件、选举舞弊的审判或者因民主德国法官而造成的枉法问题。[30] 我们在这里要谈论的是涉及刑法,但也涉及宪法的经典大问题:禁止溯及既往,民主德国的法律与国际法的关系,正当性基础的范围和"自然法作为个人犯罪的原因"。[31] 此后,直至联邦宪法法院[32]的德国法院都在处理这些问题,它们也成为科学深入讨论的对象。[33] 国家法教学大会因此也已经在1991年探讨了"法治国和对前法治国过往的处理"的主题。[34](这种"迅速反应"也与该学科在1945年后的长期沉默形成强烈的对比。[35])国家法教学大会上的三个报告选择了非常不同的解决方案。克里斯蒂安·施塔克(Christian Starck)和维尔弗里德·贝格(Wilfried Berg)完全运用自然

---

29  参见有大量进一步证据的著作,Dreier, *Gustav Radbruch und die Mauerschützen*。
30  一份带有参考文献的清单,ebd., S. 90。
31  Ebd., S. 88.
32  BVerfGE 95, S. 96.
33  对此,参见凯·安博斯(Kai Ambos)在本书中的文章。
34  Christian Starck, Wilfried Berg 和 Bodo Pieroth 的文章不仅在事实问题上,也在——相关讨论中——德国统一后那一年的(法律)政治基调中给人以深刻的印象;参见 Staatsrechtslehrer, *Der Rechtsstaat und die Aufarbeitung der vor-rechtsstaatlichen Vergangenheit*。
35  就在千禧年后,国家法学者联合会致力于研究他们自己在纳粹中的过往,参见 Horst Dreier 和 Walter Pauly 的文章,载于 Vereinigung der Staatsrechtslehrer, *Die deutsche Staatsrechtslehre in der Zeit des Nationalsozialismus*, S. 9 – 71 und S. 74 – 105。

法的论证模式,而博多·皮罗特(Bodo Pieroth)则严格依照法律实证主义。[36] 米夏埃尔·施托莱斯(Michael Stolleis)对这场辩论和会议氛围的描述让人印象深刻:

> 人们第一次在"德式独裁"后的两次道德与法律清理工作中看到了相似之处。人们不断比较1990年和1945年,也援引了"拉德布鲁赫公式",大部分都拒绝自然法论证的回归,却也坚持法律实证主义存在着某种固有限制。这场讨论(缺少了来自民主德国的声音)的记录特征在于,这些文章都在情绪化和专业的学科化之间摇摆。从某种程度上看,大多数都是活跃分子和观察者,许多人都以教师和聘任委员甚至是政治顾问的身份参与其中。[37]

直至今日,立法者、不计其数的法官和科学本身依旧面临这些问题。当然,每个单独的科学学科讨论的热烈程度有所不同。在刑法辩论之外,也存在一个相应的民法和宪法辩论:厘清大量由没收、国有化和驱逐造成的所有权问题。乍一看,这个主题领域并不引人注目,但对于德国统一后的情感状态而言最终还是比较重要的。

仅在特殊情形下,民主德国的法律才能进入柏林共和国的法律体系。尽管如此,我们仍需追问,民主德国的社会条件在多大程度上影响了柏林共和国的法学辩论。如今的家庭和社会法中是否还遗留着民主德国的家庭和工作结构的痕迹? 再统一及其诸多法律问题为方法论、法律史和法学理论的辩论带来了哪些动力?

---

36　参见 Stolleis 的简述, *Geschichte der öffentlichen Rechts in Deutschlan*, Bd. 4, S. 644 f. 。

37　Ebd. , S. 644 f.

　　众所周知,德国的再统一融入了全球化的发展。冷战持续影响着波恩共和国。它的结束为 1990 年一个再度统一的德国扫清了道路,矛盾与外事政策框架条件的清除让柏林共和国艰难地寻找着自我认知。曼弗雷德·格特马克( Manfred Görtemaker) 为关于柏林共和国历史的梗概选取了一个很好的副标题:再度统一和重新定位。[38] 另一方面,苏联瓦解于经济全球化的肇始,这也成为柏林共和国的特征。作为汉斯-乌尔里希·韦勒五卷本《德国社会史》时代终点的论据,他是如此描述 1990 年的:"关于经济发展,全球化在 1990 年以来达到了一个新阶段。"[39] 全球的交往又再次达到了"一战"前的规模,甚至超越了它。此外,社会不平等问题更加严重,这与 1949 年后的头 40 年不同。[40] 柏林共和国在这里受到了一个本质上是新的世界政治和经济秩序的影响,同时它又是这个秩序的一部分。这个过程在德国法律科学中留下了什么痕迹? 这个学科就其自身而言是否是国际化和全球化的客体? 问题是否发生了转移,新的重要主题是否形成,经济学是否强有力地加入了法学讨论之中?

　　我们在国内政治中也观察到了同样重要的视角转变。"9·11"事件之后,我们对待个人自由权不同于以往。[41] 安全和自由间的紧张关系不仅是联邦宪法法院诸多判决的主题,也持续成为德国法律科学的研究对象。人们可能要问,这些辩论和"德国之秋"之后的那些讨论有何不同。

---

38　Görtemaker, *Die Berliner Republik.*

39　Wehler, *Deutsche Gesellschaftsgeschichte*, Bd. 5.

40　Ebd.

41　在此参见 Schwetzel, *Freiheit, Sicherheit, Terror*; Möllers, *Öffentliche Sicherheit und Gesellschaft*。

金融危机之后,私有化的话语让位于再度公有化的辩论。[42] 一方面,在德国被视为"欧洲病人"[43]的背景下,人们讨论了社会国的任务和可能性,2000 年[44]左右德国破纪录的失业率与金融和国家债务危机之后不同,德国的经济与欧洲其他国家相比表现得十分强劲。另一方面,再度统一将德国社会国带到了它的承受能力的临界点。[45] 因此,如果说我们长期以来尤其考虑波恩共和国的结构,那么如今,它部分地或者以某种改变了的形式,成为我们欧洲邻国关于克服危机的参照系。在1998 年之后的几年中,[46]金融市场管制的解除引发了一场新的关于监管的广泛辩论。[47] 这种发展隐含了关于法律控制能力[48]和国家预期的改变了的假设。即使讨论民族国家终结的声音越来越小,关于国家定位的辩论却依旧在多层次系统(Mehrebenensystem)中进行。没有国家的法律成为一个普遍话题。[49] 德国法律科学也广泛讨论了这种发展。转向基础问题可以说是柏林共和国法律科学的一个进一步特征。

---

42　参见如 Ipsen（Hg.）, *Rekommunalisierung von Versorgungsleistungen?*。

43　正如一个受到大众关注并被改编成广播节目的谈话的题目所言, Sinn, »Der kranke Mann Europas«。

44　Vgl. Leibfried/Wagschal（Hg.）, *Der deutsche Sozialstaat*.

45　在此参见 Ritter, *Der Preis der Deutschen Einheit*。

46　一个表达了时代精神的描述见当时德意志银行董事会发言人的文章, Rolf E. Breuer, »Der deutsche Finanzmarkt«。

47　一个暂时的,鉴于近年来各种监管措施而容易过时的概述,参见 Helmut Siekmann, »Die Neuordnung der Finanzaufsicht«; Siekmann 更新了的文章,»Neuorganisation der Finanzaufsicht«。

48　这场辩论根本上是在行政法中引发的,Schuppert, »Verwaltungsrechtswissenschaft als Steuerungswissenschaft«; 对此的批判参见 Lepsius, » Steuerungsdiskussion, Systemtheorie und Parlamentarismuskritik«。辩论的全面描述参见 Voßkuhle, »Neue Verwaltungrechtswissenschaft«, 尤其是第 21—27 页,其中有大量进一步的证据。

49　此处参见 2007 年在哈勒举行的第 31 届比较法大会两卷结集中的文章:Schwarze（Hg.）, *Globalisierung und Entstaatlichung des Rechts, Teilband I*; Zimmermann（Hg.）, *Globalisierung und Entstaatlichung des Rechts, Teilband II*。同样还有出于私法视角的: Jansen/Michaels（Hg.）, *Beyond the State. Rethinking Private Law*。

在文化层面,不仅仅是汉斯-乌尔里希·韦勒认为,1990 年之后的时代受到了一种极端亢奋的"重估宗教"的影响。[50] 它时而看起来像一种宗教原教旨主义的新威胁,在柏林共和国中取代了冷战时期旧的意识形态的对立。"9·11"事件触发了针对国际恐怖主义的战争,它有时也采取一种宗教间的文化战争形式。那些个人,尤其是带有极端化倾向的个人,直接被错误地简化为伊斯兰教徒。一种基督教和犹太教的价值传统被提出来作为一种反对模型,它也由于 20 世纪发生的事同样被简化,有时还被历史遗忘。尽管激进主义倾向经常被夸大,但毫无疑问,像波恩共和国晚期那样线性的世俗化在柏林共和国无法继续。出于宗教动机的极端主义的强大影响力在柏林共和国也变得极其重要。在统一后的德国,国家与教会的关系也不再延续线性世俗化的模式,正如关于公共空间中的宗教象征的激烈讨论或者关于割礼许可的辩论所表现的。然而,宗教自由的基本权利在将来可能会成为最危险的基本权利。在这里,一种"法律的政治化"将会越来越常见,而"通过宪法对政治进行法律化"[51] 也将越来越少见。

然而,如果不区分柏林共和国的各个时期,仅关注这个大议题中的小议题,那么我们看到的就是一个扭曲的画面。许多与柏林共和国相关的变化并不是在 1990 年 10 月 3 日之后就立即开始的,而是明显更晚,尤其是在波恩,许多事在一开始都还是一如既往。因此,1998 年科尔政府向格哈德·施罗德(Gerhard Schröder)领导的第一届红-绿联邦政府的转变是柏林共和国的一次重要的转折。[52] 不久的将来它便成为

---

50　Wehler, *Deutsche Gesellschaftgeschichte*, *Bd. 5*, S. 87.

51　两者都援引自 Heinig, »Gerichtliche Auseinandersetzungen um Kreuz und Kopftuch«, S. 85。

52　关于这个单独的政治领域的概况,参见 Egle u. a. (Hg.), *Das rot-grüne Projekt*。

政府与议会所在地的实际变更。经过大量的建筑措施和设计(它们的政治理解值得思考),53议会、联邦政府和大量联邦部门在 1999 年秋天从莱茵河畔迁去了施普雷河畔。自从 1999 年联邦国防空军参加科索沃战争以来,南斯拉夫战争和德国在军事冲突中的新角色,欧盟的东扩,54"9·11"事件及其具有深远影响的内外政策后果55和大量的社会国改革〔包括但远不限于德国失业救助金(Signum Hartz IV)等改革〕,56这些可能才是真正终结波恩共和国,并让柏林共和国的轮廓得以显现的事件。在某个层面上,1998 年是波恩共和国和柏林共和国分野的第二个转折点。新的联邦政府给人的印象是一个达到极限的社会国。德国被认为是"欧洲病人"。大规模的失业、无所不在的有关私有化话语、关于效益和经济的辩论决定了立法,因此也决定了法学讨论。以 1982 年 9 月 9 日签署的所谓拉姆多夫文件57为开始的政治活动在新的政治阵营下进入了柏林共和国。

　　最后我要简要提及近几十年来知识辩论和其他人文科学发展之间的联系。它们是否持续影响了法律科学? 这个问题的答案可能会因不同的法律领域而各异。尤其是基础专业,它们自然特别接近一般人文科学的发展。系统论吸引着柏林共和国的重要法学家,同样也影响了

---

53　此处参见 Pehnt, »Der Wunsch zu sein wie andere auch«,关于新的建筑主要参见第 765—768 页。

54　此处参见 Gehler, »Zentralmacht Europas? «,尤其是第 99—106 页。

55　对此参见 Berg, »Der 11. September. Eine historische Zäsur«。从文化、文学和电影学角度阐释"9·11"事件的转折点的文章见 Poppeh u. a. (Hg.), *9/11 als kulturelle Zäsur*;关于对国际法的影响,参见 Föh, *Die Bekämpfung des internationalen Terrorismus nach dem 11. September 2001*。

56　此处参见 Blank, *Soziale Rechte 1998 - 2005*; Meyer, »Was kann der Staat?«。

57　这个文件原本叫作《关于克服增长疲劳和拯救失业的政策纲领》(Konzept für eine Politik zur Überwindung der Wachstumsschwäche und zur Bekämpfung der Arbeitslosigkeit),参见 Bökenkamp u. a. (Hg.), *30 Jahre »Lambsdorff-Papier«*。

尤尔根·哈贝马斯(Jürgen Habermas)和他的学生的观念,他们中也有一些是法学家。不同的"转向"(turns)都更愿意以旁观者的角色看待法律科学,只有少数的例外。

许多德国自己的知识分子对再度统一感到极其无语。一个尤其挑战亲西方的联邦共和传统的"新右派",[58]与1982/1983年在政治层面推动"精神与道德"转向的尝试一样,都引起不了什么共鸣。人们能听到一些来自自由保守派的声音,它们将新统一的德国民族国家的外交地位当成一个议题,并警告曾引发两次世界大战的德国古老的"权力狂热"不要骤变成新的"权力忘却"。[59] 左派在面对再度统一的德国时,首先感受到的是某种弥漫的不确定性。[60] 尽管柏林共和国也有如关于大屠杀纪念碑群[61]的著名辩论或马丁·瓦尔泽(Martin Walser)和伊格纳茨·卜碧思(Ignatz Bubis)的争论。[62] 2000年,时任CDU/CSU联邦议会党团主席的弗里德里希·默茨(Friedrich Merz)引入了"自由主义的德国主导文化"(freiheitliche deutsche Leitkultur)的概念,用来服务一种保守派的形象,反对主要是绿党在传达的多元文化理念。[63] 但总而言之:"就知识分子本身而言,道德知识分子忧虑和说教的姿态在柏林共和国失去了合理性。"[64]

我们尤其可以在公共话语与政治的中间地带,用充分的理由去寻

---

58　参见比如 Zitelmann u. a. (Hg.), *Westbindung*。

59　如同政治学者汉斯-彼得·施瓦茨(Hans-Peter Schwarz)所说,转引自 Geppert, *Republik des Geistes*, S. 164。

60　"统一的话语"不久便融入了一种"统一的危机",参见 Caborn, *Schleichende Wende*。

61　此处参见 Grüner, *Ankunft in Deutschland*。

62　Ebd.

63　Ebd., S. 200 f.

64　Ebd., S. 249.

找其他的重大转折,比如寻找受传记式影响的群体(Kohorten)。每个人都回忆起众人呼唤的 1968 年;它对于柏林共和国的意义可能在于大部分经历过 1968 年[65]的人所推崇的"通过制度来前进"。在 1998 年以后,主要是他们持续地帮助塑造柏林共和国。在诸多权威辩论者中,多米尼克·格佩特(Dominik Geppert)谈及了波恩共和国和柏林共和国之间明显的连续性:

> 因为在知识领域占主导地位的知识分子依旧保持一个显著的规模,而他们正好是对波恩共和国的知识圈起到决定性影响的那群人:男性如尤尔根·哈贝马斯、威廉·亨尼斯(Wilhelm Hennis)、京特·格拉斯(Günter Grass)、拉尔夫·达伦多夫(Ralf Dahrendorf)、汉斯·马格努斯·恩岑斯贝格尔(Hans Magnus Enzensberger)、马丁·瓦尔泽、库尔特·松特海默尔(Kurt Sontheimer)、恩斯特-沃尔夫冈·伯肯弗尔德(Ernst-Wolfgang Böckenförde)、约翰内斯·格罗斯、汉斯-彼得·施瓦茨、汉斯-乌尔里希·韦勒,以及阿努尔夫·巴林(Arnulf Baring)。他们都出生于 20 世纪 20 年代末和 30 年代初,也就是说,是 1945 年那一代人的代表,这代人在显微镜下仔细观察当代史,他们参与了几乎所有关于柏林共和国政治自画像(das politische Selbstbildnis)和统一后德国国家认同的重要辩论。[66]

随着欧盟同时期一体化的深入和扩大,柏林共和国的历史最后还

---

65 在关于 1968 年和"68 一代"重要性的大量文献中,参见有大量证据的著作:Frei, *1968. Jugendrevolte und globaler Protest*。

66 Geppert, *Republik des Geistes*, S. 173 f.

获得了一种内部结构(Binnenstruktur)。德国在欧洲的角色转化无疑是柏林共和国的一个标志。在统一后,德国似乎更加深入地融入了欧洲,首先且尤为重要的是防止再次陷入古老的民族主义。[67]《马斯特里赫特条约》《阿姆斯特丹条约》和《尼斯条约》代表了"从国家联合到联邦"的看似直线的发展。[68] 然而,围绕欧洲一体化进程目的的讨论,并未因民族国家公投而流产的欧洲宪法和始于 2008 年的金融与国家债务危机而丧失活力。[69] 主要在德国人任职欧洲理事会主席期间筹备[70]的《里斯本条约》巩固了欧洲的一体化进程。联邦宪法法院的里斯本判决[71]原则上批准了由联邦议会和联邦参议会以大多数票通过的条约,但它也强调了联邦议会和联邦参议会的参与权与义务。

因此,我们可以思考,我们是否已经将柏林共和国抛在脑后。柏林共和国是否已经被一个统一欧洲联邦国家的带有布鲁塞尔特征的共和国所征服? 对于大多指向"民族国家终结"的臆断观点,法律和它的科学在仔细观察后也很少谈起。

一方面是民族国家的立法权,另一方面是一个居间的行政权和诸多欧盟机构,不仅柏林共和国的法律科学对它们之间的张力进行了权威研究,国家债务和欧元危机在欧洲各地都激发了右翼民粹主义的话

---

67　此处参见 Gehler, *Zentralmacht Europas*,尤其是 S. 92—99;Wolfrum, *Die geglückte Demokratie*, S. 451 ff. 。

68　当时的德国外交部长约施卡·菲舍尔(Joschka Fischer)在一次备受关注的欧洲政策发言中如此描述,参见 Fischer, *Vom staatenbund zur Föderation*。

69　直到千禧年的发展参见 Schneider, »Optionen der politischen Finalität«; Winkler, »Vom Staatenbund zur Föderation«。

70　此处参见 Maurer, »Die Verhandlungen zum Reformvertrag unter deutschem Vorsitz«。

71　BVerfGE 123, S. 267 ff. 这个判决经过了大量的讨论,关于它对欧洲政策的影响,参见 Müller-Graff, »Das Lissabon-Urteil«; Schorkopf, »Die Europäische Union im Lot«。

语。[72] 再一次民族化,一个有两种速度的欧洲和看似十分必要的欧洲机构改革,决定了这场辩论比 1990 年之后的还要激烈。一部欧洲宪法的失败,急剧成长的欧盟显而易见的一体化困境和国家债务危机也让我们认为欧洲的一体化进程停滞不前。这对于德国的法律科学尤其重要。尽管欧洲法律和众多法律部门欧洲化的重要性在不断提升,法律科学却明显地带有民族国家的印记。第一次和第二次国家考试并非偶然抵御了博洛尼亚进程,在非德语国家聘任教授仍然是例外。不同于其他(人文科学的)学科,大部分法律科学的杂志一如既往都是用德语出版。

这些少量的关键词表明了柏林共和国就其自身而言受到了某些重大转折的影响。有关平衡安全和自由的讨论在"9·11"事件发生前后就变得有所不同,关于去国家干预和私有化的讨论在国家债务和金融危机之后也变得不同。

在对普遍当代史的观察中,重大转折点随着时间的流逝获得了它的重要性。这是否同样适用于 1990 年之后的德国法律和法律科学?众所周知,德国统一与宪法上的重大转折毫不相关,从一开始就不存在新的全德国的宪法。[73] 要求一部新德国宪法在权力政治(machtpolitisch)上是不恰当的,在德国国家法学者圈子中也没有激起什么反响。[74] 如果有人以波恩共和国的视角来观察柏林共和国,那么他将首先看到的是某种强烈的连续路线。然而另一方面,已显露的全球、欧洲和民族国家的变化也极大改变了国际法、欧洲法、民法和刑法,当然

---

72　大部分都绝对按照自己的政治议程来写的文章,参见欧洲一体化研究组主编的 *Rechtspopulismus in der Europäischen Union*。

73　关于辩论,此处参见 Lerche, »Der Beitritt der DDR«。

74　关于 1990 年柏林和 1991 年吉森的国家法学者大会上的辩论,参见 Stolleis, *Geschichte der öffentlichen Rechts in Deutschland, Bd. 4*。

也改变了整体的德国法律体系。因此，柏林共和国的法律科学过去和现在都面临着变革，它的议题和参照系部分发生了根本性的变化，在新的媒体和制度框架条件下运作。我们必须粗略地指出波恩共和国和柏林共和国之间的某些共同变化。然而，它们对法律科学的发展不能不产生影响。

最后却尤为重要的观点仍有待提及。在当代史的文献中，一个西德视角的统治地位无法掩盖的事实是，民主德国的公民将 1990 年 10 月 3 日与一个重大的转折点联系起来。对于他们而言特别适用的是：在东德只有新的事物、新的货币、新的政治系统、新的法律以及新的法律科学。

## 三、柏林共和国——一段简短的概念史和观念史

如果柏林不是波恩，那么它们的差异不仅仅要归因于再次统一和议会与政府从莱茵河畔搬迁至施普雷河畔。柏林共和国的日历（Rubrum）不仅谈论前面简述的外部事件，还包括全球的和国家的发展。历史学家、政治学家、社会学家、新闻工作者和少许事件中的法学家都对德国人以及他们的新共和国的一种新的自我认知作出诊断。他们觉察出了社会和"共和国政治面相"的一种深刻的结构变化。[75] 人们应该更仔细地观察这些不同的话语，它们受经济状况所左右，且会被历史化。

在柏林共和国成立之初，人们赋予波恩和柏林这两座城市以象征

---

75　Gross, *Begründung der Berliner Republik*, S. 7.

意义,一个象征新的国家认识,一个象征对旧国家认识的坚持。[76] 曼弗雷德·格特马克中肯地说道:"地点同时也代表内容:波恩代表谦逊和民主的可靠性,柏林代表自大和一种权威的国家观点。"[77] 负面的联想影响着直至 20 世纪 90 年代中期的概念:

> 如果说旧的联邦共和国被视为内部稳定、经济繁荣和外部可靠性的象征,那么与"柏林共和国"这个关键词相关的则是对历史遗忘、对议会民主和政党系统的危机、对傲慢和欠缺的节制的警示。曾有一段时期,人们都希望再度统一仅仅意味着一个围绕原先的民主德国扩展而成联邦共和国,此外的所有都照旧,"柏林共和国"在副刊文章和政治评论中都被视为 1990 年初以来大部分问题领域和社会赤字的投影。[78]

这场辩论大部分由德国人主导,也主要发生在德国。伴随对德国新角色的担忧,巴黎和伦敦总体上视柏林的选择为德国统一完成的外部标志。[79] 尤尔根·哈贝马斯诊断出了新的德国民族主义的危险,他支持平和的规范主义,反对欧洲一体化进程中任何一种"强权野心"。[80] "与其由柏林来作出冷酷的决定,不如让柏林共和国在斯特拉斯堡和布鲁塞尔赢得大多数。"[81]

为了概念史上的胜利,政治评论家约翰内斯·格罗斯在 1995 年提

---

76　此处参见 Caborn, *Schleichende Wende*。

77　Görtemaker, *Die Berliner Republik*, S. 47.

78　Bienert u. a. ( Hg. ), *Die Berliner Republik*, S. 10.

79　Vgl. Görtemaker, *Die Berliner Republik*, S. 51 f.

80　Habermas, *Die Normalität einer Berliner Republik*, S. 187.

81　Ebd. , S. 188.

出了真正的"柏林共和国建立"概念。[82] 在 1995 年真正"建立"之后,直到他 1999 年去世,格罗斯报道了来自柏林共和国的持续不断的新闻,[83]这些新闻大多读起来都像是对旧联邦共和国的一种道别。他不再相信建立共识的机构如政党[84]、教会和工会[85]在柏林共和国中的角色。在柏林,社会、政治和经济精英互相碰面,[86]政治明显更强地处于媒体控制之下,依据媒体法则运行,[87]社会大部分被政治化的同时也被原子化,这妨碍了旧时的代议制民主。对于格罗斯而言,柏林共和国在某种程度上是一个短期的真空,波恩的空气终究逃逸了,柏林的空气必须取代它。格罗斯发现很难描述这些。社会的个体化[88]伴随自由权利的削减,并以一种家长式的国家主义的名义作出,[89]国家规范主义的回归[90]以及在无需消灭民族国家的前提下强化欧洲层面,对他而言都是重要的组成部分。[91]

随着议会和政府搬迁至施普雷河畔,更重要的是,随着科尔时代的结束和 1998 年第一次完整的政府换届,这一概念也由感兴趣的政党重新解释。因此,亲社会民主党(SPD)的新杂志《柏林共和国》的编辑、联邦议会的议员汉斯-彼得·巴特尔斯(Hans-Peter Bartels)在 1999 年杂

---

82　Gross, *Begründung der Berliner Republik*.
83　Gross, *Begründung der Berliner Republik*.
84　Ebd. , S. 27 – 33.
85　Ebd. , S. 34 – 41.
86　格罗斯针对更乡村化的波恩描述了一个反面典型,ebd. , S. 84 – 100,尤其是 S. 92 ff. 。
87　在道别总理赫尔穆特·科尔时,格罗斯将他的执政时期标记为电视民主的开端,ebd. , S. 77。
88　Ebd. , S. 56 – 63.
89　Ebd. , S. 12 – 19.
90　Ebd. , S. 58.
91　Ebd. , S. 124 – 150.

志的第一期中如此写道：

> 在当下，柏林标志着一代政治人的巅峰和实现，这一代不同寻
> 常地长，也不同寻常地成功。早前红-绿的学生政治家、社民党青
> 年组织的官员和左翼分子最终完全接替了战争一代。虽然他们对
> 不同的事物一直很敏感，但毫无疑问他们在掌权。他们用五六年
> 的时间形成了第一批柏林的首都建制派。他们内部的那些清理斗
> 争坚决果断，且隐藏着某些对他者的观点。在新柏林的起重机之
> 下，在雅致的威廉时代布景前，在前帝国航空部、国家委员会大楼
> 和帝国议会内部，所有人都能察觉到，西德人的世界在几年前就已
> 经不复存在。[92]

　　这种活力是1998年后几年的特点，尽管南斯拉夫战争、劳动市场
明显的困境和"9·11"带来的些许亢奋很快便蒸发掉了。除了永久性
的改革需求以外，它还以一个新民族国家的规范性为特征，在某种程度
上，这可以被解读为德国在欧洲担任新领导角色的前奏。

　　转折点是辅助手段，它们加强了前后发生事情之间的对立，尤其对
那些用历史眼光看待事物的人而言。它们大多都与重要的历史事件相
关，这些历史事件被许多同时代人视为大事迹。20世纪末的同时代人
最终承认，由苏联的衰落而导致的德国统一和冷战的结束就是这样的
事件。当代史学者马丁·萨布洛（Martin Sabrow）是这样表述的：

> 不同于"9·11"的袭击，1989年到1991年德国和欧洲所发生的

---

92　Vgl. Bartels, »Unsere Berliner Republik«, S. 20.

世界历史的转折标志着一个时代的突破,因为它废除了过去事物秩序的有效性。它设立了行为和思考的新的规范标准,这些标准无法诞生于旧的条件,它还形成了一个不可或缺(unhintergehbar)的视角,将其自己的历史性和闻所未闻(Unerhörtheit)迅速转化成自然而然的规范性。[93]

　　用描述重大的历史转折来有意忘记过去尤其会招致批评。例如,阿克塞尔·希尔特(Axel Schildt)因此怀疑,柏林共和国是否只是一个针对1990年之后联邦共和国的新质量的评断,他坚持为这个概念"打上引号";[94]政治学者埃克哈特·耶瑟(Eckhard Jesse)同样完全拒绝这个概念,并用一个扩大的波恩共和国来取代它。[95] 这些批判性言论发生在这样一个时刻,在这期间人们主要围绕着柏林共和国概念的政治侵占,并想要尽可能避免一种民族意识过度的印象。然而与此同时,这个时代称谓广为流传,并与发生于1989年和1991年间的重大转折紧密相连。倘若有人对此怀疑,那么就由文学史家维尔弗里德·巴尔纳(Wilfried Barner)来回复他:"时代幻觉就是历史事实。"[96]

　　随着2005年到2009年的大联盟和2009年到2013年黑-黄联合政府的统治,人们不久便再次清醒。柏林共和国的概念如今明确少了政治的意涵。既有对这个概念的拒绝,如赫尔穆特·科尔("我认为这个概念毫无意义")或者沃尔夫冈·朔伊布勒("柏林共和国如同波恩共

---

93　Sabrow, »Zäsuren in der Zeitgeschichte«, S. 129.

94　Schildt, »Zeitgeschichte der › Berliner Republik‹ «.

95　Vgl. Beinert u. a. (Hg.), *Die Berliner Republik*, S. 10 f.

96　Barner, »Zum Problem der Epochenillusion«, S. 527,转引自 Sabrow, »Zäsuren in der Zeitgeschichte«.

和国一样不能说明什么")⁹⁷所表现的,也有在内容上对这个概念进行
了重新设定。正如已经明确的,它更是一个时代的称谓。当代史学家
和政治学者的辩论如今已经转而仅仅关注波恩共和国和柏林共和国之
间变化的幅度。当代史学家埃德加·沃尔夫鲁姆(Edgar Wolfrum)这样
说道:

> 众所周知,20 世纪 90 年代以来的政治挑战——德国的再统
> 一、欧洲经济和货币联盟的建立、东部的拓展、国际社会的重组、经
> 济的去边界、战争的回归和国际恐怖主义的威胁——与过去几十
> 年有着天壤之别,对德国政治和社会的影响是显著的。我们不能
> 仅靠回忆成功的波恩模式为生,这种模式受益于特殊的框架性条
> 件,如世界的分割和冷战。"柏林共和国"的称谓在这种意义上可
> 以被理解为一种象征性表达:联邦共和国在应对 1989 年以来所发
> 生的变化时自己发生了改变,因为它长期的发展条件已经发生
> 变化。⁹⁸

概念史上的转变区别于有关柏林治理和立法新条件的论述,也不
同于近 25 年来对柏林共和国产生决定性影响的重要辩论。

首先出现的是迁至施普雷河畔之后和世纪之交以来不断增强的一
种加速和媒体发热之感,有时甚至可以称之为"过热"。随着印刷媒体
的危机和新的互联网编辑速度的不断提升,德国新闻界的结构性变化
不仅在政治参与者和新闻从业者那里变成了柏林的表征,也被视为一

---

97　两者援引自 Hachmeister, *Nervöse Zone*, S. 15。
98　Wolfrum, *Die geglückte Demokratie*.

个"紧张的区域"。[99] 在这些描述中,人们反复缅怀和美化波恩的安宁。无所不在的政治脱口秀和同样无处不在的重要的大人物成为这种发展的主要见证人。[100] 政治家如格哈德·施罗德、吉多·韦斯特韦勒(Guido Westerwelle)或者克里斯蒂安·武尔夫(Christian Wulff)也试图去对抗政治化了的首都新闻界的建制派,或者通过图片报和马路小报的支持来达成政治上的功成身就。金融和国家债务危机,以及快速推出的纾困政策强化了一种在它固有的规律中很难一望无际的平行宇宙的印象。因此,与柏林共和国紧密相关的还有治理和立法的新的媒体条件。

伴随着历史解释,柏林共和国找到了一种新的民族国家的规范性,它与一场新的特殊的德国爱国主义辩论有关。

> 在波恩共和国中,关于爱国主义的谈话始终与过往联系在一起。鉴于纳粹的罪行,任何一种过于动情和建立在一种百折不挠的国家情感之上的爱国主义想象似乎都不足以满足过去的教训。[101]

弗兰克·布伦森(Frank Brunssen)在柏林共和国的历史自我认识中诊断出了一种深刻的改变:

> 在1989年到1990年的巨大变革之前,在战后两国分立的几十年中,1945年发生的根本转折形成了观察德国历史的真正焦点:许多德国人在1945年首先经历的是国家的崩溃,知识分子也将其理解为文明的断裂,而自80年代中期以来,之后出生的德国人则主

---

99　Hachmeister, *Nervöse Zone.*

100　Hachmeister, *Nervöse Zone*, S. 23.

101　Grüner, *Ankunft in Deutschland.*

要将其理解为是从国家社会主义中解放出来。[102]

在柏林共和国的很长一段时期内,传统的宪法爱国主义被其他试图保持冷静的爱国主义图景抛掷在了一边。对"德国是移民国"的描述,以及对其反思性的反抗最早失去了力量。在不断回溯的自我证实过后,首先出现的是日常政治的辩论,然后是一种普遍的去政治化。多米尼克·格佩特如此描述道:

> 另一方面,话语的转变涉及了知识辩论的转移,从关于国家的自我发现和寻找认同的轻度社会心理学问题,从关于德国的特殊道路和规范化的讨论,到更为困难的经济、人口和社会问题:关于健康政策和福利国家、人口发展、孩子和家庭、防卫和公正、银行系统、金融秩序和国家债务危机的辩论——对于所有这些可以想象的"无聊议题",一代又一代的德国知识分子可能都会冷漠地耸耸肩。[103]

自从国家债务和金融危机爆发以来,政治辩论又一次地明显改变。至今为止都顺利且深入发展的欧洲一体化进程遭受了阻碍,尤其是欧盟的制度逐渐受到了批评。尽管如此,直到 2015 年,整体的爱国主义话语似乎丧失了一些。虽然在近几十年中,人们很少宣传民族国家的消失,但其经典特征仍旧被相对化。国家边界逐渐模糊,边境管制程度也越来越低,申根区域不断扩张,与一个国家单纯逗留相比,国籍失去了它的

---

102　Brunssen, *Das neue Selbstverständnis der Berliner Republik*, S. 137.

103　Geppert, »Republik des Geistes«, S. 179.

重要性。在许多人看来，难民危机突然成了对这种平衡趋势的考验。在时常不知疲倦寻求安宁的地方出现了某种不安分，它持续改变了政治辩论。部分德国民众不信任民族国家的制度和媒体。许多人观察到了感受中的或真实的国家失效。如果说，安格拉·默克尔（Angela Merkel）超过十年的不对称的分化（asymmetrischen Demobilisierung）是一种社会去政治化，那么，大批难民的涌入则导致了一种暂时的政治化（Ad-hoc-Politisierung）。虽然难民危机、英国人民的脱欧决定以及唐纳德·特朗普被选为美国总统在极短时间内持续改变着德国的辩论，但这种改变的原因肯定更加深刻。支持国家的德国公法学者协会在2012年的基尔年会上讨论了"危机中的代议制民主"这个议题后，它就变得值得人们关注。[104] 如今看来，波恩共和国旧有或现实的确定性似乎正在柏林共和国的第三个十年中逐渐消失，如同约翰内斯·格罗斯早在1995年就略带忧郁地，也许还有些草率地与它告别那样。

也许新的不确定性导致了更强的离心力，它不像在波恩共和国中那样促成了一种统一且有助于形成社会共识的辩论。但这样的评断也许是草率的。毋庸置疑，前述经历过1945年的人不断恳求的欧洲和平计划在后几代人眼里已经失去吸引力。无需争议的是，传统的政治程序正面临越来越大的压力。政治厌恶与对国家的高期待密不可分，特别是在接连不断的危机发生之后。在许多情况下，人们会产生一种印象，即法律在最近这个时期不得不让位于政治决断。然而，在极为严重的灾难警告前，我们猜测，这些或许已经是柏林共和国规范性的明显症状。没人能成为自己事件的法官（Nemo iudex in causa sua）。

---

104　此处参见我绝对批判的看法，见 Ruppert, »Repräsentative Demokratie in der Krise?«。

# 参考文献

Fritz René Allemann, *Bonn ist nicht Weimar*, Köln, Berlin 1956.

Patrick Bahners, »Begründerzeit. Johannes Gross als Glossator des Verfassungswandels im Übergang von Bonn nach Berlin«, in: Michael C. Bienert u. a. (Hg.), *Die Berliner Republik. Beiträge zur deutschen Zeitgeschichte seit 1990*, Berlin 2013, S. 181 – 200.

Wilfried Barner, »Zum Problem der Epochenillusion«, in: Reinhart Herzog (Hg.), *Epochenschwelle und Epochenbewusstsein*, München 1987, S. 517 – 529.

Hans Peter Bartels, »Unsere Berliner Republik. Zur Aneignung einer schillernden Metapher«, in: *Berliner Republik* 1 (1999), S. 20 – 23.

Manfred Berg, »Der 11. September. Eine historische Zäsur«, in: *Zeithistorische Forschungen* (2011), S. 461 – 474.

Michael C. Bienert u. a. (Hg.), *Die Berliner Republik. Beiträge zur deutschen Zeitgeschichte seit 1990*, Berlin 2013.

Florian Blank, *Soziale Rechte 19982005. Die Wohlfahrtsstaatsreformen der rotgrünen Bundesregierung*, Wiesbaden 2011.

Dieter Blumenwitz, *Die Überwindung der deutschen Teilung und die Vier Mächte*, Berlin 1990.

Karl Heinz Bohrer, »Die Ästhetik des Staates revisited«, in: Karl Heinz Bohrer, Kurt Scheel (Hg.), *Merkur Sonderheft 689/690, Ein neues Deutschland? Zur Physiognomie der Berliner* Republik, Stuttgart 2006, S. 749 – 757.

Gérard Bökenkamp u. a. (Hg.), *30 Jahre »Lambsdorff-Papier«. Texte und Dokumente zum »Konzept. für eine Politik zur Überwindung der Wachstums schwäche und zur Bekämpfung der Arbeitslosigkeit«* (9. September 1982), Berlin 2012.

Norbert Bolz, »Postjournalismus«, in: Karl Heinz Bohrer, Kurt Scheel (Hg.), *Merkur Sonderheft. 689/690, Ein neues Deutschland? Zur Physiognomie der Berliner Republik*, Stuttgart 2006, S. 929 – 936.

Frank Bösch, Jürgen Danyel (Hg.), *Zeitgeschichte—Konzepte und Methoden*,

Göttingen 2012.

Rolf-E. Breuer, »Der deutsche Finanzmarkt zwischen Deregulierung und ReRegulierung«, in: *Die. Bank* (2002), S. 544 – 548.

Frank Brunssen, *Das neue Selbstverständnis der Berliner Republik*, Würzburg 2005.

Deutscher Bundestag (Hg.), *Berlin—Bonn. Die Debatte. Alle Bundestagsreden vom 20. Juni 1991*, Köln 1991.

Joannah Caborn, *Schleichende Wende. Diskurse von Nation und Erinnerung bei der Konstituierung. der Berliner Republik*, Münster 2006.

Bernhard Diestelkamp, »Zur Rolle der Rechtswissenschaft in der sowjetisch besetzten Zone. Deutschlands und der frühen Deutschen Demokratischen Republik«, in: *Zeitschrift der Neueren Rechtsgeschichte* (1996), S. 86 – 101.

Horst Dreier, *Gilt das Grundgesetz ewig? Fünf Kapitel zum modernen Verfassungsstaat*, München 2008.

—, »Gustav Radbruch und die Mauerschützen«, in: Julian Krüper, Heiko Sauer (Hg.), *Staat und Recht in Teilung und Einheit*, Stuttgart 2011, S. 88 – 126.

Christoph Egle u. a. (Hg.), *Das rotgrüne Projekt. Eine Bilanz der Regierung Schröder 1998—2002*, Wiesbaden 2003.

Michael Epkenhans, »Die Bundesrepublik Deutschland und der Krieg«, in: Michael C. Bienert u. a. (Hg.), *Die Berliner Republik. Beiträge zur deutschen Zeitgeschichte seit 1990*, Berlin 2013, S. 143 – 158.

Joschka Fischer, *Vom Staatenbund zur Föderation. Gedanken über die Finalität der europäischen. Union. Rede gehalten am 12. Mai 2000 in der Humboldt-Universität zu Berlin*, Frankfurt am Main 2000.

Jörg Föh, *Die Bekämpfung des internationalen Terrorismus nach dem 11. September 2001. Auswirkungen auf das Völkerrecht und die Organisation der Vereinten Nationen*, Berlin 2011.

Norbert Frei, *1968. Jugendrevolte und globaler Protest*, München 2008.

Michael Gehler, »›Zentralmacht Europas‹? Die Berliner Republik außer und innerhalb der europäischen Union«, in: Michael C. Bienert u. a. (Hg.), *Die Berliner Republik. Beiträge zur deutschen Zeitgeschichte seit 1990*, Berlin 2013, S. 91 – 122.

Dominik Geppert, »Republik des Geistes. Die Intellektuellen und das wiedervereinigte. Deutschland«, in: Michael C. Bienert u. a. ( Hg. ), *Die Berliner Republik. Beiträge zur deutschen Zeitgeschichte seit 1990*, Berlin 2013, S. 159 – 180.

Manfred Görtemaker, *Kleine Geschichte der Bundesrepublik Deutschland*, München 2007.

—, *Die Berliner Republik. Wiedervereinigung und Neuorientierung*, Berlin 2009.

Johannes Gross, *Begründung der Berliner Republik. Deutschland am Ende des 20. Jahrhunderts*, Stuttgart 1995.

Jan Ingo Grüner, *Ankunft in Deutschland. Die Intellektuellen und die Berliner Republik 1998 – 2006*, Berlin 2010.

Jürgen Habermas, *Die Normalität einer Berliner Republik ( Kleine Politische Schriften VIII)*, Frankfurt am Main 1995.

Lutz Hachmeister, *Nervöse Zone. Politik und Journalismus in der Berliner Republik*, München 2007.

Christian Hacke, *Die Außenpolitik der Bundesrepublik Deutschland. Welt macht wider Willen? Aktualisierte und erweiterte Neuauflage*, Berlin 1997.

Hans Michael Heinig, »Gerichtliche Auseinandersetzungen um Kreuz und Kopftuch im öffentlichen Raum—Thesen und Beobachtungen«, in: Karlies Abmeier u. a. ( Hg. ), *Religion im öffentlichen Raum*, Paderborn 2013, S. 79 – 88.

Hans-Hermann Hertle, *Chronik des Mauerfalls. Die dramatischen Ereignisse um den 9. November 1989*, Berlin 2009.

Hasso Hofmann, » Über Verfassungsfieber «, in: *Ius Commune* XVII ( 1990 ), S. 310 – 317.

Forschungsgruppe Europäische Integration ( Hg. ), *Rechtspopulismus in der Europäischen Union*, Hamburg 2012.

Jörn Ipsen ( Hg. ), *Rekommunalisierung von Versorgungsleistungen? ( 22. Bad Iburger Gespräche zum Kommunalrecht)*, Göttingen 2012.

Nils Jansen, Ralf Michaels ( Hg. ), *Beyond the State. Rethinking Private Law*, Tübingen 2008.

Jürgen Kocka, Renate Mayntz ( Hg. ), *Wissenschaft und Wiedervereinigung.*

*Disziplinen und Umbruch*, Berlin 1998.

Stephan Leibfried, Uwe Wagschal ( Hg. ) , *Der deutsche Sozialstaat. Bilanzen, Reformen, Perspektiven*, Frankfurt am Main 2001.

Oliver Lepsius, *Steuerungsdiskussion, Systemtheorie und Parlamentarismus kritik*, Tübingen 1999.

Peter Lerche, »Der Beitritt der DDR—Voraussetzungen, Realisierung, Wirkungen«, in: Josef. Isensee, Paul Kirchhof ( Hg. ) , *Handbuch des Staatsrechts. Bd. 8: Die Einheit Deutschlands. Entwicklung und Grundlagen*, Heidelberg 1995, S. 403 - 446.

Christine Lutz, *Berlin als Hauptstadt des wiedervereinigten Deutschlands. Symbol für ein neues. deutsches Selbstverständnis?*, Berlin 2002.

Inga Markovits, *Die Abwicklung. Ein Tagebuch zum Ende der DDR-Justiz*, München 1993.

Andreas Maurer, »Die Verhandlungen zum Reformvertrag unter deutschem Vorsitz«, in: *Aus Politik. und Zeitgeschichte* 57 ( 2007 ) , S. 38.

Hendrik Meyer, *Was kann der Staat? Eine Analyse der rotgrünen Reformen in der Sozialpolitik*, Bielefeld 2013.

Martin H. W. Möllers, *Öffentliche Sicherheit und Gesellschaft. Debatten im Kontext historischer. Ereignisse seit 9/11*, Frankfurt am Main 2013.

Peter-Christian Müller-Graff, »Das Lissabon-Urteil. Implikationen für die Europapolitik«, in: *Aus. Politik und Zeitgeschichte* 57 ( 2010 ) , S. 22 - 29.

Karl-Heinz Paqué, »Hat die deutsche Einheit die soziale Marktwirtschaft verändert? Eine Zwischenbilanz 1990 - 2010 «, in: Werner Plumpe, Joachim Scholtyseck ( Hg. ) , *Der Staat und die Ordnung der Wirtschaft. Vom Kaiserreich bis zur Berliner Republik*, Stuttgart 2012, S. 179 - 203.

Wolfgang Pehnt, » Der Wunsch zu sein wie andere auch. Zur Architektur der deutschen Hauptstadt«, in: Karl Heinz Bohrer, Kurt Scheel ( Hg. ) , *Merkur Sonderheft 689/690, Ein neues Deutschland? Zur Physiognomie der Berliner Republik*, Stuttgart 2006, S. 765 - 768.

Britta Petersen, *Einsatz am Hindukusch, Soldaten der Bundeswehr in Afghanistan*, Freiburg im Br. 2005.

Sandra Poppe u. a. ( Hg. ), *9/11 als kulturelle Zäsur. Repräsentationen des 11. September 2001 in kulturellen Diskursen*, Literatur und visuellen Medien, Bielefeld 2009.

Andreas M. Rauch, *Auslandseinsätze der Bundeswehr*, Baden-Baden 2006.

Gerhard A. Ritter, *Der. Preis der Deutschen Einheit. Die Wiedervereinigung und die Krise des Sozialstaats*, München 2006.

Andreas Rödder, *Deutschland einig Vaterland. Die Geschichte der Wiedervereinigung*, München 2009.

Stefan Ruppert, »Repräsentative Demokratie in der Krise? Die 72. Tagung der Vereinigung der Deutschen Staatsrechtslehrer 2012 in Kiel vom 03. 10. bis 06. 10. 2012«, in: *Archiv für öffentliches Recht (AöR)* 138 (2013), S. 464 - 480.

Martin Sabrow, »Zäsuren in der Zeitgeschichte«, in: Frank Bösch, Jürgen Danyel ( Hg. ), *Zeitgeschichte—Konzepte und Methoden*, Göttingen 2012, S. 109 - 130.

Heiko Sauer, »Einheit durch Recht? Das Beispiel der Deutschen Wiedervereinigung«, in: Julian Krüper, Heiko Sauer ( Hg. ), *Staat und Recht in Teilung und Einheit*, Stuttgart 2011, S. 154 - 181.

Axel Schildt, » Zeitgeschichte der › Berliner Republik ‹ «, in: *Aus Politik und Zeitgeschichte* (2012), S. 38.

—, Detlef Siegfried, *Deutsche Kulturgeschichte: Die Bundesrepublik von 1945 bis zur Gegenwart*, München 2009.

Heinrich Schneider, »Optionen der politischen Finalität. Föderation—Konföderation—Verfassung«, in: Heinrich Schneider u. a. ( Hg. ), *Eine neue deutsche Europapolitik? Rahmenbedingungen—Problemfelder—Optionen*, Berlin 2001.

Frank Schorkopf, » Die Europäische Union im Lot—Karlsruhes Rechtsspruch zum Vertrag von. Lissabon «, in: *Europäische Zeitschrift für Wirtschaftsrecht* 20 (2009), S. 718 - 724.

Gunnar Folke Schuppert, »Verwaltungsrechtswissenschaft als Steuerungswissenschaft. Zur Steuerung des Verwaltungshandelns durch Verwaltungsrecht«, in: Wolfgang HoffmannRiem u. a. ( Hg. ), *Reform des Allgemeinen Verwaltungsrechts*, Baden-Baden 1993, S. 65 - 114.

Hans-Peter Schwarz, *Die Zentralmacht Europas. Deutschlands Rückkehr auf die Weltbühne*, Berlin 1994.

Jürgen Schwarze ( Hg. ) , *Globalisierung und Entstaatlichung des Rechts, Teilband I : Beiträge zum Öffentlichen Recht, Europarecht, Arbeits- und Sozialrecht und Strafrecht*, Tübingen 2008.

Wolfram Schwetzel, *Freiheit, Sicherheit, Terror. Das Verhältnis von Freiheit und Sicherheit nach dem 11. September 2001 auf verfassungsrechtlicher und einfachgesetzlicher Ebene*, München 2007.

Helmut Siekmann, »Die Neuordnung der Finanzaufsicht«, in: *Die Verwaltung* 43 (2010) , S. 95 – 115.

—, »Neuorganisation der Finanzaufsicht«, in: Stefan Kadelbach ( Hg. ) , *Nach der Finanzkrise, Rechtliche Rahmenbedingungen einer neuen Ordnung*, Baden-Baden 2012, S. 131 – 220.

Hans-Werner Sinn, »Der kranke Mann Europas. Diagnose und Therapie eines Kathedersozialisten«, in: *ifo Institut Center for Economic Studies* ( 2003 ) , ⟨http://www. cesifogroup. de/⟩.

Sabine Speckmaier, »Kommentierung Art. 146 GG n. F. «, in: Dieter Umbach, Thomas Clemens ( Hg. ) , *Grundgesetz. Mitarbeiterkommentar und Handbuch. Band 2*, Heidelberg 2002.

Vereinigung der Deutschen Staatsrechtslehrer, *Der Rechtsstaat und die Aufarbeitung der vorrechtsstaatlichen Vergangenheit : Berichte und Diskussionen auf der Tagung der Vereinigung der Deutschen Staatsrechtslehrer in Gießen vom 2. bis 5. Oktober 1991. Band 51*, Berlin 1992.

Vereinigung der Deutschen Staatsrechtslehrer, *Die deutsche Staatsrechtslehre in der Zeit des Nationalsozialismus. Europäisches und nationales Verfassungsrecht. Der Staat als Wirtschaftssubjekt und Auftraggeber. Berichte und Diskussionen auf der Tagung der Vereinigung der Deutschen Staatsrechts lehrer in Leipzig vom 4. bis 6. Oktober 2000. Band 60*, Berlin 2000.

Andrés Steiner, »Die DDR als ökonomische Konkurrenz: Das Scheitern des › zweiten deutschen Staates ‹ als Vergleichswirtschaft «, in: Werner Plumpe, Joachim Scholtyseck ( Hg. ) , *Der Staat und die Ordnung der Wirtschaft. Vom Kaiserreich bis zur Berliner Republik*, Stuttgart 2012, S. 151 – 176.

Klaus Stern, *Das Staatsrecht der Bundesrepublik Deutschland*, Bd. V: Die *geschichtlichen Grundlagen des Deutschen Staatsrechts. Die Verfassungsentwicklung vom Alten Deutschen Reich zur wiedervereinigten Bundesrepublik Deutschland*, München 2000.

Michael Stolleis, *Geschichte des öffentlichen Rechts in Deutschland. Bd. 4: Staats und Verwaltungsrechtswissenschaft in West und Ost, 1945 – 1990*, München 2012.

Andreas Voßkuhle, »Neue Verwaltungsrechtswissenschaft«, in: Wolfgang HoffmannRiem u. a. ( Hg. ), *Grundlagen des Verwaltungsrechts, Bd. I: Methoden, Maßstab, Aufgaben, Organisation*, München 2012, S. 163.

Hans-Ulrich Wehler, *Deutsche Gesellschaftsgeschichte. Bd. 5: Bundesrepublik und DDR, 1949 – 1990*, München ¹2008.

Heinrich August Winkler, *Der lange Weg nach Westen. Bd. 2: Vom »Dritten Reich« bis zur Wiedervereinigung*, München 2010.

—, »Vom Staatenbund zur Föderation. Zur Krise des Projekts Europa«, in: Josef Braml u. a. ( Hg. ), *Außenpolitik in der Wirtschafts- und Finanzkrise ( Jahrbuch internationale Politik. Bd. 2)*, München 2012, S. 299 – 305.

Edgar Wolfrum, *Die geglückte Demokratie. Geschichte der Bundesrepublik Deutschland von ihren Anfängen bis zur Gegenwart*, Stuttgart 2006.

Reinhard Zimmermann ( Hg. ), *Globalisierung und Entstaatlichung des Rechts, Teilband II: Nichtstaatliches Privatrecht: Geltung und Genese*, Tübingen 2008.

Rainer Zitelmann u. a. ( Hg. ), *Westbindung. Chancen und Risiken für Deutschland*, Frankfurt am Main 1993.

# 一个富有成果的酝酿过程？

## ——柏林共和时代的法律史学

〔德〕托马斯·杜斐* 著

郭逸豪** 译 李富鹏*** 校

　　"联邦德国法律史专业研究领域的总体特征在于某种无目的性和不确定性。这是由于发展的不同，该学科的自我认知还停留在一个再定位和再思索阶段"，这句话出现在一份"中世纪和近代法律史"博士学院(Graduiertenkolleg)向大众基金会寻求资助的申请书上，该学院设立于1988年到1989年的冬季学期，地点是法兰克福。人们认为，"再定位"和"再思索"的根本原因在于"人文主义教育理想的不断衰落"，法律史与现行民法的紧密关系，法律史领域的普遍丧失，法律史(受欢迎但负面影响颇多)的历史化，尤其还在于历史科学在战后失去了它的重要性。"这些情形都使得法律史研究处在一个无论如何都不是封闭，但

---

　　* 托马斯·杜斐(Thomas Duve)，生于1967年，先后求学于海德堡、布宜诺斯艾利斯和慕尼黑，1997年获得博士学位，2005年获得教授资格。2009年起任德国马克斯·普朗克法律史与法理论研究所所长，2010年起任法兰克福大学比较法律史教授。

　　** 郭逸豪，浙江温州人，意大利罗马第二大学法学博士，现任中国政法大学法学院法律史研究所讲师。主要研究领域：西方法律史、西方政治思想史。

　　*** 李富鹏，辽宁沈阳人，中国政法大学法学博士，德国法兰克福大学法学博士，现任中国政法大学法学院副教授，德国马克斯·普朗克法律史与法理论研究所兼任研究员。主要研究领域：法律史、比较法。

总体而言无疑是富有成果的酝酿过程中。联邦德国如今所有的努力都可以理解为一种尝试，为了赋予法律史一个介于没有法律的社会史和依赖历史论证的法学之间的地位。"为此，它当然需要一种有跨学科的工作意愿和能力，且拥有国际化经历的新生力量——精英。这类精英应该依照一种由规范生成、规范传授和规范实施所构成的研究方案来培养。只有通过如此的专业化才能避免法律史在法学院中的边缘化。因为："一个十分中肯的观点认为，如今的法律史学者——排除一些例外——不是作为历史化的怪人被人们容忍，就是作为法教义学教学的助手而被利用。"[1]

尽管肯定不是所有人都赞同后面这个评价，但在当时和之后的几十年中，许多法律史学者都致力于研究此类危机诊断，定位这个介于历史学和法学之间的学科，或者寻找法律内部多产的相关领域。当然，这些问题和自我怀疑都并不新鲜。其他人也有不同的看法：这项申请与1986年德国科学委员会的一项建议明确相关，它表明科学政策规划进入了专业研究组织当中；这项申请表明了第三方资助机构的重要性在不断提高；它与通常根据历史阶段的划分，或者说与罗马法、日耳曼法、教会法这样的划分分道扬镳；它表明一种争议的声音可能已经出现。在之后的25年中，某些事情维持了现状或者得以加强，而某些事情则

---

[1]　大众基金会明显被说服了。它资助了由申请人 Benöhr、Diestelkamp、Dilcher、Simon 和 Stolleis 发起的法律史博士学院，该学院每次都由不同的人员组成，它获得了德国科学基金会（DFG，1990—2002）的资助，也被称为马克斯·普朗克比较法律史国际研究学院（IMPRS，2002—2014）。引自申请书文本，载《马克斯·普朗克法律史与法理论研究所档案》，美因河畔法兰克福。关于博士学院的创设，参见 Diestelkamp, »Mittelalterliche und frühneuzeitliche Rechtsgeschichte«；Kiesow 首次写的总结和批评，»Eliteförderung«；关于"德国科学基金会学院"，参见 Rückert, »Das Graduiertenkolleg«。关于马克斯·普朗克比较法律史国际研究学院和它的结束，参见2012—2014 MPI 工作报告，第179—182页，网络版参见 http://www.rg.mpg.de/828893/TB2012-14-Internet.pdf。

发生了变化：社会史不久便失去重要性而无法确立自身位置；历史学成了研究资助的受益方；参照性学科也发生了变化。科学工作的媒介基础发生了大幅度的变化，如今看来，申请书中起草的研究计划十分民族主义。法律史学开启了相当新的研究领域——尤其通过一些与博士学院相关的申请者和成员，其中仅德语区就有超过 12 个教席拥有者。那么，何谓"酝酿过程"？这是一个剧烈的过程，结果是产生了专业的方法和自我认知（下文三）。首先应该勾勒的是柏林共和国中的重要主题（下文一）；其次是学科知识生产的一些制度和环境条件（下文二）；最后是简短的回顾与展望（下文四）。[2]

# 一、主题

一个从 1989—1990 年以来在德语区从事研究工作的法律史学研究的观察者———一个受主观约束且无论如何都不是毫无偏见的简要概况，必然受到这种稍显专断的划分的限制——首先获得的不是漫无目的或危机的印象。相反，这个学科在过去 25 年中极富创造力。我们如今在诸多领域都拥有标准著作，它们的写作可能在 20 世纪 70 年代和 80 年代便已开始，但在最后的四分之一个世纪才被呈现在我们面前。与此同时，至今未受关注的原始材料出现在人们的视野当中，人们提出了另外一些问题，发掘出了新的规范世界。

---

2　接下来的阐述基于我更早以前对于该主题的思考，参见 Duve，» Von der Europäischen Rechtsgeschichte «；Duve，» Rechtsgeschichte—Traditionen und Perspektiven «；Duve，»German Legal History：National Traditions and Transnational Perspectives«。关于波恩共和国的法律史学史，尤为重要的研究参见 Ogorek 这篇有更多论据的文章，»Rechtsgeschichte in der Bundesrepublik（1945‑1990）«。感谢法兰克福的大学和 MPI 的同事提供的一些建议！

　　人们应该阐释和评估这些重要部分。它们集中在 20 世纪 70 年代与 80 年代末获得法律史教席的那一代人的个人研究成果上,尤其集中于专著、重要的集体计划,以及 1990 年后在德语圈获得教授资格的那一代人的资格论文之上。[3]

　　勾勒全景图最简单的方法仍然是依据时代和研究传统的经典分类。在古代法律史研究和法律史学科分支罗马法和拜占庭研究中(前者在法律专业领域的存在严重威胁到了后者),除了对古典私法史( Paulus 1991;Spenngler 1994;Schanbacher 1995;Schermaier 2000;Baldus 2001/2002;Chiusi 2001;Avenarius 2002;Meissel 2004;Harke 2005;Lohsse 2008;Stagl 2009;Finkenauer 2010;Möller 2010)经典问题的全面研究之外,还有一些涉及新的主题的专题性研究,比如罗马万民法( Nörr 1991)、破产法( Kroppenberg 2001)或者资本兼并( Fleckner 2010)。法庭论述( Gerichtsreden)和修辞学得到了越来越多的关注( Platschek 2005;Babusiaux 2011)。程序和实践也受到了重视( Pennitz 2000;Gröschler 2002;Jakab 2009)。雄心勃勃的新阐释和挑衅( Fögen 2003)吸引并挑战着人们( Jakobs 2003)。《学说汇纂》的新译本(1995:1—10 卷,1999:11—20 卷,2005:21—27 卷,2012:28—34 卷)也占据了

--------

　　3　人们可以从这种有意以学科史为导向的概况中,得出一幅当然也受到非德语区和非法律史工作影响的关于研究现状的扭曲图景,另外,依据情况,不是每个领域的重要作者都会被提及,这些事如此让人不满,在上述语境中也无法避免。因为这事关文章和著作中对法学知识生产和对它的德国条件的观察,也就是说,它终究关乎一种制度史的进入。因此,这种(合理或不合理的)承认富有启发,它展现了教授的聘任、研究资助竞争程序的成功或者出版计划的纳入。这种承认是声誉分配的学科机制的表达,而非科学质量的必要证明。出于内容的尤其是制度的原因,比如法律史学家大会和由德语区大学的学科带头人出版的杂志〔如《新法律史杂志》( ZNR)、《萨维尼历史法学杂志》( ZRG)〕,德国、奥地利和瑞士之外的文章也会相应受到关注。由于文章篇幅所限,文中提及的附带名字和出版年份的论文的目录可以在"开放存取"( Open Access)中找到:Duve,»Bibliographie zur Rechtsgeschichtswissenschaft«。

人们诸多的精力。有人毕生致力于开辟全新的法律史疆土（Liebs 1993，2002），有人持续参与法律史大会的主报告和分会场，这些连同一些教席资格论文都表明了，对少数人从事的专业化领域如古典晚期和中世纪早期的罗马法史或者楔形文字法律史的研究从未中断（Kaiser 2004，2007；Pfeifer 2013）。在古代希腊法或者叙利亚罗马法的研究领域也是如此（Thür/Taeuber 1994；Scheibelreiter 2013；Selb/Kaufhold 2002）。工具书如《布里尔新保利百科全书》（*Neue Pauly*，1996）和不断丰富的手册与百科全书也成了必要装备。从国际上看，德语国家罗马法研究的参与度似乎较低——比如在最新版《牛津罗马法与社会手册》（*Oxford Handbook of Roman Law and Society*，2016）的 50 篇文章中，只有三篇文章的作者来自德语区的高校。在多大程度上存在一个真正生机勃勃的"新古代法律史"（Ando 2016），以及德语区的科学研究是否还能决定性地参与，都还有待观望。某些"继续如此！"对此表示了怀疑（Barta 2012），相反地，一些较新的教科书却充满信心（Babusiaux 2015）。

起先由"德国科学基金会"（DFG）资助，后由"科学学院联盟"（Union der Akademien der wissenschaften）赞助的迪特尔·西蒙主持的长期项目，在一个法律史的语境中制度性地保证了拜占庭学（Byzantinistik），并由此诞生了个别基础性的研究——比如财政管理（Brandes 2002）——以及工具书和其他出版物（比如 Fontes Minores 9—12 卷，1993—2014；Hoffmann/Brandes 2013）。在古典晚期和中世纪早期法律（*Leges*）[4] 的研究领域，除了上述的进一步基础性工作以外，还出现了涉及原始材料批判与发掘以及内容方面的研究（Siems 1992；Saar 2002；Dilcher 2008）。人们还出版了重量级的丛书如《中世纪罗马法》

---

4　研究概况参见 Leinhard，»L'historiographie germanophone«。

（Lange 1997；Lange/Kriechbaum 2007）。同时，在数十年的研究基础上，对现存手稿的全面描述可以参考马普法律史与法理论研究所的网站，创建于 2012 年的"法律手稿"（manuscripta juridica）数据库（Bertram/Dolezalek 2014；以及 Carmassi/Drossbach 2015）。内容上，它们整理的是形式法（Legistik）和教会法（Kanonistik）的重要进展（比如强制执行，Repgen 1994；程序法和学者法的程序性实践，Lepsius 2003，2003a；Lepsius/Wetzstein 2006；Schlinker 2008；Nörr 2012；刑事程序方面，比如 Schmoeckel 2000；Koch 2006）。因为斯特凡·库特纳研究所（Stephan Kuttner Institute）的搬迁（1991 年从伯克利搬至慕尼黑），也因为哈罗德·伯尔曼的《法律与革命》的德文翻译（1991），但主要还是因为彼得·兰道（Peter Landau）的工作，人们更好地认识了中世纪教会法史[5]的历史重要性，中世纪教会法史通过这些研究、编目（Repertorien）、出版物和追溯到帝国晚期原始文献的个别研究得到了进一步的拓展（比如 Kéry 1999；Jasper/Fuhrmann 2001；Their 2011；Landau 2013）。在此期间，一本教科书的第三版出版了（Link 2017）。诸多大全（*Summae*，A 系列，4—8 卷，Sorice 2002；Haering 2004，2007，2010a，2010b，2012，2014）和重要的合集（*Collectiones*，B 系列，8—10 卷：*Collectio trium librorum*，*Collectio Francofurtana*，*Collectio Cheltenhamensis*，Motta 2005；Landau/Drossbach 2007；Drossbach 2014）都编入了《教会法文献汇编》（*Monumenta Iuris Canonici*）之中。在此期间，一个五卷本系列描述了教会法对欧洲法律文化的影响（Schmoeckel 2009）；这些和其他一些研究弥补了依旧重点关注于原始材料挖掘和编纂的传统。斯特凡·库特纳

---

5　研究概况参见 Müller，»Introduction：Medieval Church Law«；Hallebeek，»Bericht über die kirchenrechtsgeschichtliche Forschung «。重要的思考也可以参见 Becker，»Stellenwert und Bedeutung kirchenrechtsgeschichtli cher Quellen«。

研究所于 2013 年重新迁回了美国（耶鲁大学），它突出了该专业结构上的国际性——但也让德语国家共同体相对丧失了重要性。

在所谓的德国法律史研究中，东欧和中欧的萨克森－马格德堡法（das Sächsisch-Magdeburgische Recht），还比如《萨克森明镜》的注释（Glossen），成了科学院项目中较大研究计划和专题研究的主题（如 Eichler/Lück 2003；Bili/Carls/Gönczi 2013；Gönczi/Carls 2013；Balogh 2015；Kaufmann 2002, 2006, 2013, 2015；Kannowski 2007）。此处我们可以联系民主德国法律史学所取得的成果，罗尔夫·里本维尔特（Rolf Lieberwirth）和他的学派起到了决定性的影响。在法律史学和通史的合作下，另外一些基础的原始材料得到了挖掘，在德国主要放置在《日耳曼历史文献汇编》（*Monumenta Germaniae Historica*）的框架内，尤其是法律系列。作为《奥地利原始文献》（*Fontes rerum Austriacarum*）计划的一部分，奥地利的法律渊源（Fontes iuris）由奥地利科学院的奥地利法律史委员会（KRGÖ）编纂。瑞士的法律渊源则在"瑞士法源汇编"（Sammlung Schweizerischer Rechtsquellen, SSRQ）的框架下由瑞士法学家协会的法律渊源基金会出版（参见 Gschwend 2008）。《德国法律词典》（*Deutsche Rechtswörterbuch*）如同法学书籍研究一样，也在科学院项目框架内进行，它的第一卷已于 1914 年出版，最后一卷计划将于 2035 年出版。

日耳曼法律史的研究集中在口头性和书面性上（Dilcher/Distler 2006；Dilcher/Lück 1992），还有就是一些理论问题，比如中世纪的法律概念和在与其他"游戏规则"（Cordes/Kannowski 2002）关系下的法律的重要性。在经历了很长一段时间的交流问题后，康斯坦茨（Konstanz）的中世纪史研究圈子在 2012 年又重新谈论起了"法律"（Meyer 2017）。人们也积极讨论了日耳曼法的科学史（Schäfer 2008；Liebrecht 2014；

Dilcher 2017）。单独的法律研究机构（比如 Dorn 1991；Schmidt-Recla 2011）或者中世纪城市总体的法律秩序也得到了基础性的阐述（Dilcher 1996），中世纪商法和公司法（Cordes 1998）、中世纪晚期的法院组织法（比如 Lück 1997）成为深入分析的对象。在美因茨科学与文学科学院，一个由伯恩哈德·迪斯特尔坎普（Bernhard Diestelkamp）主持的长期研究计划于 2013 年完结，它涉及了德国国王法院和宫廷法院至 1451 年为止的工作纪事与证明。

对老帝国（Alten Reich）最高审判权的研究[6]（Diestelkamp 2014；Oestmann 2015）建立在一个挖掘帝国枢密法院和帝国王室法院（Reichskammergericht und Reichshofrat）原始文献的大规模计划的基础上，这个计划一部分也属于科学院联盟资助的长期研究项目，该研究同时也依托建立在全新基础上的大量分析来进行。[7] 仅"老帝国最高审判权的原始文献与研究"系列在 1990 年到 2015 年之间就出版超过 40 卷；更多的数据库可供人们使用。[8] 而在此期间出版的研究专著更是不计其数。在韦茨拉尔（Wetzlar），一个面向社会开放的针对帝国枢密法院的研究所持续进行着文献挖掘的工作。1999 年以来，人们定期组织关于"帝国司法网络"的新生代研究者的会议。近几十年来，人们尤其是在比较的视野下讨论最高审判权（比如 Auer/Ogris/Ortlieb 2007；Czeguhn 2011）。对古老帝国两个最高法院的挖掘程度十分不同，帝国王室法院所占比例至今大概只有 5% 出头；第一批著作已经出版（Sellert

---

6　研究概况参见 Ehrenpreis，»Gerichtskollegien«。

7　参见于 2007 年开始的关于挖掘帝国王室法院案件的学院计划，http://reichshofratsakten. de/；关于帝国枢密法院的，参见 https://grkg. wordpress. com/。

8　比如在 20 世纪 90 年代初期由贝恩德·希尔特（Bernd Schildt）在维尔茨堡（Anja Amend-Traut 教席）创立的数据库：http://www. jura. uniwuerzbur. de/lehrstuehle/amend_traut/forschungsprojektdatenbankhoechstgerichtsbarfors/。

2009，及其之后的著作）。管辖权、法庭实践和鉴定实践，以及费用法（Kostenrecht）、制度运行和上诉法院的成员组成（比如 Falk 2006；Oestmann 2002，2012）也受到了人们的关注。与此同时，在这些以及相关原始文献的基础上，我们在法律领域也有了新的视角，如票据法（Admend-Traut 2009）或者公职法（Keiser 2013）。借助密切的合作，帝国的司法研究成为一个融合了一般性研究和法律史研究的领域。

通过对法学文献生产的研究（Colli 2002；Soetermeer 2002）和法学目录编纂的长期计划，中世纪晚期和近代早期的法学史也逐步拥有了可以信赖的基础（尤其是 Osler 在 2000—2017 年间出版的九卷本）。我们对法律教学（Ahsman，2000）有了更多的了解；在早期工作的基础之上，诞生于 16—18 世纪之间的超过六万份的法学博士论文才能在最近几十年得到编目，其中的重要论文才能得以数字化（Amedick 2003）。[9] 近现代早期的自然法思想及其对法教义学的意义，在一些大型学术计划的系统性研究基础上得到了越发清晰的建构，如迪特黑尔姆·克利佩尔（Diethelm Klippel）、克劳斯·卢伊格（Klaus Luig）和扬·施罗德（Jan Schröder）的专门文章，他们也常常与哲学史紧密合作。道德神学与法律，尤其是萨拉曼卡学派也在德语学术圈得到了发展（Jansen 2013；Decock/Birr 2016），成为一个较大学术项目的研究对象（Duve 2014）。传统上属于与公法和国家教会法相近的研究领域的新教教会法，如宗教改革时期的法律、忏悔和法学、法律科学和神学都得到了广泛的研究（比如 Frassek 2004；Strohm 2008；Strohm/de Wall 2009；Landau 2010；Schmoeckel 2005；Heckel 2016；Mayenburg 2017）。人们对特权的本质（Privilegienwesen）也进行了基础性研究（Mohnhaupt/Dölemeyer 1997，

---

9　参见 http://www.rg.mpg.de/bibliothek/digitale_bibliothek。

1999），同时还探究了近代早期的破产法史（Forster 2009；Falk 2014）。1500 年以来法学方法论的历史也延展到了 20 世纪独裁政权时期的方法论学说（Schröder 2001，2016），解释学方法论的历史在比较法的视野下得到了深入的研究（Vogenauer 2001）。人们从历时性的视角对诸多职业、制度和原则进行了整理——从法定的法官到公证机构，从单方的私人法律形象到信托再到媒体法历史（Hattenhauer 2011；Löhnig 2006；Müßig 2007；Schmoeckel/Schubert 2009，2012；Neschwara 1996；Olechowski 2004）。

　　对历史法学派的研究改变了我们的近代法学基础图景（Haferkamp 2004；Dilcher 2017；Hattenhauer 2017）——针对萨维尼，我们有一个自己的系列（Savignyna，13 卷），这些出色的研究涵盖了他生活和作品的方方面面，包括引人入胜的机智的传记（Lahusen 2013）。[10] 此外，伴随着对司法制度的研究（Mohnhaupt/Simon 1992，1993），另一种视角也进入了尤其是 19、20 世纪的法律史研究当中，新的原始文献——部分出于强烈的理论野心——出现在人们的视野之中（Ranieri 1992；Dölemeyer 1995）。之后关于纠纷机制历史的研究计划也与此相关（比如法兰克福 2012—2015 年的 LOEWE 重点计划，以及由此触发的更大的研究计划，Mayenburg 2017）。在涵盖了 19 世纪德国、奥地利、瑞士私法和程序法的历史文献（1997—2002），19 世纪（2002—2006）和 1703—1830 年间（2010—2016）法学期刊的全面数字化计划下，成立了拥有数千册法律文献的专门的电子图书馆（马普法律史与法理论研究所）。期刊作为"18—20 世纪新媒介"的意义愈发凸显（Stolleis 1999）。法典编纂史和

---

　　10　近代私法史的研究参见 Haferkamp, »Wie weit sollte man als Rechtsdogmatiker«; Rückert, »Die Privatrechtsgeschichte der Neuzeit«。

立法史在过去和现在都获得了方法论上的高度关注（关于立法史的文献，参见比如 Schulte-Nölke 1995；关于立法史和它的组成部分，参见如 Mertens 2004；Fleischer 2013），尤其是在《普鲁士各邦一般邦法》（ALR，1994，参见 Dölemeyer/Mohnhaupt 1995）、《德国民法典》（BGB，2000，参见比如 Falk/Mohnhaupt 2000；Rückert 2003）、《法国民法典》（Civil Code，2004，参见 Dölemeyer/Mohnhaupt/Somma 2006；Schuberte/Schmoeckel 2006）、《奥地利民法典》（ABGB，2011，参见 Brauneder 2014）的周年纪念时刻。规范生产和创制的其他形式也得到了密切关注（Meder 2009；Jansen/Kästle 2014；Kästle-Lamparter 2016）。19、20 世纪的立法史与司法史研究主要由维尔纳·舒伯特（Werner Schubert）在新原始文献的基础上，通过 20 世纪 70 年代至今的几千页的出版物所奠定。围绕私法的社会任务尤其是对契约自由（Hofer 2001；Repgen 2001；Rückert 2006）的讨论，一直以来也是对已确立的"自由"法学理念的某种修正。对德国法律史的国际语境更为强烈的关注，表现在对所谓的德语法学继受（Rezeption）的大量研究之上，尤其体现在 19、20 世纪的其他认识论共同体中——法国（Bürge 1991）、美国（Reimann 1993）、俄罗斯（Avenarius 2014），逐渐发展成为世界范围内的比较（参见比如 Rückert/Duve 2015；Meder 2016）。19 世纪各国法律科学在欧洲内部的互相体察尤其获得了特殊关注（参见比如 Schulze 1990，1994；Schulze/Mazzacane 1995；以及"19 世纪法律书信集"系列中的著作，Dölemeyer/Mazzacane 主编，1990 年以降）。

　　1990 年，法律史学的复兴出现了一个关键契机，它断然指向私法教义学，并用英语出版，实则出自一位德国学者之手，他的研究与萨维尼的遗产明显相关，这种历史和比较的研究恰好在欧洲法律统一化的视域下得以重生，并由此引发了一场关于方法论的激烈辩论，这个契机便是赖因哈德·齐默尔曼(Reinhard Zimmermann)的《债法》(*The Law of Obligations*, 1990)。对一个寻求与民法对话的私法史的创造力的证明——同时也是对协调教义史和问题史,以及填补某些缺陷的一种尝试——体现在对《德国民法典》进行历史和批判性评注而形成的长达数千页的全面的著作上(Schmoeckel/Rückert/Zimmerman 2003 ff.)。他们可以将研究建立在各式各样的与早前研究相关(比如 Ranieri 2007)的前期工作上,涵盖了某些有着专著体量的论文——比如每一本都超过500 页,主题涉及给付障碍法和民法上的责任,《德国民法典》第 275、276 条(Schermaier 2007),以及雇佣合同和劳动合同(Rückert 2013)或者长达 250 页的涉及多数债务人和多数债权人的论文(Meier 2007),为这种目的撰写,而不像某些法律的部门学科那样,仅仅是一种文献堆砌的结果。法律史的总体表达也同样进入了 20 世纪 90 年代的新的欧洲话语之中(Hattenhauer 2004;Schlosser 2014;Brauneder 2014),意大利学者撰写的《欧洲法律史》的德文译本(Bellomo 2005;Grossi 2010)或者2010 年乌韦·韦泽尔(Uwe Wesel)的《法的历史》同样也被放置在了一个欧洲的视野中(Wesel 2010)。最终仍强烈追随德语区研究传统和视角的概论体现在另外一些不同构思的著作之中(如 Senn 1997;Schmoeckel 2005;Falk 2008;Bader/Dilcher 1999)。在近期,人们启动了一个全新的教科书系列("法律史之路",参见 Babusiaux 2015;Oestmann 2015)和一个由个别著述组成的被视为法律史研究导论的系列(*methodica*, 参见 Decock/Birr 2016;Collin 2016;Ehlers 2016)。这两个系列都需要系统总结已经更新的论述,这有助于将导论和教科书性质的文献从几乎停滞的诱惑中解放出来,这种诱惑诞生于维亚克尔(Wieacker)那具有启发性的历史叙事、经典化议题和问题意识之中。它们以其论域清楚表明,法律史学不只是在萨维尼的轨迹上以另外的方式展开而已。

在法律史经典主题的研究之外，当人们开始处理新的或者几乎从未探索过的领域时，这种需要就变得越来越大。这尤其适用于公法史和它的学科史，它毋庸置疑是 20 世纪 80 年代晚期、90 年代和 21 世纪最初十年法律史研究中最生机勃勃的领域，米夏埃尔·施托莱斯在其中发挥了决定性的影响。[11] 他对 1600 年到 1990 年之间（Stolleis 1988—2012）的德国公法史的总体性描述，伴随着一个大型的对至今仍未受注意的原始资料进行挖掘的制度性计划，尤其是警察制度，它们包含在一个总编目（Repertorien）中（Härter 卷一 1996，卷二 2016），作为包含经济史、文化史、宗教史、经济史、地方史或者区域史的一手资料。他们关注新的规制现象和对统治的理解（Simon 2004；Härter 2005），并出版了大量的专著——自 1999 年以来，仅是"警察学、犯罪史和冲突规则"系列（直到 2012 年的《警察和警察学的研究》）就出版超过了 30 卷。重要的研究争议都与所谓的警察研究有关，比如关于社会规训，关于规范履行，关于协商程序和统治者与被统治者之间的统治建构。人们越来越生动地讨论起统治的建构和国家性的诞生，大部分都超越了学科间的领域之争，一系列关于统治建构的研究开始加入（比如 Schennach 2000）。诸多法律史的个别研究都依赖与之相关的丰富的原始文献，比如关于近代早期的穷人救济问题（Ludyga 2010）。近代早期的相关研究也主要集中在性别角色和女性法律地位的领域（Koch 1991；Gerhard 1997）。性别视角在法律史学中依然体现得较少，尤其相较于它在其他历史学科或在国外的重要性。在卢塞恩召开的第 39 届德语法律史学

---

11　对此的概况，参见 *Rechtsgeschichte—Legal History* 19（2011）中的文章，以及施托莱斯的代表性选著，*Ausgewählte Aufsätze und Beiträge*。

家大会上才首次出现关于性别研究的主报告和一个专门讨论的分会场（参见 Gerhard 2013；分会场由 Kroppenberg 主持）。

　　一个关于政治理论史和宪法反思史的法律史研究（Stolleis 1990），一种历史化的行政史和行政法史（尤其是普鲁士的，比如 Their 1999；Collin 2000；Cancik 2007）以及一系列宪法、行政法或其他公法部门的历史研究开始出现，许多作者后来都成为这个领域的代表人物（比如 Lepsius 1994，1997；Schmidt-De Caluwe 1999；Schönberger 1997；Kahl 2000；Kersten 2000；Wittreck 2002；Ahrens 2007；Canick 2007；Abegg 2009；Will 2010；Linke 2015，以及 Horst Dreier，Rainer Wahl 和 Erk Vokmar Heyen 的诸多著作）。[12] 因为海恩（Heyen）创办的《欧洲行政法史年鉴》（*Jahrbuch für europäische Verwaltungsgeschichte*），人们在 1989—2008 年间拥有一个自己的发表平台。此外，关于 19、20 世纪公法和行政法的法律史以被调控的自我规制（Selbstreglierung）开创出了一种新的研究方式，明显改变了过去关于统治和权能的线性的集权化图景（参见 Collin 2011，2016）。[13]

　　在规制史和 19、20 世纪的私法史的交界处，存在一个聚焦于国家层面的研究，那就是关于经济的法律史研究（主要是 Nörr 1999，2007；Scherner 1999；Schmoeckel 2008），关于知识产权史（Wadle 1996/2003）、企业法和公司法的历史（Bayer/Habersack 2007；Thiessen 2009），尤其是关于魏玛的证券法改革（Schubert 1999），公法规制的历史如卡特尔法（Kartellrecht，Nörr 1994；Richter 2007），最后还有介于国家间的

---

　　12　关于行政法史的研究概况参见 Simon，»Aktuelle Forschungsfelder in der Verwaltungsrechtsgeschichte im Spiegel der ZNR«；同时也参见 *Rechtsgeschichte—Legal History* 19（2011）中的文章。

　　13　研究概况参见 Collin，»Regulierte Selbstregulierung der Wirtschaft«。

（zwischenstaatlich）和跨国（transnational）规范化之间的关于工业革命的法律史研究（Vec 2006）。在经济史、经济学和法律之间存在着紧密的对话（比较"法秩序和经济史"系列 2012 年的第一批著作）——尽管研究概况主要指出了巨大的研究空白。[14] 2014 年第 40 届德语法律史学家大会（Pahlow 2014）为经济法史开辟了一个分会场，一个更大的由欧盟资助的关于保险法比较历史的项目（Hellwege，《欧洲保险法比较历史》，从 2015 年开始）由此诞生。最后，劳动法史也逐渐地重新回到了人们的视野（参见 Rückert 1996，2013，2014；Keiser 2013）。

　　长久以来，宪法史被国家法学者视为他们的研究领域，如今又逐渐被法律史学和历史学所发掘。[15] 关于宪法史的统一这里也有一个涉及合作的制度性框架。第三版的《国家法手册》（Isensee 2003）详细描述了联邦德国家法学的历史基础。关于帝国宪法的终结（Schroeder 1991）和 19 世纪末 20 世纪初的国家学说，尤其是关于魏玛时期到纳粹时期的宪法史以及该时期的法学思想（Dreier 2001）的研究有助于人们更好地了解这段关键时期的人物和问题（Pauly 1993，2004）。概念创新主要源自历史学，比如通过与比较宪法史传统（Reinhard 1999；Fenske 2001）的结合或者透过一个绝对的文化史视角（Stollberg-Rilinger 2008，2013）。法律史的研究计划也致力于一种比较的方式（比如 Willoweit/Seif 2003；Müßig 2016）。一些涉及近代东欧法律文化（Giaro 2006 和进一步的著作）和 19、20 世纪南欧宪法史（Stolleis 2015）的较大研究计划开辟出了传统欧洲法律史的陌生领域。出于对法学理论的兴趣，汉斯·凯尔森（Hans Kelsen）作品的出版在一个由弗莱堡（Freiburg）的汉斯·凯尔森

---

14　研究概况参见 Pahlow，»Unternehmensrechtsgeschichte. Methoden und Perspektiven«。

15　研究概况参见 Mohnhaupt，» Beobachtungen zur Verfassungsgeschichte «；Stolleis，*Verfassungsgeschichte*。

研究中心启动,由德国科学基金会资助的计划框架内进行(至今为止已经出版了1—5卷,Jestaedt 2007—2013),它是对联邦基金会资助的位于维也纳的汉斯·凯尔森研究所的研究的补充。[16]

社会法史[17]从根本上看也诞生于过去这25年(Stolleis 2003),在它进一步的领域中,一个关于个人履历标准化的研究团队也通过法律而获得建立(Ruppert 2010及其进一步的著作)。尤其是在这些年,一个全新的国际法史开始形成,主要由德语法学界提议创办的《国际法史杂志》(*Journal of the History of International Law*)于1999年发行了第一期。[18]《国际法史研究》(*Studien zur Geschichte des Völkerrechts*)在此期间也已出版了35卷。生机勃勃的研究开辟出了全新视角,关于时期、概念,也关于国际法(Steiger 2010;Fassbender/Peters 2012)和它超越格雷韦(或施米特)的概念的科学(Nuzzo/Vec 2013)的评价。这种国际法史发展成了可能是国际合作最紧密和最生机勃勃的跨国研究领域,在这个领域中,人们也考察了其他类型的调整形式——尤其是技术标准化的问题(Vec 2006)。然而,我们这里还需要注意,国际上的辩论——比如多年来人们热烈讨论的人权史和它的保护制度(参见Blickle 2003;Hoffmann 2010;Baldus 2016),统治史或者借由非政府组织而形成的跨国的标准化——大部分都缺乏学科的参与〔比如在德国"特殊研究领域"(SFB)597"变迁中的国家性"框架内诞生的著作,Schuppert 2014,2015〕。

刑法史和历史性犯罪研究——后者在20世纪七八十年代的历史

---

16  进一步的信息见 www.kelseninstitut.at。

17  研究的全景如今见 *Rechtsgeschichte—Legal History* 24(2016)。

18  关于研究史的概况见 Tourme Jouannet/Peters, *The Journal of the History of Internationa Law*;Koskenniemi, *Histories of International Law*;Koskenniemi, »A History of International Law Histories«。

学中,是一个尤其受到理论假设影响的急速发展的领域——自90年代以来展现出了一幅生动的画卷。[19] 在1986年第26届法律史学家大会的分会场上,人们引入了刑法和刑事诉讼法史,由此它们成了常规的独立领域。[20] 上述主要从学者法研究中派生出的关于刑法学说、教义和制度的历史扩展到了涉及近代早期的诉讼法和各个时期的教义史、刑罚实践——尤其是女巫审判(Jerouschek 1992)——以及刑法理论的研究。由德国科学基金会资助的研究项目"公共刑法的诞生"从根本上推动了研究的进步(参见 Willoweit 的概况,1999;Willoweit/Schlosser 1999)。刑法立法(比如 Schlosser 2000, 2010)和刑法理论(Vormbaum 1993)的历史从此明显获得了更多的关注,如一些系列著作和制度所展现的那样(参见1999年以来的"刑法史的原始资料与研究"和"刑法科学和刑法政治"系列;2000年以来的"刑法科学论文集"以及"民主德国和联邦德国关于刑法立法的立法资料")。与不同的历史学分支学科合作的成果也颇为丰富(参见 Berding/Klippel 1999)。其中一个重点在于近代史和当代史(参见 Roth 1997,以及 Vormbaum 在该领域的出版物)出现了新的教科书(Vormbaum 2008)。

这个学科还集中研究了纳粹的法律史。它也始于20世纪的60年代末和70年代。通过大量的专著(Stolleis 1994),当然也涉及纳粹时期的法律史学(Stolleis/Simon 1989;Rückert/Willoweit 1995),它成了这个

---

19　概况参见 Jerouschek, »Sunt hic leones?«;研究现状的概况参见2000年由 Blauert 和 Schwerhoff 主编的 *Kriminalitätsgeschichte*。

20　1986:法国大革命和保罗教堂之间的刑法,由 Naucke 主持;1988:刑法制裁的历史,Schreiner 以及其他人;1990:刑法程序的历史,Sellert;1992:公共刑罚与私人罪孽,Willoweit;1996:刑法和刑事诉讼法史,Lück 以及其他人;1998:刑法史,Willoweit;2000:刑法史,Schott;2002:欧洲历史中的政治刑事程序,Jerouschek;2010:刑法、宗教与国家,Roth;2014:刑法理论的历史,Seelmann;2016:1945年后的德国刑事正义,Asholt。参见 http://www.rechtshistorikertag.de/? page_id=14,借此可以进一步参见会议报告。

时期法律史研究最强劲的领域之一——超越了司法史,尤其关注于刑法(比如 Werle 1989),超越了行政实践的历史和法学史(最新的概括性研究参见 Ramm/Saar 2014)。除此之外,在柏林墙倒塌后,出现了关于民主德国(DDR)的法律史研究(开拓性著作是 Mohnhaupt 出版于 1991年的作品;奠基性著作参见 Markovits 2006)。更大的计划致力于研究民主德国的民法文化(Schröder 1990—2008)、司法史(Haferkamp 2011 年的概括性著作)、民主德国的国家法和行政法学(Stolleis 2009)、社会主义中的法律(Falk/Bender 1999)和东欧战后社会的规范执行(Mohnhaupt,六卷本,1997—2004)。从方法论上看,重要的是关于不同历史背景下分析模型的可转移性的讨论——比如,民主德国的法律史书写在多大程度上受到了纳粹历史的无意识影响。仅在"柏林法学高校著作的法律基础"系列中,就出现了接近 20 篇关于民主德国法律史的博士论文。

纳粹法律史和其他类型的专制与极权主义法律史研究,与一个进一步的新研究领域紧密相关,这个领域在 20 世纪 90 年代初期初具雏形,那就是法学的当代史。[21] 第一批著作和相较于通史稍晚一些的著作始于 80 年代(参见 Klippel 1985)。卡尔·克勒舍尔(Kroeschell 1992)勇敢地迈出了成功的第一步,他在 90 年代初开始将其明确地制度化(参见 Stolleis 1993;首次总结见 Rückert 1998)。自 1989 年起,有关 20世纪法律史的论文和"法学当代史"的系列相继出版,它们设有不同的栏目,自 2007 年以来,位于哈根(Hagen)的法学当代史研究所发行了《法学当代史杂志》,它主要由法学当代史的先锋学者之一的托马斯·福姆鲍姆(Thomas Vormbaum)推动(比较 Vormbaum 的研究概况,

---

21　概况见 Rückert, »Quellenkundliche Anmerkungen zur Juristischen Zeitgeschichte und das Projekt › Bibliographie zur Juristischen Zeitgeschichtenach 1945‹ «;Rückert, »Unrecht durch Recht«。

2010）。1994 年,伯恩哈德·迪斯特尔坎普在伯尔尼的法律史学家大会上做了一个关于"德意志民主德国的前史和早期史"中法律史和宪法史问题的报告,1998 年大会的某个分会场以"近期当代史的成果和疑问"为主题（Rückert）,2000 年阿道夫·劳夫斯（Adolf Laufs）在一个主报告上回顾了"20 世纪德国的法律发展"（Laufs 2001）,2002 年赖纳·施罗德（Rainer Schröder）主持了"法律的当代史"的一个分会场。此后,尽管人们组织了一系列的报告和分会场来依情况讨论当代史的问题,但这可能仅仅只是一种象征,表明这段时期和它的问题出现在了法律史这个学科的中心。正如论文集和第一本教科书所展示的（Rückert 2015；Stolleis 2014；Vormbaum 2011；Senn 2002）,法学的当代史远不止涵盖了"非法之法"（Recht im Unrecht）问题（Stolleis 1994）,还涉及了 1945 年以后的宪法史和方法论的历史,以及截至当下的劳动法、司法史和科学史。比较的视角或者法律史的其他视角变得越来越常见（Bender 2002,以及"专制者的欧洲"系列中的其他著作；Luminati 2007）。美因茨科学与文学科学院的一个学术圈子详细处理了法律的当代史问题（参见Doering-Manteuffel 2005）。1945 年之后欧洲融合的法律史是一个结合了公法和法律史学的主题,它逐渐获得关注（比如 Mangold 2011；Schorkopft 2014）。同属于法学当代史语境的还有最新委托的计划,如整理政府外事部门（Conze 2010）、司法部（Görtemaker/Safferling 2016）、劳动或财政部（重要的是涉及纳粹及之后的行政法、劳动法和税法史部分）[22]的历史,或者集中处理纳粹时期没收财产的偿还问题（比如Meissel/Olechowski 2004）。值得注意的是,为该目的组建的历史学家委

---

22　https://www. historikerkommission － reichsarbeitsministerium. de／；http://www. reichsfinanzministerium － geschichte. de/teilprojekte/steuerpolitik.

员会中,还少见地出现了法律史学家的影子。

最后,我们可以指出一些横向的观察,它们涉及依据时代划分的重点主题概况。值得注意的是,学者们的研究越来越倾向于"外国法律史"——它们可能处理德国或者欧洲法学的移植现象,世界其他地区的立法或者法律实践,由利益决定的、在发源地之外也同样适用的思维传统,也可能是出于法律史对跨国或全球领域不断增加的关注,或者完全是出于开拓未知世界的意愿。欧洲法律史需要对非欧洲的法律史敞开大门,尝试出产更多的专著或文集〔Duve 2008, 2014; Duve/Pihlajamäki 2015,以及 *Rg* 20(2012);*Rg* 22(2014)中的文章〕。在高校之外的研究机构中,人们可以创建必要的跨学科和国际化的研究团体(比如一个关心统治史的研究团体转而研究罗马库里亚大会的历史[23])。近些年以来,大量的法学家传记[24]和院系的历史得到出版——常常出现关于法学史的详尽的文章(最近一本是 R. Schröder 出版于 2010 年的关于洪堡大学的书籍)。超过 600 名的作者参与了——当然并不是所有人都如汉斯·尤尔根·贝克尔(Hans Jürgen Becker)、海纳·吕克(Heiner Lück)或维尔纳·奥格里斯(Werner Ogris)这般积极,他们每人都贡献了超过 100 篇的论文——《德国法律史简明词典》(*Handwörterbuch zur deutschen Rechtsgeschichte*)的集体工作,它的第二版自 2004 年起出版(第三卷出版于 2016 年),从诸多层面上看,它是这门学科的一面镜子。1995 年出现了一本小型的法学家辞典(Stolleis 1995),1996 年第二本出版(Kleinheyer/Schröder),在其他类型的工具书中——《新编德国人物传》(*NDB*)、《近代百科全书》(*Enzyklopädie der Neuzeit*)、《胡伯斯实用词典》(*Hoops Reallexikon*),此处就

---

23  http://www.rg.mpg.de/forschung/die_regierung_der_uniservalkirche.
24  关于传记的趋势,参见 Otto, »Biographien allüberall«。

罗列一部分——法律史学者起到了部分的决定性作用。

# 二、制度与环境条件

围绕主题的概况展现了它的乏味、连续和变化。稳定与变化的混杂，尤其取决于人物及其传记和经历。当我们拉开某种距离来观望波恩共和国，就能清楚感受到生活与研究主题间的这种关联。因此，绝非偶然，人们在 20 世纪 50 年代把国家的叙事放置在一个欧洲——或者主要是西方——的框架内；在 60 年代后期和 70、80 年代人们开始与他们的父辈辩论，也就是说，与纳粹法学，主要是与法律史领域内的日耳曼主义辩论；鉴于专制统治与极权主义，也因为西方宪政主义的成就，人们希望更好地理解国家建构的进程；人们在 70、80 年代的环境中创造了其他的法律概念，开启了它的历史性（Historizität）——或者倾向于否认法律的自主性，因而也开始寻找自己的事物。如果说，在经历和科学加工之间几乎一直存在某种延迟的话，那么它尤其存在于历史研究的时间强度（Zeitintensität）之中。米夏埃尔·施托莱斯在历经了 25 年的工作，完成了四卷本的《德国公法史》（2012）之后说到，他在 1985 年曾向大众基金会申请批准学术休假，计划在一年之内完成一卷，[25]这表明了法学的基础研究需要较长的周期。换句话说，在波恩共和国时代，由 60、70 年代读物激发出来的东西，在柏林共和国的前十年改变了法律史的图景。

尽管最近 25 年缺乏这种距离感，但如今，在更大的当代史趋势和一个小学科的研究议程之间形成了某些同时性（Gleichzeitigkeit）。因此，我们无需惊讶，在欧盟扩张之后，在新的法典化浪潮尤其兴盛于东

---

25　Stolleis, *Geschichte des öffentlichen Rechts in Deutschland*.

欧的时代,同时也是在欧盟设定的和谐化时代,民法教义学的历史与比较计划又重获生命力,随着法律和科学系统以及教育经历的国际化与跨国化,对国际法、其他的调整规范和其他地区的法律史的兴趣也在增强。看起来同样合理的是,当我们围绕一个欧洲的或者一个世界范围内的宪法辩论时,"宪法"这个主题也在法律史的语境中变得具有现实意义,或者当"上帝的回归"激发了法律与宗教之间的关系这类法律史问题。公证制度、法典化、改革和革命的周年纪念也体现在不断兴盛的研究中。这些源自改变现实的动力是否以及以何种方式被接纳,取决于人,也取决于学科的自觉,尤其取决于知识生产的制度性条件。这些提供了可能性的空间,或者让学科与它的环境隔离。那么,法律史学的知识生产条件是怎样的呢? 我们看到了哪些环境的改变,这些变化又是如何影响这个学科的呢?

　　我们首先看一下德国法学院中的法律史的教学和研究现状,在当下的 40 所德国大学中,每所大学至少有一个法律史的教席或教授,大部分都有两个,每个专业领域偶尔也会有三个或者更多的法律史学者;在大约 30 个案例中,在相同的专业领域中有超过一个的教席属于法律史专业。[26] 在 62 个案例中,法律史专业与民法专业绑定在一起,有十分之一是与公法绑定在一起;七分之一与刑法绑定在一起。只有两个法律史教席是单独的(汉堡和美因河畔的法兰克福),有一个是基础理论教席的组成部分(博锐思法学院)。许多地方设有法律史研究所,与其他所谓的基础理论专业相关联,大部分仅仅是为了重要主题而设。瑞士的情况也雷同。奥地利的体系则更加多样:那里有纯粹的法律史教

---

　　26　基础是马普所依据各专业领域的网站所做的一项研究;私人讲师、计划外的教授、委任的讲师和荣誉教授不计算在内。感谢 Martin Pennitz 提供的他在 2014 和 2016 年德语法律史学家大会上所作的关于专业现状的报告。

席和教授职位，许多诸如罗马法和法律史，以及与某个公法专业相结合。德国一些大学的法律史研究中心从 90 年代初到我们观察的这段时间的末期就已经被撤销（慕尼黑），其他地方则有增长（明斯特）或保持不变（美因河畔的法兰克福）。德国应用科技大学百分之十的毕业生被培育成了法学家，呈现出明显的增长态势，而法律史的教学和研究显然都没有在制度上得以确定。奥地利的法律史研究由所有五所综合性大学支撑，同样还有瑞士的九所，在那里，法律史甚至是必修科目。

对于一个大学学科而言，尤为重要的是成为教学和考试科目中的固定项，这给予了该专业在大学中存在的合法性，通过一代又一代的学生确保其连续性。清醒地看，这样的课程安排（Curricula）主要是准备为一个专业提供资源。在改革了的学业安排和第一次法律考试中，法律史在教学和考试中的地位有着十分不同的发展。[27] 谁曾在一个专业领域内经历过，便会知晓这里的配额因素——尤其是个人的情况——可能起到最关键的作用。从 20 世纪 90 年代初到 21 世纪最初十年，出于实证法专业的利益考量，改革教授职位的压力总的来说很大，在某些地方，尤其由于同时间的代际更替而发生了重大的事件。这种代际更替也常常带来内容上的创新。[28] 除了取消教授职位之外，非正式的改革主

---

27　关于法学学科基础专业现状的详细描述，参见 Lepsius，»Stellung und Bedeutung der Grandlagenfächer«，同时参见 Güldemund，»Reformdebatten in der Dauerschleife?«，以及 Hof 和 Olenhusen 主编的 *Rechtsgestaltung—Rechtskritik—Konkurrenz von Rechtsordnungen* 中的文章。

28　德国大学在 20 世纪 60、70 年代的扩张影响了 1990 年之后这段时期的代际更替。这种代际更替也体现在大量的纪念文集之上，它们的主题为各自队列中的主题提供了一个很有趣的观察；这里仅提及 2000 年之后的纪念文集，比如 Sellert 2000；Laudau 2000；Kleinheyer 2001；Schott 2001；Kocher 2002；Nörr 2003；Otte 2005；Laufs 2005；Kocher 2006；Werkmüller 2007；Eisenhardt 2007；Luig 2007；Nehlsen 2008；Brauneder 2008；Knütel 2009；Behrends 2009；Becker 2009；Ogris 2010；Liebs 2011；Weitzel 2014；J. Schröder 2013；Schubert 2015；Landwehr 2016。纪念文集的目录参见 Duve（脚注 3）。

要是通过设立实证法教学资格,而非法律史学方向的职位来实现。20世纪90年代初期和2002年以来,一个由德语法律史学家大会专门创设的委员会发起了抗争,但依旧无法抵挡这种衰退。[29] 它还涉及部分在新加入联邦的各州所新创设的专业(德累斯顿、奥德河畔的法兰克福、格赖夫斯瓦尔德、哈勒、耶拿、莱比锡和波茨坦)。学生数量的增多,同时还有缩短学制的要求,越来越强烈的实践指向和律师的就业倾向(如他们在1990年第58届德语法学家大会上提出的,部分因为2002年德国法官法的修改而成为可能)都削弱了法律史的教学与研究。奥地利在改革和承认五所综合性大学的自主性之后也有类似的发展。人们期望——德国法学专业大会也认可——一个更强的实践和就业取向。2012年,科学委员会在对德国法学未来的建议中提出了一些要求,它们毅然决然地指出了基础学科的价值,同时也表明一些事情在发生变化——现状却没有发生任何改变。[30] 毕竟,在最近一次的德语法律史学家大会上,发言人在谈及教席状况时确认了它一直处在较低的水平。或许主要是不断增长的学生数量,以及其他科学政策决策所导致的法学家培养领域的资源短缺,使得上述新的研究领域——比如公法史——几乎无法拥有相应的教授职位或者其他持续的结构性改变。

当人们意识到诸多学科对于法律或者"规范性"以及它的历史维度的兴趣在最近20年有了明显提升时,这就更加值得引起注意。较早发生于其他学科中的语言学转向(linguistic turn),一个是尤其涉及跨国现象的新的观念史,一个是在国际范围内增加的、部分出于好奇的对概念史的兴趣,文化科学视角的兴起对规范性——尤其是宗教规范性——

---

29  大量的文章传达了20世纪90年代初期和21世纪最初十年的这种潜在危机,参见 Vec, »Mit den Augen des Rechtshistorikers«;Burgdorf/Zwierlein, »Zwischen den Stühlen«。

30  Wissenschaftsrat, *Perspektiven der Rechtswissenschaft*.

也产生了兴趣,同时,非法学专业对于法律作为文化和社会的表现形式和结构权力的兴趣也在明显提升。文本化、法律化、司法适用、社会规训和统治的协商都只是20世纪90年代集中讨论历史的切口,它们与法律及其历史紧密相连;人人都在讨论"法律文化",而大部分的讨论无论如何都会变成历史性的。这种复合型研究和跨学科要求为法律史与其他专业的紧密合作提供了一个制度性的框架。因此,自2007年始落户明斯特大学的德国最大的人文科学卓越计划"前现代和现代文化中的宗教与政治"致力于研究规范性的概念和"它在前现代与现代文化比较中的适用基础",法律史的学科代表人也深入参与其中。同样落户明斯特的新的"特殊研究领域"1150"决策的文化"证实了由德国科学基金会的研究资金所推动的法律史与其他专业的合作,尤其是那些做历史性研究的专业。我们需要提及的类似项目,还包括于2010年到2015年间坐落于美因河畔法兰克福的一个关于"法庭外和法庭争议解决"的所谓LOEWE重点计划,"特殊研究领域"1095"资源机制和弱势话语"计划,或者同样位于法兰克福,由歌德大学哲学研究所和法律史研究所发起的一个关于萨拉曼卡学派的学术研究计划。相反地,一个固定在结构中,将法律边缘化为附带现象(Epiphänomen)的社会史最晚在90年代初退出学术舞台;汉斯-乌尔里希·韦勒在他《德国社会史》的最后总结到,他未足够严肃地对待法律相对独立的重要性,这可能同时表达出了一个在学院中起决定作用的共识。[31]

政治与社会科学的研究如今也以更大的开放性面对法律和它的历史维度,部分甚至直接建立在过程分析(Verlaufsanalysen)之上,由此最

---

31　Wehler, *Deutsche Gesellschaftsgeschichte*, S. 421。同样具有启发性的还有 Kocha, »Wandlungen der Sozial- und Gesellschaftsgeschichte«。

终建立在以历史学的方法进行评判的过程之上。这适用于侧重经验导向的研究,同时也适用于明显的规范导向的研究。人们从 2007 年起推动了法兰克福的卓越计划"规范秩序的形成",甚至以规范性秩序的转换程序为名。关于"统治"的政治学和法学研究——它也以一个更大的研究联合体得到了制度化,即"特殊研究领域"700"有限度的国家性中的治理"(自 2006 年起)——表明,作为 20 世纪 90 年代跨学科范式开放的结果,越来越多的研究都与历史(法律史)研究相结合。对于将法学发展成为"规范"或"规制科学"的著名尝试而言,历史视角是根本性基础——比如在贡纳尔·富克·舒佩特(Gunnar Folke Schuppert)的著作或者在奥利弗·莱普修斯(Oliver Lepsius)或克里斯托夫·默勒斯(Christoph Möllers)最新的纲领性要求和分析中。[32] 在这里,法律史学对公法在智识上的开放涉及公法共同体的一种智识开放,它把私法视为方法论的或者把刑法视为法学理论的主导学科,并多方面处理了理论模型的问题,这些理论模型把法律在时间中的演化视为规范的分析和规范的建立。[33] 无需惊讶的是,它们之中出现了越来越多的法律史研究。正是在反思跨国法律或"世界社会"(Weltgesellschaft)规范性基础的背景中,当下法学[34]的一个根本挑战毫无疑问地会得到或直接或间接的历史论证。人们在此可以证实,在面对这些思考时,法律史学的一部分无论如何都已早早开放。德国作家们(Benda-Beckmann;Teubner)撰

---

32　Schuppert, »Verflochtene Staatlichkeit«; Möllers, »Die Möglichkeit der Normen«; Lepsius, »Relationen«.

33　关于法学的基本辩论,参见 Engel 和 Schön 主编的 *Das Proprium der Rechtswissenschaft* 一书中的文章;Jestaedt/Lepsius (Hg.), *Rechtswissenschaftstheorie*; Krüper, »Konjunktur kulturwissenschaftlicher Forschung«。

34　参见 Sieber, »Rechtliche Ordnung in einer globalen Welt«; Kadelbach/Günther (Hg.), *Recht ohne Staat?*,尤其是主编的导言;Grimm, *Die Zukunft der Verfassung II*。

写了一些关键的文章，其中一篇——贡塔·托依布纳(Gunther Teubner)的《全球的布科维纳》(»Globale Bukowina«)，发表在 1996 年的《法律史杂志》(Rechtshistorischen Journal)上——引发了关于法律多元化的世界范围内的法学辩论。[35]

简短的勾画可能已经表明，尽管法律史学在许多地方都表现出了制度上的衰落，但相较于其他的法学部门学科，它毫无疑问已从竞争性、组织化的研究资助中获得了高收益。许多法律史学者参与到了第三方资助占比较高的研究当中，主要是语言学和文化学领域。这导致了跨学科交流的增强，明显推动了法律史学的职业化，以及某些地方的国际化。如果缺少这些资助，重要的研究计划根本无法进行——可能因为与卓越计划和其他形式相关的学术休假，教学任务的减少或者对合作者研究任务的手段上的分配。大部分开头描述过的资源密集型研究都在高校之外的研究机构，比如在马普法律史与法理论研究所——资助决定同样也通过竞争程序——或者在德国科学学院联盟的长期项目中进行。

这种成功和与此相关的研究成果是如此让人欣喜：第三方资助对于获得研究资源至关重要，但也有它的负面作用。鉴于同时期该学科的制度性衰落，对于年轻的研究者而言，它不仅导致了脆弱的雇佣关系，也不期待一个学术上的长期聘用关系。此外，它还隐藏了不断远离法律史和法学相关的制度化学科的风险。因为法律史学者常常面对这样一个事实，即法学向德国科学基金会——如人们在 2015 年的"联邦图集"(Förderatlas)中优雅地表述的——"申请相对较少"，[36]他们常常不是与法学专业领域的成员亲密对话，而是与其他学科的成员对话。

---

35　Teubner, »Globale Bukowina«.

36　Deutsche Forschungsgemeinschaft, *Förderatlas 2015*, S. 125.

在法学学科的建设中,相关的基础性研究和教义法学的研究无需结合,科学委员会也是如此正确地要求,它也并不保证专业领域学科的制度连续性。相反:在专业中,跨学科常常失败,人们并非真正投入到另外的问题、方法和视角中,而法律史作为以历史为工具又制度化了的法学学科几乎已经进入跨学科的(实际上是,进入它的学科)语境中。这种不断的接近影响了合作者在学科上的构成,他们常常具备的是历史的知识,而非法学的;这种趋势同样在法律史的毕业要求中也可以看到。法律史的博士结业期限越来越接近于历史学的,鉴于可能很差的就业前景,这是有问题的。其结果也常常是一个专门的法律史问题的丧失。

德语世界的知识生产几乎不依赖,或者极其间接地依赖不断增长的非德语世界的出版物或翻译,只有考虑到这个现象我们才能看到一个进一步的重大变化,它发生于国际环境下法律史学德语传统的改变。直到20世纪80年代,人们还能谈论——在"波恩共和国"中,法律史学研究概况所采取的广泛的国家视角证明了———种集中性(Zentralität),至少是德国或者德语法律史写作,以及它们的经典、方法和问题意识对其他国家的某种主导功能。德国模式被设计为一种法律分支学科,主要针对民法的法律史学在19世纪末和20世纪大部分时期影响了世界许多地方的大学教育。德国位于欧洲内部,但又有一部分位于外部,比如在日本,它是许多法律史研究共同体的一个重要参考对象。人们用德语阅读,常常用某些在德国或者在部分十分德国化的"欧洲法律史"中发展起来的方法和问题来处理他们本国的法律史。

这种现象最晚在近20年发生了根本性的变化。变化有多重原因,部分是普遍层面的:德语作为学术语言的重要性的丧失可能是一个关键因素;英美法在世界范围内的传播和同样不断增长的对它的历史的兴趣;我们工作的媒介基础的改变;全球知识市场的形成,在其中,生产者的数量和对一种专业化的学科如法律史的需求的增加；欧洲被重新定位为全球的一个区域，以及与此相关的历史学的注意力的延缓。然而，也有专业的学科原因：过去的 30 年形成或壮大了新的法律史研究共同体，人们以一种完全不同的方式从事法律史学的研究，这也发生在德语传统中。美国也发生了一场生动的法律史辩论，它的主题、问题意识和制度背景都与我们不同，虽然存在某些趋同，但我们德国的研究传统却从未参与讨论。[37]这同样适用于受到英美学界强烈影响的帝国史，这项研究拥有巨大的法律史潜力，但至今仍未被真正地开发出来。[38] 中国和其他亚洲国家的法律史研究在近 20 年中得到了迅猛的发展，这不仅发生在它们自己的国家，尤其发生在英美世界；在此期间，"中国法的新历史"面世，它至少是增长过程的一个标记。[39] 长久以来，我们在拉美也已经看到了一种生机勃勃的法律史和司法史，它们依赖档案，并具有理论上的野心，远不是那些与德国有关的对共同法（ius commune）或者欧洲法律史感兴趣的工作。研究的去中心化是 20 世纪 80 年代末以来后殖民主义辩论的一项要求，在此人们也能感受到——或者它也仅仅只是欧洲智力霸权转移到了英美知识共同体中。类似的观察我们也可以在另一个层面进行，比如博士生的资助。1992 年以来，人们创立了青年法律史学家论坛，德语界的学术共同体首先负责组织，而此时，它已经变得国际化和英语化（anglisiert）。长久以来，主要以德语为工作语言的博士研讨课，如法兰克马普所传统的暑期班，在此期间也转变成了一个以英语导论课为主的扩大版的夏季学院；大部分来自非德语国家的参与者也可以参加选拔程序。

---

37　比如，关于"法律史的未来"的辩论见 *American Journal of Legal History* 56（2016），以及 Brophy 和 Hadden 主编的 *A Companion to American Legal History* 中的主题；Del Mar/Lobban（Hg.），*Law in Theory and History*。

38　比如 Benton/Ross（Hg.），*Legal Pluralism and Empires*。

39　You，»How a › New Legal History‹«.

　　我们至此所描述的情况与一个不得不提的大现象有关：数字化和它对学术实践的影响。即便是在法律史学这样的小学科中我们也能感受到，这意味着，原始文献和二手文献不再仅限于特定的地点，它们几乎无处不在，拥有完全不同认识论文化的成员也可以获得。就部分而言，德语界的研究在此甚至也是佼佼者。马普所的全面数字化计划实行得相当早——包括近代早期的博士论文、私法和杂志文献。[40] 在此期间，图片数据库和可全文搜索的"语料库"（Corpora）与电子化的"工作台"（Workbenches）一起诞生。自 1996 年以来，"开放存取"（Open Access）在柏林创办了一个法律史电子杂志，叫作《法律历史论坛》（*forum historiae iuris*）。最传统的杂志也出现了可供使用的电子版（比如《萨维尼历史法学杂志》）或者可在"开放存取"上登录（《法律史》）；同样数字化的还有第一批法律史系列著作 *Global Perspectives on Legal History*。因为研究资助者和"开放存取"政策的非大学研究机构应该看到，人们不久就无需再支付打印费用的补贴，而这些都只是刚刚开始。

　　所谓的数字人文（Digital Humanities）对学科发展的影响还是不可预见。这曾经被视为是它的智力潜能，但在德国，这个主要与文本研究相关的学科迄今为止还极少关心这种智力潜能；[41]但它在制度上的影响是显而易见的。那种与拥有唯一访问入口的物理地点（比如档案馆、研究所、图书馆和围绕这些而产生的交流网络）相关的社会化机制正在发生改变，同样发生变化的还有这些地点的功能。新的共同体形成了数字化的研究环境，而它的基础设施刚好也已建设。但我们也不能低估了访问去地点化在内容上的影响。欧洲之外的研究或者关于非欧洲地

---

　　40　Amedick, »Juristische Dissertationen«; Amedick, »Die digitale Sammlung Privatrecht«.

　　41　关于电子人文主义特殊的法律史潜能的辩论，参见 *Rechtsgeschichte—Legal History* 24（2016）。

区的研究如今变得更容易实现,它们带着其他问题意识去接近原始材料,利用陌生的研究方法和其他研究传统的成果。学术对话也逐渐超越了传统的论坛形式(会议、大会、杂志)。信息目录,比如 20 世纪 90年代创建的 H-Net 也在极大程度上改变了信息的交流。仅 H-Net 上就有约 20 万的订阅者可以每天从超过 180 条的目录中获取信息,每个目录含有 15—60 条信息。[42] 一个美国和一个苏格兰的法律史博客,一个旨在在英美世界打造一个更强的欧洲法律史研究的“欧洲比较法律史学会”(European Society for Comparative Legal History),专门的订阅信息、论坛和网页一起构建了新的信息制度。谁恰当地利用这些舞台,谁就能拥有更大的受众,如同在德语法律史学家大会上做一次主题报告。

　　利用跨学科和国际交流,通过新的交易市场进行流通,此外还出现了越来越多不仅限于较狭窄的分支学科的出版物,比如大量产生的手册和指南,它们成为商业化的信息基础工程如“牛津参考书”(Oxford Reference)的一部分。如果忽略它们的质量,诞生于这种媒介的出版物因其普遍的高声誉而成了非英语国家的参考书目。此外,它们还专业地融入了相应的科技结构,确保了数字化空间中更高的可见性。作者们明确指出,他们正在努力让更广泛的读者能够理解,但给出的证据主要还是仅限于英语。这影响了主导概念、知识的经典化、重要性的序列。看起来不可避免的是,由此导致的瓶颈效应(bottleneck-Effekten)将在长时间内改变这个学科的知识体系。[43] 同时,在这个跨国化的学术共同体中,一些业已确立的选择和等级化机制获得的东西越来越少,形式化的目录和评论越来越不受重视。学科的注意力面临着跨学科

---

42　https://www.h-net.org/about/.

43　参见 Duve, » Transnationalization of Law «。上述的描述部分详见 Duve, »Rechtsgeschichite—Tradition und Perspektiven«。

化和分裂成不同领域的风险。一个具有批判精神的专业公众的产生
对于知识的运行而言至关重要，但它遵循另外的规则——或者从未出
现。倘若从一个纯粹的限定于德语世界的视角来看，这一切听起来
都十分怪异。但在一个逐渐跨国化的学术版图中，这些生产条件无
论出于何种原因，或早或晚都会与国际共同体毫无瓜葛。

# 三、方法与自我认知

在柏林共和时代初期，人们几乎不会去追问法律和科学系统的跨
国化或者媒介改变对学科产生的影响。当然，波恩和柏林之间存在着
巨大的差别。当涉及对自己行为的反思时，人们才更可能望向自己的
内心。人们在寻找一种新的自我认知。

这种作为方法论辩论的讨论发生在危机模式中，同时也处于制度
化的威胁中。虽然某些同事也有类似的思考，但并不是学院里的所有
同事都能像克劳斯·F. 勒尔（Klaus F. Röhl）那样准确无误地将其表达
出来："为了节日庆典的装饰，他们保留了它的位置。相反地，作为学习
和考试的专业，法律史不再有未来。"[44] 在论述"波恩共和国"的专著中，
雷吉娜·奥格雷克（Regina Ogorek）以"现状：危机中的教育专业"的章节
开始了她对"共和国法律史（1945—1990）"的回顾。她也在其中抱怨了
"传统法律史学说的溃败"，询问该专业存在困境的原因。[45] 幸运的是，当
时所有这些忧郁的预言都并非得到了——验证，许多在四分之一个世
纪前便勾画出来的路线一直延续到了 21 世纪最初十年：之后几年也出

---

44　Röhl, »Wozu Rechtsgeschichte?«, S. 178.

45　Ogorek, »Rechtsgeschichte in der Bundesrepublik (1945 – 1990)«, S. 12 und 16.

现了气馁的失败主义（Verzagter Defätismus）、远离现实的傲慢或者对削减者的文化批评上的归责。对法律史学私法偏向（Privatrechtslastigkeit）的批评尚未过时。人们对于建立在形而上学之上的文化和精神科学的近代私法史越来越敬而远之。依据罗马法、日耳曼法和教会法来划分领域的做法越来越被认为是不恰当和是秩序导向的（ordnungsstiftend）。人们今后主要讨论"应用式的"和"沉思式的"，讨论教义史和问题史。

　　在关于自我认知的讨论中，最尖锐的论战来自 20 世纪 90 年代初的《法律史杂志》（Rechtshistorischen Journal）。1993 年的《法兰克福汇报》（FAZ）称它为"德国学界最激动人心的游戏场"和"我们这里最放肆的书评机构"。[46] 90 年代初，人们的争论主要围绕致力于欧洲法律和谐化的成功或失败的法律史，围绕教义史，以及欧洲法律史写作的较新尝试，当然还有关于意识形态和科学实践。[47] 伴随诸多精彩绝伦的文章的面世——这些文章常常被相关人士视为无知、不公平、嘲弄且让人感到受伤——以及与学院派的建制形式的完全决裂，迪特尔·西蒙（Dieter Simon）、赖纳·玛丽亚·基佐（Rainer Maria Kiesow）和玛丽·泰勒斯·弗根（Marie Theres Fögen）等作者不仅影响了副刊（Feuilleton）。通过尼克拉斯·卢曼（Niklas Luhmann）、鲁道夫·施蒂希韦（Rudolf Stichweh）、贡塔·托依布纳（Gunther Teubner）和其他作者的文章，法律史

---

　　46　Seibt，»Spaß wie Sport und Spiel«. 许多年后人们回忆起《法律史杂志》时，还认为它是"法律史领域最诙谐和最具智慧的杂志，是对愚蠢的一种鞭笞，前无古人，后无来者"。Kaube，»Der Stachel im Recht«。

　　47　尤其参见 RJ 11（1992），比如 Rückert，»Privatrechtsgeschichte und Traditionsbildung«；RJ 12（1993），比如 Landau，» Europäische Rechtsgeschichte « 以及 »Arena«，S. 259 ff.；RJ 13（1994），比如 Rüthers，»Der schmerzliche Abschied«（是对 Simon 的»Transparenz«的评论）。Reinhard Zimmermann 的处于讨论中心的（被诸多国内外同事热情接受和创造性演绎的）方法论纲要见 Zimmermann，»Heutiges Recht, Römisches Recht«，进一步的文献尤其见第 39 页，脚注 265。

也在狭隘的学科壁垒之外,成了多年来反思法律的著名之地。2000 年代初期,《法律史》(*Rechtsgeschichte*)取代了《法律史杂志》和《共同法》(*Ius Commune*),该杂志由玛丽·泰勒斯·弗根担任主编,她感到自己已有义务延续《法律史杂志》确立的那种辩论文化。她尝试将讨论推进到方法论和自我认知的领域,邀请人们进行辩论,如这位主编自己写的那样,这是一场没人愿意参与的辩论。[48] 它的结果是出现了一系列的文章,而某种特定的,部分至今仍能感受到的筋疲力尽已经出现。[49] 人们想要或者可以在增刊和集刊中继续进行讨论,[50]也可能没什么需要补充的。[51] 关于法

---

48 Fögen, »Zu einer Debatte, die keine werden wollte«.

49 参见最近一次由 Peter Oestmann 的一篇文章引发的辩论:» Normengeschichte, Wissenschaftsgeschichte und Praxisgeschichte«, *Rechtsgeschichte—Legal History* 23 (2015)。

50 参见 20 世纪 90 年代的大量文章,除了 Ogorek 所援引的,主要参见 Caroni 和 Dilcher 主编 *Norm und Tradition* 中的文章,以及 Zimmermann 主编 *Rechtsgeschichte und Privatrechtsdogmatik* 中的一些文章。其他关于辩论的文章和反思如 Baldus/Wacke, »Frankfurt locuta, Europa finita?«; Cordes, » Was erwartet die ( mittelalterliche) Rechtsgeschichte? «; Dilcher, »Warum mittelalterliche Rechtsgeschichte heute? «; Reimann, »Rechtsvergleichung«; Röhl, » Wozu Rechtsgeschichte?«; Senn, » Stand und Zweck der neueren Grundlagediskussion«; Willoweit, »Entdogmatisierung«。

51 发表在 *Rechtsgeschichte* 3 (2003), 4 (2004)中的一些文章可以被视为是对气氛的描述,如 Kiesow, »Wozu Rechtsgeschichte?«;Zimmermann, »Gegenwartsbedeutung«。关于法律史的方法论和它在 21 世纪最初十年与历史学、法学以及其他学科的关系,参见如 Burgdorf/Zwielein, »Zwischen den Stühlen«; Caroni, »Rechtsgeschichte und Geschichtswissenschaft «; Dipper, » Geschichtswissenschaft und Rechtsgeschichte «; Duve, » Von der Europäischen Rechtsgeschichte«; Duve, »German Legal History«; Friedrich, »Globale Perspektiven, Globales Bewusstsein«; Grigoleit, »Das historische Argument«; Grimm, »Plädoyer für WIrkungsforschung«; Gschwend, » Wirtschafts-Rechts-Geschichte? «; Haferkamp, » Wie weit sollte man als Rechtsdogmatiker«; Pfeifer, »keilschriftsrechte und historische Rechtsvergleichung«; Haferkamp, »Wege der Historiographie zur Privatrechtsgeschichte der Neuzeit«; Jansen, »Tief ist der Brunnen der Vergangenheit. Funktion, Methode und Ausgangspunkt historischer Frangestellungen in der Privatrechtsdogmatik«; Lepsius, »Rechtsgeschichte und allgemeine Geschichtswissenschaft«; Looschelders, »Zum Nutzen der Rechtsgeschichte für die Dogmatik«; Schennach, »Recht-Kultur-Geschichte«; Schmoeckel, »Historische Anthropologie«; Schönberger, »Wissenschaftsgeschichte«; Senn, »Ius ancilla ethicae«; 2000 年发表的一篇文章, Simon, »Eine Rechtsgeschichte«; Stolleis, *Rechtsgeschichte schreiben*; Stolleis, »Methode der Rechtsgeschichte «; Vec, »Kulturgeschichte als implizite Praxis«。

律史未来的看法存在一个光谱,从要求一种完全的历史学化,到转变成一种新的历史法学,再到建议将法律史学理解为历史性的规范理论或者最近提出的把它视为规范或规制学的一部分。许多事情过去和现在都取决于人们究竟是如何看待法学的科学性的,这是一个深入的大问题。[52] 这个学科在最近的四分之一个世纪是否"真正妥协,认为一个统一方法的设想已经过时",如 1994 年表现的那样?[53]

事实也许恰恰相反。当然,宏大叙事的时代已经过去。[54] 维亚克尔去世了。从进化论、系统论或者媒介理论的视角去描述法律史的尝试,至少迄今为止在法律史学之外具有说服力。为了替代降低复杂性(komplexitätsreduzierend)的宏大理论,人们如今或含蓄或明确地研究起中层理论来。人们对于法学理论基础的态度稍显逃避。在过去的 25 年中,人们尽管一再处理法律史的法律概念问题,但总是保持着某种自我指涉(selbstbezüglich);[55] 进化论下的法律媒介理论的某些代表人物的神秘姿态和严密修辞没有让这种接近变得简单。[56] 20 世纪 80、90 年代和 21 世纪最初几年的讨论、论据和硝烟,但主要还是四分之一个世纪的(北威州和法兰克福的)博士学院、暑期班、论坛(比如青年法律史

---

52　Vgl. Rückert, »Norm und Tradition«, S. 28 ff.

53　Ogorek, »Rechtsgeschichte in der Bundesrepublik (1945–1990)«, S. 99.

54　Rückert, »›Große‹ Erzählungen«.

55　它以完全不同的方式适用于关于系统论和法律史的讨论,也适用于对"法律史的法律概念"的寻求,参见 Kroeschell, » Der Rechtsbegriff der Rechtsgeschichte «;以及 *Rechtsgeschichte* 17 (2010) 中关于 Martin Pilch 的书的辩论,参见 Pilch, *Der Rechtsbegriff der Rechtsgeschichte*。

56　当然,Cornelia Vismann 的作品在这里扮演了重要的角色,尤其是 Vismann, *Akten. Medientechnik und Recht*。一些法律史的部分见 Vismann, *Medien der Rechtsprechung*。关于 Vesting 的 *Die Medien des Rechts* 或者 Karl-Heinz Ladeur 的思考(最近的作品请参考 Ladeur, *Die Textualität des Rechts. Zur poststrukturalistischen Kritik des Rechts*)的一次真正的对话至今尚未开始。当然现在参见 Thier, »Rechtstheoretische Meistererzählung«。

学家论坛)和青年学者工作组(比如 1998 年以来的"法律史之眼"[57])推动了在方法层面法律史学实践的特定标准的确立。一个如"《德国民法典》的历史和批判评论"计划体现了问题史和教义史的接近,它们常被看成是相对立的,这项计划将私法史的研究与所有被视为重要的历史时期结合在一起。[58] 刑法史和历史犯罪研究,帝国枢密法院或者警察制度研究让法律史学经由共同的原始材料发展到了制度性合作,由此也常常在智识上接近于通史的历史辩论。当然,我们过去和现在都还未消弭误解和解决领地争夺(Revierkämpfe)的问题,旧时的偏见依旧冥顽不化——法律史学家尤其厌恶的指责(Unterstellung)是,人们"只能处理规范",这种判断被反思性地(同样不知情地?)视为非法学家们理解一般复杂规范的进一步佐证和缺乏文献阅读的后果,并遭到忽视。由于学位的授予有着不同的学术实践,法律系的博士论文实际上常常无法与历史专业的博士论文进行比较。人们当然不只关注新手或那些最顽固不化之人,许多普通历史学讨论的方法创造性地转化到了法律史研究中,法律史研究也有助于澄清普遍历史学的问题。(科学社会学)较年轻一代的作品——比如关于科技史、媒介性、法律图像学(Rechtsikonographie)、法律美学、其他认识共同体中的法律文化转译过程,但也涉及经典的主题如历史学派、潘德克顿或纳粹的经济法[59]——证实了上述影响。它们关注方法论意识、原始材料知识、彻底性、创造

---

57　Vgl. Vec, »Mit den Augen des Rechtshistorikers«; Luminati u. a. ( Hg. ), *Mit den Augen der Rechtsgeschichte*; Falke u. a. ( Hg. ), *Fälle aus der Rechtsgeschichte*.

58　关于这个或者其他的法律历史评论计划,参见 Vec, » Flaggschiffe und Stiefkinder«。

59　参见比如 Damler、Dilcher、Haferkamp、Meder、Thier 和 Thiessen 有方法论创新和具有反思性的作品;Kiesow,» Alphabet des Rechts «;完全不同的涉及转译的文章参见 Avenarius、Giaro 和 Kirov 以及马普所的最新计划,尤其是涉及拉丁美洲的;欧洲法律史的全球史视角参见 *Rechtsgeschichte* 22(2014)。

力和优雅,这些都不逊色于"通史"。

然而,对法律史学术标准的默认,不能仅仅依靠模仿(mimetisch)合作来形成,也不能将其视为专业化效应,而应该通过近30年来对于历史研究的语言限制的某些知识和它们所激发的关于法律史学方法论理解的成果而建立。尤其是维特根斯坦式的表达,"词语的意义是它在语言中的使用",它在1960年由施滕·伽涅(Sten Gagnér)引入法律史的研究当中,成为影响1990年之后一代重要法律史学者的关键性句子。[60]他们中多人都是通过伽涅的慕尼黑学派进入了70、80年代,由此诞生了37个博士和一系列教职论文——其中七人之后获得了教席——影响力远远超出了他的学生圈子。其中两位法律史学者——约阿希姆·吕克特(Joachim Rückert)和米夏埃尔·施托莱斯拥有明确的方法论意识,他们自90年代初开始就和他们的同事一道在法兰克福通过博士班和马普所影响了一大批在读博士和后来的教授们。他们与赖因哈特·科泽勒克(Reinhart Koselleck)基于历史的概念史研究,以及与一些发生在所谓的语言学转向领域的法学理论和历史学方法辩论一起,将大部分的法律史学研究引向了一种并非主要基于社会学理论或者特定法学理论,而是拥有特殊法律史方法论意识的研究实践。

最后这种追求一种解释模型,并与形而上学历史叙事针锋相对的具有吸引力的方法同时具有解放性和建构性。因为它让研究从存在主义的基本假设、目的论的历史叙事和对法律制度的根源与本质的寻求中解放了出来,尽管60年代后期开始便存在不同的断裂,但这些因素

---

60  Gagnér, *Studien zur Ideengeschichte*, S. 55;关于它对法律史学的影响,参见 Rückert, »Sten Gagnér zum Gedächtnis«,尤其是 S. 1107 ff.; Stolleis, »Sten Gagnér 1921－2000«; Stolleis, »Nahes Unrecht, fernes Recht«, S. 145; Stolleis, *Rechtsgeschichte schreiben*, S. 45 ff.。

至少在潜意识中还持续影响着法律史学的大部分研究。施滕·伽涅在他出版于1993年的著作《新法律史研究方法》(在他的研讨课上使用了30年后)中对这些影响和难题做出了有力的研究。[61]　然而,方法论的敏感同时要求关注原始文献,更确切地说,它要求一种批判的、依据语境的、自觉限制在自己论述范围内和结果导向的小范围阅读方式。人们无法摆脱某些理论上的困境,这件事对于个人论述的影响力有限的大多数人来说是可以接受的:"能够实现的只有一种由原始文献支撑的,由文献批判和自我批判所主导的,并尽可能抛弃偏见的解释,它由科学共同体中的大部分人所认同。"[62]除了最引起轰动的精神斗争游戏之外,在影响日常研究之处,出现了轰动性较小的关于语言游戏的分析。[63]不管是否存在借由后结构主义理论而提出的质疑,这种与法律理论和认识理论天然相关的方法作为涉及自我认知的辩论,都在近25年中明显地深刻影响了法律史学科。

但关于此情况又是怎样呢?事实上,法律史学历史化的过程早已发生。如今大概没有人还会认为,法律史学至少也要利用历史学的方法,并尽可能做得专业;除此之外,对于是否可以采用特殊方法的问题,比如针对罗马法发展出的注释技艺(exegetische Technik),大家都保持着相当的随意性。历史化也体现在人们频频抱怨法学院法律史学科的缩水。法律史在制度归类上不属于历史系(在其他国家是理所当然的)这件事,不仅仅可以归因于辅助功能、专业自我中心主义、组织策略上必要的神话建构或者制度惯性。更确切地说,一些外行也公开认为,法

---

61　Rückert, »Sten Gagnér zum Gedächtnis«, S. 1102,他以绝佳的理由称这本书为"当代法制史上的旷世之作"。

62　Stolleis, »Methode der Rechtsgeschichte«。这篇文章也因此十分有趣,因为它展现了一次与弗朗茨·维亚克尔(Franz Wieacker)所写的第一版引言之间的对话。

63　Stolleis, *Rechtsgeschichte schreiben*.

律史的视角对于认知而言是有促进作用的。如上所述，对法律的历史性，对长时段的视角和对理解规范性转化过程的兴趣在近几十年不断增强，也许不是发生在私法的传统领域，而是在其他的分支学科中。尤其是来自完全不同智识领域的法律理论学者——仅来自德国的就有托马斯·威斯汀（Thomas Vesting）、克里斯托夫·默勒斯（Christoph Möllers）和克劳斯·京特（Klaus Günther）——瞄准了一种规范科学，就其而言，历史维度完全具有建设性。2012 年科学委员会给出的一些建议强调了这种判断，他们着重指出，由于法律世界中发生的基本转换，基础专业的反思性贡献和与之相关的法律史学有着特殊的重要性。[64]

对于指向法律基础学科的期待而言，法律史学变得具有合理性，如果它不仅通过它的对象（过去的法律秩序）和它的方法（历史学）定义自己。两者最终都导向历史的研讨课。如果它想将自己定位成法学的基础专业，那么它也必须提出一种与法学问题相关的面向，并由此满足当下的兴趣。为了认识和理解问题，它需要一种与法学进行对话的能力，比如将法学的兴趣转译成可实践的历史研究的能力。这种转译实践可以借助一种与法学理论有效对话的方式，推动法律史学方法的持续发展，它也可能导致法学理论建构的差异。倘若有人认为，受到民族国家主义影响的工具不适用于分析跨国家的历史规范秩序，这让我们不得不说一些事情，对合适范畴和概念的寻求可能同时也有助于不仅仅停留在过去思考这些秩序。[65] 技巧可能在于，在两个世界之间活动，但不放弃历史学科自己的逻辑和独立的认知兴趣。倘若缺失历史的视角，又有什么能让它突显呢：它的认知障碍（kognitive Sperrigkeit），它的

---

64　Wissenschaftsrat, *Perspektiven der Rechtswissenschaft*,尤其是 S. 26–37 und S. 60 f. 。
65　一个建议，法律的跨国化所产生的一些问题，这对于法律史学意味着什么，都参见 Duve, »German Legal History«；Duve, »Global Legal History«。

疏远和批判潜力。如果能够成功地平衡，法律史学就不仅是作为法律基础专业来完成它的使命，它也以相当自然的方式摆脱合理性论证的压力；而通史则是试着通过判断时事的重要性，发现研究漏洞或者反复地探讨方法论来缓解这种压力。

如果我们忽略那些争议和夸张的表述而去仔细观察的话，在20世纪90年代和21世纪最初十年，关于当下问题的"是否"的争论要少于关于"如何"的争论。以如今的视角来看，人们在关于历史和教义学之间的对立，"适用性"和"沉思性"的二元缩减中表现得十分拘谨。依据实际情况来看，这里涉及的是"当下"优越于"过去"；涉及对意识形态和目的论的失明；涉及对文本和语境的理解；涉及方法论的敏感度，可能还涉及历史学的专业性。20世纪80年代末要求的法律史本土化，介于一种无法律的社会史和一种依赖历史论证的法学之间，它意味着：法律不会仅作为历史中其他塑造力量的附带现象（Epiphänomen）而消失，历史也不会因为简化成为当下的前历史而消失。抽象地看，它十分简单，但在研究实践中却越发艰难。然而，在此期间也出现了越来越多的成功例子，语调也越发冷静。"我们的研究预设"，施托莱斯在2008年说道，"充满了当下性、主观性和好奇——为什么不呢？［……］但这是历史研究的基本规则，而动机（Motiv）必须与一种研究预设的建构和原始文献的分析明确地分离。"[66]

## 四、回顾和展望

在回顾历史时，人们习惯将最近这25年真正看作一个富有成果的

---

66　Stolleis, *Rechtsgeschichte schreiben*, S. 27.

酝酿过程。法律史研究的价值问题,法律史在法学专业领域制度性的衰落,以及由此产生的竞争力的缺乏决定了 20 世纪 90 年代以及 21 世纪最初几年的图景。尖锐的讨论、方法论上的争论、升温和分解现象——发酵过程中特有的伴随现象——不断发生。在我们观察的这个时间段的末尾,法律史专业的制度性存在看起来似乎已经稳定,科学委员会及其科学政策的一次重要发声甚至警告该学科即将消失,并建议加强基础学科的建设。法学内部和相邻学科都提高了用历史学视角来看待法律的兴趣。与历史学的合作也更加紧密。知识生产丰富多样,研究成果也更加丰硕,尤其是因为第三方的资助和非大学研究机构的成果。在研究实践中,人们似乎已经确立了某种最低限度的标准,一种低理论门槛的法律史方法的合意。

这种令人欣喜的图景也遭受了某些污染,我们如果仔细观察便会发现,这些创造性研究成果的大部分都无法在一种持续的制度性结构中实现。它必定让欣欣向荣,并在智力上有发展前景的领域如公法史或外国法律秩序及其历史研究感到惴惴不安,还有年轻学者未来前景的问题。法学院致力于法律史研究的青年学者(也因为这个原因)寥寥无几。

至少同样重要的是,在局限于该学科和主要是德语区的概况中,出现了如今才显露出来的伴随现象,如科学系统的经济化、数字化、跨国家对话和跨学科结构的形成。与这个过程相伴并在波恩共和国时代明显受到民族主义影响的——尽管 70 年代存在断裂——持续封闭的学科结构的开放,体现在了这个小型但天生就是跨学科的、具有国际化潜力的专业以及它的自我矛盾中。它导致了法律史知识的经典被打破,分析的传统还同时遭到了侵蚀。一些法律史学家大会引发了这样一种印象,那就是共同的对话在法律史学内部仅存在有限度的可能。[67]　在与其他专业和研究共同体的交往中，业已确立的法律史分析基础的局限以及过去图景的偶然性变得十分明显。与此同时，在国际化和跨学科对话中，许多专业化的知识消失不见了。一种在多方面学科化的、跨国传播的专业较少将注意力集中在特定问题上；它甚至可能遭受威胁，成为学科间的相互关联。尽管我们有一种历史学的最低标准，但如果没有统一的或者仅仅是一种极为广泛的对象（"规范性"），没有共同的培养方法和职业之道，没有陈腐的经典，没有确定的主题和理论供我们去研究，那么我们还去联系什么呢？所有这些都让我们丧失信心，尤其是因为上述德语作为法律史学语言的重要性的丧失，同时还因为其他地域生机勃勃的成长，也因为与重新划分范围的德国法学或与特定的法律史传统紧密相连的研究议程减少了熟悉议题的比重。当我们谈论21世纪初的历史学时，这个专业此刻拥有"一个经过全新编排整理并涵盖国际性参考著作的图书馆，它跨越了语言和文化的局限，让交流变得更方便"，德语区的法律史学科无论如何都还未达到这种程度。它必须首要考虑的是，这种图书馆将越来越少地包含来自自己分析传统的作品，特别是高质量的和迫切需要的研究成果的翻译，仅有少量的研究机构在推进，这真让人匪夷所思。

　　我们还兴奋地观察到，国际化、跨学科和数字化是如何影响了出版形式以及学院派标签的规则、风格和形式。我们如何思考在这种积极成长、结构开放的出版形态中，出版压力和合作强制所导致的个别观察的缺失？这种新的交流形式给予了我们共识达成、主题选择和重要性分配的新方式？谁来定义根本标准？我们坚持去设想（或许已经是幻

---

　　67　主题目录和报告与出版参见 http://www.rechtshistorikertag.de/。

想）研究现状的"完整性"（Vollständigkeit）——如今，更广泛的概述和对原始文献与材料无处不在的使用不仅在宏大主题（Großthemen）中表明了，没有人能真正全面了解和顾及全部？此外，当这么多东西被讲述又重新被遗忘，我们还奖励"原创性"？国际化和跨学科的交流难道不要求一种目标明确且让不同的语言共同体都满意的多元化出版，以防因英美国家的学术实践而导致的同质化吗？我们如何评价这些实践？法律史杂志的未来会如何，由于更大的数据库的建成，它的内容会得到连续不断的更新，比如他们如何使用牛津参考书或牛津目录？如今已经病入膏肓的评论（Rezensionswesen）还有未来吗？或者它不是现在才是必需的，或者可能通过更好的合作来变得符合现实需要？据我所知，德语世界根本还未完成的出版究竟还有多少，通过播客或者远程学习传播研究成果在多大程度上取代了传统的表现和教学方式？在这些研究形式中是否存在解决以下问题的方法，那就是，德国的法学院大多在资格认证阶段就为外国学者提供仅被视为一种融合形式（Integrationsformat）的博士学位——尽管许多导师每天都在经历，那么它原本就不合适吗？对于研究日常而言，更大范围的原始文献的数字化意味着什么？比如它如何影响我们的引用实践？如今我们能否给予对我们工作基础的援引一种全新的含义，如果它们靠一次点击就能查阅的话？

一个进一步的问题同样也与媒介条件的改变息息相关，它指向法律史学科在未来的可能性。比如，我们如何保证对 21 世纪初的法律史研究而言至关重要的大量原始文献的保存问题，它们越来越以数字化的方式呈现，它们会因此在任何一个时刻丢失吗？例如，法律史学必须致力于柏林共和时代法律原始文献的保护工作吗？或许已经太晚了，2040 年左右出版的一本专著会给出答案，其中将会有一篇涉及近 25 年法律史学发展的文章。

## 参考文献

出于篇幅的原因,脚注中出现的文献才纳入此文献目录;正文或脚注所引用的系列、期刊单独部分或涉及相应重点主题的相关册子也不再分别列出。正文引用的著作在"开放存取"出版目录中可供阅读: Thomas Duve, *Bibliographie zur Rechtsgeschichtswissenschaft in der Berliner Republik*, Max Planck Institute for European Legal History Research Paper Series, No. 2017 – 03, 助手与工具, https://ssrn. com/abstract = 2997095。所有引用的链接都在 2017 年 4 月进行过最后一次检查。

Sigrid Amedick, » Die digitale Sammlung Privatrecht. Literatur zum Privat- und Zivilprozessrecht des 19. Jahrhunderts im Internet «, in: Manfred Thaller ( Hg. ), *Digitale Bausteine für die geisteswissenschaftliche Forschung ( Fundus [ Forum für Geschichte und ihre Quellen ] Beiheft 5 )*, Göttingen 2003, S. 159 – 172.

—, » Juristische Dissertationen des 16. bis 18. Jahrhunderts: Erschließung und Digitalisierung von Schlüsselseiten «, in: Manfred Thaller ( Hg. ), *Digitale Bausteine für die geisteswissenschaftliche Forschung ( Fundus [ Forum für Geschichte und ihre Quellen ] Beiheft 5 )*, Göttingen 2003, S. 86 – 101.

Christian Baldus, Andreas Wacke, » Frankfurt locuta, Europa finita? Zur Reinen Rechtsgeschichtslehre in Band 12, 1993, des *Rechtshistorischen Journals* ( RJ ) und zu anderen Zweifeln am Gegenwartswert des Römi schen Rechts ( Diskussion )«, in: *Zeitschrift für Neuere Rechtsgeschichte* 17 ( 1995 ), S. 283 – 292.

Hans-Jürgen Becker, »Stellenwert und Bedeutung kirchenrechtsgeschichtlicher Quellen für die rechtswissenschaftliche Forschung«, in: Hanns Peter Neuheuser ( Hg. ), *Pragmatische Quellen der kirchlichen Rechtsgeschichte*, Köln, Weimar, Wien 2011, S. 19 – 38.

Lauren A. Benton, Richard J. Ross (Hg.), *Legal Pluralism and Empires*, *1500 – 1850*, New York, London 2013.

Andreas Blauert, Gerd Schwerhoff (Hg.), *Kriminalitätsgeschichte. Beiträge zur Sozial und Kulturgeschichte der Vormoderne*, München 2000.

Alfred L. Brophy, Sally E. Hadden (Hg.), *A Companion to American Legal History*, Chichester 2013.

Wolfgang Burgdorf, Cornel A. Zwierlein, »Zwischen den Stühlen. Die Rechtsgeschichte aus der Sicht der allgemeinen Geschichtswissenschaft«, in: *Zeitschrift für Neuere Rechtsgeschichte* 27 (2005), S. 296 – 303.

Pio Caroni, » Rechtsgeschichte und Geschichtswissenschaft «, in: *Zeitschrift für Neuere Rechtsgeschichte* 27 (2005), S. 287 – 295.

—, Gerhard Dilcher (Hg.), *Norm und Tradition. Welche Geschichtlichkeit für die Rechtsgeschichte?*, Köln, Weimar, Wien 1998.

Peter Collin, »Regulierte Selbstregulierung der Wirtschaft. Neue Normierungsstrukturen im späten 19. und frühen 20. Jahrhundert«, in: *Zeitschrift für Neuere Rechtsgeschichte* 37 (2015), S. 10 – 31.

Albrecht Cordes, » Was erwartet die (mittelalterliche) Rechtsgeschichte von der Rechtsvergleichung und anderen vergleichend arbeitenden Disziplinen? «, in: *Zeitschrift für Europäisches Privatrecht* 7 (1999), S. 544 – 552.

Maksymilian Del Mar, Michael Lobban (Hg.), *Law in Theory and History. New Essays on a Neglected Dialogue*, Oxford 2016.

Bernhard Diestelkamp, »› Mittelalterliche und frühneuzeitliche Rechtsgeschichte‹ an der Johann Wolfgang Goethe-Universität zu Frankfurt am Main«, in: *Zeitschrift der Savigny-Stiftung für Rechtsgeschichte. Germanistische Abteilung* 101 (1989), S. 593 – 595.

Gerhard Dilcher, »Warum mittelalterliche Rechtsgeschichte heute?«, in: *Zeitschrift der SavignyStiftung für Rechtsgeschichte. Germanistische Abteilung* 116 (1999), S. 122.

Christof Dipper, » Geschichtswissenschaft und Rechtsgeschichte «, in: *Zeitschrift für Neuere Rechtsgeschichte* 27 (2005), S. 272 – 286.

Thomas Duve, » Von der Europäischen Rechtsgeschichte zu einer Rechtsgeschichte

Europas in globalhistorischer Perspektive«, in: *Rechtsgeschichte—Legal History* 20 (2012), S. 18 – 71.

—, »German Legal History: National Traditions and Transnational Perspectives«, in: *Rechtsgeschichte—Legal History* 22 (2014), S. 16 – 48.

—, »Rechtsgeschichte—Traditionen und Perspektiven«, in: *Kritische Vierteljahresschrift für Gesetzgebung und Rechtswissenschaft* 97 (2014), S. 96 – 132.

—, »Transnationalization of Law and Legal Scholarship: Intellectual and Institutional Challenges«, in: *International Journal of Legal Information* 44 (2016), S. 28 – 34.

—, »Global Legal History: A Methodological Approach«, *Oxford Handbooks Online*, Oxford 2017, ⟨https://doi.org/10.1093/oxfordhb/9780199935352.013.25⟩.

Stefan Ehrenpreis, »Gerichtskollegien, Verfahren und juristische Parteien: Neue Forschungen zur Reichsgerichtsbarkeit (2000 – 2014)«, in: *Zeitschrift für Neuere Rechtsgeschichte* 37 (2015), S. 143 – 154.

Christoph Engel, Wolfgang Schön (Hg.), *Das Proprium der Rechtswissenschaft*, Tübingen 2007.

Ulrich Falk u. a. (Hg.), *Fälle aus der Rechtsgeschichte*, München 2008.

Marie Theres Fögen, »Zu einer Debatte, die keine werden wollte«, in: *Rechtsgeschichte* 2 (2003), S. 12 – 13.

Deutsche Forschungsgemeinschaft, *Förderatlas 2015. Kennzahlen zur öffentlich finanzierten Forschung in Deutschland*, Weinheim 2015.

Margret Friedrich, »Globale Perspektiven, Globales Bewusstsein: In den Geschichtswissenschaften in Diskussion und Umsetzung—für die Rechtsgeschichte ein Thema?«, in: *Zeitschrift für Neuere Rechtsgeschichte* 36 (2014), S. 298 – 320.

Sten Gagnér, *Studien zur Ideengeschichte der Gesetzgebung*, Stockholm 1960.

Hans Christoph Grigoleit, »Das historische Argument in der geltendrechtlichen Privatrechtsdogmatik«, in: *Zeitschrift für Neuere Rechtsgeschichte* 30 (2008), S. 259 – 271.

Dieter Grimm, »Plädoyer für Wirkungsforschung«, in: *Rechtsgeschichte* 19 (2011), S. 97 – 105.

—, *Die Zukunft der Verfassung II. Auswirkungen von Europäisierung und Globalisierung*,

Frankfurt am Main 2012.

Lukas Gschwend, »WirtschaftsRechtsGeschichte? Reflexionen zu einem › St. Galler Programm‹«, in: Zeitschrift der Savigny-Stiftung für Rechtsgeschichte. Germanistische Abteilung 121 (2004), S. 471 –492.

Gesine Güldemund u. a., »Reformdebatten in der Dauerschleife?«, in: Kritische Vierteljahresschrift für Gesetzgebung und Rechtswissenschaft 95 (2012), S. 230 – 246.

Hans-Peter Haferkamp, »Wege der Historiographie zur Privatrechtsgeschichte der Neuzeit«, in: Kritische Vierteljahresschrift für Gesetzgebung und Rechtswissenschaft 32 (2010), S. 61 –81.

—, »Wie weit sollte man als Rechtsdogmatiker in der Geschichte zurückgehen?«, in: Zeitschrift für Neuere Rechtsgeschichte 30 (2008), S. 272 –281.

Jan Hallebeek, »Bericht über die kirchenrechtsgeschichtliche Forschung im Gebiet der Niederlande und Belgiens«, in: Zeitschrift der Savigny-Stiftung für Rechtsgeschichte. Kanonistische Abteilung 91 (2005), S. 421 –445.

Hagen Hof, Peter Götz von Olenhusen (Hg.), Rechtsgestaltung—Rechtskritik— Konkurrenz von Rechtsordnungen...: Neue Akzente für die Juristenausbildung, Baden-Baden 2012.

Nils Jansen, »› Tief ist der Brunnen der Vergangenheit ‹. Funktion, Methode und Ausgangspunkt historischer Fragestellungen in der Privatrechtsdogmatik«, in: Zeitschrift für Neuere Rechtsgeschichte 27 (2005), S. 202 –228.

Günter Jerouschek, »Sunt hic leones? Zu Fortschritten in der Strafrechtsgeschichte und in der historischen Kriminalitätsforschung«, in: Zeitschrift für Neuere Rechtsgeschichte 32 (2010), S. 52 –60.

Matthias Jestaedt, Oliver Lepsius (Hg.), Rechtswissenschaftstheorie, Tübingen 2008.

Stefan Kadelbach, Klaus Günther (Hg.), Recht ohne Staat? Zur Normativität nichtstaatlicher Rechtsetzung, Frankfurt am Main 2011.

Jürgen Kaube, »Der Stachel im Recht. Zum achtzigsten Geburtstag von Dieter Simon«, in: Frankfurter Allgemeine Zeitung 128 vom 06. 06. 2015, S. 14.

Rainer Maria Kiesow, »Eliteförderung. Das Frankfurter Graduiertenkolleg—Wilder

Westen inklusive«, in: *Rechtshistorisches Journal* 11 (1992), S. 381 – 390.

—, »Wozu Rechtsgeschichte?«, in: *Rechtsgeschichte* 3 (2003), S. 12 – 17.

Jürgen Kocka, » Wandlungen der Sozial und Gesellschaftsgeschichte am Beispiel Berlins 1949 bis 2005 «, in: Jürgen Osterhammel u. a. ( Hg. ), *Wege der Gesellschaftsgeschichte*, Göttingen 2006, S. 11 – 31.

Martti Koskenniemi, »Histories of International Law: Dealing with Euro centrism«, in: *Rechtsgeschichte* 19 (2011), S. 152 – 176.

—, »A history of international law histories«, in: Bardo Fassbender, Anne Peters ( Hg. ), *The Oxford Handbook of the History of International Law*, Oxford 2012, S. 943 – 971.

Karl Kroeschell, »Der Rechtsbegriff der Rechtsgeschichte. Das Beispiel des Mittelalters«, in: *Zeitschrift der Savigny-Stiftung für Rechtsgeschichte. Germanistische Abteilung* 111 (1994), S. 310 – 329.

Julian Krüper, »Konjunktur kulturwissenschaftlicher Forschung in der Wissenschaft vom öffentlichen Recht«, in: Andreas Funke u. a. ( Hg. ), *Konjunkturen in der öffentlichrechtlichen Grundlagenforschung*, Tübingen 2015, S. 125 – 156.

KarlHeinz Ladeur, *Die Textualität des Rechts. Zur poststrukturalistischen Kritik des Rechts*, Weilerswist 2016.

Peter Landau, »Europäische Rechtsgeschichte aus Kieler Sicht ( Rez. : H. Hattenhauer, Europäische Rechtsgeschichte) «, in: *Rechtshistorisches Journal* 12 (1993), S. 166 – 191.

Oliver Lepsius, *Relationen: Plädoyer für eine bessere Rechtswissenschaft*, Tübingen 2016.

Susanne Lepsius, » Rechtsgeschichte und allgemeine Geschichtswissenschaft. Zur Wahrnehmung einer Differenz bei den Historikern Burg dorf und Zwierlein«, in: *Zeitschrift für Neuere Rechtsgeschichte* 27 (2005), S. 304 – 310.

—, » Stellung und Bedeutung der Grundlagenfächer im juristischen Studi um in Deutschland—unter besonderer Berücksichtigung der Rechtsgeschichte «, in: *Zeitschrift für Didaktik der Rechtswissenschaft ( ZDRW )* 3 (2016), S. 206 – 241.

Thomas Lienhard, »L'historiographie germanophone sur les lois barbares. Centres de gravité, évolutions, desiderata«, in: *Revue de l'Institut français d'Histoire en Allemagne* 2 (2010), S. 133 – 163.

Dirk Looschelders, »Zum Nutzen der Rechtsgeschichte für die Dogmatik«, in: *Zeitschrift für Neuere Rechtsgeschichte* 30 (2008), S. 282 – 288.

Michele Luminati u. a. (Hg.), *Mit den Augen der Rechtsgeschichte—Rechtsfälle kritisch betrachtet*, Münster 2008.

Heinz Mohnhaupt, »Beobachtungen zur Verfassungsgeschichte in Deutschland während der letzten 15 Jahre«, in: *Krakowskie Studia z Historii Państwa i Prawa* (erscheint 2017).

Christoph Möllers, *Die Möglichkeit der Normen—Über eine Praxis jenseits von Moralität und Kausalität*, Frankfurt am Main 2015.

Wolfgang P. Müller, »Introduction: Medieval Church Law as a Field of Historical Inquiry«, in: Wolfgang P. Müller, Mary E. Sommar (Hg.), *Medieval church law and the origins of the Western legal tradition: Attribute to Kenneth Pennington*, Washington D. C. 2006, S. 114.

Regina Ogorek, »Rechtsgeschichte in der Bundesrepublik (1945 – 1990)«, in: Dieter Simon (Hg.), *Rechtswissenschaft in der Bonner Republik. Studien zur Wissenschaftsgeschichte der Jurisprudenz*, Frankfurt am Main 1994, S. 12 – 99.

Martin Otto, »Biographien allüberall. Zur aktuellen Blüte der rechtshistorischen Biographie«, in: *Zeitschrift für Neuere Rechtsgeschichte* 26 (2014), S. 142 – 163.

Louis Pahlow, »Unternehmensrechtsgeschichte. Methoden und Perspektiven«, in: *Zeitschrift für Neuere Rechtsgeschichte* 36 (2014), S. 83 – 102.

Guido Pfeifer, »Keilschriftrechte und historische Rechtsvergleichung—methodengeschichtliche Bemerkungen am Beispiel der Eviktionsgarantie in Bürgschaftsform«, in: Adrian Schmidt-Recla u. a. (Hg.), *Sachsen im Spiegel des Rechts. Ius Commune Propriumque*, Köln, Weimar, Wien 2001, S. 11 – 37.

Martin Pilch, »Der Rechtsbegriff der Rechtsgeschichte«, in: *Rechtsgeschichte* 17 (2010), S. 17 – 39.

Lutz Raphael, *Geschichtswissenschaft im Zeitalter der Extreme. Theorien, Methoden, Tendenzen von 1900 bis zur Gegenwart*, München 2010.

Mathias Reimann, » Rechtsvergleichung und Rechtsgeschichte im Dialog «, in: *Zeitschrift für Europäisches Privatrecht* 7 (1999), S. 496 – 512.

Klaus F. Röhl, »Wozu Rechtsgeschichte?«, in: *Jura* 4 (1994), S. 173 – 178.

Joachim Rückert, »Privatrechtsgeschichte und Traditionsbildung«, in: *Rechtshistorisches Journal* 11 (1992), S. 122 – 144.

—, »Das Graduiertenkolleg › Europäische mittelalterliche Rechtsgeschichte, neuzeitliche. Rechtsgeschichte und juristische Zeitgeschichte ‹ an der Johann Wolfgang GoetheUniversität Frankfurt am Main «, in: *Zeitschrift der Savigny-Stiftung für Rechtsgeschichte. Germanistische Abteilung* 114 (1997), S. 697 – 701.

—, »› Norm und Tradition ‹ —Ein Schlussbericht und einige Fragen «, in: Pio Caroni, Gerhard Dilcher (Hg.), *Norm und Tradition. Welche Geschichtlichkeit für die Rechtsgeschichte?*, Köln 1998, S. 21 – 32.

—, »Sten Gagnér zum Gedächtnis 3. März 1921 – 24. Mai 2000«, in: *Zeitschrift der Savigny-Stiftung. für Rechtsgeschichte. Germanistische Abteilung* 119 (2002), S. 1094 – 1112.

—, »› Große ‹ Erzählungen, Theorien und Fesseln in der Rechtsgeschichte «, in: Tiziana J. Chiusi u. a. (Hg.), *Das Recht und seine historischen Grundlagen. Festschrift für Elmar Wadle zum 70. Geburtstag*, Berlin 2008, S. 963 – 986.

—, »Die Privatrechtsgeschichte der Neuzeit: Genese und Zukunft eines Faches?«, in: Okko Behrends, Eva Schumann (Hg.), *Franz Wieacker. Historiker des modernen Privatrechts*, Göttingen 2010, S. 75 – 118.

—, » Quellenkundliche Anmerkungen zur Juristischen Zeitgeschichte und das. Projekt › Bibliographie zur Juristischen Zeitgeschichte nach 1945 ‹«, in: *Zeitschrift der Savigny-Stiftung für Rechtsgeschichte. Germanistische Abteilung* 127 (2010), S. 379 – 390.

—, »Unrecht durch Recht—zum Profil der Rechtsgeschichte der NS-Zeit «, in: *JuristenZeitung* 70 (2015), S. 793 – 804.

Bernd Rüthers, »Der schmerzliche Abschied von der eigenen Ideologie. Wahrnehmungsblockaden nach Systemwechseln«, in: *Rechtshistorisches Journal* 13 (1994), S. 510 – 530.

Martin P. Schennach, »Recht—Kultur—Geschichte. Rechtsgeschichte und Kulturgeschichte«, in: *Zeitschrift für Neuere Rechtsgeschichte* 36 (2014), S. 1 - 31.

Mathias Schmoeckel, »› Historische Anthropologie‹ —Anmerkungen eines Rechtshistorikers zu neueren Forschungen dieser Forschungsrichtung«, in: *Zeitschrift der Savigny-Stiftung für Rechtsgeschichte. Germanistische Abteilung* 119 (2002), S. 352 - 364.

Christoph Schönberger, » Wissenschaftsgeschichte als Schlüssel zur Geschichte des öffentlichen Rechts? Bemerkungen zu einem schwierigen Verhältnis «, in: *Rechtsgeschichte* 19 (2011), S. 285 - 293.

Gunnar Folke Schuppert, *Verflochtene Staatlichkeit. Globalisierung als Governance-Geschichte*, Frankfurt am Main, New York 2014.

Gustav Seibt, » Spaß wie Sport und Spiel. Wissenschaft als Herausforderung: Das › Rechtshistorische Journal‹ sorgt für Stimmung «, in: *Frankfurter Allgemeine Zeitung* 10 vom 13. 01. 1993, S. 31.

Marcel Senn, » Stand und Zweck der neueren Grundlagendiskussion in der Rechtsgeschichtswissenschaft «, in: *Zeitschrift für Neuere Rechtsgeschichte* 15 (1993), S. 70 - 77.

—, »Ius ancilla ethicae«, in: *Ancilla Iuris—International Law and Ethics* 9 (2011), S. 935.

Ulrich Sieber, » Rechtliche Ordnung in einer globalen Welt. Die Entwicklung zu einem. fragmentierten System von nationalen, internationalen und privaten Normen«, in: *Rechtstheorie* 41 (2010), S. 151 - 198.

Dieter Simon, » Transparenz «, in: *Rechtshistorisches Journal* 12 (1993), S. 642 - 645.

—, »Eine Rechtsgeschichte«, in: *myops* 20 (2012), S. 67 - 77.

Thomas Simon, » Aktuelle Forschungsfelder in der Verwaltungsrechtsgeschichte im Spiegel der ZNR «, in: *Zeitschrift für Neuere Rechtsgeschichte* 32 (2010), S. 37 - 51.

Michael Stolleis, » Sten Gagnér (1921 - 2000). Ein grosser Lehrer der Europäischen. Rechtsgeschichte «, in: *Quaderni Fiorentini per la storia del pensiero giuridico moderno* 29（2000）, S. 559 – 569.

—, *Rechtsgeschichte schreiben. Rekonstruktion, Erzählung, Fiktion?*, Basel 2008.

—, *Ausgewählte Aufsätze und Beiträge, 2 Bände, herausgegeben von Stefan Ruppert und Miloš Vec*, Frankfurt am Main 2011.

—, *Geschichte des öffentlichen Rechts in Deutschland. Band 4: Staats und Verwaltungsrechtswissenschaft in West und Ost, 1945 – 1990*, München 2012.

—, *Nahes Unrecht, fernes Recht. Zur juristischen Zeitgeschichte im 20. Jahrhundert*, Göttingen 2014.

—, »Methode der Rechtsgeschichte«, in: Albrecht Cordes u. a. ( Hg. ), *Handwörterbuch zur. deutschen Rechtsgeschichte. Mantelkinder-Militärdepartment*, Berlin [2]2015, S. 1475 – 1483.

—, *Verfassungs（ge）schichten, mit Kommentaren von A. B. Kaiser und Chr. Gusy*, Tübingen ( erscheint 2017 ).

Gunther Teubner, »Globale Bukowina: Zur Emergenz eines transnationalen Rechtspluralismus«, in: *Rechtshistorisches Journal* 15 ( 1996 ), S. 253 – 255.

Andreas Thier, » Rechtstheoretische Meistererzählung und die Herausforderung der Geschichte. Beobachtungen zum Werk von Thomas Vesting › Buchdruck ‹ «, in: *Der Staat* ( erscheint 2017 ).

Emmanuelle Tourme Jouannet, Anne Peters, »The *Journal of the History of International Law:* A Forum for New Research«, in: *Journal of the History of International Law* 16 ( 2014 ), S. 1 – 8.

Miloš Vec, »Mit den Augen des Rechtshistorikers—Ein Symposion zur Methode der Rechtsgeschichte «, in: *Zeitschrift der Savigny-Stiftung für Rechtsgeschichte. Germanistische Abteilung* 118 ( 2001 ), S. 907 – 911.

—, »Flaggschiffe und Stiefkinder—Rechtsgeschichte als historische Kommentierung des geltenden Rechts«, in: *Zeitschrift für Europäisches Privatrecht* 19 ( 2011 ), S. 547 – 563.

—, »Kulturgeschichte als implizite Praxis der Rechtsgeschichte. Selbst wahrnehmungen, Bekenntnisse, Vorbehalte«, in: *Zeitschrift für Neuere Rechtsgeschichte* 36 ( 2014 ), S. 261 – 287.

Thomas Vesting, *Die Medien des Rechts: Sprache, Schrift, Buchdruck,*

Computertechnologie, 4 Bde. , Weilerswist 2011 – 2015.

Cornelia Vismann, *Akten. Medientechnik und Recht*, Frankfurt am Main 2001.

—, *Medien der Rechtsprechung*, Frankfurt am Main 2011.

Hans-Ulrich Wehler, *Deutsche Gesellschaftsgeschichte. Fünfter Band: Bundesrepublik und DDR. 1949 – 1990*, München ⁵2008.

Dietmar Willoweit, » Entdogmatisierung der mittelalterlichen Strafrechtsgeschichte «, in: *Rechtsgeschichte* 14 (2009) , S. 14 – 39.

Wissenschaftsrat, *Perspektiven der Rechtswissenschaft in Deutschland. Situation, Analysen, Empfehlungen*; Drs. 2558—12 vom 09. November 2012, 2012, online verfügbar unter: ⟨http://www. wissenschaftsrat. de/download/ archiv/ 255812. pdf ⟩.

Chenjun You, » How a › New Legal History‹ Might Be Possible. Recent Trends in Chinese Legal. History Studies in the United States and Their Implications«, in: *Modern China* 39 (2013) , S. 165 – 202.

Reinhard Zimmermann, »Heutiges Recht, Römisches Recht und heutiges Römisches Recht: die. Geschichte einer Emanzipation durch › Auseinanderdenken‹ «, in: Reinhard Zimmermann, in Verbindung mit Rolf Knütel und Jens Peter Meincke ( Hg. ) , *Rechtsgeschichte und Privatrechtsdogmatik*, Heidelberg 1999, S. 1 – 39.

—, »Gegenwartsbedeutung«, in: *Rechtsgeschichte* 3 (2003) , S. 66 – 67.

# 现代的固定旋律

## ——柏林共和时代的法理学

〔德〕玛丽埃塔·奥尔* 著

王泽荣** 译 郭逸豪*** 校

自从 1990—1991 年间议定将联邦首都从波恩迁往柏林时起，"柏林共和国"（Berliner Republik）这一固定用词，便成为当代史、政治和社会学视野的没影点（Fluchtpunkt）之一，收束着有关德国统一之后在欧洲与世界上新身份的争议。这一概念在公共评论与小品文章中的长盛不衰，首先得益于许多历史联想，正是这些联想唤回作为德意志历史发生现场的柏林。一方面，柏林作为世界公认的国都级城市，使得重新统一后的德国至少能在精神上续接其在 1933 年之前的文化与社会风貌，从而告别波恩共和国（Bonner Republik）莱茵-天主教式的偏隅狭窄。但另一方面，柏林亦使人联想到中央主义、军国主义与法西斯主义，联想到普鲁士与纳粹德国的首都，联想到魏玛共和国的沉没之地，联想到德

---

　　* 玛丽埃塔·奥尔（Marietta Auer），生于 1972 年，先后于慕尼黑大学与哈佛大学研习法学、哲学与社会学，2000 年获得法律硕士学位（LL. M.），2003 年获得博士学位，2008 年获得文科硕士学位（Magister Artium），2012 年获得法理学博士学位（S. J. D.）。2012 年获得教授资格，自 2013 年起担任吉森大学民法与法哲学教席教授。

　　** 王泽荣，山西临汾人，柏林洪堡大学宪法学博士候选人。主要研究领域：宪法学方法论、宗教宪法和基本权利。

　　*** 郭逸豪，浙江温州人，意大利罗马第二大学法学博士，现任中国政法大学法学院法律史研究所讲师。主要研究领域：西方法律史、西方政治思想史。

国在两次世界大战结束时的道德破产,最后联想到在冷战裹挟下分裂的前线城市,联想到建造与镇守柏林墙,墙东侧的统一社会党政权(SED-Regime)与墙西侧的资本主义飞地,以及由此造成的精神创伤。

但细加考量可知,柏林共和国这一惯用词显著的暗示效应不只造就于这些历史联想。在更深远的意义上,它指向德国的新当下与新未来,亦即预示着,在"二战"之后第一次有可能通过东与西的对撞,揭开两个德意志战后社会中压抑已久的精神创伤并最终分析克服之。[1] 当然这种希望是矛盾的,原因在于,它不会只作用于一个方向,而必须远远超出波恩共和国的既有程度,在更加多元化、动态化、城市化以及政治与社会关系去界限化的基础上,方能获得实现。

毋庸置疑的是,统一后的德国在过去 25 余年间的发展,受到所有社会领域中去界限化进程的深刻影响。此处仅须列示以下要点:新的政治极端主义与宗教极端主义;政党光谱向极左立场的延展,同时伴随着右翼的强化;财政危机以及贫富差距的扩大;人口变迁;传统家庭的瓦解与替代生活方式的激增;承认德国作为移民社会的现实;欧洲化、国际化与全球化;最后是作为现代人主导动机的千万种新的焦虑感,例如对通货膨胀、欧元、身份、事业衰退、全球化、伊斯兰化、恐怖、核能、瘟疫和气候变化的焦虑。

正如尤尔根·哈贝马斯所言,自从转入柏林共和国,便如同在德国统一之后的"新非了然性"(Neue Unübersichtlichkeit)处立起一盏耀眼的大灯。[2] 然而不无讽刺的是,哈贝马斯早于 20 世纪 80 年代也即虽处在

---

1　例如 Roll, »Ist es wahre Liebe?«, S. 3:"德国是它那被压抑、被忘却的,尽管被反复提及,但却从没有被真正哀悼过的历史的牺牲品。[……]通过统一,被压抑的过往又突然出现。而那些因统一而沉醉的眼泪,正标志着这种断裂之痛。"

2　Habermas, *Die Neue Unübersichtlichkeit.*

晚期但相对而言仍旧如田园般美好的波恩时期，就已经诊断出这样一种新非了然性。而在转折过去四分之一世纪之后，似乎更有必要检视德国整体心理状态中新的确信与确信缺失。

# 一、方法上的前思

本文将问题限定于柏林墙倒塌那一年即 1989 年之后，在德国以及德语学术圈中产生的法理学。鉴于本文的写作目的，"法理学"（Rechtstheorie）将被理解为广义的，也即从理论与哲学角度出发以法为研究对象的所有法学基础学科的上位概念，这里并不关心学科内部（intradisziplinär）如何界分。[3] 下文的核心关注毋宁在于，新的柏林视角对理论内在界分的走向产生了何种影响。

下文将检视这一假设，即柏林共和国特有的社会心理状态将会映射于法理学的发展中，并使得指称某种自成典型的"柏林共和国之法理学"有充足理由。然而这就已经预设了一种特定的法理学前理解，即社会发展确实会对法造成影响，由此，现实科学抑或社会科学的观点原则上可植用于法理学中，同时此类观点反过来又成为柏林共和国之法理学的典型表达与特征。简而言之，下文无法避免的是，考证柏林共和国之法理学所采用的角度和方法，却正出自应作为探讨对象的该柏林共和国之法理学；这也是任何形式的当代史都无法克服的难题，只要当代史的推动者同时又参与其中，也就必然拘泥于其中。

---

3　按照惯常的概念使用，"法哲学"才应该是上位概念，它包含着侧重于分析研究的法理学；参见 von der Pfordten, *Rechtsphilosophie*, S. 13 – 16。本文的目的，并不在于通常的概念使用，而在于对未来学科界分的探寻，因此"法理学"作为"更新的符码"（Hilgendorf, »Zur Lage der juristischen Grundlagenforschung«, S. 113）反倒更适合被用作上位概念。

为切合这一目的,本文将对 1989 年后发表的法理学文献进行二维式的分析。[4] 一方面,通过历史横切或者共时观察的方式,厘清自当时起产生的诸多疑难问题,并使之彼此衬托分出层次;另一方面,对于各个难题场域所特有的研究动向,则须等待特定问题于特定时段出场之后,用历时或纵剖的观察方式方能考证。以下所作分析的目的也正在于,将囊括多种主题的学术研究动向分别归于确切的历史区间。基于此,下文的阐述将按主题相应地分节行文,区分动态的主流趋势(下文二)和批判性的反流趋势(下文三),最终把握大体上恒定未变的基本潮流(下文四)并以之作为 1989 年后法理学的主要进路,从而使得特定的"柏林"影响能够在不同程度上锚定于此。[****]文章最后将以展望作结(下文五)。

## 二、固定旋律:碎片化、多元化、重新政治化

德语法理学在 1989 年后的真正更新,可以极简地化约为以下三点:法理学研究因新的跨学科性(Interdisziplinarität)而发生碎片化;在法适用发生广泛的欧洲化与国际化之后,法概念与法源学说也随之发生多元化;最后,对权力理论(Machttheorie)、治理(Governance)、生命政治

---

4　为了尽可能避免自我引证式的理论制造,本文将对 1989 年后发表且被收录进年刊《卡鲁法学文献目录》(Karlsruher Juristische Bibliographie, KJB)的法理学文献进行系统分析,并以此作为第一手的资料基础。对于 2015 年 5 月之前被收录进 1.7"一般法学、法哲学、法社会学"分类下的所有文献,作者一无所漏,此外,在 1.4"专业大会或学术会议"、1.6"德国与外国法通识"、1.8"比较法与法的统一化"以及 1.9"法与其他学科的关系"分类下,本文也拣选了部分文献作为补充。不过,在如此多的文献中,下文仅引用代表性的书目文章作为示例。

****　文章第二、三、四部分所用标题中的音乐概念,即固定旋律(Cantus firmus)、对位法(Kontrapunkt)和通奏低音(Basso continuo),分别比喻学术研究动向中的主流趋势、反流趋势和基本潮流。

与安全政治（Bio- und Sicherheitspolitik）、风险社会（Risikogesellschaft）和家长主义（Paternalismus）的重新探讨以及相关探讨的全球化，使得本来过于纯粹的法理学重新政治化。

　　显而易见，这三种变化均不是 1989 年之后才登上法理学舞台的。翻阅本文集的前一册即 1994 年出版的《波恩共和时代的德国法学》[5] 即可得知，对于"欧洲法学"，"反射的""程序的"与"媒介的法"，"法学与社会科学"或者"政治法理学"之类的主题，法理学在当时就曾有过讨论并将其理解为法学在历史变革下的开放性疑难问题。[6] 在 1965 年至 1985 年间的学科"复兴"之后，法理学并非毫无发展，更没有陷入某种"停滞"。[7] 如今决定法理研究的，乃是针对全球法多元主义（globaler Rechtspluralismus）、欧洲方法论（europäische Methodenlehre）或自由家长主义（liberaler Paternalismus）这类主题所进行讨论的程度、质量、数量与紧迫性。合乎当下的新主题产生于旧关节的枝芽处，并以新的方式获得研究价值。

　　自 1989 年至今已过去 28 年之久，差不多正是一代人的时间。单从年数上看这就已经意味着，法理学的研究共同体几乎完整发生过一次代际更替。在这 28 年间，法理学的研究动向可以用近十年为区间划分为三个阶段。在转折后的第一个十年亦即 1989 年至 1998 年间，波恩共和国的法理学和法哲学研究仍然占据主导地位，与此同时，法经济、法社会与欧洲法进路的兴起则预示着即将到来的改变。尽管在 1998 年

---

　　5　Simon（Hg.）, *Rechtswissenschaft in der Bonner Republik*.

　　6　Vgl. Ogorek, »Rechtsgeschichte in der Bundesrepublik«, S. 54 – 60；Bender, »Rechtssoziologie in der alten Bundesrepublik«, S. 140；Neumann, »Rechtsphilosophie in Deutschland«, S. 175 – 178.

　　7　但 Hilgendorf, »Zur Lage der juristischen Grundlagenforschung«, S. 114 却认为如此。

至 2007 年之间,例如"经典法源之调控力的丧失"或"法的分出"之类的作品曾异军突起,然而出版史却明确显示出,在千年之交已经发生了某些实质性的变化。[8] 紧接着,在进入新千年的第二个十年后也即 2007 年到 2017 年间,法理学再次开辟出新的研究维度。新的主题称为:"安全还是自由?","在自由与监护之间——治理理论视角下自由论家长主义的概念",或者"伊斯兰教法对于处在生命边界之医疗行为的观点———一种跨文化生物伦理学的论述"。[9] 下文将分别在前述从柏林固定旋律(Cantus firmus)中理出的三种基础主题之下,仔细阐释这些研究动向。

## (一)碎片化与跨学科性

在本文所考证历史时段的初期,乌尔弗里德·诺依曼(Ulfrid Neumann)乃是一位颇有影响力的德语法哲学与法理学家,他于 1994 年将法理学的学科状况直观描述为三个连续发展阶段的产物,首先是 1945 年后的自然法复兴,其次是自 20 世纪 60 年代起向法学方法论与分析法理学的转向,最后则是 1970 年以降由约翰·罗尔斯(John Rawls)、尤尔根·哈贝马斯与罗伯特·阿列克西(Robert Alexy)重新发现法哲学的规范维度。[10] 这也精当地描摹出,在转折后的早年间,来源于自然法与法实证主义、法学方法论以及哲学正义理论的出奇稳固的主题混合,在法理研究中先行占据着主导地位——而法理学也会再度回归于此。1990 年前后的代表性议题有如"法实证主义的辩护"或"论

---

8　参见 Di Fabio，» Verlust der Steuerungskraft «；Luhmann，*Ausdifferenzierung des Rechts*。

9　参见 Arnauld/Staack（Hg.），*Freiheit versus Sicherheit*；Schuppert，» Zwischen Freiheit und Bevormundung«；Kellner，*Islamische Rechtsmeinungen*。

10　Neumann，»Rechtsphilosophie in Deutschland«，S. 145 - 187.

法哲学与法理学的关系"。[11] 在第一阶段有两部具有跨时代意义的代表作,分别为罗伯特·阿列克西的《法概念与法效力》和尤尔根·哈贝马斯的《在事实与规范之间》。[12] 两书均出版于 1992 年,并相互对照地显露出学科内部的分裂。分裂的双方中,一方是 20 世纪 70 年代以来占据主导地位的概念分析法理学,其将正义问题缩减为法概念的语义学疑难;另一则是商谈理论式的正义理论,由于福利国家的价值共同体(Wertegemeinschaft)进一步发生解构——关键词为新非了然性,正义理论在其规范性预设方面同样处在极大的困境中。

早在转折后的最先几年,一些作品就已经认识到,在此基础上无法克服柏林共和国法理学所面临的挑战,进而主张在法理研究中引入一种新的现实科学的范式。[13] 以法的经济分析为例,该研究范式兴起于 20 世纪 90 年代中期,之后更是绵延不绝。[14] 在早期遭受的根本性批判平息之后,如今已经可以确定,经济学的理论要素并非单纯的异质物或者法理学不能消受的法律移植,相反应被接纳为法教义学中一般性的方法准则。

在跨学科的重新定向之下,法理学在 1989 年后的第二条发展脉络,乃是法社会学以系统论为依托的强势回归,其基础由贡塔·托依布纳的《法作为自创生系统》以及尼克拉斯·卢曼的《社会中的法》奠定,两书分别出版于 1989 年与 1993 年。[15] 在此基础上,一种新的法社会学

---

11　Hoerster, *Verteidigung des Rechtspositivismus*; Dreier, »Verhältnis«.

12　Alexy, *Begriff und Geltung des Rechts*; Habermas, *Faktizität und Geltung*.

13　例如 Albert, *Rechtswissenschaft als Realwissenschaft*。

14　典型如 Eidenmüller, *Effizienz als Rechtsprinzip*。

15　Teubner, *Recht als autopoietisches System*; Luhmann, *Recht der Gesellschaft*; Luhmann, *Ausdifferenzierung des Rechts*.

得以产生,并与法的经济分析一道,共同构成柏林共和国的创造更新。[16]
此外须知,复生重起的并非 20 世纪 60 年代与 70 年代那种经验取向的、
强烈关注法事实、阶级、环境(Milieu)与社会化的法社会学研究,而是一
种系统论学派的法结构学与法体系论。在社会均质与规范均质的波恩
社会关系消解之后,从新柏林秩序中分化出甚至无法对话的子系统
(Subsystem)与领域逻辑(Bereichslogik),而新的法社会学在此苛求下却
正好提出一种契合的解释思路。如此说来,尼克拉斯·卢曼才是柏林
新非了然性的真正理论者。

## (二) 多元化、欧洲化、国际化

借助法经济分析与系统论的杠杆,现实科学新范式的跨学科属性
得以贯彻于法理学内,因此,欧洲方法论的发展几乎同时引发了柏林共
和国下方法论与法理研究的欧洲化、国际化以及对多元法源的更新。
欧洲方法论的杠杆效应,尤其要归因于欧盟法的优先适用以及各成员
国国家机关据此所负的转化义务,也正因此,欧洲法方法的适用才能在
数年之内就从国际法学者的专门事务升格为整个国内法适用的强制基
础。尤其起决定性作用的,乃是对新方法上优先规则的肯认,例如在消
费者保护法之类的法律领域,合指令解释几乎使得欧洲法院的司法裁
判全然覆盖于国内法之上。[17]

1998 年之后的这一发展,直接打破了先前所进行方法研究的单调
状态,并催生出一些延续至今的讨论线索,例如"合指令解释与法续造

---

16　参见 Rottleuthner, »Rechtssoziologie«; Vesting, *Rechtstheorie*, S. 67–90。
17　这一点可以从教科书新类别的产生中看出来;例如 Riesenhuber, *Europäische
Methodenlehre*。

的界限"或"方法的欧洲普通法"之类的主题。[18]　而这一发展的法理学意义首先在于,它将传统法解释或法续造方法既有的准则推向极限,并使之开放于具有完全不同构造的欧盟法研究。这尤其体现于前已述及的欧洲法院的司法裁判,相较于德国联邦各法院的裁判体制,它更近似于普通法系的判例法实践。在过去 20 年间,欧洲法院通过其司法裁判缔造出一种新的欧盟判例法体系,而该判例法体系基于其拘束力,同时又促使法理学对国内方法语境下的原理性问题,例如裁判先例的法源性质以及原则与规范在法之发现过程中必要的相互转换,重新作出考量。20 世纪 60 年代与 70 年代的方法论研究中一些相符合的思路,在此基础上也获得后来者的认可。[19]

　　除此之外,公法与私法以及国内法与超国家法之间的学科界限因此处于游移状态,同时法理学研究亦受到冲力而转进法源理论与方法论多元化的方向,须知这种转向在之前的观念中尚且是如此地不可想象。1960 年左右,将法学方法论问题作为宪法问题来处理已经颇具有方法上的进步性,更会挑战当时仍然备受尊崇的观点,即私法在面对法治国家性(Rechtsstaatlichkeit)与基本权利时依旧保有方法上与规范上的自主性。[20]　但若以此时观之,方法问题既是宪法问题也是欧盟问题,同时在多极且冲突的规范世界中,往往不只呈现为文本释义的问题,而要更具一般性。[21]

　　由于千年之交以来的这种发展,法理学也越来越不排斥法多元主义与超国家私法体制,同时亦开始寻求对传统法源学说和民主理论的

---

18　例如 Vogenauer, »Eine gemeineuropäische Methodenlehre des Rechts«。
19　尤其如 Esser, *Grundsatz und Norm*。
20　参见 Haferkamp, »Methodengeschichte«, S. 78 – 85。
21　典型如 Augsberg, *Lesbarkeit des Rechts*。

改造。[22] 法理学此后着力研究的典型问题,囊括着规范秩序在国家外的形成、超国家私法秩序的规范地位、管辖冲突、冲突法、在规范性的多级系统中发生的横向宪治化效果以及后现代社会中法体系的结构,值得一提的是,该法体系也越来越经常(且典型地)被比喻为网络而非经典的等级式结构或规范金字塔。[23]

### (三) 重新政治化:风险社会、治理、家长主义

自新千年以来,法的政治维度被重新发掘出来,伴生于此的反向流动却试图返回国家与政治权力并以之作为法的基础,该回流首先昭显于外交与安全政策语境以及国际法中,但最终也在法理学中显现出来。[24] 乍见之下,这似乎是矛盾的。但进一步看来,这种展开恰恰是完全符合逻辑的且并非第一次出现。面对正当性、规范性与融贯性(Kohärenz)等经典法哲学问题的多元相对化,对权力的追问不啻一种回应。早在 20 世纪 70、80 年代,社会科学与法政治讨论已经开始着眼于权力理论(Machttheorie)与权力社会学(Machtsoziologie)、生命政治(Biopolitik)与治理术(Gouvernementalität),且为实现对此类命题的理解,更不得不回溯到魏玛时代卡尔・施米特(Carl Schmitt)的决定论与例外状态理论。与之相应,当下转向法之政治理论,其新颖之处并不在于对象而在于其特殊方法。在此方法下,法的(地缘)政治本性亦获得研究的关注与价值。新近可以观察到,卡尔・施米特开始以法理学家

---

22　例如 Fischer-Lescano/Teubner, *Regime-Kollisionen*; Forst (Hg.), *Herausbildung normativer Ordnungen*; Teubner, *Verfassungsfragmente*;详如 Seinecke, *Recht des Rechtspluralismus*。

23　Losano, »Turbulenzen im Rechtssystem«.

24　典型如 Frankenberg, *Staatstechnik*; Möllers, *Staat als Argument*; Menke, *Recht und Gewalt*。

身份受到推崇,大约也是这一发展趋势的表现。[25]

自从转入柏林共和国之后便可看到,法理学重新提出全球的权力理论。乌尔里希·贝克(Ulrich Beck)于 1986 年也即切尔诺贝利核泄漏事故发生之年所提出的风险社会概念,亦可归于这一脉络。[26] 对于波恩末年在福利社会之内突然爆发的生态与经济悲观主义,这一概念无疑是最贴切的表达。贝克以颇为恳切的文字,描绘了根深于现代工业社会的毁灭自身生存基础的趋势,此趋势并非故意而是由附带后果促成,并以全球环境与社会危机为形式。这种危机总体上又对西方社会秩序的理念基础造成质疑。在千年之交以后,贝克将风险社会的概念升级为世界风险社会,[27]他把自己在 20 世纪 80 年代主要围绕生态技术风险所作的论证延伸到全球政治经济的安全风险上。后一种风险在"二战"之后就已经逐渐显露出来,但具体到德国,却最早在两德统一且在德国找准自身对外政治责任之后才开始明朗起来。

然而在 2001 年 9 月 11 日恐怖袭击之后,全世界都泛滥着极端主义与恐怖主义、混合战争与不对称战争以及全球性的移民浪潮,自此德国亦不能免于西方社会中的全球危机。为了应付危机,国务家们不惜减损基本自由权利,频繁采取全面的预防性与压制性安全政策。"9·11"事件对法理学的决定性影响则表现为,在私人所发动的混合战争、保护责任、人道主义干涉和禁止酷刑这些新符兆下,长期萦绕于国家哲学与社会哲学的经典理论疑难,譬如对正义战争的证立和对抵御暴政之权利的肯认,突然毫无防备地获得重要的实践意义,自此更迫使法哲学劳

---

25　例如 Agamben, *Ausnahmezustand*。

26　Beck, *Risikogesellschaft*;参见 Auer, *Der privatrechtliche Diskurs*, S. 74–87。

27　Beck, *Weltrisikogesellschaft*.

烦于那令人窒息的新时代主题——安全还是自由。[28] 另外，现代社会内含着线性进步的启蒙运动和线性进步的世俗化进程，在这一设定被证明是错觉之后，法与宗教的关系又重新成为法哲学上的疑难问题。[29]

在此期间，新的世界风险社会与世界焦虑社会中的"日常例外状态"，亦开始见于柏林共和国之内，并在旧有疑难问题的基础上启发出新的研究面。法理学自身跟"纯粹的"法概念与正义理论题目渐行渐远，转而求解"不纯粹的"现实科学与法政治学难题。在千年之交时，法理学也越来越清楚地认识到，全球化影响着法的调控能力，进而使得法规范创制的地位和效力不仅在国际层面更在国内层面成为疑难命题。[30]接下来，特别在本文所考证历史时期的第三阶段，法理学则认识到，有关全球金融市场、人口变迁、社会各系统的过载、生物与再生技术学以及新媒体的更多危机形式浮出水面，却无法在原有的法律途径中得到解决。[31]

凡此种种又可归总为这样一种研究动向，即越来越偏离于法概念与法证立（Rechtsbegründung）中的传统民主观，而转向带有行政色彩的且就其正当性理论状态而言往往不清不楚的社会性调控方式。体现这一发展的范例，乃是与福柯的治理术（Gouvernementalität）不无亲缘关系的"治理"（Governance）概念。20 世纪 90 年代，尤其伴随着企业法上关于合作治理（Corporate Governance）的国际讨论，"治理"被用作说明私企中非国家调控方式的关键概念，并由此进入法理学研究。[32] "治理"概念中暗含着由私人跨文化地自主创制规范的主张，该主张一方面无

---

28　典型如 Arnauld/Staack（Hg.），*Freiheit versus Sicherheit*。

29　例如 Llompart，»Anfang und Ende der Säkularisierung«。

30　Di Fabio，»Verlust der Steuerungskraft«.

31　典型如 Kersting，*Rechtsphilosophische Probleme*。

32　例如 Schuppert，»Zwischen Freiheit und Bevormundung«。

缝接入当前有关法多元论的讨论,另一方面却在事实上重新道德化与重新政治化,甚至使得经典的主权与民主设计失去效力而沦为某种新的价值暴政。正如乌尔里希·贝克所言,全球气候危机的专家式调控早已成为西方国家的"生态学新帝国主义",故而难逃统治学上的批评,例如"生态问题的全球性使得'自然保护'走向自身的反面,而沦为一种全球世界管理的方式"。[33]

在此之下,当前对于应否容许"柔性"法家长主义(Rechtspaternalismus)这一问题的讨论,最终仍要归入如何补足个体决策行为中理性结构性缺失的问题。[34] 但所谓的补足不外乎是指,在须以集体方式调控的情形下,例如消费者保护或者健康政策,将最优的管理和隐秘的风险与预防性政策强加于个体决策之上,最终依然不免掏空作为现行法秩序基础的自治理念。值得关注的还有,在工具主义的法政治式的研究路径中,对自治理念的直觉渐渐趋于消沉,而法理学与法哲学面对其基础概念的衰落,却未作出多少反抗,其在研究上的失力大约也与此有关。如此就亟须回归真正的法哲学方式,对后现代焦虑与控制社会中的善意极权主义(wohlmeinender Totalitarismus)作出研究。

## 三、对位法:后现代与批判的新法理学

文章到这里应稍作停顿,以便再次检阅上述柏林共和国法理学的主要发展脉络,即碎片化、多元化与重新政治化。一方面须注明的

---

33　Beck, *Weltrisikogesellschaft*, S. 165.

34　Thaler/Sunstein, *Nudge*;参见 Schuppert, »Zwischen Freiheit und Bevormundung«; Kirste, »Harter und weicher Rechtspaternalismus«。

是,新议题虽然层出不穷,但其理论进益却常常滞后于其实践现实性或政治迫切性。柏林共和国之法理学的理论主张,自困于彼此矛盾的现象却无力提出解答,譬如制度化伦理研究的如火如荼却伴随着一般共通伦理原则之意义的持续减弱,再譬如学术讨论的重新政治化却伴随着政治本身的去政治化与始终深入的技术化。换言之,柏林共和国之法理学在拒斥着法的后现代情状( Postmoderne Kondition des Rechts)。[35]

在这种走投无路的情况下,法理学尝试作出反思并激进地重申批判与论战的商谈文化,以对抗法理学与法哲学原有的固定结构。而这种尝试本身,亦可视为法理学在过去 20 多年间最有趣的发展脉络之一。这包括但不限于,法理学研究要么继受后现代的哲学理论与社会学理论,要么重新启用曾在 1968 年左右盛行一时的经典马克思主义的法与司法批判。这些或其他相类似的思考方式如女权主义法理,尽管普遍存在于柏林共和国下的法理学研究中,却没能发展出自足自立的根本,亦不足以被视为真正批判的新法理学。[36]

后现代的思考方式与前述法理学内部的系统论取向,以及在千年之交时起同样滥觞于德国的法媒介理论相互结合在一起,反而萌生出这样一种批判的新法理学。[37] 一如所见,在面对社会同一体崩解后的划

---

35　Dazu Ladeur, »The Postmodern Condition of Law«.

36　详见 Buckel u. a.（Hg.）, *Neue Theorien des Rechts*。

37　参见 Vesting, *Die Medien des Rechts*；Vismann, *Medien der Rechtsprechung*；详见 Vesting, *Rechtstheorie*, S. 170－172。

时代问题时,当"全球的布科维纳*****"[38]中的衔接可能性呈指数增长时,只有系统论才能作出法理学上的恰当解读。另外,法的媒介理论脱胎于20世纪60年代语言哲学上的语言学转向,它并不采用传统的意义理解角度,而将法视为法媒介具现化的产物,进而将法产生与法证立的问题再造为法媒介演进的文化学难题,这一视角转换不可不谓之开拓。从这些哥白尼式的轻转向中总体可以断定,法理学研究不再追寻规范性的意义,转而肯认一种新的媒介事实性,即一种媒介的、解释的和自创生的法之先验(Apriori des Rechts),对这种先验性,在将来任何值得认真对待的法理学研究均须有所关注才行。

在此基础上,新千年以降最为有趣的某些法理学研究成果,不仅在根本上批判传统法哲学正义理论与法学方法论"在前批判时代"对法理性所作的证明,甚至在形式方面也彻底摒弃了法学论证与行文的传统格式,而代之以属于新时代的形式与风格。2004年赖纳·玛丽亚·基佐于法兰克福出版的教师资格论文《法的字母表》,大约可被视为这一发展的开山之作。该书略有讽意且故意地没有采用法学论文尤其是法学资格论文的通常形式,而是在巴洛克百科全书的体例下严格按照字母排列呈现出一种福柯式的法学知识考古。这种形式突破的激进结果

---

***** 布科维纳(Bukowina)是位于欧洲中部、东南部与东部交界处某一地区的历史名称,如今该地区北部归于乌克兰,南部归于罗马尼亚。该地区的典型特征,在于多语言多民族的跨文化融合,这些后来却在纳粹的铁蹄下分崩离析,因此常被用来指代一种已逝的、丰富多彩的、令人沉湎的精神故乡。本文作者玛丽埃塔·奥尔的家族谱系,亦可追溯至这一地区。托依布纳在《全球的布科维纳》一文中,通过对比美国前总统比尔·克林顿(Bill Clinton)与法学家欧根·埃利希(Eugen Ehrlich)——当时任教于布科维纳地区的首府切尔诺夫策——的世界秩序理念,认为"布科维纳的和平与美国的和平,都是世界和平与世界法秩序的一种形态"。对立于克林顿所持的由政治创造全球法秩序的观点,托依布纳则偏向于埃利希的思想,将全球法秩序理解为由文明社会自己创造的"活着的法"。"全球的布科维纳"寓意全球法秩序的多样的集市状构造。

38 Teubner, »Globale Bukowina«.

在于,在一种演进的、历史性的与条目式的而非理性体系的结构中,法源的物质性将不复存在,法学的意义理解也就无从实现。将对形式的突破填充为形式的结构原则,一如将字母排序作为无漏洞分类列举的原则,归根结底不过是把理论空心的(theoriefrei)的看法视为理论:"什么是理论呢? 看法、考量、观察、假定、推想。理论是指:观入(Hinschauen)。理论并不是:归入(Subsumtion)。"[39]

在一种非常柏拉图的意义上,理论即观入。而新的批判法理学最晚自 2007 年之后就在持续地观入,并揭示出许多法学与法实践中的缺陷与谬误。在 2007 年亦即在本文所考证历史时期中已经深处于柏林影响之下的第三阶段,杂志《短视》(*Myops*)创刊。该期刊一年印发三次,旨在以讽战之风不限形式地讨论法世界中的实时命题,在同时期的法学刊物中堪称独一无二。[40] 就让它——在讽刺同时升级为可能致命的放肆之后——长久地奏响起对新柏林法理学主导动机的批判对位(Kontrapunkt)。

## 四、通奏低音:康德、凯尔森、法实证主义与自然法

再次回到讨论的出发点即 20 世纪 90 年代之初。如前所述,在转入柏林共和国后的早年间,法哲学与法理学研究中占据主流地位的,仍然是自然法与法实证主义之间关于法概念与法正义性的争论。从法理学的这些或其他长线问题出发,例如法学方法论以及与之相关的方法之争,能够得出怎样的结论呢? 答案很简单:在过去 20 余年间,所有这些

---

39　Kiesow, *Das Alphabet des Rechts*, S. 10.

40　参见 Kiesow, »Myops«。

讨论依然在持续进行着。这些线索构成法理学研究的通奏低音（Basso continuo；Generalbass），并在法理学的先头部队振翅高飞时充当着学科的坚实基底，因此——无论处在何种风向——至今仍不失其研究价值。

进一步分别展开我们的答案。一些真正的经典大家尤其如伊曼努尔·康德（Immanuel Kant）与汉斯·凯尔森（Hans Kelsen），实际上堪为法理学中永不过时又几乎永无止境的研究主题。[41] 若从 20 世纪法哲学与法理学的两个基础问题，即法概念与法证立出发并检视进入柏林共和国后的相关研究态势，便不难看出这两位大家的特殊地位。就第二个问题即法正义性的证立问题而言，法理学研究以约翰·罗尔斯为先，早就以最好的姿态复归于康德式的新契约论（Neokontraktualismus），而作为另一种理论选项的商谈理论，则秉持着理性普世主义与程序伦理主义，显然也以康德之学为基底。[42] 鉴于这两种理论架构的显著弱点，再加上康德以自治为根基对现代法思想内核所作的阐发，既无前例并且至今也没有他说能出其右，如此就很容易理解为何要回归康德的原作。通往现代的所有路径，追本溯源都是康德。

在其他符象之下，这同样适用于凯尔森的《纯粹法理论》，其生生不息的衔接能力本质上也要归功于新康德主义的世界观。在国家法中，凯尔森将实然与应然的二分发挥到极致，而若要在法理上证明启蒙实证主义法思想确有优越性甚至不可替代性，该二元论依然是逻辑上的最大王牌。[43] 此外还有一点，即纯粹法理学之"纯粹性"所具有的暗示力（Suggestivkraft）。"纯粹性"在后现代所暗示的，正是后现代所没有

---

41 关于康德典型如 Lorz, *Modernes Grund- und Menschenrechtsverständnis*；关于凯尔森如 Jestaedt, »Geltung des Systems«以及其他出处。

42 典型如 Forst, *Recht auf Rechtfertigung*；Honneth, *Recht der Freiheit*。

43 不过这仅限于德语法理学的研究。为英语法哲学确立研究定式的始终是 Hart, *Begriff des Rechts*。

的。如此,甚至不需要考量纯粹法理学中的潜抑(Verdrängung)机制与投射(Projektion)机制,仅从其完全中立化的世界观出发便可认识到该学说蔚然成风的缘由。正由于其秉持着康德式的纯粹形式主义,同时在国家理论上卓有根本性却又无关世界观的丰富论述,纯粹法理学作为法理学中的"白巨人"洗衣粉(Weißer Riese)******,在今天被证明是优于其非实证主义理论竞争者的。

若要深究背后隐藏的原因,则必须回顾法实证主义与自然法之间漫长的争论。二者之争起源于 19 世纪及 20 世纪早期,并经历过法实证主义的反复消长即战后自然法的复兴和罗纳德·德沃金与罗伯特·阿列克西的原则理论,最终延续至柏林时代的法理学研讨中,在 20 世纪 90 年代初法实证主义与自然法仍被视为两种不可调和的理论,二者之争亦被视为法理学上的真正争议。[44] 但值得注意的是,在千年之交以来这种对立便趋于凋零并越来越被公认为一种假想敌对(Scheingegensatz)。有关法实证主义之界限的讨论——与同时期凯尔森的复兴并无关联——也越来越侧重于其实践相关性,即如何克服国家的不法,"拉德布鲁赫公式"正是为了实现这一目的,该公式在 20 世纪 90 年代的柏林墙射杀案件中被联邦最高法院与联邦宪法法院采用

---

****** 本文用"白巨人"(Weiße Riese)这一洗衣粉品牌来形容凯尔森的纯粹法理学,并不是无端的比喻。在德文中,"纯粹"(reinheit)与动词"清洗"(reinigen)均以"纯"(rein)为词根。而德国国家法实证主义的方法立场,主旨也落在"洗"上。拉班德的方法论立场,简而言之是将政治的、历史的、哲学的质料逐出国家法的领域,因此实证主义自始就是"清洗干净"的形式主义。到纯粹法理学时,所谓社会心理的质料亦被清洗干净,最典型便是凯尔森对意志(Wille)这一概念的去心理化理解。于此,国家法的实证主义走向清洗到极致的形式主义,因此不得不转而求证一种纯粹的法概念。总而言之,"白巨人"洗衣粉这一比喻,既有贴切之处,亦能使人联想到论敌们对形式主义的蔑视与讽刺。

44 参见前文第二部分以及可视为研究范式的 Alexy, *Begriff und Geltung des Rechts*。

为裁判依据,因此也可算作最高司法权力所尊认的学说。[45] 质言之,法理学开始倾向于从实证主义还是非实证主义这种一般抽象的争论中脱身出来,而以一种或许在理论上更不刁难但在伦理上却更为用心的方式来处理不法国家(Unrechtsstaat)的难题,拉德布鲁赫的作品也因此越来越受到关注。

换言之,从过去20年间法理学的讨论走向可以察知,法实证主义与自然法彻底失去了作为法理学的意义。在过去一个半世纪里,二者的知识体系均属于过分负担意识形态且过度描绘内容的法概念,因此这倒也不失为一个好消息。法实证主义的理论目的本来在于,保卫实证法(positives Recht)法学不受形而上学自然法与理性法的侵犯。只不过这一目的最晚至20世纪早期就已经变得多余。然而,法实证主义与自然法继续相互敌对,并历经战争、专制与重建而烙印于20世纪的德语法理学全体,但归根结底其原因并不在于法学本身,而在于意识形态。纳粹法学(NS-Jurisprudenz)对法实证主义的敌视——在此不展开叙述——就属于这种最为强力的原因,这在战后的余波首先表现为一条诬告,即法实证主义使纳粹法官们在面对不法国家时"无力抵抗",接下来则表现为自然法的复兴,包括拉德布鲁赫公式以及此后不法难题在此二分范畴下的概念化。[46] 就让柏林的后实证主义继续破除这种敌对状态。

最后还须考察柏林共和国下的方法研究。初看起来一切照旧:经典的方法论难题,例如解释所允许的界限以及法的续造或者法官法的

---

45　BGHSt 39, 1, 15 – 16;BVerfGE 95, 96, S. 134 – 137;学术文献则例如 Saliger, *Radbruchsche Formel*;Neumann, »Rechtspositivismus, Rechtsrealismus und Rechtsmoralismus«。

46　详见 Foljanty, *Recht oder Gesetz*, S. 19 – 50;Haferkamp, » Methodengeschichte«, S. 72 – 88。

意义,仍持续地处在讨论中。[47] 但从经典疑难问题中仅衍生出少许新题目,除已经提过的欧洲方法论之外,尤其还有数十年来一直备受讨论的权衡理论(Abwägungslehre),后者又经常与德沃金与阿列克西所奠定的原则理论串接在一起。[48] 若仔细观察,却又可以发觉其中微妙的意涵变迁,其深层原因依然须推定为法实证主义与自然法之间的意识形态敌对愈演愈烈而造成的向心爆炸(Implosion)。一如法哲学的基础争议,经典的方法理论例如概念法学、利益法学、评价法学与自由法学的相互龃龉,均以这种敌对为基础,因此如今显然已经不再具有教条意义与法伦理上的迫切性。其有毒的理论降尘(Theorie-Fallout),最多仍以之前讨论的衰变形式(Zerfallsform)继续辐射能量,譬如最近重新煽动的主观解释与客观解释之争。[49] 在通往一般性权衡法学(Abwägungsjurisprudenz)的路上,反而可以发现一种超出德国与柏林共和国之外的国际性基础潮流,该潮流囊括着法学全景并将一种不可阻挡的开创性新视角强加于有关法决策理性的老问题。法学的学科性近来再度成为备受讨论的主题。[50]

# 五、展望

法理学进入柏林共和国已有四分之一世纪之久,那么然后呢? 28年是整整一代人的时间,一方面相对于当代史的考证而言足够长久;但

---

47　例如 Vogenauer, *Auslegung von Gesetzen*; Bumke, *Richterrecht*; 详见 Reimer, *Juristische Methodenlehre*。

48　范式如 Sieckmann, *Recht als normatives System*; 批判如 Poscher, » Theorie eines Phantoms«; Rückert, »Abwägung«。

49　典型如 Rüthers, *Revolution vom Rechtsstaat zum Richterstaat*, S. 89 – 94。

50　例如 Jestaedt/Lepsius (Hg.), *Rechtswissenschaftstheorie*; Hilgendorf/Schulze-Fielitz (Hg.), *Selbstreflexion der Rechtswissenschaft*。

另一方面,相对于长线的未来待定的发展动向而言却又显得(太过)简短。若对柏林法理学的模糊、风险与偶然性作出保留,暂时可以得出这样结论:根据法理学中或明显或隐约的研究变迁,本文开头所假设的自成典型的"柏林共和国之法理学"应该足以成立。法理研究的视角已经从经典的分析法理学与规范法哲学,转向兼容着所有风险与副作用的后现代多元角度。新法理学的基础问题叫作:法如何对待现代? 这也是柏林共和国可以教给法理学的:当前所面临的挑战,实则在于现代本身的各种矛盾。

再回到柏林共和国的特殊心理状态,它发端于四分之一世纪之前因德国统一而开启的大规模社会试验:但波恩共和国的魅影,真的已经被祛除了吗? 又或者它们仍然存在于柏林共和国的潜意识里呢? 于此又形成了哪种生活情感? 以下是对柏林市的普伦茨劳贝格区,也即"柏林共和国的典型居落"所作的当代史摹画:[51]

在转入柏林共和国之后,德国已经产生新的气象。那么又是怎样的气象呢? [……]在大街上,四处停放着60年代的雪铁龙与70年代的踏板摩托车。而驾驶它们的男人们,大多留着京特-内策式的发型(Günter-Netzer-Frisur)。儿童房玩具店(Kinderstube)有二手玩具出售,80年代的费舍尔-普莱斯(Fisher-Price)玩具装载车售价69欧元。年轻的父母重塑着自己的童年,就像当今和未来没有太多可期。有时候似乎有一些忧虑,有时候又似乎是在东边怀念西边(Westalgie)。[……]普伦茨劳贝格就像许多地方,似乎从未发生过底层辩论或者人口难题与移民之类的事情。这里弥漫着一

---

51　Sussebach, »Bionade-Biedermeier«, S. 46;更近的还有 Klute, »Kiezgröße«, S. 45。

种比奥纳德－毕德麦耶（Bionade-Biedermeier）之风。\*\*\*\*\*\*\*这十万居民创造了一座新城,但除了他们,文明的便利又能惠及何人呢？普伦茨劳贝格虽然没有篱笆墙,却依然跟犹太区一样——因为即便没有围墙也越来越封闭。入居此地,必须付得起每平方米的价金和高昂的生活成本。这很容易将人阻拦在外。而谁若不能恰当地饮食与穿着,却很快会感觉不属于此地。人们想着开放,却又自我封闭。环境形成是一种正常的社会现象,毕竟全世界的人都在通过生活方式、受教育情况、财富状况群分类聚,但普伦茨劳贝格的特殊之处在于,它不愿意承认,它想要成为的样子与它事实上的样子竟然是如此地不同。[52]

矛盾依然存在。

## 参考文献

Giorgio Agamben, *Ausnahmezustand（Homo sacer II. 1）*, Frankfurt am Main 2004.

Hans Albert, *Rechtswissenschaft als Realwissenschaft: Das Recht als soziale Tatsache und die Aufgabe der Jurisprudenz*, Baden-Baden 1993.

Robert Alexy, *Begriff und Geltung des Rechts*, Freiburg im Breisgau ⁴2005 (¹1992).

Andreas von Arnauld, Michael Staack (Hg.), *Freiheit versus Sicherheit*, Berlin 2009.

Marietta Auer, *Der privatrechtliche Diskurs der Moderne*, Tübingen 2014.

---

\*\*\*\*\*\*\*　Bionade 为哈西亚矿泉水公司（Hassia Mineralquellen）生产的软饮料品牌,Biedermeier 是对 1815 年至 1845 年间中产阶级艺术风格的指称,Bionade-Biedermeier 被 Sussebach 用来讽喻生活在大城市的高收入高等教育群体的生活方式与消费行为。

52　Sussebach, »Bionade-Biedermeier«, S. 46, S. 49 und S. 51.

Ino Augsberg, *Die Lesbarkeit des Rechts. Texttheoretische Lektionen für eine postmoderne juristische Methodologie*, Weilerswist 2009.

Ulrich Beck, *Risikogesellschaft. Auf dem Weg in eine andere Moderne*, Frankfurt am Main 1986.

—, *Weltrisikogesellschaft. Auf der Suche nach der verlorenen Sicherheit*, Frankfurt am Main 2008.

Gerd Bender, »Rechtssoziologie in der alten Bundesrepublik. Prozesse, Kontexte, Zäsuren«, in: Dieter Simon ( Hg. ) , *Rechtswissenschaft in der Bonner Republik. Studien zur Wissenschaftsgeschichte der Jurisprudenz*, Frankfurt am Main 1994, S. 100 – 144.

Sonja Buckel, Ralph Christensen, Andreas Fischer-Lescano ( Hg. ) , *Neue Theorien des Rechts*, Stuttgart ²2009.

Christian Bumke, *Richterrecht zwischen Gesetzesrecht und Rechtsgestaltung*, Tübingen 2012.

Udo Di Fabio, »Verlust der Steuerungskraft klassischer Rechtsquellen«, in: *Neue Zeitschrift für Sozialrecht* 7 ( 1998 ) , S. 449 – 455.

Horst Dreier, »Zum Verhältnis von Rechtsphilosophie und Rechtstheorie«, in: Volkmar Schöneburg ( Hg. ) , *Philosophie des Rechts und das Recht der Philosophie. Festschrift für Hermann Klenner*, Frankfurt am Main 1992, S. 15 – 28.

Horst Eidenmüller, *Effizienz als Rechtsprinzip. Möglichkeiten und Grenzen der ökonomischen Analyse des Rechts*, Tübingen ⁴2015 ( ¹1995 ).

Josef Esser, *Grundsatz und Norm in der richterlichen Rechtsfortbildung des Privatrechts. Rechtsvergleichende Beiträge zur Rechtsquellen- und Interpretationslehre*, Tübingen ⁴1990.

Andreas Fischer-Lescano, Gunther Teubner, *Regime-Kollisionen. Zur Fragmentierung des globalen Rechts*, Frankfurt am Main 2006.

Lena Foljanty, *Recht oder Gesetz. Juristische Identität und Autorität in den Naturrechtsdebatten der Nachkriegszeit*, Tübingen 2013.

Rainer Forst, *Das Recht auf Rechtfertigung. Elemente einer konstruktivistischen Theorie der Gerechtigkeit*, Frankfurt am Main 2007.

Rainer Forst ( Hg. ), *Die Herausbildung normativer Ordnungen: Interdisziplinäre Perspektiven*, Frankfurt am Main 2011.

Günther Frankenberg, *Staatstechnik: Perspektiven auf Rechtsstaat und Ausnahmezustand*, Berlin 2010.

Jürgen Habermas, *Die Neue Unübersichtlichkeit* ( Kleine politische Schriften V ), Frankfurt am Main 1985.

—, *Faktizität und Geltung*, Frankfurt am Main [4]1994 ([1]1992).

Hans-Peter Haferkamp, »Zur Methodengeschichte unter dem BGB in fünf Systemen«, in: *Archiv für die civilistische Praxis* 214 (2014), S. 60 - 92.

Herbert L. A. Hart, *Der Begriff des Rechts*, Frankfurt am Main 2011.

Eric Hilgendorf, »Zur Lage der juristischen Grundlagenforschung in Deutschland heute«, in: Winfried Brugger u. a. ( Hg. ), *Rechtsphilosophie im 21. Jahrhundert*, Frankfurt am Main 2008, S. 111 - 133.

—, Helmuth Schulze-Fielitz ( Hg. ), *Selbstreflexion der Rechtswissenschaft*, Tübingen 2015.

Norbert Hoerster, *Verteidigung des Rechtspositivismus*, Frankfurt am Main 1989.

Axel Honneth, *Das Recht der Freiheit. Grundriss einer demokratischen Sittlichkeit*, Berlin 2011.

Matthias Jestaedt, »Geltung des Systems und Geltung im System. Wozu man die Grundnorm benötigt und wozu nicht«, in: *JuristenZeitung* 68 (2013), S. 1009 - 1021.

—, Oliver Lepsius ( Hg. ), *Rechtswissenschaftstheorie*, Tübingen 2008.

Martin Kellner, *Islamische Rechtsmeinungen zu medizinischen Eingriffen an den Grenzen des Lebens. Ein Beitrag zur kulturübergreifenden Bioethik*, Würzburg 2010.

Wolfgang Kersting, *Rechtsphilosophische Probleme des Sozialstaats*, Baden-Baden 2000.

Rainer Maria Kiesow, *Das Alphabet des Rechts*, Frankfurt am Main 2004.

—, »Myops: Aufklärung durch Kritik«, in: *Kritische Justiz* 41 (2008), S. 247 - 249.

Stephan Kirste, »Harter und weicher Rechtspaternalismus—unter besonderer

Berücksichtigung der Medizinethik«, in: *JuristenZeitung* 66 ( 2011 ),
S. 805 - 814.

Hilmar Klute,» Kiezgröße «, in: *Süddeutsche Zeitung* Nr. 233 v. 08./09. 10.
2016, S. 45.

Karl-Heinz Ladeur,»The Postmodern Condition of Law and Societal › Management of
Rules‹. Facts and Norms Revisited «, in: *Zeitschrift für Rechtssoziologie* 27
( 2006 ), S. 87 - 108.

José Llompart,»Anfang und Ende der Säkularisierung des Rechtsdenkens. Was die
Vernunft mit und ohne Glauben leisten kann«, in: *Rechtstheorie* 38 ( 2007 ),
S. 99 - 116.

Ralph Alexander Lorz, *Modernes Grund- und Menschenrechtsverständnis und die
Philosophie der Freiheit Kants. Eine staatstheoretische Untersuchung an
Maßstäben des Grundgesetzes für die Bundesrepublik Deutschland*, Stuttgart 1993.

Mario G. Losano,»Turbulenzen im Rechtssystem der modernen Gesellschaft.
Pyramide, Stufenbau und Netzwerkcharakter der Rechtsordnung als
ordnungsstiftende Modelle«, in: *Rechtstheorie* 38 ( 2007 ), S. 9 - 32.

Niklas Luhmann, *Ausdifferenzierung des Rechts. Beiträge zur Rechtssoziologie und
Rechtstheorie*, Frankfurt am Main 1999.

—, *Das Recht der Gesellschaft*, Frankfurt am Main [6]2013 ( [1]1993 ).

Christoph Menke, *Recht und Gewalt*, Berlin [2]2012.

Christoph Möllers, *Staat als Argument*, Tübingen [2]2011.

Ulfrid Neumann,»Rechtsphilosophie in Deutschland seit 1945«, in: Dieter Simon ( Hg. ),
*Rechtswissenschaft in der Bonner Republik. Studien zur Wissenschaftsgeschichte der
Jurisprudenz*, Frankfurt am Main 1994, S. 145 - 187.

—,»Rechtspositivismus, Rechtsrealismus und Rechtsmoralismus in der Diskussion
um die strafrechtliche Bewältigung politischer Systemwechsel«, in: Cornelius
Prittwitz ( Hg. ), *Festschrift für Klaus Lüderssen zum 70. Geburtstag*, Baden-
Baden 2002, S. 109 - 126.

Regina Ogorek,» Rechtsgeschichte in der Bundesrepublik ( 1945 - 1990 ) «, in:
Dieter Simon ( Hg. ), *Rechtswissenschaft in der Bonner Republik. Studien zur
Wissenschaftsgeschichte der Jurisprudenz*, Frankfurt am Main 1994, S. 12 - 99.

Dietmar von der Pfordten, *Rechtsphilosophie. Eine Einführung*, München 2013.

Ralf Poscher, »Theorie eines Phantoms. Die erfolglose Suche der Prinzipientheorie nach ihrem Gegenstand«, in: *Rechtswissenschaft* 1 (2010), S. 349 – 372.

Franz Reimer, *Juristische Methodenlehre*, Baden-Baden 2016.

Karl Riesenhuber, *Europäische Methodenlehre*, Berlin ³2015.

Evelyn Roll, »Ist es wahre Liebe?«, in: *Süddeutsche Zeitung* Nr. 159 v. 12. 07. 2013, S. 3.

Hubert Rottleuthner, »Exodus und Rückkehr der Rechtssoziologie«, in: *Kritische Vierteljahresschrift für Gesetzgebung und Rechtswissenschaft* 92 (2009), S. 202 – 220.

Joachim Rückert, »Abwägung—die juristische Karriere eines unjuristischen Begriffs oder: Normenstrenge und Abwägung im Funktionswandel«, in: *JuristenZeitung* 66 (2011), S. 913 – 923.

Bernd Rüthers, *Die heimliche Revolution vom Rechtsstaat zum Richterstaat*, Tübingen 2014.

Frank Saliger, *Radbruchsche Formel und Rechtsstaat*, Heidelberg 1995.

Gunnar Folke Schuppert, »Zwischen Freiheit und Bevormundung—Das Konzept des libertären Paternalismus aus governancetheoretischer Perspektive«, in: Utz Schliesky (Hg.), *Die Freiheit des Menschen in Kommune, Staat und Europa*, Heidelberg 2011, S. 291 – 310.

Ralf Seinecke, *Das Recht des Rechtspluralismus*, Tübingen 2015.

Jan Sieckmann, *Recht als normatives System. Die Prinzipientheorie des Rechts*, Baden-Baden 2009.

Dieter Simon (Hg.), *Rechtswissenschaft in der Bonner Republik. Studien zur Wissenschaftsgeschichte der Jurisprudenz*, Frankfurt am Main 1994.

Henning Sussebach, »Bionade-Biedermeier«, in: *ZEITmagazin Leben* Nr. 46/2007 v. 08. 11. 2007, S. 44 – 51.

Gunther Teubner, *Recht als autopoietisches System*, Frankfurt am Main 1989.

—, »Globale Bukowina. Zur Emergenz eines transnationalen Rechtspluralismus«, in: *Rechtshistorisches Journal* 15 (1996), S. 255 – 290.

—, *Verfassungsfragmente. Gesellschaftlicher Konstitutionalismus in der Globalisierung*,

Berlin 2012.

Richard H. Thaler, Cass R. Sunstein, *Nudge. Improving Decisions about Health, Wealth and Happiness*, New Haven 2008.

Thomas Vesting, *Die Medien des Rechts*, 4 Bde. , Weilerswist 2011 - 2015.

—, *Rechtstheorie*, München ²2015.

Cornelia Vismann, *Medien der Rechtsprechung*, Frankfurt am Main 2011.

Stefan Vogenauer, *Die Auslegung von Gesetzen in England und auf dem Kontinent. Eine vergleichende Untersuchung der Rechtsprechung und ihrer historischen Grundlagen*, Tübingen 2001.

—, »Eine gemeineuropäische Methodenlehre des Rechts—Plädoyer und Programm«, in: *Zeitschrift für europäisches Privatrecht* 13 (2005), S. 234 - 263.

# 柏林共和时代的比较法和国际私法

## ——国家、欧洲和全球视角

〔德〕托马斯·普法伊费尔[*] 著

薛 童[**] 译 张千帆[***] 校

# 一、引言

东部阵营瓦解之后,德国进入柏林共和时代。全球化[1]、数字化[2]、个人化(或称私有化)[3],以及矛盾般并存、从未间断[4]并在全球经济和金融危机之后持续强化的国家管制,共同成为塑造世界政治、经济、社会和法律发展的大趋势。我不是特别情愿使用关键词过度简化时代特征,但无人能够否认时代趋势的真实存在。在欧洲区域内,时代趋势表现

---

* 托马斯·普法伊费尔(Thomas Pfeiffer),生于 1961 年,曾在法兰克福大学学习法学,1986 年获得博士学位,1993 年获得教授资格。2002 年起任海德堡大学民法、国际私法、比较法、国际程序法教授,同时担任外国及国际私法与经济法研究所所长。

** 薛童,山西吕梁人,德国科隆大学法学博士,现任中国政法大学国际法学院讲师。主要研究领域:国际私法、比较私法和仲裁法。

*** 张千帆,浙江西塘人,德国弗莱堡大学公法方向博士候选人。主要研究领域:德国公法、欧盟公法和法哲学。

1 例如 von Wartenberg/Haß, *Investition in die Zukunft*。

2 例如 Faust, *Digitale Wirtschaft*。

3 相关的法学讨论,参见 Waas, »Überlegungen zur Fortentwicklung des deutschen Arbeitsrechts«, S. 76。

4 参见 Leupold, »Megatrend Regulierung«, S. 109。

为欧盟治理权限和治理职责持续、显著地扩张。先是攻克了所谓的欧洲硬化症 ****，随后欧洲条约的缔结活动突飞猛进，欧洲联盟不断深入发展。对于具体发展过程，可再次使用关键词概括如下：1986 年《欧洲单一法案》、1992 年《马斯特里赫特条约》、1997 年《阿姆斯特丹条约》、2001 年《尼斯条约》和 2007 年《里斯本条约》。

在全球化和欧洲化的时代背景下，国际私法和比较法蓬勃发展，学科地位显著提升。至少人们不再纠结，为什么需要研究国际私法和比较法。国际私法是处理涉外民事关系导致法律冲突以及合作的法律部门。比较法是以探究域外法律作为工作方式的基础学科。这两门学科都超出国内法的研究范畴，但是时代凸显了这两门学科的研究价值。较之波恩共和时期，柏林共和的国际环境发生了巨大变化。柏林共和身处国际环境之中，而且必须在国际环境中持续存在。

在一篇文章中同时处理比较法和国际私法两个学科，照旧是顺理成章的。常言道，没有比较法，就没有国际私法；没有国际私法，比较法研究依然存在。[5] 在柏林共和时代，这一论断依然成立。

# 二、比较法

考察比较法发生作用或者应当发生作用的核心领域，便可总结出

---

**** 欧洲硬化症（Eurosklerose）一词原本为德国经济学家赫伯特·吉尔施（Herbert Giersch）于 20 世纪 70 年代创设的经济学术语，指的是欧洲国家政府过度管制以及高度福利化带来的滞胀，即经济增长但就业率停滞的现象。该词也被用来描述同时期欧洲一体化进展缓慢，成员国数量增长缓慢，欧共体出现民主赤字，公众对一体化进程持负面态度并不寄予希望的状态。吉尔施关于"欧洲硬化症"的讨论原文可在以下网址下载：http://www.econstor.eu/bitstream/10419/48070/1/025296167.pdf。

5 参见 Gebauer，»Rechtsvergleichung«，§ 39，Rz. 13。

这一时期比较法的发展轨迹和趋势。在这些领域中，比较法发挥了描述功能和分析功能，或者我们能够明显感受到比较法或外国法的痕迹。我尝试在立法、司法、律师执业、学术研究和法律教育这五个方面，勾勒比较法的演进轨迹。

## （一）立法

在立法领域，我观察到以下现象：

无论是行政机关起草法律，还是立法程序的政治商谈中，法律比较作为立法依据的正当性，都已获得普遍承认。[6] 我无法给出精确数据来支撑这一观点。按照个人印象，立法准备阶段的比较法研究明显增加。[7] 欧盟以及德国国内立法者都更能接受国外法律现象和经验，将之作为立法灵感来源和知识源泉，我对此表示赞许。在欧盟统一法的制定过程中，比较法突破了传统立法参考的功能，取得了新的意义空间。[8]

我们必须接受政治商谈的独特法则。比较法的理想状态——求诸比较法，考察各国法律知识之大观，探寻符合德国国情的最优解决方案——难以实现。现实中，比较法的援引大多只是为了支撑本方观点。[9] 有时甚至可明显地察觉到人为故意摘取或拼接比较法材料，以求在日常政治争论中获得短视的优势。

---

6　参见 Gebauer, »Rechtsvergleichung«, § 39, Rz. 4; Hillgruber, »Bedeutung der Rechtsvergleichung«, S. 367。

7　笔者参与的欧盟和德国立法准备阶段的大型比较法研究，包括：Hess u. a., *European Insolvency Law*; Hess/Pfeiffer, *Interpretation of Public Policy as referred to in EU Instruments of Private International and Procedural Law*; Hess u. a., *The Brussels I-Regulation*; Pfeiffer u. a., *Rechtsvergleichende Untersuchung*。

8　Gebauer, »Rechtsvergleichung«, § 39, Rz. 6.

9　故意与盎格鲁-撒克逊法系进行法律比较，以追求经济利益，参见 Richter, *Institutionalisierte öffentlich-private Partnerschaften*, S. 188 ff. 。

"法律制度竞争"[10]和"法律作为营商环境"[11]是另一组特殊的关键词。我无法在这里进一步阐释它们背后蕴含的观念。在比较法研究者的眼中，为谋求改善投资环境，法律制度之间相互竞争的现象客观存在。如果不是国内经营者大量设立英格兰的有限责任公司，德国不可能制定创业者公司法。[12]

法律竞争还表现为法律出口和法律继受。[13] 波恩共和时期，前东部国家已经开始转型。这些国家寻找合适的法律制度范式，改革旧律法，尝试建立符合自由、民主、法治和市场经济全新的法律体系。

作为立法的另一个维度，立法风格也发生了显著变化。一方面，受到英美法律文化影响，从前我们的立法者追求用尽可能精练的语言，在一般立法中作基本规定的立法风格，被注重细节、条文繁冗的立法风格所取代。另一方面，囿于欧盟立法的现实必要性，尤其是受到下列因素的影响，欧盟的立法者越来越注重细节。首先，对于部分国家不言自明或显而易见的法律规定，还不是欧盟整体的普遍实践。立法者必须规定尽可能详细的条文，才能确保法律统一适用。其次，成员国之间的立

---

10　有关的司法裁判：BGH, EuZW 2010, S. 313；BGH, EuZW 2000, S. 412；OLG Dresden GmbHR 2016, S. 484；OLG Celle, IPRax 2003, S. 245；LG Hamburg, LMuR 2010, S. 89；学术文献，例如 Estrella Faria, » Wettbewerb «, S. 104；Tröger/Pfaffinger, »Partnerschaftsgesellschaft mit beschränkter Berufshaftung «, S. 812；Oberhammer/Koller, »Schiedsrecht im Wettbewerb der Rechtsordnungen «, S. 75；Dreher, » Wettbewerb oder Vereinheitlichung der Rechtsordnungen«, S. 105；Freitag, »Wettbewerb der Rechtsordnungen«, S. 267；Sandrock/Wetzler, *Deutsches Gesellschaftsrecht*。立法者尤其重视这一点：*Entwurf eines Gesetzes zur Neuregelung des Mindestkapitals der GmbH*, BT-Drs. 15/5673 – Deckblatt。

11　例如 Wernicke, »› Law—Made in Germany ‹ «, S. 34；Pull, *Arbeitsmarktregulierung und Standortwahl*；与之不同的是司法服务作为营商环境的要素，例如 Schoser, »Justiz als Standortfaktor«, S. 72。

12　主要参见 Gehb u. a., »Gesellschaftsrechtlicher Typenzwang«, S. 88。

13　对此问题的总结，参见 Gebauer, »Rechtsvergleichung«, § 39, Rz. 5。

法商谈程序中,只有充分详细的规定才有可能达成共识。[14] 有些人非常注重细节,他们当然会强烈坚持事无巨细地列明所有可能的事项。那些认为法律规定不言自明的人,往往也不会反对将这些规定载入法律文本,毕竟多余的事物并不总是有害的。

## (二) 司法

比较法并未对司法产生显著的直接影响。

作为裁判说理依据的比较法,基本上从未进入或影响德国法院的判决。[15] 联邦宪法法院在国际公法方面作出的判决,尽可能地考虑了外国法律,这可能构成唯一的例外。[16] 较之德国法院,其他国家的法院表现得更加开放。[17] 在过去 30 年间,德国法院对援引比较法材料抱持的保守态度,从未发生改变。外国法律只能通过立法、法律教育或者学术研究影响德国法院的司法活动。外国法可以通过影响国内法的讨论,间接地影响司法活动的结果。例如,德国联邦法院在卡罗琳·摩纳哥一世判决中,援引侵权人获益标准,确定侵犯人格权的精神损害赔偿数额。[18] 波恩共和时期就已经发展起来的,有关错误出生(*wrongful birth*)的损害赔偿司法实践[19]以及联邦宪法法院 2006 年 12 月 12 日判决中有

---

14　对立法特色、立法风格和立法篇幅及其对解释法律的影响,参见 Dannemann, »The Drafting of Consumer Credit Legislation«, S. 191 und S. 192 ff. 。

15　援引奥地利和瑞士的比较法资料,可能构成仅有的例外。例如 BGH 22. 09. 2016, VII ZR 14/16。

16　例如 BVerfGE 118, S. 124。

17　由于语言和法律文化相近,奥地利和瑞士的法院,尤其是奥地利最高法院和瑞士联邦法院,常常援引德国法院的判决,参见例如 Honsell, »Rezeption der Rechtsprechung«, S. 927 und S. 929; Koziol, »Rezeption der Rechtsprechung«, S. 943。

18　BGHZ 128, S. 1.

19　BGHZ 86, S. 240.

关律师胜诉风险代理费的判决,[20]都是例证。

2002 年《民事诉讼法》改革过程中,人们曾对上告程序的修订抱有热烈期望。从《民事诉讼法》第 545 条规定中,似乎可以解读出不同于原来司法实践的内容,即外国法的适用也将纳入上告程序的审查范围。[21] 果真如此的话,外国法以及整个比较法研究都会受益。然而,主流意见并不认为上告法院适合审查外国法的适用。[22] 因为,受理法律上告的法院,并不是程序上最适合查明外国法的机构。[23]

比较法对司法活动的微弱影响,还表现为联邦最高法院定期的境外交流活动,例如欧盟范围内最高法院院长的联系网络。[24]

比较法对欧洲法院(EuGH)司法活动的影响,愈加难以评价。总法律顾问(Generalanwalt)的前期准备以及合议庭的多元构成,大体可以确保判决受到比较法的启发。但是随着欧盟成员国从以前的 6 个、9 个,增加到现在的 28 个,公开诉诸比较法论据,变得越来越难。幸亏在私法领域,欧盟已经积累了相当可观的自主立法的法律素材。[25] 对欧盟立法进行统一解释时,法院不需要再像以往一样,诉诸"与本案涉及的多数国家承认的基本原则相符的解决方案",而可以直接使用这些已经积

---

20　BVerfGE 117, S. 163.

21　例如 Hess/Hübner, »Revisibilität ausländischen Rechts«, S. 3132。

22　BGH, NJW 2013, S. 3656;BGH, NJW 2014, S. 1244.

23　Pfeiffer, »Die revisionsgerichtliche Kontrolle«, S. 3306 und S. 3308.

24　http://reseau‐presidents. eu/page/supreme‐courts, 最后访问日期:2016 年 11 月 1 日。

25　对欧盟法上实效原则的讨论,参见 EuGH, Urt. v. 07. 01. 2004, Rs. C‐201/02, Rn 46‐Wells. /. Secretary of State for Transport;EuGH, Urt. v. 21. 09. 1989, Rs. 68/88, Rn 23‐Kommission . /. Griechenland。传统的法律解释原则也可用于欧盟法的统一解释,例如 Fleischer, » Europäische Methodenlehre «, S. 700 und S. 715; Pfeiffer, »Unionsprivatrecht und Zivilrechtspraxis«, Rz. 66。

累的法律素材。[26]

## （三）律师执业

律师执业呈现出与众不同的景象。

本文无法对律师执业作出整体判断。从前单独执业并承担自由辩护使命的个体律师，被参差多态的律师组织所取代。多元化的律师组织形态，正是比较法上不同观念和差异化需求的产物。具有独立法人资格的律师服务组织、跨区域以及国际化的律师联盟，正是律师服务业对全球化时代挑战的回应。[27] 美国法上的有限责任合伙企业（LLP）成为驱动德国立法创设律师有限责任公司和有限职业合伙的直接动因。[28]

英美法律语言取得优势地位以及英美化的合同风格，既是律师组织形态变迁的原因，也是律师组织形态变迁的结果。[29] 合同风格的英美化与国内立法风格的改变，大抵同时发生，但前者的影响更大。在我们的法律传统中，合同写得越短，越高级。按照英美法的观念，事无巨细、面面俱到才是合同起草的艺术。英美法上不存在成文合同法，没有现成的合同分则规定用来指引法官填补合同漏洞。英美法对成文的合同立法抱有极大抵触情绪，坚决拒绝接受这一观念。

当下的国际法律交往中，还可以观察到"熔炉"现象。它表现为商

---

26　有关欧盟法统一解释的表述，早先主要是对《布鲁塞尔公约》的解释，例如 EuGH, 30. 11. 1976, Rs. 21/76, Slg. 1976, S. 1735 – Handelskwekerij G. J. Bier B. V. ./. Mines de Potasse d'Alsace S. A. , Rn 21/23。

27　Jungk, »Globalisierung und Haftung«, S. 1000；Hellwig, »Formen der Gestaltung«, S. 124；Hartwieg, »Rechtsvergleichendes«, S. 209；波恩共和晚期的讨论：Hüchting, »Der deutsche Anwalt im internationalen Wettbewerb«, S. 440；Rist, » Der deutsche Anwalt im internationalen Wettbewerb«, S. 444。

28　对德国的影响，参见 Henssler/Mansel, »Limited Liability Partnership«, S. 1393。

29　相关内容，参见 Döser, »Einführung in die Gestaltung internationaler Wirtschaftsverträge (Teil 2)«, S. 456。

人习惯法(lex mercatoria)的形成,以及在普通法和欧陆法共同影响下,并在国际律师协会的直接推动下,国际商事仲裁程序机制和生态的形成。[30] 这种"自下而上",从全球普遍实践中生长形成的法律,承载着与历史法学派同样的法律观念。二者的区别仅在于,法律产生的源泉不再是"民族精神",而是全球法律和商业共同体的共同观念、期待和普遍实践。[31]

## (四) 学术研究

对于比较法的学术研究,我观察到如下现象:

康拉德·茨威格特(Konrad Zweigert)和海因·克茨(Hein Kötz)所著的《比较法总论》是最主流的比较法教科书,但该书上一次出版是在1996 年。[32] 在我看来,这并不奇怪。大型的比较法作品——我指的不是比较法基础理论,而是对特定主题涉及的全部比较法材料进行总结的作品——只能通过集体合作完成。欧洲中心视角的比较法作品已经丧失普遍意义。基于欧洲地方性经验的三四个法系构建的模型,已经无法概括全世界法律素材。比较法只能作为基础学科或者方法论存在,[33]或者仅能处理界定清晰的具体问题或问题集合。对单个研究者而言,百科全书式地记录相关法律制度在世界范围内的具体情况,成为不可完成的任务,或者根本就不应当被期待完成。请不要误解,我不是说

---

30　参见 Raeschke-Kessler, »Schiedsgerichtsbarkeit«, S. 713; Pfeiffer, »The Contribution of Arbitration to the Harmonization of Procedural Laws «, S. 199 und S. 211 ff.; Wagner, »Europäisches Beweisrecht«, S. 441; vgl. auch Trittmann, »Basic Differences«, S. 441 und S. 457。

31　Pfeiffer, »The Contribution of Arbitration to the Harmonization of Procedural Laws«, S. 199 und S. 205.

32　Zweigert/Kötz, Einführung in die Rechtsvergleichung.

33　尤其是该本大型教科书,Kischel, Rechtsvergleichung。

概览式的比较法不重要,而是说这样的法律比较变得愈加艰巨。

私法是比较法的传统研究重点。比较法作为国际公法的基础性知识来源,也已经成为比较法研究的重要组成部分。[34] 对其他学科而言,比较法的影响有所增加,例如比较宪法[35]、比较行政法[36]、比较税法[37]以及比较刑法[38]都已经成为比较法学中的独立部门。大学设的比较法教席中,比较私法仍然占有不合比例的多数。

比较法学方法论得到显著发展。这里说的比较法学方法论,不是关于比较法是否应当,以及在多大程度上可以作为法律解释手段这一法学方法论的陈旧问题,[39]而是指比较法自己的方法论。传统议题大多涉及制度比较和功能比较的方法,并得出功能比较(作为利益法学的镜像)优于纯粹概念或制度比较的"好听的见解"。[40] 晚近兴起新的比较法方法,例如文化比较[41]、语言分析、跨法域普适性的法律经济分析[42]以及由乌韦·克伊舍尔(Uwe Kischel)推向台前的语境比较。[43] 今天的比较法能够而且应当在比较经济学、比较社会学等比较人文科学的整体视角下推动进行。比较法方法论的扩充,可以看作是过去二三十年间

---

34　例如 Heilbronner, »Ziele und Methoden«, S. 190。

35　Rosenfeld/Sajo, *The Oxford Handbook of Comparative Constitutional Law*；Weber, *Europäische Verfassungsvergleichung*.

36　Schmidt/Assmann, »Stand der Verwaltungsrechtsvergleichung«, S. 264.

37　例如 Martini, »Rezeption von Steuergesetzen«, S. 18。

38　Eser/Perron, *Strukturvergleich*；Jung, »Recht und kulturelle Identität«, S. 467.

39　例如 Kischel, *Rechtsvergleichung*, § 2, Rz. 53 ff. und Rz. 59 ff. 。

40　例如 Rheinstein, *Einführung in die Rechtsvergleichung*, S. 25；相关批评,参见 Kischel, *Rechtsvergleichung*, § 3, Rz. 6 ff. 。

41　参见 Gebauer, »Rechtsvergleichung«, § 39, Rz. 17。

42　德国在 20 世纪 70 年代就已经出现,但是被普遍接受要更晚一些,例如 Assmann u. a., *Ökonomische Analyse des Rechts*；Schäfer/Ott, *Lehrbuch der ökonomischen Analyse des Zivilrechts*。波斯纳的作品甚至包含了有关国际法和比较法的专章(International and Comparative Law),见 Posner, *Economic Analysis of Law*。

43　Kischel, *Rechtsvergleichung*, § 3, Rz. 146 ff.

最重要的发展成就。当然,比较法的方法论扩张,也可以看作是主流的功能比较方法深入发展的结果。[44]

作为法律解释论证方法的比较法变得更加常见。即便不考虑前述欧洲法院的司法实践,仅仅是研究欧盟法,就要求更多地借助比较法的解释方法。背后的原因在于,一方面欧盟法律不断增长,另一方面欧盟成员国数量也在不断增长。1980 年欧盟只有 6 个成员国,个体比较法学研究者尚可应付。当 1990 年欧盟变为 12 个成员国时,比较法研究已经变得非常艰难。如今欧盟由 28 个成员国组成,对特定领域的比较法研究必须举各国报告者之全力,[45]或将国别任务分组交不同专家协作,才有可能完成。[46]

比较法面临着新的冲突和挑战。比较法学要求欧盟立法者,只有在充分把握比较法资料的基础上,才应着手制定法律。在现实的政治实践中,政治家的决断以及利益集团的游说,都会影响立法决策。部分比较法学者,对比较法能否导致立法趋同,也表示怀疑。

在法律重述活动中,比较法学得以爆发式发展,这包括了欧洲以及许多世界范围内的法律重述活动。欧洲的法律重述活动包括《欧洲合同法原则》(Principles of European Contract Law)[47]、《合同法既有原则》(Acquis Principles)[48]、《共同参考框架草案》(Draft Common Frame of Reference)[49]。这些本来都可以作为欧洲共同买卖合同的基础,但可惜

---

44　特别参见 Gebauer, »Rechtsvergleichung«, § 39, Rz. 22。

45　参见 Hess u. a., *European Insolvency Law*; Hess/Pfeiffer, *Interpretation of Public Policy*; Hess u. a., *The Brussels I-Regulation 44/2001*。

46　以此种方法进行的研究,例如 Hess/Pfeiffer, *Interpretation of Public Policy*。

47　Lando/Beale, *Principles of European Contract Law*.

48　Research Group on the Existing EC Private Law (Acquis Group), *Contract II*.

49　文本参见 von Bar u. a. (Hg.), *Draft Common Frame of Reference*。

的是,欧洲买卖合同法的编撰并未最终完成。世界范围的法律重述活动包括《国际统一私法协会国际商事合同通则》《跨国民事诉讼程序原则》以及海牙国际私法会议的《国际商事合同法律选择原则》。这些法律重述全部都建立在比较法的基础研究之上。

值得玩味的是,比较法的繁荣发展反而对比较法的基础学科地位提出挑战。从理论基础和学科发展来看,欧洲私法(Europäisches Privatrecht),无论称之为共同法(ius commune),还是共同体法(ius communitatis),都已经部分地脱离比较法的范畴,[50]成为全新的独立学科。[51] 当然,即便欧洲私法部分脱离了比较法的范畴,二者之间仍然保持了三重紧密联系。首先,欧洲私法根植于各国国内法秩序。只有通过比较法理解各国私法,才能正确解释欧洲私法。比较法是欧洲私法适用的方法论武器。其次,只要欧洲私法还是成员国国内私法的补充和附属,只要欧洲私法的立法只能通过单独事项、特殊授权的方式实现,国内私法就不会丧失其基础功能和价值,仍然构成欧洲私法的功能框架。通过比较法理解各国国内私法,构成解释和适用欧洲私法不可或缺的方法工具。最后,法律只能通过语言媒介得以适用。即便欧洲私法成为具备独立概念体系的法律秩序,也不能斩断它与各国私法语言上的联系。毕竟欧盟的官方语言和法律语言同时也是各成员国的官方语言和法律语言。

总体上,比较法发展迅速,但同时也出现一些消极的副作用。这些负面效果包括,不具有方法论意义、缺乏反思、狭窄的特定国家之间的双边法律比较,以及教授资格论文中比较法材料毫无节制的使用。

---

50　讨论的范式,参见 Riesenhuber(Hg.),*Europäische Methodenlehre*。

51　Gebauer,»Rechtsvergleichung«,§ 39,Rz. 23.

## （五）法律教育

法律教育很可能是比较法发挥最持久、最强劲影响力的领域。[52]

德国法学院系的课程体系中,专门的比较法课程仍未获得实质上的重视。尽管如此,比较法课程的重要性获得间接增长。立法者借鉴外国法现象以及欧盟立法中的外国法概念,导致比较法成为解释现行法的依据。伴随着比较法揉入考试内容,这种影响日益明显。

交换学生的迅猛增长,成为比较法教育的另一个重要现象。不是每个国际交换生都是比较法学者,但是所有在外国学习或者工作过的人,头脑中都会不自觉地出现外国法的意象,不可避免地受到外国法律思维影响。前面提到的错误出生以及律师胜诉风险酬金,就是比较法在法律教育方面潜移默化的后果。

## （六）小结

依个人的见解,首先,比较法的作用和意义在这一时期持续增长。其次,不同领域的具体情况不同,促进或制约条件不同,比较法作用和产生的效果有所不同。

# 三、国际私法

在这一时期,国际私法的发展部分地反映了时代特征。国际私法是现行法的一部分,受到立法技术特征和立法目的等多方面限制。

---

52　相关讨论,详见 Flessner, » Rechtsvereinheitlichung durch Rechtswissenschaft «, S. 243。

以《阿姆斯特丹条约》立法权限转换（Säulenwechsel von Amsterdam）为界，德国统一之后的国际私法分为两个外观迥异的发展阶段。

### （一）《阿姆斯特丹条约》之前的情况

#### 1. 90 年代德国国际私法的编撰

20 世纪 90 年代，德国国际私法还是国内立法，主旋律仍是国际私法编纂。80 年代德国国际私法改革（IPR-Reform）拉开了国际私法编纂的序幕，目标是传统国际私法的现代化。[53] 根据《民法典施行法》第 220 条，改革法案于 1986 年 9 月 1 日生效。此后，波恩共和时期的编纂活动持续推进。[54] 除国际私法改革之外，编纂活动还包括非合同之债冲突法的制定[55]、1998 年物权冲突法的制定[56]以及德国仲裁法的修订。仲裁法修订引发的关注，时至今日还在持续增长。国际公司法的编纂曾经触手可及，但是至今仍未完成。

当时国际私法的主要关切是经济冲突法，尤其是自治和管制关系的基本问题。该问题尚且还是国内法的核心议题。联邦宪法法院的船舶双重登记案判决，便是典型例证。[57] 判决本来有机会成为德国国内经济冲突法的里程碑，但是随着《阿姆斯特丹条约》带来的立法权限转换，失去了本来的意义。该案中，船舶在域外重复登记，规避了德国劳动法

---

53　参见 Martinek, »Wissenschaftsgeschichte«, S. 529 und S. 617。

54　Junker, »Entwicklungen im Internationalen Privatrecht«, S. 741；对单独部门法的讨论，参见 Martiny, »Europäisches Internationales Vertragsrecht«, S. 246。该书称《欧洲合同之债法律适用公约》属于"扩建和编纂"。

55　»Gesetz zum Internationalen Privatrecht für außervertragliche Schuldverhältnisse und für Sachen« v. 21. 05. 1999, in Kraft getreten am 1. 6. 1999, BGBl I, 1026. 相关的介绍性文章，参见 Spickhoff, » Gesetz «, S. 2209；Staudinger, » Gesetz «, S. 1589；Wagner, »Regierungsentwurf«, S. 429。更详细的介绍，参见 Wagner, »Inkrafttreten«, S. 210。

56　对此问题的总结，参见 Pfeiffer, »Entwicklung«, S. 3674 und S. 3687。

57　BVerfG, 10. 01. 1995, BVerfGE 92, S. 26.

和集体劳动合同法的规定。联邦宪法法院面临的问题是,该操作是否符合德国《基本法》的要求。该案判决在以下几个方面使国内法属性得到充分展示。

首先,联邦宪法法院在本案中发展出"国际法律空间"的宪法概念。立法者享有较高的立法灵活性,避免把当事人完全推向外国法。法院裁量的依据和基础仍然还是德国国内法。其次,本案判决确立标准仅具有国内法的效力,但属于全球化背景下国内法的自我宣示。最后,德国立法者未能按照《合同之债法律适用罗马公约》(EVÜ)第23条的规定,向欧洲理事会秘书长递交通知函,但并没有受到联邦宪法法院非难。[58]

## 2. 欧盟立法微弱的影响

欧盟立法对国际私法的影响还未完全施展,但是已经能够被感知。欧盟立法的影响体现在如下三个方面。首先,有关狭义国际私法以及国际程序法的法律文件,还不能被称为欧盟立法。它们不是共同体层面颁行的法律,按照当时的术语,尚不能称为派生立法,只能被称为有关欧盟的立法。《建立欧洲经济共同体条约》第220条以及随后的《欧共体条约》第220条和第293条授权成员国之间订立国际条约,并且赋予欧洲法院条约解释权之后,方才与欧盟法发生关联。成员国之间订立了包括《布鲁塞尔公约》(EuGVÜ)以及《合同之债法律适用罗马公约》的国际条约。[59] 后者给德国带来的欧洲元素要更少一些,因为德国立法者拒绝直接适用条约,而选择了间接适用条约的模式,将条约转化

---

58　Mankowski, *Urteilsanmerkung*, *EWiR*, S. 145 f.

59　Übereinkommen über das auf vertragliche Schuldverhältnisse anzuwendende Recht, aufgelegt zur Unterzeichnung am 19. Juni 1980 im Rom (80/934/EWG), Amtsblatt Nr. L 266 vom 09/10/1980, S. 1.

为当时《民法典施行法》第 27—37 条的国内立法。当时的欧洲法院虽然享有条约解释权，但在相当长的时间内，成员国法院还没有提请欧洲法院解释条约的义务。[60]

其次，欧盟内部市场基本自由对国际私法的潜在影响已经被学术界广泛讨论，并且形成了来源国原则（Herkunftslandprinzip），[61]但是欧洲法院并不认可欧盟基础性法律渊源对经济类国际私法规范的影响，导致来源国原则仅停留在理论层面。[62]另一方面，欧盟内部的人员流动自由，开始实实在在地影响国际私法。[63]欧盟法只关心案件实体结果，忽略了人员流动背后隐藏的迁入国法律的可变更性及其相关的冲突法问题，尤其是国际竞争法问题。[64]欧盟法禁止国籍歧视的规定[65]，导致国籍不宜继续作为冲突规范的连接点，对成员国国际私法产生较大影响。

最后，国际私法反过来如何支撑和辅助欧盟派生立法，也成为德国

---

60　自 2004 年 1 月 8 日公约第一和第二补充议定书生效时起。更多文献参见 Jayme/Hausmann, *Internationales Privatrecht*, S. 151 Anm. 1 und S. 153 Anm. 1。

61　就该问题进行的片段式讨论，参见 Basedow,》Gehalt der Grundfreiheiten《; Radicati di Brozolo,》L'influence sur les conflicts de lois des principes de droit communautaire an matière de liberté de circulation《; Jayme/Kohler,》Europäisches Kollisionsrecht 1995《; Jayme/Kohler,》Europäisches Kollisionsrecht 1994《; Roth,》Einfluß des Europäischen Gemeinschaftsrechts《; Taupitz,》Das internationale Produkthaftungsrecht《; von Wilmowsky,》EG-Vertrag und kollisionsrechtliche Rechtswahlfreiheit《; Wolf,》Privates Bankrecht im EG-Binnenmarkt《。

62　例如 EuGH, 13. 02. 1969, 14/65－Walt Wilhelm./. Bundeskartellamt; EuGH, 27. 09. 1988, 81/87－Daily Mail; EuGH, 24. 01. 1991, C－339/89, Alsthom Atlantique./. Sulzer。

63　例如 EuGH, Slg. 1993, I－1191＝EuZW 1993, S. 376－Christos Konstantinidis。

64　EuGH, 07. 03. 1990, C－362/88－GB－INNO－BM./. Confédération du commerce luxembourgeois.

65　EuGH, 30. 04. 1996－C－214/94＝Slg. I－1996, S. 2253－Boukhalfa./. Deutschland.

联邦法院[66]、学界[67]以及欧洲法院[68]面临的问题。派生立法与一般冲突法的关系在当时未被厘清,时至今日仍旧悬而未决。好在该问题未引发实践难题,因此置而不谈,也无不妥。

## (二)《阿姆斯特丹条约》的立法权限转换与欧盟冲突法的体系变革

### 1. 划时代的转折

自"阿姆斯特丹立法权限转换"以来,欧洲国际私法从欧共体成员国政府之间的司法合作,变成当时的欧共体建立"自由、安全和法治区域"的共同体立法。经过初期短暂的争辩,[69]欧盟实际取得了国际私法领域广泛的横向立法权。欧盟国际私法的概念当时尚未完全形成,但其背后蕴含的立法权限转换,已经展现出划时代意义。它一举扭转了19世纪初以来国际私法的国内化趋势。国际私法是欧盟享有全面立法权的唯一私法领域。欧盟颁行了大量条例,不吝充分行使这一立法权限。

欧盟国际私法的两方面体系变革,更凸显其划时代意义。其一,在来源国原则的基础上,欧盟国际私法发展出承认原则

---

66　BGHZ 135, S. 124; BGHZ 123, S. 380.

67　Leible, »Kollisionsrechtlicher Verbraucherschutz«, S. 353 und S. 387 ff.; Pfeiffer, »Vereinheitlichung des Richtlinienkollisionsrechts«, S. 3674 und S. 3683.

68　EuGH, 09. 11. 2000, C-381/98, Ingmar GB Ltd./. Eaton Leonard Technologies Inc.

69　Basedow, » Harmonisierung des Kollisionsrechts «, S. 609; Basedow, » The Communitarization of the Conflict of Laws «, S. 687; von Hoffmann, » The Relevance of European Community Law «, Kapitel 2, Rz. 26; Jayme, » Internationales Privatrecht und postmoderne Kultur«, S. 230; Jayme/Kohler, »Europäisches Kollisionsrecht 1997«, S. 385; Kohler, » Interrogations sur les sources du droit international privé européen après le Traité d'Amsterdam«;参见 Leible, »Kollisionsrechtlicher Verbraucherschutz«, S. 353 und S. 387 ff.; Rudisch, »Beitritt Österreichs«, S. 70 und S. 81;较晚出版的专著:Dohrn, *Kompetenzen*。

（Anerkennungsprinzip）；其二，欧盟委员会尝试限制甚至取消在成员国之间适用公共秩序保留。[70]

## 2. 欧盟立法活动

取得立法权之后，欧盟展开大规模立法活动。欧盟制定的国际私法包括《罗马条例 I》《罗马条例 II》《罗马条例 III》《布鲁塞尔条例 I》《布鲁塞尔条例 Ia》《布鲁塞尔条例 II》《布鲁塞尔条例 IIa》《送达条例》《取证条例》《破产条例》《执行依据条例》《小额债权执行条例》《扶养条例》《继承条例》以及晚近颁行的《婚姻财产关系条例》）。

只有注意到欧盟法的对内、对外立法权限差异的一般原则，我们才能充分理解欧盟国际私法立法权限的意义。欧盟取得的立法权限不仅包括成员国之间的国际私法事项，还包括成员国与第三国之间的国际私法事项。[71] 欧盟代表成员国整体加入了海牙国际私法会议。如何协调欧盟国际私法一体化和海牙国际私法全球趋同化问题，曾经一度颇为棘手。后来海牙国际私法会议为欧盟分配了新的"区域性经济整合组织"的法律地位，原则上解决了这个问题。[72] 欧盟加入海牙国际私法协会的成果具体表现为《海牙协议选择法院公约》的批准和生效以及《海牙抚养公约》并入欧盟《扶养条例》。对我而言，尽管《协议选择法院公约》的适用范围不大，[73]但是该公约是欧盟取得成员国对外民事司法合作立法权限的最佳脚注。

欧盟国际私法的历史内核是《布鲁塞尔条例 Ia》。该条例的前身是《布鲁塞尔条例 I》，再往前是《布鲁塞尔公约》。国际民事程序法一直

---

70　Mansel/Baur（Hg.），*Systemwechsel im europäischen Kollisionsrecht.*

71　EuGH，07. 02. 2006，Gutachten 1/03.

72　作为区域性合作的主张，见 Pfeiffer，»Private International Law«，Rz. 8。

73　Pfeiffer，»Nascetur ridiculus mus?«.

是欧盟国际私法立法的重点,同时也构成欧洲法院判决处理最多的争议。[74] 在欧盟以外,国际民事程序法也都是重点发展的领域。国际民事程序法重要性凸显,一方面是欧盟立法权扩张的结果,另一方面,也是全球化过程中以案件为中心的国际法律交往的结果。

## (三) 欧盟国际私法的基本原则

### 1. 萨维尼的国际私法

萨维尼国际私法理论以及最密切联系原则,仍然是欧盟国际私法的基本原则。其原因在于,首先,像《阿姆斯特丹条约》这样深刻的制度变革,必须平稳有序地进行。其次,欧盟国际私法立法的前身或者基础性文本,例如1968年《布鲁塞尔公约》、1980年《合同之债法律适用罗马公约》以及欧盟立法参考的专家意见,全都建立在传统国际私法立法模式之上。另一方面,稍加仔细观察就可以发现,欧盟国际私法已经不完全是萨维尼的国际私法,而是经过利益取舍和价值权衡,修正的欧盟国际私法。它呈现出欧盟国际私法独有的特征,并对传统国际私法作出调整和变通。

### 2. 变化与发展

从国际私法的内容来看,应当注意以下新发展。

### (1) 承认原则

欧盟国际私法最显著的变化是所谓承认原则的扩张。承认原则主张事实上已经形成的法律关系必须得到普遍承认,否则会阻碍市场要素的自由流动。在承认原则的作用下,有关欧盟内部市场基本自由的

---

74　参见 Pfeiffer, »Internationales Zivilverfahrensrecht«, § 121, Rz. 4。

国际私法规范都将受到影响,尤其是有关公司[75]和自然人[76]流动方面的冲突规范。

国际私法上的"承认"原则像一幅不断闪动的光谱,其真实意涵和效果难以评估。首先,承认原则不是承认外国判决。外国判决的承认建立在非常成熟的规则之上,其目的是将外国判决程序法上的效力,尤其是既判力和存续力,从国外扩展到本国领域之内。实体国际私法(Materielles IPR)的承认原则,尚不具有确定的功能和角色。我尽力全面地总结这一概念,以便让讨论更有意义。承认原则大体是指,跳过本国冲突规范,直接承认外国法律适用产生的事实。[77] 该原则未来的发展趋势也不甚明朗。一方面,该原则具有鼓励人员自由流动,并且确保国际间判决一致的积极效果;另一方面,该原则导致各国法律地位不平等,并带来冲突法适用复杂化的消极效果。

(2)居所取代国籍

欧盟家庭法和继承法发生了结构性的变化。作为大规模移民的回应,欧盟有意识地逐步采用经常居所替代国籍,并且扩大了当事人自治的范围。[78] 欧盟采用居所原则,也是出于对传统国籍连接点的质疑。国籍作为国际家庭法和继承法的连接点,虽然不违反《欧盟运作条约》第

---

75　EuGH, 09. 03. 1999, Rs. C‑212/97, Slg 1999, I‑1459—Centros Ltd. ./. Erhvervs‑og Selskabsstyrelsen; EuGH, 05. 11. 2002, Rs. C‑208/00, Slg 2002, I‑9919—Überseering BV ./. Nordic Construction Company; EuGH, 30. 09. 2003, Rs. C‑167/01, Slg 2003, I‑10155;—Kamer van Koophandel ./. Inspire Art Ltd.; EuGH, 16. Dezember 2008, C‑210/06, Slg 2008, I‑9641—Cartesio; EuGH, 29. November 2011, C‑371/10—National Grid Indus BV ./. Inspecteur van de Belastingdienst Rijnmond/kantoor Rotterdam; EuGH, 12. 07. 2012, C‑378/10—Vale.

76　EuGH, 14. 10. 2008, C‑353/06—Grunkin und Paul.

77　Coester‑Waltjen, »Anerkennungsprinzip im Dornröschenschlaf«, S. 122.

78　对此问题的总结,参见 Pfeiffer, »Ruhestandsmigration und EU‑Erbrechtsvordnung«, S. 310。

18 条的禁止歧视条款,但是在统一司法区的角度来看,国籍作为连接点显得非常突兀。

(3)私法和经济法中的自治和管制

正如所有现代社会一样,合同法、经济法领域呈现出自由和管制两种对立价值并行的趋势。《罗马条例 I》赋予当事人宽松的选法自由。国际公司法以及内部市场的迁徙自由,赋予当事人选择公司准据法的事实权利。尽管欧盟基础立法包含的来源国原则更像启发性原则,而不是法律原则,其仍然随同《罗马条例 I》第 4 条、《电子商务指令》第 3 条等欧盟派生立法条文,深刻地影响了跨境私法自治以及内部市场货物、服务、资本和人员[79]自由流动,导致欧盟国际私法呈现出自由化的趋势。这些基本自由成为抗衡成员国立法限制市场主体行为自由的有效武器。[80] 与之并行的另一股趋势是,欧盟不断强化内部市场的管制,例如《罗马条例 I》第 3 条第 4 款或者欧洲法院有关公共秩序保留和直接适用的强制性规范的判决。[81] 一方面,这些规定或判决旨在保障欧盟法上的公共秩序[82]和欧盟制定的强制性规范[83]的适用;另一方面,也是要维护成员国的规制[84]和裁判[85]空间。此外,值得注意的是,《罗马条例 I》

---

79　参见 Müller-Graff, »Europäisches Gemeinschaftsrecht und Privatrecht«, S. 13。

80　EuGH, 15. 03. 2001, C-165/98—Mazzoleni.

81　定义详见 EuGH, 23. 11. 1999, C-369/96 und C-376/96—Arblade。

82　EuGH, 01. 06. 1999, Rs. C-126/97—Eco Swiss China Time Ltd ./. Benetton International NV.

83　EuGH, 09. 11. 2000, C-381/98, Ingmar GB Ltd ./. Eaton Leonard Technologies Inc.

84　欧盟直接适用的强制性规定对国内法的扩张:EuGH, 17. 10. 2013, C-184/12—United Antwerp Maritime Agencies (Unamar) NV ./. Navigation Maritime Bulgare。

85　关于是否需要顾及外国直接适用的强制性规范,参见 EuGH, 18. 10. 2016—C-135/15—Griechenland ./. Nikiforidis。

第 6 条对欧盟层面消费者的保护不断扩张。[86] 在自由化和强监管的共同作用下,欧盟国际私法偏重于经济事务调整。传统的国际私法的规范内容,例如反致,则被遗忘在角落。[87]

当然,经典国际私法被遗忘的说法并不全面。萨维尼国际私法基本原则和欧盟内部市场的经济理性,有许多并列和重合之处。内部市场奉行的来源国原则与传统国际私法的既得权保护、跨境交往利益的维护以及将实物给付债务人住所地法作为合同准据法,其背后的观念高度重合。从经济层面观察,冲突法追求的国家间判决一致和对所有权的排他保护,构筑了统一市场存续的基础。

传统国际私法的价值体系和内部市场统一的驱动力之间还存在某种价值观上的共同点。格哈德·克格尔(Gerhard Kegel)认为,国际私法的中心目标是跨境法律交往的确定性和便利性。[88] 这与欧盟追求的市场要素的自由流动是一致的。通过国际私法,欧盟权衡了当事人利益、跨境交往利益和秩序利益,决定优先保障跨境交往利益和市场要素的自由流动。[89]

(4) 国际私法与欧盟的深度整合

欧盟的内部整合,引发了成员国之间是否继续适用公共秩序保留问题的讨论。[90]《布鲁塞尔条例 I》修订过程中,欧盟委员会曾两次主张在成员国之间停止适用实体公共秩序保留,但都没有获得支持。最终

---

86　EuGH, 07. 12. 2010, C‐585/08 und C‐144/09, Pammer ./. Schlüter u. a.; EuGH, 06. 09. 2012, C‐190/11, Mühlleitner ./. Yusufi; 17. 10. 2013, C‐218/12, Emrek ./. Sabranovic.

87　Schack, »Was bleibt vom renvoi?«, S. 315.

88　奠基性的作品,参见 Kegel, » Begriffs‐ und Interessenjurisprudenz im IPR «, S. 259 ff. .

89　参见前注 75 和 76。

90　此问题的分析,见 Hess/Pfeiffer, *Interpretation of the Public Policy Exception*。

只在小额和无争议判决的执行程序中,取消了公共秩序保留。目前看来,成员国之间废除公共秩序保留是不恰当的。一方面,成员国表示明确反对,另一方面,欧盟的实体法律趋同程度,尚未达到取消公共秩序保留的地步。

欧盟国际私法的总则规定,诸如识别、先决问题、整体指引优先(Vorrang des Gesamtstatuts)、反致、替代、调适(Anpassung)以及公共秩序保留,尚未得到深入讨论。[91] 德国国内立法包含的相关教义和学说,看上去比较复杂,但却是经过深思熟虑,非常可靠的见解。欧盟国际私法的总则规定较少,而且极为琐碎。例如,有关反致的规定散见多处,只有经过全面考察和梳理,才有可能总结出其基本立场。[92]

## (四) 国内立法的余留角色

欧盟国际私法立法的扩张,使得成员国国内立法处境非常尴尬。这正好反映出本书探讨的柏林共和时代法律发展的趋势。

民事主体、亲子关系以及家庭法领域的大部分国内立法,已经被《罗马条例 III》《抚养条例》《继承条例》以及将来生效的《婚姻财产关系条例》所取代。婚姻缔结、婚姻一般效力、父母认定、收养、父母子女关系、监护、管照、保佐以及有关民事主体的绝大部分规定,诸如权利能力、行为能力以及姓名权等,仍然适用国内立法。财产和经济法领域的国内立法也只在个别领域得以保留。这些领域包括《罗马条例 II》第 1 条第 2 款调整范围以外的侵权关系、国际物权法、国际代理法以及国际

---

91　参见 Nehne, *Methodik und allgemeine Lehren des europäischen Internationalen Privatrechts*。

92　Solomon, »Renaissance des Renvoi«, S. 237; Schack, »Was bleibt vom renvoi?«, S. 315.

公司法。最后,有关公共秩序保留和直接适用的强制性规范的国内立法也依然适用。欧盟立法的扩张,最终会限制国内立法的价值判断空间。德国立法者已经丧失了对体系性和基础性问题的决断能力,无法再像当年德国国际私法改革那样,力推国籍作为国际家庭法和继承法领域的基本连接原则。这也不意味着我们可以忽略国内法。成员国的国际私法持续面对不断出现的新问题,而立法者必须提供解决方案,正如德国立法者晚近对德国国际私法立法的修订。[93]

## (五) 仲裁法

最后,我们来谈一谈国际商事仲裁。在跨境经贸交易中,仲裁发挥着非常重要的作用。仲裁法的高歌猛进,与国际私法欧盟化没有直接关联。仲裁当然也受到欧盟国际私法的承认,例如《布鲁塞尔条例》立法理由第 12 项以及第 73 条,但是真正驱动国际商事仲裁法发展的因素并非欧盟立法,而是仲裁程序具有的纯粹超国家性、避免媒体曝光带来不利后果的保密性及相应的弊端,以及仲裁具备的其他优势,诸如对当事人意思自治的尊重,允许当事人选择准据法等。[94] 仲裁庭的裁判结果也符合国际商事交易的价值偏好。即便在适用和解释国内法时,仲裁庭也尽量遵循国际商事交易习惯。[95] 在仲裁实践中,还形成了有别于普

---

93　当下正在讨论的关于修订国际私法和国际民事诉讼法的法律草案,见 BT-Drs. 18/10714。

94　详见 Pfeiffer, »Internationales Vertragsrecht vor Schiedsgerichten«, S. 178;相左的观点,参见 Mankowski, »Rom I-VO und Schiedsverfahren«, S. 30。

95　该问题的总结,参见 von Mehren, »An International Arbitrators Point of View«, S. 203; Pfeiffer, »Funktion, Bedarf und Legitimität«, S. 16 ff.; Risse, »Wehrt Euch endlich!«, S. 265; Wagner, »Schiedsgerichtbarkeit«, S. 264。

通合同冲突法的仲裁特别冲突规范。[96] 可此类仲裁冲突规范是否应获法律承认,尚且无定论,但是并未引发实践操作不便。《罗马条例 I》本身包含的法律选择条款已经相当宽松,与商事仲裁实践没有太大出入。晚近爆发的公众对国际投资仲裁的质疑,请注意不是商事仲裁,并没有影响国际仲裁的发展态势。[97]

# 四、展望

按照本书主题,接下来应当展望德国国际私法的未来。欧盟立法的不断扩张与德国国内立法余留角色之间的关系,是展望未来必须直面回应的话题。一方面,欧盟国际私法的发展态势还将持续。欧盟立法文件数目保持持续增长,成员国国内立法空间收窄。另一方面,正如《罗马条例 II》第 1 条第 2 款所示,即便在财产关系领域,成员国之间在政治、文化方面仍然存在差异,例如人格权损害赔偿以及原子能侵权责任等。这种差异根深蒂固,难以就冲突法连接点达成共识。这些事实告诉我们,至少在中期内,成员国的国际私法立法不会消亡。在今后一段(或许是短暂的)时期内,欧盟国际私法的发展态势得以保持,将与成员国国内立法共存。

欧盟国际私法还需要解决前文抛出的问题,即欧盟国际私法总则部分的制定。随着欧盟立法数目的增加,总则部分的编纂不仅变得可行,而且也日渐必要。选择何种立法形式编纂,尚不清晰。没有人知道在什么时间,通过哪些立法,解决哪些问题。欧盟渐进式的立法进程,

---

96　Handorn, *Sonderkollisionsrecht*; Pfeiffer, » Abwahl «, S. 1169 f.；更多论述见前注 94。

97　Böckstiegel, »Perspektiven«, S. 29 ff.

似乎表明国际私法总则编纂不大可能"毕其功于一役"。分阶段进行编纂，可能更加现实。例如，我们对反致的掌握程度，要远远优于先决问题。

欧盟国际私法在多大程度上适合抽取总则性规定，本身也不确定。比方说，从现行法有关反致的零散规定中，我们能够抽取出如下规则，即法律适用不应考虑外国冲突法。也就是说，除非法律另有规定，欧盟国际私法不承认反致或者转致。这恰好与《民法典施行法》第 4 条第 1 款的规定相反，即德国法承认反致或者转致，除非法律另有规定。但另一方面，从零散规定反致的立法路径来看，欧盟立法者似乎有意排斥普遍化的概念。至少当下，我们不能也不应期待欧盟立法者着手制定欧盟国际私法总则，或者采纳学者建议的《罗马条例〇号》。[98]

国际私法学界应当将其视为挑战，也应将其视为职责之所在。学界有义务为欧盟建构易于操作的总则规定提供理论基础。此项学术研究也只能在欧盟层面完成。多国作者团队对欧盟法的评注，[99]已经证明了欧盟范围内的跨国合作以及比较法的对话是完全可行的，而且也是具有成效的。就国际私法而言，柏林和布鲁塞尔已经共同完全取代了波恩。

国际私法和比较法的视野还应当更开阔一些。在国际经济法（Internationales Wirtschaftsrecht）中，只有从整体上把握国际私法与跨国商事法律、国际公法、世界贸易法以及多边或双边投资保护法，才能勾勒出国际法律空间的总体样貌。此外，还必须考虑全球或区域范围内，经过比较研究并由私人组织或学术组织编撰的软法，例如各类法律重

---

98　相关立法建议，参见 Leible/Unberath, *Brauchen wir eine Rom 0-Verordnung？*。

99　例 如 Magnus/Mankowski（Hg.）, *Brussels I-Regulation*；Magnus/Mankowski, *Brussels II-Regulation*；Simons/Hausmann, *Brüssel I-VO*。

述、原则等。[100] 只有在这些法律的共同作用之下,狭义的以及广义的国际私法,才有能力承担更重要的角色,也才可能被赋予更重要的意义。

## 参考文献

Heinz-Dieter Assmann, Christian Kirchner, Erich Schanze ( Hg. ), *Ökonomische Analyse des Rechts*, Kronberg 1978 (2. Auflage: Tübingen 1993).

Christian von Bar, Eric Clive, Hans Schulte-Nölke ( Hg. ), *Draft Common Frame of Reference—Outline Edition*, München 2009.

Jürgen Basedow, »Der kollisionsrechtliche Gehalt der Grundfreiheiten im europäischen Binnenmarkt: favor offerentis«, in: *Rabels Zeitschrift für ausländisches und internationales Privatrecht* 59 (1995), S. 1-55.

—, »Die Harmonisierung des Kollisionsrechts nach dem Vertrag von Amsterdam«, in: *Europäische Zeitschrift für Wirtschaftsrecht* (1997), S. 609.

—, »The Communitarization of the Conflict of Laws Under the Treaty of Amsterdam«, in: *Common Market Law Review* 37 (2000), S. 687-708.

Karl-Heinz Böckstiegel, »Zu den gegenwärtigen Perspektiven der deutschen und internationalen Schiedsgerichtsbarkeit«, in: Werner Ebke, Dirk Olzen, Otto Sandrock ( Hg. ), *Festschrift für Siegfried Elsing zum 65. Geburtstag*, Frankfurt am Main 2015, S. 29-40.

Dagmar Coester-Waltjen, »Das Anerkennungsprinzip im Dornröschenschlaf«, in: Heinz-Peter Mansel u. a. ( Hg. ), *Festschrift für Erik Jayme, Bd. I*, München 2004, S. 121-130.

Gerhard Dannemann, »The Drafting of Consumer Credit Legislation—A Structural Comparison Between the EU Directive and the English, Irish and German Acts«, in: Hans Schulte-Nölke, Rainer Schulze ( Hg. ), *Europäische Rechtsangleichung und nationale Privatrechte*, Baden-Baden 1999, S. 191-

---

100　对该问题的总结,参见 Kronke, »Internationales Privatrecht«, § 120, Rz. 11。

204.

Wulf H. Döser,»Einführung in die Gestaltung internationaler Wirtschaftsverträge (Teil 2)«, in: *Juristische Schulung* 40 (2000), S. 1178 – 1182.

Heike Dohrn, *Die Kompetenzen der Europäischen Union im Internationalen Privatrecht*, Tübingen 2004.

Meinrad Dreher,» Wettbewerb oder Vereinheitlichung der Rechtsordnungen in Europa?«, in: *JuristenZeitung* 54 (1999), S. 105 – 112.

Albin Eser, Walter Perron (Hg.),»Strukturvergleich strafrechtlicher Verantwortlichkeit und Sanktionierung in Europa. Zugleich ein Beitrag zur Theorie der Strafrechtsvergleichung«, Berlin 2015.

José Angelo Estrella Faria,»Der Wettbewerb zwischen den Rechtsordnungen«, in: *Anwaltsblatt* 65 (2015), S. 104 – 109.

Florian Faust, *Digitale Wirtschaft—Analoges Recht—Braucht das BGB ein Update? Gutachten zum 71. Deutschen Juristentag Essen 2016*, München 2016.

Holger Fleischer,»Europäische Methodenlehre: Stand und Perspektiven«, in: *Rabel Journal of Comparative and International Private Law* 75 (2011), S. 700 – 729.

Axel Flessner,»Rechtsvereinheitlichung durch Rechtswissenschaft und Juristenausbildung«, in: *Rabels Zeitschrift für ausländisches und internationales Privatrecht* 56 (1992), S. 243 – 260.

Robert Freitag,»Der Wettbewerb der Rechtsordnungen im Internationalen Gesellschaftsrecht«, in: *Europäische Zeitschrift für Wirtschaftsrecht* (1999), S. 267 – 270.

Martin Gebauer,» Rechtsvergleichung «, in: Hanno Kube u. a. (Hg.), *Leitgedanken des Rechts. Paul Kirchhof zum 70. Geburtstag*, Heidelberg u. a. 2013, S. 433 – 434.

Jürgen Gehb, Günter Drange, Martin Heckelmann,»Gesellschaftsrechtlicher Typenzwang als Zwang zu neuem Gesellschaftstyp—Gemeinschaftsrecht fordert deutsche UGG«, in: *Neue Zeitschrift für Gesellschaftsrecht* 9 (2006), S. 88 – 96.

Boris Handorn, *Das Sonderkollisionsrecht der deutschen internationalen Schiedsgerichtsbarkeit,*

Tübingen 2005.

Oskar Hartwieg,»Rechtsvergleichendes zum Gegenstand der Anwaltshaftung«, in: *Anwaltsblatt* 45（1995）, S. 209 – 216.

Kay Heilbronner,»Ziele und Methoden völkerrechtlich relevanter Rechtsvergleichung«, in: *Zeitschrift für ausländisches öffentliches Recht und Völkerrecht* 36（1976）, S. 190 – 226.

Hans-Jürgen Hellwig,»Formen der Gestaltung der Zusammenarbeit mit dem ausländischen Anwalt«, in: *Anwaltsblatt* 46（1996）, S. 124 – 128.

Martin Henssler, Heinz Mansel,»Die Limited Liability Partnership als Organisationsform anwaltlicher Berufsausübung«, in: *Neue Juristische Wochenschrift* 60（2007）, S. 1393 – 1400.

Burkhard Hess, Thomas Pfeiffer, Peter Schlosser, *The Brussels I-Regulation 44/ 2001. The Heidelberg Report on the Application of Regulation Brussels I in 25 Member States（Study JLS/C4/2005/03）*, München [2]2008.

—, Rudolf Hübner,»Die Revisibilität ausländischen Rechts nach der Neufassung des § 545 ZPO«, in: *Neue Juristische Wochenschrift* 62（2009）, S. 3132 – 3135.

—, Paul Oberhammer, Thomas Pfeiffer, *European Insolvency Law—The Heidelberg-Luxembourg-Vienna-Report*, Baden-Baden 2014.

—, Thomas Pfeiffer, *Interpretation of Public Policy Exception as referred to in EU Instruments of Private International and Procedural Law*, 2011. Studie im Auftrag des Rechtsausschusses des Europäischen Parlaments,〈http://www. europarl. europa. eu/RegData/etudes/etudes/join/2011/453189/IPOLJURI_ET（2011）453189_EN. pdf〉, letzter Zugriff 17. 10. 2016.

Christian Hillgruber,»Die Bedeutung der Rechtsvergleichung für das deutsche Verfassungsrecht und die verfassungsgerichtliche Rechtsprechung in Deutschland«, in: *Jahrbuch des öffentlichen Rechts der Gegenwart* 63（2015）, S. 367 – 388.

Bernd von Hoffmann:»The Relevance of European Community Law«, in: Bernd von Hoffmann（Hg.）, *European Private International Law*, Nimwegen 1998, S. 19 – 37.

Heinrich Honsell, »Die Rezeption der Rechtsprechung des Bundesgerichtshofs in der Schweiz«, in: *50 Jahre Bundesgerichtshof. Festgabe aus der Wissenschaft*, Bd. 2: *Handels- und Wirtschaftsrecht, Europäisches und Internationales Recht*, München 2000, S. 927 – 942.

Heinrich Hüchting, » Der deutsche Anwalt im internationalen Wettbewerb «, in: *Anwaltsblatt* 39 (1989), S. 440 – 444.

Erik Jayme, »Internationales Privatrecht und postmoderne Kultur«, in: *Zeitschrift für Rechtsvergleichung* 38 (1997), S. 230 – 236.

—, Christian Kohler, » Europäisches Kollisionsrecht 1994: Quellenpluralismus und offene Kontraste«, in: *Praxis des Internationalen Privat- und Verfahrensrechts* 14 (1994), S. 405 – 415.

—, Christian Kohler, » Europäisches Kollisionsrecht 1995—Der Dialog der Quellen«, in: *Praxis des Internationalen Privat- und Verfahrensrechts* 15 (1995), S. 343 – 354.

—, Christian Kohler, »Europäisches Kollisionsrecht 1997—Vergemeinschaftung durch Säulenwechsel«, in: *Praxis des Internationalen Privat- und Verfahrensrechts* 17 (1997), 385 – 401.

—, Rainer Hausmann, *Internationales Privatrecht*, München [14]2009.

Heike Jung, » Recht und kulturelle Identität—Anmerkungen zur Rezeption, Transplantation und Diffusion von Recht «, in: *Zeitschrift für die gesamte Strafrechtswissenschaft* 121 (2009), S. 467 – 500.

Antje Jungk, » Globalisierung und Haftung. Risiken beim grenzüberschreitenden Mandat«, in: *Anwaltsblatt* 12 (2012), S. 1000 – 1002.

Abbo Junker, »Neuere Entwicklungen im Internationalen Privatrecht«, in: *Recht der internationalen Wirtschaft* (1998), S. 741 – 750.

Gerhard Kegel, » Begriffs- und Interessenjurisprudenz im Internationalen Privatrecht«, in: Max Gerwig u. a. (Hg.), *Festschrift für Hans Lewald*, Basel 1953, S. 259 – 288.

Uwe Kischel, *Rechtsvergleichung*, München 2015.

Helmut Koziol, »Die Rezeption der Rechtsprechung des Bundesgerichtshofs in Österreich«, in: *50 Jahre Bundesgerichtshof. Festgabe aus der Wissenschaft*,

*Bd. 2*: *Handels- und Wirtschaftsrecht*, *Europäisches und Internationales Recht*, München 2000, S. 943 - 963.

Christian Kohler, »Interrogations sur les sources du droit international privé européen après le Traité d'Amsterdam«, in: *Revue critique de droit international privé* 88 (1999), S. 1 - 30.

Herbert Kronke, »Internationales Privatrecht«, in: Hanno Kube u. a. (Hg.), *Leitgedanken des Rechts. Paul Kirchhof zum 70. Geburtstag*, Heidelberg u. a. 2013, S. 1305 - 1314.

Ole Lando, Hugh Beale, *Principles of European Contract Law*, *Parts I and II*, *prepared by the Commission on European Contract Law*, Den Haag u. a. 2000.

Stefan Leible, »Kollisionsrechtlicher Verbraucherschutz im EVÜ und in EG-Richtlinien«, in: Hans Schulte-Nölke (Hg.), *Europäische Rechtsangleichung und nationale Privatrechte* (Europäisches Privatrecht: Sektion B, Gemeinsame Rechtsprinzipien 9), Baden-Baden 1999, S. 353 - 392.

—, Hannes Unberath (Hg.), *Brauchen wir eine Rom 0-Verordnung? Überlegungen zu einem Allgemeinen Teil des europäischen IPR* (Studien zum internationalen Privat- und Verfahrensrecht 43), Jena 2013.

Michael Leupold, »Megatrend Regulierung—Folgen und Perspektiven«, in: *Schweizerische JuristenZeitung = Revue suisse de jurisprudence* 103 (2007), S. 109 - 113.

Ulrich Magnus, Peter Mankowski (Hg.), *Brussels I-Regulation*, Berlin, New York [2]2012.

Peter Mankowski, »Anmerkung zum Urteil des BVerfG, 1995 - 01 - 10, 1 BvF 1/90, 1 BvR 342, 348/90«, in: *Entscheidungen zum Wirtschaftsrecht* 11 (1995), S. 145 - 146.

—, »Rom I-VO und Schiedsverfahren—Plädoyer für die Anwendbarkeit der Rom I-VO in Schiedsverfahren«, in: *Recht der internationalen Wirtschaft* 57 (2011), S. 30 - 44.

Heinz-Peter Mansel, Jürgen F. Baur (Hg.), *Systemwechsel im europäischen Kollisionsrecht*, München 2002.

Michael Martinek, »Wissenschaftsgeschichte der Rechtsvergleichung und des

Internationalen Privatrechts in der Bundesrepublik Deutschland«, in Dieter Simon ( Hg. ) , *Rechtswissenschaft in der Bonner Republik. Studien zur Wissenschaftsgeschichte der Jurisprudenz*, Frankfurt am Main 1994, S. 529 – 619.

Ruben Martini, »Über die Rezeption von Steuergesetzen«, in: *Steuer und Wirtschaft* 88 (2011), S. 18 – 27.

Dieter Martiny, »Europäisches Internationales Vertragsrecht—Ausbau und Konsolidierung«, in: *Zeitschrift für Europäisches Privatrecht* 7 (1999), S. 246 – 270.

Robert von Mehren, »An International Arbitrator's Point of View«, in: *American Review of International Arbitration* 10 (1999), S. 203 – 214.

Peter-Christian Müller-Graff, »Europäisches Gemeinschaftsrecht und Privatrecht— Das Privatrecht in der europäischen Integration«, in: *Neue Juristische Wochenschrift* 46 (1993), S. 13 – 23.

Timo Nehne, *Methodik und allgemeine Lehren des europäischen Internationalen Privatrechts*, Tübingen 2012.

Paul Oberhammer, Christian Koller, » Schiedsrecht im Wettbewerb der Rechtsordnungen. Zum österreichischen Schiedsrechts-Änderungsgesetz 2013 «, in: *Zeitschrift für Zivilprozess international: Jahrbuch des internationalen Zivilprozessrechts* 17 (2012/2013), S. 75 – 87.

Thomas Pfeiffer, » Die Entwicklung des internationalen Vertrags-, Schuld- und Sachenrechts in den Jahren 1997 – 1999«, in: *Neue Juristische Wochenschrift* 52 (1999), S. 3674 – 3687.

—, »Die revisionsgerichtliche Kontrolle der Anwendung ausländischen Rechts«, in: *Neue Juristische Wochenschrift* 55 (2002), S. 3306 – 3308.

—, »Vereinheitlichung des Richtlinienkollisionsrechts und Absicherung gemeinschaftsrechtlicher Standards«, in: Stefan Leible ( Hg. ) , *Das Grünbuch zum Internationalen Vertragsrecht. Beiträge zur Fortentwicklung des Europäischen Kollisionsrechts der vertraglichen Schuldverhältnisse*, München 2005, S. 25 – 36.

Burkhard Hess, Stefan Huber, *Rechtsvergleichende Untersuchung zu Kernfragen des privaten Bauvertragsrechts* (Schriftenreihe des Bundesministeriums für Ernährung,

Landwirtschaft und Verbraucherschutz. Reihe A: Angewandte Wissenschaft 520), Filderstadt 2008.

—, »Internationales Vertragsrecht vor Schiedsgerichten—Zur Bedeutung der Rom I-Verordnung in der Schiedsgerichtsbarkeit«, in: Friedrich Graf von Westphalen ( Hg. ), *Arbeitsgemeinschaft Internationaler Rechtsverkehr: Deutsches Recht im Wettbewerb—20 Jahre transnationaler Dialog*, Bonn 2009, S. 178 – 189.

—, »Die Abwahl des deutschen AGB-Rechts in Inlandsfällen bei Vereinbarung eines Schiedsverfahrens«, in: *Neue Juristische Wochenschrift* 65 ( 2012), S. 1169 – 1174.

—, »Internationales Zivilverfahrensrecht«, in: Hanno Kube u. a. ( Hg. ), *Leitgedanken des Rechts. Paul Kirchhof zum 70. Geburtstag*, Heidelberg u. a. 2013, S. 1315 – 1326.

—, »The Contribution of Arbitration to the Harmonization of Procedural Laws in Europe«, in: *Uniform Law Review* 19 ( 2014), S. 199 – 217.

—, »Funktion, Bedarf und Legitimität einer nicht-staatlichen Schiedsgerichtsbarkeit«, in: *Bitburger Gespräche. Jahrbuch 2016*, München 2017, S. 13 – 29.

—, » Nascetur ridiculus mus? Haager Gerichtsstandsübereinkommen in Kraft getreten, Teil 1«, in: *Zeitschrift für internationales Wirtschaftsrecht* 1 ( 2016), S. 19 – 21; » Teil 2 «, in: *Zeitschrift für internationales Wirtschaftsrecht* 1 ( 2016), S. 69 – 73.

—, »Private International Law«, in: *Max-Planck-Encyclopedia of Public International Law*, ⟨http://opil. ouplaw. com/home/EPIL ⟩, letzter Zugriff 04. 11. 2016.

—, »Ruhestandsmigration und EU-Erbrechtsverordnung«, in: *Praxis des Internationalen Privat- und Verfahrensrechts* 36 ( 2016), S. 310 – 314.

—, »Unionsprivatrecht und Zivilrechtspraxis—eine Einführung«, in: Thomas Heidel u. a. ( Hg. ): *BGB. Allgemeiner Teil ( EGBGB )* ( NomosKommentar 1 ), Baden-Baden [3]2016, S. 1 – 1675.

Richard Posner, *Economic Analysis of Law*, Aspen [9]2014.

Kerstin Pull, *Arbeitsmarktregulierung und Standortwahl*, München 2003.

Luca G. Radicati di Brozolo, »L'influence sur les conflicts de lois des principes de droit communautaire an matière de liberté de circulation«, in: *Revue critique de droit international privé* 82 (1983), S. 401 – 424.

Hilmar Raeschke-Kessler, »Die Schiedsgerichtsbarkeit—ein Motor für internationales Verfahrensrecht«, in: Birgit Bachmann u. a. (Hg.), *Grenzüberschreitungen— Beiträge zum internationalen Verfahrensrecht und zur Schiedsgerichtsbarkeit— Festschrift für Peter Schlosser zum 70. Geburtstag*, Tübingen 2005, S. 713 – 732.

Research Group on the Existing EC Private Law (Acquis Group) (Hg.), *Contract II—General Provisions, Delivery of Goods, Package Travel and Payment Services*, München 2009.

Max Rheinstein, *Einführung in die Rechtsvergleichung*, München ²1987.

Angela Richter, *Institutionalisierte öffentlich-private Partnerschaften der Gemeinden in Deutschland und Frankreich. Auf dem Weg zu einem europäischen Gesellschaftsmodell* (Schriften zum deutschen und europäischen Kommunalrecht 44), Dresden 2013.

Karl Riesenhuber (Hg.), *Europäische Methodenlehre*, Berlin, München, Boston ³2014.

Jörg Risse, »Wehrt Euch endlich! Wider das Arbitration Bashing«, in: *Zeitschrift für Schiedsverfahren* (2014), S. 265 – 274.

Berthold Rist, »Der deutsche Anwalt im internationalen Wettbewerb«, in: *Anwaltsblatt* 39 (1989), S. 444 – 450.

Wulf-Henning Roth, »Der Einfluß des Europäischen Gemeinschaftsrechts auf das Internationale Privatrecht«, in: *Rabels Zeitschrift für ausländisches und internationales Privatrecht* 55 (1991), S. 623 – 673.

Michel Rosenfeld, Andras Sajo, *The Oxford Handbook of Comparative Constitutional Law*, Oxford 2012.

Bernhard Rudisch, »Der Beitritt Österreichs zum Römer Schuldvertragsübereinkommen: Gründe, Hintergründe und Konsequenzen«, in: *Rabels Zeitschrift für ausländisches und internationales Privatrecht* 63 (1999), S. 70 – 106.

Otto Sandrock, Christoph Wetzler (Hg.), *Deutsches Gesellschaftsrecht im Wettbewerb der Rechtsordnungen*, Heidelberg 2004.

Haimo Schack, »Was bleibt vom renvoi?«, in: *Praxis des Internationalen Privat- und Verfahrensrechts* 33 (2013), S. 315 – 320.

Hans-Bernd Schäfer, Claus Ott, *Lehrbuch der ökonomischen Analyse des Zivilrechts*, Berlin [5]2013.

Eberhard Schmidt-Assmann, »Zum Stand der Verwaltungsrechtsvergleichung in Europa: Wissenschaft«, in: *Die Verwaltung* 45 (2012), S. 264 – 277.

Franz Schoser, »Justiz als Standortfaktor«, in: *Deutsche Richterzeitung* 79 (2001), S. 72 – 83.

Thomas Simons, Rainer Hausmann (Hg.), *unalex Kommentar. Brüssel I-Verordnung. Kommentar zur VO (EG) 44/2001 und zum Übereinkommen von Lugano*, München 2012.

Dennis Solomon, »Renaissance des Renvoi im Europäischen Internationalen Privatrecht«, in: Ralf Michaels, Dennis Solomon (Hg.), *Liber Amicorum Klaus Schurig zum 70. Geburtstag*, München 2012, S. 237 – 264.

Andreas Spickhoff, »Das Gesetz zum Internationalen Privatrecht für außervertragliche Schuldverhältnisse und für Sachen vom 21. 05. 1999 «, in: *Neue Juristische Wochenschrift* 52 (1999), S. 2209 – 2214.

Ansgar Staudinger, »Das Gesetz zum Internationalen Privatrecht für außervertragliche Schuldverhältnisse und für Sachen vom 21. 05. 1999 «, in: *Der Betrieb* 52 (1999), S. 1589 – 1594.

Jochen Taupitz, »Das internationale Produkthaftungsrecht im Zugriff der europäischen Warenverkehrsfreiheit«, in: *Zeitschrift für Europäisches Privatrecht* 5 (1997), S. 986 – 1009.

Rolf Trittmann, »Basic Differences of the Continental and Common Law System and State Court Proceedings«, in: Karl-Heinz Böckstiegel, Klaus-Peter Berger, Jens Bredow (Hg.), *Taking Evidence in Commercial Arbitration*, Köln 2010, S. 15 – 32.

Tobias Tröger, Lisa Pfaffinger, »Partnerschaftsgesellschaft mit beschränkter Berufshaftung—Eine kritische Bewertung deutscher Verteidigungsbemühungen im europäischen Wettbewerb der Verbandsrechtsordnungen«, in: *JuristenZeitung* 17 (2013), S. 812 – 821.

Bernd Waas, » Überlegungen zur Fortentwicklung des deutschen Arbeitsrechts— Diskussion im Inland, Anstöße aus dem Ausland «, in: *Recht der Arbeit*

(2007), S. 76 – 83.

Gerhard Wagner, » Europäisches Beweisrecht—Prozessrechtsharmonisierung durch Schiedsgerichte «, in: *Zeitschrift für Europäisches Privatrecht* 9 ( 2001 ), S. 441 – 514.

—, »Die Schiedsgerichtsbarkeit im Kreuzfeuer der Kritik«, in: *Deutsche Richterzeitung* 93 (2015), S. 264 – 269.

—, »Der Regierungsentwurf eines Gesetzes zum Internationalen Privatrecht für außervertragliche Schuldverhältnisse und für Sachen«, in: *Praxis des Internationalen Privat- und Verfahrensrechts* 18 ( 1998 ), S. 428 – 429.

—, »Zum Inkrafttreten des Gesetzes zum Internationalen Privatrecht für außervertragliche Schuldverhältnisse und für Sachen«, in: *Praxis des Internationalen Privat- und Verfahrensrechts* 19 (1999), S. 210 – 212.

Ludolf von Wartenberg, Hans-Joachim Haß, *Investition in die Zukunft. Wie Deutschland den Anschluss an die globalisierte Welt findet*, Weinheim 2005.

Albrecht Weber, *Europäische Verfassungsvergleichung*, München 2010.

Stephan Wernicke, »› Law—Made in Germany ‹ : Von der Selbstvergewisserung zum rechtspolitischen Ziel der 18. Wahlperiode«, in: *Zeitschrift für Rechtspolitik* 47 (2014), S. 34 – 37.

Peter von Wilmowsky, »EG-Vertrag und kollisionsrechtliche Rechtswahlfreiheit«, in: *Rabels Zeitschrift für ausländisches und internationales Privatrecht* 62 ( 1998 ), S. 1 – 37.

Manfred Wolf, » Privates Bankrecht im EG-Binnenmarkt «, in: *Zeitschrift für Wirtschafts- und Bankrecht* (1990), S. 1941 – 1952.

Konrad Zweigert, Hein Kötz, *Einführung in die Rechtsvergleichung auf dem Gebiete des Privatrechts*, Tübingen ³1996.

# 法殿堂内的思维转换

## ——以柏林共和时代的公法为例<sup>*</sup>

〔德〕贡纳尔·富克·舒佩特<sup>**</sup>　著

张冬阳<sup>***</sup>　译　王泽荣<sup>****</sup>　校

## 一、本文主旨：思维转换而非改造

"思维转换而非改造"（Umdenken statt Umbauen）这一表述，出自沃尔夫冈·霍夫曼-瑞姆（Wolfgang Hoffmann-Riem）于 2013 年发表的《国家性转变下法殿堂内的改造》一文，应当也可以用来引出本篇的主旨。[1]如果仔细阅读他这篇文章，我们很快会发现其所指的并非真正的改造，

---

　*　谨以此文，友敬沃尔夫冈·霍夫曼-瑞姆（Wolfgang Hoffmann-Riem）、埃伯哈德·施密特-阿斯曼（Eberhard Schmidt-Aßmann）和安德烈亚斯·福斯库勒（Andreas Voßkuhle）三位同路者。

　**　贡纳尔·富克·舒佩特（Gunnar Folke Schuppert），生于 1943 年，先后于柏林、慕尼黑和哥廷根学习法学，1972 年获得博士学位，1979 年获得教授资格。1993 年至 2008 年担任柏林洪堡大学国家学和行政学教授，并于 2004 年起任教于柏林赫尔梯行政学院，2009 年起成为监督委员会成员，2012 年起任埃尔福特大学马克斯·韦伯文化和社会科学研究中心研究员。

　***　张冬阳，河南确山人，德国汉堡大学法学博士，现任中国政法大学法学院讲师。主要研究领域：行政法和规制法。

　****　王泽荣，山西临汾人，柏林洪堡大学宪法学博士候选人。主要研究领域：宪法学方法论、宗教宪法和基本权利。

　1　Hoffmann-Riem, »Umbauten im Hause des Rechts«.

即以法典编撰的方式或者通过开垦规制新领地[2]来扩充法领域的方式，而是有关法概念和法功能的观念性转变，简而言之，指的是在法殿堂中转换思维。我们不能固守着字面印象，而要讲清楚所选标题的具体含义：根据我们的观察，柏林共和时代法学的典型特征在于纲领性的高水平理念，这些理念不仅促使法殿堂的思维转换，更是不可或缺的，毕竟法学学科不能承受下列风险，即舒适地自娱自乐[3]而丧失与重要学术讨论的对话能力，甚至丧失对国家性变迁过程的分析能力。

从思维转换而非改造出发，可以引出两方面的论述：一方面，如沃尔夫冈·卡尔（Wolfgang Kahl）所言，有必要对法和法学例如行政法和行政法学的"发展路径"[4]清楚地作出区分；另一方面，在分析和判断"法的发展路径"时，[5]则应当谨慎区分外部变迁和内部变迁。众所周知，每个社会秩序都必须对社会环境的改变作出反应；当前法秩序的这种反应则体现为科技法或者环境法的发展。与此相区别的则是法系统内部所发生的转变过程，即自我反思的过程，其中公法亦扮演着重要角色，而这正是我们首要感兴趣的地方。[6]

在简要澄清之后，我们可以确定：本文以法学中的思维转换过程为研究对象，而不同于本书引言所示的侧重于法生产的法学当代史研究。因此，这里主要从两个角度出发来观察柏林共和国的法学，一是方法上

---

[2]　当然不能不认识到，我们也必须涉足于新领地；尤其出于经济危机，也出于拯救欧元的必要措施，在当时都必须构建"救市保护伞"并制定出台《金融市场稳定法》。

[3]　值得阅读的相关思考参见 Lepsius, » Problemzugänge und Denktraditionen im öffentlichen Recht«。

[4]　Kahl, »Über einige Pfade und Tendenzen in Verwaltungsrecht und Verwaltungsrechtswissenschaft«.

[5]　Wahl, »Entwicklungspfade im Recht«.

[6]　参见 Hillgendorf/Schulze-Filitz (Hg.), *Selbstreflektion der Rechtswissenschaft*; Engel/Schön (Hg.), *Das Proprium der Rechtswissenschaft*; Jestaedt/Lepsius (Hg.), *Rechtswissenschaftstheorie*; Funke/Lüdemann (Hg.), *Öffentliches Recht und Wissenschaftstheorie*。

的,一是科学社会学上的。在对两种视角进一步展开时,某种程度上须大胆地抵消这一事实,即无论是法的方法论还是科学社会学都还没有成为我们工作的重点。

# 二、思维转换的契机、方式和行动者

## (一)思维转换的契机:关于法学的必要跨国化

当谈及国家性质的变迁或者对民族国家法体系的挑战时,几乎会反射性地提到"欧盟化"和"国际化"这些关键词,[7] 并往往将其用为外部引发转变的例证。

> 粗略观察之下,我们将能确定,新近公法领域的许多重大革新都是欧洲法实施的结果(信息自由、规制法、竞争结构的兴起、个人化保护需求的辨明,例如通过消费者保护与平等对待法以及程序理念的上升)。[8]

但这不是本文的主题。

我们发现奥利弗·莱普休斯新近的论断很有意思,他认为,强调法教义学的德国法学在欧洲其他地方"不具有输出能力和讨论能力"[9]:

---

7　参见 Wahl, *Herausforderungen und Antworten*, S. 95 ff.；更多相关内容见 Schuppert, »Was ist und wie misst man Wandel von Staatlichkeit?«。

8　Lepsius (wie Anm. 3), S. 75.

9　Ebd., S. 87.

　　若想要自立于欧洲舞台并吸引到听众，就必须对教义学保持恰当分寸并发展其他的思考方式。德国法学不能为了保持教义学的美观而陷入自绝于欧洲的危险中。[10]

　　至于这些言论是否过于尖锐，以及莱普休斯所痛惜的德国法学之影响力缺失的原因是否更在于，在英语的语言统治之下德语论文在法的共同体（*legal community*）中单纯无法受到关注，这里不作出评判；法的空间（*Rechtsräume*；*legal spaces*）[11]越来越不再被想象为民族国家的或者欧洲的，而被想象为跨国家的，他要求关注这一事实的敦促无论如何都依然重要。正如我们在其他地方尝试论述的那样，若法的空间必须被理解为交流空间，[12]考虑到一如既往向前推进的交流全球化——关键词：作为交流史的全球化，[13]那么就不得不讨论法体系中自生的法学跨国化。

　　在这个意义上，托马斯·杜斐呼吁德国法学"国际化"，只有这样才能保持其自身的国际联结能力：[14]

　　　　在科学系统中可以观察到且宣称的，乃是全球性知识结构和全球性知识体系的形成，法学作为科学系统的一部分亦不能免。

---

10　Ebd.

11　法的空间的概念化问题见 Moore, » Law and Social Change «; Tamanaha, *Understanding Legal Pluralism*。

12　更多参见 Schuppert, *The World of Rules*, drittes Kapitel » Von der Vielfalt der Normenordnungen zur Vielfalt der Normproduzenten «。

13　Schuppert, *Wege in die moderne Welt*.

14　Duve, *Von der Europäischen Rechtsgeschichte zu einer Rechtsgeschichte Europas in globalhistorischer Perspektive*; Duve, *Internationalisierung und Transnationalisierung der Rechtswissenschaft—aus deutscher Perspektive*; Duve, »Rechtsgeschichte—Traditionen und Perspektiven«.

[……]越来越多的生活现实不再仅依靠民族国家法秩序的理念和概念就能得到规制。法的国际化必然也是教育和研究的国际化。已改变的交流条件及其后续影响在迄今为止分散的且按照西方观念理解的法的世界中也造成了根本性变化。随着法空间的激烈变化，文化多样性的融合挑战也出现于这些柔性空间。当今法学的一项重要任务就是对这样一种全球世界之法秩序的基本面向作出反思。[15]

在杜斐的这种催促中，其所在的科学委员会也在自身所作"德国法学的未来：现状、分析和建议"意见书中呼吁，必须打破迄今为止封闭于民族国家的法体系（以及此处我们要补充的：法思维）："法的国际化和欧洲化，尤其通过打破各国封闭法体系的方式[……]，则需要一种反映着并批判地融合着各种国际视角的方法论。"[16]

对于这些认知，一个面向未来的柏林共和国法学不能坐视不理。

## （二）思维转换的表现形式和行动者

### 1. 思维转换的类型：从范式转移到"谨慎的"视角扩展

如果非要提出新颖或相异之处，这里可以按照激进程度用不同的方式来分析处理。可以用革命热情来宣称范式转移（Paradigmenwechsel），亦可不太激进地认为是视角转变（Perspektivenwechsel），抑或在不冲击法体系现有基础的情况下说成是视角扩展（Perspektivenerweiterung）。对这三种策略详述如下：

---

15　Duve, *Internationalisierung* (wie Anm. 14), S. 16.

16　Wissenschaftsrat, Drucksache 2558 – 12, Hamburg 09. 11. 2012, S. 29.

第一种策略在于,将某些事物宣称为"新事物"。

这种策略并非没有风险:一方面,必须说服守旧的多数人接受"新事物"的价值和可持续性;另一方面则像奥利弗·莱普休斯所观察到的那样,[17]改革者必须预计到自己将被主流视为精英团体来对待,[18]而可能被大众默示地或在"统一步调"中,也可能被清楚明确地拒绝。[19]

第二种策略则在于,热切呼吁开展早就应当进行的视角转变,即打破当前视角在看待问题时的狭隘,用其他更加宽阔的视角来作为替代或至少作为并行的补足;例如托马斯·威斯汀对当时占支配地位的基本权利理论视角所作的分析:"基本权利理论一贯从与主权者抑或国家的垂直关系角度来论述基本权利,然而关键却在于,将通行的与国家相关的基本权利理解从自身的专制主义压力中解放出来。"[20]克里斯蒂安·布姆克(Christian Bumke)在其雄文《德意志联邦共和国行政法学方法论的发展》中,则不这么"解放神学般"激进地谈及针对法律行为相关视角迟来的克服以及脱离对行为方式的聚焦而产生的解放效果。[21]

第三种策略的支持者们则步履轻盈;埃伯哈德·施密特-阿斯曼从影响"新行政法学"的调控科学(Steuerungswissenschaft)视角来主张视角扩展:

> 作为一种调控科学,行政法学应当扩展行政法思考的视角。

---

17　Lepsius（wie Anm. 3），S. 58 ff.

18　批评性的声音见 Rainer Wahl（wie Anm. 7），S. 89:"《行政改革》文集提供了全面性方案,高要求、革命性自信和有力组成。"

19　概念参见 Fleck, *Entstehung und Entwicklung einer wissenschaftlichen Tatsache*, S. 129 ff. und S. 135。

20　Vesting, »Nachbarschaft«, S. 59 f.

21　Bumke, »Die Entwicklung der verwaltungsrechtswissenschaftlichen Methodik in der Bundesrepublik Deutschland«, S. 73 ff. und S. 103 f.

除了实体法律(请求权规范、干预授权),程序、组织和预算法也都是重要的调控资源。

除了高权的法律执行,还有合意的和信息的;除了公法性的,还有私法性的实施机制。

除了秩序法和给付法,还出现保障行政法。

除了思考法渊源和法规范的层级秩序,还对其正确选择的问题产生兴趣。

除了合法性标准,行政活动的其他"规范性导向"和"软性调控手段"也是重要的,在法的安定性之外,保持必要的灵活性和创新能力也是重要的。[22]

## 2. 思维转换的行动者:关于"传播和变革促进者"的类别

观察"新公共管理"或"善治"的大肆传播可知,只要新理念的主张者和传播者越有影响,知识权威性(epistemische Autorität)[23]看起来越无懈可击,无论是否(和上述例子一样)关涉到世界银行、国际货币基金组织或者全球行动的咨询产业,新思想和理念的传播也就越容易成功。行政学和政治学将那些发动并推行变革的人称作变革促进者(*agents of change*);而将其中的特别类型即那些跨领域传播理念、价值观和概念的行动者称为传播促进者(*transfer agents*)[24],显然也算恰当。

根据上述论断可以推知,在新思路传播过程中,传播促进者可见于

---

22　Schmidt-Aßmann, »Verfassungsprinzipien für den Europäischen Verwaltungsverbund«, § 5, Rdnr. 5.

23　关于知识权威性在解释宗教和宪法基本文本时的作用,参见 Schuppert, »Glaube, Recht, Governance«;另参见 Jansen, »Dogmatisierungsprozesse in Recht und Religion«, S. 140 ff. 。

24　Stone, »Transfer Agents and Global Networks in the Transnationalization of Policy«.

政府和行政中,亦可见于法学中,并基于其所扮演的角色而得到描述。以下这些简单的例子能够展示出来:

我们仔细观察会发现,新思想理念的"发明人"和信息传播者,亦即提议或促进思维转换之人,却可以形成完全不同程度的交流与组织性。一方面,这可以像"新国家学"那样[25],作为个体的研究者们"只"通过相似的思考方式联系起来;另一方面,在一些思维转变路径和改革概念背后则存在着机构性的促进者,例如经常所称的法治促进产业(*rule of law promoting industry*)[26],再如"新公共管理"或者"善治"[27],同样还有"新调控模式"[28]以及"新商人习惯法"[29]。在两者之间还出现了一种特别有意思的现象——创新者和改革者以网状结构组成松散的群体;例如在政府和行政改革的国际运动中,其推行者就如此组成全球性网络,[30]而这些网络的特点就在于进行密集的内部交流并发展出共同的思考方式;这也适用于治理学人(*governance people*)的科学共同体,[31]其网络也同样突出表现为跨国性分布——这对于治理这个桥梁概念[32]并不稀奇——和高度的跨学科。借助这些例子我们想说的是,我们描述的法、政治、政治哲学中的思维转换,通常由某种基于共同改革诉求而结合在

25　Voßkuhle, »Der › Dienstleistungsstaat‹ «; Schuppert, *Staatswissenschaft*.

26　相关文章参见 Carothers(Hg.), *Promoting the Rule of Law Abroad*。

27　"善治"促进者的相关信息见 Nuscheler, *Good Governance*;特别是世界银行的角色,参见 Theobald, *Zur Ökonomie des Staates*。

28　基础性的:Kommunale Gemeinschaftsstelle für Verwaltungsvereinfachung(KGSt), *Das neue Steuerungsmodell. Begründung, Konturen, Umsetzung*, KGSt. -Bericht 5/1993, Köln。

29　参见 Jansen, *The Making of Legal Authority*。

30　关于作为国际事务的行政改革,参见 Schuppert, »Modernisierungskonzepte und-strategien für die öffentliche Verwaltung in Europa«。

31　关于科学共同体作为认知共同体的角色,参见 Haas, »Introduction: Epistemic Communities and International Policy Coordination«, S. 27 ff. 。

32　关于治理概念的桥梁功能,参见 Schuppert, *Alles Governance oder was?*, S. 11 ff. 。

一起的群体所促成;这些按不同的紧密程度而结成的行动者群体,通常有着紧密的交流,并会定期举办专题研讨和学术会议,出版系列著作或者杂志和手册。换言之,这就是思维集体(*Denkkollektive*)及其特有的思维方式(*Denkstil*),亦是我们下一部分所要讨论的。

# 三、思维集体和思维方式

借助这两个概念,我们得以承接于奥利弗·莱普休斯在其《公法的入门问题和思考传统》[33]一文中的思考,于他而言,他在该文中又援引了路德维克·弗莱克(Ludwik Fleck)所阐述的"思维方式和思维集体理论"[34]。我们认为这种思考是具有引用价值的,因为它引入了我们所认为的重要的科学社会学视角:

> 由于科学是集体过程,弗莱克将思维方式的集体载体称之为"思维集体",科学进步以思维方式的集体性进步为前提。这里所指的并非个别文章,也并非对科学进步产生巨大影响的个人创造,而是本身作为科学社会学现象的思维方式改变。唯此之后,新的文章才能真正受到吸纳、研究和加工。[35]

还有一点我们认为很值得一提。对这一要点,弗莱克在其文中有所讨论,但莱普休斯却只将其"放在"注释里而未负文责;即一种思维方式的传播所拥有的持久效力,核心在于"服务于超个人思想的思维团结

---

33　Lepsius (wie Anm. 3).
34　Fleck (wie Anm. 19).
35　Lepsius (wie Anm. 3), S. 54 f.

所具有的特定感觉"。弗莱克是这么说的：

> 同一思维集体的同等参与者之间，存在着为服务于超个人思想而产生的思维团结之特定感觉，这使得个体在智力上相互依存而创造出共同氛围：[……]这种惺惺相惜在几句话之后就能感受到，并有助于促成真正的理解，若无之则只会话不投机。[……]对专业人士的信任，[……]同一思想的同等人士在思维上的团结，均是方向一致的社会力量，它们创造特定的共同氛围，不断地赋予思维形成以团结和方式相称性。[36]

我们认为这是正确且重要的观察，作为思维集体的一员，如果想让共同的改革项目具有可持续性，我们应当将其牢记在心。

上述思考之后，我们转向思维集体的三个例子和其所独有的思维方式，对于柏林共和国的法学来说，它们可以且应当被视为重要的里程碑。

## （一）"新行政法学"的例子

奥利弗·莱普休斯同样认为，"新行政法学"是"思维集体和思考方式"的极佳例子：

> 路径依赖型思考方式所产生的问题也被新行政法学所关注，并被表述为"德意志联邦共和国行政法学内法学方法的一贯主

---

36　Ebd., S. 55 Anm. 8.

导"。[37] 被安德烈亚斯·福斯库勒称为"法学方法"(法律行为相关性、以法院为中心、审查角度、以体系化为导向、法教义学)的其实就是一种思维方式。马丁·艾费特(Martin Eifert)将"法学方法"描述为"一种没有固定轮廓,但因特定历史因素而形成的工作方式"[38],这很好地说明了其为一种思维方式。无论如何,"新行政法学"作为思维集体改变思维方式的尝试,值得重视。从科学社会学角度上看,这种做法是有很大价值的,纵然所选术语("新行政法学"vs."法学方法")肯定不是最合理的且会导致误解和错误的归类。[39]

### 1. 消息:从关于适用的解释学到以法创制为导向的行为和决策科学

这一从什么到什么的公式包含着"新行政法学"中所传达的核心思想,一如安德烈亚斯·福斯库勒以纲领性且极具说服力的方式所阐释的。[40] 这里并不是指新的法,而是行政法学的新方法方向,他明确指出:"对新行政法学而言具有建设性的,是从调控理论来看待法的视角。"[41] 鉴于这种方法上的新方向是"新行政法学"的真正创新之处,我们就让该新方向的教父之一——沃尔夫冈·霍夫曼-瑞姆来对其作出阐释,并将其置于更为宽阔的联系之中:

---

37　Voßkuhle, »Neue Verwaltungsrechtswissenschaft«, § 1, Rdnr. 2–7.

38　Eifert, »Das Verwaltungsrecht zwischen ›klassischer‹ Dogmatik und steuerungswissenschaftlichem Anspruch«, S. 286 und S. 289–294.

39　Lepsius (wie Anm. 3), S. 58 f.

40　Voßkuhle (wie Anm. 37), § 1.

41　Ebd., Rdnr. 17.

行政法规范作为行为规范要求行政机关解决问题。行政机关引起或者担责的后果对于行政职能履行的质量来说,是极其重要的。如此一来,以效果为导向的调控方法就成为评价行政活动的决定性连接点。相应地,这也给行政法学烙上了调控法学的印记。这超越当前主导的以规范文本为导向的解释学方向(也即限制在规范文本解释上的法学方法),扩展成以问题解决为导向的行为和决策科学。[42]

## 2. 行政法学新方向的发展阶段

令人惊讶的是,调控科学作为行政法学的新方向和柏林共和国的开端同时发生;简单回顾如下:

沃尔夫冈·霍夫曼-瑞姆在1990年所作纲领性文章标志着行政法和行政法学新方向的第一个重要阶段,该文以环境法为例说明行政法改革的必要性;[43]在此雄文中,"行政法学(亦)作为调控法学"首次被提出:

行政法的调整工具必须以国家和社会当前的调整需求和现行调控可能性为导向。

没有行政法律能够轻松应对如此复杂的任务。当前行政法的首要目标是决策结果,而非决策过程和执行过程。[……]行政学所认为的对行政活动有决定性影响的调控因素包括行政的人事、组织、程序和手段因素,此类因素在调控力方面部分地可以匹敌于

---

42　Hoffmann-Riem, »Eigenständigkeit der Verwaltung«, §10, Rdnr. 13.

43　Hoffmann-Riem, »Reform des allgemeinen Verwaltungsrechts als Aufgabe—Ansätze am Beispiel des Umweltschutzes«.

内容性规范程式的调控力,但行政程序法对此都没有作出规定。[44]

这段话极其清晰地表明,行政法借助调控视角扩展了视野,最重要的理由之一曾在于(也正在于!),行政法学开放地面对从行政学领域产生的各种推动力;这个现象,我们在其他地方也详细地探讨过。[45]

接下来是第一次改革会议,该会议于 1992 年在汉堡举行,旨在对行政法总论改革的基础问题作出阐释。在这个会议上,我的任务是作一场题为"作为调控法学的行政法学"的主题报告,自此之后这一主题便时时萦绕于我心,更使我殚精竭虑地将一种以调控科学为导向的"行政学"付梓成书——这时已经处在柏林共和时代。[46] 此书有些包罗万象,其子标题"行政、行政法和行政学说"清楚地表明,它致力于行政法的调控科学面向,在柏林共和国中这一目标由于行政法学者科学共同体曾经流行区分行政法和行政学而未受到关注,例外的则是彼得·巴杜拉(Peter Badura),他在对我的书评里写道:

> "行政活动的调控层面(规范、组织、人事、预算)和行政作为决策系统(交流、决策、程序)"一章[……]构建了调控与保障之国家中的一般行政法。舒佩特的行政学主要是对行政法和行政法教义的重新确定,这种重新确定试图把社会国民主的必要性考虑进去,并为行政法理论的体系和概念性得出结论。[47]

---

44　Ebd., S. 405 f.

45　Schuppert, »Die Verwaltungswissenschaft als Impulsgeberin der Verwaltungsrechtsreform«.

46　Schuppert, *Verwaltungswissenschaft*.

47　In: *Die Öffentliche Verwaltung* (*DÖV*) 56 (2003), S. 963 f.

从此之后,"调控"反正在各种会议和记载于卷宗的各种改革争论中,都成为不可缺少的主导概念(*Leitbegriff*)。

我们可以这么总结,柏林共和国的开端受影响于1990年至2003年间("改革二人组"霍夫曼-瑞姆和施密特-阿斯曼举行的最后一次会议日期)持续进行的改革辩论,[48]而这些讨论本身则使得行政法学更接触社会科学也更有丰硕成果。一如赖纳·瓦尔所述——尽管只针对波恩共和国国家法的建立时期,"存在着对新的基础进行宣布和强调的情景强制"[49],瓦尔指的是一种特殊情景,他大概不会喊着"批上历史的外衣",但会将改革的消息记载在册从而强化其长期效力。这也是安德烈亚斯·福斯库勒的核心愿望,在2006年即《行政法基础》第1卷出版之前,他就加入行政法改革者的思维集体中,[50]并赢得两位最著名的改革者即霍夫曼-瑞姆和施密特-阿斯曼的支持,才得以共同将行政法改革者的思维集体及其特殊思维方式呈现为"灯塔"三卷本,从而让这项改革工程继续散发魅力。

至于"新行政法学"这项改革工程是否真的具有——若确实有,又在多大范围上——改变公法现有思维方式的力量,则依然有待证明;奥利弗·莱普休斯认为:"持续的和部分坚决的拒绝表明,传统思维方式的维护者仍占据多数。"[51]但我仍然坚信,在经历过调控科学新方法所带来的增幅和激励后,行政法学不会完全倒退,在一个已经跨国化的法学中更是完全不会倒退。

---

48　改革辩论的持续和强度参见 Wolfgang Kahl, Anm. 4, S. 463 f. 。

49　Wahl（wie Anm. 5）, S. 374.

50　参见他的一篇重要文章:Voßkuhle, »›Schlüsselbegriffe‹ der Verwaltungsrechtsreform«。

51　Lepsius（wie Anm. 3）, S. 60.

## （二）治理的例子

当沃尔夫冈·霍夫曼-瑞姆受邀在慕尼黑治理研究中心以《法学创新研究中的治理角度》[52]为题作报告时，东道主彼得·胡贝尔（Peter M. Huber）这样为他致辞：

> 　　与在政治学和经济学中不同，在法学领域中治理研究仍是比较前沿的主题，它首先必须争取认同。和以前一样，当前无论是一般而言的法学还是特别而言的公法［……］都要面临下列问题，即经典的教义学注释学方法是否可以甚至必须用调控科学来补充，以及法在限制功能之外是否还有着准备功能和调控功能且如何在方法上考量之。在"作为调控法学的行政法学"标题下的这些争论在今天是学科的现状。治理研究则是"外来"知识。不过事物都是互相联系的。[53]

这也符合对公法共同体的一般性评价；但我们发现越来越多的迹象表明，学者们至少愿意就治理理论在特定领域的可用性进行思考，同时也谨慎使用"外来物的头衔"。这种观察促使我们不带使命感地对治理思路的两种动力来源简要进行分析，它们对于法学来说必定有趣，究其原因有两点：一方面，对通过"规制结构"（Regelungsstrukturen）和"规制制度"（Regelungsregime）概念所表达的动力来源进行讨论，能够与跨国化法学中的视角扩展完美结合，从而能够理解作为"规制科学"

---

52　Hoffmann-Riem, *Die Governance-Perspektive in der rechtswissenschaftlichen Innovationsforschung.*
53　Ebd. , S. 5.

（Regelungswissenschaft）的法学[54]；另一方面，"新行政法学"意义上作为法政策参与者理解的法学更多地得到传播，作为治理相关科学被接受，在所有的现实政策中，这关系到规制结构和规制制度的设计或者重构。

1. 两个完全不同的动力产物：规制结构和规制制度

治理理论的核心概念之一就是规制结构，[55]尤其是雷娜特·迈因茨（Renate Mayntz）赋予了其重要的地位，[56]她在一篇多次被引用的文章中认为，调控理论过于单方面强调参与者；因此需要制度性的补充，即将规制结构纳入研究视野之中，在这一结构中，每个参与人都活动并有着自身特有的运行逻辑：

> ［……］最重要的不是参与者的干预和调控活动，而是所形成的规制结构和对参与者活动的作用。治理视角无缝地成为一种制度性思维方式。这早在公司治理中很容易得到理解，这是指企业宪法的特定角度，并非经理人的"调控活动"，是通过情境激励而引导合理行动。[57]

这种动力在行政法学中有着共鸣，不仅是汉斯-海因里希·特鲁特（Hans-Heinrich Trute）等人[58]，还有沃尔夫冈·霍夫曼-瑞姆，他在探讨行政独立性的文章中对治理研究的有益性予以明确强调，而且结合了"新行政法学"所面临的任务：

---

54　法学作为规制科学的理解见 Schuppert, *Governance und Rechtsetzung*。

55　治理与规制结构参见 Schuppert, »Governance im Spiegel der Wissenschaftsdisziplinen«, S. 382 ff. 。

56　Mayntz, »Governance-Theory als fortentwickelte Steuerungstheorie?«.

57　Ebd. , S. 14 f.

58　Trute/Kühlers/Pilniok, »Governance als verwaltungsrechtswissenschaftliches Analysekonzept«.

对行政独立性的拷问需要观察复杂多样的规制结构,行政活动就蕴藏其中。规制结构[59]是指或多或少存在着对问题解决起到决定作用的实体和形式法规范程式、特殊的知识储存和活动组织以及其成员的规范性导向、所伴随的消极或者积极激励(有限或者丰富的资源、职业生涯模版等),还有与其他高权或私人参与者所形成的交流性网络。[60]

根据我们的印象,波恩共和国和柏林共和国的法政策活动曾经(和现在)在很大一部分上,虽然不是最大部分,都致力于发展出合乎问题解决的规制结构;例如劳动力市场结构、健康体系的结构、知识和教育系统或者其他利益:关涉到结构时,法政策总是制度设计。

更容易被接受的则是规制制度概念,它是指任务相关的制度安排;[61]这可以通过互联网通信领域[62]的规制结构来解释;在霍夫曼-瑞姆"世界互联网新集体作为对法的挑战"[63]中,他将互联网分为三个规制层级,它们之间相互区别,在功能上又互相联系。

第一个规制层级由制定法组成,它们的重要性则明显有限:

要问的是[⋯⋯],对于网络基础设施运转方式以及参与者行为事实上起到决定性的规则是否具有法的质量特征。虽然德国法

---

59　参见 Schuppert, »Verwaltungsorganisation und Verwaltungsorganisationsrecht als Steuerungsfaktoren«, §16, Rdnr. 26 ff. 。

60　Hoffmann-Riem, »Eigenständigkeit der Verwaltung«, §10, Rdnr. 5.

61　详细参见 Trute/Kühlers/Pilniok(wie Anm. 58)。

62　详细参见 Hoffmann-Riem, »Regelungsstrukturen für öffentliche Kommunikation im Internet«。

63　Hoffmann-Riem, »Neue Kollektivität im World Wide Web als Herausforderung für das Recht«.

秩序的许多规范能够适用于网络,如债法、著作权法、竞争法、责任法、个人信息保护法和刑法,同时也有着特殊规则,如电子媒体法。但是国家制定法所起的作用有着限度,即受到网络的全球扩展和许多潜在的带着不同规制理念的法秩序的限制,以及缺乏全球性的高权主体来审查法的遵守和违法的制裁。即使存在法规则,它们的执行也存在着困难。[64]

**第二个规制层级则是私人构建的丰富多样的软法:**

这个判断并不意味着,网络上就应当放弃规则。相反,存在着不同来源和质量的规则:互联网是一个法的多样化以及法与非法(Nichtrechtlichem)的并存交互的绝佳例子。由私人制定的规定、社会规范、协定和实践,以及它们与高权主体所制定规则的交织,这样的基础设施具有典范性,特别是私人制定的多种多样的软法。对于互联网上的秩序运转重要的是,上述规则在多大程度上被遵守,在不被遵守时有多少的制裁可能性。[65]

**第三个规制层级则由许多社会规范组成,尤其是行为准则:**

对于互联网来说重要的还有许多社会规范,如平台的行为准则或者电子商务为了构建信任而产生的不成文评判规则。还有协定和示范,如使用脸书或者研究平台时的真实性和可识别性。互

---

64　Ebd., S. 1083.
65　Ebd.

联网社区也发展出自我规制的协定。此外,它们还有自己的非正
式制裁,如网络论战(Flaming),还在科技建设和标准化中写入规
则,作为编码来控制行为可能性。要提及的是预先设置、已经设置
好的选项或者框架——如作为平台使用的注册须知。这些规则调
控了集体的形成。受此影响的还有在网络新集体中利益代表和冲
突解决的可能性。解决传统问题发展出来的样板——如主观权
利、诉讼可能性、结构性权衡(使用比例原则)、格式化的共同决定、
接入确保——在这里并不匹配,或者需要修改。[66]

　　这三个规范层级一起构成了互联网的规制制度,这个判断让行政
法学不可避免地要解决下列问题,即处理多样性的法律规定,将其从法
教义学的角度来思考。只聚焦于国家制定法的法学是不够的。必要的
影响是,这点在我们的《治理和立法》一书[67]中详细提及过,必须将法学
(也)作为规制科学来理解。[68] 只有使用广阔视角将法学理解为规制科
学,才能够理解深刻影响现代国家性的规制结构多样性。

　　2. 治理视角在行政法教义学中的渗透

　　虽然我们自身提倡治理理论,但是这里我们不应该也不打算成为
这一视角的说客;而且也没有必要,因为德国行政法学的领军人——他
的年龄使其连接了波恩共和国和柏林共和国——最近对治理理论的承
载能力(Leistungsfähigkeit)进行了积极评价;他就是埃伯哈德·施密特-
阿斯曼,在他2013年出版的《行政法教义学:发展回顾、改革和未来任

---

66　Ebd. , S. 1083 f.

67　Schuppert (wie Anm. 54).

68　赞同 Lepsius, »Besprechung von › Governance und Rechtsetzung‹ «。

务》[69]中,他想要知道治理理论对于行政法教义学的有用性:

> 　　作用关联的思考和对经济、社会和人文学科知识的指引,这些
> 对于行政组织法来说很典型,需要思考的是,未来这一领域需要在
> 多大程度上为治理视角敞开大门。它成为多学科的"自然生长趋
> 势"通过这种方式获得明确的参考点,而且行政法学的"可连接性"
> 甚至在教义学知识上也能得到促进。最新关于欧盟联合行政组织
> 的法学论文就支持了这种推测。不过问题的回答只能分情形而
> 论。治理理论缺乏法规范的分类;但是可以帮助"更好地理解法、
> 法的运行条件和与法外秩序因素间的相互依存"[70]。[71]

正确运用的情况下,正如施密特-阿斯曼总结的,治理理论可以对
行政法教义学的继续发展产生丰富作用:

> 　　正确运用的情况下,以其关联性和制度安排的思考,治理视角
> 正好可以为行政组织法,尤其是处理多层级体系的组织关系发挥
> 帮助作用。它并不排挤影响行政法改革讨论的调控科学方向,而
> 是对组织法的关联调控进行补充。[……]在等级之外,治理研究
> 还体系性地强调谈判、网络和竞争等行为协调模式,这样能够更加
> 有针对性地看待行政组织,更加仔细地分析这些模式的运转方式。
> 这对教义学,特别是理解指示权和监管权限有着反作用。相应的
> 观察也相对化了传统的"独有特征",能够更好地了解功能适当的

---

69　Schmidt-Aßmann, *Verwaltungsrechtliche Dogmatik*.

70　Bumke, »Buchbesprechung«, S. 589 f.

71　Schmidt-Aßmann (wie Anm. 69), S. 147.

调控可能性。[72]

　　行政法学大家所发出的祝福使得治理理论不再是别人口中的"外乡人"。

## （三）从国家教会法到宗教宪法

　　在此期间被广泛接受的观点是,传统的国家教会法应当被宗教宪法所替代,[73]这构成本文开头概述所呼吁的视角转换的绝佳例子,因为基于已经改变的关系,现在的常年没有改变且与国家教会法概念相联系的观察角度已经过时。在法殿堂这个侧翼部分所发生的思维转变呈现出不可阻挡的活力,而且可以追溯到 2005 年的专家论坛上,当时的咨询结果以《国家教会法还是宗教宪法?——概念政策性的基础争议》出版,[74]回过头来看,这一出版可以用掷地有声来形容;而登场人物(*dramatis personae*)如何进行这场概念政策基础论战的,可以在会议出版物的前言中读到:

　　　　过去三年里,传统被称为"国家教会法"学科的两个核心问题引起了极大的兴趣:德国法秩序的欧盟化产生何种后果,法如何更好地应对宗教多元化,特别是处于多元焦点的伊斯兰教? 两个角度汇聚在第三个核心问题之上:如何更加适当地称呼这个法领域——国家教会法还是宗教宪法? 在这个问题背后不只是概念之

---

72　Ebd. , S. 148 f.

73　印象深刻的历史结论参见 Heckel, »Zur Zukunftsfähigkeit des › Staatskirchenrechts‹ oder › Religionsverfassungsrechts‹ «, S. 309 ff. 。

74　Heinig/Walter (Hg. ), *Staatskirchenrecht oder Religionsverfassungsrecht?* ;之前的参见 Walter, *Religionsverfassungsrecht in vergleichender und internationaler Perspektive*。

争,而是学理和司法裁判都在寻找合适解释学(前)理解的标志:国际化和多元化过程是否促使了受传统制度法思维所影响的国家教会法更注重从基本权角度来阐释?本卷记录下了这种新航向的支持者和反对者之间的争论。

和大多数情况一样,隐藏在这场概念正确之争背后的是一场对合适方法论的争论:

"宗教宪法"主张从民事社会、基本权角度来理解国家与宗教团体的关系,而"国家教会法"则坚持原来的历史形成的制度性理念。[75]

最终,基本权利角度胜出:波恩共和国的集体性国家教会法[76]必须让位于柏林共和国的多元宗教宪法,可以将其简短地称为德国宗教宪法的"基本权转向"(grundrechtlicher turn)———一种语义转变(*semantic shift*)作为内容转变的标志,不过也要谨慎的是,不能忽略掉宗教自由基本权的制度性范畴。[77]

### (四)作为集体秩序现象的基本权"新"发现———制度性法思维的复兴?

如何对上面提到的宗教宪法"基本权转向"作出回应? 2014 年出

---

75　Walter, »Einleitung«, S. 3.

76　国家教会法的集体性特征见 Koenig, »Pfadabhängigkeit und institutioneller Wandel im deutschen Religionsrecht«。

77　详细参见 Schuppert, *Governance of Diversity*。

版的多卷本《作为集体秩序现象的基本权》[78]呼吁,将波恩共和国所信赖和坚持的基本权教义学进行制度转向(*institutional turn*),[79]否则我们就无法理解出版人的诉求。

> 基本权保护的权利地位在当前主流学说中被等同于个人自由。主导理念(Leitbild)是单个主体的自治。基本权保护中,个人范畴之外的"集体"或者"制度"角度则成为次要的现象,主要是从相关个人自由中推导出来。[……]本卷文章则对上述观点进行挑战。它们从下列问题出发,即传统的基本权理论和教义学在多大程度上体系性地低估了基本权中超主观的(*transsubjektiv*)社会内涵。[80]

所以,它们试图用集体的基本权理解来挑战主流的基本权主观主义理解;在"整体优先——作为规则和制度"标题下,出版人如此描述这种制度性方法:

> 当今主流的基本权利理论和基本权教义学误解了这个(集体——作者所加)角度。在基本权行使的所有(必要)国家结构化之前,社会的自我组织是通过社会规范、制度、实践、协定和生活方式所组成的基础设施实现的,它们构建了主体的形成和主体之间

---

78　Vesting/Korioth/Augsberg(Hg.), *Grundrechte als Phänomene kollektiver Ordnung*.

79　在出版人的文章之外,还有许多值得重视的文章如 Karl-Heinz Ladeur(»Die transsubjektive Dimension der Grundrechte«), Benjamin Rusteberg(»Subjektives Abwehrrecht und objektive Ordnung«), Dan Wielsch(»Grundrechte als Rechtfertigungsgebote im Privatrecht«)以及 Steffen Augsberg(»Das kollektive Moment der Wirtschaftsgrundrechte«)。

80　Vesting/Korioth/Augsberg, »Vorwort«, S. V.

的集体秩序,也就是说形成了共同存在的规则,个人被作为毋庸置疑的现实来对待。这种视角物化了作为自由载体的主体,将其与(同样物化的)社会集体秩序相联系,后者也被理解为国家和民主所建立的。[81]

以纲领的方式,托马斯·威斯汀在文章中对集体基本权理解进行表态,并建议将基本权作为"基本权意义场"来理解,与埃德蒙德·胡塞尔(Edmund Husserl)的现象学相联系,他是如此说明这种理解的:

> 在他们看来,基本权理论必须强调所有基本权嵌入式存在(Eingebettet-Sein)于现实关系网络中,这就意味着,基本权与复杂的社会意义场和文化生活环境不可分割,这种观察不仅符合事实,而且还因为,基本权的规范性只能通过已经规范结构化的现实(生活环境的)关系和交流网络所构建。简而言之:没有艺术商业的制度和习俗也就没有艺术自由;没有"自我领域"生存的宗教也就没有宗教自由;没有市场经济的实践文化也就没有财产和合同自由;没有新闻业、出版社、媒体企业也就没有媒体自由。基本权主要是非个人(impersonal)的权利,而主张该权利的个人被视为卓越的关系和交流网络的互动参与人。[82]

至于这种新的基本权理解[83]能否得到支持,还需要观察;为了完整

---

81　Vesting/Korioth/Augsberg, »Einleitung«, S. 6 f.

82　Vesting(wie Anm. 20), S. 70 f.

83　基本权的制度性理解早见 Luhmann, *Grundrechte als Institution*; Häberle, *Die Wesensgehaltsgarantie des Art. 19*, Abs. 2 GG。

性,这里要指出,正是宗教自由基本权被作为所呼吁的较为制度性的基本权理解的典型例子。[84]

# 四、总结性的结束语

如果快速看一下本文所举的例子——新行政法学、治理、宗教宪法和基本权理解,我们会发现,这完全是所提倡的方法论上的新方向,也就是法殿堂内的思维转换而非改造。这种方法上的新方向可以用下列的"从……到……"来总结:

——从解释科学到以法创制为导向的调控科学;

——从行动者为中心的调控理论到制度主义的治理理论[85];

——从集体性的国家教会法到多元的宗教宪法;

以及最后但也很重要的

——从主观基本权理解到制度性基本权理解。

引人注意的是,只有行政法学的调控科学方向是被明确(*expressis verbis*)作为"新事物"展示的,列表中第二个和第三个转变则是以概念性变化表现出来的,而制度性的法思维复兴则无需新的概念,[86]只需要改变视角。

还引人注目的是,这四个转变过程都不能用从波恩到柏林的突然政治改变来解释,而是对国家性改变的科学理论回应,[87]这些改变在柏林共和国才完全发挥影响力,但其早在很久以前就开始了。

---

84　参见 Korioth,》Religionsfreiheit—individuell, kollektiv, objektiv, institutionell《, S. 231 ff.。

85　参见 Renate Mayntz(wie Anm. 56)。

86　这个方向的还有 Kersten, *Neues Arbeitskampfrecht*。

87　参见 Schuppert, *Staat als Prozess*。

# 参考文献

Christian Bumke,»Die Entwicklung der verwaltungsrechtswissenschaftlichen Methodik in der Bundesrepublik Deutschland«, in: Wolfgang Hoffmann-Riem, Eberhard Schmidt-Aßmann (Hg.), *Methoden der Verwaltungsrechtswissenschaft*, Baden-Baden 2004, S. 73 – 130.

——,»Buchbesprechung zu: Governance im europäischen Forschungsförderverbund. Eine rechtswissenschaftliche Analyse der Forschungspolitik und Forschungsförderung im Mehrebenensystem (Arne Pilniok)«, *DV* 45 (2012), S. 589 – 592.

Thomas Carothers (Hg.), *Promoting the Rule of Law Abroad. In Search of Knowledge*, Washington D. C., Carnegie Endowment International Peace 2006.

Thomas Duve, *Von der Europäischen Rechtsgeschichte zu einer Rechtsgeschichte Europas in globalhistorischer Perspektive*, Max Planck Institute for European Legal History Research Paper Series No. 2012 – 01.

——, *Internationalisierung und Transnationalisierung der Rechtswissenschaft aus deutscher Perspektive*, LOEWE-Schwerpunkt »Außergerichtliche und gerichtliche Konfliktlösung«, Arbeitspapier Nr. 6 (2013).

——,»Rechtsgeschichte—Traditionen und Perspektiven«, in: *Kritische Vierteljahresschrift für Gesetzgebung und Rechtswissenschaft* (2014), S. 96 – 132.

Martin Eifert,»Das Verwaltungsrecht zwischen ›klassischer‹ Dogmatik und steuerungswissenschaftlichem Anspruch«, in: *Veröffentlichungen der Vereinigung der Deutschen Staatsrechtslehrer* 67 (2008), S. 286 – 333.

Christoph Engel, Wolfgang Schön (Hg.), *Das Proprium der Rechtswissenschaft*, Tübingen 2007.

Ludwik Fleck, *Entstehung und Entwicklung einer wissenschaftlichen Tatsache. Einführung in die Lehre vom Denkstil und Denkkollektiv* (ED 1935), herausgegeben von L. Schäfer und Th. Schnelle, Frankfurt am Main [4]1999.

Andreas Funke, Jörn Lüdemann (Hg.), *Öffentliches Recht und Wissenschaftstheorie*, Tübingen 2009.

Peter M. Haas,» Introduction: Epistemic Communities and International Policy

Coordination«, in: *International Organization* 46 (1992), S. 1 - 35.

Peter Häberle, *Die Wesensgehaltsgarantie des Art. 19, Abs. 2GG. Zugleich ein Beitrag zum institutionellen Verständnis der Grundrechte und zur Lehre vom Gesetzesvorbehalt*, Karlsruhe 1962.

Martin Heckel, »Zur Zukunftsfähigkeit des › Staatskirchenrechts‹ oder › Religionsverfassungsrechts‹«, in: *Archiv des öffentlichen Rechts* 134 (2006), S. 309 - 390.

Eric Hillgendorf, Helmuth Schulze-Filitz (Hg.), *Selbstreflektion der Rechtswissenschaft*, Tübingen 2015.

Wolfgang Hoffmann-Riem, »Reform des allgemeinen Verwaltungsrechts als Aufgabe—Ansätze am Beispiel des Umweltschutzes«, in: *Archiv des öffentlichen Rechts* 115 (1990), S. 400 - 447.

—, »Eigenständigkeit der Verwaltung«, in: Wolfgang Hoffmann-Riem, Eberhard Schmidt-Aßmann, Andreas Voßkuhle (Hg.), *Methoden, Maßstäbe, Aufgaben, Organisation—Grundlagen des Verwaltungsrechts*, Bd. *I*, München 2006, ²2012, S. 677 - 776.

—, *Die Governance-Perspektive in der rechtswissenschaftlichen Innovationsforschung* (Schriften des Münchner Centrums für Governance-Forschung 3), Baden-Baden 2011.

—, »Neue Kollektivität im World Wide Web als Herausforderung für das Recht«, in: *JuristenZeitung* (2012), S. 1081 - 1088.

—, »Regelungsstrukturen für öffentliche Kommunikation im Internet«, in: *Archiv des öffentlichen Rechts* 137 (2012), S. 510 - 554.

—, »Umbauten im Hause des Rechts angesichts des Wandels von Staatlichkeit«, in: Andreas Voßkuhle, Christian Bumke, Florian Meinel (Hg.), *Verabschiedung und Wiederentdeckung des Staates im Spannungsfeld der Disziplinen*, Berlin 2013, S. 347 - 371.

Nils Jansen, *The Making of Legal Authority: Non-legislative Codifications in Historical and Comparative Perspective*, Oxford 2010.

—, »Dogmatisierungsprozesse in Recht und Religion«, in: Ders., Peter Oestmann (Hg.), *Gewohnheit, Gebot, Gesetz. Normativität in Geschichte und Gegenwart*,

*Eine Einführung*, Tübingen 2011, S. 125 - 154.

Matthias Jestaedt, Oliver Lepsius ( Hg. ), *Rechtswissenschaftstheorie*, Tübingen 2008.

Wolfgang Kahl, » Über einige Pfade und Tendenzen in Verwaltungsrecht und Verwaltungsrechtswissenschaft. Ein Zwischenbericht «, in: *Die Verwaltung* 42 (2009), S. 463 - 500.

Jens Kersten, *Neues Arbeitskampfrecht. Über den Verlust institutionellen Verfassungsdenkens*, Tübingen 2012.

Matthias Koenig, »Pfadabhängigkeit und institutioneller Wandel im deutschen Religionsrecht«, in: Hans-Michael Heinig, Christian Walter ( Hg. ), *Staatskirchenrecht oder Religionsverfassungsrecht? Ein begriffspolitischer Grundsatzstreit*, Tübingen 2007, S. 91 - 103.

Kommunale Gemeinschaftsstelle für Verwaltungsvereinfachung ( KGSt ), *Das neue Steuerungsmodell. Begründung, Konturen, Umsetzung*, KGSt. - Bericht 5/1993, Köln.

Stephan Korioth, »Religionsfreiheit—individuell, kollektiv, objektiv, institutionell«, in: Thomas Vesting, Stefan Korioth, Ino Augsberg ( Hg. ), *Grundrechte als Phänomene kollektiver Ordnung. Zur Wiedergewinnung des Gesellschaftlichen in der Grundrechtstheorie und Grundrechtsdogmatik*, Tübingen 2014, S. 231 - 246.

Oliver Lepsius, »Besprechung von »Governance und Rechtsetzung«, in: *Zeitschrift für Gesetzgebung ( ZG )* 28 (2013), S. 201 - 205.

—, » Problemzugänge und Denktraditionen im öffentlichen Recht «, in: Eric Hilgendorf, Helmuth Schulze-Filitz ( Hg. ), *Selbstreflexion der Rechtswissenschaft*, Tübingen 2015, S. 53 - 92.

Niklas Luhmann, *Grundrechte als Institution. Ein Beitrag zur politischen Soziologie* ( ED 1965), Berlin [3]1986.

Renate Mayntz, » Governance-Theory als fortentwickelte Steuerungstheorie? «, in: Gunnar Folke Schuppert ( Hg. ), *Governance-Forschung. Vergewisserung über Stand und Entwicklungslinien*, Baden-Baden 2005, S. 11 - 20.

Sally Falk Moore, »Law and Social Change: The Semi-Autonomous Social Field as an Appropriate Subject of Study«, in: *Law and Society Review* 7 (1973), S. 719 -

746.

Franz Nuscheler, *Good Governance. Ein universelles Leitbild von Staatlichkeit und Entwicklung?* , INEF Report 96/2009.

Eberhard Schmidt-Aßmann, »Verfassungsprinzipien für den Europäischen Verwaltungsverbund«, in: Wolfgang Hoffmann-Riem, Eberhard Schmidt-Aßmann, Andreas Voßkuhle ( Hg. ), *Methoden, Maßstäbe, Aufgaben, Organisation—Grundlagen des Verwaltungsrechts, Bd. I,* München 2006, ²2012, S. 261 – 340.

—, *Verwaltungsrechtliche Dogmatik. Eine Zwischenbilanz zu Entwicklung, Reform und künftigen Aufgaben,* Tübingen 2013.

Gunnar Folke Schuppert, *Verwaltungswissenschaft. Verwaltung, Verwaltungsrecht, Verwaltungslehre,* Baden-Baden 2000.

—, *Staatswissenschaft,* Baden-Baden 2003.

—, » Governance im Spiegel der Wissenschaftsdisziplinen «, in: ders. ( Hg. ), *Governance-Forschung. Vergewisserung über Stand und Entwicklungslinien,* Baden-Baden 2005, S. 371 – 469.

—, *Governance und Rechtsetzung. Grundfragen einer modernen Regelungswissenschaft,* Baden-Baden 2011.

—, *Alles Governance oder was?* , Baden-Baden 2011.

—, »Verwaltungsorganisation und Verwaltungsorganisationsrecht als Steuerungsfaktoren«, in: Wolfgang Hoffmann-Riem, Eberhard Schmidt-Aßmann, Andreas Voßkuhle ( Hg. ), *Methoden, Maßstäbe, Aufgaben, Organisation—Grundlagen des Verwaltungsrechts, Bd. I,* München 2006, ²2012, S. 995 – 1081.

—, » Modernisierungskonzepte und-strategien für die öffentliche Verwaltung in Europa: Einsatz von Neuen Steuerungs-Modellen «, in: Heinz Schäffer, Julia Iliopoulos-Stragas ( Hg. ), *Staatsmodernisierung in Europa,* Athen, Berlin, Brüssel 2007, S. 183 – 228.

—, »Was ist und wie misst man Wandel von Staatlichkeit?«, in: *Der Staat* 47 (2008), S. 325 – 358.

—, »Die Verwaltungswissenschaft als Impulsgeberin der Verwaltungsrechtsreform «, in: Wolfgang Hoffmann-Riem, *Offene Rechtswissenschaft—Ausgewählte Schriften von Wolfgang Hoffmann-Riem mit begleitenden Analysen*, Tübingen 2010, S. 1041 – 1073.

—, *Staat als Prozess. Eine staatstheoretische Skizze in sieben Aufzügen*, Frankfurt am Main, New York 2010.

—, *Wege in die moderne Welt. Globalisierung von Staatlichkeit als Kommunikationsgeschichte*, Frankfurt am Main, New York 2015.

—, *The World of Rules. Eine etwas andere Vermessung der Welt*, Max Planck Institute for European Legal History Research Paper Series No. 2016 – 01.

—, »Glaube, Recht, Governance—Aspekte einer interdisziplinären Religionswissenschaft«, in: Britta Müller-Schauenburg ( Hg. ), Form und Funktionen des Rechts in den Theologien (i. E. ).

—, *Governance of Diversity. Zum Umgang mit kultureller und religiöser Pluralität im säkularen Staat* ( i. E. ).

Diane Stone, » Transfer Agents and Global Networks in the Transnationalization of Policy«, in: *Journal of European Public Policy* 11 ( 2004 ), S. 545 – 566.

Brian Tamanaha, *Understanding Legal Pluralism: Past to Present, Local to Global.* St. Johns University School of Law, Legal Studies Research Paper Series 07 – 0080.

Christian Theobald, *Zur Ökonomie des Staates. Good Governance und die Perzeption der Weltbank*, Berlin 2000.

Hans-Heinrich Trute, Doris Kühlers, Arne Pilniok, »Governance als verwaltungsrechtswissenschaftliches Analysekonzept«, in: Gunnar Folke Schuppert, Michael Zürn ( Hg. ), *Governance in einer sich wandelnden Welt* ( PVS-Sonderheft 41 ), Wiesbaden 2008, S. 173 – 189.

Thomas Vesting, »Nachbarschaft. Grundrechte und Grundrechtstheorie in der Kultur der Netzwerke«, in: Ders. , Stefan Korioth, Ino Augsberg ( Hg. ), *Grundrechte als Phänomene kollektiver Ordnung. Zur Wiedergewinnung des Gesellschaftlichen in der Grundrechtstheorie und Grundrechtsdogmatik*, Tübingen 2014 , S. 57 – 84.

—, Stefan Korioth, Ino Augsberg ( Hg. ), *Grundrechte als Phänomene kollektiver Ordnung. Zur Wiedergewinnung des Gesellschaftlichen in der Grundrechtstheorie und Grundrechtsdogmatik*, Tübingen 2014.

Andreas Voßkuhle, » Der › Dienstleistungsstaat ‹. Über Nutzen und Gefahren von Staatsbildern«, in: *Der Staat* 40 (2001), S. 495 – 523.

—, »›Schlüsselbegriffe‹ der Verwaltungsrechtsreform—Eine kritische Bestandsaufnahme«, in: *Verwaltungsarchiv* 92 (2001), S. 184 – 215.

—, »Neue Verwaltungsrechtswissenschaft«, in: Wolfgang Hoffmann-Riem, Eberhard Schmidt-Aßmann, Andreas Voßkuhle (Hg.), *Methoden, Maßstäbe, Aufgaben, Organisation—Grundlagen des Verwaltungsrechts*, Bd. *I*, München 2006, ²2012, S. 1 – 63.

Rainer Wahl, *Herausforderungen und Antworten. Das öffentliche Recht der letzten fünf Jahrzehnte*, Berlin 2006.

—, »Entwicklungspfade im Recht«, in: *JuristenZeitung* 68 (2013), S. 369 – 379.

Christian Walter, *Religionsverfassungsrecht in vergleichender und internationaler Perspektive*, Tübingen 2006.

—, »Einleitung«, in: Hans-Michael Heinig, Christian Walter (Hg.), *Staatskirchenrecht oder Religionsverfassungsrecht? Ein begriffspolitischer Grundsatzstreit*, Tübingen 2007, S. 1 – 4.

# 寻找新的同一性

## ——柏林共和国的宪法走出其战后保护区 *

〔德〕尤利安·克吕佩尔 ** 著

王泽荣 *** 译　查云飞 **** 校

---

　　* 本文中的一些命题与主题，部分地重合且更详见于作者尤利安·克吕佩尔（Julian Krüper）的另一篇文章，即《柏林共和国之宪法——当代史视角下的宪法与宪法学》。两篇文章没有处理宪法秩序的欧洲化与国际化问题，对此，读者另可参见本文集中绍尔科普夫（Schorkopf）的文章。在此，我要感谢梅尔达德·帕扬德（Mehrdad Payandeh）、海科·绍尔（Heiko Sauer）与赫尔穆特·舒尔策-菲利茨（Helmuth Schulze-Fielitz）对本文的批评意见，还要感谢我在学院的同事斯特凡·马根（Stefan Magen），他始终愿意陪同我进行有关宪法当代史之困境的讨论。最后感谢我的助理福尔克尔·赫博尔思海默（Volker Herbolsheimer）与达维德·A. 胡格（David A. Hug）在文字编辑上的帮助。——作者注

　　Identität 在汉语中尚无统一的对译。查《朗氏德汉双解大词典》，Identität 有三种含义："某人的身份，正身"；"同一性，一致，相等"；"认同"。Identität 源于拉丁词 identitas，意为指示代词 derselbe 或 dieselbe，在现代学术语言中，常用来表达客观事物（Objekt）或精神实体（Entität）与其被描述特征的一致性。对于作为精神实体的个体或者集体而言，Identität 既可以是个体所探寻的自我形象——"身份"之义；又可以指代外界对该个体身份的验证——"正身"之义；还可以表明某种集体的内在一体性——中文将其简化为个体对集体的心理"认同"（典型如民族认同或者宗教认同），这实则已经是一种拜物的错误表述。这三种衍生含义，均以自我理解这一主体性条件为前提，宪法虽然处在人们的精神理解中，但并没有主体性"身份"或者"正身"；若译为"宪法的认同"，则在"认同"这一错误译法基础上，又可能使人错误联想到"宪法爱国主义"。最终，宪法的 Identität 只有两个合理译法，一是"内在一体性"（innere Einheit），一是 Identität 的原义"同一性"。本文不用前者，是因为"内在一体性"仍属于解释性的派生含义，其适用的语境（如下文讨论的"学科一体性"）显然要小于更抽象的"同一性"。——译者注

　　** 尤利安·克吕佩尔（Julian Krüper），生于 1974 年，在特里尔完成法学学业，2006年获得博士学位，2012 年获得教授资格，此外先后于科隆国家音乐学院与富克旺根艺术大学（埃森校区）学习音乐，2010 年获得"艺术教育：歌唱/音乐剧"专业学位（Diplom）。2013 年起担任波鸿大学公法、宪法理论与法的跨学科研究教授。

　　*** 王泽荣，山西临汾人，柏林洪堡大学宪法学博士候选人。主要研究领域：宪法学方法论、宗教宪法和基本权利。

　　**** 查云飞，江苏常州人，德国明斯特大学法学博士，现任浙江大学光华法学院讲师。主要研究领域：宪法与行政法。

# 一、处在历史性与危机之间的同一性

2001 年时,康拉德·黑塞(Konrad Hesse)曾谆谆告诫于公法学:

> 我们依存[……]于世界的精神资源,但这世界却不再是我们
> 的那个世界,正如我们越来越清楚看到的,在 20 世纪晚期的深刻
> 变化下,世界已经走向没落。然而,历史尚未理会的世界基础,迄
> 今却仍构成着国家学与宪法学中切实有效的组成部分。[1]

1989—1990 年堪称为宪治*****意义上(konstitutionell)的更始之年,

---

　　1　Hesse, »Die Welt des Verfassungsstaates«, S. 13.
　　*****　在本文中,明显可见作者对 konstitutionell 与 Verfassung 两词的差别理解。尤其在 Zeitgeschichte des Konstitutionellen 这一表述中,作者宁愿将形容词 konstitutionell 用作名词,也要避免使用本为名词形式的 Verfassung。确切地说,konstitutionell 与 Verfassung 虽然都直接指向宪法秩序,但相互之间绝不是形容词与名词的直接对应关系。Verfassung 作为立宪主义发展的名词化成果,其所对应的形容词,最常见为 verfassungsgemäß、verfassungsmäßig 或者 verfassungsrechlich,均以对宪法的静态理解为前提,包含着强烈的法教义学色彩。相反,konstitutionell 则往往暗示着立宪主义(Konstitutionalismus)的历史发展脉络,因此能够脱离于当今对宪法的名词化理解,使读者重新获得广义的动态的宪法视角———如作者所言,法学当代史更近似法社会学与宪法社会学。为此,本文将 konstitutionell 与 Verfassung 区别翻译。将 Verfassung 译为宪法自无疑问。而 konstitutionell 在汉语中,通常译为立宪的,如立宪君主(konstitutionelle Monarchie),这对于本文的当代史视角却显然太过古旧。因此,在 konstitutionell 的动态语境下,这里结合中文的表述习惯,将其译为"宪治的"。与此一致,作者采用的英文概念 constitutional moment,也译为"宪治时刻"。
　　在用 konstitutionell 破除对 Verfassung 概念的静态理解之后,作者在具体使用上不再区分 konstitutionell 和 Verfassung 的语义:比如后文中出现的"宪法与国际法时刻"(verfassungs- und völkerrechtlicher Moment);全文在区分宪治形式与宪治内容两种危机形态后,旋即采用宪法形式与宪法内容的同义表达;"宪法社会学"(Verfassungsgeschichte)的用法,也可归于此类。这种做法,并非作者考虑不周的自相矛盾。读者应当体会到,作者着重采用 konstitutionell 的用意本就在于,破除对宪法的静态和封闭理解,重新激活宪法的动态维度与开放向度,而宪法(Verfassung)的概念重新获得动态性与开放性之后,在语义上自然不再区别于宪治(konstitutionell)。

于此十年之后,黑塞所下的论断依然可以适用于现在:如今的局面,已经不同于以往。但新局面如何,却仍未可知。[2] 自此之后,这一论断更是频频再现,或者表现为对宪法"性能"[3]与"公法学"[4]的提问,或者表现为对公法国际化与欧洲化[5]的描写,更或者表现为知识论上的自我反思,[6]即有关法之统我(Proprium des Rechts)[7]和有关国家法学作为科学[8]的思考。万变不离其宗,此类主题终会指向公法及其同一性问题。[9]

同一性问题因此包含着两个面向:历史性面向与危机面向。[10] 同一性问题几乎必然是一个历史问题,原因在于,这一问题所关注的并非现状描述,而是起源、革新与变迁。作为历史研究的题目,同一性问题就有必要正视始终不确切的时代划分:本文集的所有篇目都将 1990 年两德统一作为时代划分的节点。[11] 唯有作为宪治时刻[12]的两德统一才能

---

2　参见——在批判方面略有差别的——Jestaedt, » Zwischen Öffentlichkeit und Vertraulichkeit«, S. 68。

3　Kokott/Vesting, » Die Staatsrechtslehre und die Veränderung ihres Gegenstandes «; Hillgruber/Volkmann, » Verfassungsrecht zwischen normativem Anspruch und politischer Wirklichkeit«.

4　参见收录于 *Veröffentlichungen der Vereinigung der Deutschen Staatsrechtslehrer* (*VVDStRL*) 67 (2008) 中的会议论文。

5　Nolte/Poscher, »Das Verfassungsrecht vor den Herausforderungen der Globalisierung«; Kokott/Vesting, »Die Staatsrechtslehre und die Veränderung ihres Gegenstandes«; Steinberger/Klein/Thürer, »Der Verfassungsstaat als Glied einer europäischen Gemeinschaft«.

6　新近如 Hilgendorf/Schulze-Fielitz, *Selbstreflexion der Rechtswissenschaft*。

7　Engel/Schön, *Das Proprium der Rechtswissenschaft*.

8　Schulze-Fielitz ( Hg. ), *Staatsrechtslehre als Wissenschaft*.

9　Grimm, *Das Öffentliche Recht vor der Frage nach seiner Identität*; 更近的对公法同一性的研究还有 Schönberger, »Identitäterä«, Lepsius, »Souveränität und Identität als Frage des Institutionen-Settings « 以及 Ingold , » Die verfassungsrechtliche Identität der Bundesrepublik Deutschland«.

10　关于同一性概念的危机临近,参见 Schönberger, »Identitäterä«, S. 48。

11　参见本文集中鲁珀特(Ruppert)所撰一文。

12　Ackerman, *We the People*.

将"二战"后的德国宪法史清楚地一分为二。被冠称为"柏林"的共和国也正开端于这一事件。据此,柏林共和国得以跟波恩共和国与魏玛共和国区别开来,而将人们的目光引向同一性的(非)连续性。

同时,关于同一性的讨论往往也是关于危机的讨论:同一性脆弱之处,对其(学术)研究却能引人入胜。同一性问题的危机面向又会触及其历史性面向,原因在于,历史大事件对所有人与社会、所有国家与宪法均一视同仁,有时甚至就是同一些历史大事件造成现有(各种)同一性的动摇。

具体到宪治同一性,相关的危机形态纵有密切与内在关联,却可以进一步加以区分。涉及宪治形式的危机,可用来概括法基础秩序(Rechtsverfassung)******之功能、结构或外观的损失。涉及宪治内容的危机,则往往不只意味着法基础秩序的危机,更内含着社会基础秩序(Gesellschaftsverfassung)的危机。[13] 宪法形式的危机将会动摇旨在持久的宪法功能,但宪法内容的危机却可以体现为自我校验的过程,在此过程中宪法的规范性最终得以强化。可以说,宪法规范性的危机与变迁相依相伏。

两德统一不论在狭义上还是广义上都已造成一种宪治同一性的危机:在魏玛失落之后,在德意志土地上出现过两个不法政权之后,在经

---

****** 德文中的 Verfassung 一词,并不特限于"国家宪法"(Staatsverfassung)的意义选项,亦可以用来指代某共同体的固定基础秩序,如教会的"宪法"(Kirchenverfassung),更在最一般的语义上表达"(身体或精神)状态、状况"。作者在本文贯穿使用Rechtsverfassung 与 Gesellschaftsverfassung,在文末更有 Rechts-,Politik- und Gesellschaftsverfassung 的三选用法。一方面,其中的-verfassung 显然并不指涉任何一种(作为国家法的)"宪法",而是用来描述法系统、政治系统或者社会整体中或好或坏的规范性状态;另一方面,若因此将其径直译为"状态",不免冷落作者在这里的规范性指向。总结而言,这里既要回归 Verfassung 的一般语义,又须包容其规范指涉,因此不妨将 Rechts-,Politik-、und Gesellschaftsverfassung 分别译为法基础秩序、政治基础秩序与社会基础秩序。这样,我们也能将 Rechts-、Politik- und Gesellschaftsverfassung 与法秩序(Rechtsordnung)或宪法秩序(Verfassungsordnung)区分开来。

13　Volkmann, *Grundzüge einer Verfassungslehre der Bundesrepublik Deutschland*, S. 26 ff.

历过德国分裂的过渡期以及最终归于统一的特殊情势之后,柏林共和国在政治上和宪治上寻求着自己的同一性。这种寻求并不一定要被视为失败史(Verlustgeschichte)。统一可被理解为一种有效的推力,它将对某些宪法问题的保留重新解封,把久经考验的事物重置于检验台上,并促使对法基础秩序与社会基础秩序进行调校。这种推力效应同时也与其他并行的发展相互串联,例如欧洲整合,例如信息技术取得的巨大意义,例如"诸神的回归"〔弗里德里希·威廉·格拉夫(Friedrich Wilhelm Graf)〕这一话语背后隐含的宗教问题在法与政治中的回归,例如生物技术的进步,再例如政党系统的分出或议会制政府体系中持续加深的总统化等制度上的变化。[14]

与此同时,宪治形式与宪治内容的真正损失并非绝无可能。只是它们通常很难被断定,原因在于,宪法的修改更为严格,这使得其规范性的损失不只且不首先(但也![15])体现为宪法文本的修改,更体现为宪法观念与宪法解释的变迁。

在此背景下,对宪法与宪法学进行当代史观察就能彰显出特定的功能。在某种总体稳定的宪法秩序如《基本法》秩序中,规范性的得失并不是跳跃地而是渐进地发生,与此相应,宪法当代史研究的任务就在于指明规范性的渐变。

理论上确实可以按照对象与行动者的关系,将作为原始规范载体的宪法和作为规范解释者的宪法学清楚分开。然而,在面向具体问题时,这一区分却总是不堪大用,原因在于,宪法学是对象构建型学科,故

---

14　Poguntke/Webb, *The Presidentialization of Politics*.

15　可以举为示例的是:1968 年施行的紧急状态法规(BGBl. I, S. 709),1992 年欧洲一体化进程的法规(BGBl. I, S. 2806),1993 年避难法改革(BGBl. I, S. 1074),1998 年"广泛监控"的施行(BGBl. I, S. 610),以及 2006 年(BGBl. I, S. 2034 und 2089)与 2009 年(BGBl. I, S. 2248)的联邦制改革。

而提及宪法学就不太可能无关于宪法,同时提及宪法也不可能无关于宪法学。宪法与宪法法院的关系更是如此。

这种部分重合与边界模糊的现象,源于宪法、宪法学与宪法司法之间特殊的关系结构。此三者通过宪法教义组合为宪治三角形,教义(参与)构建于其中(宪法),形成且续造于其中(宪法司法与宪法学),并在其中(宪法学)得到反思。对宪法、宪法学或宪法司法任何一端的指摘,便形同于对宪法三角中另外两端的指摘。究其原因在于,德国法传统中教义学的典型特征被推广到宪法领域。

于此,"宪治"当代史(Zeitgeschichte »des Konstitutionellen«)得以拓宽其史源基础:严格制度指向的学术史,应当研究诸如学院、教席、研究助理和学生数目之类的经验数据。就其所增扩的质料而言,当代史应当从学术文献、学术会议与教席任命中归纳出时兴的研究主题,并找出其兴起的理由。与此相对,强烈聚焦于宪法发展的研究,必须将根据宪法作出的大量司法裁判纳入视野,这尤指但不限于宪法法院的司法裁判。于此,宪治的法学当代史就无异于司法活动所型塑的宪法教义史。宪法司法在形态与主张上近乎学术,故而这一点尤其贴切。此外有关规范适用与规范对宪法司法的拘束力问题,很大程度上亦操持于宪法实践之手,因而指向适用的法实践与批判适用的当代史[16]之间的区分也得以相对化[17]。当代史的描述无须严格区分二者,即可以得出不同的规范性判断。它尤其不必僵足于法教义学的分析,而可以上升到宪法理论作出评价。此外,纯粹宪法性评断很少关注的规范性要素,同样可进入法学当代史的视角,在此意义上,法学当代史的描述显然近似于法社

---

16　Rückert, »Juristische Zeitgeschichte«, S. 27 f.

17　更多思维与表述上的论据参见 Krüper, »Die Verfassung der Berliner Republik«, S. 17。

会学与宪法社会学。[18]

　　总结而言,在柏林共和国之下并不存在特定于一种的宪法史。任何重构宪法史的尝试,必然要重构多种可能的相互不同但同样正当的宪法史。玛丽-特蕾斯·弗根(Marie-Theres Fögen)曾在认识论与方法上作出过翔实说明,为何历史编纂式的意义构建具有相对性。[19] 她尤其在考证罗马法诸史时,发现对久远历史进行考证的困难;而当代史描述同样罹患于考据之难,不过是出于其他的成因,具体而言:困难之处并不在于材料的缺漏,而在于材料的冗余。造成挑战的,并非研究对象的历史距离,而是研究对象的现在性。当代史描述的主观任务,最终不是要寻找适当的历史视角,而是要摆脱同时代性的束缚。此外还有一点:宪治当代史在研究对象方面也具有特殊性。宪法概念变动不居,绝少囿于宪法文本,毋宁说,政治与社会的秩序性(Verfasstheit)总会体现在当代史的全景中。然而法学的宪法概念本身,得益于其"胜利史"[20]已经极大地泛化,在这种概念版图的扩张下,几乎所有生活领域都或多或少发生基本的宪治化,因而也可能落入当代史的领地。

## 二、作为宪治大事件的统一

　　对宪治当代史而言,柏林共和国包含着不同的含义。[21] 两德统一作为宪法与国际法时刻,首先构成历史考证的对象。再进一步,其在一般

18　Krüper, » Die Verfassung der Berliner Republik «, S. 7; Morlok, *Soziologie der Verfassung*.

19　Fögen, *Römische Rechtsgeschichten*, S. 15 f.

20　从批判的视角,参见 Schönberger, »Der Aufstieg der Verfassung«。

21　详见 Krüper, »Die Verfassung der Berliner Republik«, S. 5 ff. 。

法层面的转化也应被纳入观察的范围。[22] 统一同时还标志着,作为欧洲与国际社会中等势力的联邦德国进一步摆脱所受的桎梏。

在此情形下,也可以将两德统一理解为,对联邦共和国下政治与社会文化构造包括其法基础秩序与社会基础秩序进行重新塑造的开端。其中,统一造成的宪治变动继续发挥着作用,但并未独自确定新历史时代的同一性。柏林共和国这一概念由此成为一种机制(Dispositiv),亦即对同一性产生影响的各要素的总和。柏林共和国进而成为时代概念,柏林共和国下的宪法概念也从单纯归属于法基础秩序的概念演变为在政治共同体中归属于社会基础秩序的概念。此处可以再次发现,当代史跟法社会学与宪法社会学确有相近之处。宪法与宪法学当代史必须注意到其固有的对法学视野的逾越,即便其叙述中的法学核心依然富含素材亦富有冲力。在此意义上,它总体上成为一种宪治当代史。

## 三、处在规范性与流动性之间的宪法同一性

### (一)《基本法》的历史同一性

#### 1. 作为同一性讨论的三种基本权利讨论

基本权利在教义与理论上的高水平展开,构成了联邦共和国中宪治同一性的深刻内容。在法学与政治讨论中充斥着有关基本权利的论据,且在这种讨论中,作为论据的人的尊严(Menschenwürde)享有一种高高在上、不容商榷的权威地位。与此同时,一些基本权利保障也被赋予了更多的象征意义,这尤其又促进着与之有关的讨论。

---

22　Sauer, »Einheit durch Recht?«, S. 154 ff.

在这一背景下,须对柏林共和国下的三种讨论加以关注:有关避难基本权利之限制的讨论,有关政治交流基本权利之射程与可限制性的讨论,以及最终有关人的尊严之不受衡量性(*Abwägungsfestigkeit der Menschenwürde*)的讨论。三者影响于同一性的共通方面在于,它们均紧密地关联于国家社会主义的历史教训,同时也紧密地关联于《基本法》在宪法理论层面必须构筑的针对这段历史的回答功能(Antwortfunktion)。[23]

就避难基本权利之限制这一主题,相关讨论确实是在寻求宪法修改,这是其特殊之处,因此不论讨论的对象如何,其仅仅作为宪法修改讨论就已经颇受关注(正如之后《基本法》第13条的修改)。它创制出新的妥协性宪法规范[24],即《基本法》第16a条。与《基本法》原第16条第2款第2句所设定的宏大要求——"政治上受迫害者享有避难权"——相比,该条在规范性与象征力上均相形见绌。在有关避难权修改的讨论中(眼下这一讨论也正经历着复兴),《基本法》的自由理想主义与反纳粹主义精神第一次被迫直面百余起极右主义对避难申请者的权利侵犯,并最终屈就于这一政治现实。[25] 在20世纪90年代的修改之后,德国《基本法》中的避难权,已经不再是修改之前的那一基本权利了。

在温西德尔判决中,联邦宪法法院出于限制基本权利的目的,召唤出反纳粹主义的精神并将其应用于教义学层面。[26] 为了强化《基本法》的反纳粹精神,联邦宪法法院第一庭作出例外裁判,将《刑法》第130条

---

23　对于《基本法》第5条的历史分析,参见 Höfling/Augsberg, »Grundrechtsdogmatik im Schatten der Vergangenheit«。

24　Koutnatzis, *Kompromisshafte Verfassungsnormen*.

25　关于其动因,详见 Krüper, »Die Verfassung der Berliner Republik«, S. 11 f. 。

26　BVerfGE 124, S. 300.

第4款从《基本法》第5条第2款和——至少如此令人难以置信的——第130条第2款的限制下放行。该案也清楚地显示出,借重《基本法》对纳粹的历史回答功能很难在教义学上自圆其说,原因在于:法院有多少把握能从宪法中推知,根据《刑法》第130条第4款以极不明确的构成要件特别针对新纳粹集结进行归罪是合宪的,对这一问题真要打破砂锅,结论必然会令人大跌眼镜。当《基本法》第5条第2款的文义和教义——鲜见地足以——明确给出一种完全相反的解答时,尤更如是。

在集会自由领域,卡尔斯鲁厄(Karlsruhe)也作出了限缩性判决,这导致该自由权利的保护范围被"重新政治化"。据之只有当集会者的共同目的"对自由民主秩序中公共意志的形成具有意义"[27]时,其集会才值得保护。尽管该判决消除了集会所特有的过度消遣(Vergnügungsexzess)之权,从而颇受拥戴,[28]但司法的方向却依然是错的。司法自认为可以决定什么有公共意义而什么没有。但实际上,基本权利的主体要远远比司法更有资格,毕竟在柏林共和国下权利人的自我理解(Selbstverständnis)也是法的准则。[29]

最具象征意义的,则是对人的尊严之可限制性的讨论。即便宪法的原意——"人的尊严不可触犯"——似乎没有歧义,但其在日常实施中却另有一套话语。[30] 之后,马蒂亚斯·赫德根(Matthias Herdegen)更提出——最先受到恩斯特-沃尔夫冈·伯肯弗尔德(Ernst-Wolfgang

---

27  BVerfGE 104, S. 92 (104).

28  例如在有关道路清洁费用的会议上,应当重视集会自由。虽然集会法规则不会排除道路法的适用。但集会自由也应加入禁止过度(Übermaßverbot)的旨趣。如此,直到"爱的大游行"(Love-Parade)在柏林失去其作为集会的地位,才被提入有关街道清理费用的会议。参见 BVerwGE 80, S. 158 ff.; vgl. Depenheuer, »Art. 8«, Rn. 54。

29  Morlok, *Selbstverständnis als Rechtskriterium*.

30  Herdegen, »Art. 1 Abs. 1«.

Böckenförde)的坚决抵制[31]——一种截然不同的人的尊严保护模型。该讨论也在几起著名案件中获得回响。其中有所谓的拯救刑讯（Rettungsfolter）[32]，也有"航空安全法"[33]，就后者而言，联邦议院原本试图通过这一立法来防止类似"9·11"的劫机恐袭。

有关人的尊严的讨论之所以能经久不息，是因为在生物技术与其他风险技术领域存在着许多侵入人的尊严之保护范围的情形。从宪法规范发展的当代史角度出发，能得出的判断却相互龃龉。作为论据，人的尊严在讨论中享有特殊的重要意义；而作为宪法秩序的化身，援引人的尊严就等同于确认宪治的形式：宪法存身于对宪法的讨论与争论中。[34] 同时，在反复回归对人的尊严之保障时，也必须对这一根本性承诺在"日常践行中"的折扣与贬值有所预期。[35] 倘若宪法性论据在某种程度上缩减为形式引用，宪治形式与宪治内容将会处在相互矛盾中：若在论证中援引人的尊严或其他内容的宪法意涵不过是一种反射，那将会攫取宪治内容的重要性而使内容变得任意。这尤见于以"宪法解释者们的开放社会"〔彼得·黑贝勒（Peter Häberle）〕[36]为主题的政治讨论与公共讨论，所谓宪法解释者们"对宪法的意愿"[37]在本质上并不弱于宪法学对宪法的意愿。但是意愿并不能保证，而只能希冀。

## 2. 法基础秩序与社会基础秩序中的文化同一性

关于同一性与自我理解的宪法讨论并不只在上述基本权利领域进

---

31　Böckenförde, »Die Würde des Menschen war unantastbar«.

32　Hilgendorf, »Folter im Rechtsstaat«; Herbst, *Die lebensrettende Aussageerzwingung*.

33　BVerfGE 115, S. 118 ff.; Palm, »Der wehrlose Staat?«.

34　Tushnet, *Taking the Constitution Away From the Courts*; Waldron, *Law and Disagreement*.

35　Dreier, »Art. 1«, Rn. 42 f. und 50.

36　Häberle, »Die offene Gesellschaft der Verfassungsinterpreten«.

37　Hesse, *Die normative Kraft der Verfassung*, S. 12 f.

行。确切地说,对共同体之文化基础的探寻,或者关于替代性人生规划在宪法上具有何种重要意义的提问,始终在引发争论。

这里要谈到的是宗教宪法[38]的复兴,以及 2001 年起延续至今的有关同性婚姻的讨论。[39] 当宗教多元主义的法律后果在宪法学和宪法理论上受到广泛且深入的探讨时,宪法学在婚姻平等的讨论中却满足于担当配角。同样是这一现实问题,在美国被构筑为新民权运动的对象,在德国却最多只能捎带地受到宪法学的讨论。立法者曾于 2001 年创设生活伴侣制度,乃是该讨论的导火索。但之后在法发展中充当着发动机的,则是联邦宪法法院。该院显然出于司法能动者的心态,通过一系列值得关注的判决推动着共同生活关系在法律上的平等。出人意料的是,立法者在第 18 届议会任期届满之际,出于偶然也出于选举策略上的考量,竭用其民主形成力并无视某些宪法上的疑虑,以普通立法形式直接将民事婚姻"对所有人"开放(凭借一些业余知识却直接触发家庭法上的后续问题)。对此,暂时还没有宪法上的澄清。

有关宗教法上的讨论却对柏林共和国的宪治外观造成更强烈的影响,原因不只在于,这些讨论在教义学的具体问题之外,还外接于有关政治躁动之伊斯兰教和(不成功之)整合政策的社会性讨论。原因还在于,在"9·11"事件的强烈影响之下,这一讨论也带有安全法的论调,据

---

38 尤其见 Muckel, *Religiöse Freiheit und staatliche Letztentscheidung*; Neureither, *Recht und Freiheit im Staatskirchenrecht*; Heinig, *Öffentlich-rechtliche Religionsgesellschaften*; Graf, *Die Wiederkehr der Götter*; Magen, *Körperschaftsstatus und Religionsfreiheit*; Towfigh, *Die rechtliche Verfassung von Religionsgemeinschaften*; Heinig/Walter(Hg.), *Staatskirchenrecht oder Religionsverfassungsrecht?*; Dreier, *Säkularisierung und Sakralität*。

39 Möller, »Der Ehebegriff des Grundgesetzes und die gleichgeschlechtliche Ehe«; Gröpl/Georg, »Die Begriffe ›Eltern‹ und ›Familie‹ in der neueren Rechtsprechung«; Coester-Waltjen, »Art. 6 GG«, Rn. 9 f.; Brosius-Gersdorf, »Art. 6 GG«, Rn. 78 f.; Ipsen, »Ehe und Familie«, Rn. 53 f.; Gade/Thiele, »Ehe und eingetragene Lebenspartnerschaft«; Badura, »Art. 6 GG«, Rn. 55 ff.

之宗教法应被构造为危险防御法[40]："作为危险的宗教自由"？[41]

法秩序在总体上是否遵从某种文化保留[42]，如果是，又应该是何种程度的保留，这一问题也可以看作宗教法讨论的回声。[43] 原因在于，社会中的文化多数群体自 1949 年以来第一次严肃地认识到，其正处在宗教权利的紧张形势中并面对着这一问题，即哪种程度的自由之苛求才是他们真正愿意承受的。易言之，从涉及宗教权利的争论中应认识到，《基本法》承诺给所有市民的平等之自由显然要求颇高。而这种要求能否长期地兑现，暂时还没有定论。

3. 法基础秩序与社会基础秩序中的技术

柏林共和国下的另一大主题尤其也是基本权利的主题，则承接于波恩共和国并表现为宪法如何应对（信息）技术变迁的问题。技术与法的关系或者技术进步与其法界限的关系，更是工业化以降的经典主题。随着可供个体使用的新通信媒体的兴起，宪法上提出了如何限制与防御国家监控的经典问题。在这类问题中，人格权的、安全法的与通信法的面向交织一体。社交媒体中主体的去界限[44]，在国家反恐中对私人通信进行监控，以及面对国际信息产业（"大数据"）推行宪法保护标准，这些主导着法学讨论的议程。它们又再被嵌入关于媒体型、知识型与

40　Krüper, »Die Verfassung der Berliner Republik«.

41　Sacksofsky, »Religiöse Freiheit als Gefahr? « und Möllers, » Religiöse Freiheit als Gefahr?«.

42　Shue, »Menschenrechte und kulturelle Differenz«.

43　对此可参见法与社会哲学国际学会 2006 年会议的报告集，Dreier/Hilgendorf（Hg.），*Kulturelle Identität als Grund und Grenze des Rechts*。

44　参见 Volkmann, » Die Tyrannei der Publizität «; Rössler, *Der Wert des Privaten*; Schiedermair, *Der Schutz des Privaten als internationales Grundrecht*。

信息型社会之结构与条件的更大讨论中。[45]

此外,联邦宪法法院作为最有影响力的参与者,在(安全)技术讨论中也起着重要作用。近几年,宪法法院通过一些备受关注的判决,对国家干预信息技术的情形作出了限制。早在 2008 年,宪法法院就创设出保障信息技术系统之私密与完整的基本权利,从而将对一般人格权的保障延伸至"数字领域";[46]此外,该院在 2010 年宣布禁止对电子信息进行数据预存。[47] 联邦宪法法院对所谓反恐数据的限制,虽然在主题侧重上有所不同,但在对安全的考量上却十分相似。[48]

## (二)政体的结构问题

除了基本权利的自我校验之外,柏林共和国下的讨论还强烈关注着《基本法》所构建的政体(Polity)结构。1992 年的宪法改革以及 2006 年与 2009 年的联邦制改革,可视为对宪法文本的实质性修改,在《基本法》第 20a 条之外,这些修改亦涉及技术性的组织法,例如立法权限与财政宪法。当然在技术性的重要细节问题之外,还须厘清这些讨论的特定主旨。

### 1. 作为主导理念的竞争

若论及宪治讨论的各种主导理念,[49]那么在柏林共和国下,经济学上的竞争概念总被用来解读国家组织法的结构问题,尤其当问题限定

---

45 参见 Böhme/Stehr, *The Knowledge Society*; Stehr, *Arbeit, Eigentum und Wissen*; Bittlingmayer, *Wissensgesellschaft als Wille und Vorstellung*; Tänzler u. a. ( Hg. ), *Zur Kritik der Wissensgesellschaft*。

46 BVerfGE 120, S. 274 ff.

47 BVerfGE 125, S. 260 ff.

48 BVerfGE 133, S. 277 ff.

49 参见 Volkmann, *Grundzüge einer Verfassungslehre der Bundesrepublik Deutschland*。

于民主国家[50]与联邦国家的形态时。必须注意的是,作为依据的竞争概念到底会展开怎样的说服力。于此,以下两种规范逻辑流传开来,竞争成为一种选择与决策程序,而竞争驱动下的效率与效益则成为国家行为的定性准则。首先在联邦制改革之下,关于联邦国家的讨论深受其影响,尽管这一理念没有在内容上真正展开。用竞争的方式其实很难解释或组织国家功能的运作,但对此却几乎没有任何探讨,如此,竞争概念依然被广泛用为一种修辞工具。例如各州面对联邦所享有的不一致立法(Abweichungsgesetzgebung)权限,虽被奉为竞争概念在国家内部的显化,但最多不过是一道虚假布景:不一致立法并不涉及重要的立法对象,在实践上也只处在边缘地位。

将议会民主解读为竞争秩序并非新的创见,约瑟夫·顺彼得(Joseph Schumpeter)与安东尼·多弗恩斯(Anthony Downs)对此早有论述。用竞争来解读民主原则这种方式所面临的困境在于,由议会确定民主竞争的规则会被理解成"在结构上缺乏控制的决策"[51],或被理解为"对自身事务的决策"[52],只不过该决策又尤须受到强势宪法司法的制衡。在柏林共和国下,"民主的运营权"[53]所面向的一系列争论,就可以被解读为有关民主竞争规则的冲突。[54] 例如在选举法中,立法者往往受到宪法法院的牵制,由此在联邦议院与联邦宪法法院之间就出现一种尖锐的机构冲突。[55]

有关如何进入并参与民主竞争的争议对同一性具有深刻影响,原

---

50　Hatje/Kotzur, »Demokratie als Wettbewerbsordnung«.

51　Streit, *Entscheidung in eigener Sache.*

52　Lang, *Gesetzgebung in eigener Sache*; Streit, *Entscheidung in eigener Sache.*

53　Cancik, »Wahlrecht und Parlamentsrecht als Gelingensbedingungen repräsentativer Demokratie«.

54　BVerfGE 111, S. 382 ff.; E 96, S. 264 ff.

55　BVerfGE 129, S. 300; E 135, S. 259 ff.; E 121, S. 266 ff.; E 131, S. 216 ff.

因在于,包含与排除的张力同样是现代民主的典型特征,原因还在于,政治共同体的同一性必须超越由此造成的各种区别才能生成。从公民特权[56]和党派经费[57]开始,再经过门槛条款(Sperrklausel)[58]和选举体系[59],最终到对国家民主党(NPD)的禁止程序[60],在这些讨论中贯彻始终的问题是,允许或不允许哪种形式的政治参与。总体上可以得出,柏林共和国下对组织法的理解越来越倾向于工具化,而这种理解能以更主动也更开放的方式促进政治目标的实现。[61] 尽管在国家民主党禁止案中,这种理解获得广泛的政治与社会共识,但在另一些案件中却几乎已经构成滥用。

## 2. 非正式性与合作

柏林共和国下,与规范性高度相关的宪法学主题例如高权行为丧失其形式与结构,可以用合作与非正式性的关键词加以阐明。[62] 此类主题萌发于20世纪70年代末以降的行政法研究,之后早在80年代初,赫尔穆特·舒尔策-菲利茨就已经提出非正式宪法国家的表达。[63] 在行政法中,合作与非正式性已经泛化展开为真正的结构特征,但在宪法中却未能如此。

---

56　Walter/Gärditz, » Der Bürgerstatus im Lichte von Migration und europäischer Integration«.

57　BVerfGE 111, S. 382 ff.

58　Krüper, » Verfassungsunmittelbare Sperrklauseln«; ders. » Grundlagen grundlegen«; Will, »Nichtigkeit der Drei-Prozent-Sperrklausel bei Europawahlen«; Isensee, »Funktionsstörung im Wahlsystem«.

59　Grzeszick/Lang, *Wahlrecht als materielles Verfassungsrecht*; Lenski, » Paradoxien der personalisierten Verhältniswahl«; Pukelsheim/Rossi, »Wahlsystemnahe Optionen zur Vermeidung negativer Stimmgewichte«.

60　BVerfGE 107, S. 339 ff.; BVerfG, Urt. v. 17. 01. 2017—2 BvB 1/13.

61　针对格哈德·施罗德的两次信任案便是生动的例子,其中至少第二次明显是出于政治策略上的动机。参见 BVerfGE 114, S. 121 ff.。

62　总体介绍参见 Schoch, »Entformalisierung staatlichen Handelns«。

63　Schulze-Fielitz, *Der informale Verfassungsstaat*.

合作与非正式性在宪法中表现为,机关内部或机关之间的结构被非正式的工作组取代或掩盖,从而发生相对化。[64] 若鼓吹对议会与机构进行现实主义取向的理解,那么某些在出现时成问题的现象将得以相对化并在宪法上语境化。[65] 而宪法的不同之处还体现于,信息化的进程跃出国家领域,以及私人加入高权的行使过程,例如所谓合作型的规范创制便属于后一种情形("核能共识")。[66] 在宪法国家制度心脏所进行的这些动作,尖锐地提出有关宪法调控丧失的问题。合作型的规范创制与立法外包(Gesetzgebungsoutsourcing)也使得基础的宪法原则成为问题。[67] 例如,若从程序角度出发来理解法律的一般性[68]这一基本原则,实际上是要求"立法者具有一般性"。受委托规范创制中的法治国缺位与民主缺位能否通过最严格的限制来补足,对这一问题却并无定论。[69]

# 四、学科同一性

## (一)基希曼与古滕贝格之间的法学

就其自身作为科学的地位,法学有很长的自我怀疑传统。"法学作

---

64　参见联邦宪法法院新近关于调查委员会中非正式工作组的判决,Urt. v. 22. 09. 2015—2 BvE 1/11, NVwZ 2015, S. 1751。

65　Morlok, »Informalisierung und Entparlamentarisierung politischer Entscheidungen als Gefährdungen der Verfassung?«, S. 64 f. : "现实主义的议会理解。"

66　Becker, *Kooperative und konsensuale Strukturen in der Normsetzung*; Sauer, »Kooperierende Rechtsetzung«; Ritter, »Der kooperative Staat«; Michael, *Rechtsetzende Gewalt im kooperierenden Verfassungsstaat.*

67　Krüper, » Lawfirm—legibus solutus? «; Kloepfer ( Hg. ), *Gesetzgebungsoutsourcing— Gesetzgebung durch Rechtsanwälte?*; Meßerschmidt, »Private Gesetzgebungshelfer«.

68　Kirchhof, *Die Allgemeinheit des Gesetzes.*

69　Krüper, »Lawfirm—legibus solutus?«.

为无价值的科学"〔尤利乌斯·冯·基希曼（Julius von Kirchmann）〕堪为表层下的复发主题，而在柏林共和国下，该主题又再强力升至表面并在公法中受到密切探讨。"公法学"这一庄严辞令盛行于世，并越来越挤占着更加务实的"公法"的空间，这不过是用一种众所周知的方式自壮胆气。若某一学科不得不自逞其科学属性，那么该学科大概也正处在同一性危机中。想象一下，假如哲学家们高谈阔论着爱智慧之学，其他人肯定会报以饱含同情的微笑。

柏林共和国中找寻自我的公法讨论，与两种原则上相互独立的发展脉络交织在一起，一种是研究对象的发展，一种是方法的发展。开篇所引的康拉德·黑塞之言就非常精当地指出，国家学与宪法学的基本含义与恒定内容已经陷入部分废弃（Derogation）或至少部分不适用（Obrogation）的状态。当下自我校验过程的对象基础也正在此。卡尔-特奥多尔·楚·古滕贝格（Karl-Theodor zu Guttenberg）的博士论文被判定为抄袭，这一学术丑闻有着显著的催化效应。[70] 此后，法学的方法与学术实践标准，不再只是内行的小众事务，而受到更为宽泛也更为公开的审查监督。汉斯·米夏埃尔·海尼希（Hans Michael Heinig）与克里斯托夫·默勒斯（Christoph Möllers）在一篇饱受争议的文章中，坦言出不少人想说却很少有人明言的观点：[71] "古滕贝格抄袭门不只影响博士学位的攻读程序，更影响法学全体的自我理解。"他们所说的法学，并非德国式的（纯粹）教义学理解下的法学，而是一种脚踏实地且处在语境中的以精神科学与社会科学为指向的法学。公法中的法学之统我问题及其自我理解问题，于此都走上台面。与此相称的，除了"教义学知道

---

70　Krüper, »Die Sache, nicht die Schatten«.

71　Heinig/Möllers, »Kultur der Kumpanei«；对此的反驳参见 Canaris/Schmitt, »Hohe Kultur«。

什么?"[72]这一问题,还有对公法基础研究之兴起[73]的检视,以及公法与知识论这种自我定位[74]的尝试。从中总体可以感知到的是,缺乏自我确信的学科对同一性的迫切追求及其所作的自我反思。

不算意外的是,学科的外部视角也在柏林共和国下获得意义:知识社会学[75]、跨学科性与语境性均兴起并成为学术政治上的要求。[76] 公法学须贴近语境这一主张以及公法学所作的深刻的自我反思,均被痛斥为"本元化"(Metatisierung)[77],这在某种程度上是正确的:毕竟要求对语境作出研究的人自己却不探讨语境。其原因不只在知识社会学的层面。当语境不被作为讲课内容,在考试中毫无占比,在资格论文中显然缺位,在教席任命中越来越不起作用时,法学也就不会发生贴近语境的社会化。第三方基金所资助的研究,若仅以短期应用而非长期知识为目的,那么法的语境化也不会受到青睐。[78] 这里的许多困境其实是作茧自缚的结果。对基础研究教席的抛弃,以及对能速产成果的趋势性研究领域的热衷,这些不只是外部刺激的结果,更是需要与外部相通的标志。但这最终沦为一种法教义学对语境化法学的虚与委蛇,就不仅令人惋惜,更会妨害公法学的科学外观。两种法学实则缺一不可。

## (二) 存在一种宪治上的柏林同一性吗?

公法中对同一性越来越多的探求,恰巧与柏林共和国同时发生,有

---

72　Kirchhof u. a. (Hg.), *Was weiß Dogmatik？*.

73　Funke u. a. (Hg.), *Konjunkturen in der öffentlich-rechtlichen Grundlagenforschung*.

74　Funke/Lüdemann, *Öffentliches Recht und Wissenschaftstheorie*.

75　参见 Schulze-Fielitz (Hg.), *Staatsrechtslehre als Mikrokosmos*。

76　参见 Wissenschaftsrat (Hg.), *Perspektiven der Rechtswissenschaft in Deutschland*。

77　Augsberg, » Konjunkturen in der öffentlich-rechtlichen Grundlagenforschung «, S. 209 f.

78　Krüper, »Grundlagen grundlegen«.

鉴于此,前面所追溯的各种原因倒不如说是偶然。两德统一与柏林共和国,跟欧洲化、国际化和全球化的进程恰好同时发生(并作为其组成部分),但反过来此类进程却并不特别绑定于柏林共和国。然而,从学术上自我校验的强度出发,却容易推出其他广泛的可能具有柏林共和国特色的原因。分述如下。

联邦共和国原本被设计为宪法与政治上的临时措施,这可以算作西德的政治精神财富。但这一情况已经被政治性地遗忘,原因在于,现状的强制效应不允许人们继续执着于国家法与宪法的过渡情形。相反,两德开始固定化与制度化,人们面对德国的分裂,也从一开始认命的态度在之后演变为完全的肯定。

对公法学而言,联邦共和国当时潜在的脆弱性也尤为直观。支持这一观点的是,在宪法或行政法中,公法学发展出教义学的各种宏大精深的结构,[79]并强烈关注着实践与日常的考验,但对"学科地位"[80]之类的构想性问题却避之不及。[81] 战后多年间,公法学始终将涉及纳粹主义的大问题视为烫手山芋而不愿意染指。尽管汉斯·凯尔森(Hans Kelsen)、鲁道夫·斯门德(Rudolf Smend)、格哈德·莱布霍尔茨(Gerhard Leibholz)、里夏德·托马(Richard Thoma)、埃里希·考夫曼(Erich Kaufmann)和卡罗·施密德(Carlo Schmid)这些在魏玛时期曾活跃于公法舞台上的重要角色,与被摒弃的第三帝国并无牵连,因此其名

79　Stolleis, »Verwaltungsrechtswissenschaft in der Bundesrepublik Deutschland«, S. 233:"人们所讨论的是……当前非常重要的建筑法、工商管理法和警察法领域中数不清的细节问题。"类似的还有 ders., *Geschichte des öffentlichen Rechts in Deutschland*, Bd. 4, S. 115 ff. (insbesondere S. 122 ff. und S. 171 ff.)。

80　Stolleis, »Verwaltungsrechtswissenschaft in der Bundesrepublik Deutschland«, S. 233:"因为缺乏兴趣与时间,故而没有发生对学科地位的深思。"

81　关于行政法学在战后的地位,参见 Stolleis, *Geschichte des öffentlichen Rechts in Deutschland*, Bd. 4, S. 171 ff.。

声也有加无损。但通过恩斯特·福斯特霍夫（Ernst Forsthoff）、恩斯特·鲁道夫·胡贝尔（Ernst Rudolf Huber）、特奥多尔·毛恩茨（Theodor Maunz）或卡尔·施米特（Carl Schmitt）这些例子，却可以认识到"充满危险的公法之路"上的诸多风险。同时，随着第三帝国的倒台，在德国是实现其复兴还是保持军事占领，抑或在国家法和宪法意义上完全重新开始，这一问题在零点时刻（Stunde null）尚未明朗，但为公法提供框架结构的民族国家却已经受到贬损。"千年帝国"12 年而亡，继之以 40 年的过渡时期，该时期又终结于 1990 年的两德统一。就其在（学术）史传上的意义，米夏埃尔·施托莱斯精当地指出，两德统一已经成为那一代人"政治生活中最重要的事情"。[82] 这尤其适用于公法的代表人物。在此意义上，统一似乎在心理上破除了他们在面对基本理解与自我理解问题以及面对构想性理论反思时的障碍与保留，并为更根本性的学术反思重新打开了场地。宪法理论与一般国家学作为宪法基础学科的复兴，正好印证了这一点。[83] 其中不难看出传统路线的回归，该传统在波恩共和国下曾被有条件地暂停中断，但其根源却必须回溯到魏玛方法之争中深刻贯彻的学术、社会文化以及习惯性争论。在此意义上，虽然波恩不是魏玛，但柏林是。

## （三）制度性发展脉络

### 1. 学科的生长与分化

当下公法同一性不确定的问题并没有使该学科丧失魅力，恰恰相反：近年来公法教师资格论文的数目（非常）可观，德意志国家法教师协

---

82　Stolleis, *Geschichte des öffentlichen Rechts in Deutschland*, Bd. 4, S. 24.

83　Benz, *Der moderne Staat*; Schuppert, *Staatswissenschaft*; Möllers, *Der vermisste Leviathan*.

会成员目录也显示,2012 年共有 714 位学者登记在册。而在 1990 年时仅有 358 名成员,对比之下可知,成员数目正好翻了一番。在过往数十年间也可以看到相应的情形:1969 年时协会有 158 名成员,1952 年时有82 名。成员数目似乎固定地每 20 年增加一倍,与此同时就必须得追问,增长的极限在哪里。

作为增长的体现,学科在宪法与行政法的传统区分之外又发生进一步的内在分化。这种专门化(Spezialisierung)并不止步于大的宪法领域即基本权利与组织法之间的区分,确切而言,在这些领域之内,学术上也形成并进行着对部门宪法秩序(Teilverfassungsordnung)的研究。[84]德特勒夫・默滕(Detlef Merten)与汉斯-尤尔根・帕皮尔(Hans-Jürgen Papier)主编的《德国与欧洲基本权利手册》可被视为这一专门化持续进行的标志,该《手册》在《基本法》的众多注释书、国家法手册、宪法手册、克劳斯・施特恩(Klaus Stern)手册的基本权利诸卷以及汗牛充栋的基本权利文献之外,尝试构建更为全面的基本权利体系。只不过,这种分化并不是柏林共和国的特质。行政法中的内部分化要更早于此,例如自 20 世纪 70 年代起环境法已经自立,在柏林共和国之下电信法与网络规制法也相继分出。广播电视法中宪法内核的成形同样不能算作柏林共和国的特质。就此而言,其中所继续进行的,不过是此前早已出现的,归根结底属于法对社会分化的回复与摹写。

与基本权利相比,对国家组织法的系统研究显然更少,不论以绝对的标准还是相对的标准而论都堪称发育不良。[85] 基本权利理论与基本权利教义学彼此分立却仍不失亲密,与之相比,组织法却基本处在显著

---

84　Vesting/Korioth, *Der Eigenwert des Verfassungsrechts*.
85　Lepsius, »Braucht das Verfassungsrecht eine Theorie des Staates?«.

的理论匮乏中。尽管社会学中的组织学研究进行得如火如荼,但国家组织法学却不为所动。与此有关的,大约是法学对经验研究历来就持有的结构性反感,[86] 毕竟把经验研究连接于规范表达会给法学制造麻烦。[87]

然而,从法学的特性中也可以说明其对基本权利的聚焦。如果法只能通过与现实的交互作用才能获得适当的解释,[88] 那么在变动性很强的宪法领域,就有必要在更长的时间跨度下对法学问题与法学主题反复作出探讨与反思。这尤其适用于基本权利,原因在于,基本权利与社会现实之间具有特别紧密的联系,亦即相较于组织法的基本原则与结构而言更强的关联。变动的社会现实进而导致基本权利理念的变化,这又再促使法学的适应与调整。某一主题领域内的各种新著作就此获得一种学术生态上的重要功能,即保存老的作品以防止其被遗忘,同时就特定领域已经达到的反思,在学科中不断重提之,当然也使之更上一层楼。[89] 这绝不仅仅包括对学科基础问题的讨论,也涉及教义学的疑难问题。[90]

## 2. 作为学科一体性的同一性

最后,我们可以在公法学对同一性进行多样化讨论的状况下,检视

---

86　Morlok, »Reflexionsdefizite in der deutschen Staatsrechtslehre«, S. 53 f.

87　Lüdemann, »Netzwerke, Öffentliches Recht und Rezeptionstheorie«.

88　关于宪法与宪法理论的实效性方面,参见 Morlok, *Was heißt und zu welchem Ende studiert man Verfassungstheorie?*, S. 60 ff. 。

89　关于文化法,例如 Oppermann, *Kulturverwaltungsrecht*, Germelmann, *Kultur und staatliches Handeln* 和 Lenski, *Öffentliches Kulturrecht*;关于学术法,例如 Hailbronner, *Die Freiheit der Forschung und Lehre als Funktionsgrundrecht*, Kaufhold, *Die Lehrfreiheit—ein verlorenes Grundrecht?*, Gärditz, *Hochschulorganisation und verwaltungsrechtliche Systembildung* 以及 Krausnick, *Staat und Hochschule im Gewährleistungsstaat zum Wissenschaftsrecht*;在国家法教师协会大会上,有关宗教法的探讨参见 VVDStRL 11, 26, 28, 59 und 68;而文化宪法上的题目,则可参见 VVDStRL 42, 54, 65 und 73。

90　例如有关警察法、治安法和安全法上的讨论,参见 VVDStRL 9, 35 und 75。

其自身的内在一体性。几乎毋庸置疑的是，由于对国家的研究与对宪法的研究之间不再具有足够交集，这种一体性已经丧失。原因在于，社会的分化使得教义学上形成高度专业化的部门宪法秩序，其中形式宪法与实质宪法之间的界限也变得越来越模糊，就此而言，广播电视法再次可作为例证，党派法亦然。部门宪法秩序回归并约束于宪法文件本身，也越来越体现在形式上而非实质上。这意味着，部门宪法秩序在宪法中所共享的是其起源而非内容。这具体表现为，在宪法中以及之后在行政法中所形成的部门教义学，其结构与概念不再直接地产生于宪法，而是从具体领域中广泛发展而来。

此外，宪法优先在理想化的解释下是指，宪法充当着其他部门法秩序尤其是其他公法秩序的基础，但与此相反，行政法总论与行政法各论在很大范围内且在很大程度上却毫不关注优先性的问题。与法治国原则在严格解释下所期待的相比，宪法对组织与程序的先决效力实际上要远远小得多。[91] 由于行动主义的基本权利研究，这也备受忽视。

这在总体上也不一定有害，因为学科并不必然失去其实质的一体性。确切地说，其他的概念与功能，例如组织与程序包括其须在特定领域具体化的自身逻辑，均要回靠于作为促成一体性基底的宪法，而对于宪法，则可以且值得通过法学交流达成共同理解。至于"协会"还能否担当国家法学者或者公法学者的专业协会，尚有待观察。

# 五、展望

宪法史自统一后所经历的四分之一世纪，大约不能放在一个概念

---

91　详见 Michael，»Verfassung im allgemeinen Verwaltungsrecht«。

之下就获得精准表达,尤其是这种概念须将多种发展线索包含在内而非排除出去。在德国统一之后,尚不存在实质的宏大的宪治叙事。

　　基于时间的距离感再作回顾,进入柏林共和国后却似有一种模式转换,这也印证了开篇所引康拉德·黑塞的总结。在自由扩张数十年之后,基本权利中又再强烈地重视起自由的边界。在组织法中,共同体的基本结构受到批评与改革,此外,组织法也越来越被理解为政治的策略资源。同时,公法的自我理解、对象与方法都承受着考验的压力。目前尤其是民主国家的制度,不只面临着政治压力,还面临着学术批评。正是学术批评提出新的正当性期待,并使得对民主范式的想象确信发生相对化。[92] 同时,经典的正当性塑造更是越来越成为问题,[93]政治正当性的去中心化来源却赢得重要地位。[94] 这些进程不断强化并交叠于柏林共和国的宪法发展中。法基础秩序、政治基础秩序与社会基础秩序就此告别其在波恩共和国保护区中度过的宪法童年:它们在正当的同一性问题与过度抒发的"同一进行曲"(Identitäterä)********之间摇摆不定,还须继续成长。[95]

---

　　92　激进如 Brennan, *Against Democracy* 及其 *The Ethics of Voting*；Hidalgo, *Die Antinomien der Demokratie*；Marchardt, *Die politische Differenz*；Mouffe, *Das demokratische Paradox*。

　　93　Thiele, *Verlustdemokratie*.

　　94　Willke, *Demokratie in Zeiten der Konfusion* 及其 *Dezentrierte Demokratie*；Rosanvallon, *Demokratische Legitimität*。

　　********　舍恩贝格尔(Schönberger)创造的 Identitäterä 一词,乃是用文字游戏的方式,将 Identität 与 Täterä 合并为一体。其中 Täterä,又作 Tätärä,是以拟声方式命名的一种特殊音乐形式,其多用于金属乐器如喇叭号等,特别适合人群集合的场合。而 Täterä 的词义,也是描述此类排场的嘈杂声。在普鲁士或纳粹时期,Täterä 常用于阅兵或人民行进,如今亦多见于足球比赛中。自二战后,Täterä 隐有贬义,往往被用来比喻夸大或过度的民族情怀。尽管 Täterä 与作为军乐的进行曲(Marschmusik)并不相同,但这里仅取其抽象意义,故依然译为"进行曲"。此处 Täterä 与 Identität 合并,即"同一进行曲",正好表达被夸大的同一性。

　　95　概念出自 Schönberger, »Identitäterä«。

# 参考文献

Bruce Ackerman, *We the People: Foundations*, Cambridge 1991.

Steffen Augsberg, »Konjunkturen in der öffentlich-rechtlichen Grundlagenforschung. Wissenschaftssoziologische Perspektiven«, in: Andreas Funke u. a. ( Hg. ), *Konjunkturen in der öffentlich-rechtlichen Grundlagenforschung*, Tübingen 2015, S. 197‒218.

Peter Badura, » Art. 6 GG «, in: Theodor Maunz, Günter Dürig ( Begr. ), *Grundgesetz*, *75. Ergänzungslieferung*, München 2015, S. 1‒136.

Florian Becker, *Kooperative und konsensuale Strukturen in der Normsetzung*, Tübingen 2005.

Arthur Benz, *Der moderne Staat*, München 2001.

Uwe H. Bittlingmayer, *Wissensgesellschaft als Wille und Vorstellung*, Konstanz 2005.

Ernst-Wolfgang Böckenförde, » Die Würde des Menschen war unantastbar «, in: *Frankfurter Allgemeine Zeitung* vom 03. 09. 2003, Nr. 204, S. 33.

Gernot Böhme, Nico Stehr ( Hg. ), *The Knowledge Society—The Growing Impact of Scientific Knowledge on Social Relations*, Dordrecht 1986.

Jason Brennan, *The Ethics of Voting*, Princeton 2014.

—, *Against Democracy*, Princeton 2016.

Frauke Brosius-Gersdorf, » Art. 6 GG «, in: Horst Dreier ( Hg. ), *Grundgesetz*, *Bd. 1*, Tübingen ³2013, S. 839‒934.

Claus-Wilhelm Canaris, Reiner Schmidt, »Hohe Kultur«, in: *Frankfurter Allgemeine Zeitung* vom 07. 04. 2011, Nr. 82, S. 8.

Pascale Cancik, »Wahlrecht und Parlamentsrecht als Gelingensbedingungen repräsentativer Demokratie«, in: *Veröffentlichungen der Vereinigung der Deutschen Staatsrechtslehrer* 72 (2013), S. 268‒322.

Dagmar Coester-Waltjen, »Art. 6 GG«, in: Ingo von Münch, Philipp Kunig ( Hg. ), *Grundgesetz*, *Bd. 1*, München ⁶2012, S. 542‒626.

Otto Depenheuer, »Art. 8«, in: Theodor Maunz, Günter Dürig ( Begr. ), *Grundgesetz*, *48. Ergänzungslieferung*, München 2006.

Horst Dreier, »Art. 1«, in: ders. (Hg.), *Grundgesetz*, *Bd. 1*, Tübingen ³2013, S. 154 – 329.

—, (Hg.), *Grundgesetz*, *Bd. 1*, Tübingen ³2013.

—, *Säkularisierung und Sakralität*, Tübingen 2013.

—, Eric Hilgendorf (Hg.), *Kulturelle Identität als Grund und Grenze des Rechts* (ARSP Beiheft 113), Stuttgart 2008.

Christoph Engel, Wolfgang Schön (Hg.), *Das Proprium der Rechtswissenschaft*, Tübingen 2007.

Marie-Theres Fögen, *Römische Rechtsgeschichten*, Göttingen ²2003.

Andreas Funke u. a. (Hg.), *Konjunkturen in der öffentlich-rechtlichen Grundlagenforschung*, Tübingen 2015.

—, Jörn Lüdemann (Hg.), *Öffentliches Recht und Wissenschaftstheorie*, Tübingen 2009.

Gunther Dietrich Gade, Christoph Thiele, »Ehe und eingetragene Lebenspartnerschaft: Zwei namensverschiedene Rechtsinstitute gleichen Inhalts?«, in: *Die Öffentliche Verwaltung* (2013), S. 142 – 151.

Klaus Ferdinand Gärditz, *Hochschulorganisation und verwaltungsrechtliche Systembildung*, Tübingen 2009.

Claas Friedrich Germelmann, *Kultur und staatliches Handeln—Grundlagen eines öffentlichen Kulturrechts in Deutschland*, Tübingen 2013.

Friedrich Wilhelm Graf, *Die Wiederkehr der Götter*, München 2004.

Dieter Grimm, *Das Öffentliche Recht vor der Frage nach seiner Identität* (mit Kommentaren von Christian Hillgruber und Ewald Wiederin), Tübingen 2012.

Christoph Gröpl, Yves Georg, »Die Begriffe › Eltern‹ und › Familie‹ in der neueren Rechtsprechung des Bundesverfassungsgerichts aus methodischer und verfassungstheoretischer Sicht«, in: *Archiv des öffentlichen Rechts* 139 (2014), S. 125 – 151.

Bernd, Grzeszick, Heinrich Lang, *Wahlrecht als materielles Verfassungsrecht*, Baden-Baden 2012.

Peter Häberle, »Die offene Gesellschaft der Verfassungsinterpreten«, in: *JuristenZeitung* (1975), S. 297 – 305.

Kay Hailbronner, *Die Freiheit der Forschung und Lehre als Funktionsgrundrecht*, Hamburg 1979.

Armin Hatje, Markus Kotzur, »Demokratie als Wettbewerbsordnung«, in: *Veröffentlichungen der Vereinigung der Deutschen Staatsrechtslehrer* 69 (2010), S. 135 – 221.

Hans Michael Heinig, *Öffentlich-rechtliche Religionsgesellschaften—Studien zur Rechtsstellung der nach Art. 137 Abs. 5 WRV korporierten Religionsgesellschaften in Deutschland und in der Europäischen Union*, Berlin 2003.

—, Christian Walter (Hg.), *Staatskirchenrecht oder Religionsverfassungsrecht?*, Tübingen 2007.

—, Christoph Möllers, »Kultur der Kumpanei«, in: *Frankfurter Allgemeine Zeitung* vom 24. 03. 2011, Nr. 70, S. 8.

Catarina Cristina Herbst, *Die lebensrettende Aussageerzwingung*, Berlin 2011.

Matthias Herdegen, »Art. 1 Abs. 1«, in: Theodor Maunz, Günter Dürig (Begr.), *Grundgesetz*, 57. *Ergänzungslieferung*, München 2010, S. 1 – 74.

Konrad Hesse, *Die normative Kraft der Verfassung*, Tübingen 1959.

—, »Die Welt des Verfassungsstaates. Einleitende Bemerkungen zum Kolloquium«, in: Martin Morlok (Hg.), *Die Welt des Verfassungsstaats*, Baden-Baden 2001, S. 11 – 16.

Oliver Hidalgo, *Die Antinomien der Demokratie*, Frankfurt am Main 2014.

Eric Hilgendorf, »Folter im Rechtsstaat«, in: *JuristenZeitung* (2004), S. 331 – 339.

—, Helmuth Schulze-Fielitz (Hg.), *Selbstreflexion der Rechtswissenschaft*, Tübingen 2015.

Christian Hillgruber, Uwe Volkmann, »Verfassungsrecht zwischen normativem Anspruch und politischer Wirklichkeit«, in: *Veröffentlichungen der Vereinigung der Deutschen Staatsrechtslehrer* 67 (2008), S. 7 – 93.

Wolfram Höfling, Steffen Augsberg, »Grundrechtsdogmatik im Schatten der Vergangenheit—zugleich zum Wunsiedel-Beschluß des BVerfG«, in: *JuristenZeitung* (2010), S. 1088 – 1098.

Albert Ingold, »Die verfassungsrechtliche Identität der Bundesrepublik Deutschland:

Karriere—Konzept—Kritik«, in: *Archiv des öffentlichen Rechts* 140 (2015), S. 1 – 30.

Jörn Ipsen, » Ehe und Familie «, in: Joseph Isensee, Paul Kirchhof (Hg.), *Handbuch des Staatsrechts der Bundesrepublik Deutschland*, Bd. 7, Heidelberg ³2009, § 154.

Josef Isensee, » Funktionsstörung im Wahlsystem: das negative Stimmgewicht «, in: *Deutsches Verwaltungsblatt* (2010), S. 269 – 277.

Matthias Jestaedt, » Zwischen Öffentlichkeit und Vertraulichkeit—Der Staat der offenen Gesellschaft: Was darf er verbergen?«, in: Otto Depenheuer (Hg.), *Öffentlichkeit und Vertraulichkeit*, Wiesbaden 2001, S. 67 – 110.

Ann-Kathrin Kaufhold, *Die Lehrfreiheit—ein verlorenes Grundrecht?*, Berlin 2006.

Gregor Kirchhof, *Die Allgemeinheit des Gesetzes. Über einen notwendigen Garanten der Freiheit, der Gleichheit und der Demokratie*, Tübingen 2009.

— u. a. (Hg.), *Was weiß Dogmatik?*, Tübingen 2012.

Michael Kloepfer (Hg.), *Gesetzgebungsoutsourcing—Gesetzgebung durch Rechtsanwälte?*, Baden-Baden 2011.

Juliane Kokott, Thomas Vesting, » Die Staatsrechtslehre und die Veränderung ihres Gegenstandes: Konsequenzen von Europäisierung und Internationalisierung «, in: *Veröffentlichungen der Vereinigung der Deutschen Staatsrechtslehrer* 63 (2004), S. 41 – 70.

Stylianos-Ioannis G. Koutnatzis, *Kompromisshafte Verfassungsnormen. Grundlagen und Konsequenzen für die Auslegung und Anwendung der Verfassung*, Baden-Baden 2010.

Daniel Krausnick, *Staat und Hochschule im Gewährleistungsstaat*, Tübingen 2012.

Julian Krüper, » Lawfirm—legibus solutus? —Legitimität und Rationalität des Gesetzgebungsverfahrens beim › Outsourcing‹ von Gesetzentwürfen«, in: *JuristenZeitung* (2010), S. 655 – 662.

—, » Die Sache, nicht die Schatten—Der Fall zu Guttenberg, die Jurisprudenz als Wissenschaft und die Anforderungen an juristische Prüfungsarbeiten«, in: *Zeitschrift für das Juristische Studium* (2011), S. 198 – 206.

—, » Grundlagen grundlegen—Funktion und Bedeutung von juristischer

Grundlagenorientierung (nicht nur) in der Studieneingangsphase«, in: Judith Brockmann, Arne Pilniok ( Hg. ), *Studieneingangsphase*, Tübingen 2013, S. 274 – 300.

——, »Verfassungsunmittelbare Sperrklauseln«, in: *Zeitschrift für Rechtspolitik* (2014), S. 130 – 133.

——, »Die Verfassung der Berliner Republik. Verfassungsrecht und Verfassungsrechtswissenschaft in zeitgeschichtlicher Perspektive«, in: *Rechtsgeschichte—Legal History* 23 (2015), S. 16 – 51.

Heinrich Lang, *Gesetzgebung in eigener Sache*, Tübingen 2007.

Sophie-Charlotte Lenski, »Paradoxien der personalisierten Verhältniswahl«, in: *Archiv des öffentlichen Rechts* 134 (2009), S. 473 – 512.

——, *Öffentliches Kulturrecht*, Tübingen 2013.

Oliver Lepsius, »Braucht das Verfassungsrecht eine Theorie des Staates?«, in: *Europäische Grundrechte-Zeitschrift* (2004), S. 370 – 381.

——, »Souveränität und Identität als Frage des Institutionen-Settings«, in: *Jahrbuch des öffentlichen Rechts* 63 (2015), S. 63 – 90.

Jörn Lüdemann, »Netzwerke, Öffentliches Recht und Rezeptionstheorie«, in: Sigrid Boysen u. a. ( Hg. ), *Netzwerke*, Baden-Baden 2007, S. 266 – 288.

Stefan Magen, *Körperschaftsstatus und Religionsfreiheit—Zur Bedeutung des Art. 137 Abs. 5 WRV im Kontext des Grundgesetzes*, Tübingen 2004.

Oliver Marchardt, *Die politische Differenz*, Frankfurt am Main 2010.

Klaus Meßerschmidt, » Private Gesetzgebungshelfer—Gesetzgebungsoutsourcing als privatisiertes Regulierungsmanagement in der Kanzleiendemokratie«, in: *Der Staat* 51 (2012), S. 313 – 355.

Lothar Michael, *Rechtsetzende Gewalt im kooperierenden Verfassungsstaat. Normprägende und normersetzende Absprachen zwischen Staat und Wirtschaft*, Berlin 2002.

——, »Verfassung im allgemeinen Verwaltungsrecht: Bedeutungsverlust durch Europäisierung und Emanzipation?«, in: *Veröffentlichungen der Vereinigung der Deutschen Staatsrechtslehrer* 75 (2016) (im Erscheinen).

Kai Möller, »Der Ehebegriff des Grundgesetzes und die gleichgeschlechtliche Ehe«, in: *Die Öffentliche Verwaltung* (2005), S. 64 – 71.

Christoph Möllers, *Der vermisste Leviathan*, Frankfurt am Main 2008.

—, »Religiöse Freiheit als Gefahr?«, in: *Veröffentlichungen der Vereinigung der Deutschen Staatsrechtslehrer* 68 (2008), S. 47–121.

Martin Morlok, *Was heißt und zu welchem Ende studiert man Verfassungstheorie?*, Berlin 1988.

—, *Selbstverständnis als Rechtskriterium*, Tübingen 1993.

—, »Informalisierung und Entparlamentarisierung politischer Entscheidungen als Gefährdungen der Verfassung?«, in: *Veröffentlichungen der Vereinigung der Deutschen Staatsrechtslehrer* 62 (2003), S. 37–116.

—, »Reflexionsdefizite in der deutschen Staatsrechtslehre«, in: Helmuth Schulze-Fielitz (Hg.), *Staatsrechtslehre als Wissenschaft* (Die Verwaltung, Beiheft 7), Berlin 2007, S. 49–80.

—, *Soziologie der Verfassung*, Tübingen 2014.

Chantal Mouffe, *Das demokratische Paradox*, Wien 2008.

Stefan Muckel, *Religiöse Freiheit und staatliche Letztentscheidung*, Berlin 1997.

Georg Neureither, *Recht und Freiheit im Staatskirchenrecht*, Berlin 2002.

Georg Nolte, Ralf Poscher, » Das Verfassungsrecht vor den Herausforderungen der Globalisierung«, in: *Veröffentlichungen der Vereinigung der Deutschen Staatsrechtslehrer* 67 (2008), S. 129–196.

Thomas Oppermann, *Kulturverwaltungsrecht*, Tübingen 1969.

Ulrich Palm, »Der wehrlose Staat? Der Einsatz der Streitkräfte im Innern nach der Entscheidung des Bundesverfassungsgerichts zum Luftsicherheitsgesetz«, in: *Archiv des öffentlichen Rechts* 132 (2007), S. 93–113.

Thomas Poguntke, Paul Webb (Hg.), *The Presidentialization of Politics: A Study of Modern Democracies*, Oxford, New York 2007.

Friedrich Pukelsheim, Matthias Rossi, »Wahlsystemnahe Optionen zur Vermeidung negativer Stimmgewichte«, in: *JuristenZeitung* (2010), S. 922–929.

Ernst-Hasso Ritter, »Der kooperative Staat«, in: *Archiv des öffentlichen Rechts* 104 (1979), S. 389–413.

Pierre Rosanvallon, *Demokratische Legitimität—Unparteilichkeit, Reflexivität, Nähe*, Hamburg 2010.

Beate Rössler, *Der Wert des Privaten*, Frankfurt am Main 2001.

Joachim Rückert, »Juristische Zeitgeschichte«, in: Michael Stolleis (Hg.), *Juristische Zeitgeschichte—Ein neues Fach?*, Baden-Baden 1993, S. 23 – 34.

Ute Sacksofsky, »Religiöse Freiheit als Gefahr?«, in: *Veröffentlichungen der Vereinigung der Deutschen Staatsrechtslehrer* 68 (2008), S. 7 – 46.

Heiko Sauer, »Kooperierende Rechtsetzung—Reaktionen einer herausgeforderten Verfassung«, in: *Der Staat* 43 (2004), S. 563 – 593.

—, »Einheit durch Recht? Das Beispiel der deutschen Wiedervereinigung«, in: Julian Krüper, Heiko Sauer (Hg.), *Staat und Recht in Teilung und Einheit*, Tübingen 2011, S. 154 – 181.

Stephanie Schiedermair, *Der Schutz des Privaten als internationales Grundrecht*, Tübingen 2012.

Friedrich Schoch, »Entformalisierung staatlichen Handelns«, in: Josef Isensee, Paul Kirchhof (Hg.), *Handbuch des Staatsrechts*, Bd. 3, Heidelberg [3]2005, § 37.

Christoph Schönberger, »Der Aufstieg der Verfassung: Zweifel an einer geläufigen Triumphgeschichte«, in: Thomas Vesting, Stefan Korioth (Hg.), *Der Eigenwert des Verfassungsrechts*, Tübingen 2011, S. 7 – 22.

—, »Identitäterä—Verfassungsidentität zwischen Widerstandsformel und Musealisierung des Grundgesetzes«, in: *Jahrbuch des öffentlichen Rechts* 63 (2015), S. 41 – 62.

Helmuth Schulze-Fielitz, *Der informale Verfassungsstaat*, Berlin 1984.

— (Hg.), *Staatsrechtslehre als Wissenschaft* (Die Verwaltung, Beiheft 7), Berlin 2007.

—, *Staatsrechtslehre als Mikrokosmos*, Tübingen 2013.

Gunnar Folke Schuppert, *Staatswissenschaft*, Baden-Baden 2003.

Henry Shue, »Menschenrechte und kulturelle Differenz«, in: Stefan Gosepath, Georg Lohmann (Hg.), *Philosophie der Menschenrechte*, Frankfurt am Main 1998, S. 343 – 377.

Nico Stehr, *Arbeit, Eigentum und Wissen. Zur Theorie von Wissensgesellschaften*, Frankfurt am Main 1994.

Helmut Steinberger, Eckart Klein, Daniel Thürer, »Der Verfassungsstaat als Glied einer europäischen Gemeinschaft«, in: *Veröffentlichungen der Vereinigung der Deutschen Staatsrechtslehrer* 50 (1991), S. 9 - 136.

Michael Stolleis,»Verwaltungsrechtswissenschaft in der Bundesrepublik Deutschland«, in: Dieter Simon (Hg.), *Rechtswissenschaft in der Bonner Republik*, Frankfurt am Main 1994, S. 227 - 258.

—, *Geschichte des öffentlichen Rechts in Deutschland*, Bd. 4, München 2012.

Thilo Streit, *Entscheidung in eigener Sache*, Berlin 2006.

Dirk Tänzler u. a. (Hg.), *Zur Kritik der Wissensgesellschaft*, Konstanz 2006.

Alexander Thiele, *Verlustdemokratie*, Tübingen 2016.

Emanuel V. Towfigh, *Die rechtliche Verfassung von Religionsgemeinschaften*, Berlin 2006.

Mark Tushnet, *Taking the Constitution Away From the Courts*, Princeton 2000.

Thomas Vesting, Stefan Korioth (Hg.), *Der Eigenwert des Verfassungsrechts*, Tübingen 2011.

Uwe Volkmann,»Die Tyrannei der Publizität«, in: *Frankfurter Allgemeine Zeitung* vom 26. 02. 2009, Nr. 48, S. 7.

—, *Grundzüge einer Verfassungslehre der Bundesrepublik Deutschland*, Tübingen 2013.

Jeremy Waldron, *Law and Disagreement*, Oxford 1999.

Christian Walter, Klaus Ferdinand Gärditz,»Der Bürgerstatus im Lichte von Migration und europäischer Integration«, in: *Veröffentlichungen der Vereinigung der Deutschen Staatsrechtslehrer* 72 (2013), S. 7 - 156.

Martin Will,» Nichtigkeit der Drei-Prozent-Sperrklausel bei Europawahlen«, in: *Neue Juristische Wochenschrift* (2014), S. 1421 - 1424.

Helmut Willke, *Demokratie in Zeiten der Konfusion*, Frankfurt am Main 2014.

—, *Dezentrierte Demokratie—Prolegomena zur Revision politischer Steuerung*, Frankfurt am Main 2016.

Wissenschaftsrat (Hg.), *Perspektiven der Rechtswissenschaft in Deutschland— Situation, Analysen, Empfehlungen*, Drs. 2558 - 12, 2012.

# 处于改革压力和市场疑虑之中：
# 柏林共和时代的行政法学

〔德〕斯特凡·马根* 著

查云飞** 译 张冬阳*** 校

## 一、两德统一作为催化剂

若更长远地回看行政法学的发展脉络，两德统一，随即波恩共和国更迭为柏林共和国，这样的历史事件（在行政法学史上）虽算不上重大转折，但作为强有力的催化剂，加速、引领并带动了行政法学。这一变化并非突然、毫无征兆地发生，亦非具有颠覆性，而是在研究重点不断向新的法律问题、规则问题和分析方法转移的过程中逐渐凸显出来的。

### （一）两德统一时期的法律

狭义上与两德统一本身相关的法律问题对行政法学的发展变化作

用甚微。在此,两德统一本身并没有留下些许特色印记。例如返还征收的财产曾是重要议题,然而,与此相关的对悬而未决的财产问题进行规定的法律仍是由东德人民代表大会通过的法律,这些法律在过渡时期仍然有效;[1] 行政法学对此并无多大兴趣。[2] 特别是新联邦州的行政[3]和行政法院[4]的重构沿用了旧联邦州的模式。行政重构产生的特殊法律问题对行政法和行政法学产生的影响也很小。在程序加速理念下规划法可能是个例外。为尽可能推动新联邦州的基础设施迅速现代化,道路交通的规划程序得以极大程度地简化,在此,联邦行政法院也被允许获得了一审管辖权。该措施一开始仅在新联邦州内试点实施,[5]却永久影响了之后的道路交通规划法。[6]

## (二) 经济全球化作为行政改革的动力

两德统一对行政法发展的实质意义更在于一般层面,涉及苏联解体对全球产生的多种影响,在这一系列影响中,两德统一仅是局部性事件。特别是伴随阵营对抗结束,经济上的变革激活了行政法学。资本全球化以及与此紧密相连的全球竞争愈加激烈,当前对全球竞争的限

---

1　关于这些法律的产生和实施,参见 Kittke, »20 Jahre Vermögensgesetz: Offene Vermögensfragen und kein Ende?«。

2　例如 Gornig/Horn/Murswiek (Hg.), *Eigentumsrecht und Enteignungsunrecht*。

3　Ruge, *Auf- und Umbau der (Kommunal-) Verwaltungen in den neuen Bundesländern.*

4　Michael Benndorf u. a., *Der Aufbau der Verwaltungsgerichtsbarkeit in den neuen Bundesländern.*

5　1991 年 12 月 16 日颁布的《加速道路交通规划法》。

6　2006 年 12 月 9 日颁布的《加速基础设施建设法》。

制已大为放松。这一变化本身已然削弱了德国国民经济的相对竞争力,[7] 伴随生产力极为低下的新联邦州的加入,联邦德国的生产力更是整体下滑。出于无法避免的社会政治原因,东德马克以一比一的汇率兑换为西德马克,此外,罔顾生产力状况提高工资等做法都使情况更加恶化。德国还承受了建设新联邦州所必需的额外经济负担。面向新州的高额福利严重拖累了公共财政,这部分资金主要依靠借贷维持。[8] 长久被作为典范而受褒奖的"德国模式"下的国民经济由此陷入危机,德国被自己拖累为"欧洲病人"。[9] 这一情况推动了行政法的发展,因为此时财政状况极为糟糕,国家难以履行公共职能。这为行政和行政法朝着行之有效且事半功倍的方向进行改革打开了一扇窗户,英国的撒切尔政府从20世纪80年代起即实施了这类改革,在德国却曾长期遭到反对。[10] 除此之外,在苏联解体后的新自由主义氛围下,经济政策以及与市场自由和纯粹竞争相关的经济法主要是靠欧洲法推动的,这些调整在行政法众多领域的市场经济化过程中得到并持续得到了反映。伴随这些调整,行政法所有直接涉及私主体市场的领域都从根本上进行了与市场相符的变革或重构,如经济行政法、政府采购法、国有企业法、补贴法和生存照顾法。伴随规制法产生了新的法律领域,曾经的生存照顾即国家有责任提供基本物资简化为了一个竞争经济上的特殊问题。行政法的重构很大程度上由经济政治上的划时代变革而引发,相

---

7　Bach/Vesper, *Finanzpolitik und Wiedervereinigung*; Czada, *Vereinigungskrise und Standortdebatte*; Zinsmeister, *Die Finanzierung der deutschen Einheit*. 关于2005年以来的经济复苏,参见 Dustmann u. a., »From Sick Man of Europe to Economic Superstar: Germany's Resurgent Economy«。

8　Bach/Vesper, *Finanzpolitik und Wiedervereinigung*; Zinsmeister, »Die Finanzierung der deutschen Einheit«.

9　Czada, *Vereinigungskrise und Standortdebatte*.

10　Bogumil, »Ökonomisierung der Verwaltung«.

应地,行政法学造就了新的研究范畴与"核心概念",这些成为当时行政法学的标准词汇,如新调控模式、行政协作、规制下的自我规制、共识型规范制定、自由化、民营化、基础设施和保障责任、网状规制等。

接下来简单介绍这一阶段的发展。尽管上述研究主题反映了一些有特点的变化,但毋庸讳言,波恩和柏林共和国的行政法学在整体上是延续而非断裂的。另外,一般行政法、特别行政法和行政诉讼法上的变化、补充和调整的地方比这里所描述的要多。除了下面要论及的行政法的发展以外,像行政法的欧洲一体化[11]、移民法的改革和信息法的产生[12]也值得叙述。但对于行政法传统内容的局部争论,诸如行政行为种类、主观权利保护体系及众所周知的特别行政法的内容,如警察法、建设法、工商业法和地方自治法,这些内容在此不予赘述。

## (三) 增长的国家任务——削弱的法治国

20 世纪的 90 年代延续了两德统一前数十年已显现的普遍趋势,即国家的实际职能和与此相联系的行政活动总体都在扩张。规划法的产生是在这一趋势进程中较早出现的表征之一。[13] 它诞生于对政治能够调控社会进程的普遍乐观的氛围中。出于多种原因,这种认识已经被扭转,原因包括自然资源的普遍有限性,社会意识对环境污染恶果的警觉,以及环保运动对政治讨论的促进。因此,70 年代社会科学中的规划

---

11　对此可参见本文集中弗兰克·绍尔科普夫的文章。

12　Vgl. Kloepfer, *Informationsrecht*.

13　Wahl, *Herausforderungen und Antworten: Das Öffentliche Recht der letzten fünf Jahrzehnte*, S. 45 ff.

论热潮被日益增长的调控怀疑论所取代,[14]调控怀疑论在 80 年代的行政法学中也清晰可见。[15]

90 年代一部被多次援引的文集中有个标题清楚地反映了行政法学的问题意识:"增长的国家任务——削弱的法治国。"[16]尽管标题意有所指,但格林(Grimm)的意思并非说法律由于新型国家职能的出现而完全丧失了调控作用。相反,对这一问题要这样看待,即法律的调控作用是通过削弱法治国而获得的,因其无法再通过秩序法和规划法这些传统的法治国工具而产生。[17] 通过这一判断,格林点出了关键所在,即面对新的研究对象和形势,柏林共和国的行政法学也应作为重点问题来研究。新型的国家职能和履行职能的新手段打破了固有的法治国模式,这一问题以不断变换的形式挑战着行政法学。常需要回答的问题是,面对这些新的形式和工具,能否以及能设定哪些法治国标准,这些标准是否要在法治和宪法意义上有所限缩或者保留。在此意义上,该问题还可延伸为法治国对于等级行政和对于秩序法、规划法究竟意味着什么,过去十年间,行政法学在此的持续争论依次集中于环境法、行政管理改革以及经济行政法。相较于行政法学本身,触发并推动这些争论更多缘于政治上的干预。新型的国家职能主要是立法引入的(如环境保护、采购市场的开放、生存照顾转为对私人供应的规制、保护市场免受国家不正当竞争),或者通过设置与高权等级的行政,或者设置与传统的行政垄断式生存照顾相对的、有效或高效的履行国家职能的方式(如新调控模式、非正式行政行为、行政协作)来实现的。针对行政法形

---

14　Mayntz, »Politische Steuerung: Aufstieg, Niedergang und Transformation einer Theorie«.

15　Schuppert, »Grenzen und Alternativen von Steuerung durch Recht«.

16　Grimm, *Wachsende Staatsaufgaben—sinkende Steuerungsfähigkeit des Rechts*.

17　Grimm, »Der Wandel der Staatsaufgaben und die Krise des Rechts«.

式和实质上的这些变化,行政法学从两方面进行了应对:一方面将新的手段纳入教义学的体系当中,即通过对教义学新范畴如风险和规制等概念进行发展或诠释;另一方面启用了社会科学方法例如风险研究或竞争经济学。

# 二、环境法作为行政法的规则试验场

在80年代的环境法中能够明显看到行政法学研究领域应对变化的这两种方式。在这一时期已经能够观察到与之后在经济行政法领域观察到的相似进程:以社会和政治发展为基础——在法律发展上也有所反映——行政法被赋予了新的任务,其在法律上的转换突破了以往法律手段的结构边界。

## (一) 从危险防止到风险预防法

与环境风险的斗争需要外力干预,即使这意味着其方式和规模的不确定性可能带来损害,因此,干预必须以传统的主流理论对危险程度的衡量标准为依据。此外,环境标准的确定越来越依赖于知识本身和技术水平的发展状况。同时,风险预防法的规范标准在相当大的程度上依赖于技术专业知识以及积累到一定阶段的科技水平,而在这方面不少被规制的企业和科研往往比行政机关更具有优势。由此,环境法获得了多程序、多层次和动态性的特点。环境标准的起草以及持续更新的过程成本极高,需要环保组织与企业联合组织的参与,还要考虑到科技专业知识的普及程度。相应地,环境标准的确立很大程度上要通过灵活和可迅速进行调整的法律规范、行政法规或非官方的标准来执行,在实践中还常常需要与被规制的企业相互协调。

对行政法的这些新型挑战使环境法成为"整个法秩序的规则试验场"。[18] 在这一领域中发展了新的规则，它虽然有助于攻克环境问题，但是在传统的危险防止范畴中，国家权力和受规制的社会之间的职能泾渭分明，教义学无法容纳这些新的规则。行政法学因此不得不发展新的教义学话语范式和基本原则，以便将新的法律手段体系化，将其合法性纳入法治国和民主国框架中进行考查并对其进行规范。环境法作为一个单独的法律领域，风险和预防这两个概念在其特殊的教义学发展中具有重要影响。[19] 这一过程在柏林共和国初期已得到大力推动。在这方面，90 年代出现过这么一个阶段，其间环境法教义学得到了巩固，[20] 风险调控的视角也转入了其他法规范中，而不再仅仅是狭义的环境法内容。教授资格论文如乌多·迪·法比奥（Udo Di Fabio）的《法治国下的风险判断》（1994）[21]、克里斯蒂安·卡利斯（Christian Callies）的《法治国家与环境国家》（2001）[22]，以及 2003 年国家法大会的讨论主题（"通过行政法进行风险调控：鼓励抑或限制创新？"）[23] 都代表了这一发展。

## （二）从对系统论调控的不信任到调控学的方法论热潮

在环境法的讨论中与非法学学科间的联系也建立了起来，其中对

---

18　Kloepfer, » Zu den neuen umweltrechtlichen Handlungsformen des Staates «, S. 1 Anm. 1；亦参见 Hoffmann-Riem, » Reform des Allgemeinen Verwaltungsrechts als Aufgabe—Ansätze am Beispiel des Umweltschutzes«。

19　Wahl, *Herausforderungen und Antworten : Das Öffentliche Recht der letzten fünf Jahrzehnte*, S. 58.

20　Ebd. , S. 59.

21　Di Fabio, *Risikoentscheidungen im Rechtsstaat*，被誉为开拓性著作的 Wahl, *Herausforderungen und Antworten : Das Öffentliche Recht der letzten fünf Jahrzehnte*, S. 72。

22　Calliess, *Rechtsstaat und Umweltstaat.*

23　Scherzberg/Lepsius, » Risikosteuerung durch Verwaltungsrecht : Ermöglichung oder Begrenzung von Innovationen?«.

社会科学的参考尤为重要。例如 1986 年乌尔里希·贝克的《风险社会》和 1991 年尼克拉斯·卢曼的《风险社会学》是所有文献无不论及的著作。讨论中呈现了一种紧张和不安的情绪。格林著作中的论断，即由于新型国家任务的出现导致法律调控力的下降，也反映了这一情绪。尤其遭受系统论学者怀疑的是，调控手段在一个功能分化的社会中是否还可行。复杂性常常是讨论的重点，且一些文献本身就如同其所描绘的社会一样不甚清晰。[24] 与此相反，政治实践中很少感受到对调控论的怀疑。20 世纪 70 年代以社会学技术手段规划社会的幻想已经破灭。但症结并非在于国家调控，而在于调控战略过于老旧，即国家仅通过公权力手段来实现自己的目标。这种直接的调控手段现在已被（想象中）更明智的、间接的战略所取代，新的战略可以理解为一种对相关的社会子系统自身特性的尊重和发掘。这一看法在行政法学领域也获得了越来越多的赞同，并且成为对现代行政法任务和作用方式进行乐观构想的出发点，现代行政法以新的、间接的调控手段为标志。规制理念随后在柏林共和国以"保障"[25]这一概念来表述，受到了所有其他相关领域的借鉴并提升为"新"行政法的核心概念之一。

20 世纪 80 年代的人们注意到，环境法的规定在相关范围的执行中并未得到遵守，实践中环境保护标准的实施也要依赖行业的配合，配合需以非正式约定的形式维系。这样的现象最初被视为法治化国家中的问题，但对此人们以双重战略应对：一方面对调控手段进行精细化，而另一方面以法律形式承认和禁止一些约定。[26] 协作式的职能履行方式，

---

24　例如 Ladeur, *Das Umweltrecht der Wissensgesellschaft*。

25　Hoffmann-Riem, »Tendenzen der Verwaltungsrechtsentwicklung«, S. 441 f.

26　Rengeling, *Das Kooperationsprinzip im Umweltrecht*; Michael, *Rechtsetzende Gewalt im kooperierenden Verfassungsstaat*; Becker, *Kooperative und konsensuale Strukturen in der Normsetzung*.

甚至合作作为原则,取代相互纠缠,成为讨论的重点。非正式约定由此为社会所接受,行政协议也更多地被利用起来。除了公权力规定并监督实施的环境保护标准以外,企业也将监督机制视为自身义务纳入企业的组织结构中。企业须任命相关专员,创建环境管理系统,评估对环境的影响并在评估后经独立的、非国家性质的环境评估机构公开。在规章规定这一手段外还出现了仿照美国经济中搭积木式的调控手段,虽然一开始只是零星实施:从 1981 年起征收排污费、1999 年针对电力和石油征收环保税、2005 年欧洲强制实行排污交易制度。受欢迎的还有公开义务,如上文提到的环境报告,环保标准的实施动力不再是行政执行,而是企业对其声望受损的担忧。因此对行政法学来说,首先面临的是教义学上的问题,90 年代学者对此进行了广泛且透彻的研究。风险、预防、合作、环保和技术标准在法律渊源学中的分类以及《基本法》新增的第 20a 条都是重要议题。但基本权角度的评价和以法治国标准对新间接调控手段的规范也同样要求得到关注。[27]

环境法对行政法学和社会科学间的关系也影响巨大。此时产生了后来被认定为"新行政法学"或行政法学中的"调控论派"的方法论基础,[28]亦即法学家推动的"以确立法规范为导向的行动和决策学"。[29] 无论在目标还是方法上行政法学都不应再局限于对现行法的解释和体系化,而应是"对行政法规范进行可靠的、符合实践的且与问题相称的设置"[30]的一种探索。"合作""民营化""管理""信息""责任分配""网

---

27　例如 Di Fabio, »Verwaltung und Verwaltungsrecht zwischen gesellschaftlicher Selbstregulierung und staatlicher Steuerung«.

28　Kahl, »Über einige Pfade und Tendenzen in Verwaltungsrecht und Verwaltungsrechtswissenschaft«.

29　Voßkuhle, »Neue Verwaltungsrechtswissenschaft«, Rn. 15.

30　Voßkuhle, »Neue Verwaltungsrechtswissenschaft«, Rn. 71.

络""自我规制"或"保障性国家"等在研究中充当了核心概念。[31]　一般但有所保留地认为,这些概念应与其他社会科学进行交换,以获得在其他领域同样的运用——当然含义会部分地相互重合。现在需要的不是卢曼式的社会学上的万物理论,而是雷娜特·迈因茨(Renate Mayntz)和弗里茨·沙普夫(Fritz Scharpf)的面包与黄油式的社会研究,即对参与者及其行为所做的经验性研究。[32]

## (三) 行政法与行政法学方法论的改革

环境法无疑是一种新的趋势,但是行政和行政法领域也将面临巨变。两德统一后国家哀叹自己不仅背负着财政上的重担,还面临着全球范围内更为激烈的国家竞争。解除国家干预、自由化和民营化成了政治指导方针。基民盟和自民党联合执政认为国家需要"瘦身",[33]但是随后社民党与绿党的联合却成为对"主动型国家"满意的典范,[34]主动型国家并非对所有事项亲力亲为,而是激活并引导社会解决问题。这对于行政至少在局部领域意味着行政职能及其履行的民营化以及企业管理式的现代化。但解除国家干预带来了不少新的监督任务,多数情况下,尽管转向民营化,国家仍保留了监督和影响的可能性,以便在民营化条件下仍能实现公益目的。所以,在国家亲力亲为和国家完全隐退这两种做法之间生成了广阔且性质不一的中间地带,为此"保障责任"这一概念被确立下来。[35]　行政法学现在投入了大量精力,将不同形式的民营化和不同的保障责任方式进行类型化,以便将行政活动的新

---

31　Voßkuhle, »Neue Verwaltungsrechtswissenschaft«, Rn. 41 ff.

32　Ebd. , Rn. 20.

33　可参见专家委员会编著的有关"瘦身国家"的总结报告。

34　Bogumil, »Verwaltungsmodernisierung und aktivierender Staat«.

35　Weiß, *Privatisierung und Staatsaufgaben*; Franzius, *Gewährleistung im Recht*.

形式纳入教义学中来。[36] 在行政组织方面以"新公共管理"为蓝本发展了"新调控模式"。对地方和自行政主体来说,最为重要的是用企业管理式的产出型调控来补充传统的、通过预算分配和监督进行的投入型调控。[37] 值得注意的是,行政法学结构尚未统一,但其中的一般性和结构性问题被如此热烈地讨论和发掘,将学科整体结合在了一起。通过成立"行政法改革"工作组,沃尔夫冈·霍夫曼-瑞姆和埃伯哈德·施密特-阿斯曼发起的讨论无疑是其中不可低估的部分。[38] 讨论在 2006—2009 年出版的《行政法基础》[39]手册中达到高潮,尽管各派观点林立,该书仍作出了令人印象深刻的综述和思考。行政法学方法论中持续的争议点便是,如何看待调控学论点,如何看待接受社会科学因果论的调控学论点与具备诠释学特点的法教义学方法——其首先指向对实证法规范性的具体理解——的关系。2007 年主题为"处于经典教义学式理解与调控学式需求之间的行政法"的国家法学大会对这一问题进行了争论,[40]其中不少调控学方法的支持者强调,这更是一个补充或是法学方

---

36　Voßkuhle, » Beteiligung Privater an der Wahrnehmung öffentlicher Aufgaben und staatliche Verantwortung «; Schulze-Fielitz, » Grundmodi der Aufgabenwahrnehmung «; Eifert, » Regulierungsstrategien «; Franzius, » Modalitäten und Wirkungsfaktoren der Steuerung durch Recht «.

37　Oebbecke/Burgi, »Selbstverwaltung angesichts von Europäisierung und Ökonomisierung«. 在这方面的成果典范可参见 Bogumil/Grohs/Kuhlmann, »Ergebnisse und Wirkungen kommunaler Verwaltungsmodernisierung in Deutschland«,一方面对公民来说更为便利和灵活,另一方面也产生了明显的等级再造趋势。

38　该项工作在关于行政法改革的著作中有记录;其中卷一还发表了纲领式序言: Hoffmann-Riem/Schmidt-Aßmann/Schppert ( Hg. ), *Reform des Allgemeinen Verwaltungsrechts*; 可参见 Hoffmann-Riem, »Reform des Allgemeinen Verwaltungsrechts als Aufgabe—Ansätze am Beispiel des Umweltschutzes«。

39　Hoffmann-Riem/Schmidt-Aßmann/Voßkuhle ( Hg. ), *Grundlagen des Verwaltungsrechts*, 3 Bde.

40　Appel/Eifert, »Das Verwaltungsrecht zwischen klassischem dogmatischem Verständnis und steuerungswissenschaftlichem Anspruch«.

法的开放，而非对教义学的消除。[41]　这种"开放式教义学"目前似乎在公法领域得到了复兴；[42]"通过国际化和跨学科化开放公法学研究方法"便是 2014 年国家法学大会的讨论主题之一。[43]

# 三、欧洲单一市场发展结果：经济行政法的重构

行政法学的发展在 20 世纪 90 年代已获得了巨大推动并在环境法中继续向前发展，柏林共和国又开启了新的发展，增加经济行政法作为新的具有自己特点的法律领域。这一过程对相关法律领域的内容调整产生了几近天翻地覆的影响，就像危险防止法通过环境法的细化而经历的变化一样。

## （一）职业保护、危险防止与预算经济

经济行政法在这一重构过程中主要涉及两个领域。其一涉及以危险防止为主要目标的工商管理法，其中工商管理一般法为核心法，还包括一些细化的特殊工商管理法，如手工业法和餐饮业法。符合法规范设想的工商管理法在法教义学上的核心设计理念是可信赖和专业化。通过这些理念，工商管理法一方面实现着危险防止法上的目标，即试图对工商业经营者在可信赖和专业化两方面提出要求，以防止违法和损害法益情况的发生；但另一方面，工商业管理法一直带着过去遗留下来的对职业保护的设想，即通过法规范保障高质量从业或通过设立市场

41　Schmidt-Aßmann, *Verwaltungsrechtliche Dogmatik*, S. 18 ff.

42　von Bogdandy, *Deutsche Rechswissenschaft im europäischen Raum*; Kirchhof/Magen/Schneider, *Was weiß Dogmatik?*; Schmidt-Aßmann, *Verwaltungsrechtliche Dogmatik*, S. 18 ff.

43　Röhl/von Arnauld, »Öffnung der öffentlich-rechtlichen Methode durch Internationalität und Interdisziplinarität«.

准入标准保护某一行业的运转效率。其二涉及国家参与或引导市场的法律规定,即补贴法、政府采购法和国有企业法,这些仍得先遵循预算法上的目标设定。这一领域的核心任务便是确保为参与和引导市场而采取的国家手段的俭省和经济性。因为这些设定主要以保护国家财政体系为目标,因此这类法律规范属于不可诉的国家内部法。

由于实现欧洲单一市场在越来越广泛的范围得到推动,两个领域——危险防止法意义上的工商管理法及预算法构想上的国家参与市场和引导市场的法律——得到了彻底的新的调整。[44] 现在货物和服务的自由流动和欧洲范围的纯粹竞争取代了危险防止和经济化跻身为规范制定的重要目标。在这一发展过程中,整个经济行政法愈加按照新自由主义对自由和高效运转市场的要求进行了改造。这至少触碰了原来工商管理法规范的基本设想。人们会注意到对欧洲竞争者的准入限制降低了,特别是当限制曾更多服务于保护免于竞争而非危险防止的时候。因此,在2004年手工业法自由化大修订中,维护"手工业的高效运转"这一立法目标被删去,保护他人健康和生命以及保障高质量培养成为重要目标。[45] 同时,强制许可类手工业种类予以减少,工匠资格考试的必要性通过设置诸多例外而被大大限制。因此,从职业保护到消费者保护的过渡虽未完全但也已经广泛进行了。

在国家参与和引导市场方面,单一市场得到了更加成功且彻底的贯彻。国家在这些领域进行活动,长期以来被视作国家经济政策领域的合法行为,自由良性竞争并不具有支配地位。在长期对抗中,自20

---

44  行政法的欧洲一体化可参见 Wahl, *Herausforderungen und Antworten: Das Öffentliche Recht der letzten fünf Jahrzehnte*; Wahl, »Die zweite Phase des Öffentlichen Rechts in Deutschland«; Wahl, »Zwei Phasen des Öffentlichen Rechts nach 1949«。

45  2013年12月24日颁布的《第三项修改手工业规定和其他手工业法规范的法律》,载《联邦法律公报》2003年第1卷,第2934及以下诸页。

世纪 80 年代撒切尔新自由主义开始,对经济政治政策干预的积极态度逐渐产生了变化。一些国家行为愈发显得不再属于国家经济政策的保留范围,如国家对私企进行补贴,国家投资建立可能通过行政垄断躲避竞争的国有企业,以及主要从国内企业采购货物和服务以履行国家职能。从欧盟法角度观察,这些行为明显给单一市场带来了威胁,因为这给成员国提供了借口,给予本国企业优于欧盟其他成员国的对待或者排除来自欧盟其他成员国恼人的竞争。欧盟逐步开始通过派生法规范抵挡经济政策干预单一市场而产生的阻碍,或至少将其限制在实现其政治目的的必要范围内。

## (二)从生存照顾到规制法:网状产业的自由化与民营化

这一过程最为明显的结果便是规制法作为一个独立法律领域产生了。规制法规范的对象主要是从前给付行政的特定领域,在这些领域国家通过设立国有企业亲自提供网状基础设施,特别是邮政、电信、铁路和能源。这些事业关乎公共服务,从经济的角度看,它们由私营经济企业提供也是有益的,但是德国传统上将公共服务视为国家照顾职能并通过行政垄断保护其免于私主体竞争。然而从美国经验看,所谓的规制行业[46]并不陌生,网状产业没有国家特权提供的保护也会向垄断市场方向发展,因为对潜在竞争者来说重复建设网络基础设施并不划算,网络所有者只要不准竞争者利用其网络即可有效将其排除在市场之外。如果想在私主体竞争者之间建立市场,而不是简单以私主体垄断代替国家垄断,那么除了取消行政垄断外还需做出更多努力。[47] 相应

---

46 参见 Lepsius, »Regulierungsrecht in den USA: Vorläufer und Modell«。

47 Kerber, »Regulierungstheorie aus ökonomischer Sicht«, S. 317 ff.

地,欧共体——以《欧共体条约》第 86 条和促进单一市场的授权为基础——自 1990 年开始通过三次推动首先实现了相关市场全部或部分的自由化,这意味着取消了因行政垄断而受益的国有企业,然后再进行规制,即建立了一个强制网络接入的公共制度。[48] 这将涉及由一个特别机构——联邦网络局——以行政法手段进行的市场规制。经济行政法的新任务是以实现市场高效运转或进行改善为目的解决传统卡特尔法所提出的问题。规制法在这一意义上与工商管理法相反,遵循的不是危险防止法而是竞争法上的目标,迄今为止这其实是卡特尔法的专属任务。然而在规制法中仅为实现市场高效运转的竞争法意义上的目的得到了进一步的补充,即为了实现公益目的,特别是对全面、合理的基本照顾的保障。[49]

和环境法一样,规制法也发展出了专属概念,以便对各种规范内容进行全面的体系化。在这方面以米夏埃尔·费林(Michael Fehling)和马蒂亚斯·鲁费特(Matthias Ruffert)为首的团队在 2010 年编写的手册《规制法》是巩固规制法独立地位的重要一步。[50] 规制法的教义学核心范畴[51]出现了以网络接入规制[52]、价格规制[53]和普遍服务为名的制度。[54] 这些教义学

---

48　Ruffert, »Völkerrechtliche Impulse und Rahmen des Europäischen Verfassungsrecht«, Rn. 40 ff.

49　《电信法》第 78 条、《邮政法》第二章及以下条款、《电力和燃气供应法》第 36 条。

50　Fehling/Ruffert, *Regulierungsrecht*.

51　亦参见 Masing, »Zur Möglichkeit und Notwendigkeit übergreifender Grundsätze der Netzregulierung«。

52　《电信法》第 16 条及以下条款、《电力和燃气供应法》第 20 条及以下条款、《一般铁路法》第 14 条。

53　《邮政法》第 19 条及以下条款、《电信法》第 30 条及以下条款、《电力和燃气供应法》第 21 条及以下条款、《电信法》第 39 条、《一般铁路法》第 12 条、《电力和燃气供应法》第 39 条;此处可参见 Fetzer, »Netzzugangsregelungen«; Fetzer, »Entgeltregulierung«。

54　Korte, »Indienstnahme«, Rn. 23 ff.

概念也反映出规制法处于一个竞争法与行政法的中间地带。从形式上看行政规制命令是行政行为,但是从内容上看还包含调整竞争者之间私法关系的部分。为规制法建立一个自己的关系网这一做法显示出,此时规制法已确立为经济行政法中的独立法律领域了。在这种不同关系的勾连中也反映出规制法在公法和私法之间的中间位置,因为它受到私法和公法学者同等程度的关注。在此基础上公法研究路径相应地被加强,因其强调公权力干预、民主正当的必要性以及公益目的的开放性,并且支持运用行政法学上的概念,如(受规划法启发的)规制裁量,更确切地说还运用了私法上的一些观点,即以竞争自由性和市场运行条件作为中心议题。

网状经济规制法作为规制法的核心已被广泛认可,与此同时行政法学展开了热烈讨论,规制法框架是否应该包含更为普遍的内容并且用于理解其他法律领域。例如《规制法》一书除了联邦网络局职责范围相关的法律领域外,还讨论了媒体、废物处理、供水、卫生基础设施、高等教育和金融市场等领域的规制。但这种扩展需要一个与网状经济产业垄断这一特殊问题相分离的规制概念,能够更加抽象地表述其含义,比如通过(公权力)对竞争施加影响的方式履行公共职能。[55] 在此基础上,建议将经济行政法领域中遵循竞争法目的而非危险防止法目的的部分整体上视为公共竞争法,并且区分不同竞争关系进行研究。[56] 无论如何,网状经济规制研究产生了这样的结果,即行政法学对竞争市场及

---

[55] 也许可以这样总结鲁费特在"(规制)概念"一文第 58 行所作的界定,即行政对经济因素的影响,目的在于提供或保持竞争条件,或者保障其中的公共利益。在 Kirchhof/Korte/Magen 编著的《公共竞争法》中,竞争与规制法及其他经济公法内容间的关联是中心议题。对规制法概念的这一讨论也是规制法科学联合会成立大会的主题;可参见 Säcker/Schmidt-Preuß(Hg.), *Grundsatzfragen des Regulierungsrechts*。

[56] Kirchhof/Korte/Magen u. a., *Grundlagen des Öffentlichen Wettbewerbsrechts*.

其运作条件更为熟悉,[57]竞争作为一种公法上实现公共利益的可能手段被确立了下来。[58]

## (三)政府采购法中的公共采购程序:以竞争为导向的法律化

柏林共和时代政府采购法与规制法几乎同时成了独立的法律领域,它的发展也同样得到了欧盟派生法的推动。这一推动归功于成员国在政府采购方面的货物自由政策的实施。国家采购不仅仅是出于保障行政活动的目的在市场上以低价购置必需品和服务,而且还是一种典型的经济周期政策手段,传统上也被成员国认为是促进国内经济的手段。相应地,各成员国向欧盟其他成员国企业采购的兴趣不大。同时,采购市场对国民经济意义重大。2014 年欧洲范围内国家采购量(不计国防和国家保障方面)占国内生产总值的 13%。[59] 政府采购法应承担起向欧盟其他成员国开放极为封闭的国内采购市场的任务。[60]

在欧盟进行干预之前,德国虽然已经制定了采购法规,但这些规定属于国内法,并未向不占优势地位的竞争者提供权利救济的可能。由于采购程序不受重视,投标人的职业自由也未被认为遭受侵害。[61] 欧盟采购法通过赋予潜在投标人广泛的法律主体地位,设置有效的权利救济途径,一定程度上扭转了这一情形。采购法规范在这些方面的内容

---

57　仅参见 Fehling/Ruffert ( Hg. ), *Regulierungsrecht*; Säcker/Schmidt-Preuß ( Hg. ), *Grundsatzfragen des Regulierungsrechts*。

58　Eifert, »Regulierungsstrategien«, Rn. 110 ff.; Potacs/Kersten, »Herstellung von Wettbewerb als Verwaltungsaufgabe«.

59　Directorate-General for Internal Market, Industry, Entrepreneurship and SMEs, Public Procurement Indicators 2014.

60　Fuchs, »Öffentliche Vergabe«, Rn. 18.

61　BVerfGE 116, S. 135 (S. 149 ff.).

主要是公法上的行政程序,即如何挑选公权力机构的私主体合作伙伴的程序。[62] 在这一方面,采购法和网状经济规制法有相通之处,都联结了私法和公法两大领域。公法意义上的采购程序完成的标志是私法中的承诺表示,即中标。采购法的目标设立也在欧盟法的影响下发生了变化。对竞争者和采购市场竞争的保护成为现在的主要议题。[63] 采购法展现出了又一个和网状经济规制法的相通之处,即采购法的核心也是对竞争过程的规制,这里规制的是行政权在私人商品市场的需求行为。但采购法常常保护彼此相互矛盾的利益,例如环境保护与经济发展,如何处理这种目标相冲突的情况,是行政法学研究的重要内容。[64]

### (四) 公共职能履行的民营化和公私合作关系

电信和邮政事业民营化属于彻底的国家职能民营化,国家自身不再提供电信和邮政服务。而如德国铁路仅由私营企业形式运营,它的民营化停留在形式意义上,德国继续作为德国铁路公司的单独所有权人负责其涉及国家行政职能的活动。民营化现象的意义远超过从前的国家网状经济产业,更确切地说是国家职能履行方式的一个彻底转变。[65] 国家职能履行在各个领域无不受到波及。在彻底的民营化之处,国家不再负责实现利益,但在形式和功能民营化之处国家仍得负责,也仍保留在行政法学的研究范围之中。这一点不仅适用于以私法尤其是公司法上的行为和组织方式来执行国家任务的形式民营化,还适用于

---

62　Vgl. §§ 119 ff. GWB.

63　Fuchs, »Öffentliche Vergabe«, Rn. 3.

64　Puhl, »Der Staat als Wirtschaftssubjekt und Auftraggeber«.

65　Schulze-Fielitz, » Grundmodi der Aufgabenwahrnehmung «, Rn. 91 ff. ; Eifert, »Regulierungsstrategien«, Rn. 47 ff.

功能民营化,即把履行国家职能的部分辅助工作转移给私营企业。柏林共和国时期的行政法学对这两种形式的民营化展开了深入讨论。[66]行政任务不再由单一主体并且以公法的形式执行,这一决定背后往往隐藏着经济上的考虑,特别是隐藏了这样的期待,即私服务提供者能够更高效地执行公共任务,以更优惠的价格提供服务。通过执行公共任务方面的功能民营化,采购法的适用范围也被极大地扩展了,因为委托私主体提供服务原则上要求强制招标。[67]国家和私主体之间的合作也常以公私合营企业形式开展,包括公权力控制的私营企业形式,或公权力参与、私主体控制的私营企业形式。由此产生了兼具私法形式和公法责任的主体,行政法学的研究致力于对这一问题的分析和解决。

## 四、结语

虽然两德统一相关法律问题本身对行政法学发展影响甚微,但由苏联解体触发的新自由主义经济全球化导致了国家活动的经济化和民营化,这一情况使行政法产生了深刻变化。在环境法这个"行政法的规则试验场"中,行政法学已经在如何规范国家的新任务和履行任务的新形式方面得到了训练,这对行政法学发展很有益处。行政法学在跟进、参与和批评其研究对象的外部变化方面已十分在行,并且吸收了社会科学的研究成果和研究方法,将其纳入自己的方法论中来。于是有两个主题对柏林共和时代的行政法学产生了显著影响:第一是以经济理

---

66　Burgi, *Funktionale Privatisierung und Verwaltungshilfe*; Burgi, » Privatisierung öffentlicher Aufgaben: Gestaltungsmöglichkeiten, Grenzen, Regelungsbedarf«.

67　Fuchs, »Öffentliche Vergabe«, Rn. 6.

性为导向,在履行国家职能手段和战略方面的重新调整;第二是由欧盟
法推动,按竞争的要求对经济公法的重构。

## 参考文献

Ivo Appel, Martin Eifert,»Das Verwaltungsrecht zwischen klassischem dogmatischen Verständnis und steuerungswissenschaftlichem Anspruch«, in: *Veröffentlichungen der Vereinigung der Deutschen Staatsrechtslehrer* 67 (2008), S. 226 – 366.

Stefan Bach, Dieter Vesper,»Finanzpolitik und Wiedervereinigung: Bilanz nach 10 Jahren«, in: *Vierteljahrshefte zur Wirtschaftsforschung* 69 (2000), S. 194 – 224.

Michael Benndorf, Michael Sauthoff, Bert Schaffarzik, Hartmut Schwan,»Der Aufbau der Verwaltungsgerichtsbarkeit in den neuen Bundesländern«, in: *Landes- und Kommunalverwaltung* (2010), S. 449 – 459.

Florian Becker, *Kooperative und konsensuale Strukturen in der Normsetzung*, Tübingen 2005.

Jörg Bogumil,»Verwaltungsmodernisierung und aktivierender Staat«, in: *Perspektiven des demokratischen Sozialismus* (2002), S. 43 – 65.

—,»Ökonomisierung der Verwaltung«, in: *Politische Viertelsjahresschrift*, Sonderheft 34 (2004), S. 209 – 231.

—, Stephan Grohs, Sabine Kuhlmann,»Ergebnisse und Wirkungen kommunaler Verwaltungsmodernisierung in Deutschland—Eine Evaluation nach zehn Jahren Praxiserfahrung«, in: *Politische Vierteljahresschrift*, Sonderheft 37 (2006), S. 151 – 184.

Martin Burgi, *Funktionale Privatisierung und Verwaltungshilfe*, Tübingen 1999.

—,»Privatisierung öffentlicher Aufgaben: Gestaltungsmöglichkeiten, Grenzen, Regelungsbedarf«, in: *Verhandlungen des 67. Deutschen Juristentages Erfurt 2008, Bd. I: Gutachten Teil D*, München 2008.

Christian Calliess, *Rechtsstaat und Umweltstaat*, Tübingen 2001.

Roland Czada,»Vereinigungskrise und Standortdebatte: Der Beitrag der

Wiedervereinigung zur Krise des westdeutschen Modells«, in: *Leviathan* 26 (1998), S. 24 - 59.

Udo Di Fabio, *Risikoentscheidungen im Rechtsstaat*, Tübingen 1994.

—, »Verwaltung und Verwaltungsrecht zwischen gesellschaftlicher Selbstregulierung und staatlicher Steuerung«, in: *Veröffentlichungen der Vereinigung der Deutschen Staatsrechtslehrer* 56 (1996), S. 235 - 282.

Christian Dustmann, Bernd Fitzenberger, Uta Schönberg, Alexandra Spitz-Oener, »From Sick Man of Europe to Economic Superstar: Germany's Resurgent Economy«, in: *Journal of Economic Perspectives* 28 (2014), S. 167 - 188.

Martin Eifert, » Regulierungsstrategien «, in: Wolfgang Hoffmann-Riem, Eberhard Schmidt-Aßmann, Andreas Voßkuhle ( Hg. ), *Grundlagen des Verwaltungsrechts*, Bd. *I*, München ²2012, S. 1319 - 1394.

Michael Fehling, Matthias Ruffert ( Hg. ), *Regulierungsrecht*, Tübingen 2010.

Thomas Fetzer, » Netzzugangsregelungen «, in: Gregor Kirchhof u. a. ( Hg. ), *Öffentliches Wettbewerbsrecht*, Heidelberg 2014, S. 283 - 328.

—, »Entgeltregulierung«, in: Gregor Kirchhof u. a. ( Hg. ), *Öffentliches Wettbewerbsrecht*, Heidelberg 2014, S. 329 - 361.

Claudio Franzius, *Gewährleistung im Recht*, Tübingen 2009.

—, »Modalitäten und Wirkungsfaktoren der Steuerung durch Recht«, in: Wolfgang Hoffmann-Riem, Eberhard Schmidt-Aßmann, Andreas Voßkuhle ( Hg. ), *Grundlagen des Verwaltungsrechts*, Bd. *I*, München ²2012, S. 179 - 257.

Claudia Fuchs, »Öffentliche Vergabe«, in: Gregor Kirchhof u. a. ( Hg. ), *Öffentliches Wettbewerbsrecht*, Heidelberg 2014, S. 477 - 523.

Gilbert H. Gornig, Hans-Detlef Horn, Dietrich Murswiek ( Hg. ), *Eigentumsrecht und Enteignungsunrecht. Analysen und Beiträge zur Vergangenheitsbewältigung*, Berlin 2012.

Dieter Grimm ( Hg. ), *Wachsende Staatsaufgaben-sinkende Steuerungsfähigkeit des Rechts*, Baden-Baden 1990.

—, »Der Wandel der Staatsaufgaben und die Krise des Rechts«, in: Dieter Grimm ( Hg. ), *Wachsende Staatsaufgaben—sinkende Steuerungsfähigkeit des Rechts*, Baden-Baden 1990, S. 291 - 306.

Wolfgang Hoffmann-Riem,»Reform des Allgemeinen Verwaltungsrechts als Aufgabe-Ansätze am Beispiel des Umweltschutzes«, in: *Archiv des öffentlichen Rechts* 115 (1990), S. 400 - 447.

—,»Tendenzen der Verwaltungsrechtsentwicklung«, in: *Die Öffentliche Verwaltung* (1997), S. 433 - 442.

Wolfgang Hoffmann-Riem, Eberhard Schmidt-Aßmann, Gunnar Folke Schuppert (Hg.), *Reform des Allgemeinen Verwaltungsrechts*, Baden-Baden 1993.

—, Eberhard Schmidt-Aßmann, Andreas Voßkuhle (Hg.), *Grundlagen des Verwaltungsrechts*, Bd. I - III, München 2006/2008/2009 (2012/2012/2013).

Karl-Heinz Ladeur, *Das Umweltrecht der Wissensgesellschaft*, Berlin 1995.

Martin Leschke,»Regulierungstheorie aus ökonomischer Sicht«, in: Michael Fehling, Matthias Ruffert (Hg.), *Regulierungsrecht*, Tübingen 2010, S. 281 - 331.

Wolfgang Kahl,» Über einige Pfade und Tendenzen in Verwaltungsrecht und Verwaltungsrechtswissenschaft-Ein Zwischenbericht «, in: *Die Verwaltung* 42 (2009), S. 463 - 500.

Gregor Kirchhof, Stefan Korte, Stefan Magen (Hg.), *Öffentliches Wettbewerbsrecht. Neuvermessung eines Rechtsgebiet*, Heidelberg 2014.

—, Stefan Korte, Stefan Magen u. a.,»Grundlagen des Öffentlichen Wettbewerbsrechts«, in: Gregor Kirchhof u. a. (Hg.), *Öffentliches Wettbewerbsrecht*, Heidelberg 2014, S. 85 - 107.

—, Stefan Magen, Karsten Schneider (Hg.), *Was weiß Dogmatik?*, Tübingen 2012.

Horst-Dieter Kittke,»20 Jahre Vermögensgesetz: Offene Vermögensfragen und kein Ende?«, in: *Landes- und Kommunalverwaltung* (2010), S. 464 - 466.

Michael Kloepfer,»Zu den neuen umweltrechtlichen Handlungsformen des Staates«, in: *JuristenZeitung* (1991), S. 737 - 744.

—, *Informationsrecht*, München 2002.

Stefan Korte,» Indiensnahme «, in: Gregor Kirchhof u. a. (Hg.), *Öffentliches Wettbewerbsrecht*, Heidelberg 2014, S. 431 - 473.

Oliver Lepsius, »Regulierungsrecht in den USA: Vorläufer und Modell«, in: Michael Fehling, Matthias Ruffert ( Hg. ), *Regulierungsrecht*, Tübingen 2010, S. 1 – 75.

Johannes Masing, »Zur Möglichkeit und Notwendigkeit übergreifender Grundsätze der Netzregulierung«, in: Jörn Lüdemann u. a. ( Hg. ), *Telekommunikation*, *Energie*, *Eisenbahn*, Tübingen 2008, S. 155 – 178.

Renate Mayntz, »Politische Steuerung: Aufstieg, Niedergang und Transformation einer Theorie«, in: Klaus von Beyme u. a. ( Hg. ), *Politische Theorien in der Ära der Transformation*, Opladen 1996, S. 148 – 168.

Lothar Michael, *Rechtsetzende Gewalt im kooperierenden Verfassungsstaat*, Berlin 2002.

Janbernd Oebbecke, Martin Burgi, »Selbstverwaltung angesichts von Europäisierung und Ökonomisierung «, in: *Veröffentlichungen der Vereinigung der Deutschen Staatsrechtslehrer* 62 ( 2003 ), S. 366 – 476.

Michael Potacs, Jens Kersten, »Herstellung von Wettbewerb als Verwaltungsaufgabe«, in: *Veröffentlichungen der Vereinigung der Deutschen Staatsrechtslehrer* 69 ( 2011 ), S. 252 – 363.

Thomas Puhl, »Der Staat als Wirtschaftssubjekt und Auftraggeber«, in: *Veröffentlichungen der Vereinigung der Deutschen Staatsrechtslehrer* 60 ( 2001 ), S. 456 – 512.

Hans-Werner Rengeling, *Das Kooperationsprinzip im Umweltrecht*, Köln 1988.

Hans Christian Röhl, Andreas von Arnauld, » Öffnung der öffentlich- rechtlichen Methode durch Internationalität und Interdisziplinarität: Erscheinungsformen, Chancen, Grenzen «, in: *Veröffentlichungen der Vereinigung der Deutschen Staatsrechtslehrer* 74 ( 2015 ), S. 7 – 114.

Matthias Ruffert, » Begriff [ der Regulierung ] «, in: Michael Fehling, Matthias Ruffert ( Hg. ), *Regulierungsrecht*, Tübingen 2010, S. 332 – 361.

—, » Völkerrechtliche Impulse und Rahmen des Europäischen Verfassungsrechts «, in: Michael Fehling, Matthias Ruffert ( Hg. ), *Regulierungsrecht*, Tübingen 2010, S. 95 – 142.

Kay Ruge, »Auf- und Umbau der ( Kommunal-) Verwaltungen in den neuen

Bundesländern«, in: *Landes- und Kommunalverwaltung* (2010), S. 460 - 464.

Sachverständigenrat› Schlanker Staat‹ (Hg.), *Abschlussbericht*, Bonn 1997.

Arno Scherzberg, Oliver Lepsius, »Risikosteuerung durch Verwaltungsrecht: Ermöglichung oder Begrenzung von Innovationen?«, in: *Veröffentlichungen der Vereinigung der Deutschen Staatsrechtslehrer* 63 (2004), S. 214 - 343.

Eberhard Schmidt-Aßmann, *Verwaltungsrechtliche Dogmatik*, Tübingen 2013.

Helmuth Schulze-Fielitz, » Grundmodi der Aufgabenerfüllung «, in: Wolfgang Hoffmann-Riem, Eberhard Schmidt-Aßmann, Andreas Voßkuhle (Hg.), *Grundlagen des Verwaltungsrechts*, Bd. *I*, München 2012, S. 823 - 902.

Gunnar Folke Schuppert, »Grenzen und Alternativen von Steuerung durch Recht«, in: Dieter Grimm (Hg.), *Wachsende Staatsaufgaben-sinkende Steuerungsfähigkeit des Rechts*, Baden-Baden 1990, S. 217 - 249.

Andreas Voßkuhle, »Beteiligung Privater an der Wahrnehmung öffentlicher Aufgaben und staatliche Verantwortung «, in: *Veröffentlichungen der Vereinigung der Deutschen Staatsrechtslehrer* 62 (2003), S. 266 - 335.

—, »Neue Verwaltungsrechtswissenschaft«, in: Wolfgang Hoffmann-Riem, Eberhard Schmidt-Aßmann, Andreas Voßkuhle (Hg.), *Grundlagen des Verwaltungsrechts*, Bd. *I*, München ²2012, S. 1 - 61.

Rainer Wahl, *Herausforderungen und Antworten: Das Öffentliche Recht der letzten fünf Jahrzehnte*, Berlin 2006.

—, »Die zweite Phase des Öffentlichen Rechts in Deutschland: Die Europäisierung des Öffentlichen Rechts«, in: *Der Staat* 38 (1999), S. 495 - 518.

—(2003), » Zwei Phasen des Öffentlichen Rechts nach 1949 «, in: Ders., *Verfassungsstaat. Europäisierung. Internationalisierung*, Frankfurt am Main 2003, S. 411 - 45.

Wolfgang Weiß, *Privatisierung und Staatsaufgaben*, Tübingen 2002.

Florian Zinsmeister, »Die Finanzierung der deutschen Einheit«, in: *Vierteljahrshefte zur Wirtschaftsforschung* 78 (2009), S. 146 - 160.

# 至少掌控了变革

## ——柏林共和时代的社会法(学)*

〔德〕亚历山大·格拉泽尔** 著

娄宇*** 译 苏李**** 校

## 一、概述

探讨法律科学非常有必要观察其研究对象,即法律。而在观察法律的时候又很容易忽视法律规范指向的社会现实。然而,所有这一切交织在一起时,又将从何开始呢? 本文探讨的核心问题是作为实定法的社会法的发展。社会现实仅用来评价社会法,社会法法理需要在综合社会法实定法和社会现实的基础上来考察。在这一过程中还会涉及其他一些无法严格界分的问题,比如国情,比如社会法作为独立法律部门在形式上的发展,等等。

* 作者感谢约翰内斯·雷伯(Johannes Reber)先生(当时还是医学专业学生)提供的社会法文献以及拉里萨·博尔科夫斯基(Larissa Borkowski)女士提供的调研报告和有益的批评意见。

** 亚历山大·格拉泽尔(Alexander Graser),生于1970年,先后于康斯坦茨大学、牛津大学、哈佛大学学习法律,2000年获得博士学位,2006年获得教授资格。2010年起任雷根斯堡大学公法、欧盟法教授,兼任柏林赫尔梯行政学院研究员。

*** 娄宇,河北沧州人,德国法兰克福大学法学博士,中国社会科学院经济学博士后,现任中国政法大学民商经济法学院教授,社会法研究所所长。主要研究领域:劳动与社会保障法律与政策。

**** 苏李,河南焦作人,德国科隆大学法学博士候选人。主要研究领域:劳动法与社会保障法。

本文本着纯粹务实的思路,从研究对象的特征和背景展开论证。社会法实定法方面的研究很多,但是抛开社会法学的知识也许并无太多重要的东西可以展开。另外,这个系列研究带有鲜明的法学取向,"社会现实"并非关注的焦点问题。当然,就算这个概念再不清晰,也比超边际引用好得多。

## 二、实定法

毫无疑问,在柏林共和国最初的 25 年中,作为实定法的社会法一直处于变革当中,变革之剧烈肯定超过之前的时期,可能也胜于之后的时期,这一时期总结出的一些问题似乎后世也没有得到解决。打上了时代烙印的社会挑战和之前引发的剧烈争议,以及后世依旧被证明具有决定意义的立法改革是这一时期的鲜明特征。人口老龄化、医疗费用飙升、劳动环境的变迁,社会政策的辩论与改革都围绕着这三个议题展开。[1] 虽然这些辩论和改革主要发生于国内政治环境中,但是也许令人感到惊奇的是,人们也有意识地将国际环境考虑在其中:由于附加工资成本和税收负担过重,德国企业为了保持竞争优势不得不把工厂移至国外,这引发了德国人的忧虑,[2] 同样令人忧虑的是,过高的福利待遇同时吸引着外国人向德国移民。[3] 相应地,应对上述社会挑战的政策空

---

1　参见 Stolleis, *Geschichte des Sozialrechts in Deutschland*, S. 318 – 320。

2　参见 Zänker, *Der bankrotte Sozialstaat*, S. 206。该书第73 及以下诸页详细介绍了对社会国的批判,预言了社会国的危机和未来;也可参见 Pfaff/Pfaff, »Der Sozialstaat als Standortfaktor«。

3　关于"福利磁力"(Welfare Magnetism)问题的讨论参见 Peterson/Rom, *Welfare Magnets*; Razin/Wahba, *Welfare Magnet Hypothesis*, S. 3。欧盟文件中首次使用了"福利磁力"的概念。

间很狭窄,因此社会福利国家在国际竞争中发展潜力有限,往往处于守势,[4]在大多数改革的讨论中,解构主义或至少是提高效率的假设占据主导地位,[5]这比较明显地反映在医疗保险、养老保险和最低生活保障领域的改革讨论中。在健康政策中,引入旨在划清团结原则和市场功能界限的竞争理念是具有决定性的变革,其在根本上改变了先前的体制并引发了一系列的后续改革。[6]

养老保障领域关注的是,在未来财务可持续性的基础上,在立法体系中实现基本生存保障的原则以及不降低现有的待遇水平。[7] 要在纵深的层面上实现有力的保障可能还要依赖国家补贴的商业养老保险计划[8],这在当时世界范围内可能是一个大趋势,[9]但是回过头来看,却也是差强人意。[10] 更加令人印象深刻的是在议会外的哈茨委员会推进的

---

4 这方面一个突出的例子是 Leibfried/Pierson,»Halbsouveräne Wohlfahrtsstaaten«,S. 1457,提及了"部分主权"的概念。

5 参见 Sinn, *The New Systems Competition*, S. 78 ff.;关于福利国家、融合和全球化的关系,参见 Scharpf,»Negative and Positive Integration in the Political Economy of European Welfare States«, S. 15,以及 Scharpf/Schmidt, *Welfare and Work in the Open Economy*。

6 法定医疗保险领域的改革列表见 https://www. gesetzlichekrankenkassen. de/reformen/reformen. html,最后访问时间:2015 年 8 月 7 日。

7 关于改革措施及其成效参见 Nullmeier u. a., *Alterssicherung im Umbruch*, S. 21 ff.;以及 Hanesch,»Deutschland—Ein Modell im Übergang«, S. 25 ff.;关于私有化参见 Stolleis,»Rede«, S. 211。

8 即所谓的"里斯特养老金",《法定养老保险改革以及促进积累式养老保险制度法》(简称《积累式养老金法》),载《联邦法律公报》2001 年第 1 卷,第 1310 页。

9 概述参见 Thompson,» Options for Administering Individual Accounts in Social Security«;特别是瑞典的例子,Köhler,» Private Altersvorsorge im Rahmen obligatorischer Alterssicherung«。

10 当时此改革似乎只提供了一个讽刺性的娱乐话题,可见"今日脱口秀",2014 年 11 月 21 日,https://www. youtube. com/watch? v = GiZrfjvdcPY,最后访问时间:2015 年 11 月 2 日。目前对此改革的讨论参见 Graser, *Dezentrale Wohlfahrtsstaatlichkeit im föderalen Binnenmarkt?*, S. 161。

就业促进和最低收入保障改革。[11] 除了实施积极的劳动力市场政策之外，就业人员的最低保障福利也在收紧。结果（也许）就是出现了工资水平更低的就业领域。[12] 源于其他国家的养老金政策改革也对劳动力市场产生了类似的影响，[13] 医疗领域的改革亦是如此，标志性事件就是近期的最低工资立法。[14] 总而言之，所有重要的改革都旨在打破旧体制和提高效率。

社会政策的欧洲一体化减轻了主权国家的竞争压力，此观点虽然获得了越来越多的社会认可，[15] 但是却仍然局限于学术研究领域。[16] 原

---

11　这一系列的改革措施包括富有成效的《劳动力市场现代化改革第四部法律》（2003年12月24日生效，载《联邦法律公报》第1卷，第2954页）和所谓的《哈茨IV改革法》。关于哈茨改革措施的起因与实施参见 Hassel/Schiller, *Der Fall Hartz IV*, 特别是第229及以下诸页的改革概念。

12　关于德国低工资行业产生的原因，参见 Bosch/Kalina, »Niedriglohnbeschäftigung in Deutschland«, S. 20 ff., 以及 Bosch/Weinkopf, »Niedriglohnbeschäftigung in Deutschland«, S. 286 ff. 关于"将降低工资水平作为促进低劳动技能者融入劳动力市场"的建议，参见 Breyer/Buchholz, *Ökonomie des Sozialstaats*, S. 293；关于低工资行业的发展，参见 Kalina/Weinkopf, *Niedriglohnbeschäftigung 2010*, S. 12；对于哈茨改革和低工资行业扩张关系的不同观点，参见 Koller, »Hartz IV und der Niedriglohnsektor«；博芬格对低工资行业的扩张提出了警告，参见 Bofinger u. a., *Vorrang für das reguläre Arbeitsverhältnis*；关于这个时期劳动条件的讨论还可参见注释14和相关的正文。

13　那个年代经常引用的模式被称为威斯康星模式，参见 Turner, *Wisconsin Works*；Wilke, *Sozialhilfe in den USA*. 对德国的影响参见 Backhaus-Maul（Hg.）, *Von der Sozialhilfe in die Erwerbsarbeit*；与之相关的讨论还可参见 Graser, »Aufgewärmtes aus der Armenküche« und Graser, »From the Hammock onto the Trampoline«.

14　2014年8月11日生效的《最低工资法》（《联邦法律公报》第1卷，第1348页）。之前的改革收紧了《最低工资法》中的劳动条件，并保障通常情况下维持生计的工资。立法者引入最低工资制度的目的是防止雇主利用国家支付社会保障金的优势降低工人工资。对此参见 Breyer/Buchholz, *Ökonomie des Sozialstaats*.

15　关于学术讨论，参见 Graser, »Towards a Multilevel System of Social Security in Europe?«, S. 215 ff. 。

16　参见 De Giorgi/Pellizzari, »Welfare Magnets in Europe and the Costs of a Harmonised Social Assistance«；相关的讨论还可见 Threlfall, »The Social Dimension of the European Union«；在另一个角度讨论欧盟层面上税收政策的发展，可参见 Menéndez, »Taxing Europe«, S. 297。

因大概是正如过去的几十年一样,欧盟只能颁布少量真正的社会政策。经济只能发挥一些"软"程序方面的非承诺性协调功能,[17]除了少数例外事例,欧盟层面上还缺乏对"硬"监管的共识和能力,这些例外事例中值得一提的是反歧视法的扩张,[18]其拓展了传统社会法局限于国内法的范式,产生了超主权国家的规制效果。[19] 残疾人法在欧盟的推动下也产生了跨国的效力。[20] 此外,如果做一个积极的评价,欧盟也对社会法发展做了很多有意义的事情,主要包括对跨国交易以及对国内社会保障体系的竞争压力的解释,[21]这是一种分散的、暂时性的精细化调控。[22]然而,德国的社会国原则并没有遭到阉割,而是被重构。无论还有什么样的后续行动,新的社会问题都被重新定义并回答。最典型的领域就

17 最重要的是,所谓的开放式协调方法(OMC)意即除其他外,欧盟层面上的各种协调政策领域也适用于社会政策。关于 OMC 和最低保障,参见 Cantillon/Vandamme, *The Open Method of Coordination and Minimum Income Protection in Europe*;关于 OMC 在养老金领域的比较,参见 Ruland(Hg.), *Open Method of Coordination in the Field of Pensions*;关于 OMC 和健康政策,参见 Jorens, *Open Method of Coordination*;关于 OMC 和就业政策,参见 Eichhorst/Rein, »Die Europäische Beschäftigungsstrategie«。社会法中的 OMC 也是 2004 年社会权利协会会议的主题,可参见 Http://www. sozialrechtsverband. de/arbeiten/arbeitstagungen. html,最后访问日期:2015 年 10 月29 日。

18 关于欧盟反歧视法的发展,参见 Stork, *Das Anti-Diskriminierungsrecht der Europäischen Union* 以及 Agentur der Europäischen Union für Grundrechte(Hg.), *Handbuch zum europäischen Antidiskriminierungsrecht*, S. 14(包括对相关法律渊源的概述,第174 页)。

19 拓展阅读可参见 Graser, »Auf dem Weg zur Sozialunion«, S. 341。

20 参见 Schulte, »Behindertenrecht und Behindertenpolitik in der Europäischen Union«。

21 关于欧洲一体化给主权福利国家带来的政治方面的影响,参见 Offe, »Demokratie und Wohlfahrtsstaat«, S. 114;关于欧盟法对主权国家社会保障体系的开展带来的影响,参见 Fuchs(Hg.), *Europäisches Sozialrecht, Einführung*, Rn. 71 ff.;特别是欧盟法对公共生存保障和社会保障服务方面的影响,参见 Weiß, »Öffentliche Daseinsvorsorge und soziale Dienstleistungen«;在相关的社会保障项目方面,可参见 Bundesministerium für Gesundheit, *Finanzierung der Daseinsvorsorge und Europäisches Wettbewerbsrecht*;近期的相关案例,参见 EuGH vom 11. 11. 2014, Rs. C-333/13, *Dano*, und vom 15. 09. 2015, Rs. C-67/14, *Alimanovic*。

22 详见 Graser, »Einmal mehr: Zur Europäisierung der Sozialpolitik«, S. 18。

是社会照护保险。第五类社会保险险种的引入[23]在国际上普遍被视为引领未来社会政策发展重要的一步。[24] 尽管这个概念从诞生那天起就饱受抨击，但是事实上已经成为一种"综合部分保险"[25]，其规避的是部分的长期护理风险，这一点表现得越来越明显。社会立法通过家庭政策，并且在更广阔的前沿领域通过劳动法的规制以及制度化和货币化的给付来实现。[26] 无论如何，这些措施都是建立在更好地平衡家庭和事业之间关系的基础上，除此之外还寄希望于出生率上升和分配政策改革的目标，[27]尽管后者能否实现令人怀疑，但是至少在这个方向上前进。总体来看，从社会法实体法的全部变革中推断出一个共同的发展方向很困难。虽然现有的给付有所减少，但是新的给付也被创设了出来。私立机构变得越来越重要，[28]但是他们的活动范围仍然受到限制，并且

---

23　《社会法典》第 11 册《社会照护保险》(1994 年 5 月 26 日颁布)第 1 条；关于该险种的发展史，参见 Stolleis, *Geschichte des Sozialrechts in Deutschland*, S. 304。

24　尤其是日本继受了该制度，参见 Reisach, »Die japanische Pflegeversicherung«, S. 110。

25　此概念参见 Behrens, »Ökonomisches, soziales und kulturelles ›Kapital‹«, S. 189。

26　这里值得提出的是《联邦父母津贴和父母假法》第 1 条规定的父母津贴给付和第 4a 条规定的照料津贴(联邦宪法法院 2015 年 7 月 21 日的判决认定为违宪，1 BvF 2/13)；该法第 15 条规定了父母假，以及养老保险法对教育假的认可(《社会法典》第 6 册，第 56、249 条)；关于拓展子女保育服务，参见《儿童促进法》(2008 年 12 月 15 日颁布，《联邦法律公报》2008 年第 1 卷，第 57 号)；2013 年 1 月 1 日起可提出子女保育的法律请求(《儿童促进法》第 24 条)；各类资助计划参见 Bundesministerium für Familie, Senioren, Frauen und Jugend (Hg.), *Gesetzliche Grundlagen für den Ausbau der Kinderbetreuung sowie Fünfter Bericht zur Evaluation des Kinderförderungsgesetzes*, S. 44。

27　参见 Kaufmann, *Die Zukunft der Familie im vereinten Deutschland*, S. 188 ff.；偏好导向的研究参见 Wilkoszewski, *Age Trajectories of Social Policy Preferences*；社会政策措施对父母职业影响的比较研究参见 Geisler, *How Do Welfare State Policies Shape Parental Employment Patterns?*。

28　概述方面参见 Schuler-Harms, »Einbindung Dritter in die Sozialleistungsgewährung«, S. 135；对私人组织提供就业促进保障(即"人事服务机构")的批评参见 Bernhard, »Personal-Service-Agenturen. Stillgelegt«, S. 66。

处于各种监管机构的限制之中。[29] 社会国中原有的给付在缩水,新的给付在拓展。社会中层人群总体受益,[30]底层人群受损。但是变革路线是多方面的和分散的。也就是说,无论如何都不能孤立地对社会法给付体系中的一个侧面做价值判断。

# 三、社会背景

如果把视野再投向现实的分配关系领域,就会呈现出一幅清晰的图景。贫困和物质的不公平性明显增加,[31]就此产生了是否需要从根本上创新机制的问题。虽然收入在增加,[32]但是收入不均现象继续加剧,[33]而且在国际比较的层面上,社会透明度持续保持在一个低层次水平上。[34] 与国际趋势相一致,[35]德国贫富差距继续扩大。对变化的实质的分配关系作出调整比过去四分之一个世纪实施的所有社会政策改革都更有现

---

29 养老金领域参见 Ruland, »Die Koordination der verschiedenen Alterssicherungssysteme in Deutschland«, S. 81;对康复服务的规制参见 Neumann, »Sozialrecht oder Vergaberecht?«, S. 211;劳动力市场调控方面参见 Rixen, »Sozialvergaberecht ante portas?«, S. 225;关于财务平衡的尝试参见 Graser, »Sozialrecht ohne Staat?«, S. 171–173。

30 参见 Willeke, »Die Kassierer«。

31 关于收入贫困风险的攀升,参见 Bundesministerium für Arbeit und Soziales, *Lebenslagen in Deutschland* (2013), S. 328 ff.;关于老年贫困风险,参见 Bundesministerium für Arbeit und Soziales, *Lebenslagen in Deutschland* (2013a), S. XXXVIII;关于教育机会的不均等, ebd., S. XIII;关于收入不均等的增加,参见 Goebel/Grabka/Schröder, »Einkommensungleichheit in Deutschland bleibt weiterhin hoch«, S. 571; Grabka, »Einkommensungleichheit verharrt auf hohem Niveau«, S. 586。

32 参见 Goebel/Gornig/Häußermann, »Polarisierung der Einkommen«, S. 5。

33 关于收入和财产分配问题参见 Bundeszentrale für politische Bildung, *Vermögensverteilung, Zahlen und Fakten*,相关的数据和事实参见 Bach, »Einkommens und Vermögensverteilung in Deutschland«。

34 参见经合组织发布的教育领域报告: *Bildung auf einen Blick*。

35 此观点虽然引人注目,但是充满争议,参见乐施会发布的报告: *An Economy for the 99 %*。

实意义。然而，这种讨论却很难展开：虽然遗产税法又经历了一次改革，并且过去几十年为了适应不断攀升的社会保险缴费颁布了一系列的调整收入的法案[36]，但是与德国的财产分布状况仍然无法完全匹配。[37]

那么是否能够转向为更加强烈的社会主张呢？虽然也许有一些类似的预言，但是目前尚难以识别，至少也是不够明确的。国家的私有化和（据称）与之伴随的公权力的撤离似乎没有太多积极的意义，结果却被总结为20世纪90年代相关改革的混合经验，即对全球经济危机进行低程度的监管。与这个背景相匹配，2013年开始执政的大联合政府在社会政策方面推出了最低工资[38]、"母亲养老金"及"63岁提前退休养老金"[39]、改善社会照护[40]、残疾人保障的新条例[41]以及其他一些在某些方

---

36　这方面的法案主要包括《遗产税改革法》（2008年12月24日颁布，《联邦法律公报》第1卷，第2018页），该法提高了对核心家庭的补贴。该法的部分条款被联邦宪法法院的判决认定为由于对企业财产不当的偏袒而违宪（2014年12月17日判决，1 BvL 21/12，《新法律周刊》2015年，第303页）。《为与联邦宪法法院判决保持一致的遗产税和遗赠税法》（2016年11月4日颁布，《联邦法律公报》第1卷，第2464页）解决了违宪的问题，并在宪法法院确定的期限内达成了一致。除此之外没有出台其他的改革措施。对此解决违宪问题措施的评价参见 Erkis, »Der Entwurf zur Anpassung des ErbStG an das BVerfG-Urteil«, S. 1416；关于对立法者和联邦宪法法院争议的分析，主要参见 Bernert, *Das Bundesverfassungsgericht und die Erbschaftsteuer*。

37　这方面的促进措施参见 Schäfer, »Reform im Gesundheitswesen«，此文献介绍了关于健康政策的讨论。

38　《最低工资法》于2014年8月11日颁布（《联邦法律公报》第1卷，第1348页）。

39　两项制度规定在《法定养老保险给付改善法》之中，该法于2014年6月23日颁布（《联邦法律公报》第1卷，第787页）。

40　《第一部护理加强法》于2014年6月23日颁布（《联邦法律公报》第1卷，第2222页），该法实施了"三步走"改革的第一步，通过引入护理给付等级和全机构护理院中的辅助护理员，改善了护理保险的给付水平。一年之后，2015年12月21日颁布了《第二部护理加强法》（《联邦法律公报》第1卷，第2424页）和《第三部护理加强法》（《联邦法律公报》第1卷，第3191页）。在第二阶段，主要是引入了护理需求等级的新概念，在第三阶段优化了法律解释。

41　2016年3月26日颁布了《联邦社会分享法》（《联邦法律公报》第1卷，第3234页），该法创新了给付的方式，之前的分离式救助给付被取消，结果是不再系统地局限于最低生活保障了。

面很有问题的[42]"福利措施"。尤其值得一提的是,联邦宪法法院近期放弃了多年以来在社会政策方面的克制,在哈茨 4 号方案[43]和《难民福利法》[44]的立法过程中作出了两项不可思议,但却能够引领潮流的判决,为社会边缘人群日益增加的负担划定了边界。

但是今天来看,对"划时代"挑战的应对并没有完成。随着老龄化的不断加剧,原有的养老保障体系陷入了困境,[45]老年贫困现象与日俱增;[46]社会照护体系同样如此,当前的改革频繁遭遇难题,[47]更遑论能否应对未来的挑战。[48] 在医疗保险政策领域,引入竞争的改革似乎无法逆转,但是由此引发的新的调控问题却未能全部解决。[49] 当然,除了提升

---

42　对最低工资的批判可参见 Maschmann, »Die staatliche Durchsetzung des allgemeinen Mindestlohns«, S. 929;关于"母亲养老金"参见 Lindner, »Verfassungsrechtliche Probleme«, S. 692;将退休年龄提高到 63 岁的政策导致了时任德国养老保险基金会联合会主席的弗朗茨·鲁兰(Franz Ruland)的抗议,他就此退出了社会民主党,这是当时一个引发巨大社会争议的事件,参见 Creutzburg, »Rentenpapst Ruland tritt aus der SPD aus«;关于社会照护参见 Rothgang, *Evaluation des NBA* 以及 Rothgang, »Pflegereform: Fehlkonzipierter Vorsorgefonds, Wirtschaftsdienst«, S. 31;残疾人保障法尽管经历了体系化的革新,但是某些部分仍然遭到了批评,主要集中在给付水平过低以及执行不力的问题上,对此参见 Hofmann, *68 Mal geändert, trotzdem noch Kritik*。

43　《联邦宪法法院审判集》第 125 卷,第 175 页;《新法律周刊》2010 年,第 580 页。

44　《联邦宪法法院审判集》第 132 卷,第 134 页;《新法律周刊》2012 年,第 3020 页。

45　参见 Schmähl, »Politikberatung und Alterssicherung«, S. 159。该书对基本保障与目标养老金水平之间的差距提出了警告。除此之外,金融危机对养老保障体系的影响参见 Börsch-Supan/Gasche/Lamla, »Anmerkungen zur Diskussion über Altersarmut«。

46　对此参见 Bundesministeriums für Arbeit und Soziales, *Lebenslagen in Deutschland*, S. 293 – 294 und S. 296。

47　现实问题详见 Moritz, *Staatliche Schutzpflichten gegenüber pflegebedürftigen Menschen*;最近的文献可见 Helmrich ( Hg. ), *Die Verfassungsbeschwerden gegen den Pflegenotstand*;相关数据参见 *Der 4. Pflege-Qualitätsbericht des Medizinischen Dienstes des Spitzenverbandes Bund der Krankenkassen, Qualität in der ambulanten und stationären Pflege*。

48　Rothgang, *Evaluation des NBA*.

49　参见 Hensen, »Qualitätsberichterstattung im Gesundheitswesen«, S. 189 f. ; Klinke, »Gesundheitsreformen und ordnungspolitischer Wandel«, S. 94 ff. ; Giesen, »Rationierung im bestehenden Gesundheitssystem«, S. 576。

给付的效率之外,稀缺性的问题也一直存在于这个体系中,[50]目前未能很好地解决,未来可能更加严峻。由于人口保持增长,劳动力市场政策在应对失业方面的效果较好。但是,低层次劳动力人群的问题却一直很棘手。[51] 目前,整合低技能劳动力人口的目标难以实现。虽然出台了最低工资立法,但是这个群体的就业机会没有增加,考虑到未来难民的数量还会增加,这个群体的劳动技能也不会永远达到要求,相关问题会持续存在。[52] 移民以国际法允许的方式涌入德国,这不仅难以控制,而且也为社会政策增加了很多不可预知的参数,连同上文提出的分配问题,一同为社会法提出了新的挑战。

上面提到的问题处于不断变动的过程之中,因而不能过早地判断出这个体系出了什么带有普遍性的问题。或许,这恰恰就是体系稳定性的产物,可能是劣势,也可能是优势。虽然德国的社会立法似乎难以适应其功能要求的长期变化,但在过去 25 年中,它一再被证明在应对短期挑战方面极为有效。

第一是与统一有关的特殊问题。随着柏林共和国的建立,社会法

---

50　法学视角下对健康保障体系公平性的讨论参见 Heberer, *Priorisierung im deutschen System der Gesetzlichen Krankenversicherung*;伦理学视角下的讨论参见 Klonschinski, *The Economics of Resource-Allocation in Health Care*。

51　关于低工资行业的发展,参见 Deutscher Gewerkschaftsbund ( Hg. ), »Vollzeitbeschäftigte mit Niedriglohn«, S. 3;持相对乐观的态度,参见 Brenke, »Geringe Stundenlöhne, lange Arbeitszeiten«, S. 3;之前关于这个问题的讨论参见注释 13。

52　关于移民带来的挑战,参见 Kühne, »*Flüchtlinge und der deutsche Arbeitsmarkt*«, S. 253。在移民危机之初的 2015 年秋天,联邦移民和难民局局长( 同时也是联邦劳动局局长)弗兰克-尤尔根·魏泽( Frank-Jürgen Weise)持乐观的态度,他认为移民"丰富了劳动世界"( 参见 Ritzer, » Mann in doppelter Mission «),但是后来的观点两极化严重,参见 Gatzke/Frehse, »Deutsche und Flüchtlinge stehen nicht in Konkurrenz«,联邦劳动局常委会成员德特勒夫·舍勒( Detlef Scheele)认为,移民的融入需要时间。Weber/Weigand 在 *Identifying Macroeconomic Effects of Refugee Migration* 中也指出,长期来看,如果不提升移民的素质,移民大量涌入会对经济产出造成负面影响。在提升移民教育水平的必要性方面,参见 Wößmann, »Integration durch Bildung«, S. 12。

获得了普遍的效力,虽然新联邦州没有社会保障基金的积累,但是整个社会保险体系都被移植了过去。[53] 社会法面临着显而易见的挑战,新加入的州经济实力相对较弱,但是也要建立与西德同样的行政体制,同时还要面临一个看似不起眼,但是可能更加存在争议的问题,即实现养老保险法领域的过渡正义问题:如何处理在民主德国时期的工龄? 支持与反对国家政权者的养老保障期待是否应当有所不同?

回头来看,过渡期的转变似乎很顺畅。虽然东西德双方也并非轻而易举地应对了经济方面的挑战,但是结果还是令人满意的。行政体制的转型并非一夜之间就得以实现,但是也算是稳扎稳打。虽然也产生了一些争议,[54]但是这些争议大多隐身于其他讨论的幕后,而这些讨论大多也易于被公众所获悉,[55]或者这些讨论的主角自身实力强大。[56]一言以蔽之,社会法不动声色地且非常有效地解决了与统一相关的问题,[57]至少今天这些问题已经销声匿迹了。1989 年那场变革几乎没有给社会法带来什么印记。

第二是对全球性经济危机和金融危机的应对。社会保障体系不可

---

53　对此参见《统一条约》(1990 年 8 月 31 日)第 30 条的规定(《联邦法律公报》1990年第 2 卷,第 889 页)。

54　与重新统一相关的各类(公正)问题,尤其是德国统一民主党独裁者洛伊特霍伊塞尔-施纳仁贝格尔(Leuchteusser-Schnarrenberger)造成的受害者的养老金问题,见»Bewältigung der rechtlichen Probleme der Wiedervereinigung«, S. 293 f. ;支持与反对德国统一民主党官员瓦斯曼的特赦的观点见»Schlußstrich unter die SED-Verbrechen?«, S. 2667。

55　关于柏林墙封锁的讨论,参见 Herrmann, » Menschenrechtsfeindliche und menschenrechtsfreundliche Auslegung«, S. 118。

56　例如政治家们对于史塔西(东德国家安全部)的讨论;关于"施托尔佩案",参见»Akten statt Worte«, Der Spiegel, Nr. 51/2003, S. 46;之前的"吉斯案"现在又重新回到人们的视野中,参见»Stasi-Vorwürfe. Staatsanwaltschaft erhebt keine Anklage gegen Gysi«。

57　Steiner, »Verfassungsfragen der deutschen Wiedervereinigung im Sozialrecht«, S. 529;宪法法院对于《统一条约》中的社会法判决甚至被证明在统一进程中具有整合效应。

避免地经历了震荡:订单减少、国家财政收入减少、失业率攀升、社保缴费下降[58]、社保基金收入螺旋式下降,同时,给付的需求却在增加,尤其是对最低生活保障和失业救济金的需求。然而,世界各国在这方面差距很大。[59] 不论是国民经济,还是社会保障,都被证明易受经济危机的影响,德国模式在这方面显示出了强大的力量。

社会保障体系在应对经济危机方面的有效工具是短期工作津贴制度[60]。该制度在减缓社保基金螺旋式下降方面功不可没,而且由于其具备反经济周期性,成功地暂时延缓了下一次经济危机的到来。这项制度发明使社会保障体系经受住了继德国统一之后的"第二次压力测试"。

当然,柏林共和国的前 25 年不能视为一个完整的历史阶段。德国的统一可能只是代表了一个似是而非的起点,在社会政策领域,统一并没有带来一些什么新的东西,其只是结束了冷战,并带来了更强烈(更激烈)的全球化[61],刺激了新政策的出台,目前这一阶段依旧方兴未艾。回过头看,也许全球化的经济危机和金融危机成了社会政策的转折点,过去的几十年恰恰是一个新时期的开端,这个新时期伴随着保守社会国的扩张显得越来越欧洲化。然而,这只是众多场景中的一个;预测未来是很困难的:社会政治变革的个别因素过于分散,布鲁塞尔的政局不够明了,未解决的问题也太多元化。

---

58　参见 Börsch-Supan/Gasche/Wilke, *Auswirkungen der Finanzkrise auf die Gesetzliche Rentenversicherung, ihre Beitragszahler und ihre Rentner*。

59　经济危机对一些国家社会保障体系的影响参见 Cichon/Diop, *Social Solidarity im Rahmen der »ILO Global Campaign to Extend Social Security to All«*。

60　短期工作津贴规定在《社会法典》第 3 册第 96 及以下诸条款中,最长为 6 个月。2013 年 10 月 31 日颁布,2013 年 11 月 7 日实施的条例暂时延长至 12 个月,以应对经济周期的影响,目前该制度又有改革(2014 年 11 月 13 日颁布的条例,至 2015 年 12 月 31 日有效)。

61　布莱斯海姆尝试通过实证分析探讨"可感知的"全球化,参见 Beisheim u. a. (Hg.), *Im Zeitalter der Globalisierung?*。

# 四、实践和理论

虽然社会法实体法的发展存在自身的矛盾,总体居于一个负面的平衡状态中,但是从形式上看,该法保持了内在的稳定性,可以作为一个独立的法律部门继续存在。一方面,其内部分化明显增加,这在最低生活保障方面尤为明显[62];另一方面,其体系化依旧在不断加强。我们看到,大量的单行法领域[63]被法典化以及再法典化,在这个过程中也许没有按照法律颁布的年代排序,但是历经一个长期的过程之后就形成了一部多卷本的《社会法典》。从国际比较来看,这个法律部门的内涵和外延已经非常稳定。

这种稳定性已经清晰显露。德国建立了独立的司法机构分支——社会法院,其职权范围已经扩展到包括社会救助在内的社会保障法的各个方面。[64] 历史形成的社会自治管理体制通过选择性的调整适应[65]建

---

62　《联邦社会救助法》在 2005 年废止(2003 年 12 月 27 日决议,《联邦法律公报》第 1 卷,第 3022 页),目前其部分条款保留在《社会法典》第 2 册和第 12 册之中。1997 年颁布的《难民福利法》(《联邦法律公报》第 1 卷,第 2022 页)规定了很多寻求庇护者的特殊规定。2001 年颁布了《需求导向的老年人和失能人群基本保障法》(目前整合在《社会法典》第 12 册,第 41 及以下诸条款中),实施了养老金改革;关于最低保障制度的碎片化与可能的后果,参见 Graser, »Zur Fragmentierung der Mindestsicherung«, S. 319。

63　《社会法典》第 6 册于 1992 年 1 月 1 日起正式实施,主要来源于《帝国保险条例》《职员保险法》《帝国旷工保险法》。1995 年 1 月 1 日起,《社会法典》第 11 册《社会照护保险》正式实施。1997 年 1 月 1 日起,《社会法典》第 7 册《法定事故保险》颁布,取代了《帝国保险条例》第 3 册。1998 年 1 月 1 日,《社会法典》第 3 册《就业促进》正式实施。2001 年 7 月 1 日起,《社会法典》第 11 册《康复与残障人士保护法》正式实施。2005 年 1 月 1 日起,《社会法典》最后一册《联邦社会救助法》正式颁布。

64　2004 年 12 月 9 日颁布的《社会法院第七次修订法》(《联邦法律公报》2004 年第 1 卷,第 3302 页),规定将其他专门法院的职能转移给社会法院。

65　参见 Bundesministeriums für Gesundheit（Hg.）, *Finanzierung der Daseinsvorsorge und Europäisches Wettbewerbsrecht*;关于养老保险基金会的最新组织形式,参见 Deutsche Rentenversicherung（Hg.）, *Deutsche Rentenversicherung*。

构了一套系统性秩序,虽然也一直饱受争议,但是基本上保持不变。与劳动关系领域不同,[66] 相关的利益群体基本上维持了自己的立场,虽然在很多问题上显得并不情愿,但是仍然将行动拓展到了欧洲层面上。[67]

随着私有化的趋势愈演愈烈,私法因素在社会法相关领域扮演的角色越来越重要,[68] 这在健康法领域表现得尤为明显:市场化的私人行为无处不在。[69] 除此之外,行政程序的现代化也越来越带有私法特征,主要表现是给付以服务为导向以及与程序相关的参保患者的选择权和裁量权。类似的改变也反映在一些新兴的社会保障领域,比如就业促进和最低生活保障[70],乃至残障人士保护法。[71] 整体来看,私法的转向非常显著,且不仅仅局限于表面。在这个趋势下,公的和私的组织形式与行为方式越加交织在一起,越来越难以划清界限。[72]

---

66　关于工会的组织性下降,参见 Schröder, »Der neue Arbeitsmarkt und der Wandel der Gewerkschaften«, S. 7。

67　例如,联邦医保医师联合会 2013 年在布鲁塞尔召开的会议,参见 Kassenärztliche Bundesvereinigung (Hg.), *Näher dran an Europa*, S. 15。自 2015 年起,五金工会也在布鲁塞尔设立了代表处,参见 Bonse, »Promi-Alarm bei den Metallern«。自 1997 年起,德国工会联合会即在布鲁塞尔设立了自己的代表处。

68　参见本文注释 6—8。

69　Vgl. Schuler-Harms, »Einbindung Dritter in die Sozialleistungsgewährung«, S. 133 ff.

70　参见《社会法典》第 3 册《就业促进》:第 9 条(就近给付原则),第 29 条(咨询服务),第 35 条(中介服务),第 37 条(潜能分析与整合协议);关于人力资源服务,参见本文注 28;关于就业促进和发放促进给付的基本原则,可参见《社会法典》第 2 册第 2、14 条以及《社会法典》第 2 册第 5 条(整合协议)和第 16a 条(启动津贴)。译者按:如果在领取失业救济金后重新获得低薪工作,可以向劳动局申请 24 个月的失业津贴,此津贴称为"启动津贴"。

71　参见《社会法典》第 9 册:第 1 条(自主决定和参与社区生活),第 9 条(给付权利人的愿望和选择权),第 10 条(给付的协调),第 17 条(个人预算),第 23 条(服务机构)。

72　关于私立就业中介机构,参见 Marx/Solka, »Das Gesetz zur Verbesserung der Eingliederungschancen«, S. 847;关于《法定医疗保险机构结构发展法》(2008 年 12 月 15 日颁布,《联邦法律公报》第 1 卷,第 2426 页)给基金会破产能力方面带来的改革,参见 Bultmann, »Die Insolvenzfähigkeit der gesetzlichen Krankenkassen nach dem GKV-OrgWG«, S. 25;对基金会破产配额保障的批评,参见 Kollbach, »Kasseninsolvenz mit Quotengarantie von 100%—warum?«, S. 960。

社会法学被理解成为一个科学的话语体系,其发展反映了其研究对象。就其形式而言,随着整合的领域越来越多,其独立性也越来越强。相关的法律评论集和学术文献数量持续增长,[73]个人专著也越来越多,社会法方面的博士论文明显增多,[74]教授资格论文可能相对少一些。[75] 社会法国际化和欧洲化的趋势也越来越多地呈现出来。[76]

除此之外,社会法研究紧跟立法改革的趋势也很明显。当然,研究的分布不是很均匀,经济利益集中的领域研究也集中,医疗保障法和养老保障法的研究最多,而残疾人法的研究明显偏少。[77]

在笔者看来,虽然社会法研究似乎在高等教育中占据着重要的地位,[78]

---

73  这个趋势的例证是,《新社会法杂志》(*Neue Zeitschrift für Sozialrecht*)1992 年创刊,自 2011 年起改为双周刊,之前一直是月刊。《社会法季刊》(*VSSR*)一年也出版五期。

74  参见诺莫斯出版社(Nomos Verlag)出版的"社会法博士论文文丛",2000 年之后已经出版了 35 部,2011 年至 2015 年五年间出版的数量比之前十年都多。社会法与社会政策马普所(Max-Planck-Institut für Sozialrecht und Sozialpolitik)的研究论述也可作为例证,该所 1984 年成立,至 1999 年共出版了 19 部著作,之后的十年出版了 27 部,2010 年至 2015 年就出版了 16 部。详见 Maydell, »Das Sozialrecht als Gegenstand von Forschung und Lehre«, S. 427。

75  目前尚缺乏这方面的数据作为印证。很多教授资格论文很难归属于某一个领域,仅从教席的名称来看,有时候也难以判断其是否一定属于社会法。这里的结论只是笔者个人的判断。

76  这方面的发展例证是 2002 年创刊的《欧洲劳动法和社会法杂志》(*Zeitschrift für europäisches Sozial- und Arbeitsrecht*)以及 1997 年创刊的《国际劳动法和社会法杂志》(*ZIAS*)。评论集方面如 Maximilian Fuchs(Hrsg.), *Kommentar »Europäisches Sozialrecht«*,2010 年出版第一版,目前已经出版至第六版。Hauck/Noftz, *Band zum EU-Sozialrecht im Sozialrechtskommentar* 中的"欧盟社会法卷"也是这一时期的力作。

77  自 1990 年以来,《社会法季刊》只刊登了 6 部残疾人保障法方面的著述,与此同时出版过 60 部医疗保障法和 16 部养老保障法方面的著述。《国际劳动法和社会法杂志》也有这个倾向,该杂志在 1992 年至 2013 年仅仅发表过 5 篇残疾人保障法方面的文章,但是发表了 23 篇养老保障法和 51 篇医疗保障法方面的文章。

78  参见 von Maydell, »Das Sozialrecht als Gegenstand von Forschung und Lehre«, S. 424,但是可能这对研究产出而言非常重要。对于高校的社会学专业而言,社会法教育非常重要,参见 Zacher, »Stand und Perspektive der Forschung und Lehre«, S. 362。类似的观点参见 Becker, »Wissenschaftliche Forschung zum Sozialrecht«, S. 84。

但是在大学[79]中却没能建立起与其实际效用相匹配的学科地位,特别是在教学当中,社会法仍然处于次要地位,[80]这不仅仅反映在国家司法考试中,也反映在"博洛尼亚"硕士课程改革中。[81] 大学中相对薄弱的社会法研究力量与实践需求并不相符,评论集和学术期刊上的文献显得相对较少。

在过去的 25 年中,社会法学研究一直紧跟社会法实践的步伐。前者伴随着后者实践的发展,有时也会总结反映,[82]但是却几乎不会对后者产生显著的影响,更不用说去塑造后者。与此同时,社会法实践的高速发展导致了学术也很难对政策产生影响。此外,社会法学研究也可以细分成很多领域,比如对社会法的经济效应研究,这种研究对社会政策的影响力会更加显著一些。[83]

相对而言,法学研究的弱点往往植根于法律领域的性质:社会政策

---

79　值得一提的是在大学之外的社会法研究,位于慕尼黑的社会法与社会政策马普所在过去的 25 年中虽然经历了两次人事变动,但是一直保持了自己的学术坚守,目前应从单纯的法学研究拓展到了对社会法和社会政策的经济学和社会学研究,并形成了相关的研究团队。参见 http://www.mpisoc.mpg.de/17017/Geschichte。

80　这种趋势也反映在罗尔夫斯(Rolfs)的研究中,他的《大学教学中的社会法》("Das Sozialrecht in der universitären Lehre")介绍了社会法在大学教学中的作用。Von Maydell,»Das Sozialrecht als Gegenstand von Forschung und Lehre«, S. 423,该文认为社会法的教学和科研处于民法(尤其是劳动法)和公法之间,二者兼而有之,有时候就被二者所包含,这是其处于弱势地位的原因。社会法降为"选修课"的情况还可参见 Stolleis, Geschichte des Sozialrechts in Deutschland, S. 312。

81　福尔达大学和卡塞尔大学有社会法(社会保障经济法)的硕士项目,福尔达大学、卡塞尔大学、海德堡大学提供社会法的 LLM 项目,也有的大学将社会法作为其他专业学位的一个研究方向,例如齐陶大学的"健康管理"专业学士项目、不来梅大学的"社会政策"专业硕士项目、比勒费尔德大学的"社会和健康事业管理"学士项目。

82　可参见 Eichenhofer, Recht des aktivierenden Wohlfahrtsstaates,该著述完成于联邦政府身陷欧债危机的 2013 年;《求职者基本保障法》的改革是 2011 劳动法年会的议题,参见 http://www.sozialrechtsverband.de/arbeiten/arbeitstagungen.html,最后访问时间:2015 年 10 月 28 日。

83　2002 年建立的"社会保障体系可持续发展委员会"(即所谓"吕鲁普委员会")由 26 位委员构成,其中 10 位委员来自学术界,只有弗朗茨·鲁兰一人是法学家(其他学术界代表包括 5 位国民经济学家、2 位政治学家、2 位医学家)。

涉及的是对于国民经济而言重要的再分配问题；实定法规范在这里发挥的作用往往是次要的。法律应当快速灵活地适应实践的变化。鉴于社会法学研究对象的范围、复杂性以及瞬息万变的发展速度，社会法可能没有足够的能力去影响社会保障的实践，但是其作用似乎也不容小觑，毕竟其培养了训练有素的社会法实施者并保障了与法教义学一致的社会法给付。[84]

# 五、展望

社会法学研究的根基是否能打好以及能否为社会政策的出台做出一些贡献？这些问题似乎还没有明确的答案。但是，社会法未来的发展方向应当是明确的：必须在宽阔的视野中跨学科发展，在与社会学和政治学的融合中发现问题并解决问题；必须在比较法方法论下获取更多的信息，更有效地参与国际讨论；必须寻求更多的研究自由，除了研究个案问题之外还要关注基础理论。也就是说，这个学科还需要寻求更多的改变。

## 参考文献

Agentur der Europäischen Union für Grundrechte (Hg.), *Handbuch zum europäischen Antidiskriminierungsrecht*, Wien 2011.

Stefan Bach, »Einkommens- und Vermögensverteilung in Deutschland«, in: *Aus Politik und Zeitgeschichte* (10 – 11/2013), o. S. (online verfügbar: ⟨http://www. bpb.

---

[84]　类似的观点参见 von Maydell, »Das Sozialrecht als Gegenstand von Forschung und Lehre«, S. 420; Stolleis, *Geschichte des Sozialrechts in Deutschland*, S. 312。

de/apuz/155705/einkommens-und-vermoegensverteilung-in-deutschland? p = 1 ) ).

Holger Backhaus-Maul ( Hg. ) , *Von der Sozialhilfe in die Erwerbsarbeit—Die Welfare Reform in den USA als Vorbild?* , Frankfurt am Main 1999.

Ulrich Becker, »Wissenschaftliche Forschung zum Sozialrecht—Bilanz und Perspektiven aus Sicht der Rechtswissenschaften «, in: *Deutsche Rentenversicherung* ( 2015 ) , S. 84 – 96.

Johann Behrens, »Ökonomisches, soziales und kulturelles › Kapital‹ und die soziale Ungleichheit in der Pflege «, in: Ulrich Bauer, Andreas Büscher ( Hg. ) , *Soziale Ungleichheit und Pflege—Beiträge sozialwissenschaftlich orientierter Pflegeforschung*, Wiesbaden 2008 , S. 180 – 211.

Marianne Beisheim, Sabine Dreher, Gregor Walter, Bernhard Zangl, Michael Zürn ( Hg. ) , *Im Zeitalter der Globalisierung? Thesen und Daten zur gesellschaftlichen und politischen Denationalisierung*, Baden-Baden 1999.

Andreas Bernert, *Das Bundesverfassungsgericht und die Erbschaftsteuer: Abkehr von einer verfassungsrechtlichen Sonderdogmatik im Erbschaftsteuerrecht*, Baden-Baden 2017 ( im Erscheinen ).

Sarah Bernhard, »Personal- Service-Agenturen. Stillgelegt«, in: *IAB-Forum* ( 1/ 2008 ) , S. 66 – 69.

Peter Bofinger u. a. , *Vorrang für das reguläre Arbeitsverhältnis: Ein Konzept für Existenz sichernde Beschäftigung im Niedriglohnbereich. Gutachten für das Sächsische Ministerium für Wirtschaft und Arbeit ( SWMA )* , o. O. 2006 ( online verfügbar: 〈http://www. sozialpolitik-aktuell. de/tl_files/ sozialpolitik-aktuell/_ Kontrovers/Hartz IV/gutachten_bofinger_ua. pdf 〉[ nicht mehr aktiv] ).

Eric Bonse, »Promi-Alarm bei den Metallern. IG-Metall eröffnet Büro in Brüssel«, in: *taz* vom 08. 07. 2014.

Axel Börsch-Supan, Martin Gasche, Benita Wilke, *Auswirkungen der Finanzkrise auf die Gesetzliche Rentenversicherung, ihre Beitragszahler und ihre Rentner* ( Mannheim Research Insitute for the Economics of Aging) , Mannheim 2009.

—, Martin Gasche, Bettina Lamla, »Anmerkungen zur Diskussion über Altersarmut«, in: *Aus Politik und Zeitgeschichte* (4 – 5/2013) , o. S. ( online verfügbar: 〈http://www. bpb. de/apuz/153127/anmerkungen-zur-diskussion-ueber-altersarmut? p = all 〉).

Gerhard Bosch, Claudia Weinkopf,»Arbeiten für wenig Geld: Zusammenfassung und politischer Handlungsbedarf«, in: Gerhard Bosch, ClaudiaWeinkopf (Hg.), *Arbeiten für wenig Geld: Niedriglohnbeschäftigung inDeutschland*, Frankfurt am Main 2007, S. 286 – 312.

—, Thorsten Kalina,»Niedriglohnbeschäftigung in Deutschland—Zahlen, Fakten, Ursachen«, in: Gerhard Bosch, Claudia Weinkopf (Hg.), *Arbeitenfür wenig Geld: Niedriglohnbeschäftigung in Deutschland.* Frankfurt am Main 2007, S. 20 – 105.

Karl Brenke,»Geringe Stundenlöhne, lange Arbeitszeiten«, in: *DIW Wochenbericht* (21/2012), S. 3 – 12.

Friedrich Breyer, Wolfgang Buchholz, *Ökonomie des Sozialstaats*, Berlin 2. Aufl. 2008.

Britta Bultmann,»Die Insolvenzfähigkeit der gesetzlichen Krankenkassen nach dem GKV-OrgWG«, in: *Medizinrecht* 27 (2009), S. 25 – 32.

Bundesagentur für Arbeit, *» Alle Potenziale für den Arbeitsmarkt erschließen! « Öffentliche Erklärung des Verwaltungsrats zur Flüchtlingsthematik*, Presse Info 054 vom 30. 10. 2015, o. O. (online verfügbar: 〈https://www. arbeitsagentur. de/web/content/DE/Presse/Presseinformationen/Sonstiges/Detail/index. htm? dfContentId = L6019022DSTBAI788821 〉).

Bundesministerium für Arbeit und Soziales (Hg.), *Lebenslagen in Deutschland. Der 4. Armuts- und Reichtumsbericht der Bundesregierung*, o. O. 2013 (Langfassung; online verfügbar: 〈http://www. bmas. de/Shared Docs/Downloads/DE/PDF – Publikationen – DinA4/a334 – 4 – armuts – reich tumsbericht – 2013. pdf; jsessionid = F7323CF1D52A46FBE7D94264D61B B77A? __ blob = publicationFile&v = 2 〉, letzter Abruf 18. 03. 2017).

—, *Lebenslagen in Deutschland. Der 4. Armuts- und Reichtumsbericht der Bundesregierung. Kurzfassung. Chancen schaffen, Mobilität erhöhen*, o. O. 2013a (online verfügbar: 〈http://www. armuts – und – reichtumsbericht. de/ SharedDocs/Downloads/Berichte/vierte – armuts – reichtumsbericht – kurzfassung. pdf? __blob = publicationFile&v = 3 〉, letzter Abruf 18. 03. 2917).

Bundesministerium für Familie, Senioren, Frauen und Jugend, *Gesetzliche*

*Grundlagen für den Ausbau der Kinderbetreuung*, o. O. 2014 ( online verfügbar: ⟨http://www. bmfsfj. de/BMFSFJ/kinder – und – ju gend, did = 118992. html ⟩).

—, *Fünfter Bericht zur Evaluation des Kinderförderungsgesetzes*, Berlin 2015 ( online verfügbar: ⟨http://www. bmfsfj. de/blaetterkatalog/214054/blaetterkatalog/ index. html ⟩[ nicht mehr aktiv] ).

Bundesministerium für Gesundheit ( Hg. ), *Finanzierung der Daseinsvorsorge und Europäisches Wettbewerbsrecht. Auslegungs- und Anwendungshilfe zur praktischen Umsetzung der Finanzierung von Leistungen der Daseinsvorsorge im Gesundheitswesen im Einklang mit den maßgeblichen Regelungen im Europäischen Wettbewerbsrecht*, Berlin 2013.

Bundeszentrale für politische Bildung, *Vermögensverteilung, Zahlen und Fakten. Die soziale Situation in Deutschland*, o. O. 2013 ( online verfügbar: ⟨http://www. bpb. de/nachschlagen/zahlen – und – fakten/soziale – situation – in – deutschland/61781/vermoegensverteilung ⟩).

Christoph Butterwegge, *Krise und Zukunft des Sozialstaates*, Wiesbaden 5. Aufl. 2014.

Bea Cantillon, Jacques Vandamme ( Hg. ), *The Open Method of Coordination and Minimum Income Protection in Europe*, Löwen 2004.

Michael Cichon, Assane Diop, *Social Solidarity: the Basis of Social Security in Times of Crises and Beyond*, Präsentation, o. O. 2009 ( online verfügbar: ⟨http:// www. social – protection. org/gimi/gess/ShowRessource. action? ressource. ressourceId = 12258 ⟩).

Dieter Creutzburg, »Rentenpapst Ruland tritt aus der SPD aus«, in: *FAZ online* vom 28. 05. 2014, ⟨http://www. faz. net/aktuell/wirtschaft/wirtschaftspolitik/ wegen – rente – mit – 63 – rentenpapst – ruland – tritt – aus – der – spdaus – 12962403. html ⟩.

Deutscher Gewerkschaftsbund ( Hg. ), »Vollzeitbeschäftigte mit Niedriglohn«, in: *arbeitsmarkt aktuell* Nr. 06, September 2012, S. 1 – 14, online verfügbar: ⟨http://www. dgb. de/themen/ + + co + + ac230114 – fcb8 – 11e1 – 904e – 00188b4dc422 ⟩, letzter Abruf 18. 03. 2017.

Deutsche Rentenversicherung ( Hg. ), *Deutsche Rentenversicherung—Informationen*

*zur Organisationsreform*, o. J., online verfügbar unter: ⟨http://www. deutsche
- rentenversicherung. de/Allgemein/de/Navigation/6_Wir_ueber_uns/01_infos
_zum_Unternehmen/02_organisation_und_traeger/organisation_und_traeger_
node. html⟩, letzter Zugriff 18. 03. 2017.

Cerstin Gammelin, »Die Lobby hat Erstaunliches erreicht«, in: *Süddeutsche Zeitung*
vom 10. 06. 2016 ( online verfügbar: ⟨http://www. sueddeutsche. de/
wirtschaft/erbschaftsteuer - die - bremser - 1. 3028569 ⟩).

Marcus Gatzke, Lea Frehse, » Deutsche und Flüchtlinge stehen nicht in
Konkurrenz«, *ZEIT online* vom 02. 05. 2016, ⟨http://www. zeit. de/
wirtschaft/2016 - 04/arbeitsmarkt - fluechtlinge - integration ⟩.

Giacomo De Giorgi, Michele Pellizzari, »Welfare Magnets in Europe and the Costs of
a Harmonised Social Assistance «, in: Hamburgisches Welt-Wirtschafts-Archiv
*Flowenla Discussion Paper* 11 ( 2003 ), o. S. , online verfügbar: ⟨http://www.
migration - research. org/EastWest/dokumente/Flowenla11. pdf ⟩[ nicht mehr
aktiv], letzter Zugriff 17. 03. 2016.

Eberhard Eichenhofer, *Recht des aktivierenden Wohlfahrtsstaates*, Baden-
Baden 2013.

Werner Eichhorst, Thomas Rein, »Die Europäische Beschäftigungsstrategie—
Beispiel der Methode der offenen Koordinierung«, in: Deutscher
Sozialrechtsverband ( Hg. ), *Offene Methode der Koordinierung im Sozialrecht*,
Wiesbaden 2005, S. 53 - 66.

Gülsen Erkis, »Der Entwurf zur Anpassung des ErbStG an das BVerfGUrteil v. 17.
12. 2014—‹ minimalinvasiv ‹ oder › maximaladministrativ ‹ ? «, in: *Deutsches
Steuerrecht* (2015), S. 1409 - 1416.

Maximilian Fuchs ( Hg. ), *Europäisches Sozialrecht*, Baden-Baden 2013.

Esther Geisler, *How Do Welfare State Policies Shape Parental Employment Patterns?*
*A Comparison of Great Britain, Eastern and Western Germany*, Rostock 2014
( online verfügbar: ⟨http://rosdok. uni - rostock. de/file/rosdok _ disshab _
0000001292/rosdok_derivate_0000023819/Dissertation_Geisler_2015. pdf ⟩).

Richard Giesen, »Rationierung im bestehenden Gesundheitssystem«, in: *Zeitschrift
für die gesamte Versicherungswirtschaft* 93 (4/2004), S. 557 - 582.

Jan Goebel, Martin Gornig, Hartmut Häußermann, »Polarisierung der Einkommen: Die Mittelschicht verliert«, in: *DIW Wochenbericht* ( 24/2010 ), Berlin, S. 2 - 8

—, Markus Grabka, Carsten Schröder, »Einkommensungleichheit in Deutschland bleibt weiterhin hoch—junge Alleinlebende und Berufseinsteiger sind zunehmend von Armut bedroht«, in: *DIW Wochenbericht* ( 25/2015 ), Berlin, S. 571 - 585.

Markus Grabka, »Einkommensungleichheit verharrt auf hohem Niveau. Acht Fragen an Markus Grabka. Interview«, in: *DIW Wochenbericht* ( 25/2015 ), S. 586.

Alexander Graser, *Dezentrale Wohlfahrtsstaatlichkeit im föderalen Binnenmarkt?*, Berlin 2000.

—, »Auf dem Weg zur Sozialunion—Wie › sozial‹ ist das europäische Sozialrecht?«, in: *Zeitschrift für ausländisches und internationales Arbeits- und Sozialrecht* 14 ( 2000 ), S. 336 - 351.

—, »Aufgewärmtes aus der Armenküche: Roland Kochs Rezepte aus Wisconsin«, in: *Blätter für deutsche und internationale Politik* 47 ( 10/2001 ), S. 1250 - 1258.

—, »Towards a Multilevel System of Social Security in Europe?«, in: Danny Pieters ( Hg. ), *Confidence and Changes: Managing Social Protection in the New Millennium* ( European Institute for Social Security Yearbook 2000 ), London u. a. 2001, S. 215 - 235.

—, »From the Hammock onto the Trampoline: Workfare Policies in the U. S. and their Reception in Germany«, in: *German Law Journal* 4 ( 2003 ), S. 201 - 221.

—, »Zur Fragmentierung der Mindestsicherung—Eine Hypothese zum Zusammenhang zwischen dem Geltungsbereich eines sozialrechtlichen Regelwerks und seinem materiellen Schutzgehalt«, in: *Zeitschrift für ausländisches und internationales Arbeits- und Sozialrecht* 17 ( 2003 ), S. 319 - 331.

—, »Sozialrecht ohne Staat? Politik und Recht unter Bedingungen der Globalisierung und Dezentralisierung«, in: Adrienne Héritier, Michael Stolleis, Fritz Scharpf ( Hg. ), *European and International Regulation after the Nation State—Different*

*Scopes and Multiple Levels*, Baden-Baden 2004, S. 163 – 184.

—, »Approaching the Social Union?«, in: Erik Oddvar Eriksen u. a. (Hg.), *Law, Democracy and Solidarity in a Post-National Union*, London 2008, S. 132 – 150.

—, »Einmal mehr: Zur Europäisierung der Sozialpolitik«, in Florian Rödl, Jürgen Bast (Hg.), *Wohlfahrtsstaatlichkeit und soziale Demokratie in der Europäischen Union* (*Europarecht* Beiheft 1/2013), Baden-Baden 2013, S. 15 – 30.

Walter Hanesch, »Deutschland—Ein Modell im Übergang«, in: Reinhard Bispinck u. a. (Hg.), *Sozialpolitik und Sozialstaat. Festschrift für Gerhard Bäcker*, Wiesbaden 2012, S. 21 – 39.

Anke Hassel, Christof Schiller, *Der Fall Hartz IV. Wie es zur Agenda 2010 kam und wie es weitergeht*, Frankfurt/New York 2010.

Karl Hauck, Wolfgang Noftz, *EU-Sozialrecht. Kommentar*, München 2015.

Kyra Heberer, *Priorisierung im deutschen System der Gesetzlichen Krankenversicherung aus verfassungsrechtlicher Sicht*, Berlin 2016.

Christian Helmrich (Hg.), *Die Verfassungsbeschwerden gegen den Pflegenotstand— Dokumentation und interdisziplinäre Analysen*, Baden-Baden 2017 (im Erscheinen).

Peter Hensen, »Qualitätsberichterstattung im Gesundheitswesen«, in: Gregor Hensen, Peter Hensen (Hg.), *Gesundheitswesen und Sozialstaat: Gesundheitsförderung zwischen Anspruch und Wirklichkeit*, Wiesbaden 2008, S. 165 – 194.

Joachim Herrmann, »Menschenrechtsfeindliche und menschenrechtsfreundliche Auslegung von § 27 des Grenzgesetzes der DDR—Zum Mauerschützenurteil des BGH vom 03. 11. 1993«, in: *Neue Zeitschrift für Strafrecht* (1993), S. 118 – 121.

Kristina Hofmann, *68 Mal geändert, trotzdem noch Kritik. Bundestag beschließt Teilhabegesetz*; *Bericht vom 01. 12. 2016*, ⟨http://www. heute. de/bundestag – entscheidet – ueber – bundesteilhabegesetz – immer – noch – kritikvon – behinderten – 46015046. html ⟩[nicht mehr aktiv], letzter Zugriff 15. 02. 2017.

Yves Jorens, *Open Method of Coordination. Objectives of European Health Care Policy*, Baden-Baden 2003.

Thorsten Kalina, Claudia Weinkopf, *Niedriglohnbeschäftigung 2010: Fast jeder Vierte arbeitet für Niedriglohn*, IAQ Report, Duisburg 2012 ( online verfügbar: ⟨http://www.iaq.uni-due.de/iaq-report/2012/report2012-01.pdf⟩).

Kassenärztliche Bundesvereinigung ( Hg. ), *Näher dran an Europa. Neues KBV-Büro in Brüssel eröffnet* ( KBV Klartext Februar 2013), Berlin 2013.

Franz-Xaver Kaufmann, *Die Zukunft der Familie im vereinten Deutschland*, München 2. Aufl. 1995.

Sebastian Klinke, »Gesundheitsreformen und ordnungspolitischer Wandel im Gesundheitswesen«, in: Gregor Hensen, Peter Hensen ( Hg. ), *Gesundheitswesen und Sozialstaat: Gesundheitsförderung zwischen Anspruch und Wirklichkeit*, Wiesbaden 2008, S. 61 – 106.

Andrea Klonschinski, *The Economics of Resource-Allocation in Health Care: Cost-Utility, Social Value and Fairness*, London, New York 2016.

Peter Köhler, » Private Altersvorsorge im Rahmen obligatorischer Alterssicherung— das Beispiel Schweden «, in: Winfried Boecken, Andreas Hänlein, Jürgen Kruse, Heinz-Dietrich Steinmeyer ( Hg. ), *Öffentliche und private Sicherung gegen soziale Risiken. Colloquium zum 65. Geburtstag Bernd Baron von Maydells*, Baden-Baden 2000, S. 143 – 160.

Klaus Kollbach, » Kasseninsolvenz mit Quotengarantie von 100 %—warum? «, in: *Zeitschrift für das gesamte Insolvenzrecht* 22 ( 2011), S. 956 – 960.

Lena Koller, »Hartz IV und der Niedriglohnsektor. Bei vielen bleibt das Stück vom Kuchen gleich «, in: *IAB-Forum* ( 1/2011), S. 34 – 39 ( online verfügbar: ⟨http://doku.iab.de/forum/2011/Forum1-2011_Koller.pdf⟩).

Peter Kühne, »Flüchtlinge und der deutsche Arbeitsmarkt«, in: Christoph Butterwegge, Gudrun Hentges ( Hg. ), *Zuwanderung im Zeichen der Globalisierung. Migrations-, Integrations- und Minderheitenpolitik*, Wiesbaden, 4. Aufl. 2009, S. 253 – 268.

Stephan Leibfried, Paul Pierson, »Halbsouveräne Wohlfahrtsstaaten. Soziale Sicherung in der europäischen Mehrebenenpolitik«, in: *Blätter für deutsche und internationale Politik* 42（2/1997），S. 1457－1467.

Sabine Leutheusser-Schnarrenberger，»Bewältigung der rechtlichen Probleme der Wiedervereinigung«，in：*Deutsch-Deutsche Rechts-Zeitschrift* 5（1994），S. 290－296.

Christian Lindner，»Verfassungsrechtliche Probleme bei der Bewertung von Kindererziehungszeiten«，in：*Neue Zeitschrift für Sozialrecht*（2014），S. 686－692.

Stefan Marx，Simone Solka，»Das Gesetz zur Verbesserung der Eingliederungschancen am Arbeitsmarkt. Teil 1：Die Neugestaltung der aktiven Arbeitsförderung nach dem Dritten Buch Sozialgesetzbuch«，in：*Neue Zeitschrift für Sozialrecht*（2012），S. 841－847.

Frank Maschmann，»Die staatliche Durchsetzung des allgemeinen Mindestlohns nach den §§ 14 ff. MiLoG«，in：*Neue Zeitschrift für Sozialrecht*（2014），S. 929－938.

Bernd Baron von Maydell，»Das Sozialrecht als Gegenstand von Forschung und Lehre an deutschen Universitäten«，in：Walter Hadding（Hg.），*Zivilrechtslehrer 1934/1935. Festgabe*，Berlin 2005，S. 419－431.

Medizinischer Dienst des Spitzenverbandes Bund der Krankenkassen，*Qualität in der ambulanten und stationären Pflege, 4. Pflege-Qualitätsbericht des MDS nach § 114a Abs. 6 SGB XI*，Essen 2014.

Agustín José Menéndez，»Taxing Europe. Two Cases for a European Power to Tax（with Some Comparative Observations）«，in：*The Columbia Journal of European Law* 10（No. 2，Spring 2004），S. 297－338.

Susanne Moritz，*Staatliche Schutzpflichten gegenüber pflegebedürftigen Menschen*，Baden-Baden 2013.

Volker Neumann，»Sozialrecht oder Vergaberecht？ Zur Erbringung von Rehabilitationsleistungen in der gesetzlichen Rentenversicherung«，in：*Vierteljahresschrift für Sozialrecht*（2005），S. 211－224.

Frank Nullmeier，Franz Ruland，Winfried Schmähl，*Alterssicherung im Umbruch*，ZeS-Arbeitspapier Nr. 2/2008，Bremen（online verfügbar：⟨http://www. zes. uni － bremen. de/daszentrum/organisation/mitglieder/winfried － schmaehl/

publikationen/? publ = 416 〉).

OECD, *Bildung auf einen Blick 2014*, OECD Indikatoren 2014.

Claus Offe, »Demokratie und Wohlfahrtsstaat: Eine europäische Regimeform unter dem Stress der europäischen Integration«, in: Wolfgang Streeck ( Hg. ), *Internationale Wirtschaft, nationale Demokratie—Herausforderungen für die Demokratietheorie*, Frankfurt am Main 1998, S. 99 - 136.

O. V. , »Akten statt Worte«, Der Spiegel Nr. 51/2003, S. 46.

—, »Stasi-Vorwürfe. Staatsanwaltschaft erhebt keine Anklage gegen Gysi«, Spiegel online, 28. 08. 2015, online verfügbar: 〈http://www. spiegel. de/politik/ deutschland/gregor - gysi - wird - vorerst - nicht - wegen - stasi - vorwuer fen - angeklagt - a - 1050408. html 〉, letzter Abruf 18. 03. 2017.

Oxfam, *An Economy for the 99%*, Oxfam Briefing Paper January 2017, 〈https:// www. oxfam. de/system/files/sperrfrist _ 20170116 - 0101 _ economy - 99 - percent_report. pdf 〉, letzter Zugriff 15. 02. 2017.

Paul Peterson, Mark Rom, *Welfare Magnets—A New Case for a National Standard*, Washington D. C. 1990.

Anita Pfaff, Martin Pfaff, »Der Sozialstaat als Standortfaktor. Einige Anmerkungen zur laufenden Diskussion«, in: Helmut Hesse, Peter Welzel ( Hg. ), *Wirtschaftspolitik zwischen gesellschaftlichen Ansprüchen und ökonomischen Grenzen. Festschrift für Reinhard Blum zum 65. Geburtstag*, Göttingen 1998, S. 213 - 226.

Hermann Plagemann, » Rente mit 63: Nicht alle profitieren«, in: *Legal Tribune online* 30. 06. 2014, o. O. ( online verfügbar: 〈http://www. lto. de/recht/ hintergruende/h/rentenreform - gleichheitswidrig/〉).

Assaf Razin, Jackline Wahba, *Welfare Magnet Hypothesis, Fiscal Burden and Immigration Skill Selectivity*, Cambridge 2011 ( online verfügbar: 〈http://www. nber. org/papers/w17515. pdf 〉).

Barbara Reisach, »Die japanische Pflegeversicherung. Darstellung und Überlegungen aus bundesdeutscher Perspektive «, in: *Pflege & Gesellschaft* 4 ( 5/2000 ), S. 110 - 122.

Uwe Ritzer, » Mann in doppelter Mission «, in: *Süddeutsche Zeitung* vom 30. 10.

2015 ( online verfügbar: 〈 http://www. sueddeutsche. de/wirtschaft/ nahaufnahme - in - doppelter - mission - 1. 2713655〉).

Stephan Rixen, » Sozialvergaberecht ante portas? Vergaberechtliche Probleme im Sozialrecht der Arbeitsmarktsteuerung ( SGB II und SGB III)«, in: *Vierteljahresschrift für Sozialrecht* (2005), S. 225 - 254.

Christian Rolfs, »Das Sozialrecht in der universitären Lehre«, in: *Schriftenreihe des Deutschen Sozialrechtsverbandes* 62 (2012), S. 135 - 148.

Heinz Rothgang, »Pflegereform: Fehlkonzipierter Vorsorgefonds«, in: *Wirtschaftsdienst. Zeitschrift für Wirtschaftspolitik* 94 (5/2014), S. 310.

—, *Evaluation des NBA. Erfassung von Versorgungsaufwänden in stationären Einrichtungen* (EViS, Zentrum für Sozialpolitik), Bremen 2015.

Wolfgang Rüfner, »Das Gesetz zur Sicherung und Strukturverbesserung der gesetzlichen Krankenversicherung«, in: *Neue Juristische Wochenschrift* (1993), S. 753 - 757.

Franz Ruland ( Hg. ), *Open Method of Coordination in the Field of Pensions—Quo vadis?*, Bad Homburg 2003.

—, »Die Koordination der verschiedenen Alterssicherungssysteme in Deutschland«, in: *Neue Zeitschrift für Sozialrecht* (2015), S. 81 - 91.

Ulrich Schäfer, » Reform im Gesundheitswesen. Koalition will Bürgerversicherung schnell einführen «, in: *Süddeutsche Zeitung* vom 11. 05. 2010 ( online verfügbar: 〈 http://www. sueddeutsche. de/politik/reform - im - gesundheitswesen - koalition - will - buergerversicherung - schnell - einfuehren - 1. 314258 〉, letzter Abruf 17. 03. 2016).

Fritz Scharpf, » Negative and Positive Integration in the Political Economy of European Welfare States«, in: Gary Marks u. a. ( Hg. ), *Governance in the European Union*, London 1996, S. 15 - 39.

—, Vivian Schmidt ( Hg. ), *Welfare and Work in the Open Economy Volume I: From Vulnerability to Competitiveness in Comparative Perspective*, Oxford 2005.

Winfried Schmähl, »Politikberatung und Alterssicherung: Rentenniveau, Altersarmut und das Rentenversicherungssystem«, in: *Vierteljahreshefte zur Wirtschaftsforschung* (1/ 2011), S. 159 - 174.

Wolfgang Schröder, »Der neue Arbeitsmarkt und der Wandel der Gewerkschaften«, in: *Aus Politik und Zeitgeschichte* (47 - 48/2003), S. 6 - 15.

Margarete Schuler-Harms, »Einbindung Dritter in die Sozialleistungsgewährung«, in: *Vierteljahresschrift für Sozialrecht* (3/2005), S. 135 - 161.

Bernd Schulte, »Behindertenrecht und Behindertenpolitik in der Europäischen Union«, in: *Aus Politik und Zeitgeschichte* (08/2003), o. S. (online verfügbar: ⟨http://www. bpb. de/publikationen/ASCNEC, 0, 0, Behindertenrecht_und_Behindertenpolitik_in_der_Europ% E4ischen_Union. html⟩).

Hans-Werner Sinn, *The New Systems Competition*, Malden 2003 (online verfügbar: ⟨http://www. cesifo - group. de/de/ifoHome/publications/individual - publications/The - New - Systems - Competition. html⟩).

Christoph Skupnik, »*Welfare Magnetism*« *in the EU - 15? Why the EU enlargement did not start a race to the bottom of welfare states*, Berlin 2013 (online verfügbar: ⟨http://www. diss. fu - berlin. de/docs/servlets/MCRFileNode Servlet/FUDOCS_derivate_000000002610/discpaper8_2013. pdf⟩).

Udo Steiner, »Verfassungsfragen der deutschen Wiedervereinigung im Sozialrecht«, in: *Neue Zeitschrift für Sozialrecht* (2010), S. 529 - 534.

Michael Stolleis, *Geschichte des Sozialrechts in Deutschland*, Stuttgart 2003.

—, »Rede anlässlich des Festaktes › 125 Jahre gesetzliche Rentenversicherung‹ im Berliner Abgeordnetenhaus«, in: *Deutsche Rentenversicherung* (4/2014), S. 205 - 213.

Florian Stork, *Das Anti-Diskriminierungsrecht der Europäischen Union*, Frankfurt am Main 2006.

Katja Strippel, *Erbschaftssteuerreform: Nach wie vor keine Einigung in Sicht*, bronline vom 03. 06. 2016 (online verfügbar: ⟨http://www. br. de/nachrichten/ erbschaftssteuer - reform - seehofer - 100. html⟩[nicht mehr aktiv]).

Lawrence Thompson, »Options for Administering Individual Accounts in Social Security«, in: *The Retirement Project*, Urban Institute, *Brief Series* 2 (1999), S. 1 - 6 (online verfügbar: ⟨http://papers. ssrn. com/sol3/papers. cfm? abstract_id = 256590⟩).

Monica Threlfall, »The Social Dimension of the European Union«, in: *Global Social Policy* 7 (3/2007), S. 271 – 293.

Jason Turner, *Wisconsin Works*, Working Paper, Konrad-Adenauer-Stiftung Nr. 75 (2002), o. S. Rudolf Wassermann, »Schlußstrich unter die SED-Verbrechen? Zur Debatte um eine Amnestie für SED-Funktionärs- und DDR-Regierungskriminalität«, in: *Neue Juristische Wochenschrift* ( 1994 ), S. 2666 – 2668.

Enzo Weber, Roland Weigand, *Identifying macroeconomic effects of refugee migration to Germany*, IAB Discussion paper 20/2016 ( online verfügbar: 〈http://doku. iab. de/discussionpapers/2016/dp2016. pdf 〉).

Wolfgang Weiß, »Öffentliche Daseinsvorsorge und soziale Dienstleistungen: Europarechtliche Perspektiven«, in: *Europarecht* (2013), S. 669 – 688.

Uwe Wilke, *Sozialhilfe in den USA. Die Reform in Texas und Wisconsin*, Frankfurt am Main 2002.

Harald Wilkoszewski, *Age Trajectories of Social Policy Preferences. Support for Intergenerational Transfers from a Demographic Perspective*, MPIDR Working Paper WP 2009 – 034, ( online verfügbar: 〈http://www. demogr. mpg. de/ papers/working/wp – 2009 – 034. pdf 〉).

Stefan Willeke, » Die Kassierer «, in *DIE ZEIT* Nr. 6/2015 vom 21. 02. 2015 ( online verfügbar: 〈 http://www. zeit. de/2015/06/mittelschicht – deutschland – einkommen – staat〉).

Ludger Wößmann, »Integration durch Bildung«, in: *Forschung und Lehre* 16 ( 1/ 2016), S. 11 – 13.

Franz Zacher, »Stand und Perspektive der Forschung und Lehre auf dem Gebiete der Sozialarbeit, insbes. im Rahmen kirchlicher Fachhochschulen«, in: Deutscher Verein für Öffentliche und Private Fürsorge ( Hg. ), *Sozialpolitik und Wissenschaft* (1992), S. 361 – 379.

Alfred Zänker, *Der bankrotte Sozialstaat. Wirtschaftsstandort Deutschland im Wettbewerb*, München 1994.

# 从波恩经柏林到布鲁塞尔和海牙

## ——柏林共和时代的欧盟法学及国际法学

〔德〕弗兰克·绍尔科普夫* 著

张千帆** 译 薛 童*** 校

## 一、关于超国家性的规范意识状态

在两德统一正式生效的 1990 年 10 月 3 日,德语区国家法教师恰巧在苏黎世召开会议。这是常规的年会。同年 4 月他们已在柏林召开过一次特别会议。而此次的常规会议召开场地正是 1946 年 9 月 19 日温斯顿·丘吉尔向青年学人发表演说的地方[1]——此欧洲一体化开端的纪念地标,即便在欧盟法简明教科书中也很少不被提及。[2]

时任国家法教师协会主席的克劳斯·福格尔(Klaus Vogel)在会议

---

\* 弗兰克·绍尔科普夫(Frank Schorkopf),生于 1970 年,先后于汉堡和伦敦学习法学,1999 年获得博士学位,2007 年获得教授资格。2009 年起任哥廷根大学公法和欧盟法教授,并于 2016 年起成为哥廷根科学院正式成员。

\*\* 张千帆,浙江西塘人,德国弗莱堡大学公法方向博士候选人。主要研究领域:德国公法、欧盟公法和法哲学。

\*\*\* 薛童,山西吕梁人,德国科隆大学法学博士,现任中国政法大学国际法学院讲师。主要研究领域:国际私法、比较私法和仲裁法。

1 Kellerhals (Hg.), *60 Jahre Churchill-Rede*;演讲的英语原文以及德语译文可在以下网址下载:http://www.zeit.de/reden/die_historische_rede/200115_hr_churchill1_englisch。

2 Herdegen, *Europarecht*, S. 49; Hobe, *Europarecht*, S. 5.

文集的前言 3 中明确表明了此中关联并将此作为向会议主旨过渡的桥梁：在国家重塑统一的这一天，公法界学术同仁们共聚在这个具有象征意义的地方召开题为"宪法国作为欧洲共同体的连接点"（Verfassungsstaat als Glied einer europäischen Gemeinschaft）的大会。福格尔同时也是此次大会的主席。他致力于研究开放的国家性（1964）4，旨在回应东德的封闭社会，借此推动了这项对德国对外法律关系至今仍意义深远的大纪事。5

　　回顾此次大会，其召开正值孕育柏林共和时代的中间时点。此孕育期可被视为始自 1989 年匈牙利事件，终于 1991 年 6 月 20 日联邦议会决议定都柏林。6

　　对法学进路颇有意味的是，该柏林共和时代是如何被知识界设想的。约翰内斯・格罗斯于 1995 年写道：联邦共和国"经重新统一后不仅地理面积扩大了，而且因其与之相继而生的国际政治环境的变化，从根本上焕然一新了"。柏林共和国虽在国家法意义上与波恩共和国仍为同一，但在"社会、政治以及文化等方面均已截然不同"。7 格罗斯所谓的"国际政治"的变化，对法学家而言即反映在欧盟法和国际法中。此话题对于当代史判断的特殊恰当性也体现在汉斯・罗特费尔斯（Hans Rothfels）的奠基之作中。依其所见，当代史作为"共同生活的时

---

　　3　Vogel, »Vorwort«, S. 5 f.

　　4　Vogel, *Verfassungsentscheidung*.

　　5　Appel u. a.（Hg.）, *Öffentliches Recht im offenen Staat*; von Bogdandy u. a.（Hg.）, *Ius Publicum Europeam*; Di Fabio, *Recht offener Staaten*; Grawert u. a.（Hg.）, *Offene Staatlichkeit*;以及后注 85 中所引文献；就此话题之详论，参见 Schorkopf, *Grundgesetz und Überstaatlichkeit*, S. 221 ff. 。

　　6　Deutscher Bundestag, BT-Drs. 12/815, Ergebnis：338；320；1 Stimmen. 亦可参见于 2006 年写入《基本法》的第 22 条第 1 款第 1 句："德意志联邦共和国的首都是柏林。"就此话题参见 Meinel, »Berlin ist nicht Bonn«, S. 584。

　　7　Gross, *Begründung der Berliner Republik*, S. 7 f.

代",需以"原则上在国际框架下的科学研究为己任"。[8] 欧盟法学、国际法学以及与之衔接的成员国一体化宪法学（das nationale Integrationsverfassungsrecht）便在这个框架下得以发展。它们是关于超国家性（das Überstaatliche）的一个互动共同体的意识状态。然而何为连续性？以及何处存在可能的改变？[****]

# 二、欧盟法学

## （一）欧盟法的整合

至波恩共和晚期,欧盟法学一直处于尴尬的学术境地。这导致了大部分欧盟法学者或多或少都秉持着单维的一体化概念,即一体化被认为是从成员国到欧洲联盟的单向线性过程,这种过程被看作是一方获取职能而另一方失去职能的零和博弈。

该状态可归结为两个原因:第一个原因为欧盟法须与国际法作区分。欧盟法在内容上及研究人员上与国际法几近相同。同时欧盟法还应与国家法作分离。关于该点的讨论在国家法学的相关讨论中已被注意到。[9] 对于第三代欧盟法学者而言,这一问题如今已被解决:法学院校已经设置了相应的欧盟法教席;欧盟法的考核亦被写入了大学的考试章程。此外,还出现了关于欧盟法的学制、学术期刊、研究团体、学术会议以及总结该学科的多卷本专业百科全书（即便这只是一个根植于

---

8　Rothfels，»Zeitgeschichte als Aufgabe«，S. 2 und S. 7.

****　文中所指的"连续性"与"改变"是指波恩共和时代与柏林共和时代之间的关联和不同。

9　Stolleis, *Geschichte des öffentlichen Rechts*, S. 609 ff.；就关于被看作国际法的话题,参见 Mangold, *Gemeinschaft*, S. 232 ff.。

波恩共和时期的理念)。[10] 欧盟法对政治实践具有重要意义,并引导其
思维和行为。因此欧盟法学业已成为法学的重要学科领域,从而得以
更从容和自主地就其对象——欧洲一体化及欧盟法——进行研究。[11]

第二个原因为欧洲法院扮演的举足轻重的角色。它是欧洲一体化
最重要的推动者。欧洲法院通过判决 Costa. /. ENEL 及判决 van Gend &
Loos 1963/1964,提出了所谓的"静谧的革命"以及"通过法律实现一体
化"的理论。[12] 欧盟法优先于国内法适用(Anwendungsvorrang)以及成员
国国内法与欧盟法冲突时,作有利于欧盟法的有效解释(Effet utile),便
是两项保障欧洲一体化并使其保持在一致的发展轨道上的重要法律机
制。[13] 因此产生的结果是,欧盟法学——在其影响下也包括法学的其他
部门领域——大多满足于此表达,而鲜有专注于对于一体化条件的研
究。单面向的欧洲一体化一如既往地裨益于欧洲法院的庇护,得到了
保障、促进以及偶尔的激励。故欧盟法学在此意义上——从核心上来
看仍然如此——是成员国的法学。他们依据其特有的语言上的、学科
文化上的特色和模式来理解欧洲层面的研究对象。[14] 基本由以德语为
主要研究语言的欧盟法学家组成的欧洲国家法学教师协会——欧洲公

---

10  Hatje/Müller-Graff ( Hg. ), *Enzyklopädie des Europarechts*,十卷本,每一卷皆由各领
域的专家负责主编。

11  Pernice 在»Die Zukunft des Europarechts«, S. 1361 中描述了这一过程,而针对可
能出现的欧盟法面向国际法的再次靠近,ebd. , S. 1375 f. ;von Bogdandy 在»Wissenschaft
vom Europarecht«, S. 40 f. 中指出,针对以欧盟法学的独立为主旨的整体性评价认为,欧
盟法逐渐脱离国家法和国际法的趋势仍未成定数。

12  Weiler, »A Quiet Revolution«, S. 510; Cappelletti u. a. ( Hg. ), *Integration
Through Law*, 5 Bde. ;总结性文献参见 Augenstein ( Hg. ), »*Integration Through Law*«
*Revisited*。

13  关于该两项法律机制发展和内容的详细介绍,参见 Schorkopf, *Staatsrecht der
internationalen Beziehungen*, § 1 Rn. 60 ff. 。

14  Hatje/Mankowski, »›Nationale Unionsrechte‹«, S. 155;亦参见由 Thym 引发的争
论,后注 82。

法学会(Societas Iuris Publici Europaei)于 2003 年成立。这亦是上述欧盟法学作为成员国法学的典型。[15]

　　上述的框架条件在进入柏林共和时代之后发生了改变。欧洲法院长久以来备受批评。它那至今仍然保持的、吝于论证的关于欧盟法自主性的司法判决失去了以往的说服力。欧盟法学正尝试着翻越主流的一体化理论的藩篱,开始寻求更广泛的论据。

## (二) 三大主题

　　如对柏林共和时代的欧盟法学进一步仔细推敲,则三大话题值得关注:欧洲的立宪、欧洲层面上的基本权利保护以及联盟与成员国的关系。[16] 概观而论,欧盟法学几乎未曾直接受到德国统一的后续问题的影响。[17] 相反,它一直伴随着欧洲政治的一体化结果,通过这种方式与德国的重新统一建立着间接的关联。甚至可以如此表述:德国的统一是欧洲一体的镜像对应。类似的政治观点自 20 世纪 90 年代后期就已被提出,[18]并在欧债危机和欧元争议中再次被强烈主张。

### 1. 欧洲立宪

　　柏林共和初期,一体化的进程明显加快。1992 年 2 月,《马斯特

---

15　Bauer, »Entstehung und Entwicklung«, S. 485.

16　另一项值得关注的领域是行政法的欧盟化,这也是马根所著文章的研究对象,参见本文集中斯特凡·马根著文。

17　德意志民主共和国并入德意志联邦共和国在国际法意义上扩大了德国的领土范围,同时也相应扩大了欧洲基础法(das europäische Primärrecht)的效力范围。相关后续问题的其中一例为,对于新加入的联邦州进行补助在欧盟法意义上的可被允许性。就此问题参见 Götz, »Europäische Beihilfenaufsicht«, S. 319。

18　关于货币联盟和德国统一的对立关系,参见 Marsh, The Euro, S. 138－181;关于从柏林共和视角出发的德国统一与欧盟条约的密切关联,亦参见 Gehler, »Zentralmacht Europas?«, S. 94 ff.。

里赫特条约》签署。[19] 它使得数十年寻求的政治联盟更为紧密,欧洲一体化伴随着货币的统一不可逆转地进一步加深。经德国联邦宪法法院针对参与欧洲事务条约的宪法诉愿作出判决后,[20] 条约自1993 年 11 月起方才生效。该判决为之后德国的欧盟法争议提供了基准点,[21] 但无非也只是将波恩共和后期业已浮现的思潮正式带入公众视野之中。关于欧洲一体化的条件和目标的批判性立场得到了表达。[22] 各联邦州自成立欧洲煤钢共同体起就已针对日益加深的去国家化(Entstaatlichung)提出了批评,这样的声音在 20 世纪 80 年代再次被重申,[23] 经由《马斯特里赫特条约》的签订被提升到了联邦层面,并转变成了关于辅助性原则的讨论。[24]

　　然而,新的一体化脚步仍在向前迈进。继《马斯特里赫特条约》之后,《阿姆斯特丹条约》(1997)和《尼斯条约》(1999)相继签订。各成员国也依此宣布进一步实施机构"改革步骤",并将此作为可预见的欧盟东扩的前置条件。至此,欧洲的立宪进程其实已经开启。一场跨越德国学术界并涉及国

---

19　Blanke, »Der Unionsvertrag von Maastricht«, S. 412; Hommelhoff/Kirchhof ( Hg. ), *Staatenverbund.*

20　BVerfGE 89, S. 155 ff.

21　"马斯特里赫特"判决经由里斯本判决〔BVerfGE 123, S. 267 ff.—Lissabon (2009)〕和针对"欧元保护伞"(Euro-Rettungsschirm)及其他旨在稳定共同货币措施的诉讼〔参见 BVerfGE 134, 366 f.—Vorlageschluss EuGH(2014)〕成了非德语地区欧盟法学研究的对象,尽管英语的相关文献大多来自德国作者。由此可见,德国的欧盟法学十分重视代表德国法秩序的学者的转译作用。参见 Khushal Murkens, *From Empire to Union*, S. 178 ff.; Bourgeois, »The Federal Constitutional Court of Karlsruhe«, S. 29; López Bofill, »What is not Constitutional Pluralism in the EU«, S. 221; Kiiver, »The Lisbon Judgment«, S. 578。

22　典型的意见如 Kirchhof, »Der deutsche Staat im Prozeß der europäischen Integration«, Rn. 50。

23　关于确认各州和联邦参议院的机构参与权的发展,详见 Schorkopf, »Artikel 23 GG«, Rn. 2 ff. 。

24　Merten, *Subsidiarität*; Pieper, *Subsidiarität*; Calliess, *Subsidiaritäts- und Solidaritätsprinzip;*最后例如 Grimm, »Subsidiarität und Föderalismus«, S. 49; Haratsch ( Hg. ), *Subsidiaritätsprinzip*。

际法学的法学和政治学的争论将这一立宪进程的问题展现得淋漓尽致。[25] 实质上这是一场关于一种超国家性的原则理论的争论。该原则理论欲从基础性法律文本中推演出一种秩序认同，以剥夺各个国家的自我处置意志，从而进入欧洲立宪的第二个阶段。[26] 这将不再意味公民脱离于君主原则，而意味着脱离于宪法国家。这场争论中的法学文献带有一种跃进的趋势。从事后诸葛的心态来看，只能从对于欧洲一体的希冀与期待以及对于国家必然灭亡的现实信仰的角度来解释这些想法。[27]

经由时任德国外长菲舍尔（Fischer）的洪堡演讲的预热，2001 年 12 月于布鲁塞尔雷肯区（Laeken）召开的欧盟理事会会议正式开启了欧盟的立宪程序。一个由成员国议员和欧洲议员、各国政府委任人员组成的大会于 2002 年 2 月至 2003 年 7 月间草拟了《宪法条约草案》，由政府首脑会议略作修改后，于 2004 年 10 月交由各成员国签署。立宪进程基本于 2009 年 12 月《里斯本条约》正式生效后结束。《里斯本条约》虽在形式上仍沿袭了基础法修订的习惯，但就其内容而言极大程度上与《宪法条约》相一致。[28] 在此期间，该问题成了法学界——包括国家法学界——的显学。而欧盟法学却冷静地面对着条约的生效，[29] 他们已因法

---

25　关于立宪争论的深层问题，参见 Borger/Rasmussen，»Transforming European Law«，S. 199。

26　von Bogdandy，»Prinzipien der Rechtsfortbildung«（a），S. 1；ders.，»Prinzipien der Rechtsfortbildung«（b），S. 340.

27　例如 von Bogdandy，»Konstitutionalisierung des europäischen öffentlichen Rechts«，S. 529；von Bogdandy，»Die europäische Republik«，S. 21；Calliess，»Europa als Wertgemeinschaft«，S. 1033。

28　Mayer，»Die Rückkehr der Europäischen Verfassung?«，S. 1141.

29　例如在由克里斯蒂安·卡利斯（Christian Calliess）和马蒂亚斯·鲁费特（Matthias Ruffert）主编的法律评注中，《宪法条约》第 I‑1 至 I‑19 条的作者将该条约称为欧盟条约，而新的评注撰写于联邦议会条约批准程序的同期，他们对条约的失败有了预设，故将至此所有发生事项只视作（法史学的）知识而出版，见 Calliess/Ruffert，*Verfassung der Europäischen Union*。

国和荷兰的公投结果阻断了立宪进程而深感失望——这种失望堪比于
2016 年 5 月英国公投退出欧盟("脱欧")所带来的震惊。在跨越《宪法
条约》形式上的失败及无可遁形的梦想破灭感之后,欧盟法学界为数不
少的代表人物们仍坚持将创建——实质意义来理解的——欧洲宪法视
为己任。[30]

　　更为切合实际的工作转向了对欧盟法进行进一步的理性化梳理及
对其进行教义学上的构建。对于"职权"的法学争论在一些具体课题中
得到了深化,如辅助原则和比例原则。这两个概念均来自德国法学并
被转用至了欧洲层面。最晚从《马斯特里赫特条约》起,"辅助性"成了
欧洲一体化的基调,并在职权争论中被寄予了(或许过于)重大的希望
和期待。[31] 而欧盟法虽然长久以来熟知比例原则,但对于职权之争来说
亦是相对晚近的贡献。[32]

　　2.《基本法》与欧盟法

　　相较于欧盟法学的发展主要伴随着被公开记载的立宪过程,国家
法学则着重于从欧盟与成员国之间的关系出发研究这一过程。在《马
斯特里赫特条约》被批准的过程中,《基本法》相应新增了第 23 条以替
代原本象征性的过时的国际条约加入条款。此前不久,只有一句条文
(《基本法》第 24 条第 1 款)可为欧洲一体化提供正当化基础。[33] 这一
宪法条款的修改激起了各联邦州代表以及那些具有国家法学背景的政

---

　　30　Pernice, »Editorial«, S. 65;von Bogdandy/Bast(Hg.), *Europäisches Verfassungsrecht*;
Streinz, *Der europäische Verfassungsprozess*;欧盟法学界中对此种趋势作出批评的有 Heinig,
»Europäisches Verfassungsrecht«, S. 905。

　　31　Calliess, » Subsidiaritätskontrolle «, S. 563; Bickenbach, » Subsidiaritätsprinzip «,
S. 523;Kiiver, *The Early Warning System*;Craig, »Subsidiarity«, S. 72.

　　32　Saurer, »Verhältnismäßigkeitsgrundsatz«, S. 281 及相关引注。

　　33　但是同时,《基本法》新增了第 88 条第 2 款〔由欧洲中央银行体系(ESZB)进行货
币管理〕以及第 45 条(联邦议会欧洲事务委员会作出对全体大会的替代性决定)。

客们的严重不满。[34] 政治多数派——仍然居住在波恩——为了让欧盟条约得到批准付出了高昂的代价。因为连同新增的《基本法》第 23 条一道,又产生了涉及联邦议会、联邦参议会甚至直接涉及各州的差别参与权。至今,这一"一体化宪法"(Integrationsverfassungsrecht)得由联邦宪法法院在联邦参议会和联邦议会的密切关注下发展而成。[35]

关于宪法上的参与协作权的细节可根据《基本法》第 23 条第 2 款至第 6 款通过委托立法制定的实施法律作出规定。《关于联邦和州就欧盟事项共同合作法》(EUZBLG)以及《关于联邦政府和德国联邦议会就欧盟事项共同合作法》(EUZBBG)已于 1993 年连同《马斯特里赫特条约》的批准及新增的《基本法》第 23 条正式生效。根据联邦宪法法院的里斯本判决[36],《关于联邦议会和联邦参议会就欧盟事项的一体化责任法》(IntVG)于 2009 年 9 月被采纳。它吸纳了欧盟基础法直接赋予成员国议会就特定组织机构性步骤的参与权。为了适应欧盟法的修改以及一体化实践中,特别是联邦政府活动的变化,上述这些法律自生效后经历了多次修改。

正如在莫尔出版社出版的代表整个学科的教授资格论文系列"公法"(ius publicum)这一名称[37]及其不断增加的出版数量所展示的,国家法学极为关注整个关于超国家性的课题。不同法秩序之间的冲突及其解决方案成了公法学界的热门议题。对于该课题的关注几乎跨越了柏

---

34　Scholz, »Grundgesetz und europäische Einigung«, S. 2593; Scholz, »Europäische Union und Verfassungsreform«, S. 1690.

35　2011 年出版了关于该法的独立评注,见 von Arnauld/Hufeld (Hg.), *Systematischer Kommentar zu den Lissabon-Begleitsetzen*。

36　BVerfGE 123, S. 267 ff.—Lissabon (2009).

37　该系列于 1991 年创建,http://www.mohr.de/schriftenreihe/jus - publicum - juspubl.

林共和至今的整个存续：从最初的"马斯特里赫特判决"到 2009 年的"里斯本判决"。后者使"马斯特里赫特判决"的重要性再次被重视，并给法学界提供了值得深入研究的关键词汇。[38] 鉴于关涉议会和政府之间的关系，"里斯本判决"所引发的争议具有组织机构法的底色，同时它也涉及欧盟的"议会化"以及对于成员国层面的议会自决权的"补偿"问题。[39]

国家法和欧盟法的交织亦在国家法教师年会的议题序列中可见一斑。该会议于 1990 年后相隔数年方才关注"欧洲"的话题，自 2000 年莱比锡会议后该关注显著提升，即使并没有一份报告与欧盟法有直接关联。[40] 由于会议主题之间明显的交错，莱比锡的年会尤其值得一提，在议程中不仅有对于纳粹时期国家法学的反思回顾，也有对于欧洲和国家宪法的前瞻性展望。[41]

### 3. 欧洲的基本权利保护

第三个值得关注的主题——欧洲的基本权利保护——与上述两个主题密切相关，同时也与后述的国际法有关联。欧洲的基本权利保护是政府政策与法学共同作用的结果。1999 年德国担任欧盟理事会轮值主席时确定了制定专属于欧盟的基本权利目录的方案。该方案最终于 2000 年 12 月在原联邦总统、法学教授罗曼·赫尔佐克（Roman Herzog）

---

38　Hufeld, »Das Lissabon-Urteil«, S. 191；Hatje/Terhechte（Hg.）, *Grundgesetz und europäische Integration*.

39　Nettesheim, »Bundesverfassungsgericht und Staatsschuldenkrise«, S. 259.

40　可从以下网址获得概览：http://www.vdstrl.de/themen-und-berichterstatter/。

41　Dreier/Pauly, »Die deutsche Staatsrechtslehre« sowie Pernice u. a., »Verfassungsrecht«.

的领导下得以实现。[42] 一个由多数欧洲议会议员组成的大会制定了《欧盟基本权利宪章草案》。它起初只被看作是政治性文件,但随即各欧盟机构确认适用该《宪章》,[43]从而使其不再只是法学幻想,[44]而成为"软法"工具发挥效用。德国则继而在欧洲层面上执行其于1973年由联邦宪法法院"Solange I"裁定书[45]开启的基本权利保护任务。

与此同时,具有更为重大意义的欧洲基本权和人权机构也完成了一项根本性改革。自1998年起,《欧洲保障人权和基本自由公约》〔简称《欧洲人权公约》(EMRK)〕第二补充议定书开始生效。它改变了《欧洲人权公约》下的权利保护体系。现在公民被赋予了向位于斯特拉斯堡的欧洲人权法院(EGMR)直接提起诉愿的权利。[46] 这一改革的成功,使得缔约国的公民具备了个人诉愿权,从而激起了一股"诉愿潮"。这也成了国际法学界至今仍热衷的研究课题。[47]

第二补充议定书最早产生于1994年的特定背景下。它是通过超国家性的、欧洲共同的基本权利标准来约束欧洲旧体系国家及转型国家的努力的产物。在此期间《欧洲人权公约》被大范围接受,从而使原本由欧洲人权法院解释的欧洲人权法在各地的地方法院亦得到了适用。德国法学界——虽然只有国际法学家较为活跃——不仅通过精密

---

42　《欧盟基本权利宪章》得到了宣告。旨在保护人格尊严的《欧盟基本权利宪章》第1条无疑是《基本法》的翻版。《欧盟基本权利宪章草案》可通过以下网址下载:http://www.europarl.europa.eu/charter/pdf/04473_de.pdf. 关于《欧盟基本权利宪章》第1条与《基本法》第1条的并行关系,参见 Herzog, *Jahre der Erinnerung*。

43　Alber, »Selbstbindung«, S. 349.

44　Eickmeier, »Berichte«, S. 1026.

45　BVerfGE 37, S. 271 ff.—Solange I (1973).

46　Drzemczewski/Meyer-Ladewig, » Der neue EMRK-Kontrollmechanismus «, S. 317; Schlette, »Europäischer Menschenrechtsschutz«, S. 219.

47　参见 *Europäische Grundrechte-Zeitschrift* 30 (2003), S. 93 ff. 以及 Zimmermann (Hg.), *60 Jahre Europäische Menschenrechtskonvention*。

的阐述,而且也通过例如建立人权法中心,[48]或编写最新教科书[49]的方式投身于这一领域中。欧盟法学者则将大部分精力投向于给《欧盟基本权利宪章》作评注[50]或将《宪章》作为独立的法律规范加入已有的法律评注中。[51] 关于是否以及在何种条件下欧盟应当加入《欧洲人权公约》的讨论使这两个学科文化产生交集。然而令欧盟法学者极为不满的是,自 20 世纪 90 年代中期开始的关于一项欧洲共同的人权标准的激烈讨论,却因欧洲法院于 2014 年作出的一份针对业已谈妥的欧盟加入方案的否定性专业意见书而暂时中止。[52]

# 三、国际法学

从《欧洲人权公约》便可自然过渡到国际法这一对于追寻柏林共和时代的法学足迹更具说明力的领域。首先提及的就是刑法的国际化。德国作为国际法主体,通过它的行政特设专家机构以及德国法学的形成性作用,积极参与其中。例如联邦部级行政与以应用为导向的法学的合作性融合就是典型一例。《国际刑事法院罗马规约》(1998)是对该

---

48　波茨坦大学的人权法中心建立于1994 年;关于德国人权法研究所的建立,见 BT-Drs. 14/4801 以及 Plen. Prot. 14/140, 13695 – 13714。

49　当时公认的标准读物为 Frowein/Peukert, *Europäische Menschenrechtskonvention*;对于德语区重要的著作有 Villiger, *Handbuch der Europäischen Menschenrechtskonvention*。继而,同时也有个别具有欧洲人权法院工作经历的作者:Meyer-Ladewig, *Konvention*; Grabenwarter, *Europäische Menschenrechtskonvention*; Peters, *Einführung*; Ehlers ( Hg. ), *Europäische Grundrechte und Grundfreiheiten*; Grote/Marauhn ( Hg. ), *EMRK/GG*; Karpenstein/Mayer, *EMRK*。

50　Meyer ( Hg. ), *Kommentar*; Tettinger/Stern ( Hg. ), *Kölner Gemeinschafts-Kommentar*; Jarass, *Charta der Grundrechte*.

51　Pernice/Mayer, »Nach Artikel 6 EU-Vertrag«; Callies/Ruffert ( Hg. ), *EUV/EGV*.

52　EuGH ( Plenum ), Gutachten 2/13 vom 18. 12. 2014; 就此参见 Schorkopf, »Anmerkung«。

趋势最清晰的确认。在国际刑事法院建立之前,德国修宪者便已修改了《基本法》第 16 条第 2 款,以便在国内转化实行可以允许向该法院引渡被告人的安理会决议。故根据现行法,德国公民亦可被引渡到国外。鉴于向外引渡禁止条款的历史形成,这一改变十分引人注目,也招致了法学界的强烈批评。[53] 德国法学在国际刑法领域内享有着深具影响力的地位。[54] 刑法的研究课题以国际关系的法治化的一般性思潮(立宪化)为基础,当然也涉及各国法律立场的伦理化。[55] 在其发展过程中,德国法学的经典内部结构在国际刑法也得到了承认。相较于国际法学羁绊于审判管辖的机构问题,国际刑法则成了该领域的引领性学科。但与此同时,国际刑法仍被看作是传统刑法学科下的一个特殊分支学科。

在重获统一后,德国本应提出一些在冷战时期从会议议程中被摘除的法学问题:例如对于劳动改造者的赔偿及战争赔款问题。[56] 最终被提出的是所谓"德国问题"的次要问题,该问题在 1990 年已经得到了回答,并就此关于德国对联合国的期待形成了新的定位。1990 年 9 月 12 日达成的《最终解决德国问题条约》(《2＋4 条约》)彻底确认了德国对

---

53　Scholz, » Zehn Jahre Verfassungseinheit «, S. 1377；Schöbener/Bausback, »Verfassungs- und völkerrechtliche Grenzen «, S. 621；Schmalenbach, » Auslieferung «, S. 285；Zimmermann, »Schaffung eines ständigen internationalen Strafgerichtsofes«, S. 47. 关于这一次《基本法》修改及其历史背景介绍,见 Schorkopf, »Einleitung«, S. XIII‑XLIX。

54　基础性介绍已有 Jescheck, *Verantwortlichkeit*,另有 Werle, *Völkerstrafrecht*；Ambos, *Internationales Strafrecht*；Ambos ( Hg. ), *Treatise on International Criminal Law, 3 Bde.*；Satzger, *Internationales und Europäisches Strafrecht*；Kaul, » Der Beitrag Deutschlands zum Völkerstrafrecht«, S. 51。

55　关于国际刑法的详细论述参见 Ambos, *Völkerstrafrecht*,本文集中凯‧安博斯著文。

56　Majer, » Frage der Entschädigung «, S. 1；Doehring u. a., *Jahrhundertschuld, Jahrhundertsühne*.

内和对外事务的完全主权,而它的一次全面展示则表现在:德意志联邦共和国——在国际法学者的参与下——针对美利坚合众国违反领事法,向国际法院提起诉讼。[57] 该诉讼的胜诉以及与此相关的积极的经验是促使联邦政府于 2008 年承认国际法院的强制性管辖的动因之一。[58]

　　柏林共和也提升了德国在国际组织的参与度。[59] 虽然德国想成为联合国安理会常任理事国,[60]以及试图删除《联合国宪章》中"敌国条款"[61]的努力尚未成功,但还是成功地将波恩定为联合国的备用驻地,在汉堡设立了国际海事法院。[62] 此外,自 1976 年起有三名德国法官在国际法院工作,[63]这也证明了德国国际法学获得的国际认可。[64] 尤其值得一提的是,自布鲁诺·西玛(Bruno Simma)成功取得国际法院法官职

57　IGH, La Grand Case (Germany v. USA), I. C. J. Reports 2001, S. 466 ff.; Oellers-Frahm, »Die Entscheidung des IGH im Fall LaGrand«, S. 265; Simma, »Eine endlose Geschichte?«, S. 423.

58　Eick, »Anerkennung«, S. 763.

59　联邦政府会定期作出关于在国际组织工作的德国公民的人事现状报告,最近一期见 BT-Drs. 18/5339 vom 25. 06. 2015。

60　德意志联邦共和国在柏林共和期间分别于 1995—1996 年、2003—2004 年以及 2011—2012 年被选为安理会的非常任理事国。关于德国想要获得常任席位的雄心,参见 Schorkopf, *Staatsrecht der internationalen Beziehungen*。

61　关于德国在联合国的成员国地位以及所谓的"敌国条款"(《联合国宪章》第 53、102 条)见 Zimmermann, »Vom Feindstaat zum Musterschüler?«, S. 809。

62　König (Hg.), *Symposium*.

63　德国籍的国际法院法官有 Hermann Molser(1976—1985)、Carl-August Fleischhauer(1994—2003)以及 Bruno Simma(2003—2012)。此外,在与法院类似的联合国层面的仲裁机构任职的德国国际法学家有:在主管公民和政治权利的"人权委员会"任职的 Eckart Klein(1995—2002)和 Christian Tomuschat(1976—1986)以及自 2012 年起任职的 Anja Seibert-Fohr(自 2015 年起担任副主席),以及在"经济、社会和文化法委员会"任职的 Eibe Riedel(1996—2012)。

64　另一项可与此类比的指标是国际法委员会(ILC)成员。Christian Tomuschat(1985—1996)、Bruno Simma(1997—2002)以及 Georg Nolte(自 2007 年起)是三位来自德意志联邦共和国的成员;Bernhard Graefrath 于 1987 年作为德意志民主共和国公民被选为国际法委员会成员,其任期至 1991 年结束。

位后,法律评注这种文献类型在英语出版界获得了极大的成功。[65]

相较于波恩共和时期,最大的改变当属德国的军事力量在北约联盟领域之外的出现。它的实现得益于联邦宪法法院第二审判庭于1994年作出的一份经典法律解释。宪法法院认为根据《基本法》的防卫性宪法条款,国外驻军无需修改《基本法》亦可被允许。[66] 在此意义上,在例如出兵波斯尼亚和黑塞哥维那(1995—2012)、科索沃(1999年起)、阿富汗(2002—2014)以及非洲之角(2008年起)的军事实践中逐渐形成并细化了一套由议会立法的规则方略,该立法同时也规定了国内议会的参与权。[67] 以波恩共和时期的成果为基础,德国法学界继而研究了关于海外出兵、外交安全政策以及与军事相关的课题。[68] 这些讨论特别以人权和基本权利、国际人道法以及国家责任法的适用范围等问题为大背景。而国际恐怖主义的壮大又使得"安全"成为特定的关注话题。

与之相反,法学和政治在国际环境和气候保护领域的联系最为紧

---

65　Simma（Hg.）, *The Charter of the United Nations*, 之后还有 Zimmermann u. a.（Hg.）, *The Statute of the International Court of Justice*; Weller, *The Rights of Minorities*; Maslen（Hg.）, *Commentaries on Arms Control Treaties*; 参见 *Oxford Commentaries on International Law* 的整套丛书以及 Wolfrum/Stoll（Hg.）, *Max Planck Commentaries on World Trade Law*, 7 Bde. ; 更多关于法律评注参见 Calliess, » Subsidiaritätskontrolle durch Bundestag, Bundesrat und Landesparlamente«, S. 381。

66　BVerfGE 90, S. 286 ff. —AWACS/Somalia（1990）。时任联邦总理赫尔穆特·科尔于1990年10月4日在德国议会的发言中宣布,德国将会制定海外出兵的宪法前提,Plenarprotokoll vom 04. 10. 1990, S. 18018 – 18029（S. 18026 ff. ）。

67　Gesetz über die parlamentarische Beteiligung bei der Entscheidung über den Einsatz bewaffneter Streitkräfte im Ausland vom 18. März 2005（Parlamentsbeteiligungsgesetz）, BGBl. I, S. 775.

68　中心论坛为德国防卫法学会（Deutsche Gesellschaft für Wehrrecht）及其主办的《防卫法杂志》（*Zeitschrift für Wehrrecht*）。

密。德国的热情投入对于在超国家范围内的环境法的崛起[69]功不可没。[70] 国际环境法业已成为至今仍在不断分化的国际法中的特殊法领域。与之类似的还有文化财产保护法[71]、国际海洋法[72]、社会及移民法、国际投资法[73]和国际经济法。国际经济法作为传统的只为专家建立的特别法,在柏林共和时代通过机构性建立的众多教席以及研究重点,从原来只由少部分专家研究得到了极大的扩张,在法学教育中也获得了更多的关注。这一发展受益于1994—1995年关于建立世界贸易组织[74](WTO)的讨论以及由此引发的发达国家同准发达国家及发展中国家之间的对立。[75]

　　国际法学界将上述所述的分化称作国际法秩序的碎片化。[76] 各种不同的磋商平台创造出了国际条约以外新的国际法,这些新法往往与那些内容上有相关性的条约规定不一致。这导致了互相矛盾或竞合的法律约束力。如此法源多头的国际法将受到失去其内在规范统一性的

---

69　Stolleis, *Geschichte des öffentlichen Rechts*, S. 523 – 525; Rengeling (Hg.), *Handbuch zum europäischen und deutschen Umweltrecht*.

70　Kloepfer, *Das Umweltrecht des Auslands*; Beyerlin, *Rechtsetzung und Rechtsdurchsetzung im Umweltvölkerrecht*; Koch/Lagoni, *Meeresumweltschutz für Nord- und Ostsee*; Beyerlin, *Umweltvölkerrecht*; Durner, *Common Goods*.

71　Fiedler, *Internationaler Kulturgüterschutz*; von Schorlemer, *Internationaler Kulturgüterschutz*; Odendahl, *Kulturgüterschutz*; von Schorlemer/Stoll (Hg.), *UNESCO Convention*.

72　Vitzthum (Hg.), *Handbuch des Seerechts*.

73　Tietje, *International Investment*; Reinisch, *Standards of Protection*; Dolzer/Schreuer (Hg.), *Principles of International Investment Law*.

74　Stoll/Schorkopf, *WTO—Welthandelsordnung und Welthandelsrecht*; Weiß/Herrmann, *Welthandelsrecht*; Krajewski, *Wirtschaftsvölkerrecht*; Hilf/Oeter (Hg.), *WTO-Recht*; Tietje (Hg.), *Internationales Wirtschaftsrecht*.

75　Pitschas (Hg.), *Handel und Entwicklung im Zeichen der WTO*; Krajewski, »Handel und Entwicklung«, S. 247,及其他相关引注。

76　Van Aaken, »Fragmentation of International Law«, S. 91; Thiele, »Fragmentierung des Völkerrechts«, S. 1; Paulus, »Between Constitutionalization and Fragmentation«, S. 163.

威胁——又或许这样的统一本就无迹可寻。[77] 一股与此相左的思潮（虽然尚未总结与它们的因果性）便是已在欧盟法中所提及的立宪化命题。就如同国内法的宪法优先于法律一般，通过应然性和理念化的拟设（normativ-idealistische Ansätze），某些价值或至少是原则应该被确认，据此衡量国际法主体的行为。尽管国际法立宪命题不可与主要由德国国际法学家主张的立宪化观点混为一谈，但它仍会与国际法领域的人权保护产生诸多重合领域。[78] 德国国际法协会提交的双年报告提供了对德国国际法学界最新研究课题成果最具代表性的概览。该报告同时也选取了让在协会中共同参与管理的国际私法学者亦能共同探讨的话题。这种双重代表也提供了外部契机，该协会于 2011 年将这个早在1917 年建立的学术团体的名称由原来受罗马法启发并对德语区形成作用的"万国公法"（Völkerrecht）更改为"国际法"（Internationales Recht）。[79]

正值 2006 年海德堡马克斯·普朗克研究所所长履新之际，不同报告人对柏林共和时代的国际法学研究状况作了意义重大的审视，这些报告得幸最终付梓出版。[80] 数篇报告不仅提及了研究课题的挑战，也涉及了德国国际法研究的学术机构和学术文化的框架条件，例如：国际法与公法的联系性；由于在英语出版物中不充足的存在感阻碍了德国国际法学的广泛影响力。[81] 德语作为学术语言的状态同样也是欧盟法学

---

77　Fischer-Lescano/Teubner, *Regime-Kollisionen*; Vöneky, *Fortgeltung des Umweltvölkerrechts*.

78　Kadelbach/Kleinlein, » Überstaatliches Verfassungsrecht «, S. 235; Fassbender, »Schutz der Menschenrechte«, S. 1.

79　Müller, »Von historischer Dimension«.

80　参见 Beiträge von Kadelbach, Marauhn, Zimmermann, Nolte, Oeter, Paulus, Peters, de Wet, Keller und Benvenisti in *Zeitschrift für ausländisches öffentliches Recht und Völkerrecht* 67 (2007), S. 585–824。

81　Oeter, »Zukunft der Völkerrechtswissenschaft«, S. 691 f.

中的讨论对象[82]——虽然德语作为欧盟官方语言的框架条件另当别论。

# 四、修改的连续性

柏林共和时代的欧盟法学和国际法学相比于波恩共和时代有何不同？一位德国外交政治的观察者将两个时期的变化描述为"修改的连续性"。[83] 这个短标题作为状态描述来形容法学的变化倒也恰如其分：柏林是波恩更好的延续——更需补充的是，具备着更强大的道德底蕴。

"柏林共和时代"的困难特别体现在与安全和军事相关的话题中，也体现在与那些背负当代精神的期待相左的事件中。面对所谓的（德国的）"特殊道路"——例如通过强化与主权相关的论据和法律制度——的志忑在法学中依然挥之不去。德国的法学应更多拥抱多元的和国际化的概念而少一些"德国式"的思维和论证方式，这样的警示一直以来不绝于耳。[84]

一个确保连续性的安全锚当属联邦宪法法院，更具体地说，特别针对欧盟法学和国际法学而言是联邦宪法法院第二审判庭。它掌握着首要话题的节奏，将争议点纳入法学界可接受和可推动的讨论中：例如关于海外驻军的议会保留；里斯本判决以及关于欧债危机的相继多个判决。

以开放的国家性为核心宗旨以及力求市场开放和多边化是德意志联邦共和国的不变追求。柏林共和时代的法学密切关注关于政治推动的法律秩序去疆界化问题及它的实际结果——尤其在移民领域及经济

---

82　Thym, »Die Einsamkeit des deutschsprachigen Europarechts«.

83　Harnisch, »Change and Continuity«, S. 38.

84　Möllers/Voßkuhle, »Die deutsche Staatsrechtswissenschaft«, S. 321.

与财政政策一体化领域。开放性的国家以及它的法学保障了波恩共和与西方世界的连接,并与真实封闭的德意志民主共和国划清界限。[85] 柏林共和的开放性不仅是对于过往的积极纪念,同时也是西方联系的保证以及面对一个主权国家在政治自由发展时可能出现的摇摆的屏障。[86]

柏林共和现在正站在"正确的面向"上,这是不可忽视的众所皆知的确信。在法学至今尚未来得及对"柏林共和"的影响作出反思的情况下,单从法学的主要课题,如人权和基本权利保护、环境法以及所有社会保护和平等的法律问题,就已印证了这样的确信。对于法兰克福大学法学院的部分机构紧靠金融市场并受其资助作出尖锐观察和基础性批评的文献是至今唯一的反思性文章。[87] 科学委员会在它的报告中对德国法学的现状[88]提出了批评,其认为德国法学过多注重"规范和应用的知识"。相较于国际法学,这样的批评则更多针对欧盟法学。后者本可通过其与基础学科的关联,结构性地扩展它的认知可能性。

随着它的存续,柏林共和逐渐发展出更明显的自我特征。基于代际交替以及为了回应推动法学在人文科学理论化的背景下成为基础性学科的要求,德国法学迈向了新的视角和课题。关于在欧盟内或至少在欧洲内的德国霸权的讨论也有德国法学界的声音参与。[89] 传统的外

---

85　代表性的有 Tomuschat, »Verfassungsstaat«, S. 7; Tomuschat, »Staatsrechtliche Entscheidung«; Häberle, »Der kooperative Verfassungsstaat«, S. 141。

86　国家的开放性也是敬献给赖纳·瓦尔的祝寿文集的书名,参见 Appel u. a. (Hg.), *Öffentliches Recht im offenen Staat* 以及 Hobe, *Der offene Verfassungsstaat*。

87　Fischer-Lescano, »Guttenberg oder der › Sieg der Wissenschaft‹?«, S. 53.

88　Wissenschaftsrat, *Perspektiven der Rechtswissenschaft in Deutschland.*

89　Schönberger, »Hegemon wider Willen«, S. 1; Schönberger, »Nochmals: Die deutsche Hegemonie«, S. 25;另见已提及的 Byers/Nolte (Hg.), *United States Hegemony*;通过 Triepel, *Hegemonie* 也再次被发现。

国人法和政治庇护法被重新提及并作为移民法继续发展。[90] 另有学者转向理论导向的问题。[91] 传统的法教义学虽面对正当化的压力[92]，但仍能应对。

欧盟法学显著弱化了它所表明的信仰特色。其描述性的对于多边主义、欧洲一体化以及扩展基本权利保护绝对认同的立场展现得更为多元化。这或许也与更多的学术后起之秀在国外受过教育，或至少有过海外经历有关，他们更倾向于使用英美学科文化中的语言形式。此外，在过去的几年中欧盟法学和国际法学对于历史进路的研究趋势明显[93]——这一对于现行法科学的历史研究的暗涌暗示了该学科结构性的改变。

# 五、展望

欧盟法学和国际法学不仅在创造科学性认知的过程中走过了不同寻常的道路，而且在一个不清晰的全局中寻求自身定位与身份认同。[94]

---

90　Altmaier, » Ausländerrecht «, S. 355; Thym, *Migrationsverwaltungsrecht*; Bast, *Aufenthaltsrecht und Migrationssteuerung*; Gusy, »Leitbilder im Migrationsrecht«, S. 265.

91　Jestaedt, *Das mag in der Theorie richtig sein*; Engel/Schön（Hg.）, *Proprium der Rechtswissenschaft*; Möllers, *Der vermisste Leviathan*; Lüdemann/Funke（Hg.）, *Öffentliches Recht und Wissenschaftstheorie*; Depenheuer/Grabenwarter（Hg.）, *Verfassungstheorie*.

92　Kirchhof u. a.（Hg.）, *Was weiß Dogmatik?*; Pöcker, *Stasis und Wandel der Rechtsdogmatik*.

93　参见由诺莫斯出版社主编出版的系列文集"国际法的历史研究"（Studien zur Geschichte des Völkerrechts）以及 Fassbender/Peters（Hg.）, *The Oxford Handbook of the History of International Law*；Paulus, »Zukunft der Völkerrechtswissenschaft«, S. 708－719 将其批评为"遁入历史"。关于欧盟法学的现状的详细分析，参见 Schorkopf, »Rechtsgeschichte der europäischen Integration«, S. 421；就该话题的代表性著作，参见 Delfs, *Komplementäre Integration*。

94　Rückert, »Juristische Zeitgeschichte«, S. 23.

这个全局的目的性构想（teleologische Konstrukte）时常被质问，旧时的（民族国家相互制衡的）方案常左右觊觎，伺机回潮。恐怖主义、武装冲突，以及自 2008 年以来深陷泥沼的欧洲联盟，其危机时至今日，在这个回顾柏林共和的时刻，仍未被克服。这一切在超国家性的规范意识状态以及德国的欧盟法学和国际法学的自我定位及长远预设中皆留下了印迹。

2016 年 7 月英国周报《经济学人》刊发了题为"全新的社会政治分裂"的封面报道：它不再是事关"左"和"右"，而是"开放"与"封闭"的分歧。借机讨论美国总统大选，该周报将这样的分割归结为抽象意义上的"反全球化主义者运动"与支持"负责任的国家主义"之间的争论。[95]

自波恩共和时期以来作为法学范式的"开放的国家性"在本文的讨论中占据着似乎显著的地位。但就柏林共和时代的法学而言亦不容忽视的是，过往 30 年来政治领域的建设性决定对于法律产生了重大的作用。从对欧盟法和国家法的持续违反的思考出发，一个由欧盟危机而引发的确认观点指出了开放和融合状态续存的代价问题。而欧盟法学和国际法学唯有承担起诊断这些法律违反的重任，方能驳斥这样的观点。此外，通过欧盟法和国际法，德国国内的外国人法与政治庇护法的重合问题在移民危机之际暴露无遗——其程度不仅令法学家，也令政治家感到惊讶。可以想见，国际法学和欧盟法学势必将重新考虑由超国家性法律和国际法院对政治决策进行大范围约束，阻止或至少减缓那些具备民主正当性的政治可行方案的通过。联合王国在"收回控制"的口号下所进行的"英国脱欧"就是反对这种政治决策的法律化，从而另辟道路的努力。这对于相当部分的国际法学者和欧盟法学者而言是

---

95　The Economist, »The New Political Divide«, Ausgabe vom 30. 07. 2016.

令人不安的社会转向。然而这同时也应是对其从不质疑的公理般的立足点进行认真反思的契机。

## 参考文献

Anne van Aaken,»Fragmentation of International Law«, in: *The Finnish Yearbook of International Law* 17（2006）, S. 91 – 130.

Siegbert Alber,» Die Selbstbindung der europäischen Organe an die Europäische Charta der Grundrechte«, in: *Europäische Grundrechte-Zeitschrift* 28（2001）, S. 349 – 353.

Peter Altmaier,»Vom nationalen Ausländerrecht zum europäischen Migrationsrecht«, in: *Zeitschrift für Ausländerrecht* 30（2010）, S. 355 – 358.

Kai Ambos, *Internationales Strafrecht*, München 2006.

—（Hg.）, *Treatise on International Criminal Law*,3　Bde., Oxford 2013 – 2016.

Ivo Appel, Georg Hermes, Christoph Schönberger（Hg.）, *Öffentliches Recht im offenen Staat. Festschrift für Rainer Wahl*, Berlin 2011.

Andreas von Arnauld, Ulrich Hufeld（Hg.）, *Systematischer Kommentar zu den Lissabon-Begleitgesetzen*, Baden-Baden 2011.

Daniel Augenstein（Hg.）,»*Integration Through Law« Revisited—The Making of the European Polity*, Farnham 2012.

Jürgen Bast, *Aufenthaltsrecht und Migrationssteuerung*, Tübingen 2011.

Hartmut Bauer,»Entstehung und Entwicklung der Societas Iuris Publici Europaei«, in: Rainer Grote u. a.（Hg.）, *Festschrift für Christian Starck*, Tübingen 2007, S. 485 – 508.

Ulrich Beyerlin, *Rechtsetzung und Rechtsdurchsetzung im Umweltvölkerrecht nach der Rio-Konferenz 1992*, Heidelberg 1996.

—, *Umweltvölkerrecht*, München 2000.

Christian Bickenbach,» Das Subsidiaritätsprinzip in Art. 5 EUV und seine Kontrolle«, in: *Europarecht* 48（2013）, S. 523 – 548.

Hermann-Josef Blanke, »Der Unionsvertrag von Maastricht: ein Schritt auf dem Weg zu einem europäischen Bundesstaat?«, in: *Die Öffentliche Verwaltung* 46 (1993), S. 412 – 423.

Armin von Bogdandy, »Beobachtungen zur Wissenschaft vom Europarecht: Strukturen, Debatten und Entwicklungsperspektiven der Grundlagenforschung zum Recht der Europäischen Union«, in: *Der Staat* 40 (2001), S. 3 – 44.

—, »Die europäische Republik«, in: *Aus Politik und Zeitgeschichte* 55 (2005), S. 21 – 27.

—, »Konstitutionalisierung des europäischen öffentlichen Rechts in der europäischen Republik«, in: *JuristenZeitung* 60 (2005), S. 529 – 540.

—, »Prinzipien der Rechtsfortbildung im europäischen Rechtsraum«, in: *Neue Juristische Wochenschrift* 63 (2010), S. 1 – 5 (a).

—, »Prinzipien der Rechtsfortbildung im europäischen Rechtsraum«, in: Claudio Franzius u. a. (Hg.), *Strukturfragen der Europäischen Union*, Baden-Baden 2010, S. 340 – 350 (b).

—, Pedro Cruz Villalón, Peter M. Huber (Hg.), *Ius Publicum Europeam, Handbuch, Bd. II: Offene Staatlichkeit—Wissenschaft vom Verfassungsrecht*, Heidelberg 2008.

—, Jürgen Bast (Hg.), *Europäisches Verfassungsrecht*, Heidelberg [2]2009.

Anne Borger, Morten Rasmussen, »Transforming European Law. The Establishment of the Constitutional Discourse from 1950 to 1993«, in: *European Constitutional Law Review* 10 (2014), S. 199 – 225.

Isabelle Bourgeois, »The Federal Constitutional Court of Karlsruhe: a think tank of Europe«, in: *La revue internationale et stratégique* 90/2 (2013), S. 29 – 40.

Michael Byers, Georg Nolte (Hg.), *United States Hegemony and the Foundations of International Law*, Cambridge 2008.

Christian Calliess, *Subsidiaritäts- und Solidaritätsprinzip in der Europäischen Union*, Baden-Baden 1996.

—, »Europa als Wertegemeinschaft—Integration und Identität durch europäisches Verfassungsrecht?«, in: *JuristenZeitung* 59 (2004), S. 1033 – 1044.

—, »Subsidiaritätskontrolle durch Bundestag, Bundesrat und Landesparlamente«, *in*: *Zeitschrift für* Gesetzgebung 29 (2014), S. 563 – 584.

—, Matthias Ruffert, *Verfassung der Europäischen Union: Kommentar der Grundlagenbestimmungen*, München 2006.

— (Hg.), *EUV/EGV: das Verfassungsrecht der Europäischen Union mit Europäischer Grundrechtecharta. Kommentar*, München ³2007.

Gralf-Peter Calliess, » Kommentar und Dogmatik im Recht: Funktionswandel im Angesicht von Europäisierung und Globalisierung «, in: Nils Jansen, David Kästle (Hg.), *Kommentare in Recht und Religion*, Tübingen 2014, S. 381 – 392.

Mauro Cappelletti, Monica Seccombe, Joseph Weiler (Hg.), *Integration Through Law*, *5 Bde.*, Berlin 1985 – 1988.

Paul Craig, »Subsidiarity. A Political and Legal Analysis«, in: *Journal of Common Market Studies* 50 (2012), S. 72 – 88.

Hauke Delfs, *Komplementäre Integration*, Tübingen 2015.

Otto Depenheuer, Christoph Grabenwarter (Hg.), *Verfassungstheorie*, Tübingen 2010.

Udo Di Fabio, *Das Recht offener Staaten*, Tübingen 1998.

Karl Doehring, Josef Bernd Fehn, Hans Günter Hockerts, *Jahrhundertschuld, Jahrhundertsühne. Reparationen, Wiedergutmachung, Entschädigung für nationalsozialistisches Kriegs- und Verfolgungsunrecht*, München 2001.

Rudolf Dolzer, Christoph Schreuer (Hg.), *Principles of International Investment Law*, Oxford 2008.

Horst Dreier, Walter Pauly, » Die deutsche Staatsrechtslehre in der Zeit des Nationalsozialismus «, in: *Veröffentlichung der Vereinigung der Deutschen Staatsrechtslehrer* 60 (2001), S. 9 – 147.

Andrew Drzemczewski, Jens Meyer-Ladewig, »Der neue EMRK-Kontrollmechanismus«, in: *Europäische Grundrechte-Zeitschrift* 21 (1994), S. 317 – 322.

Wolfgang Durner, *Common Goods. Statusprinzipien von Umweltgütern im Völkerrecht*, Baden-Baden 2001.

Dirk Ehlers (Hg.), *Europäische Grundrechte und Grundfreiheiten*, Berlin 2003.

Christophe Eick, »Die Anerkennung der obligatorischen Gerichtsbarkeit des

Internationalen Gerichtshofs durch Deutschland«, in: *Zeitschrift für ausländisches öffentliches Recht und Völkerrecht* 68 (2008), S. 763 – 778.

Sylvia Eickmeier, » Berichte: Eine europäische Charta der Grundrechte «, in: *Deutsches Verwaltungsblatt* 114 (2010), S. 1026 – 1028.

Christoph Engel, Wolfgang Schön ( Hg. ), *Das Proprium der Rechtswissenschaft*, Tübingen 2007.

Bardo Fassbender, » Der Schutz der Menschenrechte als zentraler Inhalt des völkerrechtlichen Gemeinwohls «, in: *Zeitschrift für ausländisches öffentliches Recht und Völkerrecht* 63 (2003), S. 1 – 15.

—, Anne Peters ( Hg. ), *The Oxford Handbook of the History of International Law*, Oxford 2012.

Wilfried Fiedler, *Internationaler Kulturgüterschutz und deutsche Frage*, Berlin 1991.

Andreas Fischer-Lescano, »Guttenberg oder der › Sieg der Wissenschaft‹? Analysen und Alternativen«, in: *Blätter für internationale Politik* 2 (2012), S. 53 – 62.

—, Gunther Teubner, *Regime-Kollisionen. Zur Fragmentierung des globalen Rechts*, Frankfurt am Main 2006.

Jochen Frowein, Wolfgang Peukert, *Europäische Menschenrechtskonvention: EMRK-Kommentar*, Kehl 1985 ( [2]1996; [3]2009).

Michael Gehler, »Zentralmacht Europas?«, in: Michael C. Bienert u. a. ( Hg. ), *Die Berliner Republik. Beiträge zur deutschen Zeitgeschichte seit 1990*, Berlin 2013, S. 91 – 122.

Vollmar Götz, »Europäische Beihilfenaufsicht über staatliche Finanzhilfen für die Wirtschaft im Beitrittsgebiet«, in: Jörn Ipsen ( Hg. ), *Festschrift zum 180-jährigen Bestehen der Carl-Heymanns-Verlags-KG*, Köln 1995, S. 319 – 329.

Christoph Grabenwarter, *Europäische Menschenrechtskonvention*, München u. a. 2003.

Rolf Grawert u. a. ( Hg. ), *Offene Staatlichkeit. Festschrift für Ernst-Wolfgang Böckenförde*, Berlin 1995.

Dieter Grimm, » Subsidiarität und Föderalismus «, in: Wolfgang Durner u. a. ( Hg. ), *Festschrift für Hans-Jürgen Papier zum 70. Geburtstag*, Berlin 2013, S. 49 – 58.

Johannes Gross, *Begründung der Berliner Republik. Deutschland am Ende des 20. Jahrhunderts*, Stuttgart 1995.

Rainer Grote, Thilo Marauhn ( Hg. ), *EMRK/GG. Konkordanzkommentar zum europäischen und deutschen Grundrechtsschutz*, Tübingen 2006.

Christoph Gusy, »Leitbilder im Migrationsrecht«, in: *Zeitschrift für Ausländerrecht* 33 (2013), S. 265 - 272.

Peter Häberle, »Der kooperative Verfassungsstaat«, in: Friedrich Kaulbach, Werner Krawietz ( Hg. ), *Festschrift für Helmut Schelsky zum 65. Geburtstag*, Berlin 1978, S. 141 - 177.

Andreas Haratsch ( Hg. ), *Das Subsidiaritätsprinzip. Ein Element des europäischen Verfassungsrechts*, Berlin 2014.

Sebastian Harnisch, » Change and Continuity in Post-Unification German Foreign Policy«, in: *German Politics* 10 (2001), S. 35 - 60.

Armin Hatje, Peter Mankowski, »› Nationale Unionsrechte ‹— Sprachgrenzen, Traditionsgrenzen, Systemgrenzen, Denkgrenzen «, in: *Europarecht* 2014, S. 155 - 69.

—, Christian Müller-Graff ( Hg. ), *Enzyklopädie des Europarechts*, 10 Bde. , Baden-Baden 2013 - 2016.

—, Philipp Terhechte ( Hg. ), *Grundgesetz und europäische Integration*, Baden-Baden 2010.

Hans Michael Heinig, »Europäisches Verfassungsrecht ohne Verfassung( svertrag)?«, in: *JuristenZeitung* 62 (2007), S. 905 - 909.

Matthias Herdegen, *Europarecht*, München [17]2015.

Roman Herzog, *Jahre der Erinnerung*, Berlin 2007.

Meinhard Hilf, Stefan Oeter ( Hg. ), *WTO-Recht*, Baden-Baden 2005.

Stephan Hobe, *Der offene Verfassungsstaat zwischen Souveränität und Interdependenz*, Berlin 1998.

—, *Europarecht*, München [7]2012.

Peter Hommelhoff, Paul Kirchhof ( Hg. ), *Der Staatenverbund der Europäischen Union*, Heidelberg 1994.

Ulrich Hufeld, »Das Lissabon-Urteil und die Folgerechtsprechung. Bewährungsproblem und Rückwirkung auf die operative Europapolitik«, in: Roland Lhotta u. a. (Hg.), *Das Lissabon-Urteil*, Wiesbaden 2013, S. 191–215.

Hans D. Jarass, *Charta der Grundrechte der Europäischen Union*, München 2010.

Hans-Heinrich Jescheck, *Die Verantwortlichkeit der Staatsorgane nach Völkerstrafrecht*, Berlin 1952.

Matthias Jestaedt, *Das mag in der Theorie richtig sein... Vom Nutzen der Rechtstheorie für die Rechtspraxis*, Tübingen 2006.

Stefan Kadelbach, Thomas Kleinlein, »Überstaatliches Verfassungsrecht. Zur Konstitutionalisierung im Völkerrecht«, in: *Archiv des Völkerrechts* 44 (2006), S. 235–266.

Ulrich Karpenstein, Franz C. Mayer, *EMRK, Kommentar*, München 2012.

Hans-Peter Kaul, »Der Beitrag Deutschlands zum Völkerstrafrecht«, in: Christoph Saffering, Stefan Kirsch (Hg.), *Völkerstrafrechtspolitik*, Heidelberg 2014, S. 51–84.

Andreas Kellerhals (Hg.), *60 Jahre Churchill-Rede in Zürich—Europa in der Globalisierung*, Zürich 2007.

Philipp Kiiver, »The Lisbon Judgment of the German Constitutional Court«, in: *European Law Journal* 16 (2010), S. 578–589.

—, *The Early Warning System for the Principle of Subsidiarity*, London 2012.

Gregor Kirchhof, Stefan Magen, Karsten Schneider (Hg.), *Was weiß Dogmatik?*, Tübingen 2009.

Paul Kirchhof, »Der deutsche Staat im Prozeß der europäischen Integration«, in: Josef Isensee, Paul Kirchhof (Hg.), *Handbuch des Staatsrechts der Bundesrepublik Deutschland Bd. VII*, Heidelberg [1]1992, § 183.

Michael Kloepfer, *Das Umweltrecht des Auslands*, Berlin 1995.

Hans-Joachim Koch, Rainer Lagoni, *Meeresumweltschutz für Nord- und Ostsee. Zum Zusammenspiel von Völkerrecht und nationalem Umweltrecht*, Baden-Baden 1996.

Doris König (Hg.), *Symposium to Mark the Tenth Anniversary of ITLOS: The Jurisprudence of the International Tribunal for the Law of the Sea*, London 2007.

Markus Krajewski, *Wirtschaftsvölkerrecht*, Heidelberg 2006.

—,»Handel und Entwicklung«, in: Philipp Dann u. a. (Hg.), *Entwicklung und Recht*, Baden-Baden 2014, S. 247 – 286.

Jo Eric Khushal Murkens, *From Empire to Union*, Oxford 2013.

Hèctor López Bofill, » What is not Constitutional Pluralism in the EU: National Constitutional Identity in the German Lisbon Judgment «, in: Alejandro Saiz Amaiz, Carina Alcoberro Llivinia (Hg.), *National Constitutional Identity and European Integration*, Cambridge 2013, S. 221 – 242.

Jörn Lüdemann, Andreas, Funke (Hg.), *Öffentliches Recht und Wissenschaftstheorie*, Tübingen 2009.

Diemut Majer, » Die Frage der Entschädigung für ehemalige NS-Zwangsarbeiter in völkerrechtlicher Sicht«, in: *Archiv des Völkerrechts* 29 (1991), S. 1 – 26.

Anna Katharina Mangold, *Gemeinschaft und nationales Recht*, Tübingen 2011.

David Marsh, *The Euro, New Edition*, New Haven 2011.

Stuart Maslen (Hg.), *Commentaries on Arms Control Treaties*, Oxford 2004.

Franz C. Mayer, » Die Rückkehr der Europäischen Verfassung? Ein Leitfaden zum Vertrag von Lissabon «, in: *Zeitschrift für ausländisches öffentliches Recht und Völkerrecht* 67 (2007), S. 1141 – 1217.

Florian Meinel, » Berlin ist nicht Bonn. Zur Kritik des Art. 22 Abs. 1 GG «, in: *Archiv des öffentlichen Rechts* 138 (2013), S. 584 – 632.

Detlef Merten, *Die Subsidiarität Europas*, Berlin 1993.

Jürgen Meyer (Hg.), *Kommentar zur Charta der Grundrechte der Europäischen Union*, Baden-Baden 2003.

Jens Meyer-Ladewig, *Konvention zum Schutz der Menschenrechte und Grundfreiheiten, Handkommentar*, München 2003.

Christoph Möllers, *Der vermisste Leviathan: Staatstheorie in der Bundesrepublik*, Frankfurt am Main 2008.

—, Andreas Voßkuhle, » Die deutsche Staatsrechtswissenschaft im Zusammenhang der internationalisierten Wissenschaften «, in: *Die Verwaltung* 36 (2003), S. 321 – 332.

Reinhard Müller, »Von historischer Dimension«, in: *Frankfurter Allgemeine Zeitung* vom 06. 04. 2011, S. 8.

Martin Nettesheim, »Bundesverfassungsgericht und Staatsschuldenkrise: Parlamentarisierung und Repolitisierung der ›Eurorettung‹«, in: *Jahrbuch des Föderalismus* 13 (2012), S. 259 - 282.

Kerstin Odendahl, *Kulturgüterschutz. Entwicklung, Struktur und Dogmatik eines ebenenübergreifenden Normensystems*, Tübingen 2005.

Stefan Oeter, » Die Zukunft der Völkerrechtswissenschaft in Deutschland «, in: *Zeitschrift für ausländisches öffentliches Recht und Völkerrecht* 67 (2007), S. 675 - 693.

Karin Oellers-Frahm, »Die Entscheidung des IGH im Fall LaGrand«, in: *Europäische Grundrechte-Zeitschrift* 28 (2001), S. 265 - 272.

Andreas Paulus, » Zur Zukunft der Völkerrechtswissenschaft in Deutschland. Zwischen Konstitutionalisierung und Fragmentierung des Völkerrechts «, in: *Zeitschrift für ausländisches öffentliches Recht und Völkerrecht* 67 (2007), S. 695 - 719.

—, » Between Constitutionalization and Fragmentation—Concepts and Reality of International Law in the 21st Century«, in: Gunther Hellmann (Hg.), *Justice and Peace—Interdisciplinary Perspectives in a Contested Relationship*, Frankfurt am Main 2013, S. 163 - 172.

Ingolf Pernice, »Editorial: Der Vertrag von Lissabon—Ende des Verfassungsprozesses der EU?«, in: *Europäische Zeitschrift für Wirtschaftsrecht* 19 (2008), S. 65.

—, »Die Zukunft des Europarechts. Zwischen Revolution und Alltag«, in: Stefan Grundmann u. a. (Hg.), *Festschrift 200 Jahre Juristische Fakultät der Humboldt-Universität zu Berlin: Geschichte, Gegenwart und Zukunft*, Berlin 2010, S. 1361 - 1376.

—, Peter-Michael Huber, Gertrude Lübbe-Wolff, Christoph Grabenwarter, »Europäisches und nationales Verfassungsrecht «, in: *Veröffentlichungen der Vereinigung der Deutschen Staatsrechtslehrer* 60 (2001), S. 148 - 415.

—, Franz C. Mayer, »Nach Artikel 6 EU-Vertrag«, in: Eberhard Grabitz, Meinhard Hilf (Hg.), *Das Recht der Europäischen Union, Kommentar, Loseblatt, 20. Ergänzungslieferung*, München 2002.

Anne Peters, *Einführung in die Europäische Menschenrechtskonvention*, München

2003.

Stefan Ulrich Pieper, *Subsidiarität. Ein Beitrag zur Begrenzung der Gemeinschaftskompetenzen*, Köln 1994.

Rainer Pitschas ( Hg. ) , *Handel und Entwicklung im Zeichen der WTO*, Berlin 2007.

Markus Pöcker, *Stasis und Wandel der Rechtsdogmatik. Von der rationalistischen Rechtsvorstellung zu einer rechtstheoretisch angeleiteten Dogmatik des öffentlichen Rechts*, Tübingen 2007.

August Reinisch, *Standards of Protection in International Investment Law*, Oxford 2008.

Hans-Werner Rengeling ( Hg. ) , *Handbuch zum europäischen und deutschen Umweltrecht*, Berlin 1998.

Hans Rothfels, »Zeitgeschichte als Aufgabe«, in: *Vierteljahrshefte für Zeitgeschichte* 1 ( 1953 ) , S. 1 – 8.

Joachim Rückert, » Juristische Zeitgeschichte «, in: Michael Stolleis ( Hg. ) , *Juristische Zeitgeschichte—Ein neues Fach ?*, Baden-Baden 1993, S. 23 – 33.

Helmut Satzger, *Internationales und Europäisches Strafrecht*, Baden-Baden 2013.

Johannes Saurer, » Der kompetenzrechtliche Verhältnismäßigkeitsgrundsatz im Recht der Europäischen Union«, in: *JuristenZeitung* 69 ( 2014 ) , S. 281 – 286.

Volker Schlette, »Europäischer Menschenrechtsschutz nach der Reform der EMRK«, in: *JuristenZeitung* 54 ( 1999 ) , S. 219 – 226.

Kirsten Schmalenbach, » Die Auslieferung mutmaßlicher deutscher Kriegsverbrecher an das Jugoslawientribunal in Den Haag «, in: *Archiv des Völkerrechts* 36 ( 1998 ) , S. 285 – 304.

Burkhard Schöbener, Winfried Bausback, » Verfassungs- und völkerrechtliche Grenzen der › Überstellung‹ mutmaßlicher Kriegsverbrecher an den Jugoslawien-Strafgerichtshof«, in: *Die Öffentliche Verwaltung* 49 ( 1996 ) , S. 621 – 629.

Rupert Scholz, » Grundgesetz und europäische Einigung «, in: *Neue Juristische Wochenschrift* 45 ( 1992 ) , S. 2593 – 2601.

—, »Europäische Union und Verfassungsreform«, in: *Neue Juristische Wochenschrift* 46 ( 1993 ) , S. 1690 – 1692.

—, » Zehn Jahre Verfassungseinheit—Nachlese und Ausblick «, in: *Deutsches*

Verwaltungsblatt 115 (2000), S. 1377 - 1385.

Christoph Schönberger, »Hegemon wider Willen. Zur Stellung Deutschlands in der Europäischen Union«, in: *Merkur* 66 (2012), S. 1 - 9.

—, »Nochmals: Die deutsche Hegemonie«, in: *Merkur* 67 (2013), S. 25 - 33.

Frank Schorkopf, »Einleitung«, in: Frank Schorkopf (Hg.), *Der Europäische Haftbefehl vor dem Bundesverfassungsgericht*, Tübingen 2006, S. I - X.

—, *Grundgesetz und Überstaatlichkeit*, Tübingen 2007.

—, »Artikel 23 GG«, in: Wolfgang Kahl, Christian Waldhoff, Christian Walter (Hg.), *Bonner Kommentar*, *Loseblatt*, Heidelberg 2011.

—, »Rechtsgeschichte der europäischen Integration«, in: *JuristenZeitung* 69 (2014), S. 421 - 431.

—, »Anmerkung«, in: *JuristenZeitung* 50 (2015), S. 781 - 784.

—, *Staatsrecht der internationalen Beziehungen*, München 2017.

Sabine von Schorlemer, *Internationaler Kulturgüterschutz*, Berlin 1992.

—, Peter-Tobias Stoll (Hg.), *The UNESCO Convention on the Protection and Promotion of the Diversity of Cultural Expressions*, Berlin 2012.

Bruno Simma (Hg.), *The Charter of the United Nations*, Oxford [2]2002.

—, »Eine endlose Geschichte? Artikel 36 der Wiener Konsularkonvention in Todesstraffällen vor dem IGH und amerikanischen Gerichten«, in: Pierre-Marie Dupuy u. a. (Hg.), *Völkerrecht als Wertordnung = Common Values in International Law. Festschrift für Christian Tomuschat*, Kehl 2006, S. 423 - 448.

Peter-Tobias Stoll, Frank Schorkopf, *WTO—Welthandelsordnung und Welthandelsrecht*, Köln 2002.

Michael Stolleis, *Geschichte des öffentlichen Rechts in Deutschland*, Bd. 4, München 2012.

Rudolf Streinz, *Der europäische Verfassungsprozess: Grundlagen, Werte und Perspektiven nach dem Scheitern des Verfassungsvertrags und nach dem Vertrag von Lissabon*, München 2008.

Peter J. Tettinger, Klaus Stern (Hg.), *Kölner Gemeinschafts-Kommentar zur Europäischen Grundrechte-Charta*, München 2006.

Daniel Thym, *Migrationsverwaltungsrecht*, Tübingen 2010.

—, »Die Einsamkeit des deutschsprachigen Europarechts«, in: 〈http://www. verfassungsblog. de/die – einsamkeit – des – deutschsprachigen –europarechts 〉, 2014.

Carmen Thiele, »Fragmentierung des Völkerrechts als Herausforderung für die Staatengemeinschaft«, in: *Archiv des Völkerrechts* 46 (2008), S. 1 – 41.

Christian Tietje, *International Investment, Protection and Arbitration. Theoretical and Practical Perspectives*, Berlin 2008.

— (Hg.), *Internationales Wirtschaftsrecht*, Berlin 2009.

Christian Tomuschat, »Der Verfassungsstaat im Geflecht der internationalen Beziehungen«, in: *Veröffentlichung der Vereinigung der Deutschen Staatsrechtslehrer* 36 (1978), S. 7 – 58.

—, »Staatsrechtliche Entscheidung für die internationale Offenheit«, in: Josef Isensee, Paul Kirchhof (Hg.), *Handbuch des Staatsrechts*, Bd. *XI*, Heidelberg 2013, § 226.

Heinrich Triepel, *Die Hegemonie*, Stuttgart ²1943 (¹1938).

Mark E. Villiger, *Handbuch der Europäischen Menschenrechtskonvention (EMRK): Unter besonderer Berücksichtigung der schweizerischen Rechtslage*, Zürich 1993 (²1999).

Wolfgang Graf Vitzthum (Hg.), *Handbuch des Seerechts*, München 2006.

Klaus Vogel, *Die Verfassungsentscheidung des Grundgesetzes für eine internationale Zusammenarbeit*, Tübingen 1964.

—, »Vorwort«, in: *Veröffentlichungen der Vereinigung deutscher Staatsrechtslehrer* 51 (1991), S. 5 – 6.

Silja Vöneky, *Die Fortgeltung des Umweltvölkerrechts in internationalen bewaffneten Konflikten*, Heidelberg 2001.

Joseph Weiler, »A Quiet Revolution. The European Court of Justice and its Interlocutors«, in: *Comparative Political Studies* 26 (1994), S. 510 – 534.

Wolfgang Weiß, Christoph Herrmann, *Welthandelsrecht*, München 2003.

Marc Weller, *The Rights of Minorities*, Oxford 2005.

Gerhard Werke, *Völkerstrafrecht*, Tübingen 2003.

Wissenschaftsrat, *Perspektiven der Rechtswissenschaft in Deutschland*, Drs. 2558 – 12 vom 09. 11. 2012.

Rüdiger Wolfrum, Peter-Tobias Stoll ( Hg. ), *Max Planck Commentaries on World Trade Law*, *7 Bde.* , London 2006 – 2011.

Andreas Zimmermann, »Die Schaffung eines ständigen internationalen Strafgerichtshofes. Perspektiven und Probleme vor der Staatenkonferenz in Rom«, in: *Zeitschrift für ausländisches öffentliches Recht und Völkerrecht* 58 (1998), S. 47 – 108.

—, »Vom Feindstaat zum Musterschüler? —40 Jahre Mitgliedschaft Deutschlands in den Vereinten Nationen «, in: Jost Delbrück u. a. ( Hg. ), *Festschrift zum 100-jährigen Bestehen des Walther-Schücking-Instituts für Internationales Recht*, Berlin 2014, S. 809 – 821.

— ( Hg. ), *60 Jahre Europäische Menschenrechtskonvention*, Tübingen 2014.

—, Karin Oellers-Frahm, Christian Tomuschat ( Hg. ), *The Statute of the International Court of Justice*, Oxford 2006.

# 背离现实

## ——柏林共和时代的刑法学

〔德〕米夏埃尔·库比彻尔[*] 著

蒋 毅[**] 译

# 一、柏林共和时代的刑法与宪法

## （一）刑法作为国家宪法的振测仪

刑法保障着作为个人自由实现条件的规范和制度。[1]个人在其中开展其生活的参照系是他生活于其中的社会。若刑法的目的在于使公民在该社会中实现真实的自由，则其必须应对一个社会实际上存在的调节难题，并反思占支配地位的价值观念。[2]因此，什么在此时此地被人们

---

\* 米夏埃尔·库比彻尔(Michael Kubiciel)，生于1973年，先后于波恩、格拉纳达与弗莱堡学习法学，2003年获得博士学位，2012年获得教授资格。2013年至2017年任波恩大学刑法学、刑法理论与比较刑法教授以及刑法与刑事诉讼法研究所执行所长；2016年荣获圣佩德罗大学（秘鲁）荣誉博士，2017年起任奥格斯堡大学德国、欧洲与国际刑法及刑事诉讼法，医事与经济刑法教授，刑法学研究所所长。

\*\* 蒋毅，四川乐至人，德国弗莱堡大学法学博士候选人，现任中南财经政法大学法学院教师。主要研究领域：实体刑法。

1 Pawlik, *Das Unrecht des Bürgers*, S. 26 ff. ; Pawlik, »Vom Nutzen der Philosophie für die Allgemeine Verbrechenslehre «, S. 369 und S. 386 f. ; Kubiciel, *Die Wissenschaftvom Besonderen Teil des Strafrechts*, S. 160 ff.

2 Näher dazu Kubiciel ( wie Anm. 1), S. 160 ff. ; Pawlik, *Das Unrecht des Bürgers*, S. 101 ff.

视为对其自由的威胁,以及哪些手段被认为是为了保障其自由不可或缺且合法的,决定着刑法的样态;刑法映射出了一个时代对国家与自由的理解。[3] 基于该项理由,刑法完全不是"僵化且笨拙的",[4] 其形态(与适用)毋宁是适应国家的内在安排的。因此,即使不赞成黑格尔关于自由、伦理、国家与法权之间存在联系的观念(刑罚在法权被侵害之后将其恢复),也可以将刑法称之为国家宪法的振测仪。[5] 这个振测仪将对宪法现实的变化、政治现实的变迁作出反应。[6]

## (二) 振测仪的振幅以及科学对它的阐释

两德统一与柏林共和国的建立这种宪法变迁,[7] 导致了刑法振测仪的摆动,但并未动摇刑法学自几十年前便已确立的教义。尽管生活世界以及由此而来的刑法的系统环境自 20 世纪 90 年代以来发生了深刻的变化(下文二),但刑法学以其职业典型的不快来因应这些变化,"当某些东西发生变化时",[8] 这种不快总是按时出现。在围绕着国事刑法与敌人刑法这一建构的辩论中,这种态度变得特别明显(下文三)。基

---

3　Gärditz, *Staat und Strafrechtspflege*, S. 30.

4　So aber Hassemer, »Das Symbolische am symbolischen Strafrecht«, S. 1001 und S. 1006. 关于刑法灵活化的概括性论述,参见 Kubiciel, »Die Flexibilisierung des Strafrechts«, § 12 (erscheint 2017)。

5　在当今的刑法学中,这种图像广为传播。首先对其加以适用的是 Rudolphi, »Strafprozeß im Umbruch«, S. 165 f.; übernommen von Roxin/Schünemann (Hg.), *Strafverfahrensrecht*, § 2 Rn. 1. S. ferner Gärditz (wie Anm. 3), S. 31 f.; Kubiciel, »Mindeststandards und Verfahrensgrundsätze im Strafverfahren unter europäischem Einfluss«, S. 135; Landau, » Ausgewählte neuere Entscheidungen des Bundesverfassungsgerichts zum Strafrecht und Strafverfahrensrecht«, S. 201 und S. 216。

6　Roxin/Schünemann (wie Anm. 4); Kubiciel (wie Anm. 4).

7　Gross, *Nachrichten aus der Berliner Republik 1995 – 1999*, S. 177. Näher Gross, *Begründung der Berliner Republik*, S. 10 ff.

8　Vgl. Volk, »Der Wandel des Strafrechts als methodisches Problem«, S. 648.

础研究领域在经历了 80 年代与 90 年代尖锐的、通常带有意识形态意味的论战后也进入了停滞——人们几乎可能会说:停战状态。一度被批判的报应论的复兴不时地得到证实,但却并未得到激烈的讨论(下文四)。刑法学在围绕着法益作为一种先在于立法者的"设定"[9]的最后战斗中的失败并未引发任何新的观念,在一般犯罪论领域中为数不多的创新遭到了广泛的忽略(下文五)。反之,刑法学更多地致力于经济刑法与刑法的欧洲化,但同样带着一种对创新不那么友好的基本立场:刑法学对经济刑法抱持着明显的怀疑,即便对于具有法律约束力的欧盟指令,刑法学也因其不符合(所谓的)德国刑法的体系而大加挞伐(下文六)。

这种保守的立场与被赞扬为刑法学觉醒期的 20 世纪 60 年代后期及 70 年代早期对进步的信仰和对创新的友好存在明显的对立:在这一宪法时期,如若刑法学从对过去决绝的回避中获取其潜力,[10]则今天刑法学中的很大一部分以"背离现实"来进行论证。[11] 透过对现实的这种回避——这是本文的命题——刑法学威胁到了自己的未来。若刑法学希望应对意义丧失的不断加剧,则其必须告别自己的部分库存并转向新的方法(下文七)。当柏林共和国于"红-绿年代"找到了在社会、经济以及社会政治上适应变迁了的世界的力量时,在刑法学中,相应的现代

---

9　Kudlich, »Die Relevanz der Rechtsgutstheorie im modernen Verfassungsstaat«, S. 635 und S. 650; Roxin, »Selbständigkeit und Abhängigkeit des Strafrechts im Verhältnis zu Politik, Philosophie, Moral und Religion«, S. 489 und S. 496. Zuletzt Hamm, »Richten mit und über Strafrecht«, S. 1537 und S. 1542.

10　Hassemer, »Strafrechtswissenschaft in der Bundesrepublik Deutschland«, S. 258 f. und S. 276 ff.; Pawlik (wie Anm. 1), S. 321.

11　事实上与本文持相同意见,Vogel, »Strafrecht und Strafrechtswissenschaft«, S. 25。"背离现实"一语为前联邦总理施罗德为描述德国政治中一种广为传播的立场所使用;参见 Schröder, *Entscheidungen*, S. 91。

化震惊还处在前面。迄今为止,刑法学回避了什么样的刑法适合于当代这一核心问题。[12]

# 二、刑法的国际化与灵活化

## (一) 刑事政策的国际化

随着世界分裂的结束以及跨境数据网络的不断使用,全球性商品与资本市场得以形成,各国政府不再能对其加以支配。[13] 这种发展扩大了跨境的溢出效应的危险。例如,在全球化的经济中,企业错误决策的后果将不再限于一国之内,而是将延烧到他国经济,一如 2007 年和 2008 年的金融危机所展示以及接下来的"欧债危机"迄今所部分展示的那样。其他领域——从对税收犯罪、腐败以及拐卖犯罪的追诉到对恐怖主义的打击——在人员、商品和数据的流动性对犯罪在地理空间扩张的程度上,单个国家的形塑权也相应地减少了。[14] 在该空间甚至并非一个地理上的大小,而是对全球性的数据网与数据云的使用时,单个国家更加不再能单独负责法律的实施了。[15]

因此,国家间进行了大量的合作,她们希望借此在犯罪的地理条件发生了根本性改变的情况下实现对秩序的诉求。国际性组织与欧盟逐渐扩大了对各国刑法秩序的协调,以便将其作为跨国性治理工具

---

12  Ähnlich Jakobs, »Strafrecht als wissenschaftliche Disziplin«, S. 103 und S. 106.

13  Gross, *Begründung der Berliner Republik* (wie Anm. 7), S. 56.

14  Sieber, »Grenzen des Strafrechts«, S. 44 ff.

15  关于网络中的刑法治理,参见 Kubiciel, »Strafprozessuale Verwertbarkeit digitaler Konterbande«, S. 226 und S. 236 f. 。

（*Governance-Instrumente*）来使用。[16] 这些多样化的合作方式，从双边合作到刑事政策的国际性协调，直至创立国际性司法协助联盟以及进行超国家的刑事立法，提出了崭新且具有根本性的合法性问题。这些问题是否可借由实体的合法性标准得到回答，对此存在疑问。[17] 其他获得合法性的经典路径——刑法规范通过民主程序在程序上得到正当化[18]——也难以兑现其承诺。因为在有权参与国际、欧盟与国内机构的人员增加的程度上，政治表决过程更为复杂了。[19] 所以，公民认为以这种方式产生的法律规范是一项代表他们的民主程序的结果，并基于该理由而加以接受的概率降低了。

刑法系统环境的上述变迁并非全新的，许多变迁可以追溯至 20 世纪。[20] 但是它们随着欧盟的成立以及 20 世纪 90 年代——这意味着：柏林共和国建立期——国际政治合作的推进而加速了。因此，用帕特里克·巴纳（Patrick Bahner）的话说，柏林共和国可以称之为"国家决策空间缩小条件下的德意志民族国家"。[21] 因而，柏林共和时代的刑法学的首要任务在于：发展出描绘后民族国家的刑法现实[22]与多样的国家秩序

16　关于国际上的规范形成，参见 Merkel, *Strafrechtsgenese in internationalen Organisationen*；dazu Kubiciel, »Frank Meyer, Strafnormgenese in internationalen Organisationen«, S. 61 ff.。

17　Ambos, »Zur Zukunft der deutschen Strafrechtswissenschaft«, S. 177 und S. 189；Kubiciel, »Strafrechtswissenschaft und europäische Kriminalpolitik«, S. 742 und S. 746；Satzger, »Das europarechtliche Verhältnismäßigkeitsprinzip«, S. 93 und S. 96；Vogel, »Strafrecht und Strafrechtswissenschaft«, S. 25 und S. 27.

18　Darauf setzend Meyer（wie Anm. 16）, S. 653 ff. Krit. Kubiciel（wie Anm. 16）, S. 61 und S. 63.

19　Korte, »Regieren unter schwindenden Gewissheiten«, S. 55, S. 62 und S. 64.

20　Doering-Manteuffel, »Eine politische Nationalgeschichte für die Berliner Republik«, S. 446 und S. 460 f.，其指出了在其他学科中随之而来的对研究问题与答案的新表述；s. auch Sieber, »Rechtliche Ordnung in einer globalen Welt«, S. 151 f.。

21　So Bahners, »Begründerzeit«, S. 181 und S. 190.

22　Vogel, »Europäische Kriminalpolitik«, S. 517 und S. 520.

观和刑法观的刑法理念。[23]

## （二）刑法的程序化与灵活化

对德国刑法与德国刑法学的适应压力不但产生于联邦共和国的领土界限之外，在国内，刑法的社会与经济环境也发生了如此大的变化，以至于 20 世纪 60 年代提出的刑事政策与刑法理论的底座不再能够承载。这特别适用于依然广为传播的命题，即刑法（唯一）的任务是保护法益。[24] 如若将法益理解为一种在现实中可找到的、仅仅对人的权利加以归类的客体，则所有未保护任何利益，而是保护规范、程序或制度的诸构成要件均不合法。[25] 尽管如此，保障规范、程序或制度的犯罪构成要件仍然广为传播。这基于很好的理由：若诸如空气、水、土地等自然资源的利用为国家所调整，且这些调整型决定可以考量生态的与经济的因素，则刑法所保护的显然并非作为自然事实的空气、土地和水；其所保障的毋宁是环境法上的程序及其产出，即行政行为与其中所包含的基础规范。[26] 人们不仅可以在环境刑法中，而且可以在其他完全不同的地方碰到刑法的程序化趋势：例如，一项维持生命之治疗的中断与持续是否可罚的问题，取决于对借以确认病人（可推定的）意志之程序的遵守。此时以及在很多其他情形中，刑法保障的并非任何确定的命令性与禁止性规范，而是一种其目的在于依情形提出一项显得适当的规

---

23　Rechtstheoretisch Delmas-Marty, *Ordering Pluralism*. Dazu Kubiciel, »Review Essay«, 433 ff. Siehe ferner Sieber（wie Anm. 20），S. 151 ff.

24　奠基性著作，参见 Hassemer, Theorie und Soziologie des Verbrechens, S. 12 ff. ; Marx, Zur Definition des Begriffs »Rechtsgut«； Roxin, »Franz von Liszt und die kriminalpolitische Konzeption des Alternativentwurfs«, S. 613 und S. 622 ff. 。关于范式变迁的背景，参见 Kubiciel, »Vergeltung, Sittenbildung oder Resozialisierung?«, S. 218 ff. 。

25　Statt vieler Hassemer/Neumann, »Vor § 1«, Rn. 126 ff.

26　Kubiciel（wie Anm. 1），S. 262 ff.

范的程序。[27]

在经济刑法中,刑法也不再仅仅保护财产与其他个人法益,而尤其保护公共行政、竞争、卫生、保险、银行、补贴行业以及其他制度的正常运转。[28] 借此,立法者对个人在现代社会中如依赖一项财物的基本配置一样依赖这些制度的事实予以了回应。因此,当刑法保障了对此类制度存续所必要的规范时,它并非不合法,而是合法的。[29] 刑法(及其适用)以这种方式变得灵活了:刑法的投入变得容易,因为在这些情形中,刑罚无须等到一项法益出现了在经验上可确认的损害时才加以反应,而是当一项服务于一种制度之稳定化的规范被违反时便可介入。

在可预见的将来,上文所描述的刑法的程序化和灵活化趋势可能将继续发展。与之相伴随的是刑法平衡点的位移:构成范式的不再是通过结果犯对人格性法益的保护,而是通过危险犯对程序与制度的保障。这使得我们有必要使借由情况简单的结果犯发展而来的归责学说适应这种新范式。

# 三、1999 年 10 月的一次研讨会

早在 1999 年 10 月,当刑法学者们——于联邦议会和联邦政府迁至柏林的几个星期后——在"千禧年前的刑法学"这一标题下于首都聚集时,刑法学便已经认识到了上文所简述的"改革障碍"了。一年之前,第 6 次刑法改革清楚地向德国刑法学者(以及为数不多的女性刑法学者)

---

27　Eicker, *Die Prozeduralisierung des Strafrechts*, S. 9 f.

28　对此以及关于其理由,参见 Kubiciel, »Freiheit, Institutionen, abstrakte Gefährdungsdelikte«, S. 158 ff. 。

29　Kubiciel (wie Anm. 27), S. 165 ff.

展示了各部官员和联邦议员是怎样地不重视其建议:对刑法典并非不重大的革新几乎是在没有学界的参与下完成的。那些在 20 世纪 60 年代与 70 年代参与制定法律草案及其替代草案的柏林研讨会的与会者,发现自己现在被排挤到了"一部由他人创作的作品的评论人的角色"。[30] 也是在这种背景下,人们也想如哈塞默(Hassemer)一样追问,刑法学在 20 世纪贡献了什么以及千禧年之后可以对它期待什么。[31] 这次研讨会一开始发人清醒,但却在吵吵闹闹中结束,该吵闹的影响延续了10 年之久并且远远超出了德国。

## (一) 危机中的国家和刑法学

在其开幕致辞中,埃泽尔(Eser)想起了照亮刑法学中灰暗地平线的"灵光一现",并且将刑法学称为"自娱自乐的永动机"。[32] 布克哈特(Burkhardt)认为,刑法教义学经常对具体问题提出一种精雕细琢但在实践中却不了了之的解决方案。"观点的五花八门直至任意"占据着支配地位;范式意义上的进步并未发现,改进的希望并不存在。[33] 作为这种困境的原因,哈塞默提到了刑法方法论的不充分,即为"盲目的复杂性和教义学上的艰深"所塑造的与哲学的关系以及对刑法比较的不重视。[34]

一门怀疑其方法与创造力并且立法者不再向其咨询建议的法学,

---

30　Arzt 报告了"无力的愤怒",»Wissenschaftsbedarf nach dem 6. StrRG«, S. 757 f. 。

31　Hassemer, »Das Selbstverständnis der Strafrechtswissenschaft«, S. 22 und S. 24.

32　Eser, »Eröffnung. Ansprache«, S. 3.

33　Burkhardt, »Geglückte und folgenlose Strafrechtsdogmatik«, S. 111 und S. 129 ff., insbesondere S. 140 und S. 152 f.

34　Hassemer (wie Anm. 31), S. 22 f.

无疑处于严重的危机之中。在千禧年之交,这种自我评估很普遍。[35] 它正适合一个认为自身需进行改革的国度,而在结构上进行必要的调适以适应发生了变化的世界却迟迟未到。至少:与联邦政府和联邦议会的所在地迁址至斯普雷河畔相连的是这样的期望,在"令人沮丧的十年"后,政治和社会能够以新的活力获得发展。[36] 施罗德夜间从柏林新的总理官邸的窗户向外眺望时确认,人们不再能够承受在莱茵河畔所奉行的对全球性事务的回避政策。[37] 刑法也熟悉这种场所精神(*genius loci*):一如埃泽尔,人们"无论如何"希望在柏林召开研讨会。[38] 即使是传统刑法教义学的首席代表罗克辛(Roxin),也仍然认为这行的主要任务在于对现行德国刑法的体系化、解释和续造。但他至少意识到,刑法学将在"比迄今为止更多的超国家性基础上"展开其工作,而且必须独立于当前的立法咨询,对"未来的刑法"展开研究。[39]

## (二) 2001 年的"9·11"事件与围绕着敌人刑法的论战

事实上,国际上的发展使得刑法学必须研究新的刑法理念。因为当数百名刑法学者在柏林召开研讨会时,一小撮人正在汉堡策划他们对美国的袭击。与对很多其他领域一样,2001 年 9 月 11 日的伊斯兰恐怖袭击以及接下来于 2004 年在马德里和 2005 年在伦敦的袭击也动摇了刑法学在规范上的确实性。在这方面,刑法学对于所发生的情况比

---

35 Vgl. auch Hirsch, »Synthese«, S. 373 und S. 378 f.

36 Wolfrum, Rot-Grün an der Macht, S. 629.

37 So Schröder (wie Anm. 11), S. 78. 然而,与之相随的是联邦政府有意识地以谦逊的姿态出现;dazu Wolfrum (wie Anm. 36), S. 633。

38 Eser (wie Anm. 32), S. 3 und S. 8.

39 Roxin, »Strafrechtswissenschaft vor den Aufgaben der Zukunft«, S. 369, näher ausgeführt auf den S. 378 ff.

政治做了更好的准备。因为在 1999 年 10 月的柏林研讨会上一个值得纪念的时刻，雅各布斯(Jakobs)进一步阐释了他早在 1985 年便提出的敌人刑法的理念并预言其重要性将提升。依雅各布斯，敌人刑法的受众并非公民，而是长期逃避法律并通过行为证明了其不能确保个人行为在认知上的最低安全性的敌人。与"法治国的国内刑法"相比，这种敌人刑法遵循不同的规则：可能是诸如为了防止将来的袭击而将可罚性大量前置，减少程序性保障以及大量其他措施。刑法典中便已经包含了遵循"敌人刑法"逻辑的构成要件，雅各布斯对建立犯罪集团或恐怖主义集团的构成要件(《德国刑法典》第 129 条、第 129a 条)加以了展开。[40] 存在大量理由认为，敌人的数量将增加；因此，一个意识到风险的社会对敌人刑法别无选择。为了将不能在认知上提供最低限度保障之人作为人格体来对待，敌人刑法必须使他们"不能发展"。敌人并非人格体，敌人刑法是"战争，其范围或整体(也)依据担心敌人的所有东西而定"。[41] 在报告后紧接着的讨论之初，对这些观点并不存在批评。直到柏林研讨会结束时，埃泽尔才认为自己被促使公开建立反对敌人刑法的"战线"，敌人刑法引起了他"着实的恐慌"：将敌人称为非人格体的策略，已经在一个不法国家中发生过一次，主要是因为敌人与公民之间的界分是(政治性)评价的对象。[42]

　　借此，接下来扩散至[43]远远超出德国的论战的基调得以确立。与纳

---

40　Jakobs, »Das Selbstverständnis der Strafrechtswissenschaft«, S. 47 und S. 51 f.

41　Ebd., S. 52 f.

42　Eser, »Schlussbetrachtungen«, S. 444 f.

43　Vgl. nur Aponte, *Krieg und Feindstrafrecht*, sowie die elf Beiträge ausländischer Strafrechtswissenschaftler/-innen in Vormbaum ( Hg. ), *Kritik des Feindstrafrechts*.

粹时代的关系以及雅各布斯以卡尔·施米特的概念和观念为依据的理论,[44]展示了刑法学中的大多数人试图将敌人刑法及其"发现者"打入另册的冲击力。对此存在两个理由:首先,围绕着敌人刑法的论争指向我们的法秩序整体的核心问题,作为法律上人格之硬核的人性尊严是否不可转让,或者说对尊严的承认是否也依赖于人格体及其行为。[45] 与赫德根(Herdegen)[46]一样,雅各布斯指出,依据现行法,人格体的一项可归责的行为,便可以降低从《基本法》第 1 条中所推导出的权利,并且可以使诸如保安监督的科处合法化。[47] 反之,与之对立的观点强调,任何人均应享有同一尊严诉求,而且对行为人类型加以区分是不合法的。[48] 因此,对敌人刑法的定位意味着对人格体概念和尊严概念的定位,也因此意味着对我们法秩序的根本性基础的定位。这也解释了其在刑法学振测仪上的振幅。振动如此剧烈的理由可能也在于,与通说的大量代表人物的承认意愿相比,敌人刑法更加符合他们在刑法理论上的基本预设。因为诸如《德国刑法典》第 129a 条(建立恐怖主义集团)这类的构成要件,正好确保了对人格法益提供通常被刑法学称之为刑法的任务与合法性根据的那些保护。[49] 一方面主张刑法必须保护法益,另一方面却拒绝贯彻该委托的那些构成要件之人,要么将陷入一项矛盾,要么在暗地里采取其他的——报应——标准。因此,敌人刑法也晃动到了刑法学的范式。在刑法理论的视角上,以"现代的"预

---

44　Klarstellend dazu Jakobs, »Bürgerstrafrecht und Feindstrafrecht«, S. 289 und S. 294 f. ; Schick, »Feindstrafrecht als regulative Idee«, S. 46 ff.

45　Pawlik, *Der Terrorist und sein Recht*, S. 38 f.

46　Herdegen, »Art. 1 Abs. 1«, Rn. 44 ff. , insbesondere Rn. 49.

47　Jakobs (wie Anm. 44), S. 88 und S. 90.

48　Statt vieler Ambos, » Feindstrafrecht «, S. 1 ff. , insbesondere S. 25; Gössel, »Widerrede zum Feindstrafrecht«, S. 43 und S. 51 f.

49　Dazu und zum Folgenden Kubiciel (wie Anm. 1), S. 228 ff.

防性目的证成刑罚并将报应视为过时而加以拒绝之人,必须两手空空地应对被贴上不自由标签的敌人刑法。反过来讲,这意味着:为了有理有据地应对敌人刑法,刑法学必须(重新)发现"绝对理论的智慧"。[50]

由于这场论战的目的更多的是在于刑法学的自我确证,而非处理建立在其基础之上的实际问题,所以在刑法学及其大多数核心人物在刑法政治上站队以后,论战便停滞了。对于刑法的科学理论而言,这也是令人遗憾的,因为这个主题正好具有这样的现实性和实践意义,其缺失经常被埋怨为基础研究的弊端。因为针对 2001 年 9 月 11 日的袭击以及马德里和伦敦的谋杀行为,立法者通过引进新的构成要件,即针对严重危害国家的暴力犯罪的预备行为(《德国刑法典》第 89a 条)予以了反应。对于通过向第三人传授爆炸物的使用、获得武器、制造炸弹或为提供资金而募集钱款的方式等对危害国家的暴力犯罪进行预备的,该条款规定了 6 个月以上 10 年以下的自由刑。[51] 毫无疑问:该构成要件将可罚性前移到了预备阶段。然而,与其犯罪化的范围和实际意义相比,该条款在刑法学中所引起的惊叫完全不成比例。与围绕着敌人刑法的论争类似,关于国事刑法的论战在很大范围内也并非以与事实和适用有关的方式进行着,而是优先服务于刑法学的自我确证以及其核心成员的(政治)定位。这也清楚地表现在,刑法学中的多数人一方面拒绝该条款,[52]另一方面却并不要求将其不加替代地予以删除,而仅仅

---

50　Hassemer/Neumann（wie Anm. 25）, Rn. 107.

51　最后提到的选项以扩张的形式转变成了一个独立的构成要件（第 89d 条:资助恐怖主义）。

52　Siehe nur Gierhake, »Zur geplanten Einführung neuer Straftatbestände wegen der Vorbereitung terroristischer Straftaten«, S. 397 ff. ; Heinrich, »Die Grenzen des Strafrechts bei der Gefahrprävention«, S. 117 ff. ; Paeffgen, »Bürgerstrafrecht, Vorbeugungsrecht, Feindstrafrecht«, S. 89 ff. ; Walter, »Der Rechtsstaat verliert die Nerven«, S. 443 ff.

是移至警察法或者一部尚待制定的干预法之中。[53] 这并不能令人信服。因为相较于刑法，警察法允许严重得多的干预，因此并非更为轻缓的手段，而干预法尽管不时地为人所提及，但构想从未形成，更别提内容上的具体化了。[54] 简而言之，对刑法学而言，比解决一个实际问题更为重要的似乎是维持其范式。

所以，刑法学将例外行为人与例外状态的处理这一难题驱逐掉了。[55] 它也因此不可能对恐怖分子的处理发展出任何法律理论。[56] 对于将来的例外状态，政治和立法者也将在没有法学提供的概念性支持的情况下加以应对。[57] 这可能也由于，冷战结束后，生存性威胁将不复出现的思维倾向得到了广泛传播。[58] 然而，最迟自 2015 年德国及其邻国遭受一系列的伊斯兰恐怖袭击以来，这种排挤策略寿终正寝了。对于当前及未来的挑战，社会也可以期待刑法学的答复。但是与从对敌人刑法决绝的拒绝中可得出的推定相比，刑法学对其自身的基础并不那么确定。因为对正常情形的解释具备牢固基础之人，可以对诸如应怎样对待恐怖分子或处理例外状态的讨论保持镇静。

---

53　Vgl. Heinrich（wie Anm. 52），S. 127 f.；Paeffgen（wie Anm. 52），S. 117；Walter（wie Anm. 52），S. 443 und S. 446.

54　正确的批判见 Kuhlen，»Das Selbstverständnis der Strafrechtswissenschaft«，S. 57 und S. 63：人们可以废除刑法而以一种新东西加以替代的一般性建议，不可能在实践中严肃地主张其拘束力。

55　关于德意志之秋期间的"遭驱逐的例外状态"，参见 Böckenförde，»Der verdrängte Ausnahmezustand«，S. 1881 ff.。关于持续至今对极端状态的排斥异己，立法者怯于对其加以规整，参见 Isensee，»Normalfall oder Grenzfall«，S. 51 und S. 66。

56　Ansätze bei Pawlik（wie Anm. 45）.

57　关于过去的与将来的金融危机作为例外状态，参见 Kubiciel，»Finanzkrise und Ausnahmezustand«，S. 21 ff.。

58　Gross, *Die Begründung der Berliner Republik*（wie Anm. 7），S. 76.

## 四、商谈基础的微妙转变

### （一）意识形态氛围的冷却

在20世纪的整个后半叶,由于受哲学、人类学、社会学和法学理论的启发,刑法学中展开着激烈的基础性讨论。这里所牵涉的是整体:刑法中的人性图像、目的行为论、刑事政策和教义学的关系、罪责抵偿和再社会化之间的紧张关系、功能性罪责概念、目的主义的犯罪论、功能主义的犯罪论或新观念主义的犯罪论等等。在1995年的刑法学家大会上,人们还在争论刑法功能主义和"古典欧洲的原则思维"之间(表面上)的对立。[59] 大量论争根植于意识形态,不少的学术论战受到政治的毒害。简言之,学术氛围与政治在意识形态极度紧张的条件下"展开"的波恩时代的氛围一致。

### （二）报应论的复兴

20世纪90年代之后,刑法学中的意识形态氛围降至了正常水平。与此同时,基础性讨论变得更为罕见了。在柏林共和国"最初的年头",当知识分子们展开着广泛且激烈的辩论时,[60]刑法学仅仅零星地将原则性问题作为其议题。处于其前沿的并非刑罚理论与犯罪论等经典主题,而是处理自然科学中的新知识,其一度取代了作为刑法学主要灵感来源的哲学。刑法学特别感兴趣的是生物伦理学的主题〔胚胎植入前

---

59　Jakobs, »Das Strafrecht zwischen Funktionalismus und ›alteuropäischem‹ Prinzipiendenken«, S. 843.

60　Dazu Geppert, »Republik des Geistes«, S. 159 und S. 162.

遗传诊断（Präimplantationsdiagostik）[61]、神经强化（neuro enhancing）[62]〕以及脑科学的知识。[63] 在这方面,刑法学也仍然坚守其范式:脑科学并未促使其修正对罪责与(取决于罪责的)刑罚的理解。[64]

对传统罪责概念和刑罚概念的固守因应了一种以更为隐蔽的方式进行着的发展:报应论的复兴。与此前的30年相比,刑罚理论这一经典主题在20世纪90年代之后更少地受到重视。尽管该领域继续得到处理,[65]并且零星地出产着新的成果;[66]但这些并未再引发任何激烈的论争。这种相对的沉寂之所以特别值得注意,是因为在刑罚理论的发展中,大约自15年前开始显示出了从(长期被视为现代的)预防论转向报应论的趋势。[67] 这种倾向不少都援引了黑格尔的法哲学,[68]而它在30年前遭到了刑法学傲慢的抛弃。[69] 若考虑到1965年至1995年间围绕着刑罚理论的激烈论战,则报应论的这种复兴没有引起任何大的论战

61　Duttge, »Die Präimplantationsdiagnostik zwischen Skylla und Charybdis«, S. 241 ff. ; Frister/Lehmann, » Die gesetzliche Regelung der Präimplantationsdiagnostik «, S. 659 ff. ; Kubiciel, »Grund und Grenzen des Verbots der Präimplantationsdiagnostik«, S. 382 ff.

62　Merkel, »Neuartige Eingriffe ins Gehirn«, S. 919 ff.

63　Siehe dazu Burkhardt ( wie Anm. 33 ), S. 77 ff. ; Hassemer, » Grenzen des Wissensim Strafprozess«, S. 829 und S. 840 ff. ; Jakobs, »Individuum und Person«, S. 247 ff. ; Hillenkamp, »Strafrecht ohne Willensfreiheit?«, S. 313 ff. ; Walter, »Hirnforschung und Schuldbegriff «, S. 131 ff. 专著见 Hörnle, *Kriminalstrafe ohne Schuldvorwurf*; Merkel, *Willensfreiheit und rechtliche Schuld*。

64　Pars pro toto Hassemer ( wie Anm. 63 ), S. 829 und S. 840 ff.

65　关于当前刑罚理论的一本简洁的专著,参见 Hörnle, *Straftheorien*。

66　尤其是帕夫利克(Pawlik)奠基于人格体理论与自由理论基础之上的报应论,见 Pawlik, *Person*, *Subjekt*, *Bürger*。

67　Pawlik ( wie Anm. 66 ), S. 321.

68　概括性并附进一步证据的著作,参见 Kubiciel/Pawlik/Seelmann, in: dies. ( Hg. ), *Hegels Erben？ Strafrechtliche Hegelianer vom 19. bis zum 21. Jahrhundert*, S. 9 ff.。

69　Klug, » Abschied von Kant und Hegel «, S. 36 ff. ; Dazu krit. Hruschka, » Die Interpretation von Kants Strafrechtsphilosophie«, S. 232 ff. ;帕夫利克将克卢格(Klug)与其作品加以了脉络化,见 Pawlik, »Ulrich Klug«, S. 225 ff. 。

便更加引人注目。[70]

　　刑法的(重新)"观念化"有几个理由:一方面,在使得预防论的证立漏洞变得更为清晰的程度上,报应论显得更具吸引力。[71] 另一方面,在哲学中早就可以观察到一种对德国观念论的积极诠释。尤其是黑格尔在今天被视为"现代关于自由最伟大的思想家"。[72] 其法哲学被诠释为发展一种理性法的尝试,这种理性法"不仅对自由加以宣告,而且使其在时代中可以被经历"。[73] 在这种解读方式中,黑格尔也变得越来越可以与当前的刑法学相连接。[74] 最后,促进报应论复兴的还有,相较于预防论,它对"刑法的扩张"[75]不那么有利。因为将刑法设想为满足社会安全利益的工具,意味着在政治上将其"激活"。与之相反,报应论并不致力于改良人、社会或安全状况,而是想如其所是地保留社会的法权。这就使得刑法失去了活力并且倾向于抵制刑法的扩张。[76]

# 五、刑法理论和犯罪论中的停滞

## (一)围绕法益概念的最后战斗

当刑法理论上讨论状况的变化无声(为了避免使用不加反抗)地进

---

70　关于发展,参见 Pawlik(wie Anm. 66),passim。
71　对预防论的批判参见 Pawlik(wie Anm. 66),S. 21 ff. ; Kubiciel(wie Anm. 1),S. 138 ff. 。
72　Umfassend Vieweg, *Das Denken der Freiheit*, S. 6 und S. 97 ff.
73　Hoffmann, *Georg Wilhelm Friedrich Hegel*, S. 415.
74　Stübinger, *Das »idealisierte« Strafrecht*, S. 35.
75　Silva Sánchez, *Die Expansion des Strafrechts*.
76　Dazu Kubiciel(wie Anm. 4).

行着时,围绕法益概念的最后战斗以极大的哀恸告终了。[77] 在 2008 年,联邦宪法法院不仅确证了《德国刑法典》第 173 条(血亲相奸)的合宪性,而且也明确地拒绝了法益概念向立法者提出了有约束力的方针这种假定。[78] 与透过联邦宪法法院的判例得到具体化的基本法相比,法益概念并没有为立法者设定更为狭窄的界限。这项裁判是可以预见到的。尽管刑法学在近 40 年的时间里一直援引法益概念来证明现存或新的构成要件不合法,但它却并未能够对法益概念形成清晰的轮廓:什么是一项法益,始终是个大概。[79] 时至今日,完全未得到说明的是其效力根据以及如下的问题,即立法者究竟为什么应当受到这种刑法学创造的约束。[80] 除此之外,作为批判性概念的法益也因为这种情况而遭到否定,即在机会适当时,即使持体系批判的法益观念的代表们也对其边界佯作不知。[81] 行囊中带着此类论据前往卡尔斯鲁厄之人,必须考虑到,他的论据将受到称量并被认为过于薄弱。在 2013 年苏黎世的刑法学家大会上,在其不同意见书中对联邦宪法法院的多数裁判予以了尖

---

[77]　Siehe etwa Bottke, »Roma locuta causa finita?«, S. 93 ff. ; Hörnle, »Das Verbot des Geschwisterinzests«, S. 2084 ff. ; Greco, » Was lässt das Bundesverfassungsgericht von der Rechtsgutslehre übrig?«, S. 234 ff. ; Roxin, »Zur Strafbarkeit des Geschwisterinzests«, S. 544 ff. ; Noltenius, »Grenzenloser Spielraum des Gesetzesgeber im Strafrecht?«, S. 15 ff. ; Ziethen, »Strafbarkeit des Geschwisterinzests«, S. 614 und S. 617 f.

[78]　BVerfGE 120, S. 224 ff. ( dort insbesondere Rn. 39).

[79]　Siehe nur Appel, *Verfassung und Strafe*, S. 357 ff. ; Frisch, » Rechtsgut, Recht, Deliktsstruktur und Zurechnung«, S. 215 und S. 217; Hörnle, *Grob anstößiges Verhalten*, S. 17 f. ; Kuhlen, » Strafrechtsbegrenzung durch einen materiellen Strafbegriff?«, S. 77 und S. 97; Wohlers, *Deliktstypen des Präventionsstrafrechts*, S. 279; Stuckenberg, »Grundrechtsdogmatik statt Rechtsgutslehre«, S. 653 ff.

[80]　Engländer, » Revitalisierung der materiellen Rechtsgutslehre «, S. 616 ff. ; Hilgendorf, »Punitivität und Rechtsgutslehre«, S. 125 und S. 128 f. ; Stuckenberg ( wie Anm. 79), S. 653 ff.

[81]　关于 " 将刑法的规制领域扩展到法益保护之外 ",参见 Roxin, *Strafrecht Allgemeiner Teil Band I*, § 2 Rn. 29 ff. 。

锐批评的哈塞默(但并未援引法益概念)也提到了早就呈现出的对"法益的告别"。[82] 此次告别最终在接下来的于 2015 年在奥格斯堡举行的会议上正式进行：在恩伦德尔(Engländer)考察并批判了所有可以想到的效力根据的概括性报告后，[83]库德里西(Kudlich)将法益概念——"对接受他的人而言"(原文如此！)——限制在撑起"一个'理由的空间'"的角色，"我们必须在该空间中讨论刑罚规范的合法性"。[84] 据此，"法益"一词并不指代任何前实证有效的概念，而是一个为了刑事政策上的考量的站位词，各种完全不同的论点均可汇入其中。所以，法益概念并不能引导对这些犯罪化考量的权衡。毋宁说该概念不仅"在一定程度上是灵活的"，[85]而且也完全是评价开放的：所有被阐述为值得保护的东西都是法益。借由这一论断，法益概念对立法的批判潜力便限缩至零了。[86]

## (二) 对犯罪论的冷感

当刑罚理论的重心转向了报应论，且法益概念的意义消失时，这种发展必然也将对一般犯罪论产生影响，因为一般犯罪论正是从刑罚理论和刑法理论中吸取对刑法进行体系化的潜能的。[87] 由于作为"元叙

---

82　Hassemer bei Youssef/Godenzi, »Diskussionsbeiträge der Strafrechtslehrertagung 2013 in Zürich«, S. 659 und S. 665.

83　Engländer (wie Anm. 80), S. 616 ff.

84　Kudlich (wie Anm. 9), S. 635 und S. 651.

85　Kudlich (wie Anm. 9), S. 635 und S. 644.

86　Siehe auch Hamm (wie Anm. 9), S. 1537 und S. 1542 f., 与联邦最高法院常用的著名术语——犯罪构成要件必须保护共同体生活的基本价值或共同体的重要关切——相比，作者力图通过不再赋予法益概念"批判性的性质"来拯救它；s. dazu BVerfGE 39, 1, S. 46；45, 187, S. 253；80, 244, S. 255 f. 。

87　Insoweit übereinstimmend Jakobs, *System der strafrechtlichen Zurechnung*, S. 9; Pawlik, »Strafrechtswissenschaftstheorie«, S. 469 ff.; Schünemann, »Ein neues Bild des Strafrechtssystems?«, S. 1 - 3.

事"的犯罪论将刑法和刑法学的整体捆在了一起,也就是将其身份和思维方式捆在了一起,因此它不可能不受到政治现实与社会文化上背景信念之变迁的影响。[88] 有鉴于此,主要形成于 20 世纪 60 年代与 70 年代后目的论时期,今日仍居支配地位的犯罪论,在 21 世纪初便显得不合时宜了。

在过去的几年中,也诞生了一些具有创造性的体系,这些体系不仅仅解决了总则通说中的具体矛盾,而且特别地将过去数十年刑罚理论和刑法理论的发展融入了犯罪论之中。[89] 与新的体系草案在 20 世纪还能引起激烈的讨论相比,迄今为止,对新方案的反应在很大程度上是缺乏的:尤其是更为年轻的世代几乎忽略了这些草案。[90] 有代表性的是一位传统犯罪论的代表人(与共同塑造者),他是唯一对新构想进行激烈讨论并(毫不奇怪地)加以拒绝之人。[91]

怎样解释这种在刑法学的历史上对犯罪论讨论的唯一一次缺乏,其实可以说是对整体的厌恶呢? 一个可能的理由是,更年轻一代的刑法学者在做助理时目睹了他们的老师们围绕着刑罚理论和刑法理论的战斗,不再知道怎样开始充斥着意识形态的论争[92]或者出于策略上的理由避而不谈。作为奉行实用主义一代的成员,他们转向了当前教义学上特别是刑事政策上的具体问题——这也可能是出于下

---

88　Pawlik, »Vom Nutzen der Philosophie für die Allgemeine Verbrechenslehre«, S. 369 und S. 374 f.

89　Jakobs ( wie Anm. 87 ); Köhler, *Strafrecht. Allgemeiner Teil*; Pawlik ( wie Anm. 1 ).

90　Siehe immerhin Bung, »Das Unrecht des Bürgers«, S. 546 ff. , sowie Engländer, »Michael Pawlik«, S. 38 f.

91　Schünemann (wie Anm. 87), S. 1 ff. (zu Jakobs).

92　关于柏林共和国年轻一代的这种心态的一般性阐述,参见 Wolfrum ( wie Anm. 36 ), S. 654。

述背景性假定,即变得越来越不同的刑法学连同其子学科不再能够为一种元叙事所涵盖。后者也表现在,在过去这些年中,对经济刑法、网络刑法和医事刑法,越来越多地是在专门的杂志中进行着高度专业化的讨论,[93]以至于在各具体领域形成的教义学逐渐从刑法"的"总则中获得了独立。这种发展也体现在,关于经济刑法的重要著作以两卷(一卷总则与一卷分则)的形式出版。[94] 有鉴于这种发展,各个局部性讨论之间或它们与一般犯罪论之间的距离变得如此之大,以至于后者不能再令人信服地主张并提出对刑法的所有领域均有效的论述。

# 六、新的活动领域

## (一) 经济刑法抑或没有刑法的经济?

在柏林共和时代最初的年头里,刑法学着力处理的领域为经济刑法。这首先是因为这段时期出现了很多大的丑闻。以曼内斯曼、柏林银行或西门子等名字为典型的刑事诉讼,不仅为公众所讨论,而且也由刑法学加以处理。不少这类案件都提出了复杂的教义学问题:任何对公司法上之义务的违反都将导致背信的可罚性吗? 一项损害要求财产的实际丧失,还是说对财产的重大威胁就已经是一项经济-法律上的损害了? 围绕着这些实践中重要并且在法教义学上十分复杂的问题的争

---

93　除了早已存在的《经济刑法与税务刑法杂志》之外,过去这些年还出现了《新经济刑法杂志》《经济刑法协会杂志》《企业中的经济刑法与责任杂志》《治理顾问》以及《媒体刑法杂志》。

94　Tiedemann, *Wirtschaftsstrafrecht und Wirtschaftskriminalität. Bd. 1 : Allgemeiner Teil/ Bd. 2 : Besonderer Teil.*

论一直持续到今天。[95]

刑法学自 20 世纪 90 年代以来极力地处理经济刑法,也是这一时期可普遍观察到的社会对经济性事务,特别是德国(缺乏)竞争力的关注的结果。当经济是社会上占支配地位的大话题时,刑法不可能对其视而不见。但惹人注目的不仅仅是刑法学在深入地研究经济生活;也尤其在于,刑法学是如何以及以何种指向来处理的。它主要批判了这些犯罪构成要件涵盖过广,要求对其加以限制以及刑法从经济中撤军。这完全是成功的:2009 年,联邦宪法法院为背信构成要件的适用者在宪法上划定了更为狭窄的边界。[96] 联邦宪法法院特别要求损失数额的确认在经济上可理解并且建立在公认的评价程序与标准之上,因此限制了评估损失的可能性。[97] 联邦宪法法院显然没有预见随之而来影响深远的后果,而刑辩律师和法律学者的联盟故意对此表示沉默。在 21 世纪的金融与经济体系中,我们越来越难以在经验上精确地查明,一项特定的财产对象在某个特定的时间点具有多高的价值。如果法官此时不能借助估量并且鉴定人也存在分歧,那么即使是现代经济生活中的日常病理也不能以符合宪法法院要求的方式涵摄在《德国刑法典》第 266、

---

95 关于围绕着《德国刑法典》第 266 条违反义务的性质的讨论,参见 Kubiciel, »Grund und Grenzen strafrechtlicher Anweisungskompetenz«, S. 353 ff.。关于损害概念的讨论,参见 Kubiciel, »Urteilsanmerkung«, S. 99 ff., 以及 Fischer u. a. (Hg.), *Dogmatik und Praxis des strafrechtlichen Vermögensschadens*。

96 Siehe dazu und zur Kritik am § 266 StGB BVerfGE 126, S. 170 ff., S. 200 ff., insbesondere S. 210 ff.

97 Vgl. zu diesem Ausschluss Saliger, »Das Untreuestrafrecht auf dem Prüfstand der Verfassung«, S. 3195 und S. 3197. Zur Bestimmung eines Abschreibungs- und Wertberichtigungsschadens Wohlers, »Die strafrechtliche Bewältigung der Finanzkrise«, S. 791 und S. 811 f.; krit. diesbezüglich Fischer, »Strafbarer Gefährdungsschaden oder strafloser Untreueversuch«, S. 95 und S. 101.

263 条之下。[98] 但这样的话,刑法便不仅仅在处理诸如金融危机这类例外状态时失灵了,[99]而且在正常情况中也将失灵。

刑法学对经济所持的这种极端自由的立场的根据是什么呢? 在这方面,20 世纪 70 年代产生的刑法怀疑主义无疑产生了影响。这种立场受到一种 80 年代在经济政策上广为传播的信念的支持,即国家应当给企业保留尽可能大的行动空间并且撤回对经济的调控。如若时代的标志指向去调控化,则作为国家"利剑"的刑法恰恰必须扮演尽可能弱小的角色。在科学-刑事政策上处理经济刑法便必然意味着使经济尽可能不受刑法的影响。但这样便忽略了,严重的错误决策在法律上的无后果性剥离了自由与责任的关联。直至金融危机才令人印象深刻地展示出,经济和社会在何种程度上依赖于对法律框架的遵守。这种框架的稳定性也有赖于刑法的保障。这种秩序自由主义的洞见不仅仅遭到了刑法学的遗忘。

## (二)欧洲刑法

20 世纪 90 年代末期,刑法学迎头赶上了欧洲化,法学的其他子学科早就(或多或少地)熟悉于此了。在《里斯本条约》通过之前,刑法学尤其试图通过国家理论与民主理论上的异议限制欧盟的职权。[100] 在该条约通过之后,刑法学不得不接受,依据《欧盟运作模式条约》第 83 条,刑法可以是协同化措施的对象,在这一点上,联邦宪法法院通过一种对

---

98  Vgl. Fischer, *Strafgesetzbuch*, § 266 Rn. 163 f. mit weiteren Nachweisen.

99  Dazu Jahn, »Moralunternehmergewinne und Gewissheitsverluste«, S. 340 ff.; Kubiciel, »Grund und Grenzen«, S. 53 ff.; Otto, »Ethik, rechtlicher Rahmen und strafrechtliche Sanktionen«, S. 375 ff.; Schröder, »Untreue durch Investitionen in ABS-Anleihen«, S. 1169.

100  Kubiciel, »Grund und Grenzen«, S. 136 ff. 专著见 Meyer, *Demokratieprinzip und europäisches Strafrecht*, passim; dazu Heger, »Demokratieprinzip und Europäisches Strafrecht«, S. 87。

《欧盟运作模式条约》第 83 条的严格解释,使得这种职权的扩张更易为人接受。[101] 自此以后,对民族国家唯一保留领域( *domaine réservé* )的超国家化加以原则性拒绝的声音几乎再也听不见了。取而代之的是一旦一项协同化与实践有关,也就是涉及德国刑法时,便会出现对刑法欧洲化的抵制。有时候,这种抵制与修订的重要性完全不成比例。

在这方面,一个意味深长的实例是德国对在私人领域打击贿赂的欧盟框架决议的转化犹豫了很多年。[102] 欧盟的法律行为要求增加一个行为选项,以便对《德国刑法典》第 299 条进行补充,该行为选项将以一项利益与对企业负有之义务的违反的交换入罪化。针对这种——在实践中不怎么重要的——补充,经济团体、刑辩律师和一些刑法学家提出了满满一武器库的论据加以反对,例如连(欧洲)联盟法的约束力都遭到了否定。[103] 另一些人则指责到,所要求的对《德国刑法典》第 299 条的扩张将导致把背信的可罚性移动到财产损害之前,并且因此构成了《德国刑法典》体系中的一颗杂质。[104] 除此之外,新的行为选项与"背信

---

[101]　BVerfGE 123, S. 267 ff. Dazu Böse, »Die Entscheidung des Bundesverfassungsgerichts«, S. 76 ff. ; Kubiciel, »Das › Lissabon‹ -Urteil und seine Folgen für das Europäische Strafrecht«, S. 99 ff. ; ders. , » Strafrechtswissenschaft und europäische Kriminalpolitik «, S. 742 ff. ; Meyer, » Globale Terrorbekämpfung und nationales Nebenstrafrecht«, S. 2397 ff. ; Satzger, »Der Mangel an Europäischer Kriminalpolitik«, S. 691. 专著见 Ambos, *Europäisches Strafrecht post-Lissabon*。

[102]　Dannecker/Schröder, »Neuregelung«, S. 48 ff. ; Hoven, »Aktuelle rechtspolitische Entwicklungen«, S. 553 ff. ; Kubiciel, »Bestechung und Bestechlichkeit«, S. 667 ff.

[103]　Gaede, »Die Zukunft der europäisierten Wirtschaftskorruption«, S. 280 und S. 284 ff. 其他观点见 Kubiciel (wie Anm. 102), S. 667 - 669。

[104]　Heuking/v. Coelln, » Die Neuregelung des § 299 StGB «, S. 323 und S. 326; Rönnau, »Alte und neue Probleme bei § 299 StGB«, S. 302 und S. 308; Schünemann, »Der Gesetzentwurf zur Bekämpfung der Korruption «, S. 68 f. ; Walther, » Anmerkungen zur geplanten Neufassung von § 299 StGB«, S. 255 und S. 257. Dagegen Kubiciel (wie Anm. 102), S. 664 und S. 670 ff. ; zutreffend eine »Entdramatisierung« anmahnend Hoven, »Aktuelle rechtspolitische Entwicklungen«, S. 553 und S. 557 ff.

未遂的不可罚以及《德国刑法典》第 30 条第 1 款存在明显的评价矛盾"。[105] 这些论据明显是从德国刑法的形象中提取的判准,尽管欧盟协同化的意义恰恰在于改变国内刑法典的法秩序。为什么欧洲法律的统一偏偏要使德国刑法保持不变,这真是难以理解。

对于欧盟立法者对德国刑法及其(内在)结构的可改变性,刑法学中的一部分人显然还不死心。在这方面,他们也忽略了与德国其间在整个世界,尤其是在欧洲所扮演的角色伴随而来的义务:一个自己对(欧洲的)外国的善治(*good governance*)具有很强利益并且要求其他国家加强打击(跨国)犯罪的中等强国,若不想变得不值得信赖,就不能拒绝调整自己的法律。在这一方面,施罗德的如下观察也是完全正确的,即随着"更大的德国"的出现,在对外政治方面也产生了更为广泛的责任,而德国国内政治方面的讨论对此却完全未做准备。[106]

# 七、柏林与题外

若我们从 2017 年回过头去看刑法学在柏林共和国建立之初时的自我评估,则可以发现显著的类似。正如今天一样,那时候在刑法上也缺乏得到广泛讨论的大理论,而教义学上的分化在边缘领域被继续推进。即便对于"欧洲化的幽灵",刑法学也似乎感觉自己受到了威胁,[107] 所以刑法的国际化更是一项紧缺物。[108] 这比以往任何时候都更为急迫:

---

105　Heuking/v. Coelln(wie Anm. 104), S. 323 und S. 327.

106　Schröder(wie Anm. 11), S. 146.

107　Hilgendorf/Schulze-Fielitz, »Rechtswissenschaft im Prozess der Selbstreflexion«, S. 1 - 3.

108　Allg. dazu von Bogdandy, »Internationalisierung der deutschen Rechtswissenschaft«, S. 133 und S. 136 ff.

若刑法学想要因应哈塞默认为它不能错失自己目标的警告,[109]则其必须尽快考虑到如下情形,即刑事政策中的很大一部分是在国际层面设计的。因此,刑罚与刑法正逐步远离德国的传统并改变其形态。若德国刑法学想要预知或者至少共同决定改变的方向,有两点是急需的:一方面,它应当加强对作为基础比较的刑法比较的研究,[110]以便认识到,各国国内法共同基础的哪些地方可以承载协同化,哪些地方不能。此外,从对各国国内刑法理论和刑事政策讨论的最新发展的观察中可知其后续的走向;由此便可以更早明了与理解国际上的趋势。另一方面,德国刑法学不应当将自己在国际上定位为一个保持现状并阻碍发展的力量,而是必须通过——明显比现在更强的——积极的议题设定(*agenda setting*)的方式出场。举个例子:如果德国刑法学在关于跨境企业刑法的国际性讨论中为其已陈旧不堪的罚款规定进行辩护,并且援引图书馆中关于所谓的法人无责任能力的书籍,则对于世界第三大出口国的刑法学而言,这肯定是不充分的。[111]

对本国刑法发展的反思也要求克服基础性与涉及适用的讨论,亦即教义学和刑事政策上的工作的分离。[112]刑法学的基础性研究尤其应当比现在更多地与法律适用者和立法者当前的信息需求相结合。例如经济刑法和医事刑法便可以作为参照领域,刑法理论上和教义学上的学说必须在其中接受检验,反过来,基础性认知将被输入刑法学和刑事政策上的讨论中,以便证明科学理论的定位潜力。在这方面,应当将刑

---

109　Hassemer(wie Anm. 31),S. 34,其主张一种涵盖广泛的调查对象(S. 36)。

110　Kubiciel, *JuristenZeitung*, 64 (2015), S. 68 ff.

111　Kubiciel, »Die deutschen Unternehmensgeldbußen«, S. 178 ff.

112　关于法学整体,参见 Wissenschaftsrat, *Perspektiven der Rechtswissenschaft in Deutschland*, S. 7 und S. 40 f. ; zustimmend Grundmann, »Ein doppeltes Plädoyer«, S. 693 und S. 695; Hillgruber, »Mehr Rechtswissenschaften wagen!«, S. 700 f. 。

法理论理解为刑法学这样的子学科,它一方面超越于教义学的*严格的*
*法律观点*( *strictly legal point of view*),[113]将刑法的学说情境化并且使其和
相邻学科的知识联系起来。另一方面,它确保刑法学不会不加反思地
采用相邻学科的知识和概念。换言之,刑法理论应当确保一种"视角的
选择性"。[114] 此外,这并不是什么新东西:其犯罪论体系与教义学建立
在哲学、人类学和心理学的基础之上的韦尔策尔(Welzel),[115]在其方法
论的基础性文章中便已经强调,一个对象的"全部规定性"并非在每一
门科学中均是相关的,毋宁说每一门科学仅仅从它感兴趣的那一面考
察一个对象。[116] 这种"通过其他学科对可能的不安的驯化"[117]并非坏
事,[118]而是跨学科成功的条件之一。[119]

若我们成功地将刑法比较和刑法理论与实践中重要的参照领域
(经济刑法与医事刑法、刑法的欧洲化)关联了起来,则刑法学不仅将比
迄今为止更清晰地认识与更好地理解其对象,我们也将有理由希望,与
现在的情形相比,刑法学又将能为(国内与国际的)立法者提供更多的
建议。担心传统刑法的哪些内容得到保留将最终由政治决定[120]是毫无
理由的。

---

113　关于教义学的这种去情景化功能,参见 Ernst, »Gelehrtes Recht«, S. 3 und S. 16; Gutmann (wie Anm. 112), S. 697。

114　Jestaedt, »›Öffentliches Recht‹ als wissenschaftliche Disziplin«, S. 241 und S. 271.

115　Dazu die Beiträge von Seelmann, Burkhardt, Kubiciel, in: Frisch u. a. (Hg.), *Lebendiges und Totes in der Verbrechenslehre Hans Welzels*, S. 7, S. 21 und S. 135.

116　Welzel, »Strafrecht und Philosophie«, S. 1, S. 3.

117　关于刑法学,参见 Hilgendorf, »Bedingungen gelingender Interdisziplinarität«, S. 913 und S. 918。

118　So aber Gutmann, »Der Holzkopf des Phädrus«, S. 697 und S. 699.

119　关于交叉学科获得成功的首要与最重要的前提,参见 Hilgendorf (wie Anm. 117), S. 913 und S. 921。

120　So Hassemer (wie Anm. 28), S. 309.

# 参考文献

Kai Ambos, »Feindstrafrecht«, in: *Schweizerische Zeitschrift für Strafrecht* (*SchwZStr*) 124 (2006), S. 1-30.

—( Hg. ), *Europäisches Strafrecht post-Lissabon*, Göttingen 2011.

—, »Zur Zukunft der deutschen Strafrechtswissenschaft: Offenheit und dis kursive Methodik statt selbstbewusster Provinzialität«, in: *Golddammer's Archiv für Strafrecht* (2016), S. 177-194.

Alejandro Aponte, *Krieg und Feindstrafrecht. Überlegungen zum »effizienten« Feindstrafrecht anhand der Situation in Kolumbien*, Baden-Baden 2004.

Ivo Appel, *Verfassung und Strafe. Zu den verfassungsrechtlichen Grenzen des rechtlichen Strafens*, Berlin 1998.

Gunther Arzt, » Wissenschaftsbedarf nach dem 6. StrRG «, in: *Zeitschrift für die gesamte Strafrechtswissenschaft* 111 (1999), S. 757-784.

Patrick Bahners, »Begründerzeit. Johannes Gross als Glossator des Verfassungswandels im Übergang von Bonn nach Berlin«, in: Michael Bienert/Stefan Creuzberger/ Kristina Hübener/Matthias Oppermann ( Hg. ), *Die Berliner Republik. Beiträge zur deutschen Zeitgeschichte seit 1990*, Berlin 2013, S. 181-200.

Ernst-Wolfgang Böckenförde, »Der verdrängte Ausnahmezustand. Zum Handeln der Staatsgewalt in außergewöhnlichen Lagen«, in: *Neue Juristische Wochenschrift* 38 (1978), S. 1881-1890.

Martin Böse, » Die Entscheidung des Bundesverfassungsgerichts zum Vertrag von Lissabon und ihre Bedeutung für die Europäisierung des Strafrechts «, in: *Zeitschrift für internationale Strafrechtsdogmatik* (2010), S. 76-91.

Armin von Bogdandy, » Internationalisierung der deutschen Rechtswissenschaft. Betrachtungen zu einem identitätswandelnden Prozess «, in: Eric Hilgendorf, Helmuth Schulze-Fielitz ( Hg. ), *Selbstreflexion der Rechtswissenschaft*, Tübingen 2015, S. 133-150.

Wilfried Bottke, »Roma locuta causa finita? Abschied vom Gebot des Rechtsgüterschutzes?«, in: Winfried Hassemer u. a. ( Hg. ), *In dubio pro libertate*: *Festschrift für Klaus Volk zum 65. Geburtstag*, München 2009, S. 93 – 110.

Jochen Bung, » Das Unrecht des Bürgers «, in: *Rechtswissenschaft* ( 2014 ), S. 546 – 554.

Björn Burkhardt, » Geglückte und folgenlose Strafrechtsdogmatik «, in: Albin Eser u. a. ( Hg. ), *Die deutsche Strafrechtswissenschaft vor der Jahrtausendwende. Rückbesinnung und Ausblick. Dokumentation einer Tagung vom 3. – 6. Oktober 1999 in der Berlin-Brandenburgischen Akademie der Wissenschaften*, München 2000, S. 111 – 157.

—, » Wie ist es, ein Mensch zu sein? —Zu Bedeutung und Gehalt des menschlichen Freiheitserlebens «, in: Jörg Arnold u. a. ( Hg. ), *Menschengerechtes Strafrecht, Festschrift für Albin Eser zum 70. Geburtstag*, München 2005, S. 77 – 100.

—, » Welzels finale Handlungslehre und die philosophische Handlungstheorie «, in: Wolfgang Frisch, Günther Jakobs, Michael Kubiciel, Michael Pawlik, Carl-Friedrich Stuckenberg ( Hg. ), *Lebendiges und Totes in der Verbrechenslehre Hans Welzels*, Tübingen 2015, S. 21 – 48.

Gerhard Dannecker, Thomas Schröder, » Neuregelung der Bestechlichkeit und Bestechung im geschäftlichen Verkehr. Entgrenzte Untreue oder wettbewerbskonforme Stärkung des Geschäftsherrnmodells «, in: *Zeitschrift für Rechtspolitik* 2 (2015), S. 48 – 51.

Mireille Delmas-Marty, *Ordering Pluralism. A Conceptual Framework for Understanding the Transnational Legal World*, Oxford, Portland 2009.

Anselm Doering-Manteuffel, » Eine politische Nationalgeschichte für die Berliner Republik. Überlegungen zu Heinrich August Winklers › Der lange Weg nach Westen‹ «, in: *Geschichte und Gesellschaft* 27 ( 2001 ), S. 446 – 462.

Gunnar Duttge, » Die Präimplantationsdiagnostik zwischen Skylla und Charybdis «, in: *Goltdammer's Archiv für Strafrecht* (2002), S. 241 – 258.

Andreas Eicker, *Die Prozeduralisierung des Strafrechts. Zur Entstehung, Bedeutung und Zukunft eines Paradigmenwechsels*, Bern, Baden-Baden u. a. 2010.

Armin Engländer, » Michael Pawlik: Das Unrecht des Bürgers. Grundlinien der Allgemeinen Verbrechenslehre «, in: *JuristenZeitung* (2014), S. 38 – 39.

—,»Revitalisierung der materiellen Rechtsgutslehre durch das Verfassungsrecht?«, in: *Zeitschrift für die gesamte Strafrechtswissenschaft* 127 (2015), S. 616 - 634.

Wolfgang Ernst,»Gelehrtes Recht. Die Jurisprudenz aus der Sicht des Zivilrechtslehrers«, in: Christoph Engel, Wolfgang Schön (Hg.), *Das Proprium der Rechtswissenschaft*, Tübingen 2007, S. 3 - 49.

Albin Eser,»Eröffnung. Ansprache«, in: Albin Eser u. a. (Hg.), *Die deutsche Strafrechtswissenschaft vor der Jahrtausendwende. Rückbesinnung und Ausblick. Dokumentation einer Tagung vom 3. - 6. Oktober 1999 in der Berlin-Brandenburgischen Akademie der Wissenschaften*, München 2000, S. 3 - 9.

—,»Schlussbetrachtungen«, in: Albin Eser u. a. (Hg.), *Die deutsche Strafrechtswissenschaft vor der Jahrtausendwende. Rückbesinnung und Ausblick. Dokumentation einer Tagung vom 3. - 6. Oktober 1999 in der Berlin-Brandenburgischen Akademie der Wissenschaften*, München 2000, S. 437 - 448.

Thomas Fischer,»Strafbarer Gefährdungsschaden oder strafloser Untreueversuch—Zur Bestimmtheit der Untreue-Rechtsprechung«, in: *Strafverteidiger* (2010), S. 95 - 101.

—u. a. (Hg.), *Dogmatik und Praxis des strafrechtlichen Vermögensschadens*, Baden-Baden 2015.

—, Strafgesetzbuch, München [62]2015.

Wolfgang Frisch,»Rechtsgut, Recht, Deliktsstruktur und Zurechnung im Rahmen der Legitimation staatlichen Strafens«, in: Roland Hefendehl/Andrew von Hirsch/Wolfgang Wohlers (Hg.), *Die Rechtsgutstheorie. Legitimationsbasis des Strafrechts oder dogmatisches Glasperlenspiel?*, Baden-Baden 2003, S. 215 - 238.

Helmut Frister, Maja Caroline Lehmann,»Die gesetzliche Regelung der Präimplantationsdiagnostik«, in: *JuristenZeitung* (2012), S. 659 - 667.

Karsten Gaede,»Die Zukunft der europäisierten Wirtschaftskorruption gemäß § 299 StGB—Eine Evaluation des Referentenentwurfs des BMJV vom 13. 06. 2014«, in: *Neue Zeitschrift für Wirtschafts-, Steuer- und Unternehmensstrafrecht* (2014), S. 281 - 290.

Klaus Ferdinand Gärditz, *Staat und Strafrechtspflege. Braucht die Verfas-sungstheorie einen Begriff von Strafe?*, Paderborn 2015.

Dominik Geppert, »Republik des Geistes. Die Intellektuellen und das vereinigte Deutschland «, in: Michael Bienert/Stefan Creuzberger/Kristina Hübener/ Matthias Oppermann (Hg.), *Die Berliner Republik. Beiträge zur deutschen Zeitgeschichte seit 1990*, Berlin 2013, S. 159 – 180.

Katrin Gierhake, »Zur geplanten Einführung neuer Straftatbestände wegen der Vorbereitung terroristischer Straftaten «, in: *Zeitschrift für internationale Strafrechtsdogmatik* (2008), S. 397 – 405.

Karl Heinz Gössel, »Widerrede zum Feindstrafrecht. Über Menschen, Individuen und Rechtspersonen «, in: Thomas Vormbaum (Hg.), *Kritik des Feindstrafrechts*, Münster 2009, S. 43 – 62.

Luís Greco, »Was lässt das Bundesverfassungsgericht von der Rechtsgutslehre übrig? Gedanken anlässlich der Inzestentscheidung des Bundesverfassungsgerichts «, in: *Zeitschrift für internationale Strafrechtsdogmatik* (2008), S. 234 – 238.

Johannes Gross, *Begründung der Berliner Republik. Deutschland am Ende des 20. Jahrhunderts*, Berlin 1997.

—, *Nachrichten aus der Berliner Republik 1995 – 1999. Notizen aus dem inneren und äußeren Leben*, Berlin 1999.

Stefan Grundmann, »Ein doppeltes Plädoyer für internationale Öffnung und stärker vernetzte Interdisziplinarität«, in: *JuristenZeitung* (2013), S. 693 – 697.

Thomas Gutmann, »Der Holzkopf des Phädrus—Perspektiven der Grundlagenfächer«, in: *JuristenZeitung* (2013), S. 697 – 700.

Rainer Hamm, »Richten mit und über Strafrecht«, in: *Neue Juristische Wochenschrift* 22 (2016), S. 1537 – 1542.

Winfried Hassemer, *Theorie und Soziologie des Verbrechens. Ansätze zu einer praxisorientierten Rechtsgutslehre*, Frankfurt am Main 1973.

—, »Strafrechtswissenschaft in der Bundesrepublik Deutschland«, in: Dieter Simon (Hg.), *Rechtswissenschaft in der Bonner Republik. Studien zur Wissenschaftsgeschichte der Jurisprudenz*, Frankfurt am Main 1994, S. 259 – 310.

—, »Das Selbstverständnis der Strafrechtswissenschaft gegenüber den Herausforderungen ihrer Zeit«, in: Albin Eser u. a. (Hg.), *Die deutsche*

*Strafrechtswissenschaft vor der Jahrtausendwende. Rückbesinnung und Ausblick. Dokumentation einer Tagung vom 3. – 6. Oktober 1999 in der Berlin-Brandenburgischen Akademie der Wissenschaften*, München 2000, S. 21 – 46.

——,»Das Symbolische am symbolischen Strafrecht«, in: Bernd Schünemann u. a. (Hg.), *Festschrift für Claus Roxin zum 70. Geburtstag am 15. Mai 2001*, Berlin, New York 2001, S. 1001 – 1020.

——,»Grenzen des Wissens im Strafprozess. Neuvermessung durch die empirischen Wissenschaften vom Menschen?«, in: *Zeitschrift für die gesamte Strafrechtswissenschaft* 121 (2009), S. 829 – 859.

——, Ulfrid Neumann,»Vor § 1«, in: Urs Kindhäuser, Ulfrid Neumann, Hans-Ullrich Paeffgen (Hg.), *NomosKommentar StGB*, München 2013.

Roland Hefendehl, Andrew von Hirsch, Wolfgang Wohlers (Hg.), *Die Rechtsgutstheorie. Legitimationsbasis des Strafrechts oder dogmatisches Glasperlenspiel?*, Baden-Baden 2003.

Martin Heger,»Demokratieprinzip und Europäisches Strafrecht. Zu den Anforderungen des Demokratieprinzips an Strafrechtsetzung im Mehrebenensystem der Europäischen Union«, in: *JuristenZeitung* (2010), S. 87.

Bernd Heinrich,»Die Grenzen des Strafrechts bei der Gefahrprävention. Brauchen oder haben wir ein ›Feindstrafrecht‹?«, in: *Zeitschrift für die gesamte Strafrechtswissenschaft* 121 (2009), S. 94 – 130.

Christian Heuking, Sibylle von Coelln,»Die Neuregelung des § 299 StGB—Das Geschäftsherrenmodell als Mittel zur Bekämpfung der Korruption?«, in: *Betriebs-Berater* (2016), S. 323 – 332.

Matthias Herdegen,»Art. 1 Abs. 1«, in: Theodor Maunz, Günter Dürig (Hg.), *Grundgesetz, Bd. 1*, 55. Lieferung Mai 2009.

Eric Hilgendorf,»Bedingungen gelingender Interdisziplinarität—am Beispiel der Rechtswissenschaft«, in: *JuristenZeitung* (2010), S. 913 – 922.

——,»Punitivität und Rechtsgutslehre. Skeptische Anmerkungen zu einigen Leitbegriffen der heutigen Strafrechtstheorie«, in: *Neue Kriminalpolitik* 4 (2010), S. 125 – 131.

——, Helmuth Schulze-Fielitz,»Rechtswissenschaft im Prozess der Selbstreflexion«, in:

Dies. ( Hg. ) , *Selbstreflexion der Rechtswissenschaft*, Tübingen 2015, S. 1 - 12.

Thomas Hillenkamp, » Strafrecht ohne Willensfreiheit? Eine Antwort auf die Hirnforschung«, in: *JuristenZeitung* (2005), S. 313 - 320.

Christian Hillgruber, » Mehr Rechtswissenschaften wagen!«, in: *JuristenZeitung* (2013), S. 700 - 704.

Hans Joachim Hirsch, »Synthese«, in: ders. ( Hg. ) , *Krise des Strafrechts und der Kriminalwissenschaften? Tagungsbeiträge eines Symposiums der Alexander von Humboldt-Stiftung Bonn-Bad Godesberg, veranstaltet vom 1. bis 5. Oktober 2000 in Bamberg*, Berlin 2001, S. 373 - 384.

Thomas Sören Hoffmann, *Georg Wilhelm Friedrich Hegel. Eine Propädeutik*, Wiesbaden 2004.

Elisa Hoven, » Aktuelle rechtspolitische Entwicklungen im Korruptionsstrafrecht— Bemerkungen zu den neuen Strafvorschriften über Mandatsträgerbestechung und Bestechung im geschäftlichen Verkehr zur Fußnote «, in: *Neue Zeitschrift für Strafrecht* (2015), S. 553 - 560.

Tatjana Hörnle, *Grob anstößiges Verhalten. Strafrechtlicher Schutz von Moral, Gefühlen und Tabus*, Frankfurt am Main 2005.

—, » Das Verbot des Geschwisterinzests—Verfassungsgerichtliche Bestätigung und verfassungsrechtliche Kritik «, in: *Neue Juristische Wochenschrift* 29 ( 2008 ), S. 2085 - 2088.

—, *Straftheorien*, Tübingen 2011.

—, *Kriminalstrafe ohne Schuldvorwurf. Ein Plädoyer für Änderungen in der strafrechtlichen Verbrechenslehre*, Baden-Baden 2013.

Joachim Hruschka, »Die Interpretation von Kants Strafrechtsphilosophie—eine Wissenschaft oder eine Ideologie? «, in: *Zeitschrift für die gesamte Strafrechtswissenschaft* 124 (2012), S. 232 - 235.

Josef Isensee, » Normalfall oder Grenzfall als Ausgangspunkt rechtsphilosophischer Konstruktion?«, in: Winfried Brugger, Görg Haverkate ( Hg. ), *Grenzen als Thema der Rechts- und Sozialphilosophie. Referate der Tagung der deutschen Sektion der Internationalen Vereinigung für Rechts- und Sozialphilosophie vom 22. bis 23. September 2000 in Heidelberg*, Stuttgart 2002, S. 51 - 74.

Matthias Jahn,»Moralunternehmergewinne und Gewissheitsverluste. Der Beitrag strafprozessualer Verständigung zum Kapitalmarktstrafrecht der Finanzmarktkrise«, in: *JuristenZeitung* (2011), S. 340–347.

Günther Jakobs,»Das Strafrecht zwischen Funktionalismus und › alteuropäischem ‹ Prinzipiendenken. Oder: Verabschiedung des › alteuropäischen ‹ Strafrechts?«, in: *Zeitschrift für die gesamte Strafrechtswissenschaft* ( *ZStW* ) 107 ( 1995 ), S. 843–876.

—,»Das Selbstverständnis der Strafrechtswissenschaft gegenüber den Herausforderungen ihrer Zeit. Kommentare«, in: Albin Eser u. a. ( Hg. ), *Die deutsche Strafrechtswissenschaft vor der Jahrtausendwende. Rückbesinnung und Ausblick. Dokumentation einer Tagung vom 3.–6. Oktober 1999 in der Berlin-Brandenburgischen Akademie der Wissenschaften*, München 2000, S. 47–56.

—,»Bürgerstrafrecht und Feindstrafrecht«, in: *Onlinezeitschrift für Höchstrichterliche Rechtsprechung zum Strafrecht* 3 (2004), S. 88–95.

—,»Individuum und Person. Strafrechtliche Zurechnung und die Ergebnisse moderner Hirnforschung«, in: *Zeitschrift für die gesamte Strafrechtswissenschaft* 117 (2005), S. 247–266.

—,»Feindstrafrecht? —Eine Untersuchung zu den Bedingungen von Rechtlichkeit«, in: *Onlinezeitschrift für Höchstrichterliche Rechtsprechung zum Strafrecht* 8/9 (2006), S. 289–297.

—,» Strafrecht als wissenschaftliche Disziplin «, in: Christoph Engel, Wolfgang Schön ( Hg. ), *Das Proprium der Rechtswissenschaft*, Tübingen 2007, S. 103–135.

—, *System der strafrechtlichen Zurechnung*, Frankfurt am Main 2012.

Matthias Jestaedt,»› Öffentliches Recht ‹ als wissenschaftliche Disziplin «, in: Christoph Engel, Wolfgang Schön ( Hg. ), *Das Proprium der Rechtswissenschaft*, Tübingen 2007, S. 241–281.

Ulrich Klug,»Abschied von Kant und Hegel«, in: Jürgen Baumann ( Hg. ), *Programm für ein neues Strafgesetzbuch. Der Alternativ-Entwurf der Strafrechtslehrer*, Frankfurt am Main, Hamburg 1968, S. 36–41.

Karl-Rudolf Korte,»Regieren unter schwindenden Gewissheiten. Substanzverluste der

Demokratie und deren politische Herausforderungen in der Berliner Republik«, in: Michael C. Bienert u. a. ( Hg. ) , *Die Berliner Republik. Beiträge zur deutschen Zeitgeschichte seit 1990*, Berlin 2013 , S. 55 – 76.

Michael Köhler, *Strafrecht. Allgemeiner Teil*, Berlin, Heidelberg u. a. 1997.

Michael Kubiciel, » Grund und Grenzen strafrechtlicher Anweisungskompetenz der Europäischen Gemeinschaft «, in: *Neue Zeitschrift für Strafrecht* ( 2007 ) , S. 136 – 141.

—, »Das › Lissabon‹ -Urteil und seine Folgen für das Europäische Strafrecht«, in: *Goltdammer's Archiv für Strafrecht* ( 2010 ) , S. 99 – 114.

—, » Strafrechtswissenschaft und europäische Kriminalpolitik «, in: *Zeitschrift für internationale Strafrechtsdogmatik* 12 ( 2010 ) , S. 742 – 748.

—, » Review Essay: Mireille Delmas-Marty, Ordering Pluralism—A Conceptual Framework for Understanding the Transnational Legal World«, in: *Criminal Law Forum ( CLF )* Vol. 22 ( 2011 ) , S. 433 – 438.

—, » Vergeltung, Sittenbildung oder Resozialisierung? —Die straftheoretische Diskussion um die Große Strafrechtsreform«, in: Martin Löhnig u. a. ( Hg. ) , *Reform und Revolte. Eine Rechtsgeschichte der 1960er und 1970er Jahre*, Tübingen 2012 , S. 217 – 230.

—, » Die Finanzmarktkrise zwischen Wirtschaftsstrafrecht und politischem Strafrecht«, in: *Zeitschrift für internationale Strafrechtsdogmatik* 2 ( 2013 ) , S. 53 – 60.

—, *Die Wissenschaft vom Besonderen Teil des Strafrechts*, Frankfurt am Main 2013.

—, » Grund und Grenzen des Verbots der Präimplantationsdiagnostik «, in: *Neue Zeitschrift für Strafrecht* ( 2013 ) , S. 382 – 386.

—, » Strafprozessuale Verwertbarkeit digitaler Konterbande «, in: *Goltdammer's Archiv für Strafrecht* ( 2013 ) , S. 226 – 239.

—, »Finanzkrise und Ausnahmezustand«, in: *Nomos—Kansai Law Journal* ( 2013 ) , S. 21 – 36.

—, » Bestechung und Bestechlichkeit im geschäftlichen Verkehr. Zu einer wettbewerbsorientierten Umsetzung des sog. Geschäftsherrnmodells in § 299 StGB «, in: *Zeitschrift für internationale Strafrechtsdogmatik* 13 ( 2014 ) ,

S. 667 – 673.

—, »Urteilsanmerkung: Vermögensschaden beim Eingehungsbetrug«, in: *JuristenZeitung* (2014), S. 99 – 102.

—, » Einheitliches europäisches Strafrecht und vergleichende Darstellung seiner Grundlagen«, in: *JuristenZeitung* (2015), S. 64 – 70.

—, »Freiheit, Institutionen, abstrakte Gefährdungsdelikte: Ein neuer Prototyp des Wirtschaftsstrafrechts?«, in: Eberhard Kempf u. a. (Hg.), *Strafverfolgung in Wirtschaftsstrafsachen. Strukturen und Motive*, Berlin, Boston 2015, S. 158 – 171.

—, »Mindeststandards und Verfahrensgrundsätze im Strafverfahren unter europäischem Einfluss«, in: Matthias Weller, Christoph Althammer (Hg.), *Mindeststandards im europäischen Zivilprozessrecht. Grundvoraussetzung für gegenseitiges Vertrauen*, Tübingen 2015, S. 135 – 147.

—, »› Welzel und die Anderen ‹. Positionen und Positionierungen Welzels vor 1945«, in: Wolfgang Frisch, Günther Jakobs, Michael Kubiciel, Michael Pawlik, Carl-Friedrich Stuckenberg (Hg.), *Lebendiges und Totes in der Verbrechenslehre Hans Welzels*, Tübingen 2015, S. 135 – 156.

—, » Frank Meyer, Strafnormgenese in internationalen Organisationen «, in: *Goltdammer's Archiv für Strafrecht (GA)* (2015), S. 61 – 64.

—, »Die deutschen Unternehmensgeldbußen: Ein nicht wettbewerbsfähiges Modell und seine Alternativen «, in: *Neue Zeitschrift für Wirtschafts- Steuer- und Unternehmensstrafrecht* (2016), S. 178 – 181.

—, Michael Pawlik, Kurt Seelmann (Hg.), *Hegels Erben? Strafrechtliche Hegelianer vom 19. bis zum 21. Jahrhundert*, Tübingen (erscheint 2017).

—, » Die Flexibilisierung des Strafrechts «, in: Eric Hilgendorf, Hans Kudlich, Brian Valerius (Hg.), *Handbuch des Strafrechts, Bd. 1* (erscheint 2017).

Hans Kudlich, »Die Relevanz der Rechtsgutstheorie im modernen Verfassungsstaat«, in: *Zeitschrift für die gesamte Strafrechtswissenschaft* 127 (2015), S. 635 – 653.

Lothar Kuhlen, »Strafrechtsbegrenzung durch einen materiellen Strafbegriff?«, in: Jürgen Wolter, Georg Freund (Hg.), *Straftat, Strafzumessung und Strafprozess im* gesamten Strafrechtssystem. Straftatbegriff—Straftatzurechnung—Strafrechtszweck—Strafausschluss—Strafverzicht—Strafklagverzicht, Heidelberg 1996, S. 77 - 97.

—, »Das Selbstverständnis der Strafrechtswissenschaft gegenüber den Herausforderungen ihrer Zeit. Kommentare«, in: Albin Eser u. a. (Hg.), Die deutsche Strafrechtswissenschaft vor der Jahrtausendwende. Rückbesinnung und Ausblick. Dokumentation einer Tagung vom 3. - 6. Oktober 1999 in der Berlin-Brandenburgischen Akademie der Wissenschaften, München 2000, S. 57 - 73.

Herbert Landau, »Ausgewählte neuere Entscheidungen des Bundesverfassungsgerichts zum Strafrecht und Strafverfahrensrecht«, in: Werner Beulke, Eckhart Müller (Hg.), Festschrift zu Ehren des Strafrechtsausschusses der Bundesrechtsanwaltskammer, Neuwied 2006, S. 201 - 216.

Michael Marx, Zur Definition des Begriffs ›Rechtsgut‹. Prolegomena einer ma-terialen Verbrechenslehre, Köln, Berlin u. a. 1972.

Reinhard Merkel, Willensfreiheit und rechtliche Schuld. Eine strafrechtsphilo-sophische Untersuchung, Baden-Baden 2008.

—, »Neuartige Eingriffe ins Gehirn—Verbesserung der mentalen conditio humana und strafrechtliche Grenzen«, in: Zeitschrift für die gesamte Strafrechtswissenschaft 121 (2009), S. 919 - 953.

—, Strafrechtsgenese in internationalen Organisationen. Eine Untersuchung der Strukturen und Legitimationsvoraussetzungen strafrechtlicher Normbildungsprozesse in Mehrebenensystemen, Baden-Baden 2012.

Frank Meyer, Demokratieprinzip und europäisches Strafrecht. Zu den Anforderungen des Demokratieprinzips an Strafrechtsetzung im Mehrebenensystem der Europäischen Union, Baden-Baden, Zürich u. a. 2009.

—, »Globale Terrorbekämpfung und nationales Nebenstrafrecht«, in: Neue Juristische Wochenschrift 33 (2010), S. 2397 - 2399.

Bettina Noltenius, »Grenzenloser Spielraum des Gesetzgebers im Strafrecht? Kritische Bemerkungen zur Inzestentscheidung des Bundesverfassungsgerichts vom 26. Februar 2008«, in: Zeitschrift für das Juristische Studium (2009), S. 15 - 21.

Harro Otto, »Ethik, rechtlicher Rahmen und strafrechtliche Sanktionen beim unternehmerischen Handeln«, in: Knut Amelung, Hans-Ludwig Günther, Hans-Heiner Kühne (Hg.), *Festschrift für Volker Krey. Zum 70. Geburtstag am 9. Juli 2010*, Stuttgart 2010, S. 375 – 406.

Hans-Ullrich Paeffgen, »Bürgerstrafrecht, Vorbeugungsrecht, Feindstrafrecht«, in: Martin Böse, Detlev Sternberg-Liebe (Hg.), *Grundlagen des Straf- und Strafverfahrensrechts. Festschrift für Knut Amelung*, Berlin 2009, S. 81 – 123.

Michael Pawlik, *Person, Subjekt, Bürger. Zur Legitimation von Strafe*, Berlin 2004.

—, »Strafrechtswissenschaftstheorie«, in: Michael Pawlik, Günther Jakobs (Hg.), *Festschrift für Günther Jakobs zum 70. Geburtstag am 26. Juli 2007*, Köln, Berlin u. a. 2007, S. 469 – 495.

—, *Der Terrorist und sein Recht. Zur rechtstheoretischen Einordnung des modernen Terrorismus*, München 2008.

—, *Das Unrecht des Bürgers. Grundlinien der Allgemeinen Verbrechenslehre*, Tübingen 2012.

—, »Ulrich Klug (1913 – 1993). Skeptische Rechtsphilosophie und liberales Strafrecht«, in: Steffen Augsberg, Andreas Funke (Hg.), *Kölner Juristen im 20. Jahrhundert. Beiträge zu einer Ringvorlesung an der Universität zu Köln, Sommersemester 2010 und Wintersemester 2010/2011*, Tübingen 2013, S. 225 – 242.

—, »Vom Nutzen der Philosophie für die Allgemeine Verbrechenslehre«, in: *Goltdammer's Archiv für Strafrecht (GA)* (2014), S. 369 – 389.

Claus Roxin, »Franz von Liszt und die kriminalpolitische Konzeption des Alternativentwurfs«, in: *Zeitschrift für die gesamte Strafrechtswissenschaft* 81 (1969), S. 613 – 649.

—, »Strafrechtswissenschaft vor den Aufgaben der Zukunft. Hauptreferat«, in: Albin Eser u. a. (Hg.), *Die deutsche Strafrechtswissenschaft vor der Jahrtausendwende. Rückbesinnung und Ausblick. Dokumentation einer Tagung vom 3. – 6. Oktober 1999 in der Berlin-Brandenburgischen Akademie der Wissenschaften*, München 2000, S. 369 – 395.

—, *Strafrecht Allgemeiner Teil Band I: Grundlagen. Der Aufbau der Verbrechenslehre*, München [4]2006.

—, »Selbständigkeit und Abhängigkeit des Strafrechts im Verhältnis zu Politik, Philosophie, Moral und Religion«, in: Michael Hettinger u. a. ( Hg. ), *Festschrift für Wilfried Küper zum 70. Geburtstag*, Heidelberg 2007, S. 489 – 504.

—, »Zur Strafbarkeit des Geschwisterinzests. Zur verfassungsrechtlichen Überprüfung materiellrechtlicher Strafvorschriften«, in: *Strafverteidiger* ( 2009 ), S. 544 – 550.

—, Bernd Schünemann ( Hg. ), *Strafverfahrensrecht. Ein Studienbuch*, München 2014.

Thomas Rönnau, »Alte und neue Probleme bei § 299 StGB«, in: *Strafverteidiger* ( 2009 ), S. 302 – 308.

Hans-Joachim Rudolphi, »Strafprozeß im Umbruch: Eine Bilanz der strafverfahrensrechtlichen Reformen seit Kriegsende«, in: *Zeitschrift für Rechtspolitik* 7 ( 1976 ), S. 165 – 173.

Frank Saliger, »Das Untreuestrafrecht auf dem Prüfstand der Verfassung«, in: *Neue Juristische Wochenschrift* ( 2010 ), S. 3195 – 3197.

Helmut Satzger, »Das europarechtliche Verhältnismäßigkeitsprinzip als Maßstab für eine europäische Kriminalpolitik«, in: *Neue Kriminalpolitik* ( 2007 ), S. 93 – 97.

—, »Der Mangel an Europäischer Kriminalpolitik. Anlass für das Manifest der internationalen Wissenschaftlergruppe › European Criminal Policy Initiative ‹ «, in: *Zeitschrift für internationale Strafrechtsdogmatik* 12 ( 2009 ), S. 691 – 694.

Stefan Schick, » Feindstrafrecht als regulative Idee «, in: *Zeitschrift für internationale Strafrechtsdogmatik* ( 2012 ), S. 46 – 60.

Christian Schröder, » Untreue durch Investitionen in ABS-Anleihen «, in: *Neue Juristische Wochenschrift* ( 2010 ), S. 1169 – 1174.

Gerhard Schröder, *Entscheidungen. Mein Leben in der Politik*, Hamburg 2006.

Bernd Schünemann, »Ein neues Bild des Strafrechtssystems?«, in: *Zeitschrift für die gesamte Strafrechtswissenschaft* 126 ( 2014 ), S. 1 – 26.

—, » Der Gesetzentwurf zur Bekämpfung der Korruption—überflüssige Etappe auf dem Niedergang der Strafrechtskultur«, in: *Zeitschrift für Rechtspolitik* ( 2015 ),

S. 68 - 71.

Kurt Seelmann,»Hans Welzels › sachlogische Strukturen‹ und die Naturrechtslehre«, in: Wolfgang Frisch, Günther Jakobs, Michael Kubiciel, Michael Pawlik, Carl-Friedrich Stuckenberg ( Hg. ), *Lebendiges und Totes in der Verbrechenslehre Hans Welzels*, Tübingen 2015, S. 7 - 20.

Ulrich Sieber,»Grenzen des Strafrechts—Das neue Forschungsprogramm«, in: Hans-Jörg Albrecht, Ulrich Sieber ( Hg. ), *Perspektiven der strafrechtlichen Forschung. Amtswechsel am Freiburger Max-Planck-Institut für ausländisches und internationales Strafrecht 2004*, Berlin 2006, S. 35 - 79.

—,» Rechtliche Ordnung in einer globalen Welt. Die Entwicklung zu einem fragmentierten System von nationalen, internationalen und privaten Normen «, in: *Rechtstheorie* 41 ( 2010 ), S. 151 - 198.

Jesús-María Silva Sánchez, *Die Expansion des Strafrechts. Kriminalpolitik in postindustriellen Gesellschaften*, Frankfurt am Main 2003.

Carl-Friedrich Stuckenberg,» Grundrechtsdogmatik statt Rechtsgutslehre «, in: *Goltdammer's Archiv für Strafrecht* ( 2011 ), S. 653 - 661.

Stephan Stübinger, *Das »idealisierte« Strafrecht. Über Freiheit und Wahrheit in der Straftheorie und Strafprozessrechtslehre*, Frankfurt am Main 2008.

Klaus Tiedemann, *Wirtschaftsstrafrecht und Wirtschaftskriminalität. Bd. 1: Allgemeiner Teil / Bd. 2: Besonderer Teil.* Reinbek 1976.

Klaus Vieweg, *Das Denken der Freiheit. Hegels Grundlinien der Philosophie des Rechts*, Paderborn 2012.

Joachim Vogel,» Europäische Kriminalpolitik—europäische Strafrechtsdogmatik «, in: *Goltdammer's Archiv für Strafrecht* ( 2002 ), S. 517 - 534.

—,» Strafrecht und Strafrechtswissenschaft im internationalen und europäischen Rechtsraum«, in: *JuristenZeitung* ( 2012 ), S. 25 - 31.

Klaus Volk,» Der Wandel des Strafrechts als methodisches Problem «, in: *Merkur* 770 ( 2013 ), S. 648 - 655.

Thomas Vormbaum,»Einleitung: Das Feindstrafrecht und seine Kritik«, in: Thomas Vormbaum ( Hg. ), *Kritik des Feindstrafrechts*, Münster 2009, S. VII - XLII.

—( Hg. ), *Kritik des Feindstrafrechts*, Münster 2009.

Tonio Walter, »Hirnforschung und Schuldbegriff. Rückschau und Zwischenbilanz«, in: Andreas Hoyer ( Hg. ), *Festschrift für Friedrich-Christian Schroeder zum 70. Geburtstag*, *Heidelberg*, München u. a. 2006, S. 133 – 144.

—, »Der Rechtsstaat verliert die Nerven. Zum Referentenentwurf eines› Gesetzes zur Verfolgung der Vorbereitung von schweren Gewalttaten‹ ( RefE ) «, in: *Kritische Justiz* ( 2008 ) , S. 443 – 450.

Felix Walther, »Anmerkungen zur geplanten Neufassung von § 299 StGB «, in: *Neue Zeitschrift für Wirtschafts-, Steuer- und Unternehmensstrafrecht* ( 2015 ) , S. 255 – 259.

Hans Welzel, »Strafrecht und Philosophie«, in: Ders. , *Abhandlungen zum Strafrecht und zur Rechtsphilosophie*, Berlin 1975, S. 1 – 6.

Wissenschaftsrat, *Perspektiven der Rechtswissenschaft in Deutschland. Situation, Analysen, Empfehlungen*, Köln 2012.

Wolfgang Wohlers, *Deliktstypen des Präventionsstrafrechts—zur Dogmatik »moderner« Gefährdungsdelikte*, Berlin 2000.

—, »Die strafrechtliche Bewältigung der Finanzkrise am Beispiel der Strafbarkeit wegen Untreue «, in: *Zeitschrift für die gesamte Strafrechtswissenschaft* 123 ( 2011 ) , S. 791 – 815.

Edgar Wolfrum, *Rot-Grün an der Macht. Deutschland 1998 – 2005*, München 2013.

Omar Abo Youssef, Gunhild Godenzi, »Diskussionsbeiträge der Strafrechtslehrertagung 2013 in Zürich«, in: *Zeitschrift für die gesamte Strafrechtswissenschaft* ( 2014 ) , S. 659 – 700.

Jörg Ziethen, »Strafbarkeit des Geschwisterinzests«, in: *Neue Zeitschrift für Strafrecht* ( *NStZ* ) ( 2008 ) , S. 614 – 618.

# 日渐消失的边界

## ——刑事实体法与"他的"程序法

〔德〕赖纳·哈姆[*]　著

黄　河[**]　译　蒋　毅[***]　校

## 一、关于本文的写作时机和主题定位的说明

### （一）主题方面

在这本《柏林共和时代的德国法学》(*Rechtswissenschaft in der Berliner Republik*)纪念论文集中，与米夏埃尔·库比彻尔的上一篇论文相比,笔者没有试图对刑法理论和教义学进行"讨伐"和批判,因为程序法一直在追赶着(实体)刑法研究和教学的潮流,作为学术研究的对象,它从来没有得到认真的对待。在"波恩共和时代"情况就是如此,当25年前德国的政治

---

*　赖纳·哈姆(Rainer Hamm),生于1943年,先后于萨尔布吕肯、柏林和法兰克福大学学习法律,1972年获得博士学位。1979年与德国联邦最高法院前庭长、法官维尔纳·扎尔施泰特(Werner Sarstedt)教授一起成立了HammPartner律师事务所。1991年起任法兰克福大学刑事诉讼法学荣誉教授。

**　黄河,湖北崇阳人,德国波鸿鲁尔大学法学博士,现任中国政法大学比较法学研究院讲师,中德法学研究所副所长。主要研究领域:比较刑事司法。

***　蒋毅,四川乐至人,德国弗莱堡大学法学博士候选人,现任中南财经政法大学法学院教师。主要研究领域:实体刑法。

中心从波恩迁至柏林,而原东德的大学产生或者说复兴以来,情况也没有改变。虽然侧重点有所变化,但"刑事法学"(Strafrechtswissenschaft)的主要兴趣集中在"犯罪论"(Verbrechenslehre)、"法益的概念"、(合法与非法)的"刑罚目的论"、"犯罪阶层体系"(Verbrechensaufbau)以及"刑事法学的宪法基础"〔讨论的重心在于立法机关是否享有有限或无限的自由,可以不断创造"严厉"且构成要件要素越来越简洁的新罪名,以及在经济全球化时代,这些新罪名的可持续性问题;另外,对于"极端犯罪"(Ausnahmekriminalität)处置上的特别法问题也是讨论的重点〕。刑法学者对于上述议题的重视程度与他们对程序法的意义和后果表现出的漠不关心形成鲜明对比。这种差异不是"柏林共和时代"的一个特有现象。因此,本文对于刑事诉讼法学的发展和变化并不做详尽的描述,而更多的是将批判性分析的重点聚焦在刑事诉讼司法实践的发展趋势上,当然,这一分析也是建立在学界同仁对司法实践进行批判性研究的基础之上。

## (二) 时间方面

笔者在提交本文之前,一直在等待刑事实体法部分初稿的完成,这里有两个方面的考虑:一方面,在本书最初确定的交稿截止日期前,德国联邦司法部和消费者权益保护部正筹划对刑事诉讼法进行修改,法律修改草案已在学界内部有流传,因此,需要将该草案的最新发展纳入本文主题讨论范围之中。另一方面,笔者从一开始就试图对实体刑法和程序法之间的关系进行探讨。从最初的设想出发,个人认为,在过去25年的立法和安全政策的发展过程中,可以观察到一种趋势,即实体刑法的贯彻和实施与刑事司法资源紧张之间发生冲突的情况下,程序法与实体刑法之间的关系往往变得非常"微妙",即程序法通常情况下显得更加"灵活"并屈从于强势的实体刑法。

库比彻尔曾在论著中将这种现象描述为"目标冲突"(Zielkonflikt),[1]并将其视为一种不可避免的现象。对该问题本应单独进行分析,但如此一来,将超越本文的范畴。在本文中,笔者重点关注以下几个方面的问题:是否应当将"现代性"且无限性的入罪化的刑事政策置于优先地位,抑或是应当坚持抵制这种刑事政策的贯彻与实施,强调某种形式的保护?追寻这一问题的答案,具有重要的时代意义,因为它关涉到一个宪法上经常提及的概念——"刑事司法系统的良性运转"(Funktionstüchtigkeit der Strafrechtspflege)。但该概念至少可以从两个方面进行解读,[2]因此本文的第二部分将对"程序化"(Prozeduralisierung)****的不同观点提出自己的看法。在第三部分将考察程序法与实体刑法的顺序等级关系。随后,在第四和第五部分,将对过去25年来刑事诉讼立法上的重要变革以及司法实践中的重要问题展开论述。最后,囿于目前刑事诉讼法学界对这些重要话题的思考乏善可陈,因此笔者只能进行粗线条的概括,并以此作为本文的结尾,期待能引起刑事法学界对这些问题的重视和关注。

---

1　Kubiciel, »Zwischen Effektivität und Legitimität«, S. 204 ff.

2　详见本文第二部分第三小节。

****　"程序化"(Prozeduralisierung)主要是指对规范或者决定以及某一重要概念或口号产生的过程和程序进行反思。主要针对的是立法过程或者决定的实施过程要以合法的形式做出,而非一开始就与结果相挂钩。试举例说明,对于"正义"而言,以往人们主要关注的是"什么"(was)是正义,而从"程序化"的视角出发,对于"正义"的理解,重心应当是"如何"(wie)获得正义。从这个意义上讲,该概念与狭义的程序法(Verfahrensrecht)或者程序正义具有关联性,但与刑事诉讼法(广义上的程序法之一)本身并无直接的联系。

# 二、刑事立法的程序化与程序法的优先地位

最近以来,"刑法中的程序化"(Prozeduralisierung im Strafrecht)这一口头禅在不同的场合被使用,具有不同的含义。

## (一)立法者陈述立法理由的义务?

柏林地区法院在判决中认为,食品法中附属刑法的规定违反宪法,尤其是在明确性和合法性要求方面(《基本法》第 103 条第 2 款),因此,该地区法院希望联邦宪法法院能够对本院的意见予以确认。[3] 对此,联邦宪法法院院长福斯库勒(Voßkuhle)教授在致联邦政府、联邦最高法院、联邦总检察院(GBA)和各专业协会的书面意见中,阐述了联邦宪法法院的立场。联邦宪法法院不仅就食品法中附属刑法规定是否符合明确性的要求进行了答复,而且从刑法的角度,对下列问题提出了自己的看法,例如有争议的法律是否符合宪法,立法机关的行为是否符合"最后手段原则"(ultima ratio)的要求。在这方面,从《基本法》第 2 条第 1款以及《基本法》第 1 条第 1 款的规定中可以看出,《基本法》对通过刑法来规制某一行为提出了特别要求,因为刑事惩罚影响到有关人员的价值和受尊重的权利(Wert- und Achtungsanspruch)。

借此机会,笔者希望就"程序化的理念"(Gedanken der Prozeduralisierung)发表自己的看法,在涉及刑事立法裁量权和决定权的范围问题上,这一理念在联邦宪法法院的最新判例中得到进一步的肯

---

3　Az. beim BVerfG: 2 BvL 1/15; LG Berlin Beschl. v. 16. 04. 2015—[572] 242 AR 27/12 NS [82/12], BeckRS 2015, 19579. 参见 Hamm, »Strafrecht als ultima ratio« und »Richten mit und über Strafrecht«, S. 1537 ff. 。

定。当然,此处所提及的"程序化的理念",并不涉及刑事诉讼法,而是呼吁对立法程序本身提出某些要求。联邦宪法法院第二审判庭在关于教授和法官薪酬的判决中,已明确提出了立法机关在立法程序中说明理由的义务,[4]并且在该判决中,法院提出,若要通过程序化的平衡功能而实现理性化的目标,从而实现权益的保护,需要事先对事实进行了必要的调查,然后将调查结果记录在立法理由中。程序化的要求是指某一决定作出前就应当进行详细论证,而不是在作出决定后再去解释作出这一决定的理由。[5]

关于判例中的刑事法之外的评估标准是否"原则上"(dem Grunde nach)也适用于对犯罪构成(要件)的宪法评价,在此无须赘述,因为联邦宪法法院在《牛肉标签法》(Rindfleischetikettierungsgesetz)合宪性的论证理由中明确指出,为完善刑事诉讼法,宪法可以间接地对刑事诉讼法提出自己的要求。顺带提及的是,联邦宪法法院书面声明中大胆地提出的"立法程序化"的理念,并没有要求在立法草案预先审议的听证程序中都要贯彻和实施。当然这一点并不重要,因为所涉及的附属刑法由于缺乏明确性,从而违反《基本法》,被宣布无效。[6]

## (二) 程序法益

库比彻尔在他的论文中论证了他自己所坚信的、与刑法中的法益学说不同的程序性的概念(Prozeduralisierungsbegriff)。毫无疑问,现代实体刑法越来越多地通过刑法的前置措施来寻求尽量减少风险和预防

---

4　BVerfG: NJW 68 (2015), S. 1935 (1942) (Richterbesoldung); BVerfGE 130, 263 (302) (Professorenbesoldung).

5　BVerfG: NJW 68 (2015), S. 1935 (1942).

6　BVerfG: NJW 69 (2016), S. 3648 m. Anm. Bernd Hecker.

损害的发生,特别是在经济刑法中,这一做法的目的并不在于保护那些永恒的法益,而是首先确保"(国家和社会)机构的运作"(公共行政、竞争性行业、健康、保险、信贷和财政补贴部门等),但这些所谓的法益既不涉及法赖以存在的根基,也不涉及法的正当性,更不涉及笔者打算谈论的刑事诉讼法发展的相关主题。至于是否有必要继续强化这些预防性程序,以便让越来越多的抽象危险犯被充分地合法化,是存在很大疑问的,在此,本文不作更深入的讨论。

但上述疑问可以作为一个反例(Gegenprobe),促使人们进行反向思维,从而恰到好处地引入本文研讨的主题之中。换言之,如果要动用刑法来保护经济和医疗领域、环境和其他对社会和国家控制职能非常重要的社会利益,为何不去捍卫对法治国家至关重要的刑事诉讼程序的保障呢? 换言之,(抽象的)危害法治国家的刑事司法实践本身为何却不受到刑法的规制?

审前程序和主审程序中的程序错误,除上诉审法院撤销原判决的"制裁"之外,在严重违反程序的案件中,相关人员也可能受到刑罚的威胁,而这不仅包括《刑法》第 339 条的规定,因为该条仅限于故意"枉法",即恣意的违法行为。在其他职业伦理的规范性法律中,也存在一些行为人因疏忽大意而导致不利后果的条款,这些条款大多属于一些抽象危险犯的犯罪构成(要件)。

有人认为这种想法是一种归谬法(*reductio ad absurdum*),因为这样一种潜在的惩罚威胁将危及法官职业的独立性。持这一观点的人忽略了两点:第一,在责任心很强的个人和组织那里,基本上听不到他们抱怨受到惩罚甚至刑事追诉的风险在不断地增加,从而导致只有两种极端人群一直在为司法工作而"奋斗终身"——完全不胜任工作的"算盘珠子"或者勇猛无畏的"战士"(随时准备"赴汤蹈火",随时也可能被投往监狱的人）；[7]第二，在联邦宪法法院的判例和学界观点中已经有迹象表明，如有必要，检察官严重违反程序也可以动用刑罚来对其进行惩罚。[8]

## （三）重拾"刑事司法系统的良性运转"的口号

从波恩时代走向柏林时代，当人们回顾刑事诉讼法的发展历程以及司法实践时，一个重要的价值理念（不言而喻，它也是一个值得保护的法益）毫无疑问地应当纳入人们的视野，即所谓的"刑事司法系统的良性运转"（Funktionstüchtigkeit der Strafrechtspflege）的概念。

在20世纪70年代，联邦宪法法院首创了这一概念，并在学界引起了很大的争议。[9] 而温弗里德·哈塞默（Winfried Hassemer）教授则首次对这一概念进行了剖析，并将其纳入法治国家刑事诉讼法学体系之中。[10] 他在那篇备受关注的文章的开头部分便写道：

> 无论是在联邦宪法法院中的宪法管辖权问题上，还是在联邦最高法院刑事审判庭的判决理由和纷繁的刑事诉讼法学研究文献中，抑或是在许多课堂和法庭上，"刑事司法系统的良性运转"这一

---

7　当然，这种极端的观点经常出现在保守派阵营中或者在报纸杂志的读者来信专栏中。

8　在联邦宪法法院的判例〔BVerfGE 133, 168 = NJW 66（2013），S. 1058, Tz 93〕中，法院明确指出，作为法律的监督捍卫者，检察官应当禁止所谓的"非正式的认罪协商"，而且检察官负有义务，以提起抗诉的方式来制止在认罪协商的司法实践中规避法律的做法。另外，联邦宪法法院的这一判例作出后，在司法实践中，检察官如有《刑法》第399条枉法裁罪的初步的犯罪嫌疑，即案件事实表明，检察官为他人的枉法裁判提供了帮助，才被视为违反了法律设定的基本义务，参见 Fischer, *StGB*, § 339, Rn. 44；ders., »Strafbarkeit beim Dealen mit dem Recht?«, S. 324 ff.；Kubik, *Die unzulässige Sanktionsschere*。

9　Müller, *Rechtsstaat und Strafverfahren*, S. 28；Grünwald, S. 772.

10　Hassemer, »Die ›Funktionstüchtigkeit der Strafrechtspflege‹«, S. 275 ff.

概念,就像一个幽灵(Gespenst)一样,萦绕其间［……］。

通过精确地分析,哈塞默认为,"刑事司法系统的良性运转"只是单方面地强调国家在刑事诉讼中追诉犯罪的利益,这一概念应当与"刑事司法的合乎程式化的基本原则"(Grundsatz der Justizförmigkeit des Strafverfahrens)相分离。哈塞默认为,与实体刑法中法益的概念一样,对于该原则,人们在认识上存在一定的误区:

> 人们或许很清楚刑法是为了保护法益以及何种法益应当值得通过刑法来保护。但人们并不清楚,在何种前提条件下,刑事立法者才能将其提升到值得保护的法益的高度。因此,"刑事司法系统的良性运转"这一概念本身就可能成为"刑事司法的合乎程式化"的一个要素,但事实上"刑事司法的合乎程式化"只是刑事诉讼法的基本价值之一。[11]

值得注意的是,联邦宪法法院第二审判庭最初努力的方向是,将这一概念作为限制辩护权的理由,但随后不久,联邦宪法法院开始避免使用这一术语。这完全可以归功于对民权非常重视的时任联邦宪法法院院长尤塔·林巴赫(Jutta Limbach)和负责刑事案件的联邦宪法法院副院长哈塞默,哈塞默一直是对"刑事司法系统的良性运转"这一概念持批评意见的人物之一。[12]

---

11　Hassemer, »Die › Funktionstüchtigkeit der Strafrechtspflege‹ «, S. 278.

12　参见 Sommer, »Das Märchen von der Funktionsuntüchtigkeit der Strafrechtspflege«, S. 441 ff. 。

"刑事司法的良性运转"这一"幽灵"随后在联邦宪法法院分管刑法的继任者赫伯特·兰道(Herbert Landau)的领导下重新复活。[13] 当然,这不会让任何人感到惊讶,因为他在 2007 年马尔堡大学举行的名誉教授就职演讲中,就表示了自己对这一概念非常推崇的态度。[14] 他演讲的第一句话就提到,"刑事司法系统的良性运转"这一"难以捉摸的亡灵"应当值得"重获新生"。[15] 由此可见,当时人们认为这一概念已经死亡了。当然,兰道在演讲中的态度有一个微妙的转折,他认为,"刑事司法系统的良性运转"不仅意味着法院处理犯罪的定罪能力要有所提高,而且意味着(刑事司法系统)应当具备遵守程序规则和维护被告人程序性权利的能力,这些东西不能因过于扩张的实体刑法而受到危害。[16] 其实兰道在 2007 年就已经向人们提出了警告,即过度扩张的刑法对法治国家刑事诉讼程序的消极后果:

> 越来越多的抽象危险犯要求刑法的保护工作进一步向前推进。这不仅适用于实体刑法,也适用于刑事诉讼法,因为提前介入调查所涉及的领域越来越广。[……] 从一开始,试图全方位、无死角地动用刑事司法手段来对付新的威胁似乎是有问题的。这应当属于犯罪预防而非刑事惩罚的领域,它们不符合刑法"最后手段

---

13 BVerfGE NJW 63 (2010), S. 592 ff. (Fristenregelung im Beweisantragsrecht), BVerfG: NJW 62 (2009), S. 1469, im Anschluss an BGHSt 51, 298 = NJW 60 (2007), S. 2419 (»Rügeverkümmerung«).

14 Landau, »Pflicht des Staates zum Erhalt einer funktionstüchtigen Strafrechtspflege«, S. 121 ff.

15 Ebd., S. 121.

16 Ebd., 另可参见 Landau, »Die jüngere Rechtsprechung des Bundesverfassungsgerichts zu Strafrecht und Strafverfahrensrecht«, S. 669。

原则"的要求。[17]

兰道态度明确地反对"敌人刑法"的观念,认为这一观念不应当包含在"刑事司法系统的良性运转"的概念框架之内,因为它违反了平等保护原则。此外,兰道也对认罪协商的司法实践中的消极后果提出了警告:

> 20 世纪 80 年代初,刑事诉讼中的认罪协商开始大量涌现,虽然《刑事诉讼法》没有任何关于法院、检察官和辩护律师之间达成这种协商的规定,但认罪协商的做法已经非常普遍。认罪协商满足刑事司法简化程序的需求,以便能够应付越来越多的复杂案件,特别是在麻醉品、税收、经济和环境刑事诉讼领域。认罪协商的批评者认为这违反了刑事诉讼中的重大基本原则。[18]

在"哈塞默-林巴赫时代"(Hassemer-Limbach-Ära),"刑事司法系统的良性运转"被人为地打上了休止符。但 2007 年兰道步入联邦宪法法院后,在他和其他同僚们的共同推动下,将这一概念从"昏迷"中"重新救醒"。与之相随的是,"国家刑罚权的贯彻和实施"这一概念也成为天平上的重要砝码,而被告人的辩护权益却无法与之抵消和抗衡,天平已然失去平衡。[19]　虽然

---

17　Landau, »Pflicht des Staates zum Erhalt einer funktionstüchtigen Strafrechtspflege«, S. 121.

18　Ebd. , S. 122.

19　非常具有启发性的论文可参见 Roxin, »Zur neueren Entwicklung des Topos › Funktionstüchtigkeit der Strafrechtspflege‹«, S. 941 ff. 。

联邦宪法法院在之后的判例中也明确表示，[20]法院在认定基于程序瑕疵是否应当撤销原判发回重审的时候，需要在被告人的所有权利与良性运转的刑事司法系统的"利益"（Belange）之间进行"总体评价"（Gesamtschau），否则"公平正义就不可能彻底实现"，但联邦宪法法院认为，保障刑事司法系统的良性运转并不会威胁刑事司法的制度性存在。[21]

直到最近，对"刑事司法系统的良性运转"的理解才发生了一些新的转变，如前所述，在联邦宪法法院关于《刑事诉讼法》第257c条的判决中已经提到，[22]由于司法资源的限制和实体刑法的不断扩张，犯罪入罪数量急剧增加（在刑事诉讼中也反映出案件数量和范围上的增长），这可能对遵守法治国家不可或缺的形式和原则方面产生一定的威胁。与此同时，人们也日益认识到，"司法的合乎程式化"应被视为程序正义的内在价值和基本要素。

---

20    BVerfG：NJW 62（2009），S. 1469；Rüthers，»Trendwende im BVerfG? Über die Grenzen des ›Richterstaates‹«，S. 1461；Fahl，»BVerfG v. 15. 01. 2009—2 BvR 2044/07. Die neue Rechtsprechung des BGH zur Frage der Rügeverkümmerung im Strafverfahren«，S. 259；Kudlich/Christensen，» Die Lücken-Lüge «，S. 943；Globke » Verbot der Rügeverkümmerung«，S. 399 und BGHSt 51, 298：NJW 60（2007），S. 2419；dazu Hamm，»Verkümmerung der Form durch Große Senate«，S. 3166 ff.；Schumann，»Protokollberichtigung, freie Beweiswürdigung und formelle Wahrheit im Strafverfahren«，S. 927；Wagner，»Die Beachtlichkeit von Protokollberichtigungen für das Revisionsverfahren«，S. 442；Fahl，»BGH v. 23. 04. 2007—GSSt 1/06, Großer Senat zur Zulässigkeit der Berichtigung des Protokolls nach erhobener Verfahrensrüge «，S. 345；Kury，» Zum Umgang mit dem Hauptverhandlungsprotokoll«，S. 185；详细且富有启发意义的论文可参见 Schlothauer，»Zur Immunisierung tatrichterlicher Urteile gegen verfassungsrechtlich begründete Revisionen «，S. 655 ff. 。

21    BVerfG：NJW 62（2009），S. 1474 Tz. 72.

22    BVerfGE 133, S. 168 ff. Tz. 3 = BeckRS 2013, 48285（insoweit nicht in NJW 2013, S. 1058 abgedruckt）.

# 三、为实体法服务的程序法还是为程序法服务的实体法?

## (一)"狂热的惩罚性"所带来的程序后果

"司法资源论战"如果能走出纯粹的财政考量和议会政党政治联盟格局转变的阴影,就可能成为反思刑事司法所有任务之合法性的良好契机。在新的罪名不断进入刑法的背景下,如果要以刑法的"最后手段原则"对此提出质疑或挑战,则需要人们提出更加令人信服的论据和理由。即便是在一个人力、物力等方面装备精良的刑事司法体系中,其处理犯罪的能力也是受到限制的。因此,面对案件量的负荷,如果不能在"简化程序"(Verfahrenserleichterungen)中寻求救济,则只能在遏制案件数量增长的源头上寻求出路,即从实体法中减少案件的输入量。

遗憾的是,联邦宪法法院在审查上诉人违反《食品法》中食品标签的强制性义务是否构成犯罪的问题上,并没有起到应有的作用,因为如果某一规范缺乏明确性,则该规范本身就违反了宪法,从罪刑法定的角度而言,该行为就不应当被视为是犯罪。[23]

一方面,那些认为程序法的作用仅限于为实体刑法的实施铺平程序道路的人,忽视或者轻视了被告人保护的意义和价值。被告人并不是"纯粹的对象"(bloße Förmeleien),而是享有基本权利的主体。除了平等对待权和自由权(《基本法》第 1 条、第 2 条和第 3 条)外,还享有法治国原则所涵盖的司法保障请求权(《基本法》第 19 条第 4 款)和公正审判权等重要基本权利。另一方面,对实体刑法立法有约束力的"最后

---

23　BVerfG NJW; NJW 69 (2016), S. 3648 mit Anm. Hecker.

手段原则"[24]以及《基本法》第 103 条第 2 款规定的比例原则和罪刑法定原则,也应当作为"制约"(zähmen)刑事追诉机关和法院的一种手段,防止其肆意扩大刑法的打击圈。

## (二) 效率:意欲何为?

在学界和实务界眼中,"简易程序"(kurzer Prozess)旨在实现犯罪追诉的效率,任何阻碍或者拖延这一目的实现的程序规则,都是对以"追诉"(Aburteilungen)为指标衡量的司法职能的一种掣肘。如上文所述,虽然兰道是"刑事司法系统的良性运转"的倡导者,但他却并不支持上述观点。然而在刑事诉讼改革是否应当坚持效率优先的无休止的争论中,一些法律政策领域的言论确实是在朝着这个方向走。[25] 如果人们认为,按照刑事诉讼程式化的要求,刑事诉讼中所有的对话与交流以及寻求案件事实真相和实现公平正义的意义,并非局限于将真正有罪的犯罪人绳之以法,而且也是为了防止对无辜者进行追诉和对未经证实有罪的人进行惩罚的话,那么人们就必然会承认,在公平正义的诸多要素中,"司法的合乎程式化"应当与诉讼效率一样,属于同等位阶,且该价值应当值得人们珍视。基于此,"效率"应当从两个层面来理解:国家惩罚权的瑕疵履行(无论是因"臃肿"的刑法所造成的"无解",抑或是因司法人员的人手不足所造成的"无望")和对被告人不起诉或无罪释放的比例低,同样都是非常悲催的事情。

---

24　Hamm, »Richten mit und über Strafrecht«, S. 1537.

25　例如有人提议对自 1979 年以来延续至今的相关程序规则进行修改,即对申请法官回避的权利和对合议庭组成的控制进行更广泛的限制。参见 de Vries und Stollenwerk, *Deutsche Richterzeitung* 2015, 134 ff. und 138 ff.。

## （三）实体法与程序法的交叉功能

区分实体刑法和程序法之间的界限变得困难，是"柏林共和时代"的法学发展的特点之一。越来越多的程序规范取代、强化或削弱了《刑法》以及附属刑法中所规定的惩罚性规范。反之亦然，越来越多的实体法的规范目的，除程序性功能以外，从一开始就旨在实现一些异化的功能。后者典型的例子是抽象危险犯中法益保护的前置性问题，这些犯罪构成（要件）的确立主要是为法院着想，因为与结果犯不同，抽象危险犯能消减证明上的困境。[26]

而有的犯罪构成要件设立的规范目的则主要为了将其列入程序性干预权力的体系中，即并不期望以实际定罪为目的，[27]这类规范都属于带有程序功能性的实体规范的范畴。"程序性制裁"（Prozesssanktionen）包括通过放弃刑事追诉而减少实体法惩罚的程序性规定（例如《刑事诉讼法》第 153 条的微罪不起诉或终止诉讼制度）或通过刑罚替代性的程序性制裁，后者不仅包括暂时性的剥夺自由或扣押财产的规定（例如《刑事诉讼法》第 112 条规定的审前羁押措施或者《刑事诉讼法》第 111b 条规定的临时扣押和没收措施），而且还包括近年来大量适用的附条件不起诉或终止诉讼制度〔《刑事诉讼法》第 153a 条，详见下文四之（二）〕。

---

26　"非正统的惩罚理由"（apokryphe Bestrafungsgründe）的典型例子可参见 Hamm，»Apokryphes Strafrecht. Unwahrhaftige Haftgründe sind in bester Gesellschaft«，S. 193 ff.；Hamm，»Was gehört eigentlich alles zum Strafrecht?«，S. 165 ff.。

27　最新的例子是 2015 年 12 月 10 日通过的《反兴奋剂法》（BGBl. I S. 2210）。立法草案（BTDrs. 18/4898）的开放程度非常惊人。从中可以看出，该法案的目的是为侦查违法行为提供更好和更有效的措施，而这些侦查措施（尤其是《刑事诉讼法》第 100a 条）虽然属于刑罚之外的不利后果，但对规范的受众而言，承担的后果可能比最终判处的刑罚更严厉，参见 die Stellungnahme des DAV Nr. 5/2015 v. Februar 2015。

# 四、沉溺于机会主义和实用主义

## （一）作为商品交易物的有罪供述

这里还必须考虑实体刑法和程序法之间的第三个交汇点：有罪供述（包括针对此前一直否认犯罪指控的被告人）和量刑承诺（或其他的宽大处理的承诺）之间的交易。这种非正式的、完全不透明的"交易"（例如"以认罪换缓刑"）自 20 世纪 80 年代以来在司法实践中很常见，而且实际上也不受上诉审法院的监督和控制。2009 年 7 月 29 日，联邦最高法院刑事审判庭向立法机关提出，[28]将认罪协商纳入立法建议草案，该草案最后获准通过。[29] 自此，认罪协商制度正式引入《刑事诉讼法》第 257c 条。虽然最初许多人认为这种做法完全是行不通的，但无论如何，该修正案对认罪协商司法实践的有序运行起到了指导作用。

2013 年 3 月 19 日，联邦宪法法院经过广泛论证后作出裁决，[30]法院

---

28　BGHSt 50, 40 = NJW 58（2005）, S. 1440 mit Anmerkungen; Seher, »BGH, Beschluss v. 03. 03. 2005—GSSt 1/04（LG Lüneburg）Anmerkungen«, S. 628; Widmaier, »Die Urteilsabsprache im Strafprozess«, S. 1985; Duttge/Schoop, »Rechtsmittelverzicht als Gegenstand einer Urteilsabsprache«, S. 421; Dahs, »Absprachen im Strafprozess«, S. 580; Rieß, »Anmerkung zum Beschluss des Großen Senats für Strafsachen des BGH vom 03. 03. 2005, Az.: GSSt 1/04«, S. 435; Altenhain/ Haimerl, »Modelle konsensualer Erledigung des Hauptverfahrens«, S. 281; Theile, »Der konsentierte Rechtsmittelverzicht«, S. 409; Fahl, »Der abgesprochene Rechtsmittelverzicht«, S. 605; Landau, »Urteilsabsprachen im Strafverfahren«, S. 268; Saliger, »Absprachen im Strafprozess an den Grenzen der Rechtsfortbildung«, S. 8; Meyer-Goßner, »Zum Vorschlag der Bundesrechtsanwaltskammer für eine gesetzliche Regelung der Urteilsabsprache im Strafverfahren«, S. 485.

29　BGBl. I 2353.

30　BVerfGE 133, S. 168 ff. = NJW 66（2013）, S. 1058 Anm.; Niemöller und Weigend, »Verfassungsmäßigkeit des Verständigungsgesetzes«, S. 419; Löffelmann, »Verfassungsmäßigkeit der gesetzlichen Regelung der Absprachen im Strafprozess«, S. 333.

明确指出："在法治国家基本法的框架下，应当是法律决定实践，而不是实践决定法律。"[31]联邦宪法法院敦促立法机关有义务不断监督并严格遵守《刑事诉讼法》第257c条所确立的认罪协商透明性规则和协商应当记录在案的程序规则，无论这些规则看起来多么形式化，都应当遵循，这恰好是合宪性的基本要求。

## （二）《刑事诉讼法》第257c条——过度形式化作为放弃真相的平衡

在第257c条中，立法者最初的立法目的在于防止非正式认罪协商的泛滥。为此，应当建立一个在被告人和公众面前透明公开的协商程序，其中甚至包括在主审程序之外所达成的认罪协商，必须在法庭笔录中予以记载，并在公开的主审程序中向所有人员当面宣布协商的过程和内容。[32]

然而，与其说这是一场改革的尝试，不如说是立法对此前司法实践的发展所作的回应，这也是"柏林共和时代"刑事诉讼法发展的特点之一。本质上而言，它是对立法机关权利的干预，这也使联邦宪法法院的规制和调整显得尤为必要。从司法实践中反映的情况来看，[33]经过一段时间的实施，该法能否在将来经受得住下一轮的合宪性审查，仍是一个

---

31　BVerfG, a. a. O., Tz. 119.

32　为了便于上诉审法院对认罪协商公开透明的监督和控制，联邦宪法法院在裁定中要求，即便其中任何一方明确反对进行《刑事诉讼法》第257c条所规定的认罪协商，也应当将尝试进行协商的内容记录在案。参见 BVerfG-Kammer-Beschluss vom 21. 04. 2016 StV 2016, S. 409。

33　部分法官对联邦宪法法院的判例表示了怀疑的态度，有的法官完全排除和拒绝在主审程序之外启动认罪协商，而有的法官则愿意在主审程序之外进行认罪协商，但按照现行规定（《刑事诉讼法》第202a条），主审法官应当在开庭审理之前，当庭向所有人宣布本案已经达成的认罪协商的内容，于是在主审程序开启时的开场白中经常有这样的表示："按照最新判例的要求，法院应当当庭宣布协商的内容，但这样做并非一件易事……"

值得怀疑的问题。[34]

　　在很大程度上,这可能取决于实践中能否区分以下两种形式的认罪协商:其一,双方在证据评价和法律观点上相互交换意见并进行"开诚布公"的协商;其二,仅仅依照《刑事诉讼法》第257c条的要求,以"交换条件"(Do-ut-des)为基础而达成认罪协商。[35] 根据《刑事诉讼法》第257c条第1款第2句的规定,在认罪协商程序中,法院仍应当遵循查明案件事实真相的义务,但认罪协商本质上所追寻的却是如何进一步简化诉讼程序(这完全是基于实用主义的考虑),因此认罪协商与程序简化之间往往存在耦合之处,而在这种情况下,若要坚持不得强迫被告人自证其罪的原则,则必然会导致所谓的"化圆为方"的窘境。从《刑事诉讼法》第257c条第2款第2句的规定来看(被告人认罪属于认罪协商中的一个组成部分),显然立法者并不希望被告人在真正意义上去坚持和捍卫自己自主性供述的权利。

　　经过一段时期的"扭捏",联邦最高法院在联邦宪法法院的判例出台后,[36]终于作出了标杆性的判例。在该判例中,联邦最高法院认为应当认真地对待《刑事诉讼法》中的认罪协商的公开透明要求、告知义务和记录在案的义务(第202a条、第212条、第243条第4款、第257b条、第257c条以及第273条)。[37] 然而在事实审法院层面,在某种程度上人

---

　　34　在联邦宪法法院2013年3月19日的裁定作出后,随即就有人站出来提出质疑意见,参见 Heintschel-Heinegg, »BVerfG segnet ›Handel mit der Gerechtigkeit‹ grundsätzlich ab«, S. 474。

　　35　对此富有启发意义的论述可参见 Bittmann, »Missverstandene Verständigung«, S. 545。

　　36　Z. B. in Beschl. v. 15. 01. 2015, Az. 2 BvR 878/14 (NJW 2015, 1235) und 2 BvR 2055/14 (StV 2015, 269).

　　37　Z. B. in BGH, Beschluss vom 15. Januar 2015—1 StR 315/14—BGHSt 60, 150 = NJW 2015, 645 und noch weitergehend BVerfG BVerfG-Kammer-Beschluss vom 21. 04. 2016—2 BvR 1422/15—BeckRS 2016, 45713 = StV 2016, S. 409.

们仍对上述规则进行规避处理,换言之,追诉机关的主要动机只在于以减轻处罚的承诺来换取被告人认罪。到目前为止,这一发展过程并没结束,未来将走向何方,尚不确定。

综上所述,程序法当然也能够影响实体法的实际执行力,而"柏林共和时代"的法律政策对此采取的是一种非常功利性的做法。

### (三) 对《刑事诉讼法》第153a条的"青睐"

根据《刑事诉讼法》第153a条的规定,侦查程序启动后,在多数情况下,检察官只有两种选择,即根据第153a条的规定作出附条件不起诉的决定,或者根据本条第2款的规定,向法院提起公诉。在关于《刑事诉讼法》的评注中,人们将其定义为一种"新型程序"(neuer Verfahrenstyp),即虽然根据起诉法定原则(Legalitätsprinzip),检察官负有义务进行追诉,[38]但实际上1993年1月11日出台的《减轻司法负担修正案》[39]反转了起诉法定原则与起诉便宜原则(Opportunität)之间的"原则与例外的关系",正如迪默(Diemer)说道:

> 在非轻微犯罪的案件处理过程中,如果被追诉人无法得到正当法律程序的保障,同时,起诉法定原则被取代了的话,则对法治国原则而言,属于一种无法忍受的状况。[40]

起诉便宜规则的适用前提条件之一是被告人必须同意适用。当然,即便被告人事先同意,他仍然有权利"反悔",即只要被告人不履行

---

38　KK-Diemer, *StPO*[7], § 153a, Rn. 3.

39　BGBl. 1, S. 50.

40　KK-Diemer, *StPO*[7], § 153a, Rn. 3.

所附的条件,则案件将转入普通诉讼程序。[41] "附条件"中的履行义务虽然不属于刑罚后果,但无法否认它对行为人的惩罚性。此外,附条件不起诉的其他前提要件(例如轻罪案件、罪行的非严重性以及不违背公共利益)与《基本法》第 103 条第 2 款所要求的明确性不相容,因为这些前提要件都需要进行价值权衡和判断。另外,检察官附条件不起诉(或法院附条件终止诉讼)中的"条件"不等于"刑罚",因为该制度不以认定被告人有罪为前提。但事实上,这种看法显然"自相矛盾",难以让人接受,并且可能引发人们对理论与实务之间割裂的隐忧,[42]就如同很长一段时间以来,人们在看待认罪协商问题上的矛盾心态一样。

　　《刑事诉讼法》第 153a 条的附条件不起诉(或附条件终止诉讼)使得各方都能从中"获益",但在该程序中,却很难通过正式的指导方针来确保协商过程的公开透明、罪责原则或公正审判原则的实现。试图将联邦宪法法院所提出的认罪协商(《刑事诉讼法》第 257c 条)的适用标准"移植"到《刑事诉讼法》第 153a 条附条件不起诉的实践中来,也并非易事。与认罪协商不同的是,联邦宪法法院很难对附条件不起诉进行合宪性审查,因为合宪性审查需要以合法性为前提,而在该程序中,很难论证该制度的存在与实施对宪法造成了重大的冲击和损害。

　　在前联邦总理赫尔穆特·科尔一案中,波恩地区法院根据《刑事诉讼法》第 153a 条的规定,对该案作了附条件终止诉讼的处理,虽然法律没有明确规定附条件终止诉讼的裁定需要进行详细的论证和说明,但

---

　　41　Meyer-Goßner/Schmitt, *StPO*[57] , § 153a, Rn. 12 unter Hinw. auf BGHSt 28, 176; Beulke, »Die unbenannten Auflagen und Weisungen des § 153a StPO«, S. 215.

　　42　托马斯·魏根特(Thomas Weigend)非常正确地指出,《刑事诉讼法》第 153a 条中的惩罚措施,使得中世纪所谓的"嫌疑刑罚"(Verdachtsstrafe)得以复活。参见 Weigend, »Verdachts-Strafen?«, S. 77 ff. 。

法院在该案中一反常态,作出了一份详细的理由说明。这种"欲盖弥彰"的做法着实令人怀疑,因为理由说明中提到终止诉讼的附条件为科尔向国库支付 30 万马克。但这种放弃澄清案件事实的做法,是否意味着本案中真的就不存在应受惩罚的"犯罪"行为?[43]

斯图加特地区法院在最近审理的一起经济犯罪案件中,主审程序非常公开透明,经过 10 天的法庭调查审理后,现有证据显示法院最后可能宣告被告人无罪。如果检察官在法律审中以一审事实审中未查清案件事实为由提起抗诉,从而可能导致发回重审,如此一来,被告人将再次经历全面而耗时费力的证据调查和冗长的主审程序,鉴于被告人的职业情况,他显然无法忍受这种局面。[44] 为此,合议庭建议根据《刑事诉讼法》第 153a 条的规定终止诉讼,并视被告人的责任让其交纳五位数的金钱给国库。[45] 检察官要求有一周的时间考虑此事,最终检察官"出于实际情况"同意了法官的提议,被告人也同意终止诉讼,但控辩双方都声称坚持先前各自的法律立场。

从越来越多的类似案例中可以看出,这种与刑罚相类似的惩罚措施(即不作出有罪判决)为解决实体问题提供了一个灵活开放的新路

---

43　LG Bonn NJW 54 (2001), S. 1736,对该判决的批评可参见 Hamm, »Wie man in richterlicher Unabhängigkeit vor unklaren Gesetzeslagen kapituliert«, S. 1694; Meyer-Goßner/Schmitt, »StPO[57]«, portunität«, S. 155。

44　本案中的一名被告人庭审期间正好在日本工作和生活。在刚开始的几个庭审期日里,他每周有一半时间不得不往返于德国和日本,直到后来的庭审期日并不涉及他本人的案件事实部分时,法院才根据《刑事诉讼法》第 231c 条批准了他的申请,准许其在剩下的庭审期日可以免予到庭。

45　本案涉及 2008 年金融危机时巴登-符腾堡州立银行(LBBW)董事会成员以及两名审计师,他们被指控违反《商法典》(HGB)第 331 条和第 332 条。此前检察官经过长达数年的侦查后,曾撤销了贪污罪的指控。本案于 2012 年 11 月 19 日向法院提起公诉(案件编号:14 KLs 151 Js 97163/08),2014 年 2 月 6 日开始主审程序的庭审。2014 年 4 月 24 日,法院决定终止诉讼。

径。但在很多情况下，不起诉或终止诉讼适用的前提条件，特别是程序中各方同意适用该程序的真实意愿，仍不完全清楚。

这种"自愿"接受"程序性制裁"的最引人关注的案例无疑当属一级方程式集团下的 SLEC 控股公司总经理伯尼·埃克莱斯顿（Bernie Ecclestone）一案，他被指控向巴伐利亚州立银行前董事会成员行贿，该案已经审结，被告人因行贿罪被判处重刑。[46] 在埃克莱斯顿的另一起案件中，慕尼黑地区法院第一分院经济犯罪审判庭将原定计划开庭审理的案件作了终止诉讼的处理，作为"条件"，被告人向国库支付了 1 亿美元。[47] 虽然起诉法定原则要求法院最终要作出有罪或无罪判决，但就目前的司法实践而言，所有案件都按照该原则行事在很大程度上是不现实的。因此，撇开上述可能被视为"非典型性个案"（Ausreißer）不谈，在其他案件中，被告人也很有可能因起诉便宜原则而"摆脱诉讼拖累"。

# 五、刑事诉讼的结构性变革

## （一）犯罪被害人诉讼主体地位的提升

人们经常批评"旧联邦共和国"时期的刑事诉讼文化中过分关注被追诉人（被告人）的权利而忽视了被害人的合法利益，而"柏林共和时代"的法律政策的一个特点则是不断强化被害人作为诉讼主体的权利。

---

46　2011 年 6 月 27 日，被告人因贪污罪、背信罪以及逃税罪被慕尼黑地区法院第一分院判处 8 年零 6 个月的监禁。根据上诉审法院的裁定，该判决于 2013 年 5 月 2 日正式产生效力（Az.：1 StR 96/13）。

47　对本案的详细介绍以及案件背后所引发的法律政策层面的论述可参见 Kudlich，»Ecclestone, Verständigungsgesetz und die Folgen«，S. 10 ff. 。

在"波恩共和后期",1986 年 12 月 18 日立法者通过了《被害人保护法》[48],该修正案对《刑事诉讼法》进行了大量修改和补充。随后的岁月里,立法者又通过了五项修正案,其中对部分规则进行了非常广泛而全面的修改。这些修正案的立法标题中通常都带有"被害人"(Opfer)的字眼,[49] 其立法目的旨在"打造"一个与被告人"分庭抗礼"的对手(除了检察官之外)。[50]

被害人从之前的报案人一下跃升为从属诉讼人(Nebenkläger),[51] 最重要的是,这一改革使得被害人在主审程序之外享有广泛的阅卷权和诉讼参与权。[52] 现如今,被害人已经被视为"独立的诉讼参与人"

---

48　BGBl. I S. 2496.

49　Gesetz zur verfahrensrechtlichen Verankerung des Täter-Opfer-Ausgleichs v. 20. 12. 1999, BGBl. I 2491;Opferrechtsreformgesetz v. 24. 06. 2004 BGBl. I 1354;2. Opferrechtsreformgesetz v. 29. 07. 2009, BGBl. I S. 2280;Gesetz zur Stärkung der Rechte von Opfern sexuellen Missbrauchs v. 26. 06. 2013, BGBl. I. S. 1805;3. Opferrechtsreformgesetz v. 21. 12. 2015, BGBl. I S. 2525.

50　被告人曾一度被认为是"刑事诉讼的核心人物"(Hauptperson des Strafprozesses)。20 世纪 60 年代,笔者还是个学生的时候,维尔纳·扎尔施泰特教授就建议法官们不要自视甚高地将自己视为"核心人物"(Hauptperson),参见 Sarstedt, »Zum Begriff der Ungebühr i. S. von § 178 GVG«, S. 153。一些社会科学领域的学者曾提出,在德国刑事司法中,被告人仅仅起到了"边缘作用"(Nebenrolle),笔者不以为然,曾撰文对此进行了批判,在那篇文章中,笔者就开始使用了"核心人物"概念来描述被告人的地位,对这一概念的使用,学界并没有提出任何异议。参见 Hamm, »Der Standort des Verteidigers im heutigen Strafprozeß«, S. 293。

51　尤其是《被害人权利改革第二法案》(2. Opferrechtsreformgesetz)对《刑事诉讼法》第 395 条的修改,大幅度地强化了被害人的权利。

52　赞成甚至要求"国家惩罚权的行使应当以被害人为重心"和"提供充分的主动和被动参与选择权"的学者有 Kilchling, »Opferschutz und der Strafanspruch des Staates«, S. 57 ff.;对此持批评意见的学者有 Thielmann, »Die Grenze des Opferschutzes«, S. 41 ff.;Schünemann, »Der Ausbau der Opferstellung im Strafprozess?«, S. 687 ff., der auch (S. 690 ff.),许内曼对被害人的诉讼主体(当事人)和证人的双重角色问题进行了分析,并担心证人地位的"贬值"或者说是"毁灭"。《被害人权利改革法》(第一、第二和第三法案)扩充了《刑事诉讼法》第 406d—4061 条的内容,使得被害人的地位甚至比被告人的处境更好,被告人没有机会在其案件中以证人的身份出现,提出自己对被指控的罪行的看法,反之被害人却可以,而且不用担心因违反真实义务说"假话"而受到刑法惩罚。

(selbständige Prozessbeteiligten)[53]，或者正如许内曼（Schünemann）[54] 所言，他们已经属于"诉讼主体"（Prozesssubjekt）。

被害人由此演变成为诉讼中的一方当事人，而其证人的作用却不再与之兼容，这一事实几乎没有引起人们的注意。显然只有许内曼注意到了这一点，但他在专门为笔者撰写的祝寿纪念文集中并没有明确表示，不应当再对积极参与诉讼的被害人以证人身份进行询问。[55] 许内曼认为，由于被害人在刑事诉讼中地位的提高而造成的"程序平衡被破坏"，[56]最终只能通过两种途径进行弥补：其一，通常情况下，咨询律师后被害人所作的陈述以及由律师代表（可能的）被害人所作的事实陈述应被视为一方当事人的"片面之词"，即单凭这一点无法证明所述事实就是真实的；其二，如英美法系国家那样，也赋予被告人以证人身份为自己作证的权利，但须承担如实陈述案件真相的义务，如果违反义务则应当受到刑罚。然而第二种解决方案将与我们的刑事诉讼结构相冲突，因为德国刑事诉讼的结构根源于传统的纠问制诉讼模式，以至于这种建议完全是不切实际的。当然，如果继续允许被害人以证人身份出现在法庭上，同时又赋予被害人在诉讼中的主体地位，这同样与传统的诉讼结构格格不入。

被害人保护的立法并没有停下脚步，自2017年1月1日起，被害人除了可以获得律师帮助，代表其参加从属诉讼外，根据《刑事诉讼法》第406g条的规定，被害人作为证人还可以获得"诉讼陪护"（psychosozialer Prozessbegleiter），法院可以依职权指定心理专家或社会工作者为被害人

---

53　Meyer-Goßner/Schmitt, *StPO*, vor § 406 d, Rn. 1.

54　Schünemann（wie Anm. 52）.

55　Ebd., S. 693 f.

56　Schünemann（wie Anm. 52）.

提供服务。被害人一方这种"武器装备"（Aufrüstung）在实践中会弱化被告人一方的防御辩护的权利。[57]　虽然《被害人权利改革第三法案》是为了对欧盟的指令进行国内法的转化，[58]但上述改革举措显然超越了欧盟指令的范畴，因为该法案的立法理由明确指出：

> 除了欧盟指令的要求外，现有的保护被害人的措施似乎需要在某些领域进一步扩展。尤其是对被害人的心理和社会过渡领域的支持。迄今为止，这些领域的基本制度已不符合当前的实际需要。[59]

这意味着除律师之外，被害人还能获得其他专业人员的"非法律方面的支持"，[60]而在一些案件中，尤其是客观证据比较薄弱的情况下（即"口供 vs. 陈述"的情况），他们的主要作用则是"促使"（fördern）被害人去法庭进行陈述。[61]　在这种情况下，这一功能显然可以加以利用，从而影响证人的作证行为，因为有些证人按照《刑事诉讼法》第52、53、55条的规定，他们本来享有法定的证人拒证权或者部分拒绝提供信息的权利，经过这些人员的"劝诱"，他们可能在无意中放弃行使自己的正当权利。

不言而喻的是，指控犯罪的这一方在人员配备方面的保障获得了

---

57　Esser, »Gerät der Strafprozess in eine Schieflage?«.

58　Richtlinie 2012/29/EU des Europäischen Parlaments und des Rates vom 25. Oktober 2012.

59　BT-Drs. 18/4621 S. 2.

60　Meyer-Goßner/Schmitt, *StPO*, § 406g, Rn. 1; Deckers, »Jenseits der Opferschutzrichtlinie«; BGH StV 2013, 1 ff., Rn. 21

61　So die Gesetzesbegründung BT-Drs. 18/4621, S. 45.

提升,无疑会对主审程序中的权力关系的平衡产生深远的影响。[62]

## (二)不自证已罪的原则的消解——"污点证人"以及放弃指控的"奖励模式"

在过去的 25 年里,实体法和程序法的发展之间仍然存在广泛的相互依存关系。它通常打着"污点证人规则"(Kronzeugenregelungen)的旗号,以合法或者非法的方式,采取放弃追诉或宽大量刑的"奖励"措施,以换取被告人放弃自己的防御辩护权(无论是消极应对而行使沉默权,抑或是积极地进行抗辩)。在这些"奖章"(Medaille)背面,无形之中都刻着一句话:"沉默或否认等于延长刑期。"这就意味着将被追诉人置于"惩罚的剪刀差"的境地,最终获得宽大量刑的奖赏则纯粹出于诉讼策略上的一种考虑,而这种行为往往被粉饰为"合作"(Kooperation),如果被告人不准备供认,而其他同案犯供认了,则那些坚持捍卫自己防卫辩护权的被告人就会受到相对而言较重的惩罚。

这种效果的教义学基础来源于《刑法》第 46 条第 2 款,认罪作为一种犯罪行为之后的表现,可以产生减轻刑罚的后果,[63]尤其是基于悔改而作的有罪供述,这种供述被认为是行为人思罪悔罪的表现,总而言之,可以减轻罪责。[64]

1994 年,《刑法》第 46a 条新增了刑事和解制度(TOA)。该条规定,

---

62　Esser(wie Anm. 57); Ferber, »Stärkung der Opferrechte im Strafverfahren«, S. 279 (»Meilenstein für den Opferschutz«).

63　相关文献可参见 Fischer, *StGB*, § 46, Rn. 50, 50a ff.,部分学者提出批评,认为事实上判例中越来越多地重视被告人认罪的意愿性,它已经成为量刑中的一个中心环节。

64　关于被告人不认罪所带来的压力以及认罪获得宽大量刑的刺激作用,可参见 Dencker, »Zum Geständnis im Straf- und Strafprozeßrecht«, S. 56 f.;对这种做法的批评可参见 Hammerstein, »Das Geständnis und sein Wert«, S. 49; Heghmanns, »Strafmilderungen für Geständnis oder Kooperation?«, S. 157 ff.。

如果"犯罪人"（Täter）[65]努力弥补损害，并与被害人达成和解，将在量刑幅度方面获得宽大奖励，甚至可以完全免除刑罚。当然，前提是行为人用尽了向检察官申请因证据不足的不起诉（《刑事诉讼法》第170条第2款）的机会或者"自愿"放弃无罪宣判的权利。1999年，立法机关认识到此项制度实际上更多地与程序法相关联，因此在《刑事诉讼法》第153a条的检察官附条件不起诉或法官终止诉讼中新增了一个条款，即刑事和解可以作为不起诉或终止诉讼的条件之一（《刑事诉讼法》第153a条第1款第5目）。[66]

2009年9月27日通过的《刑法第43修正案》（43. StrRÄndG）[67]将所谓的"黄金桥"（goldene Brücken）规则（《麻醉品法》第31条以及《刑法》第261条第10款）从特别法和刑法分则中转移到了刑法总则，为此还特地新增了《刑法》第47b条的规定。凭借此修正案，该规则就可以适用于所有中等严重程度的犯罪和严重犯罪。[68] 基于此，针对同案数个被告人提起的公诉中，经常出现被告人之间利益冲突的情形，这使得在评价一个被告人的有罪供述的证明力时，法庭需要特别谨慎和小心，尤其是需要考虑被告人的供述动机，因为他所作出的有罪供述将不利于同案其他被告人或案外人。对于刑事法官而言，这对所谓"污点证人规则"提出了新的挑战，当然也对检察官以及向被告人建议这种辩护策略

---

65　立法文本中直接使用了"犯罪人"（Täter）的概念，这与无罪推定原则之间是相矛盾的，因此有学者建议应当使用刑事诉讼程序上和宪法上中性的概念"被指控人"（Beschuldigter）一词，参见 Hamm，»›Täter-Opfer-Ausgleich‹ im Strafrecht«，S. 491 ff.；Schroth，» Der Täter-Opfer-Ausgleich. Eine Zwischenbilanz «，S. 677，mit weiteren Nachweisen。

66　Gesetz vom 20. 12. 1999, BGBl. I. 2491.

67　BGBl I 2009, 2288.

68　关于本条规范的立法变迁史、发展前景的预测以及对司法实践（尤其是对刑事辩护）的意义，可参见 König，»Wieder da：Die ›große‹ Kronzeugenregelung«，S. 2481 ff. 。

的辩护律师提出了新的要求。[69] 因此,当多种程序类型 ＊＊＊＊＊之间相互补强、阻碍或抵消时,情况就变得特别复杂,而且容易出现错判,这也是近25年来刑法和刑事诉讼法政策层面的一个典型的新现象。

## (三) 法人犯罪的制裁以及针对自然人的诉讼程序

在德国刑法上,并没有针对法人或其他大型企业的刑罚。究其原因,在笔者看来,1953年第40届德国法律人大会会议申明中的表述仍然正确。一言以蔽之,认定集体的刑事责任与刑法上不可或缺的罪责原则是不相容的。到目前为止,悬而未决的是,当法人或企业集团实施了犯罪,人们究竟应该惩罚谁:股东、部门负责人、员工还是商业伙伴(即供应商抑或是客户)? 当然,本文并不适合继续讨论这一问题,但最近北莱茵-威斯特法伦州向联邦议院提出的一项法律草案,使得该话题再次成为争论的焦点,即对企业和法人的犯罪,在惩罚上能否克服理论上的瓶颈,是否可以借鉴国际通行做法,有必要对法人犯罪直接进行刑罚?[70] 笔者已经在其他论文中对这一话题进行了更详细的论述,[71] 在此仅简要概括一下基本立场:很难想象,人们可以找到一个既能妥当处理法人犯罪,又同时符合法治国基本原则的刑事程序。

---

69 对此富有启示意义的论述可参见 König ( wie Anm. 68 ); Malek, »Die neue Kronzeugenregelung und ihre Auswirkungen auf die Praxis der Strafverteidigung«, S. 200; Salditt, »Allgemeine Honorierung besonderer Aufklärungshilfe«, S. 375 ("我们都已深深陷入合意性的刑事诉讼程序中,使得我们丧失了对此进行正确判断的距离");相关判例的总结可参见 Maier, »Aus der Rechtsprechung des BGH zu § 46b StGB«, S. 329 ff. und in der Fortsetzung, S. 161 ff. 。

＊＊＊＊＊ 指同一个案件中可能存在刑事和解、附条件不起诉或终止诉讼以及污点证人规则的情形。

70 关于这一话题的详细论述参见 Jahn/Schmitt-Leonardy/Schoop ( Hg. ), *Das Unternehmensstrafrecht und seine Alternativen*。

71 Hamm in Jahn/Schmitt-Leonardy/Schoop ( wie Anm. 70 ), S. 185 ff. , Anm. 58.

在此，笔者将借鉴当前反垄断法和违反秩序法（Kartell-OWi-Rechts）中分级奖惩制度（gestaffelte Sanktionskatalogen im Bonussystem）的做法和经验。如果涉嫌违规的企业一开始就能自愿向官方坦白承认，或者至少在调查开始后不久（如果它们没有在案发前自首）与官方进行"合作"配合，则官方会根据不当行为的程度，针对涉嫌垄断的企业免除罚款或分级降低惩罚。

这种调查程序通常意味着需要进行复杂的、耗费成本的"私人调查"（private Ermittlung，由非官方人士对证人和嫌疑人进行询问以及对卷宗材料进行评估），[72]在该程序中，调查小组由受过法庭科学培训的大律师事务所或审计公司的专业人员抽调组成。如果被处罚方可能达到免除制裁标准，调查小组应尽早将调查报告提交给调查或处罚当局。

1977年8月13日《反腐败法案》通过后，[73]《刑法》第298条正式生效，在反垄断法执法部门调查的同时，检察官可以针对个人启动刑事侦查程序，当然也可以在执法部门调查结束之后进行。连同"宽大处理申请书"（Bonusanträge）一起提交的，由私人调查小组完成的证人和嫌疑人的谈话笔录有时候可以作为刑事证据的补充材料。在某些情况下，甚至直接作为针对个人指控的刑事证据，而这些材料事实上并不是刑事追诉机关自己调查获得的。有时，检察官也建议进行私人调查，并将其作为免除罚没决定的一个条件。在许多情况下，检察官无意或者懈于向被调查人履行《刑事诉讼法》第52—55条、第136条的权利告知义务。相反，检察官经常告知被调查人，根据《劳动法》的相关规定，被调

---

72　私人调查中的疑难问题可参见 Theile, »›Internal Investigations‹ und Selbstbelastung«, S. 381, und Greco/Caracas, »Internal investigations und Selbstbelastungsfreiheit«, S. 7, jeweils mit weiteren Nachweisen。

73　BGBl. I S. 2038.

查公司的员工有所谓的"合作义务",违反该义务可能导致解雇和索赔。在这种情况下,被调查人通常被动地放弃了自己享有的不自证其罪的权利。在这些案件的诉讼程序中,大家对于这种程序性后果也都习以为常,[74]没有多少人提出质疑。可问题是,事实陈述的义务和自证其罪的义务与法治国原则是相悖的。因此,必须将其视为独立性的证据使用禁止,禁止利用以这种方式获得的证据。

### (四) 刑事诉讼中角色分配的后果分析——以真实案例为例

当民法上的损害赔偿请求权、反垄断法上的罚款程序以及刑事诉讼程序三者交织在一起的时候,究竟会造成何种奇异的局面呢? 笔者以一个真实的案例来进行阐述,该案在笔者撰写本文时仍在波鸿地区法院进行审理。

本案涉及的是所谓的"钢轨卡特尔联盟"(Schienenkartell)中的轨道材料制造商和德国联邦铁路公司的供货合同关系。奥地利的一家主要铁路材料生产商(奥钢联钢轨分公司)第一个向德国联邦卡特尔局"自首"(Marker),以确保免于罚款。而多年来一直参与卡特尔联盟的德国蒂森克虏伯公司(ThyssenKrupp AG)则在案件事实已经有所眉目的情况下,以惊人的速度向调查当局"投案"。作为"第 2 号投案者"(Nummer 2),根据罚款程序中的"奖励制度",该公司可以大幅度降低罚款数额。事后表明,蒂森克虏伯公司的这一举措是非常成功有效的,因此该公司很快与德国

---

74　多数情况下,在企业内部调查程序中所形成的谈话笔录往往与被谈话人的原话有出入,但解决这一问题可以通过将谈话笔录草稿事后交给被谈话人进行校对来实现。但此处所涉及的问题是,内部谈话笔录和校对后的笔录作为证据的可使用性问题。在判例中,律师事务所对本所执业律师进行谈话后形成了谈话笔录,而法院要求律师事务所有义务将谈话内容的初稿都要交给检察官。参见 NJW 64 (2011), S. 942 (m. Anm. v. Galen)。

联邦卡特尔局"仅就"1.03亿欧元的罚款达成了协议。

但该协议生效的前提是,蒂森克虏伯公司作为"第2号投案者"所陈述的案件事实的范围应当超过"第1号投案者"奥钢联钢轨分公司向当局所承认的事实。而蒂森克虏伯公司的此行为实际上属于自证其罪和证明他人犯罪事实的行为,尤其是被要求提供直接参与价格协议和编制招标文件的雇员是否向自己的上级事先了解价格垄断协议的情况,这可能使得该公司的高管人员因这种方式而受到非常不利的指控。随后,蒂森克虏伯公司将两位前任总经理和部门经理以及其他12名被告告上法庭,向所有参与价格操纵行为的被告索赔3亿欧元。该赔偿金包含了本公司向德国联邦卡特尔局事先支付的1.03亿欧元(!)的罚款以及其他间接费用(其中包括向德国联邦铁路公司支付的和解赔偿金)。

在起诉后不久,蒂森克虏伯公司又突发奇想地提出,向德国联邦铁路公司出售的钢材价格协议实际上属于《反不正当竞争法》(UWG)第17条中的商业秘密,而本案中这些前雇员涉嫌泄露商业秘密(将本公司的商业秘密泄露给了其他共犯人奥钢联钢轨分公司,当然在本案中奥钢联钢轨分公司的员工也向蒂森克虏伯公司泄露了自己公司的价格信息),因此,根据2003年新修订的《刑事诉讼法》第395条第1款第6目的规定,虽然蒂森克虏伯公司因非法价格垄断被罚,但导致该结果的起因是本公司个别员工的犯罪行为,因此自己也是受害者,蒂森克虏伯公司可以作为从属诉讼人("被害人")加入刑事诉讼程序中去。波鸿地区法院经济犯罪审判庭接受了该申请,[75]而被告人的辩护律师向哈姆高

---

75　法院认为,虽然本案中不存在刑事控告(《反不正当竞争法》第17条第5目的规定)以及检察官对特定公共利益缺乏明确认定,但检察官在刑事起诉书附带的侦查结案报告中明确提到,"尽管根据《反不正当竞争法》第17条的规定,本案具有巨大的公众利益",但根据《刑法》第298条的规定,可以对此行为免予追诉,该损害事实可以忽略不计。参见 LG Bochum：II—6 KLs－48 Js 10/14—10/15。

等法院提出的申诉则未获成功。[76]

最后，本案只剩下两名被告人，[77]他们二人不仅将受到检察官根据《刑法》第298条提起的犯罪指控（他们事实上只存在理论上的沉默权了），而且还要面对蒂森克虏伯公司提起的民事诉讼（他们因担心潜在的诉讼欺诈的风险，而被迫向反垄断部门"有义务"表达自己的意见并告知真相，但也因此被公司进行索赔）。最后，蒂森克虏伯公司作为从属诉讼人（他们既是违反秩序法中的行为人，同时也是犯罪受害者！），享有广泛的获取商业文件的权利，而这两位被告人却无法再获取全部的卷宗材料，他们的辩护律师在主审庭审期间向法院申请（该申请在庭前早就提出过）查阅德国联邦卡特尔局保存的电子卷宗材料，最后获准查阅的电子文件接近7GB，而这仅是最初从蒂森克虏伯公司处获得的大量数据中的一小部分，因为其他的电子文件要么被退回，要么已经被删除。

自德国《刑事诉讼法》颁布以来（1877年2月1日，该法典被视为是针对纠问制的一种自由化的改革成果），无论是1924年埃明格改革（Emminger-Reform），还是1964年最后一次大规模的自由化的刑事诉讼法改革运动，所谓的"自主性的诉讼主体"（autonomen Prozesssubjekt）的理念都一直贯穿其中，但如果我们将这两名被告人的遭遇与"自主性的诉讼主体"的理想形象进行比较的话，可以发现，尤其是在过去25年里，人们丝毫没有察觉（至少在法学界没有引起人们的关注）的是，我们已经进入一个习惯化的过程，这导致有关程序正义方方面面的内容慢慢从人们的视线中消失。譬如在上诉审中，以程序瑕疵为由提起上诉审

---

76　OLG Hamm Beschluss vom 03. 05. 2016—Az.：lll‑2 Ws 84，90116.

77　为简化主审程序，根据《刑事诉讼法》第153a条，法院对另外12名被告人进行了终止诉讼的处理。

成功率不断下降。回到本文所提到的铁路卡特尔案,在法庭调查结束前不久,案件事实发生了重要变化,因为有新的证据表明,德国联邦铁路公司作为招标组织者,在整个案件中发挥的实际作用可能不容小觑,为防止出现实体法上的错判,法院最后竟然依据第153a条的规定而附条件地终止了诉讼程序。[78]

## 六、对刑事诉讼法学的期待

就笔者本文所谈论的话题而言,最近有一本值得关注的新著作。[79]作者勒内·伯尔纳(René Börner)在专著中探讨的主题是,以具体个案中适用或践行的诉讼程序法为基点,可以衍生出何种国家惩罚的合法性? 经过研究后,作者得出了一个令人耳目一新的结论:

> 一直以来,为保障刑事司法系统的良性运转,联邦最高法院采取了一些自认为是在遏制权力滥用的措施,这反倒引起了人们对刑事司法系统公正和效率的不信任。在背道而驰的改革目标的指引下,《刑事诉讼法》经历了一场奇怪的改革浪潮。联邦最高法院将改革推向了最高潮,但这却危及刑事司法制度的认可度。联邦最高法院推进《刑事诉讼法》修改的一个特点是,在立法的规范目

---

78　2016年12月21日,在原定的公开宣判之日,法院根据《刑事诉讼法》第153a条的规定,在征得检察官和被告人同意后,终止了诉讼程序。在此之前,辩方坚持提出新的证据动议,以进一步阐明"被害人"德国联邦铁路公司的作用。他们的授标做法存在很大的问题,即"招标邀请书"是否从一开始就只是一种虚假的做法。但要澄清这一点,就必须将调查取证时间再延长至少6个月。法院认为,本案中两名被告人最终可能判处的刑罚仅仅是罚金,如果再延长调查取证期限,则显然不成比例。

79　Börner, *Legitimation durch Strafverfahren*. 2014.

的与原本含义之间进行精湛的规范解释。虽然联邦最高法院的立场很难会有改变［……］，但至少人们应当期望，判决合法性的理念不应当在其间悄无声息地流逝。这不关乎判决是否能够满足人们各自的期望问题，而是涉及程序是否具有一定的传达能力，告知受众将面临一个令人不快或者沉重的结局。对于要承受这些不利后果的受众而言，如果他们无法接受该判决，刑事司法系统的正常运作则无从谈起。[80]

"柏林共和时代"刑事诉讼立法的显著特点是，为了配合实体刑法而不断努力进行完善（虽然不能说是全面化）。在这个过程中，立法善于动用现代性的法律政治色彩来装饰自己，而且联邦最高法院的司法判例在这个过程中甚至起到了开拓性的、改革急先锋的作用。在这一背景下，刑事诉讼法学的重要任务是，应当以规范化、系统化的学理来对抗和遏制这种"伪进步"（Pseudofortschrittlichkeit）。然而，要做到这一点，刑事法学者还必须比以往更加关注刑事诉讼法的教义学以及刑事诉讼司法实践中扭曲的现实。

## 参考文献

Karsten Altenhain, Michael Haimerl, »Modelle konsensualer Erledigung des Hauptverfahrens«, in: *Goltdammer's Archiv für Strafrecht* (2005), S. 281 – 306.

Werner Beulke, »Die unbenannten Auflagen und Weisungen des § 153a StPO«, in: Widmaier, Gunter u. a. (Hg.), *Festschrift für Hans Dahs*, Köln 2005, S. 209 – 228.

---

80 Börner, *Legitimation durch Strafverfahren*, S. 583.

Folker Bittmann,»Missverstandene Verständigung—Mythen, Unfehlbarkeit, Folgsamkeit, Bodenhaftung«, in: *Neue Zeitschrift für Strafrecht* 35 (2015), S. 545 – 552.

René Börner, *Legitimation durch Strafverfahren. Die normative Kraft des Misstrauens*, Berlin 2014.

Hans Dahs,»Absprachen im Strafprozess—Wirksamkeit eines Rechtsmittelverzichts«, in: *Neue Zeitschrift für Strafrecht* 25 (2005), S. 680 – 682.

Rüdiger Deckers,»Jenseits der Opferschutzrichtlinie«, in: *Editorial Strafverteidiger* (2015), S. 2.

Friedrich Dencker,»Zum Geständnis im Straf- und Strafprozeßrecht«, in: *Zeitschrift für die gesamte Strafrechtswissenschaft* 102 (1990), S. 51 – 79.

Gunnar Duttge, Christian Schoop,» Rechtsmittelverzicht als Gegenstand einer Urteilsabsprache«, in: *Strafverteidiger* (2005), S. 421 – 423.

Robert Esser,» Drittes Opferrechtsreformgesetz: Gerät der Strafprozess in eine Schieflage?«, in: *Legal Tribune Online*, 14. 12. 2015, ⟨http://www. lto. de/ persistent/a_id/17846/⟩, letzter Zugriff 21. 01. 2017.

Christian Fahl,» BVerfG v. 15. 01. 2009—2 BvR 2044/07. Die neue Rechtsprechung des BGH zur Frage der Rügeverkümmerung im Strafverfahren«, in: *Juristische Rundschau* (2009), S. 245 – 262.

—,» BGH v. 23. 4. 2007—GSSt 1/06, Großer Senat zur Zulässigkeit der Berichtigung des Protokolls nach erhobener Verfahrensrüge«, in: *Juristische Rundschau* (2007), S. 340 – 349.

—,» Der abgesprochene Rechtsmittelverzicht «, in: *Zeitschrift für die gesamte Strafrechtswissenschaft* 117 (2005), S. 605 – 629.

Sabine Ferber,»Stärkung der Opferrechte im Strafverfahren—Das 3. Opferrechtsreformgesetz«, in: *Neue Juristische Wochenschrift* 69 (2016), S. 279 – 282.

Thomas Fischer, *Strafgesetzbuch: StGB mit Nebengesetzen*, München, 64. Auflage, 2017.

—,»Strafbarkeit beim Dealen mit dem Recht? Über Lausbuben und Staatsstreiche«, in: *Onlinezeitschrift für Höchstrichterliche Rechtsprechung zum Strafrecht—HRRS* 15 (2014) 9, S. 324 – 336.

Margarete von Galen,» Beschlagnahme von Interviewprotokollen nach › Internal

Investigations‹—HSH Nordbank«, in: *Neue Juristische Wochenschrift* (2011),
S. 942 – 945.

Christina Globke, » Verbot der Rügeverkümmerung: Rechtsfortbildung vor dem
BVerfG«, in: *Goltdammer's Archiv für Strafrecht* (2010), S. 399 – 406.

Luís Greco, Christian Caracas, »Internal investigations und Selbstbelastungsfreiheit«,
in: *Neue Zeitschrift für Strafrecht* (2015), S. 7 – 15.

Gerald Grünwald, Anmerkung zu BVerfG, Beschluss v. 21. 01. 1976—2 BvR 941/
75 ( »Die Verfassungsbeschwerde gegen den Beschluß des BGH vom 22. 10.
1975—1 StE 1/74 wird verworfen«), in: *JuristenZeitung* 31 (1976), S. 766 –
772.

Michael Heghmanns, » Strafmilderungen für Geständnis oder Kooperation? «, in:
Wilhelm Degener, Michael Heghmanns ( Hg. ), *Festschrift für Friedrich Dencker
zum 70. Geburtstag*, Tübingen 2012, S. 155 – 170.

Rainer Hamm, »Richten mit und über Strafrecht«, in: *Neue Juristische Wochenschrift*
69 (2016), S. 1537 – 1542.

—, »Die Juristische Person auf der Anklagebank—Was wird aus der
Hauptverhandlung im Verbandsstrafrecht? «, in: Matthias Jahn, Charlotte
Schmitt-Leonardy, Christian Schoop ( Hg. ), *Das Unternehmensstrafrecht und
seine Alternativen* ( Schriftenreihe Deutsche Strafverteidiger e. V. 39), Baden-
Baden 2016, S. 185 – 210.

—, » Strafrecht als ultima ratio 2. 0 « ( NJW-Editorial ), in: *Neue Juristische
Wochenschrift* 51 (2015).

—, »Was gehört eigentlich alles zum Strafrecht?«, in: Peter-Alexis Albrecht, Stefan
Kirsch, Ulfrid Neumann ( Hg. ), *Festschrift für Walter Kargl zum 70.
Geburtstag*, Berlin 2015, S. 165 – 180.

—, »Apokryphes Strafrecht. Unwahrhaftige Haftgründe sind in bester Gesellschaft«,
in: Winfried Hassemer, Eberhard Kempf, Sergio Moccia ( Hg. ), *In dubio pro
libertate. Festschrift für Klaus Volk zum 65. Geburtstag*, München 2009,
S. 193 – 206.

—, » Verkümmerung der Form durch Große Senate oder: Die Pilatusfrage zum
Hauptverhandlungsprotokoll«, in: *Neue Juristische Wochenschrift* 60 (2007),

S. 3166 – 3171.

—, » Wie man in richterlicher Unabhängigkeit vor unklaren Gesetzeslagen kapituliert«, in: *Neue Juristische Wochenschrift* 54 (2001), S. 1694 – 1696.

—, »› Täter-Opfer-Ausgleich ‹ im Strafrecht «, in: *Strafverteidiger StV* (1995), S. 491 – 496.

—, »Der Standort des Verteidigers im heutigen Strafprozeß«, in: *Neue Juristische Wochenschrift* (1993), S. 289 – 297.

Dominik Hammerstein, »Das Geständnis und sein Wert—Lippenbekenntnisse in der Strafzumessung«, in: *Strafverteidiger* (2007), S. 48 – 52.

Rolf Hannich, Ekkehard Appl, Christoph Barthe u. a. (Hg.), *Karlsruher Kommentar zur Strafprozessordnung: StPO*, München ⁷2013 (zitiert: KK-Bearbeiter).

Winfried Hassemer, » Die › Funktionstüchtigkeit der Strafrechtspflege ‹ —ein neuer Rechtsbegriff?«, in: *Strafverteidiger* (1982), S. 275 – 280.

Bernd von Heintschel-Heinegg, » BVerfG segnet › Handel mit der Gerechtigkeit ‹ grundsätzlich ab«, in: *Juristische Arbeitsblätter* 45 (2013), S. 474 – 476.

Matthias Jahn, Charlotte Schmitt-Leonardy, Christian Schoop (Hg.), *Das Unternehmensstrafrecht und seine Alternativen* (Schriftenreihe Deutsche Strafverteidiger e. V. 39), Baden-Baden 2016.

Michael Kilchling, »Opferschutz und der Strafanspruch des Staates—Ein Widerspruch?«, in: *Neue Zeitschrift für Strafrecht* (2002), S. 57 – 63.

Stefan König, »Wieder da: Die › große‹ Kronzeugenregelung«, in: *Neue Juristische Wochenschrift* 62 (2009), S. 2481 – 2484.

Otmar Kury, »Zum Umgang mit dem Hauptverhandlungsprotokoll: Ein Beitrag zur Aushöhlung der Protokollbeweiskraft«, *Strafverteidiger Forum* (2008), S. 185 – 189.

Michael Kubiciel, »Zwischen Effektivität und Legitimität: Zum Handlungsspielraum des Gesetzgebers nach der › Deal‹-Entscheidung des BVerfG«, in: *Onlinezeitschrift für Höchstrichterliche Rechtsprechung zum Strafrecht—HRRS* 15 (2014), S. 204 – 209.

Alexander Kubik, *Die unzulässige Sanktionsschere. Zur Strafbarkeit des Richters bei*

*Ankündigung einer unverhältnismäßig großen Strafmaßdifferenz im Rahmen der Urteilsabsprache*, Bern 2014.

Hans Kudlich, Christensen, Ralph, » Die Lücken-Lüge «, in: *JuristenZeitung* (2009), S. 943 – 949.

Hans Kudlich, »Ecclestone, Verständigungsgesetz und die Folgen—Reformbedarf für § 153 a StPO?«, in: *Zeitschrift für Rechtspolitik* 48 (2015), S. 10 – 13.

Herbert Landau, Ralph Bünger, »Urteilsabsprachen im Strafverfahren im Strafverfahren (Erwiderung zu ZRP 2005, 235) «, in: *Zeitschrift für Rechtspolitik* 38 (2005), S. 268 – 273.

—, »Die Pflicht des Staates zum Erhalt einer funktionstüchtigen Strafrechtspflege«, in: *Neue Zeitschrift für Strafrecht* 27 (2007), S. 121 – 129.

—, »Die jüngere Rechtsprechung des Bundesverfassungsgerichts zu Strafrecht und Strafverfahrensrecht«, in: *Neue Zeitschrift für Strafrecht* (2015), S. 665 – 671.

Markus Löffelmann, »Verfassungsmäßigkeit der gesetzlichen Regelung der Absprachen im Strafprozess«, in: *Juristische Rundschau* (2013), S. 315 – 336.

Stefan Maier, » Aus der Rechtsprechung des BGH zu § 46b StGB «, in: *Rechtsprechungsreport Strafrecht* 16 (2011), S. 329 – 333.

—, » Aus der Rechtsprechung des BGH zu § 46b StGB « (Fortsetzung), in: *Rechtsprechungsreport Strafrecht* 19 (2014), S. 161 – 165.

Klaus Malek, »Die neue Kronzeugenregelung und ihre Auswirkungen auf die Praxis der Strafverteidigung«, in: *Strafverteidiger* (2010), S. 200 – 2006.

Lutz Meyer-Großner, » Zum Vorschlag der Bundesrechtsanwaltskammer für eine gesetzliche Regelung der Urteilsabsprache im Strafverfahren«, in: *Strafverteidiger* (2006), S. 485 – 490.

—, Bertram Schmitt (Hg.), *Strafprozessordnung: StPO. Gerichtsverfassungsgesetz, Nebengesetze und ergänzende Bestimmungen*, München [57]2014 (zitiert: Meyer-Goßner/Schmitt, *StPO*).

—, Bertram Schmitt (Hg.), *Strafprozessordnung: StPO. Gerichtsverfassungsgesetz, Nebengesetze und ergänzende Bestimmungen*, München [59]2016.

Ingo Müller, *Rechtsstaat und Strafverfahren*, Frankfurt am Main 1980.

Martin Niemöller, Thomas Weigend, »BVerfG 2 BvR 2628/10 v. 19. 03. 2012

—,»Verfassungsmäßigkeit des Verständigungsgesetzes«, in: *Strafverteidiger* (2013)
7, S. 419–427.

Peter Rieß,»Anmerkung zum Beschluss des Großen Senats für Strafsachen des BGH
vom 03. 03. 2005, Az.: GSSt 1/04«, in: *Juristische Rundschau* (2005),
S. 435–49.

Imme Roxin,» Zur neueren Entwicklung des Topos › Funktionstüchtigkeit der
Strafrechtspflege ‹ «, in: Roland Hefendehl, Tatjana Hörnle, Luise Greco
(Hg.), *Streitbare Strafrechtswissenschaft. Festschrift für Bernd Schünemann zum
70. Geburtstag am 1. November 2014*, Berlin 2014, S. 941–955.

Bernd Rüthers,»Trendwende im BVerfG? Über die Grenzen des › Richterstaates ‹ «,
in: *Neue Juristische Wochenschrift* 62 (2009), S. 1461–1462.

Franz Saliditt,»Allgemeine Honorierung besonderer Aufklärungshilfe—Anmerkungen
zum Entwurf einer dritten Säule des Strafzumessungsrechts ( § 46b E-StGB)«,
in: *Strafverteidiger* (2009), S. 375–379.

Frank Saliger,» Grenzen der Opportunität: § 153 a StPO und der Fall Kohl.
Zugleich eine Besprechung von LG Bonn, Beschluss vom 28. 02. 2001«, in:
*Goltdammer's Archiv für Strafrecht* (2005) 3, S. 155–176.

—,» Absprachen im Strafprozess an den Grenzen der Rechtsfortbildung—BGH
(GS), NJW 2005, NJW 2005, 1440«, in: *Juristische Schulung* 46 (2006),
S. 8–12.

Werner Sarstedt,»OLG Nürnberg, 27. 08. 1968—Ws 366/68 und 367/68. Zum
Begriff der Ungebühr i. S. von § 178 GVG«, in: *JuristenZeitung* 24 (1969),
S. 150–153.

Reinhold Schlothauer,»Zur Immunisierung tatrichterlicher Urteile gegen verfassungsrechtlich
begründete Revisionen. Zum Vorlagebeschluss des 1. Strafsenats des
Bundesgerichtshofs vom 23. 08. 2006—1 StR 466/05 und zum Urteil des 3.
Strafsenats vom 11. 08. 2006—3 StR 284/05 «, in: Regina Michalke,
Wolfgang Köberer, Jürgen Pauly, Stefan Kirsch, (Hg.), *Festschrift für Rainer
Hamm zum 65. Geburtstag*, Berlin 2008, S. 655–676.

Klaus Schroth,» Der Täter-Opfer-Ausgleich. Eine Zwischenbilanz «, in: Regina
Michalke, Wolfgang Köberer, Jürgen Pauly, Stefan Kirsch (Hg.), *Festschrift*

*für Rainer Hamm zum 65. Geburtstag*, Berlin 2008, S. 677 – 686.

Kay Schumann, »Protokollberichtigung, freie Beweiswürdigung und formelle Wahrheit im Strafverfahren«, in: *JuristenZeitung* 62 (2007) 19, S. 927 – 935.

Bernd Schünemann, » Der Ausbau der Opferstellung im Strafprozess—Fluch oder Segen?«, in: Regina Michalke, Wolfgang Köberer, Jürgen Pauly, Stefan Kirsch ( Hg. ), *Festschrift für Rainer Hamm zum 65. Geburtstag*, Berlin 2008, S. 687 – 700.

Gerhard Seher, » BGH, Beschluss v. 3. 3. 2005—GSSt 1/04 ( LG Lüneburg ) Anmerkungen«, in: *JuristenZeitung* 60 (2005), S. 628 – 636.

Ulrich Sommer, »Das Märchen von der Funktionsuntüchtigkeit der Strafrechtspflege«, in: *Strafverteidiger Forum* (2014), S. 441 – 444.

Hans Theile, » Der konsentierte Rechtsmittelverzicht «, in: *Strafverteidiger Forum* (2005), S. 409 ff.

—, »› Internal Investigations und Selbstbelastung ‹—zum Verantwortungstransfer bei Akkumulation privater und staatlicher Ermittlungen«, in: *Strafverteidiger* (2011), S. 381 – 386.

Jochen Thielmann, » Die Grenze des Opferschutzes «, in: *Strafverteidiger* ( 2006 ), S. 41 – 51.

Heinz Wagner, »Die Beachtlichkeit von Protokollberichtigungen für das Revisionsverfahren Zugleich Besprechung von BGH ( Großer Senat ), Beschluss vom 23. 4. 2007 «, in: *Goltdammer's Archiv für Strafrecht* ( 2008 ), S. 442 – 462.

Thomas Weigend, »Verdachts-Strafen? Bemerkungen zu § 153a StPO«, in: Thomas Fischer, Elisa Hoven ( Hg. ), *Dogmatik und Praxis des strafrechtlichen Vermögensschadens* ( Baden-Badener Strafrechtsgespräche ), Baden-Baden 2016, S. 77 – 86.

Gunter Widmaier, »Die Urteilsabsprache im Strafprozess—ein Zukunftsmodell?«, in: *Neue Juristische Wochenschrift* 58 (2005), S. 1985 – 1987.

# 柏林共和时代的国际刑法

〔德〕凯·安博斯<sup>*</sup>　著

蒋　毅<sup>**</sup>　译　石家慧<sup>***</sup>　校

（广义的）国际刑法（internationales Strafrecht）涵盖四个领域，它们之间存在部分的重叠：刑法适用法、（狭义的）国际刑法（Völkerstrafrecht）、欧洲刑法与刑事案件中的司法协助。[1] 两德统一——在统一与后续发生的（国际性）刑法事件具有因果关系的意义上——特别对（涉及刑罚权的）所谓的区际刑法（下文一）与民主德国的过去在刑法上的处理，尤其以对柏林墙守卫案追诉的形式产生了直接的影响（下文三）。

当然，若对柏林共和时代进行更加宽泛的理解，即将其理解为对伴随着柏林墙倒塌和两德统一开启的历史时代的指称，即不在上文提到的因果关系的意义上来理解，那么也可以书写一部现代国际刑法史，柏

* 凯·安博斯（Kai Ambos），生于1965年，先后于弗莱堡、牛津（大不列颠）与慕尼黑学习法学和政治学，1992年获得博士学位，2001年获得教授资格。2003年起任德国哥廷根大学刑法学、刑事诉讼法学、法律比较以及国际刑法学教授，刑法学研究所外国刑法与国际刑法分部主任以及拉美刑法与刑事诉讼法研究中心主任；2006年起任哥廷根州法院法官；2017年2月7日起任海牙科索沃特别刑事法庭法官。

** 蒋毅，四川乐至人，德国弗莱堡大学法学博士候选人，现任中南财经政法大学法学院教师。主要研究领域：实体刑法。

*** 石家慧，河北唐山人，德国科隆大学刑事法方向博士候选人。主要研究领域：刑事法、比较法。

1 关于概念，请比较 Ambos, *Internationales Strafrecht*, § 1 Rn. 2, § 5 Rn. 1, § 9 Rn. 18, § 12 Rn. 9。

林共和国深度参与其中(下文二)。

其他个别性的法律修订,特别是在刑法适用法领域中的修订,本文将在开头部分进行概览式的论述:从《统一条约》(民主德国继续有效的法律)第9条可知,民主德国的个别刑法条款将继续适用,[2] 但1995年10月1日生效的、适用于整个德国的一项规定已经对堕胎这一实践中最为重要的领域进行了统一规定。[3] 对于新案,在刑法适用法领域,《民主德国刑法典》第80条已由《德国刑法典》第3—7条取代。[4] 但这些条款不适用于原民主德国地区的下列新案:原第5条第8种情形涉及原第175条(同性之间的性行为)的案件[5] 以及原第5条第9种情形涉及在国外堕胎的案件。[6] 在这方面,最重要的修订(对国际法上的犯罪的管辖权普遍原则)亦借由新的《国际刑法典》而实现,因此将在彼处进行更加详细地论述。

---

2　下列民主德国的犯罪构成要件(《民主德国刑法典》1988年12月14日版,经1990年6月29日《民主德国刑法修正案六》修订)对新案也有效:第84条(对于破坏和平罪、反人类罪、侵犯人权的犯罪以及战争犯罪排除追诉时效的适用)、第149条(对青少年的性滥用)、第153—155条(违法堕胎)、第238条(破坏法官独立性)、新版第191a条(引起环境危险)、《民主德国刑法修正案六》第10条第1句所列的关于违反社会主义经济秩序的犯罪的条款。关于该条的文义,比较LK-GRIBBOHM, Vor § 3 Rn. 419 ff. ; Schönke/Schröder (Hg.), *Strafgesetzbuch: Kommentar*, Anhang I, S. 2829 ff. (nicht mehr in den nachfolgenden Auflagen)。

3　SFHÄndG v. 21. 08. 1995 BGBl. I 1995 S. 1050. 关于发展的概要,参见LK-KRÖGER, Vor § § 218 ff. Rn. 13 ff.。对于新规定,《统一条约》第31条第4款第1句规定适用至1992年12月31日。

4　《民主德国刑法典》第80条为《统一条约》废除(Anlage 1 Kapitel III Sachgebiet C Nr. 1 EinV)。对于旧案,适用行为时联邦德国或民主德国较轻的法律(Art. 315 EGStGB)。关于《民主德国刑法典》第80条的文义,也请比较LK-GRIBBOHM, vor § 3 Rn. 419。

5　通过1993年对第5条第8项的新表述,这种与原175条的关联被剥离了(27. StrafÄndG v. 23. 07. 1993 BGBl. I 1993 S. 1346)。

6　Anlage 1 Kapitel III Sachgebiet C Nr. 1 EinV. 此外,从联邦德国的刑法出发,第144条(移民诈骗)、第175条(同性之间的性行为)、第182条(引诱)、第218—219d条(堕胎)与第236条(经被绑架人同意的绑架)各自原来的版本以及关于保安监禁的条款不予适用(同上)。

# 一、区际刑法

区际刑法是指,在一个(联邦)国家的法秩序中至少有两种有效的地区性刑法秩序。诸如美国和墨西哥这种严格按联邦组织的国家尤其是这种情形。[7] 在此,原则上适用行为地法(*Lex Loci*),在不同地区的刑法出现竞合时,应当依据犯罪事件的重点而定。[8]

在东西德统一的背景下,区际刑法与民主德国加入联邦德国前实施、加入后进行追诉的犯罪具有相关性。依据两国理论,民主德国在统一前是另外一个国家,换言之,在刑法适用法上是外国。对于在民主德国实施的犯罪(旧案)存在民主德国的刑罚权,适用民主德国的刑法。该项刑罚权随着统一而让渡于整个德国,刑事责任依据一般的诸项原则加以确定(《德国刑法典》第 2 条第 1 款),但所依据的仍然是行为时有效的民主德国刑法。借由《统一条约》而引入的《德国刑法适用法》第 315 条第 1 款也考虑到了这一点,该款规定,《德国刑法典》第 2 条整体上(*in toto*)可以适用,亦即也包括该条所包含的轻法(*Lex Mitior*)原则(《德国刑法典》第 2 条第 3 款)。从中可知,(只有)当联邦德国刑法更为轻缓时,方可予以适用。如果相关行为依据民主德国刑法完全不可罚,甚至应当不予科处刑罚(《德国刑法适用法》第 315 条第 1 款后段)。质言之,区际刑法通过《德国刑法适用法》第 315 条规定的形式适用于民主德国的旧案。当然,只有当这些旧案还未过时效时,才具有实际意义。除了种族屠杀和谋杀外(《德国刑法典》第 78 条第 2 款),时效的最

---

7　Ambos, *Internationales Strafrecht*, § 1 Rn. 45.

8　有争议,比较 MüKo-Ambos, Vor § 3, Rn. 96 ff. (98)。

后期限最迟为 2020 年 10 月 3 日。[9]

然而,如果依据《刑法适用法》上的规定,联邦德国的刑法可直接适用于东德加入前实施的犯罪(《德国刑法适用法》第 315 条第 4 款),则《德国刑法适用法》第 315 条——因此也包括《德国刑法典》第 2 条——将不予适用。例如:将一名在(原)联邦领域有住所的联邦德国公民拐卖至民主德国,依据《德国刑法典》第 5 条第 6 项,对于该行为自始[10]便应当适用联邦德国刑法;依据有争议的功能性内国概念,[11]该条款甚至将以不利于民主德国公民的方式予以适用。[12]

## 二、国际刑法

从国际刑法的角度来看,统一之前,戈尔巴乔夫政府的经济改革使得自朝鲜危机以来——在纽伦堡狂欢之后[13]——被中断的、建立一个国际刑事法院的磋商得以重新开始,该国际刑事法院的前身是(通过联合

---

9　此时,加入行为过了 30 年,第 78 条第 3 款第 1 项的最长诉讼时效(30 年)届满了。

10　第 5 条立基于 1962 年草案的第 5 条,第 6 项从那时起便未做修订。比较 MüKo-Ambos, § 5 Rn. 3。

11　依据功能性内国概念,两个德国的刑罚权均仅限于其领土范围之内,因为只有在其领土范围内,他们才能有效地行使其刑罚权(比较 LK-TRÖNDLE, 1985, vor § 3 Rn. 45 f. )。

12　批评性意见参见 Schönke/Schröder ( Hg. ), *Strafgesetzbuch: Kommentar*, § 5 Rn. 12a(其后的版本中并不存在)。

13　在国际军事法庭针对主要战犯展开的纽伦堡诉讼与在东京的"远东国际军事法庭"针对日本的战犯进行的类似诉讼,以及在美国的军事法庭展开的 12 项纽伦堡后续诉讼,于一定程度上导致了国际刑法的狂欢以及联合国大会颁布了《纽伦堡原则》。这一法典化过程随着朝鲜危机的到来戛然而止。关于其历史发展,比较 Ambos, *Internationales Strafrecht* (2006), § 6 Rn. 1 ff. 以及 Ambos, *Treatise on International Criminal Law*, S. 1 ff. , beide mit weiteren Nachweisen。

国安理会中新的合作能够设立的）国际刑事特别法庭。[14] 具体而言：由联合国安理会为南斯拉夫与卢旺达（1993 年与 1994 年）设立了特别刑事法庭，[15]国际法委员会（International Law Commission）为成立一个国际刑事法院而数度起草草案（1991、1994、1996 年），[16]受联合国大会委托（1994 年 12 月），为开始磋商建立一个此类国际刑事法院而设立了"建立国际刑事法院特别委员会"（Ad Hoc Committee on the Establishment of an ICC），后来该特别委员会由一个筹备委员会（Preparatory Commission）所替代，接下来是颁布了《国际刑事法院罗马规约》（1998 年）以及该规约的生效（2002 年 7 月 1 日）。[17]

　　柏林共和国深度地参与了国际刑事法院的创建。[18] 德国属于对该法院最为友善的国家，并致力于快速建立一个尽可能普遍并具有独立起诉机关的国际刑事法院。对于在罗马举行的罗马规约大会（1998 年 6 月 15 日—1998 年 7 月 17 日），德国代表团实际上由当时外交部国际法部门的负责人，后来担任国际刑事法院法官的汉斯－彼得・考尔

---

14　Vgl. Ambos, *Treatise on International Criminal Law*, S. 16 f. ; auch Ahlbrecht, *Geschichte der völkerrechtlichen Strafgerichtsbarkeit im 20 . Jahrhundert*, S. 227；Bothe, in Vitzthum/Proelß（Hg.）, *Völkerrecht*, 8. Abschn. Rn. 35, 其明确指出，自冷战结束后，联合国安理会具备了行动能力。

15　Ambos, *Treatise on International Criminal Law*, S. 18 ff. ; Ambos, *Internationales Strafrecht*, § 6 Rn. 15 ff.

16　Draft Codes 1991 und 1996, Draft Statute 1994, Vgl. Ambos, *Treatise on International Criminal Law*, S. 17 ff. ; ders., *Internationales Strafrecht*, § 6 Rn. 3；s. auch Ambos, *Internationales Strafrecht*（2006）, § 6 Rn. 27 f.

17　Vgl. Ambos, *Treatise on International Criminal Law*, S. 22 ff. ; ders., *Internationales Strafrecht*, § 6 Rn. 22 ff.

18　Vgl. Kaul, »Der Beitrag Deutschlands zum Völkerstrafrecht«（2015）, S. 37 ff.（S. 37：依他所言，"若没有德国的贡献"，《国际刑事法院罗马规约》"将不会以其当前面目出现，甚或可能根本不会出现"。）

（Hans-Peter Kaul）带领，其组成除了政府部门的成员外，还包括来自学界[19]的大量专家。借由此，其规模令其能够积极地参与此次多层面会议的所有工作小组与委员会。尤其是德国刑法学——通过与外国同事以及诸国际刑事法庭的实务人士的合作——对国际刑事法院的建立做出了重要贡献。[20]

当时的红-绿联邦政府，尽管事实上（de facto）是从前任黑-黄政府〔以自由民主党的克劳斯·金克尔（Klaus Kinkel）为外交部长〕继承了所谓的《国际刑事法院罗马规约》，但仍然——在当时的联邦司法部长多伊布勒-格梅林（Däubler-Gmelin）的重要领导下——在德国迅速地推进了该项新的国际刑法的转化。当时极具抱负的目标是，于《国际刑事法院规约》生效的同时，在《联邦法律公报》上公布一部德国的《国际刑法典》。该目标在很大程度上得到了实现。规定实体性国际刑法的《国际刑法典》（VStGB）[21]以及规定与国际刑事法院在刑法上开展合作的《国际刑事法院合作法》甚至比《国际刑事法院规约》的生效日期（2002年7月1日）早几日公布，但它们的生效时间被推迟到了《国际刑事法

---

19　德国代表团由 18 人组成：Petra Arnhold，Hans-Jörg Behrens，Wolfgang Gaerte，Petra Hasse，Willibald Hermsdoerfer，Frank Jarasch，Hans-Peter Kaul，Andreas Klassen，Ralf Koenig，Claus Kreß（彼时尚在德国联邦司法部任职），Christina Meinecke，Gabriele Schaub，Heidrun Schrimer，Hansjörg Strohmeyer，Rolf Welberts，Gerd Westdickenberg，Andreas Zimmermann 以及笔者。对此参见 Kaul，»Der Beitrag Deutschlands zum Völkerstrafrecht«（2014），S. 51 ff.，insbesondere S. 73，und Kaul（2015），S. 40 und S. 65。

20　Vgl. etwa den »Proposal of a General Part for International Criminal Law（1996）«，〈http://www. department - ambos. uni - goettingen. de/index. php/forschung/pro jekte/proposal - of - a - general - part - for - international - criminal〉；vgl. auch Arbour u. a.（Hg.），The prosecutor of a permanent international criminal court.

21　在这件事上，学术也深度地参与其中。在德国联邦司法部设立的专家小组中，其成员除了笔者还有：H. Fischer，C. Kreß，T. Weigend，G. Werle，A. Zimmermann。

院规约》生效的时间。[22] 然而,直到几年以后,对于伪证罪的同等必要的修订才借由《德国刑法典》第 162 条第 1 款完成,据此,德国的官方现在也可以追诉在有联邦德国参与的国际法院诉讼中做伪证的行为了。[23]

随着《国际刑法典》的颁布,其第 1 条引入了针对国际法上的犯罪的所谓普遍管辖权原则(于传统的连接点之外在世界范围进行刑事追诉的职权,尤其是独立于行为地以及行为人/被害人的国籍)。享有管辖权的侦查机关是联邦总检察长,但早在立法咨询时,其该项宽泛的刑罚权便被迫受到限制。这种限制通过《刑事诉讼法》第 153f 条得到了实现。该条款的实质在于要求形式上的侦查和本国具有关联,并因此(似乎是通过程序性后门)重新引入了联邦最高法院的旧判例。[24] 有趣的是,联邦总检察长在这期间发展成为德国国际刑法实践最重要的发动机。[25]

在我们的脉络中值得提及的是,对于由《国际刑法典》首次引入国内法的反人类罪与战争犯罪,此前进行的相关法典化的尝试均以失败告终。在此值得一提的是,1957 年的大刑法委员会第三分会便致力于使刑法典分则的草案延伸至国际法的规范。[26] 联邦司法部在 1980 年 6

---

22  2002 年 6 月 26 日制定的《国际刑法典施行法》(《联邦法律公报》2002 年,第 2254 页)于 2002 年 6 月 30 日生效,以及 2002 年 6 月 21 日制定的《1998 年 7 月 17 日国际刑事法院罗马规约施行法》(《联邦法律公报》2002 年,第 2144 页)于 2002 年 7 月 1 日生效。与《国际刑事法院合作法》同时引入的还有《法院组织法》第 21 条。

23  2008 年 10 月 31 日制定的《欧盟委员会关于打击对儿童的性剥夺与儿童淫秽物品的框架决定转化法》(《联邦法律公报》2008 年,第 2149 页)。

24  BGH NJW 1987, 2168, 2170;BGH NJW 1999, 396, 397;BGH NStZ 1994, 232, 233;BGH NStZ 1999, 236.

25  新近意见参见 Frank/Schneider-Glockzin, » Terrorismus und Völkerstraftaten im bewaffneten Konflikt«。

26  Niederschriften über die Sitzungen der Unterkommission zur Vorbereitung des Entwurfs eines Besonderen Teils eines Strafgesetzbuches, 3. Band, III. Unterkommission, Bonn 1961, S. 546 ff.

月 10 日为制定一部国际刑法而起草的专家草案,²⁷原本为战争国际法设置了刑罚威慑,²⁸但联邦政府却未同意此种做法,因为其认为对战争犯罪没有立法需求。²⁹

在柏林共和时代,对此则持完全不同的态度:对国际刑法毫无保留且超越党派的信奉、快速的国内转化、借此将德国国际刑法翻译为所有的联合国语言,³⁰它们成为德国立法上出口的上等工艺品,存在着广泛的公民社会基础,这尤其体现为,在德国国际刑法实施仅数年后便成立了一个德语的国际刑法工作小组。³¹ 借由该工作小组,大学研讨会与学术性专业活动中的学术讨论进入了(德语圈的)国际刑法实践和公众视野之中。该小组几乎所有成员都是以某种方式——不论是在实践中还是理论上——从事国际刑法工作的德语法律人。³²

注意:在 20 世纪 90 年代,支配柏林共和国高层的观念仍然是,德国

---

27 相关讨论的文档不易获得。向联邦司法部问询后得知,主要致力于对一部《国际刑法典》加以准备的 33 卷文档位于联邦档案馆。联邦司法部仅有权查阅关于比较法的三卷附属文档(2015 年 2 月 4 日与 2 月 9 日的邮件)。

28 就此比较 Werle, »Deutschland und das Völkerstrafrecht«, S. 32; Kreß, *Vom Nutzen eines deutschen Völkerstrafgesetzbuchs*, S. 4。

29 比较联邦政府关于《日内瓦公约》两项附属协议的转化法的说理:"附属协议第 85 条第 1 款规定的严重犯罪已经为德国刑法的一般构成要件所涵盖"(BT-Drs. 11/6770, S. 116)。关于联邦政府的立场也请比较 Werle, »Deutschland und das Völkerstrafrecht«, S. 32;批判性观点参见 Kreß, *Vom Nutzen eines deutschen Völkerstrafgesetzbuchs*, S. 11 f., mit weiteren Nachweisen。

30 比较 http://www. department - ambos. uni - goettingen. de/index. php/forschung/projekte/translations。

31 该工作小组成立于 2005 年,由一个协调委员会领导,拥有 200 多名来自实务界、政治界与学术界的成员。在最初由法学教授克里斯(Kreß)管理 10 年后,现在由法学教授耶斯贝格(Jeßberger)管理。比较 https://www. jura. uni - hamburg. de/ueberdie - fakultaet/professuren/professur - jessberger/arbeitskreis. html 以及 Kreß (Hg.), *10 Jahre Arbeitskreis Völkerstrafrecht*。

32 关于现有成员名单参见 https://www. jura. uni - hamburg. de/ ueber - die - fakultaet/professuren/professur - jessberger/arbeitskreis/mitgliederdezember - 2016. pdf [ nicht mehr aktiv ]。

在欧洲逐渐增加的优势地位并不必然导致其所承担的军事责任也逐渐扩大。德国国际刑法的广泛传播是德国软实力的体现,由国际刑事法院与联邦总检察长在普遍管辖权原则的基础上对国际法上的犯罪人进行追诉,比通过军事手段贯彻法律更加低成本且不那么危险。其背后曾存在且现在仍然存在的是对法律的信仰,这里意指相信国际(刑)法能够在——也由德国科学家所极力主张的——国际法的宪法化命题的意义上成为规整国际危机与冲突的有效工具(国际刑法作为全球善治的手段?[33])。[34]

## 三、柏林墙守卫的可罚性:拉德布鲁赫公式 与符合人权的解释[35]

民主德国政府的犯罪及其在联邦德国刑法上的处理并不限于柏林墙守卫案,[36]但该类案件却由于其在法哲学、宪法以及国际(刑)法上的重要性而具有一种特别的意义。这使我们有理由在本文的脉络中仅讨论该类案件。

---

33 基础性文献参见 Burchard, »Völkerstrafrecht als global governance«, S. 73 – 113,对国际刑法来说,"民族国家之外的治理与调控"应当服务于,"评估民族国家治理中的瑕疵与缺陷,必要时通过对其调适进行预防性修正,以及通过它替代进行压制性制裁"(S. 74)。也请比较 Vagias, *The territorial jurisdiction of the International Criminal Court*, S. 3("通过对治理的主权工具的使用保护普世价值")。

34 从国际刑法视角对此的意见参见 Ambos, »Punishment without a Sovereign?«, S. 293 und S. 304 mit Anm. 64。

35 以下论述参考了笔者以前的文章:Ambos, »Zur Rechtswidrigkeit der Todesschüsse an der Mauer«, S. 983; ders., »Nuremberg revisited«, S. 39; ders., »Artikel 7 EMRK, Common Law und die Mauerschützen«, S. 31。

36 关于间谍、操控选举、枉法等的基础性研究,比较 Marxen/Werle, *Die strafrechtliche Aufarbeitung von DDR-Unrecht*; Eser/Arnold, *Transitionsstrafrecht und Vergangenheitspolitik*;也请比较鲁珀特在本文集导言中的提示。

柏林墙守卫案的核心问题为,边境上的"正常"射杀——不存在过限行为[37]——是否为《民主德国边防法》第 27 条第 2 款[38]所覆盖,以及在考虑到《基本法》第 103 条第 2 款及《欧洲人权公约》第 7 条第 1 款的时候,该正当化事由是否也应予承认。就结果而言,德国由联邦最高法院[39]和联邦宪法法院[40],在欧盟法上由欧洲人权法院[41]对这两个问题作出了否定性裁决。对于"正常的"柏林墙守卫案,尽管在其著名的原则性裁判中,联邦最高法院最初原则上认为,因为存在《边防法》这一前提,因此依据民主德国的法律,存在正当化事由。应当作为解释准据援引的民主德国的国家实践以"阻止逃跑优先于对生命的保护为标志",因此射杀作为阻止逃跑的最后手段,依据《边防法》第 27 条也是被正当化的。[42] 但在接下来的一步中,联邦最高法院援引了拉德布鲁赫公式,

---

37　依据本文观点,当行为超出了《边防法》第 27 条规定的容许性构成要件的框架时,便存在了一项过限。在这方面,一个明显的例子是《联邦最高法院刑事判决集》第 39 卷第 353 页的案件:已经被逮捕且被确认为逃亡者之人遭到了射杀。在此类"处决案件"中,《边防法》第 27 条规定的正当化情状便不存在;此外,还可能存在谋杀(本案中:阴险),《联邦最高法院刑事判决集》第 39 卷第 353、366 页。但在不那么极端的案件中,例如未加警告的射杀或即刻性的持续射击而不是单发射击,也构成过限。只有在一种极端实证主义的意义上认为事实上的不追诉或单纯的事实性也为《基本法》第 103 条第 2 款所涵盖之人,才会质疑此类过限行为的可罚性(尤其请比较 Jakobs, »Vergangenheitsbewältigung durch Strafrecht? «, S. 51 ff. ; zusammenfassend Zimmermann, » Die strafrechtliche › Bewältigung‹ der deutschen Diktaturen«, S. 865 und S. 868 f. ;和纳粹不法行为有关的过限请参见 Jäger, *Verbrechen unter totalitärer Herrschaft*, S. 22 ff. )。

38　依据《边防法》第 27 条第 2 款第 1 句,为了阻止一项重罪,使用枪械原则上是合法的。所谓的"非法越边"(《民主德国刑法典》第 213 条通常被评价为"重罪"),尽管按照一项一般的、《边防法》第 27 条规定的行为图示,应当尽可能在不杀害逃亡者的情况下阻止越边行为,但是依据普遍的命令情状,适用下述法则:"宁可杀死逃亡者,不可使逃亡成功。"

39　BGHSt 39, S. 1.

40　BVerfGE 95, 96 = NJW 1997, 929 = EuGRZ 1996, 538 = StV 1997, 14 = NJ 1997, 19 = JZ 1997, 142 m. Anm. STARCK.

41　EGMR, Streletz, Kessler, Krenz v. Deutschland, Urt. v. 22. 03. 2001, NJW 2001, 3035 = NJ 2001, 261.

42　Vgl. BGHSt 39, S. 1, S. 14; ebenso BGH NJW 1993, 1932, 1935.

宣布基于自然法-人权上的考量,该正当化事由不适用。在结论上,联邦宪法法院支持了联邦最高法院〔下文(一)〕。当然,联邦最高法院并未停留于此,而是紧接着主张对《边防法》第27条第2款进行一种符合人权的解释:对该条款从人权角度进行了限制,以防止其违反罪刑法定原则〔下文(二)〕。欧洲人权法院也对边防政权进行了一种符合人权的解读并直接认为向其提交的行为具有可罚性。与边防政权在规范上的美化严重对立的是其实践,这种实践恰恰被用于表明《边防法》第27条不重要。总体而言,上文提及的对《边防法》第27条第2款的符合人权的解释并不能令人信服。取而代之,更受青睐的是就实行犯(柏林墙守卫)对罪刑法定原则实行严格的形式化理解,而就领导犯(民主德国的高层精英)加以人权上的限制。这样的一种路数也符合国际刑法的发展路线,并且承认在领导犯上存在着——公开而非隐蔽的——违反禁止溯及既往的情况〔下文(三)〕。

### (一)《民主德国边防法》第27条基于自然法-人权上的考量不重要

依据联邦最高法院的观点,赋予守卫防止逃跑优先于个人生命的正当化事由,"由于违反先在的、民主德国也应遵守的法原则且极度违反比例原则"而不予考虑。[43] 尽管这样一种不重要必须限于"极端的例外",[44]但

---

43　BGHSt 39, 1〔5. Senat〕, S. 15;同样见 BGH NJW 1993, 1932, 1935;BGH NJW 1994, 2703, 2705;BGH NJW 1994, 2708, 2709 f.;BGH NJW 1995, 2728, 2730 ff.(针对文献中的批评明确地予以确认);BGH NJW 1995, 2732, 2733;存而不论的参见 BGH NJW 1997, 1245, 1246(杀害一名携带武器的逃兵);再一次确认,排除基于民主德国法的正当化,见 BGH NStZ 1999, 238 und BGH, Urteil vom 01. 12. 2000—2 StR 337/00。关于比例原则在民主德国司法中的较小意义,参见 Haußühl, *Gerechtigkeit als Strafgrund*, S. 137 ff.。

44　单纯地违反公共秩序尚不足够(BGHSt 39, 1, 15);但 Küpper/Wilms, »Die Verfolgung von Straftaten des SED-Regimes«, S. 91 und S. 93。

如果相关正当化事由"明显严重违反了正义与人性之基本思想",[45]则应当认定存在这样的例外。此时,"违反必须[……]如此严重,以至于它抵触了所有民族对人之价值和尊严共享的法律信念"。[46] 对此,审判庭采纳了所谓的拉德布鲁赫的(不可容忍)公式[47]:实证法对正义的抵触必须是如此不可容忍,以至于该制定法作为不正当的法必须向正义屈服。[48] 尽管拉德布鲁赫公式的作者仅仅是在国家社会主义之不法的脉络中创设了该公式(因此适用于德国"二战"后的司法判决证成希特勒命令的无效性更为正当[49]),但这并不妨碍在此对其加以适用。联邦最高法院尽管不愿将纳粹的不法和民主德国的不法等置,[50]但却坚持同一的、从拉德布鲁赫公式中获得的判准。因为对于国家行为,"应当注意[……],国家是否超越了根据每一个国家中的一般信念为其设定的最外界限"。[51] 作为具体的审查标准,审判庭——为填充诸项自然法标准——援引了《公民权利和政治权利国际公约》第 6 条与第 12 条,[52]民

---

45　BGHSt 39, 1, S. 15 f.

46　Ebd.

47　Radbruch, »Gesetzliches Unrecht und übergesetzliches Recht«, S. 107:"法安定性与正义之间的冲突应这样解决,即使实在法内容上不公正且不合目的时,它也具有优先性,但当实在法与正义之间的冲突达到了不可容忍的程度,以至于作为'不正当之法'的制定法应向正义屈服时除外。"(Herv. K. A.)关于拉德布鲁赫公式的正确理解,参见Kaufmann, »Die Radbruchsche Formel«, S. 83; Sprenger, »50 Jahre Radbruchsche Formel«, S. 5 f. 。关于不可容忍的特征,参见 Adachi, *Die Radbruchsche Formel*, S. 81 ff. ; Haußühl, *Gerechtigkeit als Strafgrund*, S. 129 ff. 。

48　BGHSt 39, 1, S. 15 f.

49　Vgl. OGHSt 1, 321, 324; 2, 231, 233; 2, 269, 271 f. ; BGHSt 2, 173, 177; 2, 234, 237 ff. ; 3, 110, 128; 3, 357, 362 f.

50　BGHSt 39, 1, S. 16("因为两德边境的杀人不能与纳粹大屠杀等同视之");ebenso BGH NJW 1995, 2728, 2731。

51　BGHSt 39, 1, S. 16.

52　BGBl 1973 II 1534.

主德国——至迟[53]——自 1974 年通过加入该公约而在国际法上受其约束,[54]尽管其并未依据《民主德国宪法》第 51 条在国内将该公约加以转化;[55]《边防法》以及所描述的国家实践对这些国际法规范的违反也使得审判庭认为,"不可能"将《边防法》第 27 条"作为正当化事由之基准"。[56]

通过明确拒绝将纳粹不法与民主德国的不法加以等置,审判庭自己为针对其观点的主要异议创造了条件,即《民主德国边防法》及其所立基的边防政权并未达到拉德布鲁赫所预设之不法的严重程度。毫无疑义的是,拉德布鲁赫提到的仅仅是纳粹的不法,[57]并且一些有分量的主张认为,最多发生于柏林墙下的严重事件,即过限行为,才可能达到拉德布鲁赫所主张的不法内涵的要求。[58] 其他情形则适用也为拉德布鲁赫所强调的——但通常被故意忽略的——实证法的优先性原则("即使实证法内容不公正且不符合目的,它[……]也仍然具有优先性")。[59]

---

53　BGHSt 39, 1, S. 16 geht von 1974, BGH NJW 1994, 2708, 2709 aber vom 08. 11. 1973 aus; hinsichtlich des Inkrafttretens gehen beide Entscheidungen vom 23. 03. 1976 (GBl II 108) aus.

54　Gbl DDR II 57. 然而,鉴于《公民权利和政治权利国际公约》在国际法上的约束力,联邦最高法院也认为《边防法》第 27 条无效,更确切地说,是基于不成文的人权原则无效(BGH NJW 1994, 2708, 2709 f.)。

55　对于国际法上的约束力,关键并不在于此(比较《维也纳条约法公约》第 46 条第 1 款,《联邦法律公报》1985 年,第 926 页)。在这一点上,《联邦最高法院刑事判决集》第 39 卷第 1、16 页援引民主德国文献作出了正确的判断,尽管缺乏国际法上的正确说理;BGH NJW 1995, 2728, 2731。

56　BGHSt 39, 1, S. 16 ff., S. 22.

57　比较拉德布鲁赫关于"纳粹 12 年的罕见关系"的提示(bei Saliger, *Radbruchsche Formel und Rechtsstaat*, S. 34)。

58　Kaufmann, »Die Radbruchsche Formel«, S. 83 – 85; Dreier, »Gesetzliches Unrecht im SED-Staat? «, S. 68; Alexy, *Mauerschützen*, S. 22; Frowein/Peukert, *EMRK-Kommentar*, Art. 7 Rn. 13.

59　比较前注47。

尽管如此,该审判庭在其后来的裁判中仍然明确地坚持其观点。[60] 对于拉德布鲁赫公式,审判庭强调,从纳粹不法与民主德国的不法的不相同之中并不能得出,"极端不公正的制定法不具有约束力"仅仅限于国际法上的核心犯罪;[61]毋宁说其仅仅必须涉及"极端的例外"。[62] 在此类案件中,这种极端的例外性可以从"对边防政权的整体性评价中得出",更确切地说,是鉴于与其相连的"对逃亡者生命权的蔑视"以及"边境的实际关系",不可能将"民主德国的边防政权与通常形式的武装性边界保卫等同视之"。[63]

一如联邦最高法院的审判庭,联邦宪法法院也鉴于《边防法》违反人权,以自然法-人权上的正义考量撤回了对溯及既往的禁止:"在这种完全特殊的情形中,也涵盖了对国际法承认的人权加以尊重这一实质正义的命令,禁止适用此项正当化事由。"[64]

## (二)为保障罪刑法定原则而对《民主德国边防法》第 27 条进行符合人权的限制,而非完全不予考虑

联邦最高法院的审判庭原本可以像联邦宪法法院那样,停留在对罪刑法定原则进行自然法-人权上的限制,然而他却踏上了对《民主德

---

60　BGH NJW 1995, 2728; auch BGH NStZ-RR 1996, 323; BGH NJW 2000, 443; BGH NJ 2001, 552; auch LG Potsdam, Beschluss v. 16. 11. 2007, BRH 13262/07.

61　在这一点上,审判庭援引了纽伦堡审判以及联合国南斯拉夫刑事法庭审理的犯罪(BGH NJW 1995, 2728, 2731)。

62　BGH NJW 1995, 2728, 2731.

63　BGH NJW 1995, 2728, 2731; i. E. ebenso BGH NStZ-RR 1996, 323, 324("但本庭确认,鉴于边境的特别关系,对未携带武器的逃亡者的故意杀害满足了前述标准")。

64　BVerfGE 95, 96, 133 = NJW 1997, 929, 930 (Herv. K. A.). Krit. Albrecht, »Das Bundesverfassungsgericht und die strafrechtliche Verarbeitung von Systemunrecht—eine deutsche Lösung!«; Arnold, »Bundesverfassungsgericht contra Einigungsvertrag«; ders. , »Einschränkung des Rückwirkungsverbotes«; Dreier, »Gustav Radbruch und die Mauerschützen«, S. 428 und S. 431 ff. ; Roggemann, »Die strafrechtliche Aufarbeitung der DDR-Vergangenheit«, S. 231.

国边防法》第 27 条进行合人权性的限缩这一薄冰。审判庭从——在他看来——由民主德国的实证法所设定的人权友好型解释的标准出发，换言之，从宪法的条款[65]、一般法律的规定[66]以及政治宣言中所表达出的对人权的信奉出发。由此（尤其是从为民主德国宪法所承认的生命权和比例原则之中）可知，对《边防法》第 27 条应作如下理解：

> 尽管在《边防法》规定的情形中，边防战士可以为防止逃亡而使用枪械；但当枪械被用于[……]故意射杀[……]未携带武器且未对他人的身体或生命造成威胁的逃亡者时，该项正当化事由便达到了边界。据此，间接故意的杀害[……]不为以人权友好型的方式加以解释的《边防法》第 27 条第 2 款所涵盖。[67]

欧洲人权法院也同样遵循着对民主德国的法律加以人权友好型的解释，并且以这样理解的法律为基础认为射杀可罚。[68] 罪刑法定原则并不保护早前（违反人权）的解释，有罪判决是诸位申诉人原本可以预见的。[69]

---

65　对此比较 Haußühl, *Gerechtigkeit als Strafgrund*, S. 93, der auf eine » geringe Bedeutung des Lebensschutzes in der Verfassung der DDR« hinweist。

66　尤其是比较《民主德国刑法典》第 95 条，依据该条，刑法上的答责不因为不尊重民主德国之基本权和人权，以及国际法规定的义务和主权的法律、命令或指令而被排除；也请比较上述《民主德国刑法典》第 85 条（上文注释 2），依据该条，国际法上的犯罪不适用诉讼时效。

67　BGHSt 39, 1, S. 25.

68　EGMR, o. Anm. 41, para. S. 67 ff. und S. 72（"然而法院强调，这里所主张的国家利益至上原则必然在民主德国自身的宪法和立法中找到其边界，它尤其需要遵循保护人的生命这一不可或缺的命令，[……]在此需注意的是，生命权于行为时在国际上的人权价值位序中占据着最高的位阶"，而且"[……]作为个人的抗告人之行为的可罚性可由《民主德国刑法典》第 95 条得出。该条[……]规定：'不尊重基本权和人权而实施行为之人，不得诉诸法律、命令或指令；其需要在刑法上答责[……]'"）。

69　EGMR, o. Anm. 41, S. 88（"因此法院认为，作为民主德国主要代表的抗告人在民主德国法秩序的基础上创建了合法性的外观，但接着建立或维持了一种明显违背那种法律体制固有原则的国家实践。因此其不能援引《欧洲人权公约》第 7 条第 1 款的保护"）。

在这种路径中存在的,通过强调其在实证法上的基础而对边防政权事后进行的人权性转义解释,不仅在方法上——就所谓的他者之理解这一难题(后文将加以讨论)——存在疑问,[70] 而且特别难以与边防政权对人权的敌对性相符,这种敌对性恰恰是通过违背《民主德国边防法》第 27 条所展现的。现在该怎么办呢:是边防政权被证实的反人权实践,抑或这里提出的立基于实证法的"法律的表象世界"呢?[71] 实际

---

[70] 批评性意见参见 Ambos,»Artikel 7 EMRK, Common Law und die Mauerschützen«,S. 42。

[71] Fiedler,»Zur Beurteilung vorsätzlicher Tötungshandlungen von Grenzsoldaten der DDR an der Berliner Mauer«, S. 208. Krit. auch Jakobs,»Untaten des Staates—Unrecht im Staat«, S. 7 und S. 15; ders.,Strafrecht Allgemeiner Teil, S. 5/29; Pawlik,» Strafrecht und Staatsunrecht«, S. 474 f. ; Dannecker,» Die Schüsse an der innerdeutschen Grenze in der höchstrichterlichen Rechtsprechung«, S. 591 f. ; ders./Stoffers,»Rechtsstaatliche Grenzen für die strafrechtliche Aufarbeitung der Todesschüsse an der innerdeutschen Grenze «, S. 492; Amelung,»Strafbarkeit von ›Mauerschützen‹«, S. 638 und S. 641; Laskowski,»Die Probleme des Rechtsstaats mit dem DDR-Unrecht«, S. 161; Gropp,»Naturrecht oder Rückwirkungsverbot?«, S. 395; Herrmann,»Menschenrechtsfeindliche und menschenrechtsfreundliche Auslegung von § 27 des Grenzgesetzes der DDR «, S. 120; Günther,» Anmerkung zur Strafbarkeit von Angehörigen der DDR-Grenztruppen wegen Tötung von DDR-Flüchtlingen «, S. 21 ff. ; Schroeder,»Die Rechtswidrigkeit der Flüchtlingserschießungen«, S. 48 f. ; Luchterhand,»Was bleibt vom Recht der DDR?«, S. 179 ff. ; Arnold,» Die ›Bewältigung‹ der DDR-Vergangenheit«, S. 306 ff. ; Dreier,»Gustav Radbruch und die Mauerschützen«, S. 426 f. 在这一点上,当 Lüderssen 由于"原民主德国的规范性生活世界并不能够得到明确界定"(第36 页),并且法治国的"最低标准"在民主德国的法律中得到了规定(第 69 页),因此希望通过其法律的字面含义来理解民主德国时,他便赞同了联邦最高法院。Der Staat geht unter—das Unrecht bleibt?, S. 28 ff. , S. 69 ff. und S. 146 f. ( = Lüderssen,»Kontinuität und Grenzen des Gesetzlichkeitsprinzips «, S. 735; vgl. auch ders. , » Zu den Folgen des ›Beitritts‹ für die Strafjustiz der Bundesrepublik Deutschland «, S. 486 f. ); auch ders. , »Entkriminalisierung durch Politisierung?«, S. 530 ff. ,赞成一种"严格的实证主义"并就枉法案件对联邦最高法院的"双重标准"予以了批判(ebenso Roggemann,»Die strafrechtliche Aufarbeitung der DDR-Vergangenheit am Beispiel der › Mauerschützen ‹- und der Rechtsbeugungsverfahren«, S. 230 f. )。关于富有教益的观点现状,参见 Zimmermann,»Die strafrechtliche › Bewältigung ‹ der deutschen Diktaturen «, S. 868 f. ; Arnold/Weigend,»Strafrecht, politischer Systemwandel und Vergangenheitsaufarbeitung in Polen und in Deutschland«, S. 89 ff. 。

上,联邦最高法院的审判庭——至少在有关柏林墙守卫的诸项裁判中[72]——掩盖了民主德国法律实际上的关系。这种关系由社会主义法制的诸项原则所塑造,而非西方的价值观,尤其不是保护个人的比例原则。法律应当以"符合民主德国诸项目标"的方式予以适用,[73]对人权的西方式理解遭到了拒绝。[74] 与单纯的法律词义做连接是片面的,"因为关键并不在于民主德国如何描述自己,而在于他曾是什么样的"。[75]若以符合人权的方式来解释《民主德国边防法》第27条,则柏林墙的守卫原本在射杀时就必须受到刑罚。但正如表扬、晋升等所示,即使存在过限行为,他们也从未受到刑罚。[76]

针对这种批评,联邦最高法院的审判庭反驳到,敌视人权的事实并不能改变,一种人权友好型的解释原本存在于民主德国的法律中。[77] 如果一种符合人权的解释——对于民主德国的司法——也是可能的,则"法官并不在纯粹事实性的意义上受行为时国家实践所表达的那种解释的约束",[78]并且若延续这一思想,则将使得基于《边防法》第27条第2款的正当化以反人权的方式获得效力。法官毋宁可以而且必须从符合人权的解释出发,所以可罚性在行为时便已经"由法律确定了",因为射杀行为是对逃亡者的杀害这一认定也符合了民主德国法律规定的犯

---

72　与司法预防有所不同, 比较 BGH NJW 1994, S. 529, S. 531 f.。

73　Vgl. Amelung, »Strafbarkeit von › Mauerschützen‹ «, S. 638; Günther, »Anmerkung zur Strafbarkeit von Angehörigen der DDR-Grenztruppen wegen Tötung von DDR-Flüchtlingen«, S. 23; Lüderssen, »Entkriminalisierung durch Politisierung?«, S. 527.

74　Herrmann, »Menschenrechtsfeindliche und menschenrechtsfreundliche Auslegung von § 27 des Grenzgesetzes der DDR«, S. 119.

75　Jakobs, » Untaten des Staates—Unrecht im Staat «, S. 15. 另一方面见 Lampe, »Systemunrecht und Unrechtssysteme«, S. 710。

76　Gropp, »Naturrecht oder Rückwirkungsverbot?«, S. 395.

77　BGH NJW 1995, 2728, 2731.

78　BGHSt 39, 1, S. 29.

罪构成要件,同样不能够借由——经人权性限缩的——《边防法》得以正当化。故此,从《基本法》第 103 条第 2 款中推导出的信赖保护思想也并未失效,因为对一项反人权的正当化事由在将来也将得到适用这一信赖是不值得保护的。若在判断一名行为人的举止时,做出了于行为时在正确解释民主德国法律的情况下必须做出的判断,则该项判断并不构成恣意。[79] 联邦最高法院后来再一次"阐明了"这一观点。[80] 实际上,他所关心的始终是建构一项行为时的法律,由此实现一项不违反罪刑法定原则的处罚。[81]

在一个更深的层面上,西德的法律适用者在解释东德的法律时,也面临着所谓的他者之理解这一难题,即在评价一个陌生的法秩序时,人们通常从自己法秩序的视角,而不是从他人的——体系内在的——视角出发。[82] 我们并不能通过放弃解释对此加以规避,[83]因为对相关的法律难题必须给出一项解决方案——而且原则上应从所涉及的法秩序的视角给出。这种解决方案应当是一种——对陌生法秩序原则上的尊重和在自

---

79　BGHSt 39, 1, S. 29 f.

80　比较 BGH NJW 1995, 2728, 2731 f. ,其中(再一次)强调,《基本法》第 103 条第 2 款既不保护对特定国家实践或解释实践之存续的信赖,也不保证将来的法治国的秩序也不制裁违反人权的实践(Herv. K. A.）。然而,这种对未来的展望在行为时恰恰是不可能的。依 Haußühl,不法国家的公民按照这种观点将受到歧视(Haußühl, *Gerechtigkeit als Strafgrund*, S. 119 ff. ）。

81　Vgl. BGHSt 39, 1, S. 26 ff. ; ebenso BGH NJW 1993, 1932, 1935; auch Herrmann, »Menschenrechtsfeindliche und menschenrechtsfreundliche Auslegung von § 27 des Grenzgesetzes der DDR«, S. 120; Schroeder, »Die Rechtswidrigkeit der Flüchtlingserschießungen«, S. 49 f.

82　对于这一源自比较法的著名问题,在本文的脉络中参见 Lüderssen, *Der Staat geht unter—das Unrecht bleibt？*, S. 58 ff. ; ders. , »Entkriminalisierung durch Politisierung？«, S. 526 ff. ; Günther, »Anmerkung zur Strafbarkeit von Angehörigen der DDR-Grenztruppen wegen Tötung von DDR-Flüchtlingen«, S. 22 f. ; Gropp, »Naturrecht oder Rückwirkungsverbot？«, S. 395; Roggemann, »Die strafrechtliche Aufarbeitung der DDR-Vergangenheit am Beispiel der ›Mauerschützen‹- und der Rechtsbeugungsverfahren«, S. 230 f. 。

83　So im Grundsatz Günther, »Anmerkung zur Strafbarkeit von Angehörigen der DDR-Grenztruppen wegen Tötung von DDR-Flüchtlingen«, S. 22.

身法秩序规范上是可接受的方案的——折中。因此,尽管人们原则上必须从陌生法秩序及其实践("一如她曾经那样"[84])出发,但并非必须忍受任何对自己法律理解的严重违反。类似地,例如伊斯兰法中常见的身体刑便超出了西方法治国的自我理解,因此不能被一个"西方"法院承认为一项法律上的解决方案在规范上的出发点。在如下意义上对事实性的遵守,即认为对蔑视人权的不法行为事实上的不予追诉设定了规范上的界限,只能通过放弃自己的法律理解才能实现,因此就等同于一种自我否认。

（三）针对实行犯对罪刑法定原则严格理解,针对领导犯进行符合人权的限缩解释

文献[85]中大量的观点反对就《边防法》第27条进行人权性限缩解释。其论据可以概括如下:这样的解释违反了溯及既往禁令,因为它构成了对事实上的法律状况从人权上进行的事后重新评价,因而违反了行为时占支配地位的法律理解并因此不能为当时的行为人所预见。然

---

84 Jakobs, »Untaten des Staates—Unrecht im Staat«, S. 15.

85 比较诸如 Degenhart in: Sachs (Hg.), Grundgesetz. Kommentar, Art. 103 Rn. 74; Dannecker, »Die Schüsse an der innerdeutschen Grenze in der höchstrichterlichen Rechtsprechung«, S. 592 f.; Dannecker/Stoffers, »Rechtsstaatliche Grenzen für die strafrechtliche Aufarbeitung der Todesschüsse an der innerdeutschen Grenze«, S. 491 ff.; Laskowski, »Die Probleme des Rechtsstaats mit dem DDR-Unrecht«, S. 160 f. und 163; Arnold, »Die ›Bewältigung‹ der DDR Vergangenheit«, S. 306 ff.; Jakobs, »Vergangenheitsbewältigung durch Strafrecht?«, S. 51; ders., »Untaten des Staates—Unrecht im Staat«, S. 5 ff. und 16; Pawlik, »Strafrecht und Staatsunrecht«, S. 483; Grünwald, »Die strafrechtliche Bewertung in der DDR begangener Handlungen«, S. 32; Günther, »Anmerkung zur Strafbarkeit von Angehörigen der DDR-Grenztruppen wegen Tötung von DDR-Flüchtlingen«, S. 23 ff.; Herrmann, »Menschenrechtsfeindliche und menschenrechtsfreundliche Auslegung von § 27 des Grenzgesetzes der DDR«, S. 120; Kuhlen/Gramminger, »Der Mauerschütze und der Denunziant«, S. 32 und 37; Kaufmann, »Die Radbruchsche Formel«, S. 86; Polakiewicz, »Verfassungs- und völkerrechtliche Aspekte«, S. 188 f.; Dreier, »Gustav Radbruch und die Mauerschützen«, S. 431 ff.; von Eschenbach, *Wieviel Unrecht verträgt der deutsche Rechtsstaat?*,

而,严格理解的溯及既往禁令恰恰要求从民主德国"反常的"的法律出发,并且如其事实上被理解与适用的那样,在当前也以其为基准。[86]

由此引出的对《边防法》第27条的适用,尽管将导致对"正常的"柏林墙守卫不予处罚,但包括不提供救助(不提供挽救生命的措施)的情形在内的过限案件仍然可罚,因为它们依据——原则上应予适用的——民主德国的法律便是可罚的。[87] 然而,由于溯及既往禁令作为和

<hr />

S. 141 ff. ; wohl auch Neumann , »Strafrechtliche Verantwortlichkeit für die DDR-Spionage gegen die Bundesregierung«, S. 168 ff. ; 加以区分的有 Gropp , »Naturrecht oder Rückwirkungsverbot?«, S. 397; Welke, »Rückwirkungsverbot zugunsten staatlicher Kriminalität?«, S. 376; Lüderssen, *Der Staat geht unter—das Unrecht bleibt?*, S. 32, 34, 52 und 146 f. (认为重要的是《边防法》,而不是非正式、政治性的方针,反对他的意见参见 Jakobs a. a. O. ; Pawlik a. a. O. , S. 476 f. );立场不明确的有 Peschel-Gutzeit/Jenckel, »Aktuelle Bezüge des Nürnberger Juristenurteils«, S. 295 ff. (尽管认为禁止溯及既往不符合超实证的法,但同时对联邦最高法院的司法判决持欢迎态度);MüKo-Schmitz, § 1 Rn. 31; SK-StPO-PAEFFGEN, Art. 7 EMRK Rn. 13 f. , 23 – 28,其谈及了"缺乏定位可能性"(Rn. 13)。结论上赞成司法判决的如 Naucke, *Die strafjuristische Privilegierung staatsverstärkter Kriminalität*, S. 47 ff. ,其立基于事实上对溯及既往禁令的不予考虑; Siekmann, *Das Unrechtsbewusstsein der DDR-» Mauerschützen «*, S. 40 f. ; Alexy, Mauerschützen, S. 22 ff. ,尽管从一种隐藏的溯及既往出发(第30页),但却赞成对《基本法》第103条第2款加以严格解释(第35页);Amelung, » Strafbarkeit von › Mauerschützen‹ «, S. 642(符合人权的即时民主德国的法律);ders. , »Die strafrechtliche Bewältigung des DDR-Unrechts durch die deutsche Justiz «, S. 56; Schroeder, » Die Rechtswidrigkeit der Flüchtlingserschießungen«, S. 46 f. ,其认为此乃通说并且仅仅提出了《边防法》第27条不具有重要性的理由; Eser, » Schuld und Entschuldbarkeit von Mauerschützen und ihren Befehlsgebern «, S. 339; Lampe, » Systemunrecht und Unrechtssysteme«, S. 25 f. ; Schünemann, »Strafrechtliche Verantwortlichkeit für die DDR-Spionage gegen die Bundesrepublik nach der Wiedervereinigung«, S. 184 ff. ; Dreier, »Gesetzliches Unrecht im SED-Staat?«, S. 67 f. ; Schreiber, »Die strafrechtliche Aufarbeitung von staatlich gesteuertem Unrecht «, S. 170; Hruschka, » Die Todesschüsse an der Berliner Mauer vor Gericht«, S. 669, 通过将德国法——非法地——适用于《刑法》第7条第2款第2项,规避了法治国受违背法治国的法律之约束的"自我矛盾"。

86　关于纳粹的法律,就此请比较 Dencker, »Vergangenheitsbewältigung durch Strafrecht?«, S. 304 ff. 。

87　它们符合了构成要件(比较《民主德国刑法典》第111条),并且未能被正当化(《边防法》第27条被排除)。比较前注37。

基本权相同的、涉及行为时的保护法的原则性意义,这种关于可罚或不罚的事后考量,无论怎样都不可能对裁判具有重要意义。如若人们当初希望将禁止溯及既往的保护限制在民主德国的特定旧案,则必须在《统一条约》中对其加以规定并颁布一项宪法修正案。[88] 由于这种契机已然失去,因此禁止溯及既往也以有利(于行为人)的方式适用于这些行为。对于认为这种情况不可容忍之人,他们至少应当承认对溯及既往禁令存在着公开的——而不是隐藏的——违反。[89]

但是,只有针对民主德国的领导犯们,我们才能借由国际刑法-人权上的论证,证立其与严格形式意义上的溯及既往禁令存在这种公开的违反。[90] 首先,关于国际刑法-人权的状况:国际刑法上对禁止溯及既往的理解可追溯到针对纳粹战犯的纽伦堡判决。那时候,国际军事法庭就侵略战争的可罚性将罪刑法定原则确定为正义的实体性原则,并认定:

认为处罚那些违反条约和保证、未加警示便侵略邻国之人不

88 赞成《欧洲人权公约》第 7 条第 2 款、《公民权利和政治权利国际公约》第 15 条第 2 款意义上的这种法律的如 Dannecker/Stoffers, » Rechtsstaatliche Grenzen für die strafrechtliche Aufarbeitung der Todesschüsse an der innerdeutschen Grenze «, S. 494; Laskowski, » Die Probleme des Rechtsstaats mit dem DDR-Unrecht «, S. 165; Dencker, »Vergangenheitsbewältigung durch Strafrecht? «, S. 306; Welke, »Rückwirkungsverbot zugunsten staatlicher Kriminalität? «, S. 381 f. ; Ambos, » Nuremberg revisited «, S. 42; Kenntner, »Der deutsche Sonderweg zum Rückwirkungsverbot«, S. 2300。在此意义上也包括 Herrmann, »Menschenrechtsfeindliche und menschenrechtsfreundliche Auslegung von § 27 des Grenzgesetzes der DDR«, S. 121,当他要求在"世所公认之原则的核心领域"突破溯及既往禁令时。

89 So Dencker, » Vergangenheitsbewältigung durch Strafrecht?«, S. 306 f. ; Günther, »Anmerkung zur Strafbarkeit von Angehörigen der DDR-Grenztruppen wegen Tötung von DDR-Flüchtlingen«, S. 23 f. ;对暗中违反禁止溯及既往的规定至关重要,Alexy, Mauerschützen, S. 30。

90 对此参见 Ambos, »Nuremberg revisited«, S. 39。

公正的观点,显然是错误的,因为在此种情形中,侵略者必然知道,他所行不法,并且处罚他远远超出了并非不公正,毋宁说不处罚他的暴行才是不公正的。[91]

尽管《国际刑事法院罗马规约》包含了罪刑法定原则并对该原则加以援引(第22—24条),从而使用了这一术语,使得罪刑法定原则在一定程度上被形式化了,但这并未改变在(其他)国际刑法中对该项原则所做的规范性与主观性的(可预见性)理解。[92] 在人权的证成链上,这也为《公民权利和政治权利国际公约》第15条第2款所谓的纽伦堡条款以及《欧洲人权公约》第7条第2款所证实。依据这些条款,关键仅仅在于,相关行为"依据实施时[……]公认的一般法律原则是可罚的"[93],在此还应当注意,早在其保护领域的规定中,人权性罪刑法定原则下的可罚性仅仅有"国际法"依据便足够了。[94] 就此而言,大家今天在很大程度上公认,至少国际法上的核心犯罪应当被视为可罚的,在本案中,只有当两德边境的射杀可以被定性为这类犯罪(反人类罪)时,这才会有所助益。[95] 尽管联邦最高法院特别是联邦宪法法院也在对罪刑法定原则的人权性理解的意义上使用了该项术语,[96]但却对柏林墙所发生的射杀在国际刑法上的定性予以了搁置。然而,将拉德布鲁赫公式

---

91　IMG, *Der Prozess gegen die Hauptkriegsverbrecher vor dem IMG*, Bd. 1, S. 245.

92　比较 Ambos, *Internationales Strafrecht*, § 5 Rn. 7 mit weiteren Nachweisen("规范性充斥""主观可预见性")。

93　Art. 7 II EMRK (Herv. K. A.); Vgl. auch Art. 15 II IPbpR("各国公认的一般法律原则")。

94　Vgl. Art. 7 I EMRK und Art. 15 I IpbpR.

95　反对意见参见 Ambos, »Zur Rechtswidrigkeit der Todesschüsse an der Mauer«, S. 985;批评性意见也参见 ders., »Nuremberg revisited«, S. 42 li. Sp.。

96　对于联邦宪法法院审理的纽伦堡后续案件,比较 Ambos, »Nuremberg revisited«, S. 41 li. Sp.。

适用于这些行为(联邦最高法院)以及明确地不适用溯及既往禁令(联邦宪法法院),并将边防政权判定为公然且不可容忍地违反"正义的根本要求与受国际法保障之人权"[97],实际上为推定德国判例完全将上述行为视为国际法上的核心犯罪提供了正当理由。因此,形式上的法无明文规定不为罪(*nullum crimen sine lege*)变成了自然法-人权性正义未规定不为罪(*nullum crimen sine iure*),[98]当然大家并未对此予以公开的承认。

至少对于民主德国的高层精英而言,不适用溯及既往禁令可通过对信赖保护思想(主观可预见性)的强调而证立:由于这些人员对边防政权以及与此有关的法律状况共同负有责任,甚至可能积极地参与了《边防法》的形成,所以《边防法》第27条实际上构成了一项所谓的对自己有利的赦免,这种赦免依据国际法的原理是不予考虑的。[99] 从国内法的角度来看,应当依据《基本法》第103条第2款(禁止溯及既往)的目的而定:[100]对这些幕后人来说,作为禁止溯及既往基础的信赖保护思想更加不适用,因为相较于通常不清楚情况的行为工具(即边防战士)而言,由于具备"支配性认知",即享有有影响力的权力地位,他们对一项——可能是由其共同创设的——正当化事由将来也有效的信赖不值得或不那

---

97　BGH NJW 1994, 2703 (2705) und 2708 (2709); Vgl. auch BVerfGE 95, S. 136. ("将个人的生命权置于阻止越边的国家利益之下,将导致为了政治上合目的性的需要而置成文法于不顾。这是实体上最为严重的不法。")

98　Vgl. Ambos, »Artikel 7 EMRK, Common Law und die Mauerschützen«, S. 43; ders., *Internationales Strafrecht*, § 10 Rn. 130.

99　对此比较 Ambos, »The Legal Framework of Transitional Justice«, S. 54 ff. 。

100　对此特别参见 Schünemann, »Ungelöste Rechtsprobleme«, S. 235, 以及 ders., »Strafrechtliche Verantwortlichkeit für die DDR-Spionage gegen die Bundesrepublik nach der Wiedervereinigung«, S. 184 ff.; Welke, »Rückwirkungsverbot zugunsten staatlicher Kriminalität?«, S. 370 ff. 。

么值得保护。[101] 此外,一如瑙克(Naucke)[102]和韦尔克(Welke)[103]所指出的那样,禁止溯及既往的目的也在于限制当权者与实现正义。[104] 若如此,则要求禁止溯及既往的理性(*ratio*)——在目的性限缩的意义上——至少不适用于大权在握且"恶意"的幕后人。因为如若人们借助禁止溯及既往保障这些幕后人不受处罚,便违背了禁止溯及既往的目的。禁止溯及既往并非为了保障那些创设了事实上或规范上不受处罚的前提之人维持自己不受处罚而存在的。这种考量不但因应了联邦最高法院判例对自然法上正义的考虑以及文献中希望基于个案权衡而例外地不适用《基本法》第 103 条第 2 款的声音;[105]而且也符合了在纽伦堡、东京以及战后其他(国际性)程序中实践的,以正义考量为取向对禁止溯及既往的处理。[106] 由于对不同的案件类型(此处是大权在握的幕后人,彼处为命令的接收人)也可以做不同的对待,所以并未违反《基本法》第 3 条。[107]

# 四、概括性展望

本文的论述清楚地表明,柏林共和国深度地参与了并将继续深度

---

101　在这种意义上,人们可将其自身视为边防政权的牺牲品(例如 BGH NJW 1993,1932,1937)。

102　Naucke, *Die strafjuristische Privilegierung staatsverstärkter Kriminalität*, S. 55 ff.

103　Welke, »Rückwirkungsverbot zugunsten staatlicher Kriminalität?«, S. 374 f., S. 377 und S. 381.

104　不同意见参见 Naucke, *Die strafjuristische Privilegierung staatsverstärkter Kriminalität*, S. 53 ff. und S. 57,其也从实证主义的视角,或者说恰恰从实证主义的视角出发认为,溯及既往禁令"不具有管辖权"。

105　特别比较 Gropp, »Naturrecht oder Rückwirkungsverbot?«, S. 397。

106　Vgl. näher Ambos, »Nuremberg revisited«, S. 40.

107　Vgl. Jarass/Pieroth, *Grundgesetz für die Bundesrepublik Deutschland*, Art. 3 Rn. 7.

参与现代国际刑法的进程。德国政治跨越了政党的界限，加强了对国际刑法的制度化——要么是在国际层面创立国际刑事法院，要么是在国内层面强化国内的刑事司法，尤其是联邦总检察长制度。对此，学术也通过咨询和评论做出了贡献。不仅学术出版物与学术活动的数量增加了，而且还通过创立上文提及的国际刑法工作小组实现了显著的——在国际上独一无二的——制度化。其间，对欧盟刑法也开展着类似的操作。[108] 在学校教育中，国际刑法已在德国法学院的重点领域中获得了一席之地。在未来，上文所描述的发展将继续下去，国际刑法在德国以及对柏林共和国的意义必然将增加。

## 参考文献

Hidehiko Adachi, *Die Radbruchsche Formel. Eine Untersuchung der Rechtsphilosophie Gustav Radbruchs*, Baden-Baden 2006.

Heiko Ahlbrecht, *Geschichte der völkerrechtlichen Strafgerichtsbarkeit im 20. Jahrhundert: unter besonderer Berücksichtigung der völkerrechtlichen Straftatbestände und der Bemühungen um einen ständigen Internationalen Strafgerichtshof*, Baden-Baden 1999.

Peter Alexis Albrecht, »Das Bundesverfassungsgericht und die strafrechtliche Verarbeitung von Systemunrecht—eine deutsche Lösung!«, in: *Neue Justiz* 51 (1997), S. 1–2.

Robert Alexy, *Mauerschützen: Zum Verhältnis von Recht, Moral und Strafbarkeit*, Hamburg 1993.

Kai Ambos, »Nuremberg revisited—Das Bundesverfassungsgericht, das Völkerstrafrecht und das Rückwirkungsverbot«, in: *Strafverteidiger* 17 (1997), S. 39–43.

---

108　Vgl. 〈http://www. rwi. uzh. ch/de/lehreforschung/alphabetisch/meyer/ak – europstrr. html〉.

—, » Zur Rechtswidrigkeit der Todesschüsse an der Mauer «, in: *Juristische Arbeitsblätter* 29 (1997), S. 983 – 990.

—, » Artikel 7 EMRK, Common Law und die Mauerschützen «, in: *Kritische Vierteljahreszeitschrift für Gesetzgebung und Rechtswissenschaft* 86 (2003), S. 31 – 43.

—, »The Legal Framework of Transitional Justice: A Systematic Study with a Special Focus on the Role of the ICC«, in: Kai Ambos u. a. (Hg.), *Building a future on peace and justice. Studies on transitional justice, peace and development; the Nuremburg Declaration on Peace and Justice*, Berlin 2009, S. 19 – 103.

—, » Punishment without a Sovereign? The Ius Puniendi. Issue of International Criminal Law: A First Contribution towards a Consistent Theory of International Criminal Law«, in: *Oxford Journal of Legal Studies* 33 (2013), S. 293 – 315.

—, *Treatise on International Criminal Law. Volume 1*, Oxford 2013.

—, *Internationales Strafrecht*, München ⁵2018 (2006).

Knut Amelung, » Strafbarkeit von › Mauerschützen ‹ «, in: *Juristische Schulung* 33 (1993), S. 637 – 643.

—, »Die strafrechtliche Bewältigung des DDR-Unrechts durch die deutsche Justiz. Ein Zwischenbericht «, in: *Goltdammer's Archiv für Strafrecht* (1996), S. 51 – 71.

Louise Arbour, Albin Eser, Kai Ambos, Christopher Staker (Hg.), *The prosecutor of a permanent international criminal court: international workshopin co-operation with the Office of the Prosecutor of the International Criminal Tribunals (ICTY and ICTR)*, Freiburg im Breisgau, May 1998, Freiburg im Breisgau 2000.

Jörg Arnold, » Die › Bewältigung ‹ der DDR-Vergangenheit vor den Schranken des rechtsstaatlichen Strafrechts«, in: Institut für Kriminalwissenschaften Frankfurt/ M. (Hg.), *Vom unmöglichen Zustand des Strafrechts*, Frankfurt/M 1995, S. 283 – 303.

—, » Bundesverfassungsgericht contra Einigungsvertrag. Der › Mauerschützen ‹ - Beschluß des BVerfG auf dem strafrechtlichen Prüfstand «, in: *Neue Justiz* (1997), S. 115 – 121.

—, »Einschränkung des Rückwirkungsverbotes sowie sorgfältige Schuldprüfung bei den Tötungsfällen an der DDR-Grenze«, in: *Juristische Schulung* 37 (1997), S. 400 – 404.

—, Ewa Weigend, »Strafrecht, politischer Systemwandel und Vergangenheitsaufarbeitung in Polen und in Deutschland. Versuch einer Bestandsaufnahme«, in: *Recht in Ost und West* 41 (1997), S. 81 – 93.

Christoph Burchard, » Völkerstrafrecht als global governance «, in: *Die Friedens-Warte* 83 (2008), S. 73 – 113.

Gerhard Dannecker, » Die Schüsse an der innerdeutschen Grenze in der höchstrichterlichen Rechtsprechung«, in: *Juristische Ausbildung* 16 (1994), S. 585 – 595.

—, Kristian F. Stoffers, »Rechtsstaatliche Grenzen für die strafrechtliche Aufarbeitung der Todesschüsse an der innerdeutschen Grenze«, in: *JuristenZeitung* 51 (1996), S. 490 – 494.

Friedrich Dencker, » Vergangenheitsbewältigung durch Strafrecht? Lehren aus der Justizgeschichte der Bundesrepublik «, in: *Kritische Vierteljahreszeitschrift für Gesetzgebung und Rechtswissenschaft* 73 (1990), S. 299 – 312.

Horst Dreier, »Gustav Radbruch und die Mauerschützen«, in: *JuristenZeitung* 52 (1997), S. 421 – 434.

Ralf Dreier, »Gesetzliches Unrecht im SED-Staat? Am Beispiel des DDR-Grenzgesetzes«, in: Fritjof Haft u. a. (Hg.), *Strafgerechtigkeit: Festschrift für Arthur Kaufmann zum 70. Geburtstag*, Heidelberg 1993, S. 57 – 70.

Georg Friedrich Ebner von Eschenbach, *Wieviel Unrecht verträgt der deutsche Rechtsstaat? Verfassungsrechtliche Probleme der Verurteilungen von »Mauerschützen«*, München 2000.

Albin Eser, » Schuld und Entschuldbarkeit von Mauerschützen und ihren Befehlsgebern. Zu einem unbewältigten Problem bei der Bewältigung von DDR-Alttaten«, in: Reinhard Böttcher u. a. (Hg.), *Festschrift für Walter Odersky zum 65. Geburtstag am 17. Juli 1996*, Berlin 1996, S. 337 – 349.

—, Jörg Arnold, *Transitionsstrafrecht und Vergangenheitspolitik (Strafrecht in Reaktion auf Systemunrecht. Vergleichende Einblicke in Transitionsprozesse Tbd. 14)*, Berlin 2012.

Wilfried Fiedler, »Zur Beurteilung vorsätzlicher Tötungshandlungen von Grenzsoldaten der DDR an der Berliner Mauer«, in: *JuristenZeitung* 48 (1993), S. 206 – 208.

Peter Frank, Holger Schneider-Glockzin, » Terrorismus und Völkerstraftaten im bewaffneten Konflikt«, in: *Neue Zeitschrift für Strafrecht* 37 (2017), S. 1 – 7.

Jochen Frowein, Wolfgang Peukert, *EMRK-Kommentar*, Kehl [3]2009.

Walter Gropp, »Naturrecht oder Rückwirkungsverbot? Zur Strafbarkeit der Berliner › Mauerschützen‹ «, in: *Neue Justiz* (1996), S. 393 – 398.

Gerald Grünwald, » Die strafrechtliche Bewertung in der DDR begangener Handlungen«, in: *Strafverteidiger* 11 (1991), S. 31 – 37.

Klaus Günther, » Anmerkung zur Strafbarkeit von Angehörigen der DDR-Grenztruppen wegen Tötung von DDR-Flüchtlingen «, in: *Strafverteidiger* 13 (1993), S. 18 – 24.

Lars Haußühl, *Gerechtigkeit als Strafgrund: Die Radbruchsche Formel in den Mauerschützenurteilen*, Köln 2006.

Joachim Herrmann, » Menschenrechtsfeindliche und menschenrechtsfreundliche Auslegung von § 27 des Grenzgesetzes der DDR «, in: *Neue Zeitschrift für Strafrecht* 13 (1993), S. 118 – 121.

Joachim Hruschka, » Die Todesschüsse an der Berliner Mauer vor Gericht «, in: *JuristenZeitung* 47 (1992), S. 665 – 669.

Internationaler Militärgerichtshof, *Der Prozess gegen die Hauptkriegsverbrecher vor dem Internationalen Militärgerichtshof*, Bd. 1, Nürnberg 1947.

Herbert Jäger, *Verbrechen unter totalitärer Herrschaft: Studien zur nationalsozialistischen Gewaltkriminalität*, Olten 1967.

Günther Jakobs, *Strafrecht Allgemeiner Teil: Die Grundlagen und die Zurechnungslehre*, Berlin [2]1991.

—, » Vergangenheitsbewältigung durch Strafrecht? Zur Leistungsfähigkeit des Strafrechts nach einem politischen Umbruch «, in: Josef Isensee ( Hg. ), *Vergangenheitsbewältigung durch Recht*, Berlin 1992, S. 37 – 64.

—, »Untaten des Staates—Unrecht im Staat. Strafe für die Tötungen an der Grenze der ehemaligen DDR? «, in: *Goltdammer's Archiv für Strafrecht* ( 1994 ), S. 1 – 19.

Hans Jarass, Bodo Pieroth, *Grundgesetz für die Bundesrepublik Deutschland: Kommentar*, München [14]2016.

Hans-Heinrich Jescheck, Burkhard Jähnke und Walter Odersky (Hg.), *Leipziger Kommentar*, Berlin [11]2003 (zitiert als LK-Autorenname).

—, Wolfgang Ruß und Günther Willms (Hg.), *Leipziger Kommentar*, Berlin [10]1985 (zitiert als LK-Autorenname, 1985).

Wolfgang Joecks, Klaus Miebach (Hg.), *Münchener Kommentar zum Strafgesetzbuch. Bd. 1*, München [3]2017 (zitiert als MüKo-Autorenname).

Arthur Kaufmann, »Die Radbruchsche Formel vom gesetzlichen Unrecht und vom übergesetzlichen Recht in der Diskussion um das im Namen der DDR begangene Unrecht«, in: *Neue Juristische Wochenschrift* 48 (1995), S. 81 – 86.

Hans-Peter Kaul, »Der Beitrag Deutschlands zum Völkerstrafrecht«, in: Christoph Safferling, Stefan Kirsch (Hg.), *Völkerstrafrechtspolitik*, Heidelberg 2014, S. 51 – 84.

—, »Der Beitrag Deutschlands zum Völkerstrafrecht«, in: Claus Kreß (Hg.), *10 Jahre Arbeitskreis Völkerstrafrecht. Geburtstagsgaben aus Wissenschaft und Praxis*, Köln 2015, S. 36 – 79.

Markus Kenntner, »Der deutsche Sonderweg zum Rückwirkungsverbot. Plädoyer für die Aufgabe eines überholten Verweigerungsdogmas«, in: *Neue Juristische Wochenschrift* 50 (1997), S. 2298 – 2300.

Claus Kreß, *Vom Nutzen eines deutschen Völkerstrafgesetzbuchs*, Baden-Baden 2000.

—(Hg.), *10 Jahre Arbeitskreis Völkerstrafrecht. Geburtstagsgaben aus Wissenschaft und Praxis*, Köln 2015.

Lothar Kuhlen, Thomas Gramminger, »Der Mauerschütze und der Denunziant. Ein Bericht über eine strafrechtliche Hausarbeit«, in: *Juristische Schulung* 33 (1993), S. 32 – 39.

Georg Küpper, Heiner Wilms, »Die Verfolgung von Straftaten des SEDRegimes«, in: *Zeitschrift für Rechtspolitik* 25 (1992), S. 91 – 96.

Ernst-Joachim Lampe, »Rechtswidriges Gesetz? Strafbarer Gesetzgeber? Eine rechtsphilosophische Voruntersuchung zur sogenannten Regierungskriminalität in der ehemaligen DDR«, in: ders. (Hg.), *Die Verfolgung von Regierungskriminalität der*

*DDR nach der Wiedervereinigung*, Köln 1993, S. 15 - 26.

—, » Systemunrecht und Unrechtssysteme «, in: *Zeitschrift für die gesamte Strafrechtswissenschaft* 106 (1994), S. 683 - 745.

Silke Laskowski, » Die Probleme des Rechtsstaats mit dem DDR-Unrecht «, in: *Juristische Arbeitsblätter* 26 (1994), S. 151 - 166.

Otto Luchterhand, »Was bleibt vom Recht der DDR?«, in: Karsten Schmidt (Hg.), *Vielfalt des Rechts—Einheit der Rechtordnung? Hamburger Ringvorlesung*, Berlin 1994, S. 165 - 198.

Klaus Lüderssen, » Zu den Folgen des › Beitritts ‹ für die Strafjustiz der Bundesrepublik Deutschland«, in: *Strafverteidiger* 11 (1991), S. 482 - 487.

—, *Der Staat geht unter—das Unrecht bleibt?*, Frankfurt am Main 1992.

—, » Kontinuität und Grenzen des Gesetzlichkeitsprinzips bei grundsätzlichem Wandel der politischen Verhältnisse «, in: *Zeitschrift für die gesamte Strafrechtswissenschaft* 104 (1992), S. 735 - 784.

—, » Entkriminalisierung durch Politisierung?«, in: *JuristenZeitung* 52 (1997), S. 525 - 533.

Klaus Marxen, Gerhard Werle, *Die strafrechtliche Aufarbeitung von DDR-Unrecht. Eine Bilanz*, Berlin 1999.

Wolfgang Naucke, *Die strafjuristische Privilegierung staatsverstärkter Kriminalität*, Frankfurt am Main 1996.

Ulfried Neumann, »Strafrechtliche Verantwortlichkeit für die DDR-Spionage gegen die Bundesregierung «, in: Ernst-Joachim Lampe (Hg.), *Die Verfolgung von Regierungskriminalität der DDR nach der Wiedervereinigung*, Köln 1993, S. 161 - 171.

Michael Pawlik, » Strafrecht und Staatsunrecht. Zur Strafbarkeit der › Mauerschütze‹ «, in: *Goltdammer's Archiv für Strafrecht* (1994), S. 472 - 483.

Lore Maria Peschel-Gutzeit, Anke Jenckel, » Aktuelle Bezüge des Nürnberger Juristenurteils «, in: Lore Maria Peschel-Gutzeit (Hg.), *Das Nürnberger Juristen-Urteil von 1947. Historischer Zusammenhang und aktuelle Bezüge*, Baden-Baden 1996, S. 277 - 299.

Jörg Polakiewicz, »Verfassungs- und völkerrechtliche Aspekte der strafrechtlichen Ahndung des Schußwaffeneinsatzes an der innerdeutschen Grenze «, in: *Europäische Grundrechte Zeitschrift* 19 (1992), S. 177 – 190.

Gustav Radbruch, » Gesetzliches Unrecht undübergesetzliches Recht «, in: *Schweizerische Juristen-Zeitung* (1946), S. 105 – 108.

Herwig Roggemann, »Die strafrechtliche Aufarbeitung der DDR-Vergangenheit am Beispiel der › Mauerschützen ‹ - und der Rechtsbeugungsverfahren «, in: *Neue Justiz* (1997), S. 226 – 232.

Günther Sachs (Hg.), *Grundgesetz. Kommentar*, München [7]2014.

Frank Saliger, *Radbruchsche Formel und Rechtsstaat*, Heidelberg 1995.

Adolf Schönke, Horst Schröder (Hg.), *Strafgesetzbuch: Kommentar*, München 2006.

Hans-Ludwig Schreiber, »Die strafrechtliche Aufarbeitung von staatlich gesteuertem Unrecht«, in: *Zeitschrift für die gesamte Strafrechtswissenschaft* 107 (1995), S. 157 – 182.

Friedrich-Christian Schroeder, » Die Rechtswidrigkeit der Flüchtlingserschießungen zwischen Transzendenz und Immanenz «, in: *Juristische Rundschau* (1993), S. 45 – 51.

Bernd Schünemann, »Ungelöste Rechtsprobleme bei der Bestrafung nationalsozialistischer Gewalttaten«, in: Wolfgang Frisch, Werner Schmid (Hg.), *Festschrift für Hans-Jürgen Bruns zum 70. Geburtstag*, Köln 1978, S. 223 – 247.

—, »Strafrechtliche Verantwortlichkeit für die DDR-Spionage gegen die Bundesrepublik nach der Wiedervereinigung«, in: Ernst-Joachim Lampe (Hg.), *Die Verfolgung von Regierungskriminalität der DDR nach der Wiedervereinigung*, Köln 1993, S. 173 – 191.

Hanno Siekmann, *Das Unrechtsbewusstsein der DDR-»Mauerschützen«*, Berlin 2005.

Gerhard Sprenger, »50 Jahre Radbruchsche Formel oder: Von der Sprachnot der Juristen«, in: *Neue Justiz* 51 (1997), S. 3 – 7.

Michail Vagias, *The territorial jurisdiction of the International Criminal Court*, Cambridge 2014.

Wolfgang Vitzthum, Alexander Proelß (Hg.), *Völkerrecht*, Berlin [7]2016.

Wanja Andreas Welke,»Rückwirkungsverbot zugunsten staatlicher Kriminalität?«, in: *Kritische Justiz* 28（1995）, S. 369 - 382.

Gerhard Werle,» Deutschland und das Völkerstrafrecht: Zeitgeschichtliche Perspektiven«, in: Florian Jessberger, Julia Geneuss（Hg.）, *Zehn Jahre Völkerstrafgesetzbuch*, Baden-Baden 2013, S. 23 - 33.

Jürgen Wolter u. a.（Hg.）, *Systematischer Kommentar zur Strafprozessordnung*, Köln [4]2012（zitiert als SK-Autorenname）.

Stefan Zimmermann,»Die strafrechtliche › Bewältigung‹ der deutschen Diktaturen«, in: *Juristische Schulung* 36（1996）, S. 865 - 871.

# 从单一性到多元性

## ——柏林共和时代作为独立法律领域的反歧视法的产生[*]

〔德〕安娜·卡塔琳娜·曼戈尔德[**] 著

苏 李[***] 译 娄 宇[****] 校

共和制的根本前提是所有公民一律享有民主的平等地位。这个前提的宪法保障是平等原则。[1]但这个神圣的规范性请求权,总是要直面持续的不平等现实,因为平等权的概念是事实上的不平等的抽象化。[2]早在波恩基本法时期,就已对《基本法》第3条第1款的一般平等原则配置了第2款和第3款规定的特殊平等原则。然而直到柏林共和时代,也正是本文的立论所在,才发展出对歧视予以反击的独立的法律领域,

---

[*] 特别鸣谢索菲·阿恩特(Sophie Arndt)、西比拉·弗吕格(Sibylla Flügge)、乌尔丽克·伦布克(Ulrike Lembke)、诺拉·马卡德(Nora Markard)和乌特·萨克斯夫斯基(Ute Sacksofsky)非常有益的提示、补充建议以及其他的视角。

[**] 安娜·卡塔琳娜·曼戈尔德(Anna Katharina Mangold),生于1977年,先后于弗莱堡大学和剑桥大学学习法学,2009年获得博士学位。2012年起任法兰克福大学熊彼特研究员(德国大众基金会),2016年获得教授资格,现任弗伦斯堡大学欧洲与国际法教授。

[***] 苏李,河南焦作人,德国科隆大学法学博士候选人。主要研究领域:劳动法与社会保障法。

[****] 娄宇,河北沧州人,德国法兰克福大学法学博士,中国社会科学院经济学博士后,现任中国政法大学民商经济法学院教授,社会法学研究所所长。主要研究领域:劳动与社会保障法律与政策。

1 Leibholz, *Die Gleichheit vor dem Gesetz*, S. 20:自由和平等"根本不是给定的,而是待添加、'待实现'的"。

2 Radbruch, *Rechtsphilosophie*, S. 126:"平等总是且仅是在特定角度下给定的不平等的抽象。"

也就是所谓的反歧视法。从20世纪90年代初开始,发生了语义学意义的置换,从"平等"(Gleichheit)、"平等权"(Gleichberechtigung)、"平等权利地位"(Gleichstellung)到"歧视法"(Diskriminierungsrecht),它时而被称作"反歧视法"(Antidiskriminierungsrecht),时而又被称作"非歧视法"(Nichtdiskriminierungsrecht)。伴随着新概念的产生,其含义也发生了改变。改变的原因是多方面的,也因此值得进行更精准的分析,因为它们对柏林共和时代的民主精神进行了很多论述。

反歧视法产生的历史也是一个跨国法律发展的典型例子,这是因为德国在防止歧视方面的权利状态深受比较法、超国家法和国际法的影响。反歧视法重要性的提升是在很多民主国家同时可以观察到的现象。反歧视法也因此表明了冷战结束以来才有可能形成如此规模的联邦共和法在跨国家层面上的交织。因此,反歧视法具有柏林共和时代独有的特征。

有关反歧视法法律史面向的阐释是不完整的,在此不再对身为当代反歧视法拓荒者的女性主义法学所做的强有力的前期工作做评价。尽管女性主义法学并非全部倾力于反歧视法的研究,但毋庸置疑的是,女性主义的分析视角是重要且不可被替代的。因为确认一个独立的法律领域始终也是一种法律政策和科学政策的主张,相伴而生的是在新的领域进行资金和资源的配置,而这些资金和资源以前专门用于其他问题,对此的强调是至关重要的。反歧视法并非女性主义研究的替代品。

以下内容首先提出反歧视法的临时定义(Arbeitsdefinition),用以初步确认本文的研究对象(下文一)。然后探求柏林共和时代下反歧视法的意义提升的原因,因为它们构成了待描述的法律发展的历史背景(下文二)。关于欧盟法推进的反歧视法典编纂工作的辩论构成了"反歧法"法律领域发展的关键契机。由此产生的《一般平等待遇法》自2006年发布之时起,在司法判决和法学文献中展开了艰苦细致、繁琐的法教义学探索。重要的问题领域已经被察觉到(下文三)。根据这一概述,可以研究反歧视法是否是一个独立的新的法律领域的问题(下文四)。最后以展望结束(下文五)。

# 一、如何理解反歧视法?
## ——一个临时定义

为了更加准确地确定以下历史梗概的对象,本文提出一个反歧视法的临时定义。至今反歧视法的总概念(der Oberbegriff)并未广为人知,但与此同时已经在国际层面上产生了对研究对象进一步界定的首次尝试。[3] 就本文的目标而言,针对的是法学研究和司法判决中涉及的歧视问题,同时歧视被理解成不平等对待(Ungleichbehandlung)的一种特定形式。[4] 歧视是"那些排除某个人或贬低某个人的不平等对待,即那些让一个人看起来成为第二等级的人的对待"[5]。它的根基是一种超越形式平等理念(形式上的平等对待)的对实质平等(substantive equiality)的要求,它也考虑到对不同人(群体)(同等)对待的那些影响后果。[6] 同样,未考虑差异性的不适当的平等对待也可以是歧视。以一种抽象的方式,这种看法在语义学上虽无实质内容,但却以众所周知的

---

3　Mangold, *Demokratische Inklusion durch Recht*, §1;有关英文的辩论参见Khaitan, *A theory of discrimination law*, S. 23 ff. :"歧视法的本质"。

4　从这个意义上说也请参见Sacksofsky, »Diskriminierung und Gleichheit«, S. 31。

5　Ebd.

6　Ebd. , S. 33.

方式表达出来,[7] 即"相同情况必须相同对待,但不同情况必须不同对待"[8]。

在这篇文章中,笔者将反歧视法作为上位概念,它包含非歧视法(具有回应性的目标设定)和平等地位法(das Gleichstellungsrecht)(具有主动性的目标设定)。[9] 转向法教义学,涉及对直接和间接歧视以及骚扰(Belästigung)的回应性禁止(die reaktiven Verboten)。此外,还存在积极主动的措施(die proaktiven Maßnahmen),即在配额制度(Quotenregelungen)里探讨的肯定性行动(affirmative action)。居于二者之间的是合理调整(reasonable accommodation),即为了补偿不公正待遇而采取的适当防护措施,比如在残疾的情形下。

反歧视法的特征是列举式(enumerative)或开放式的范畴目录(offene Kategorienkataloge),它使得在实践中出现的特定的、特别频繁或严重的歧视获得法律定位。[10] "种族、阶级、性别"是其经典的描述,然而更多的涉及美国法上的讨论,在德国较少被接受。除此之外,其他数目众多的"不平等轴"(Ungleichheitsachsen)[11] 被添加进来,诸如残疾、性取向或年龄。这些分类的交叉(intersectionality)[12] 以及相互之间的关系本身并非不存在问题,在德国被作为多维度的歧视(mehrdimensionale Diskriminierung)

7　Podlech, *Gehalt und Funktionen des allgemeinen verfassungsrechtlichen Gleichheitssatzes*, S. 77 ff.

8　So BVerfGE 1, S. 14(52)—Südweststaat[1951];3, S. 58(135)—Beamtenverhältnisse[1953];对该表述有启发意义的参见 Osterloh/Nußberger, »Art. 3«, Rn. 1−7。

9　详细论述请参阅 Mangold, *Demokratische Inklusion durch Recht*, § 5。

10　详细论述同上, § 6。

11　Klinger/Knapp/Sauer, *Achsen der Ungleichheit*;之前:Knapp/Wetterer, *Achsen der Differenz*。

12　概念的形成参阅 Crenshaw, »Demarginalizing the Intersection of Race and Sex«。详细论述请参见下面的注释 19 和注释 94 及以下。

进行了未成定论的讨论。[13]

## 二、柏林共和时代反歧视法产生的原因

反歧视法产生的原因是多方面的，本文的论点是，它在柏林共和时代达到顶峰并非偶然。随着具有标志意义的两德的统一，在此之前一直处于双方敌对状态的意识形态壁垒瓦解了。广泛的移民潮到来，特别是基于地缘政治状况的改变，它反映在比如南斯拉夫内战，以及后来的其他逃亡运动中。与此同时，继续深化的欧盟一体化进程和日益增加的欧洲公民的流动，导致了人与人的相遇，他们之前彼此之间是陌生疏离的，而现在生活在同一个社会。坦白来说，德国是一个移民国家，[14]这体现在不同群体持久地生活在一起并形成了"民主的社会"。与此同时，历史上被边缘化的社会群体曾实际上强有力地[15]主张了他们所应享有的平等权（Gleichberechtigung），并且对一个同质化的社会构想[16]持续地进行了质疑。这个学习的过程被描述成从波恩共和时代的同质理念到多元、多彩的柏林共和时代的理想的过渡。[17] 纵观反歧视法产生的重要原因，在此需要强调两个特别重要的原因：女性主义法学的丰产〔下文（一）〕和欧盟法的影响力〔下文（二）〕。

---

13　Mangold, »Mehrdimensionale Diskriminierung«.

14　安格拉·默克尔首次于 2015 年 6 月在与市民的对话中宣布这一点；参考《法兰克福汇报》（FAZ）2015 年 6 月 1 日的报道（http://www.oecd.org/berlin/Is－migration－really－increasing. pdf）。根据经济合作与发展组织（OECD）2014 年 5 月的报告，德国是仅次于美国的第二大移民国家（http://www.oecd.org/ber lin/Is－migration－really－increasing. pdf）。在 2005 年《移民法》（Zuwanderungsgesetz）改革中，该概念成为影响讨论的话题。

15　思考女性和残疾人、女同性恋者和男同性恋者以及有色人种。

16　详细的概念族谱参见 Hanschmann, Der Begriff der Homogenität。

17　"多元共和国"的概念由 Nickel 使用，参见 Nickel, Gleichheit und Differenz。

## （一）女性主义法学的丰产

女性主义法学为反歧视法在思想、概念和方法上铺平了道路。德国讨论的出发点是性别平等。[18] 然而"女性主义"这个修饰语，起初并没有被限定在"性别"的范畴，而是鉴于不平等轴的复合交叉（交叉性）[19]，始终援引一种用于识别排除机制（Identifizierung von Exklusionsmechanismen）的整体科学分析方法。[20]

自 20 世纪 80 年代末以来，主要通过女性主义学者们全面的解释工作，一个实质平等的理念在德国法中得到了发展。[21] 这些作者们主要通过参考美国女性主义法学中分化的讨论，推进了形式平等和实质平等的区分。[22] 值得一提的是普法尔（Pfarr）[23]、斯卢皮克（Slupik）[24]、拉施（Raasch）[25]、萨克斯夫斯基（Sachsofsky）[26]、席克（Schiek）[27] 和贝尔（Baer）[28] 于 20 世

---

18　概况参见 Sacksofsky, »Die blinde Justitia«。

19　例如对社会经济阶级和性别的交叉已经存在于 Zetkin, *Zur Geschichte der proletarischen Frauenbewegung Deutschlands*；概况参见 Walgenbach, »Gender als interdependente Kategorie«。

20　自 20 世纪 90 年代以来，美国的种族批判理论逐渐引入欧洲，最新的著作请参见 Möschel, *Law, lawyers and race*。

21　然而该部作品自然也有其先驱。需要指出的例如埃尔娜·舍夫勒（Erna Scheffler）于 1950 年在美因河畔的法兰克福举行的第 38 届法律人大会（38. Deutscher Juristentag）上所作的演讲：Scheffler, »Die Gleichberechtigung der Frau«。

22　这类作品是诺莫斯出版社的所谓"妇女平等地位紫色系列丛书"（原因在于其独特的紫色装订）；现更名为"平等地位丛书"（http://www. nomos - shop. de/reihenpopup. aspx？reihe = 192）。

23　Pfarr/Bertelsmann, *Lohngleichheit*（对当时的社会自由政府的研究）; dies., »Mittelbare Diskriminierung von Frauen«. 作为先驱者的海德·普法尔（Heide Pfarr）的文献目录请参见 Hohmann - Dennhardt/Körner/Zimmer（Hg.）, *Geschlechtergerechtigkeit*, S. 531 ff.。

24　Slupik, *Die Entscheidung des Grundgesetzes für Parität im Geschlechterverhältnis.*

25　Raasch, *Frauenquoten und Männerrechte.*

26　Sacksofsky, *Das Grundrecht auf Gleichberechtigung.*

27　Schiek, *Nachtarbeitsverbot für Arbeiterinnen.*

28　Baer, *Würde oder Gleichheit？.*

纪 90 年代创作的基础的、有开拓意义的著作。这些著作特别聚焦于诠释《基本法》第 3 条第 2 款的规定："男女平等。"[29]此外还涉及性暴力和性骚扰,尤其涉及配额和优先权规则( Quoten und Bevorzugungsregeln) 的宪法管辖,特别是在职业生涯中。以传统的性别角色分工为出发点保留下来的结构,很大程度上在职业生涯中发挥作用,这也是对劳动法展开深刻研究的原因。对抗延续至今的惯性理应在配额制度里设置肯定性行动,以便使至今被排除在外的女性获得连同晋升机会在内的就业岗位。自 1980 年以来,《妇女和残疾人平等地位法》同样是起初并不被认同[30]的女性主义分析和政治诉求[31]的结果。

联邦宪法法院 1992 年作出了备受关注的夜班禁令的判决,首次采纳了女性主义的诠释建议。[32] 法院首次[33]衡量了一条法律规范的实际效果:

《工作时间规定》第 19 条的夜班禁令虽然保护了大量兼顾教

---

29　关于历史生成:Reich-Hilweg, *Der Gleichbehandlungsgrundsatz*。来自早期的文献:Binder-Wehberg, *Ungleichbehandlung von Mann und Frau*; Hohmann-Dennhardt, *Ungleichheit und Gleichberechtigung*; Jansen ( Hg. ), *Halbe-halbe*。

30　例如在联邦层面:1994 年 6 月 24 日的《第二部平等权利法》( Zweites Gleichberechtigungsgesetz),BGBl. I, 1406, S. 2103,其中包括以下法律:《联邦公务人员妇女促进法》(FGG)、《职场性骚扰职工保护法》( Beschäftigtenschutzgesetz)、《联邦内部机构任命和调动法》(BGremBG)。并且在州的层面也存在相应的平等地位法,比如 1990 年 11 月 20 日的《不来梅州平等地位法》,GBl. 1990, S. 433;或者 1994 年 3 月 31 日的《萨克森州妇女促进法》,SächsGVBl. 1994, S. 684。详细论述请参见 Schiek, *Frauengleichstellungsgesetze des Bundes und der Länder*。相比之下,1957 年的《第一部平等权利法》( Erste Gleichberechtigungsgesetz)最初旨在在《德国民法典》中创设一个平权的家庭法。为此参见米勒(Müller)名单的档案记录, *Gleichberechtigung als Verfassungsauftrag*。

31　Sachs, *Grenzen des Diskriminierungsverbots*; Sachs, » § 121 Die Gleichberechtigung von Mann und Frau «; Huster, *Rechte und Ziele*; Huster, » Frauenförderung zwischen individueller Gerechtigkeit und Gruppenparität«.

32　BVerfGE 85, S. 191 [1992].

33　揭示出联邦宪法法院判决的连续性,参见 Sacksofsky, *Das Grundrecht auf Gleichberechtigung*, S. 64–79。

育子女和操持家务的职业女性免受上夜班对身体健康造成的损失,但并不能有助于实现《基本法》第3条第2款的目的。伴随这种保护而来的巨大不利是:女性因此在应聘时遭受歧视。那些至少有时必须在晚上完成的工作,不能由她们完成。这导致在一些领域对女性劳动力的职业培训和任用显著下降。其次,它阻碍女性劳动者自由支配劳动时间。她们无法赚取夜班加班费。所有这些可能导致的后果是:相较于男性,女性除了职场工作之外,还要继续兼顾抚育子女和操持家务的任务,从而继续在更大范围内加重其负担,也因此巩固了两性之间传统的角色分工。就这一点来说,夜班禁令使得减少社会对女性的不公正待遇变得困难。[34]

在《基本法》的宪法改革[35]中,这种理解被添加为《基本法》第3条第2款第2句:

> 国家促进男女平等的真正实现,并力求消除现有的不平等现象。(作者特别强调)

这个表述显示出对实际的生活现实的参照和《基本法》的决定,在第3条第1款的形式平等的理解基础上添加了实质平等的理解。[36] 同

---

34 BVerfGE 85, S. 191 (S. 209 f.)

35 Limbach/Eckertz-Höfe, *Frauenrechte im Grundgesetz des geeinten Deutschland.* 该卷本对此进行了记录。

36 Suelmann, *Die Horizontalwirkung des Art. 3 II GG*; Schumann, *Faktische Gleichberechtigung*; Schweizer, *Der Gleichberechtigungssatz.*

时增设第 3 条第 3 款第 2 句,[37]它归功于越发自觉的残疾人运动。[38] 与《基本法》第 3 条第 2 款和第 3 款第 1 句中的"性别"范畴相比,对其他宪法禁止的歧视的学术研究少得多。[39]

20 世纪 90 年代中期开始,也是借由欧盟法院的判例推动的,作为教义学构造的间接歧视引起了法学研究的兴趣。[40] 禁止间接歧视会对特定的后果进行制裁,也就是本身中立的规定、标准或者程序对按范畴分类可确定的人群产生了不成比例的影响。同样,间接歧视也着眼于其实际影响,并致力于践行实质平等的理念。

## (二) 欧盟反歧视法

与欧洲联盟成员国的所有法律发展一样,不能不参照欧洲层面来描述德国反歧视法的历史。欧洲经济共同体法律率先成为免受歧视的法律保护的重要驱动器。首先它对职业生活中有关国籍与性别的歧视进行规制,自 2000 年以来,在民法领域出现了一般性的保护条款,并且延伸到其他范畴分类。

1. 欧洲经济共同体法律的反歧视基本方向:禁止基于国籍的歧视

欧洲煤钢共同体和欧洲经济共同体从一开始就关注的一个根本与核心问题是禁止基于国籍的歧视。在其适用范围内,《建立欧洲经济共

---

37　Buch, *Das Grundrecht der Behinderten*; Strassmair, *Der besondere Gleichheitssatz aus Art. 3 Abs. 3 Satz 2 GG*; Welti, *Behinderung und Rehabilitation im sozialen Rechtsstaat*; Leder, *Das Diskriminierungsverbot wegen einer Behinderung.*

38　随着残疾研究的深入,一个跨学科的研究领域正逐步被建立起来。为此参见 Köbsell/Waldschmidt, »Special Topic«。

39　参见"种族"这一概念:Rädler, *Verfahrensmodelle zum Schutz vor Rassendiskriminierung*; Marten-Gotthold, *Der Schutz der Sinti und Roma in der Bundesrepublik Deutschland*;关于语言: Tinnefeld, *Der Schutz der Sprache als verfassungsrechtliche Aufgabe*。

40　见下文注释 54。

同体条约》第 7 条第 1 款创设出一个跨国家法律领域的典范,在该法律领域里,不再因不同成员国的国籍导致更差的待遇。因此,禁止基于国籍的歧视足以并且已经修正了[41]耶林内克(Jellinek)经典国家观[42]中的人口要素;足以并且已经对诸如施米特(Schmitt)人民概念[43]中的实质同质性构想持续地进行了驳斥[44]。尽管如此,这种"市场公民身份"(Marktbürgerschaft)的设计方案,正如伊普森(Ipsen)恰当地称之为隶属关系(das Angehörigkeitsverhältnis),[45]仍然依附于经济的基本自由,而且共同市场的功能导向是不可否认的。相应地,禁止基于国籍的歧视,首先在共同体法有关移民劳工的预先规定中得到实施。劳动者迁徙自由对禁止歧视的附加要求的运作效果是有限的,但其作为一种法律理念,这种保护免受歧视的思想依旧继续存在。[46]

2. 男女同工同酬作为欧洲经济共同体法律的要求

早在 1957 年,出于相较于德国处于竞争劣势的担忧,法国推动了

---

41　在其早期且具有开创性的著作中,格拉比茨(Grabitz)尝试着通过实际可行的办法,将迄今有限的市场市民的经济权利也扩展至政治参与,他认为这是跨国家隶属关系(Angehörigkeitsverhältnis)的发展必不可少的下一步和必然步骤。关于格拉比茨在早期欧盟法背景下的著作,参见 Mangold, »Zwischen Vision und Pragmatismus«。

42　Jellinek, *Allgemeine Staatslehre*, S. 406 ff.,作为根本地,一方面是国民的概念,另一方面是外国人的概念:S. 398。

43　Schmitt, *Der Begriff des Politischen*; ders., *Verfassungslehre*, S. 79:国家这个概念把人民称之为"具备政治特性和政治存在意志的、能够采取政治行动的统一体;而不作为国家存在的人民,仅在某种程度上具有种族或文化相关性,但不一定是政治上存在的人的联合"(原著中强调)。

44　对这种想法透彻的提炼和解构参见 Hanschmann, *Der Begriff der Homogenität in der Verfassungslehre und Europarechtswissenschaft*。

45　Ipsen/Nicolaysen, »Haager Kongreß für Europarecht«, S. 340. 关于语境化,参见 Oppermann, »Vom Marktbürger zum EG-Bürger?«。

46　Mangold, » § 4 Die sozial- und arbeitsrechtliche Relevanz der Unionsbürgerschaft«, Rn. 120 ff.

男女同工同酬并将之在《建立欧洲经济共同体条约》第 119 条[47]确定了下来。[48] 该条规范导致欧洲法院在性别平等的支付报酬领域创制了积极的判例法。特别是源于欧洲法院对"薪酬"这一概念进行了非常广泛的解释,并将所有可能的给付视为薪酬。[49] 1976 年在 Defrenne II 案的判决中,欧洲法院首先确立了欧盟基本法律规范(Primärrechtsnorm)直接适用的效力。[50] 在三年后发布的 Defrenne III 案判决中,欧洲法院在《建立欧洲经济共同体条约》第 119 条明确了共同体法律的一般目标,即消除所有基于性别的歧视。[51]

为进一步发展实质平等概念,欧洲法院展开了重要的借鉴工作,这体现在从 20 世纪 80 年代中期开始,将美国的间接歧视法律模式〔最初作为"差别影响"引入 1964 年《民权法案》(Civil Rights Act)第七章[52]〕纳入欧洲法律话语之中,并在其判例法中得到进一步发展。[53] 这也使得

---

47　《建立欧洲经济共同体条约》第 119 条:"在第一阶段,每个成员国将适用男女同工同酬原则并在以后继续保持。本条指称的'工资'是一般情况下雇主直接或间接以现金或实物支付的基本和最低工资和薪金以及任何其他报酬。不带性别歧视的工资平等权意味着,第一,按相同件数计算的薪酬,按照相同的计量单位确定;第二,按时数计算的薪酬,在相同的工作岗位是相同的。"

48　Langenfeld, *Die Gleichbehandlung von Mann und Frau im Europäischen Gemeinschaftsrecht*; dies., »Art. 141«, Rn. 6 - 8.

49　关于工资的概念参见 Langenfeld, »Art. 141«, Rn. 51 ff.。

50　EuGH, Rs. C -4/75, *Defrenne II*, Slg. 1975, S. 455.

51　EuGH, Rs. 149/77, *Defrenne III*, Slg. 1978, S. 1365.

52　基本的判决:US Supreme Court, Urteil vom 08. 03. 1971, 401 U. S. 424—*Griggs vs Duke Power Co*。

53　第一本基础性的欧洲专著是托布勒(Tobler)的教授资格论文, *Indirect discrimination*,里面详细论述了欧洲法院判例的发展,S. 101 ff.。

间接歧视同样在德意志联邦共和国的法律文献里获得了巨大的关注。[54]
紧随欧洲法院的判例法,1997 年间接歧视在所谓的举证责任指令
(Beweislast-Richtlinie)中首次被法律界定。[55]

3. 欧盟反歧视指令

欧盟以指令形式进行的立法活动大大改变了对欧洲无歧视市场
活动的认识。[56] 自 20 世纪 70 年代以来,共同体层面通过制定职业生
涯中性别平等的指令的形式,展开了活跃的立法活动,[57]德国 1980 年
将共同体指令转化成国内法,即《德国民法典》第 611a 条。自 2000
年以来欧盟继续努力地推进这类指令的制定工作。[58] 与此同时将禁

---

54　Pfarr, » Mittelbare Diskriminierung von Frauen «; Hanau/Preis, » Zur mittelbaren
Diskriminierung wegen des Geschlechts«; Bieback, »Mittelbare Diskriminierung der Frauen im
Sozialrecht«; Buglass/Heilmann, »Verbot der unmittelbaren und mittelbaren Diskriminierung bei
beruflichem Aufstieg«; Sowka, »Mittelbare Frauendiskriminierung«; Blomeyer, *Das Verbot der
mittelbaren Diskriminierung*; Rating, *Mittelbare Diskriminierung der Frau*; Wisskirchen,
*Mittelbare Diskriminierung von Frauen im Erwerbsleben*; Erasmy, » Einfluß der EuGH-
Rechtsprechung«; Fuchsloch, *Das Verbot der mittelbaren Geschlechtsdiskriminierung*; Graue/
Deinert, »Mittelbare Diskriminierung von Frauen«; Rüfner, »Die mittelbare Diskriminierung«;
Bieback, *Die mittelbare Diskriminierung wegen des Geschlechts*; Sievers, *Die mittelbare
Diskriminierung im Arbeitsrecht*; Feldhoff, *Der Anspruch auf gleichen Lohn für gleichwertige
Arbeit*; Göddeke, *Die mittelbare Diskriminierung im System der Gleichbehandlung*; Hakvoort,
*Mittelbare und unmittelbare Diskriminierung von Frauen*; Wellenhofer, » Die mittelbare
Diskriminierung des nichtehelichen Kindes durch § 1615 I BGB«.

55　Art. 2 Abs. 2 *Beweislast-RL* (RL 97/80/EG).

56　对共同体法重要性的强调,参见 Somek, »Neoliberale Gerechtigkeit«, S. 45。

57　Lohngleichheits-RL (RL 75/117/EWG); Gleichbehandlungs-RL (RL 76/207/
EWG) und Änderungs-RL (RL 2002/73/EG); Beweislast-RL (RL 97/80/EG),通过 RL 98/
52/EG 指令扩展适用于大不列颠及北爱尔兰联合王国; Betriebspensions-RL (RL 86/378/
EWG),通过 Betriebspensionsänderungs-RL (RL 96/97/EG) 指令对其进行修改;
Gleichbehandlungs-RL—Selbständige (RL 86/613/EWG); GleichbehandlungsRL—soziale
Sicherheit (RL79/7/EWG); Mutterschutz-RL (RL 92/85/EWG); Elternurlaubs-RL (RL 96/
34/EG); Teilzeitarbeits-RL (RL 97/81/EG),通过 RL 98/23/EG 指令扩展适用于大不列颠
及北爱尔兰联合王国。

58　Gleichbehandlungs-RL n. F. (RL 2006/54/EG); Gleichbehandlungs-RL—
Selbständige n. F. (RL 2010/41/EU); Elternurlaubs-RL n. F. (RL 2010/18/EG).

止歧视的规定从劳动法扩大到民法的其他领域,即普遍地适用于商品和服务的供应领域。[59] 除此之外,范畴目录也已经扩大,欧盟法律已经禁止"基于宗教信仰或世界观、残疾、年龄或者就业和职业中的性取向"[60]的歧视,并在民法领域普遍地禁止"基于种族或族群出身"[61]的歧视。

与之前已经禁止的基于国籍的歧视一样,欧洲反歧视法主要有助于建立一个共同的内部(劳动力)市场。劳动和社会市场是欧洲一体化的核心;对成员国劳动法律制度的不同结构和不同传统的同化是"劳动力流动"和企业投资决策的先决条件;而这两者都依赖竞争条件的统一化。[62] 因此,欧盟反歧视法在历史进程中最初源于一个首要的经济目标。它坚信,当受到歧视时,市场无法有序运行。因此,欧洲反歧视法的出发点就在于市场自由化,旨在满足跨境劳动力市场一体化的需求。[63] 与此同时,特别是自《欧盟基本权利宪章》公布及其在第 21 条中明确禁止歧视以来,欧洲反歧视法得到了相当大程度的发展;它同时实现了对原则性的欧洲公民平等身份的普遍性保护。[64]

---

59　Gleichbehandlungs-RL—Zivilrecht（RL 2004/113/EG）.

60　Beschäftigungs-RL oder Rahmen-RL（RL 2000/78/EG）,本指令第 1 条立法目的。

61　Antirassismus-RL（RL 2000/43/EG）,本指令第 1 条立法目的。指令第 3 条第 1 款第 h 项将适用范围额外扩展到工作和职业领域:"获得(享有)和[……]向公众提供的,包括住房在内的商品和服务。"

62　Däubler/Bertzbach, *Allgemeines Gleichbehandlungsgesetz*, Einleitung, Rn. 196.

63　也请参见 Däubler/Bertzbach, *Allgemeines Gleichbehandlungsgesetz*, Einleitung, Rn. 231。基本的批评参见 Somek, *Engineering equality*.

64　Mangold, » § 4 Die sozial- und arbeitsrechtliche Relevanz der Unionsbürgerschaft «, Rn. 120 ff.

# 三、《一般平等待遇法》(AGG)

## (一) 关于《一般平等待遇法》的讨论

特别是受到影响深远的反种族主义 2000/43/EG 指令规定的启发，在德国引发了一场激烈的有关一般反歧视法的争论。反对者援引私法自治，赞同者以人格尊严和实质平等进行反驳。辩论的典范是针对加布里埃莱·布里茨 (Gabriele Britz) 和马蒂亚斯·耶施泰特 (Matthias Jestaedt) 于 2005 年在国家法教授年会上作的出乎意料、几乎没有争议的专题报告的讨论。[65] 需要注意的是，由于尚未提出具体的有约束力的立法提案，对该专题仅仅进行了一般性的讨论。[66] 相应地，很多论述还不是完全可靠的。特别是在随后的辩论中，人们对于这种苛求，即限制私人自治中所谓的"歧视权利" (Recht auf Diskriminierung) 表现出一些不小的愤怒，尽管歧视问题原本属于道德问题并因此应和法律区别开来。[67] 它不过是"表达信念" (Gesinnung abzupressen)。[68] 如果歧视问题被司法化，将会产生"监视体系""监视国家"和"公民被激发下的监视

---

65　Britz, »Diskriminierungsschutz und Privatautonomie« und Jestaedt, »Diskriminierungsschutz und Privatautonomie«.

66　2001 年曾有提议把反歧视法律规范纳入《德国民法典》中；2004 年提出了《一般歧视法》的建议；为此参见 Däubler/Bertzbach（Hg.），*Allgemeines Gleichbehandlungsgesetz*, Einleitung, Rn. 8 f.；Schiek/Kocher（Hg.），*Allgemeines Gleichbehandlungsgesetz（AGG）*, Einleitung, Rn. 2 ff.。

67　"歧视权"是作者的尖锐表述。更加精致地，朗格 (Lange) 在辩论中对此进行了准确的表述 (*Veröffentlichungen der Vereinigung der Deutschen Staatsrechtslehrer* 64 [2005], S. 409)：他发现很难想象，"当有人因为年龄、性别或种族归属而歧视他人的时候，他将歧视诉诸道德"。

68　Hillgruber, »Diskussionsbeitrag«.

社会"。[69] 与之相关的"意识形态失去理智"[70]的指责遭到了反驳,因为反歧视立法如今已经发展成为一种广泛的国际标准。[71]

迫于将欧盟法转化为国内法的压力,《一般平等待遇法》才于 2006 年极其延迟地[72]被公布出来。[73] 取代歧视这个用词,法律通篇都在使用"不公平对待"(Benachteiligung)这个表达,该法分为七章,首先在第 1 条明确立法目的,在第 2 条明确适用范围;[74]而第 3 条包含了概念的界定。内容最为丰富的第二章在第 6—8 条致力于"保护劳动者免受不公平对待"。第四章"法律保护"包含第 22 条举证责任规则,按其要求,只要证明存在不公平对待的推定证据(Indizien),即构成歧视,歧视方需要提出反证,证明没有发生非法歧视。唯一令人困惑的是第五章第 24 条"顾及其特殊地位"的规定,将一般平等待遇的规定扩展到公法上的雇佣关系(öffentlich-rechtliche Dienstverhältnisse)。[75] 第六章规定了建立一个联邦反歧视机构,按照第 27 条,该机构没有进行团体诉讼(Verbandsklage)的权限,除了开展咨询和进一步调解的活动外,主要接受委托展开针对不公平待遇的科学调查。第七章在"最后规定"里确定

---

69　Streinz, »Diskussionsbeitrag«.

70　参见 Häberle, »Diskussionsbeitrag«, S. 426:"关于蔓延开的理念误区"。

71　Bryde, »Diskussionsbeitrag«, 其援引了在 20 世纪 60 年代中期就已对禁止歧视作出规制的联合国反歧视公约(《消除对妇女一切歧视公约》《消除一切形式种族歧视国际公约》)。

72　也就是在对德国较晚转化欧盟法作出的判决之后:EuGH, 28. 04. 2005, Rs. C-329/04, ArbuR 2005, S. 236。

73　2006 年 8 月 14 日发布的《一般平等待遇法》(BGBl. I, S. 1897),2013 年 4 月 3 日进行最后一次(对第 8 条)的修改。

74　尽管第 1 条的规范目的非常"抒情"地进行了宽泛的表达("禁止或消除基于种族或族裔、性别、宗教信仰或世界观、残疾、年龄或性别认同的歧视"),然而第 2 条的适用范围基本上仅限于职业和教育。《一般平等待遇法》第 19 条延伸至从一般民事交往中挑选出的一些领域。

75　注释 30 提到的《平等地位法》,因此被纳入《一般平等待遇法》,并把要素从性别扩大到其他领域。

了强制适用性和过渡规则。

自《一般平等待遇法》颁布以来,与之相关的是德国特色的为了司法判决和法律科学协调一致而制定解释新法律的教义学基本原则(die dogmatischen Grundlinie)。在第一批司法判决产生前,已经出现大量的关于《一般平等待遇法》的法律评注。[76] 在这个对《一般平等待遇法》的规定开展法教义学的"琐碎工作"的过程中,从劳动法和民法的视角出发的释义占据了较大比例,令人遗憾的是,几乎无人注意到,例如女性主义法学对平等地位的法律所做的前期工作。女性主义的贡献在于,对《一般平等待遇法》的制度设计提出法律政策上的批评。下面将对一些热点问题进行进一步的分析。

## (二)《一般平等待遇法》诉讼程序的个人主义性质

《一般平等待遇法》主要被理解为在劳动法和民法层面上进行的法典编纂。正如私法的其他方面一样,个人主义的视角(eine individualistische Sichtweise)在《一般平等待遇法》里占据主导:个体通过《一般平等待遇法》在个案中提供的手段,保护自己免受歧视。该种概念化(Konzeptionalisierung)的问题在于,个人歧视经历的背后,往往隐藏着结构性的歧视:这位女性遭遇的这种歧视经历并非偶然,而是她的遭遇恰恰是基于她被注意到是一位女性这样一个事实。

---

76　Däubler/Bertzbach (Hg.), *Allgemeines Gleichbehandlungsgesetz*; Schiek/Kocher (Hg.), *Allgemeines Gleichbehandlungsgesetz (AGG)*; Hey/Beitze (Hg.), *Kommentar zum AGG*; Adomeit/Mohr (Hg.), *Allgemeines Gleichbehandlungsgesetz (AGG)*; Schleusener/Suckow/Voigt (Hg.), *AGG. Kommentar zum Allgemeinen Gleichbehandlungsgesetz*; Wendeling-Schröder/Stein (Hg.), *Allgemeines Gleichbehandlungsgesetz*; von Roetteken (Hg.) *Allgemeines Gleichbehandlungsgesetz (AGG)*; Bauer/Göpfert/Krieger (Hg.), *Allgemeines Gleichbehandlungsgesetz*; Meinel/Heyn/Herms (Hg.), *Allgemeines Gleichbehandlungsgesetz*; Nollert-Borasio/Perreng (Hg.), *Allgemeines Gleichbehandlungsgesetz*.

　　间接歧视的法律构造是对这种结构性歧视情况的回应。它体现在不再把意图（即恶意歧视行为），而是将过去决定的特定结果（ein bestimmtes Ergebnis vergangener Entscheidungen）置于考量的中心。"那些看起来中立的规则、标准或者程序"[77]并不一定旨在歧视某些人群，但它们确实具有这种效果，因为在过去已经产生了基于排除这些人群的结构。[78]

　　当主观法律地位不足以确保维持客观权利时，《一般平等待遇法》既没有规定美国法里的集体诉讼（class action），也没有规定德国法已认可的团体诉讼。[79] 因此，在德国反歧视非政府组织的实践中，战略诉讼[80]变得更加重要了。已经熟知的所谓的测试方法是，一些不同性别和假定的不同地理背景的人寻求进入迪斯科舞厅。[81] 相比之下，联邦反歧视机构[82]由于其非常有限的授权和自身欠缺的起诉权，迄今为止主要通过启动一些重要的科学研究发挥其影响力，这些研究主要引发了媒体的报道。[83]

---

　　77　《一般平等待遇法》第 3 条第 2 款。

　　78　有关结构性或制度性的歧视概念的社会科学的发展参见 Gomolla/Radtke，»Institutionelle Diskriminierung«。

　　79　对此参见 Mangold/Wahl，»Das europäisierte deutsche Rechtsschutzkonzept«，S. 17 ff.："团体之诉作为超越个体的以及集体的诉讼权利"。

　　80　依据美国法上的战略性诉讼的概念。这个概念很可能会产生误导，因为最终任何诉讼都是"战略性"的，即诉讼用于根据一项理性计划执行特定的目标。作者感谢哈佛法学院的莉娜·塞斯佩德斯（Lina Cespedes）提供了这种思考的灵感。

　　81　比如斯图加特州法院的判决 OLG Stuttgart, 10. Zivilsenat, Urt. v. 12. 12. 2011, Az. 10 U 106/11, NJW 2012, S. 1085－1087〔附带多丽丝·利博舍尔（Doris Liebsher）对该判决上下文语境的注释，S. 1087〕。

　　82　Wenckebach 提供了概述，»Was leistet die Antidiskriminierungsstelle des Bundes?«（非常具有批判性，并且与英格兰和奥地利进行了法律比较）。

　　83　链接可见 http://www. antidiskriminierungsstelle. de/DE/Publikationen/publikationen _node. html。

## （三）有关歧视的统计数据

长久以来，主要由劳动法院负责歧视统计证明，它的问题是存在着个人诉讼程序与结构性歧视情形之间的类似张力。这种现象通常被称为"玻璃天花板"，即女性在企业只能晋升至一定的管理层，理应在劳动法院的诉讼程序中借助（部分宏观经济的、部分行业特定的）统计数据得以证明。但是联邦劳动法院[84]为这种统计证据设定了严格的条件，以至于雇佣实践中的任何歧视性影响都很难得以证明。[85] 一个推定的原因是，整个社会的结构性歧视难以从作为民事诉讼程序的典型的个人主义视角得到审视。

## （四）范畴

《一般平等待遇法》通过范畴目录来界定受到不公平待遇影响的群体：基于种族或族裔、性别、宗教信仰或世界观、残疾、年龄或性别认同的不公平待遇（《一般平等待遇法》第1条）。该目录受到来自不同观点的质疑。首先，一些直观上具有歧视性（或者不公平对待）的做法没有被包括进去（下文1）。其次，范畴定义的"自然性"（Natürlichkeit）受到质疑，尤其强烈的是针对"性别"（下文2）。再次，是否有必要基于范畴塑造反歧视法规则整体上受到质疑，取而代之的是提出了"后范畴化的反歧视法"（下文3）。

### 1. 范畴目录的局限性：作为族群的"东德佬"？

斯图加特劳动法院[86]作出的判决着手处理了一个问题，即对于拒绝

---

84　BAG, Urt. v. 22. 07. 2010, Az. 8 AZR 1012/08, NZA 2011, S. 93.

85　关于这个主题参见 Wenckebach, »Bis unter den Vorstand, überhaupt kein Thema«。

86　ArbG Stuttgart, 17. Kammer, Urt. v. 15. 04. 2010, Az. 17 Ca 8907/09, NZA-RR 2010, S. 344－345（der sogennante Ossi-Fall）.

一个来自新联邦州的求职者的求职申请是否构成《一般平等待遇法》意义上的不公平对待。这个所谓的"东德佬判决"[87]显示出将一个不公平对待行为涵摄于列举式范畴目录的困难性。关于族群概念的判决陈述表明了法律定义中始终必不可少的本质性要素：

> 只有当族群这个概念可以体现共同的历史和文化、与特定领土的联系以及对可确定的人口群体的共同团结感时，该概念才有意义。这可能包含共同的语言、传统习惯和相似性。[88]

斯图加特劳动法院认为，尽管它显然至少是一种由原告的出生地决定的对求职申请的拒绝，但来自东德的人尚未构成"族群"，这就是为什么这种形式的对待不能涵盖于《一般平等待遇法》意义上的值得制裁的不公平对待中。据此便产生了疑问：《一般平等待遇法》的目录是否过于有限，以至于其他形式的、与传统的歧视情形显示出相似之处但未在目录中明确列出的不公平对待无法被涵盖其中。尤其显著的是，目录中缺少"阶级"（Klasse）或"社会出身"（sozialer Herkunft）的范畴。

2. 打破范畴：跨性别和中间性别作为对性别范畴的挑战

就连目录中包含的范畴，也不像最初看起来那么清晰和明确。例如"性别"[89]问题，其所谓的稳定的界限和自然性受到跨性别和中间性别的质疑。跨性别者在联邦宪法法院提起的宪法诉愿（Verfassungsbeschwerden）获

---

87　拒绝求职申请和退回申请文件是连在一起的。在这上面，原告发现了"东德佬"的标记和带圆圈的减号以及两处"东德"的标记，参见该判决 Rn. 2（脚注86）。

88　该判决 Rn. 14（脚注86）。

89　另一个例子是残疾这一特征，对其理解逐渐发生从医学病理学向社会福利意义上的残疾概念的转向。请参见例如 Fuerst, *Behinderung zwischen Diskriminierungsschutz und Rehabilitationsrecht*。

得了轰动性的成功。所有这些宪法诉愿导致《跨性别法》(TSG)[90]公布后的法律实践发生了改变。然而，到目前为止，有关中间性别人群的情况要差得多：德国法律体系预设一种可以归属于两个"自然"性别中的一个的分类模式，如有疑问也可以通过强制性的性别指派手术使其符合一种性别。[91] 直到最近才增加了第三种选择，它使得在不明确新生儿性别时，有机会先搁置出生登记簿上的性别登记一栏〔《民事身份登记法》(PStG)第 22 条第 3 款〕。[92] 这个例子显示出被认为具有稳定性的范畴的可疑性和流动性。据此，国际层面的法律讨论正在努力设想无涉性别的权利。[93]

### 3. 多种范畴的重叠：交叉性

《一般平等待遇法》第 4 条规定了"由于多种原因的不同待遇"，即所谓的多维度歧视。[94] 这是对交叉性概念的法律转换，即多个不平等轴的交叉。[95]

---

90　一篇优秀的博士论文对此提供了概况：Adamietz, *Geschlecht als Erwartung*, zu den Transsexuellen-Entscheidungen des BVerfG, S. 124 ff.

91　从基本权利的视角出发，参见 Schmidt am Busch, »Intersexualität und staatliche Schutzpflichten«。

92　《民事身份登记法》第 22 条第 3 款规定："如果一个孩子的性别既不能被归为男性也不能归为女性，则其身份状态在出生登记簿进行无需标注性别的登记。"为此参见 Theilen, »Intersexualität, Personenstandsrecht und Grundrechte«。

93　比如酷儿法律研究的开端参见 Valdes, »Afterword & Prologue: Queer Legal Theory«; 与之相关的国际法: Chebout, »Queering international law«; 一般著作: Cottier, »Intersexualität, Transsexualität und das Recht«。

94　基本的著作: Zinsmeister, *Mehrdimensionale Diskriminierung*; 也请参见 Zinsmeister, »Additive oder intersektionale Diskriminierung?«; Baer/Bittner/Göttsche, *Mehrdimensionale Diskriminierung*; Mangold, »Mehrdimensionale Diskriminierung«。

95　这是现代社会学研究和法学对排斥(Exklusion)的基本概念。他受到了美国法学家克伦肖(Crenshaw)的影响，»Demarginalizing the Intersection of Race and Sex«。然而就其内容而言，不平等类别的相互交叉和强化至少可以追溯到 19 世纪，参见比如作为黑人女性的索杰纳·特鲁思(Sojourner Truth, 1797—1883)于 1851 年 12 月在俄亥俄州阿克伦城举行的妇女大会上作出的演讲:《我不是女人吗?》。关于交叉性概念的历史先驱，参见 Brah/Phoenix, »Ain't I A Woman?«, S. 78 ff., http://vc. bridgew. edu/jiws/vol5/iss3/8。整体而言更多的证据也请参见 Markard, »Zwangssehen und Scheinehen«。

目前备受争议的例子[96]是拒绝佩戴头巾的求职者应聘医生助理：[97]该女性不仅因为身为女性被歧视（因为不戴头巾的女性的应聘不会被拒绝）；并且不仅因为身为虔诚的穆斯林被歧视（因为男性穆斯林的应聘不会被拒绝）；而恰恰是因为两个不平等轴（性别加宗教）的交叉。作为一种社会现象的交叉性为法律提出了应对上的巨大挑战，特别是如何界定其理论本质。关于如何应对分类（Einordnung）和法律上的处理（die rechtliche Behandlung）问题，存在矛盾的建议，这也部分地反映在《一般平等待遇法》中的范畴构成。[98]

### 4. 后范畴化的反歧视法提议

在政治环境下苏珊·贝尔（Susanne Baer）提出了类似的专门针对积极行动（positive Maßnahmen）的建议后，[99]在基于不同的范畴带来的问题的前提下，对于反歧视法来说，已经形成了所谓的后范畴化的根基。[100] 这些建议强调人的自我归属和自我分类（die Selbstzuschreibung und -einordnung），并且希望在法律实践中防止强制把人归入某一类，但同时保留对不公平对待和歧视的惩罚和可诉性。在最近的一篇文章中陈述如下：

> 因此法律意义上的歧视（按照作者的建议）是基于固化于历

---

96　残疾女性的特殊情况是另外一个重要例子，为此参见比如 Degener, »Intersections between Disability, Race and Gender in Discrimination Law«; Zinsmeister, *Mehrdimensionale Diskriminierung*。

97　ArbG Berlin 55. Kammer, Urt. v. 28. 03. 2012, Az. 55 Ca 2426/12, NZA-RR 2012, S. 627 – 630.

98　为此参见比如 Lembke, »Diversity als Rechtsbegriff. Eine Einführung«。

99　Baer, »Chancen und Risiken Positiver Maßnahmen«.

100　Lembke/Liebscher, »Postkategoriales Antidiskriminierungsrecht？«; Liebscher/Naguib/Plümecke/Remus, »Wege aus der Essentialismusfalle«.

史、结构和话语的不平等而产生的羞辱、歧视和对社会参与、社会
认可的排除。这一定义应该以一个非完结的对歧视理由的列举作
为补充,这些理由不是以群族(Gruppe)为基础,而是以污名化的分
类(stigmatisierende Kategorisierungen)为依据:用种族化或种族主义
的歧视(Rassifizierung oder rassistische Diskriminierung)替代"种族"
(Rasse);性别歧视主义(Sexismus)替代"性别"(Geschlecht);健全
中心主义(Ableism)替代"残疾"(Behinderung)。这使得通过判决
继续发展法律(Recht fortzuentwickeln)成为可能;并且使得新产生
的或迄今为止被忽视的分类得到重视;与此同时存在一个以一般
平等原则为导向的框架秩序(Rahmen),反对任意的去界限化
(Entgrenzung)。[101]

后范畴化的反歧视法提议不希望成为"反范畴"的,[102]而是将重点
从所谓的弱势群体"固有的"特征转移到归属性(种族主义、性别歧视主
义、健全中心主义)的做法上。因此,后范畴为如何克服法律中的基本
归属难题提供了建议。此外,新的归属实践(Zuschreibungspraktiken)应
该通过开放的范畴目录来解决,例如上述的"东德佬"案件。

对这些建议的讨论目前仍然非常流行。从本文的观点出发,值得
注意的是,[103]法律将关注点转移到归属实践有可能使得歧视行为的恶意
(Böswilligkeit)和意向性(Intentionalität)重新赢得分量,同时遗忘了法律
实践中的非反思性、偏见性和结构性的歧视。纵观禁止歧视的法律史,

---

101　Lembke/Liebscher, »Postkategoriales Antidiskriminierungsrecht?«, S. 284.
102　详细清楚的论述参见 Lembke/Liebscher, »Postkategoriales Antidiskriminierungsrecht?«,
S. 283。
103　详细的讨论参见 Mangold, *Demokratische Inklusion durch Recht*, § 6 D。

被不公平对待的人(群)经常需要面临的问题是,首先不得不证明,出于哪些原因,发生了特定的具有歧视性效果的行为。仅考虑某些特定行为结果的间接歧视,可以被理解为对这种证明困难的回应。除此之外,列举式和开放式目录(或者更确切地说,归属实践)的利与弊,也应该从民主理论的视角以及法律的可预见性与确定性方面进行思考。此外,也必须考虑到,后范畴化提议的范畴不会从反歧视法中消失,而是转移到归属实践的定义中(种族歧视行为、性别歧视行为等)。

## 四、反歧视法:一个正在生成的法律领域

现在是谈论反歧视法可以成为一个独立的法律领域的时候了吗?首先,有必要澄清究竟何时需要论及一个法律领域〔下文(一)〕。其次,需要检查是否已经符合这些标准〔下文(二)〕。最后,是考虑作为独立法律领域随之而来的风险可能〔下文(三)〕。本章表明,法律当代史是这样一个领域,基于现实性和非闭锁性呈现出一派"烟雾腾腾"的现象。[104]

### (一)是什么构建出一个全新的、独立的法律领域?

那么是什么建构出独立的法律领域? 在法律文献中已经就法律领域的形成问题进行了不同的讨论,特别是法律史领域。[105]

米夏埃尔·施托莱斯强调说,法律领域的形成"没有别的,而是基

---

[104] 为此参见 Rückert,»Juristische Zeitgeschichte«, S. 24。

[105] Stolleis,»Wie entsteht ein Wissenschaftszweig?«; Schulze-Fielitz,»Umweltrecht«; Wahl,»Wie entsteht ein neues Rechtsgebiet«; Härtel,»Energieeffizienzrecht—ein neues Rechtsgebiet?«;关于作为学科的欧盟法的产生,也请参见 Mangold, *Gemeinschaftsrecht und deutsches Recht*, S. 231 ff.。

于惯例,也就是一些人的商定,即那些参与学术的、狭义上的大学讨论的人"[106],他把新学科的沟通构造(die kommunikative Konstituierung)置于中心位置。一门新学科诞生的说服力在于,提供了典型的大学讲授课(Vorlesung)以及撰写了概论(Grundrisse)和教科书(Lehrbücher),并且从"文献丛林"的角度来看,围绕着这些概论和教科书同时存在着论文(Aufsätze)。[107] 对于创建一个新学科来说,比较确定的证据至少是,创办了新的杂志以及把该门学科纳入考试章程。[108] 总体而言,新学科的创设是"专业人员和专业舆论之间在立法和学术释义方面相互作用的复杂过程"[109]。

赖纳·瓦尔强调推动确立新的法律领域的外部力量,即"在社会政治现实中"的"新的重点和问题领域",[110]更准确来说,"新的现实的案件事实、问题情况和冲突"和"新的社会关系"。[111] 作为补充,赫尔穆特·舒尔策·菲利茨指出,推动主要在于立法决定或法院的法律实践。[112] 因此,存在两种运动轨迹:一方面是法律外部力量,即在一定程度上和法律区别开来的、基于社会和技术的变迁下的"生活现实"(Lebenswirklichkeit);另一方面,法律内部力量反过来又试图影响"生活现实"。总体来说,不能独立于所谓的生活现实去设想"法律"和"法律规制",这两股流动的力量之间又存在着交互关联性(Wechselbezüglichkeit)。法律希望进行调控,但反

---

106  Stolleis, »Wie entsteht ein Wissenschaftszweig?«, S. 2.——类似的(并且接着Stolleis 之后)有 Schulze-Fielitz, »Umweltrecht«, S. 990:"通过科学与实践将特定的法的领域作为法域的观念是稳固共识的结果,这不是由自然预先确定的,而是由许多环环相扣的社会发展过程造成的,在其临近结束时,一个法域被视为科学的制造物。"

107  Stolleis, »Wie entsteht ein Wissenschaftszweig?«, S. 2.

108  Ebd.

109  Ebd. , S. 10.

110  Wahl, »Wie entsteht ein neues Rechtsgebiet«, S. 1305.

111  Ebd. , S. 1305 f.

112  Schulze-Fielitz, »Umweltrecht«, S. 990 f.

过来又扎根于社会结构。

瓦尔强调,对新的法律领域来说,并不存在"从零开始",而是通常将已经存在的东西重新解释,从而产生"新的视角和新的关联",这其中"最初的火花"起源于一个全新的、辐射强大的概念。[113] 虽然存在"一些真正的创新",但"所有重要的东西"在于"意识转变的过程"。[114] 相应地,新的法律领域的许多组成部分已经"以其他的名称"存在,[115]但它们保持一个"连接屋顶"(ein verbindendes Dach),即"重心"(Gravitationszentrum)[116]。该种描述非常清楚地表达了对何谓平等的法律讨论的变迁:今天在"歧视"这一总概念下被称为"反歧视法"的大部分内容,当然在此之前就已存在,并且之前已经在诸如女性主义法学或平等地位的法案中探讨过。这种发展建立了一种连接:现在可以在诸如理念典型式与主题化(idealtypisch thematisierbar)的法教义学构造中,比如直接歧视和间接歧视或者积极平权措施(affirmative action)中平行地审视之前分开出现的法律问题;同时将已经存在的歧视带入一个新的"强大概念":现在,每一种歧视起着"重心"的作用。

然而,正如瓦尔所说,至今为止使用的概念必须更加具体化并且包括特定的轮廓。[117] 这发生在三个反射层面(Reflexionsebenen):[118]第一层

---

113　Wahl, » Wie entsteht ein neues Rechtsgebiet «, S. 1306. Schulze-Fielitz, »Umweltrecht«, S. 990,参见法域产生的两种理想形式:一方面是"全新的建构",另一方面是部分领域从传统法域中独立出来或者升级为独立的领域;但是通常情况下"这两方面是展开互动的"。

114　Wahl, »Wie entsteht ein neues Rechtsgebiet«, S. 1308.

115　Ebd. 相反,黑特尔(Härtel)强调,"为了着眼于现实的进一步发展,离开原来的惯例和思维路径并开辟新的道路,是有必要的"。参见 Härtel, »Energieeffizienzrecht—ein neues Rechtsgebiet?«, S. 828。

116　Wahl, »Wie entsteht ein neues Rechtsgebiet«, S. 1309.

117　Ebd.

118　以下同上, S. 1310 f. 。

面,本该有新的法律规范,它们无法与传统的教义学体系无缝融合;第二层面,将新的东西转化到新的法律制度或者新的思想体系中;最后在第三层面,必须反映国家和社会理论的全貌,特别是就在新的法律领域国家应该履行哪些任务这个问题作出回答。德国关于反歧视法的讨论很大程度上由欧盟以指令形式形成的法律规定和欧洲法院的判决引发,部分也是被迫的(第一层面)。随后,整体的法教义学构造和概念性被创设出来(第二层面)。反歧视法的目的是什么,这个问题尚未得到最终答案,作为早期多种考虑因素的延续——例如女性主义法学视角下的考虑,必须重新和全新回答这个问题(第三层面)。

## (二) 反歧视法作为独立的法律领域

根据施托莱斯和瓦尔的提议及其补充,可以确定法律领域的以下特征:必要的是,形成独特的、专门领域的法教义学,有自己的法教义学构造;为此,法律领域的轮廓必须相对地清晰和具有确定性,以便决定什么归属于它,什么不归属于它。一个独立的法典编纂预示了这个方向。除此之外,可以预计到会产生一个专业的学科讨论,它存在于法院判决、动员原告(团体)、法律科学的分析和法律政策的需求调查的典型性的相互作用中。然而,重要的指标性但非决定性的意义体现在法学教学和教席命名上。[119]

### 1. 范围教义学

反歧视法的临时定义[120]将禁止歧视确定为核心内容。对于禁止直接歧视和间接歧视来说,其法律构造的一定的轮廓已经被讨论过了。

---

119 Schulze-Fielitz, »Umweltrecht«, S. 992：»äußere Professionalisierung«;此外 Härtel, »Energieeffizienzrecht—ein neues Rechtsgebiet?«, S. 827。

120 参见本文第一部分。

尤其是《一般平等待遇法》第3条第1款和第2款作出了法律定义。被人们称之为平等地位法的肯定性行动或者积极平权措施,表明了对平等的非对称(asymmetrisch)的理解:不是赋予女性的每一项优先权就是对男性的歧视,只要它是对群体不利地位进行平衡。[121] 范畴目录和不同范畴之间的相互关系存在着争议:它们的等级、不同类型的交叠、多个范畴的重合(多维歧视,或者更确切地说,交叉性)都是教义学处理的对象。然而从某种意义上来说,内容上的争议性正是法教义学处理(Verarbeitung)的特色。无论如何,都形成了清晰的法教义学的轮廓。

## 2. 专门的学科讨论

至今为止仍欠缺专门的德语专著和教科书。[122] 但是值得一提的是欧盟委员会推出的系列出版物,它从2005年以来一直由欧盟就业、社会事务和机会平等总司负责,目前隶属于"非歧视领域的欧洲独立专家网络";网络出版物被称为《欧洲反歧视法律评论》(*European Anti-Discrimination Law Review*)。[123] 2009—2010年曾经出现过一本非常短命的《劳动与反歧视法杂志》(*ZAD*),仅有两期,它由北黑森应用科技大学劳动与反歧视法研究中心与德国反歧视法协会合作出版。[124] 另外,个别反歧视机构在网上发布科学性的法律鉴定意见(wissenschaftliche

---

121 有关非对称的平等的理解,参见 Sacksofsky, *Das Grundrecht auf Gleichberechtigung*, S. 337。

122 但请参见 Rudolf/Mahlmann(Hg.), *Gleichbehandlungsrecht*; Degener(Hg.), *Antidiskriminierungsrecht*(主要着眼于应用科技大学的学生遭遇歧视情况的咨询实务); Foljanty/Lembke(Hg.), *Feministische Rechtswissenschaft*(2006年第1版,2012年第2版)提供了三章反歧视法的内容。另外也必须考虑注释76中提到的法学注释。

123 可通过专家网络的互联网访问 http://www. nondiscrimination. net/de/publications/ausgabenderzeitschriftzumantidiskriminierungsrecht(不再有效)。

124 http://www. fosar. de/archivzad. html(不再有效)。

Rechtsgutachten）。[125]

对《一般平等待遇法》的编纂，一方面导致了有关歧视的法律讨论的集中化，另一方面导致把讨论转移到仅在民法领域展开，这种转移一定程度上是成问题的，因为该领域以私人意思自治和个体法律关系的强大范式作为标准。民法和劳动法领域的法学家们通常致力于将讨论融入其各自的专业学科。[126] 从整体架构来看，《一般平等待遇法》不同于通常的法律编纂那般对私人意思自治的界限产生影响，而是创立了一般法律原则和原理（allgemeine Rechtsgrundsätze und Prinzipien）。按照目前的法律状况，《一般平等待遇法》也适用于民法的大众交易（zivilrechtliche Massengeschäfte）。[127] 格林贝格尔（Grünberger）以其令人印象深刻的教授资格论文推动了总体上在私法领域确认一般平等对待义务（allgemeine Gleichbehandlungspflichten）。[128] 为此他谈及了一个"范式转变"（Paradigmentwechsel）。[129] 无论如何，针对私人的反歧视法律规定正在动摇经济交往的传统自由模式。到目前为止，特别是在租赁和劳动法以及最近在消费者保护法中，这种模式已经在一定程度上提供了有利于典型的合同劣势或（例如信息上）被歧视一方的防护措施。

相比之下，许多研究女性主义的法学家充分利用了丰富的学科内与跨学科的分析视角。然而，即使在最"经典"的宪法文献中，也存在从反歧视法视角出发，对《基本法》第 3 条和第 33 条以及其他基本权利作

---

125　例如联邦反歧视机构：http://www.antidiskriminierungsstelle.de（在"出版物"菜单项下）。

126　特别存在于《一般平等待遇法》法律评注的著作里；参见上文注释76。

127　《一般平等待遇法》第 2 条第 1 款第 8 项："有机会接受和向公众提供的商品和服务，包括住房。"《一般平等待遇法》第 19 条第 1 款第 1 项："典型地，可以用相类似的条件在多个个案成立债务关系，而无需考虑当事人的情况（大众交易）。"

128　Grünberger, *Personale Gleichheit*.

129　Ebd., S. 52 ff.

出的诠释和评论。[130] 这表明,也可以从反歧视法的视角出发,对许多问题进行研究;尽管《一般平等待遇法》是讨论的主要焦点,但反歧视法的调整对象在内容上绝不受此限制。因此,通过编纂《一般平等待遇法》的形式形成的反歧视法可以视作触及不同法律领域的跨学科的横断面材料(intradisziplinäre Querschnittsmaterie)。[131]

### 3. 在法学教育和法学院中的作用

在教学中,反歧视法是否以及以何种方式成为教学材料,目前高度依赖于教师个人的积极参与度。对《基本法》第 3 条的法教义学阐释,属于每一个大学课堂的基本权利授课的核心组成部分。然而,反歧视法的基本结构将在多深的层面展开,取决于前设理解(Vorverständnissen),因为至今为止,即便是基本问题也未最终得到澄清。[132] 正如刚刚描述过的,对法律问题的反歧视法透视表明,反歧视法的问题在不同的大学讲授课中被分散对待,这与欧盟法类似。就目前能够知晓的范围来看,特别由女性主义法学家处理。一个可靠论断的得出需要对教学内容进行定性调查(qualitativer Erhebungen)。

显而易见的是,目前以反歧视法命名的教席(Lehrstuhldenominationen),

---

130　需要思考的是《基本法》第 4 条(最近特别是在德国宗教宪法中对伊斯兰教的宗教平等待遇,为此参见 Sacksofsky, »Religiöse Freiheit als Gefahr?«);《基本法》第 6 条第 1 款(就注册的生活伴侣和夫妻的平等待遇而言,联邦宪法法院通过本法第 3 条第 1 款进行处理,参见例如 Mangold, »Nicht nur ›kompetente Eltern‹«);《基本法》第 6 条第 5 款(禁止歧视非婚生子女,正如在《基本法》仍如此称呼的这样);《基本法》第 7 条(在学校祷告中平等对待穆斯林学生,在此不具有说服力的联邦宪法院判决参见 BVerwGE 141, S. 223 [2011])以及《基本法》第 12 条(关于以屠宰为业的屠夫的职业自由的联邦宪法法院判决参见 BVerfGE 104, S. 337 [2002])。

131　在这方面,它与欧盟法或环境法具有可比性。

132　《基本法》第 3 条第 3 款是否包含禁止间接歧视,至今为止还未有定论。联邦宪法法院对此发表过不同意见,然而文献评注非常不统一,作者认为尚未形成一个"主流观点"。

仅存在于德国的应用科技大学。[133] 如上所述,分类的问题目前尚不清楚,即反歧视法是否主要应该作为民法、公法或者作为所有法律领域的视角(本文的立场);设置一个反歧视法的特许任教资格(venia legendi)并非全然没有问题。然而,欧盟法和税法以及基本命名(Grundlagendenominationen)的例子证明,它绝不是个别现象。但是,必须反对专属的学科内定位。[134]

### (三) 构成特殊学科的风险

把反歧视法理解为独立的法律领域可能(但不是必然)伴随着已经被提及的一种风险。除了制度上的风险(下文1),还应考虑与内容相关的风险(下文2)。

#### 1. 制度上的风险

学科(内部)界限伴随着权力的划分。其范围从为特别"流行"的研究问题分配资金,到人力和物力资源的结合,例如,科学研究的注意力从较为宽泛的女性主义法学,转向对反歧视法的可能更为狭窄的理解。在制度上和内容上危险的边界可以观察到,民法、公法和刑法的子学科带来各自的观察视角,然后相应地从这些视角出发,研究反歧视法的问题。作者的经验是,选择民法、公法或是刑法的视角,会产生相当大的差异。因此,反歧视法不应局限于任何这些法律领域,而必须始终

---

133　请参阅 Ulrike Lembke 有益的汇编〈http://www.legalgenderstudies.de/lehreforschung〉：Prof. Dr. Susanne Dern, Sozial und Familienrecht sowie Antidiskriminierungsrecht, Hochschule Fulda; Prof. Dr. Dagmar Oberlies, Strafrecht und Strafprozessrecht, Kriminologie, Antidiskriminierungsrecht, Fachhochschule Frankfurt am Main; Prof. Dr. Julia Zinsmeister, Zivil und Sozialrecht sowie Antidiskriminierungsrecht, Fachhochschule Köln。这一发现与把女性主义教学工作"外包"给应用科技大学相关,参见 Lembke 相同的概述。

134　例如这就是涉及法制史任教资格的情况,这在德国传统上和民法发生关联,导致出现了令人遗憾的、造成公法法制史负担的危机。

以超越学科内部的方式加以理解。[135]

## 2. 内容上的风险

把反歧视法理解为一个独立的法律领域，潜伏着一些内容上的危险。

首先要考虑的是问题被限缩的危险。如果消极或积极歧视这样的问题（必须）被提出来，会损失什么？如果欧盟指令中的范畴目录被理解为显著的不平等轴，则存在可疑的扩大（Erweiterung）和排除（Ausschlüssen）：一方面，"年龄"被认为是一个重要的不平等范畴，这种情况到目前为止还未被如此精准清晰地辨识到并且在其他反歧视法规中反映出来；[136]另一方面，如果把高度相关的（社会经济学意义上的）阶级这一范畴，从种族、阶级、性别上的三位一体中删除，则无疑会出现空白。因此，应将反歧视法理解为一个必须以特殊方式探究自身边界和排除机制的法律领域。

而且（法律）问题的表述对于其在（法学）科学上的处理至关重要：是否将不平等对待视作不公平经历的表达；抑或是将不公平对待作为典型的可被正当化的歧视，这两种发问方式存在差异。如何在日趋个人主义导向的民法学中建立与整个社会的结构性不平等情况[137]的关联？关于反歧视法的讨论未从刑法的视角展开，这也是本篇文章承认因疏忽而犯下的错误。但是，正是在某些犯罪学研究领域，产生了对反歧视

---

135　因此作者倾向于自己为一名公法视角的研究者，研究领域归属于柏林共和时代下的民法法制史的部分。

136　这很可能反映出普遍的对该欧洲法院判决的否定态度，Rs. C144/04, Mangold, Slg 2005, I-9981，在德国法学中至少部分地作出了解释。成员国"共同的宪政传统"中的禁止年龄歧视是否具有启发意义，参见 Temming, »Freie Rechtsschöpfung oder nicht«.

137　Sacksofsky, *Das Grundrecht auf Gleichberechtigung*，把《基本法》第 3 条第 2 款理解为"禁止支配"（Dominirungsverbot）；Baer, *Würde oder Gleichheit？*，作为对等级制度的禁止。

法律问题明显的兴趣。[138] 因此,应充分考虑不同学科的观点,并不赞同比如仅仅通过民法形成独断观点。

如果把反歧视法理解为独立的法律领域,那么在方法上有必要追问,它应该依附于哪种进路(Ansätzen)? 就直至目前由女性主义法学处理反歧视问题而言,[139]该研究为确保跨学科联结能力(Anschlussfähigkeit)和吸收社会科学的知识储备做出了特别的努力,最终为"知晓邻里科学的"法律科学增添了贡献。这种饱含社会科学经验的对问题的处理,显现出值得保护和追求的价值。[140]

政治上需要追问的是,基于这样的事实,即女性主义[141]法学已经把很多主题和问题——这其中不是所有的主题和问题都像现今一样,被贴上"反歧视法"的标签——作为自己的研究对象,反歧视法这个名称,到底赢得了什么? 尤其是,摆脱了"女性主义"的附缀,显然是去政治化的考虑。[142] 这可能有助于减少令人不安的辩论,但是这也可能掩盖权力和资源分配的基本问题,因此需要日后不断地进行反思。

## 五、展望:反歧视法——已经到来并生根壮大

可以肯定的是,在如今支离破碎的社会,法律科学中的反歧视法律

---

138　从女性主义的视角出发参见比如 Lembke, »Vergebliche Gesetzgebung«; Lembke/Foljanty, »Die Konstruktion des Anderen in der ›Ehrenmord‹ Rechtsprechung«.

139　"提出妇女问题"的方法对于女性主义法学依旧具有启发意义:Bartlett, »Feminist Legal Methods«, S. 837–849, 而它本身又从 Wishik, »To Question Everything«处获得支撑。

140　对环境法来说,已经表明,即使它已经建构成一门特殊学科,在许多情况下,法学讨论的全面的经验性的根基仍然很普遍。

141　广义的理解:不仅性别,而且其他排除特征(Exklusionsmerkmale)对于女性主义的分析来说,都是至关重要的,见上述注释19和20。

142　如果法律史的阐述仅仅把其出发点定位在欧盟法,那么女性主义法学的重要著作将被"写出"历史。

问题和难题,正如它对自我的感知那样,与其说变少,不如说增多。日
常生活中,不同出身和不同背景的人的迁徙流动使得允许或禁止区别
对待的法律界限日渐获得重要意义。反歧视法的时代已经到来。在柏
林共和时代下的多元民主社会秩序中,反歧视法为自由与平等的相遇
创设了基本可能的实现条件。[143]

## 参考文献

Laura Adamietz, *Geschlecht als Erwartung. Das Geschlechtsdiskriminierungsverbot als Recht gegen Diskriminierung wegen der sexuellen Orientierung und der Geschlechtsidentität*, Baden-Baden 2011.

Klaus Adomeit, Jochen Mohr ( Hg. ), *Allgemeines Gleichbehandlungsgesetz ( AGG ). Kommentar zum AGG und zu anderen Diskriminierungsverboten*, Stuttgart, München ¹2007, ²2011.

Susanne Baer, *Würde oder Gleichheit? Zur angemessenen grundrechtlichen Konzeption von Recht gegen Diskriminierung am Beispiel sexueller Belästigung in der BRD und den USA*, Baden-Baden 1995.

—, »Chancen und Risiken Positiver Maßnahmen: Grundprobleme des Antidiskriminierungsrechts und drei Orientierungen für die Zukunft«, in: Heinrich-Böll-Stiftung ( Hg. ), *Positive Maßnahmen, Von Antidiskriminierung zu Diversity*, Berlin 2010, S. 23 – 39.

—, Melanie Bittner, Anna Lena Göttsche, *Mehrdimensionale Diskriminierung—Begriffe, Theorien und juristische Analyse. Teilexpertise für die ADS des Bundes*, 2010, ⟨http://www. antidiskriminierungsstelle. de/SharedDocs/Downloads/DE/publikationen/Expertisen/Expertise_Mehrdimensionale_Diskriminierung_jur _Analyse. pdf? __blob = publicationFile ⟩.

---

[143]　关于反歧视法的合法性,详见 Mangold, *Demokratische Inklusion durch Recht*。

Katharine T. Bartlett, »Feminist Legal Methods«, in: *Harvard Law Review* 103 (1990), S. 829 – 849.

Jobst-Hubertus Bauer, Burkard Göpfert, Steffen Krieger ( Hg. ), *Allgemeines Gleichbehandlungsgesetz. Kommentar*, München [1] 2007, [3] 2011.

Karl-Jürgen Bieback, »Mittelbare Diskriminierung der Frauen im Sozialrecht. Nach EG-Recht und dem Grundgesetz «, in: *Zeitschrift für ausländisches und internationales Arbeits- und Sozialrecht* (1990), S. 1 – 33.

—, *Die mittelbare Diskriminierung wegen des Geschlechts. Ihre Grundlagen im Recht der EU und ihre Auswirkungen auf das Sozialrecht der Mitgliedstaaten*, Baden-Baden 1997.

Friedelind Binder-Wehberg, *Ungleichbehandlung von Mann und Frau. Eine soziologische und arbeitsrechtliche Untersuchung*, Berlin 1970.

Christian Blomeyer, *Das Verbot der mittelbaren Diskriminierung gemäß Art. 119 EGV. Seine Funktion im deutschen Arbeitsrecht*, Baden-Baden 1994.

Avtar Brah, Ann Phoenix, »Ain't I A Woman? Revisiting Intersectionality«, in: *Journal of International Women's Studies* 5 (2004), S. 75 – 86.

Gabriele Britz, »Diskriminierungsschutz und Privatautonomie«, in: *Veröffentlichungen der Vereinigung der Deutschen Staatsrechtslehrer* 64 (2005), S. 355 – 402.

Brun-Otto Bryde, »Diskussionsbeitrag«, in: *Veröffentlichungen der Vereinigung der Deutschen Staatsrechtslehrer* 64 (2005), S. 425.

Michael Buch, *Das Grundrecht der Behinderten ( Art. 3 Abs. 32 GG )*, Osnabrück 2001.

Andrea Büchler, Michelle Cottier, »Intersexualität, Transsexualität und das Recht. Geschlechtsfreiheit und körperliche Integrität als Eckpfeiler einer neuen Konzeption «, in: *Freiburger Zeitschrift für Geschlechter Studien* (2005), S. 115 – 140.

Anke Buglass, Joachim Heilmann, »Verbot der unmittelbaren und mittelbaren Diskriminierung bei beruflichem Aufstieg«, in: *Arbeit und Recht* (1992), S. 353 – 360.

Lucy Chebout, »Queering international law. Geschlechtsidentität und sexuelle Orientierung als Dimensionen von Geschlecht «, in: Ulrike Lembke ( Hg. ),

*Menschenrechte und Geschlecht*, Baden-Baden 2014, S. 132 – 159.

Kimberlé Crenshaw, »Demarginalizing the Intersection of Race and Sex: A Black Feminist Critique of Antidiscrimination Doctrine, Feminist Theory and Antiracist Politics«, in: *University of Chicago Legal Forum* (1989), S. 139 – 167.

Wolfgang Däubler, Martin Bertzbach ( Hg. ), *Allgemeines Gleichbehandlungsgesetz. Handkommentar*, Baden-Baden ¹2007, ³2013.

Theresia Degener, » Intersections between Disability, Race and Gender in Discrimination Law «, in: Dagmar Schiek, Anna Lawson ( Hg. ), *European Union Non-Discrimination Law and Intersectionality. Investigating the Triangle of Racial, Gender and Disability Discrimination*, Farnham 2011, S. 29 – 46.

—u. a. ( Hg. ), *Antidiskriminierungsrecht. Handbuch für Lehre und Beratungspraxis ; mit Lösungsbeispielen für typische Fallgestaltungen*, Frankfurt am Main 2008.

Walter Erasmy, »Einfluß der EuGH-Rechtsprechung zur mittelbaren Diskriminierung auf deutsches Arbeitsrecht «, in: *Monatsschrift für deutsches Recht* ( 1995 ), S. 109 – 113.

Kerstin Feldhoff, *Der Anspruch auf gleichen Lohn für gleichwertige Arbeit. Zur mittelbaren Diskriminierung von Frauen in Entgelttarifverträgen*, Baden-Baden 1998.

Lena Foljanty, Ulrike Lembke ( Hg. ), *Feministische Rechtswissenschaft. Ein Studienbuch*, Baden-Baden ¹ 2006, ²2012.

Christine Fuchsloch, *Das Verbot der mittelbaren Geschlechtsdiskriminierung. Ableitung, Analyse und exemplarische Anwendung auf staatliche Berufsausbildungsförderung*, Baden-Baden 1995.

Anna-Miria Fuerst, *Behinderung zwischen Diskriminierungsschutz und Rehabilitationsrecht. Ein Vergleich zwischen Deutschland und den USA*, Baden-Baden 2009.

Henrik Göddeke, *Die mittelbare Diskriminierung im System der Gleichbehandlung*, Frankfurt am Main 1998.

Mechtild Gomolla, Frank-Olaf Radtke, »Institutionelle Diskriminierung«, in: Dies., Frank-Olaf Radtke ( Hg. ), *Institutionelle Diskriminierung. Die Herstellung ethnischer Differenz in der Schule*, Opladen ³2009, S. 35 – 58.

Eberhard Grabitz, *Europäisches Bürgerrecht zwischen Marktbürgerschaft und*

Staatsbürgerschaft, Köln 1970.

Bettina Graue, Olaf Deinert, »Mittelbare Diskriminierung von Frauen durch den Ausschluß der gesetzlichen Kranken-, Renten- und Arbeitslosenversicherung bei geringfügiger Beschäftigung im Falle des § 8 I Nr. 1 SGB IV«, in: *Europäisches Wirtschafts- und Steuerrecht* 7 (1996), S. 418 – 422.

Michael Grünberger, *Personale Gleichheit. Der Grundsatz der Gleichbehandlung im Zivilrecht*, Baden-Baden 2013.

Peter Häberle, »Diskussionsbeitrag«, in: *Veröffentlichungen der Vereinigung der Deutschen Staatsrechtslehrer* 64 (2005), S. 426.

Renate Hakvoort, *Mittelbare und unmittelbare Diskriminierung von Frauen durch staatliche Ausbildungsförderung. Gutachten im Auftrag der Frauen und Gleichstellungsbeauftragten an Hochschulen*, Krefeld 1998.

Peter Hanau, Ulrich Preis, »Zur mittelbaren Diskriminierung wegen des Geschlechts«, in: *Zeitschrift für Arbeitsrecht* (1988), S. 177 – 207.

Felix Hanschmann, *Der Begriff der Homogenität in der Verfassungslehre und Europarechtswissenschaft. Zur These von der Notwendigkeit homogener Kollektive unter besonderer Berücksichtigung der Homogenitätskriterien »Geschichte« und »Sprache«*, Berlin 2008.

Ines Härtel, »Energieeffizienzrecht—ein neues Rechtsgebiet?«, in: *Natur und Recht* (2011), S. 825 – 833.

Thomas Hey, Editha Beitze (Hg.), *Kommentar zum AGG*, Frankfurt am Main 2009, ²2015.

Christian Hillgruber, »Diskussionsbeitrag«, in: *Veröffentlichungen der Vereinigung der Deutschen Staatsrechtslehrer* 64 (2005), S. 424.

Christine Hohmann-Dennhardt, *Ungleichheit und Gleichberechtigung. Zur kompensatorischen Funktion von Frauenquoten in Rechts- und Sozialpolitik*, Heidelberg 1982.

—, Marita Körner, Reingard Zimmer (Hg.), *Geschlechtergerechtigkeit: Festschrift für Heide Pfarr*, Baden-Baden 2010.

Stefan Huster, *Rechte und Ziele. Zur Dogmatik des allgemeinen Gleichheitssatzes*, Berlin 1993.

—, »Frauenförderung zwischen individueller Gerechtigkeit und Gruppenparität. Zu einigen Grundfragen der Rechtfertigung von Quotenregelungen«, in: *Archiv des öffentlichen Rechts* 118 (1993), S. 109 – 130.

Hans Peter Ipsen, Gerd Nicolaysen, »Haager Kongreß für Europarecht und Bericht über die aktuelle Entwicklung des Gemeinschaftsrechts«, in: *Neue Juristische Wochenschrift* (1964), S. 339 – 344.

Mechtild M. Jansen (Hg.), *Halbe-halbe. Der Streit um die Quotierung*, Berlin 1986.

Georg Jellinek, *Allgemeine Staatslehre*, Darmstadt 1914, [3]1960.

Matthias Jestaedt, »Diskriminierungsschutz und Privatautonomie«, in: *Veröffentlichungen der Vereinigung der Deutschen Staatsrechtslehrer* 64 (2005), S. 298 – 350.

Tarunabh Khaitan, *A theory of discrimination law*, Oxford 2015.

Cornelia Klinger, Gudrun-Axeli Knapp, Birgit Sauer (Hg.), *Achsen der Ungleichheit. Zum Verhältnis von Klasse, Geschlecht und Ethnizität*, Frankfurt am Main 2007.

Gudrun-Axeli Knapp, Angelika Wetterer (Hg.), *Achsen der Differenz*, Münster 2003.

Swantje Köbsell, Anne Waldschmidt (Hg.), »Special Topic: Disability Studies in German Speaking Countries«, in: *Disability Studies Quarterly* 26 (2006), (7 Aufsätze).

Christine Langenfeld, *Die Gleichbehandlung von Mann und Frau im Europäischen Gemeinschaftsrecht*, Baden-Baden 1990.

—, »Art. 141«, in: Eberhard Grabitz, Meinhard Hilf (Hg.), *Das Recht der EU*, München [40]2008.

Tobias Leder, *Das Diskriminierungsverbot wegen einer Behinderung*, Berlin 2006.

Gerhard Leibholz, *Die Gleichheit vor dem Gesetz*, Berlin 1925.

Ulrike Lembke, »Diversity als Rechtsbegriff. Eine Einführung«, in: *Rechtswissenschaft* (2012), S. 46 – 76.

—, »Vergebliche Gesetzgebung. Die Reform des Sexualstrafrechts 1997/1998 als Jahrhundertprojekt und ihr Scheitern in und an der sog. Rechtswirklichkeit«, in: *Zeitschrift für Rechtssoziologie* 34 (2014), S. 253 – 283.

—, Lena Foljanty,»Die Konstruktion des Anderen in der › Ehrenmord ‹-Rechtsprechung«, in: *Kritische Justiz* (2014), S. 298 – 315.

—, Doris Liebscher,»Postkategoriales Antidiskriminierungsrecht? —Oder: Wie kommen Konzepte der Intersektionalität in die Rechtsdogmatik?«, in: Isabella Meier u. a. (Hg.), *Intersektionelle Benachteiligung und Diskriminierung, Soziale Realitäten und Rechtspraxis*, Baden-Baden 2014, S. 261 – 289.

Doris Liebscher, Tarek Naguib, Tino Plümecke, Juana Remus,»Wege aus der Essentialismusfalle: Überlegungen zu einem postkategorialen Antidiskriminierungsrecht«, in: *Kritische Justiz* (2012), S. 204 – 218.

Jutta Limbach, Marion Eckertz-Höfer (Hg.), *Frauenrechte im Grundgesetz des geeinten Deutschland: Diskussion in der Gemeinsamen Verfassungskommission von Bundestag und Bundesrat und der Bundesratskommission Verfassungsreform*; *Dokumentation*, Baden-Baden 1993.

Anna Katharina Mangold, *Demokratische Inklusion durch Recht*, Tübingen 2017 (i. E.).

—, *Gemeinschaftsrecht und deutsches Recht. Die Europäisierung der deutschen Rechtsordnung in historisch-empirischer Sicht*, Tübingen 2011.

—,»Mehrdimensionale Diskriminierung. Potentiale eines materialen Gleichheitsverständnisses«, in: *Zeitschrift für Rechtsphilosophie* (2016), S. 152 – 168.

—,» Nicht nur › kompetente Eltern ‹. Zur Überwindung von Stereotypen der Elternschaft und Ehe im Urteil des Ersten Senats des Bundesverfassungsgerichts zur Sukzessivadoption durch Lebenspartner _ innen «, in: *Streit* (2013), S. 107 – 116.

—,»Zwischen Vision und Pragmatismus. Eberhard Grabitz und die Europarechtswissenschaft der zweiten Generation«, in: *Jahrbuch für öffentliches Recht* 63 (2015), S. 429 – 453.

—,» § 4. Die sozial- und arbeitsrechtliche Relevanz der Unionsbürgerschaft«, in: *Enzyklopädie Europarecht, Bd. VII*, Baden-Baden 2015.

—, Rainer Wahl,» Das europäisierte deutsche Rechtsschutzkonzept «, in: *Die Verwaltung* 48 (2015), S. 1 – 28.

Nora Markard,»Zwangsehen und Scheinehen: Intersektionalität als Analyseinstrument im Recht«, in: Mechthild Bereswill, Folkert Degenring, Sabine Stange ( Hg. ) , *Intersektionalität und Forschungspraxi. Wechselseitige Herausforderungen*, Münster 2015, S. 20 – 41.

Dörte Marten-Gotthold, *Der Schutz der Sinti und Roma in der Bundesrepublik Deutschland als ethnische Minderheit gemäß Art. 3 Abs. 3 GG*, Frankfurt am Main 1998.

Gernod Meinel, Judith Heyn, Sascha Herms ( Hg. ) , *Allgemeines Gleichbehandlungsgesetz. Arbeitsrechtlicher Kommentar*, München ¹2007, ²2010.

Mathias Möschel, *Law, lawyers and race. Critical race theory from the US to Europe*, London 2014.

Gabriele Müller-List, *Gleichberechtigung als Verfassungsauftrag. Eine Dokumentation zur Entstehung des Gleicberechtigungsgesetzes vom 18. Juni 1957*, Düsseldorf 1996.

Rainer Nickel, *Gleichheit und Differenz in der vielfältigen Republik. Plädoyer für ein erweitertes Antidiskriminierungsrecht*, Baden-Baden 1999.

Christiane Nollert-Borasio, Martina Perreng ( Hg. ) , *Allgemeines Gleichbehandlungsgesetz. Basiskommentar zu den arbeitsrechtlichen Regelungen*, Frankfurt am Main ¹2006, ³2011.

Thomas Oppermann, » Vom Marktbürger zum EG-Bürger?«, in: Gerd Nicolaysen, Helmuth Quaritsch ( Hg. ) , *Lüneburger Symposion für Hans Peter Ipsen zur Feier des 80. Geburtstages*, Baden-Baden 1988, S. 87 – 93.

Lerke Osterloh, Angelika Nußberger, » Art. 3 «, in: Sachs ( Hg. ) , *Grundgesetz : GG. Kommentar*, München ⁷2014.

Heide M. Pfarr, » Mittelbare Diskriminierung von Frauen: Die Rechtsprechung des EuGH«, in: *Neue Zeitschrift für Arbeitsrecht* ( 1986) , S. 585 – 589.

—, Klaus Bertelsmann, *Lohngleichheit—Zur Rechtsprechung bei geschlechtsspezifischer Entgeltdiskriminierung*, Stuttgart 1981.

—, Klaus Bertelsmann, *Diskriminierung im Erwerbsleben : Ungleichbehandlungen von Frauen und Männern in der Bundesrepublik Deutschland*, Baden-Baden 1989.

Adalbert Podlech, *Gehalt und Funktionen des allgemeinen verfassungsrechtlichen Gleichheitssatzes*, Berlin 1971.

Sibylle Raasch, *Frauenquoten und Männerrechte*, Baden-Baden 1991.

Gustav Radbruch, *Rechtsphilosophie*, Stuttgart [4]1950.

Peter Rädler, *Verfahrensmodelle zum Schutz vor Rassendiskriminierung. Rechtsvergleichende Untersuchung zum Verfassungsauftrag in Art. 3 Abs. 3 GG*, Berlin 1999.

Stefan Rating, *Mittelbare Diskriminierung der Frau im Erwerbsleben nach europäischem Gemeinschaftsrecht. Richterrecht des EuGH und die Voraussetzungen seiner Rezeption am Beispiel Spaniens und der Bundesrepublik*, Baden-Baden 1994.

Ines Reich-Hilweg, *Der Gleichbehandlungsgrundsatz ( Art. 3 Abs. 2 GG ) in der parlamentarischen Auseinandersetzung 1948 – 1957 und in der Rechtsprechung des Bundesverfassungsgerichts 1953 – 1975*, Gießen 1978.

Joachim Rückert, »Juristische Zeitgeschichte. Ein Entwurf«, in: Michael Stolleis ( Hg. ), *Juristische Zeitgeschichte. Ein neues Fach?*, Baden-Baden 1993, S. 23 – 34.

Beate Rudolf, Matthias Mahlmann ( Hg. ), *Gleichbehandlungsrecht. Handbuch*, Baden-Baden 2007.

Wolfgang Rüfner, »Die mittelbare Diskriminierung und die speziellen Gleichheitssätze in Art. 3 Abs. 2 und 3 GG«, in: Rudolf Wendt u. a. ( Hg. ), *Staat, Wirtschaft, Steuern. Festschrift für Karl Heinrich Friauf zum 65. Geburtstag*, Heidelberg 1996, S. 331 – 341.

Michael Sachs, *Grenzen des Diskriminierungsverbots. Eine Untersuchung zur Reichweite des Unterscheidungsverbots nach Artikel 3 Abs. 2 und 3 Grundgesetz*, München 1987.

—, » § 121. Die Gleichberechtigung von Mann und Frau«, in: Klaus Stern i. V. m. Michael Sachs, Dietlein Johannes ( Hg. ), *Das Staatsrecht der Bundesrepublik Deutschland. Bd. IV, 2 : Die einzelnen Grundrechte*, München 2011, S. 1433 – 1846.

Ute Sacksofsky, *Das Grundrecht auf Gleichberechtigung : Eine rechtsdogmatische Untersuchung zu Artikel 3 Absatz 2 des Grundgesetzes*, Baden-Baden [1]1991, [2]1996.

—，»Die blinde Justitia: Gender in der Rechtswissenschaft«, in: Hadumod Bußmann, Renate Hof (Hg.), *Genus. Geschlechterforschung. Gender Studies in den Kultur- und Sozialwissenschaften. Ein Handbuch*, Stuttgart 2005, S. 402 - 443.

—，»Diskriminierung und Gleichheit—aus verfassungsrechtlicher Perspektive«, in: Susanne Opfermann (Hg.), *Unrechtserfahrungen. Geschlechtergerechtigkeit in Gesellschaft, Recht und Literatur*, Königstein Taunus 2007, S. 31 - 51.

—，»Religiöse Freiheit als Gefahr?«, in: *Veröffentlichungen der Vereinigung der Deutschen Staatsrechtslehrer* 68 (2009), S. 9 - 46.

Erna Scheffler, »Die Gleichberechtigung der Frau«, in: *Verhandlungen des 38. DJT in Frankfurt am Main*, Tübingen 1950, B 3 - B 30.

Dagmar Schiek, *Nachtarbeitsverbot für Arbeiterinnen: Gleichberechtigung durch Deregulierung*, Baden-Baden 1992.

—，*Frauengleichstellungsgesetze des Bundes und der Länder. Kommentar für die Praxis zum Frauenfördergesetz für den Bundesdienst und zu den Frauenfördergesetzen, Gleichstellungsgesetzen und Gleichberechtigungsgesetzen der Länder, mit dem Beschäftigtenschutzgesetz*, Köln [1]1996, [2]2002.

—，Eva Kocher (Hg.), *Allgemeines Gleichbehandlungsgesetz (AGG). Ein Kommentar aus europäischer Perspektive*, München 2007.

Aino Schleusener, Jens Suckow, Burkhard Voigt (Hg.), *AGG. Kommentar zum Allgemeinen Gleichbehandlungsgesetz*, Köln [1]2007, [4]2013.

Birgit Schmidt am Busch, » Intersexualität und staatliche Schutzpflichten bei geschlechtszuweisenden Operationen «, in: *Archiv des öffentlichen Rechts* 137 (2012), S. 441 - 458.

Carl Schmitt, *Der Begriff des Politischen*, Tübingen 1927.

—，*Verfassungslehre*, München, Leipzig 1928.

Helmut Schulze-Fielitz, »Umweltrecht«, in: Dietmar Willoweit (Hg.), *Rechtswissenschaft und Rechtsliteratur im 20. Jahrhundert. Mit Beiträgen zur Entwicklung des Verlages C. H. Beck*, München 2007, S. 989 - 1002.

Jutta Schumann, *Faktische Gleichberechtigung. Die Grundgesetzerweiterung des Art. 3 II S. 2*, Frankfurt am Main 1997.

Kerstin Schweizer, *Der Gleichberechtigungssatz—neue Form, alter Inhalt? Untersuchung zu Gehalt und Bedeutung des neugefaßten Art. 3 Abs. 2 GG unter Einbeziehung Europäischen Gemeinschaftsrechts*, Berlin 1998.

Jochen Sievers, *Die mittelbare Diskriminierung im Arbeitsrecht*, Pfaffenweiler 1997.

Vera Slupik, *Die Entscheidung des Grundgesetzes für Parität im Geschlechterverhältnis. Zur Bedeutung von Art. 3 Abs. 2 und 3 GG in Recht und Wirklichkeit*, Berlin 1988.

Alexander Somek, »Neoliberale Gerechtigkeit. Die Problematik des Antidiskriminierungsrechts«, in: *Deutsche Zeitschrift für Philosophie* 51(2003), S. 45 – 59.

—, *Engineering equality. An essay on European anti-discrimination law*, Oxford 2011.

Hans-Harald Sowka, » Mittelbare Frauendiskriminierung—ausgewählte Probleme «, in: *Der Betrieb* (1992), S. 2030 – 2032.

Michael Stolleis, » Wie entsteht ein Wissenschaftszweig? Wirtschaftsrecht und Wirtschaftsverwaltungsrecht nach dem Ersten Weltkrieg «, in: Hartmut Bauer (Hg.), *Umwelt, Wirtschaft und Recht. Wissenschaftliches Symposium aus Anlass des 65. Geburtstages von Reiner Schmidt*, Tübingen 2002, S. 1 – 13.

Stefan M. Strassmair, *Der besondere Gleichheitssatz aus Art. 3 Abs. 3 Satz 2 GG. Eine Untersuchung zu Gehalt und Struktur des Diskriminierungsverbotes sowie seiner Bedeutung für die verfassungsrechtliche Stellung und soziale Gleichstellung von Menschen mit Behinderungen*, Berlin 2002.

Rudolf Streinz, » Diskussionsbeitrag «, in: *Veröffentlichungen der Vereinigung der Deutschen Staatsrechtslehrer* 64 (2005), S. 416.

Heinz-Gerd Suelmann, *Die Horizontalwirkung des Art. 3 II GG*, Baden-Baden 1994.

Felipe Temming, » Freie Rechtsschöpfung oder nicht: Der Streit um die EuGH-Entscheidung Mangold spitzt sich zu «, in: *Neue Juristische Wochenschrift* (2008), S. 3404 – 3406.

Jens T. Theilen, »Intersexualität, Personenstandsrecht und Grundrechte«, in: *Das Standesamt (StAZ)* (2014), S. 1 – 7.

Marie T. Tinnefeld, *Der Schutz der Sprache als verfassungsrechtliche Aufgabe und die Form ihrer Verwirklichung in Art. 3 Abs. 3 GG*, Köln 1967.

Christa Tobler, *Indirect discrimination. A case study into the development of the legal concept of indirect discrimination under EC law*, Antwerpen 2005.

Sojourner Truth, *Ain't I A Woman?*, Rede im Dezember 1851 bei der Women's Convention in Akron, Ohio 1851 (online verfügbar: ⟨https://sourcebooks. fordham.edu/mod/sojtruth‐woman.asp⟩).

Francisco Valdes, »Afterword & Prologue: Queer Legal Theory«, in: *California Law Review* 83 (1995), S. 344‐377.

Torsten von Roetteken (Hg.) *Allgemeines Gleichbehandlungsgesetz (AGG). Kommentar zu den arbeits- und dienstrechtlichen Regelungen*, Heidelberg 2014 (Loseblatt).

Rainer Wahl, » Wie entsteht ein neues Rechtsgebiet: Das Beispiel des Informationsrechts «, in: Peter Baumeister, Wolfgang Roth, Josef Ruthig (Hg.), *Staat, Verwaltung und Rechtsschutz. Festschrift für Wolf-RüdigerSchenke zum 70. Geburtstag* (Schriften zum Öffentlichen Recht 1196), Berlin 2011, S. 1305‐1324.

Katharina Walgenbach, » Gender als interdependente Kategorie «, in: Katharina Walgenbach u. a. (Hg.), *Gender als interdependente Kategorie. Neue Perspektiven auf Intersektionalität, Diversität und Heterogenität*, Opladen 2007, S. 23‐64.

Marina Wellenhofer, » Die mittelbare Diskriminierung des nichtehelichen Kindes durch § 1615 I BGB«, in: *Familie und Recht* 10 (1999), S. 448‐455.

Felix Welti, *Behinderung und Rehabilitation im sozialen Rechtsstaat. Freiheit, Gleichheit und Teilhabe behinderter Menschen*, Tübingen 2005.

Johanna Wenckebach, »Was leistet die Antidiskriminierungsstelle des Bundes?«, in: *Arbeit und Recht* (2008), S. 340‐345.

—, ›› Bis unter den Vorstand, überhaupt kein Thema ‹. Der Nachweis einer gläsernen Decke im Antidiskriminierungsprozess«, in: *Kritische Justiz* (2011), S. 370‐381.

Ulrike Wendeling-Schröder, Axel Stein (Hg.), *Allgemeines Gleichbehandlungsgesetz. Kommentar*, München 2008.

Heather Ruth Wishik, » To Question Everything: The Inquiries of Feminist

Jurisprudence«, in: *Berkeley Women's Law Journal* 1 (1985), S. 64 – 77.

Gerlind Wisskirchen, *Mittelbare Diskriminierung von Frauen im Erwerbsleben. Die Rechtsprechung des Bundesarbeitsgerichts, des Europäischen Gerichtshofes und des US Supreme Court*, Berlin 1994.

Clara Zetkin, *Zur Geschichte der proletarischen Frauenbewegung Deutschlands*, 1928, Nachdr. Frankfurt am Main [1]1971, [2]1978.

Julia Zinsmeister, *Mehrdimensionale Diskriminierung. Das Recht behinderter Frauen auf Gleichberechtigung und seine Gewährleistung durch Art. 3 GG und das einfache Recht*, Baden-Baden 2007.

—, »Additive oder intersektionale Diskriminierung? Behinderung, › Rasse ‹ und Geschlecht im Antidiskriminierungsrecht «, in: Gudrun Wansing, Manuela Westphalm ( Hg. ), *Behinderung und Migration. Inklusion, Diversität, Intersektionalität*, Wiesbaden 2014, S. 265 – 283.

# 在政治化与再教义化之间：
# 柏林共和时代的家庭法学[*]

〔德〕安妮·勒特尔[**] 著

季红明[***] 译

## 一、导言

描述德国重新统一后的家庭法学[1]的特征无疑是一项易受（个人所学和所处时代局限等）影响的努力。任何人都不可能在描写自己的学科和时代时不被卷入其中。迪特尔·西蒙早已对《波恩共和时代的德国法学》的读者指出过，当代见证人通常不是好的历史学家。[2]只有在保

---

* 本文（Zwischen Politisierung und Redogmatisierung：Die Familienrechtswissenschaft in der Berliner Republik）以先前研究为基础。该前期研究已征得编者同意于 2014 年以长文版本形式出版；对此参见 Röthel，»Familienrechtswissenschaft«。

** 安妮·勒特尔（Anne Röthel），生于 1968 年，先后在德国科隆、法国克莱蒙费朗学习法学和政治学，1997 年获得博士学位，2003 年获得教授资格。2004 年起任德国汉堡布采留斯法学院民法、欧洲和国际私法教授。

*** 季红明，河南淮阳人，现任中南财经政法大学法学院教师。主要研究领域：民法、婚姻法、法学方法论和法律人教育（鉴定式案例分析方法和法庭报告技术）。

1 在下文中，"柏林共和时代"被历史地、宽泛地并且同时被国家法严格地理解为再度统一后的德国的时期，即从 1990 年 10 月 3 日开始，而不是随着 1991 年 6 月 20 日的决议通过以及在 1999 年政府和议会从波恩到柏林的迁移完成才开始。不同的看法参见 Sontheimer，»Berlin schafft keine neue Republik«，以及 Brunssen，*Das neue Selbstverständnis der Berliner Republik*。

2 Simon（Hg.），*Rechtswissenschaft in der Bonner Republik*，S. 8.

持一定的距离时，我们才能更为确定地标示，哪一争论曾是真正有影响的，以及主要的推动力源自哪一声音。此外，与诸如公法学等法学的其他学科相比，家庭法学更少进行自我观察、反思和记录。换言之，它缺少一个可对自身的观察予以测量的客观基准点。

这一情况敦促我们要谦逊。因此，接下来的报告可被理解为主要是各种主题和声音的集合。它所搜集与描述的是自《统一条约》生效以来涉及家庭法的法学争论、工作方式和观察。这些争论提供了关于柏林共和时代家庭法学对哪些主题感兴趣的信息（下文二）。对工作方式的注目，让接近家庭法的自我理解成为可能（下文三）。最后，观察部分给出的信息，涉及家庭法学在法学内部以及相对于司法和立法所承担的角色，即它的实效和在法律结构中的位置（下文四）。

最后一步是对几条脉络加以综述（下文五）。基本观察为，德国统一后的家庭法学的争论、工作方法和观察主要是在"旧"共和时期的主题和方法范围内继续前行〔下文五之（一）〕。过去25年，相较于联邦宪法法院关于子女知道自己出身的权利的裁判或者关于婚姻契约（Ehevertrag）形塑界限的裁判，通过重新统一以及柏林共和时代后来在人口和劳动力市场政策上的节约型和积极的新家庭政策，政治的重新定向〔下文五之（二）〕所引发的阵痛可能更小。叠加在对宪法化和欧洲化进程的主题性处理和方法论的处理之上的历史兴趣，改变了对比较法工作方法的关切，有利于再度强调教义学角度的自我理解。就此可粗略概括如下：德国重新统一后的家庭法学，在柏林共和时代以再教义化和去政治化，回应历史性和政治性的家庭法〔下文五之（三）〕。本文最后以对前景的展望结尾（下文六）。

# 二、争论

要么按照那些长久以来为法学整体处理的视角，要么按照家庭法学中大的、决定态度的问题的视角，对德国统一后所引入的家庭法争论加以分类，这样的做法显得非常诱人。这些视角包括法的宪法化和欧洲化，以及家庭法与宗教、政治和社会的关系，就如它在世俗化、政治化、法律化、经济化、多元化或者私人化的标签下所讨论的那样。不过，以此种方式只能获得关于长期争论的继续进展的信息。这隐藏着忽视先前既定路径或者更为底层的变迁之外的发展的危险。

## （一）伴侣关系

通常最早可以从新引入的概念中读出认识层面的变化和转向。伴侣关系概念即属此列，在柏林共和时代，它找到了从社会学进入法学文献的路径，[3] 而且已标示出了第一个发展方向："婚姻"和"非婚姻"的二分法已经被包容导向的、愈来愈脱离社会和宗教信仰基本态度的思维模式所替代。

尽管如此，在针对伴侣关系的家庭法个别争论中，婚姻处于重要位置。在此，"旧"共和时期的重要主题——婚姻中的性别平等——仅仅发挥着无足轻重的作用。之前多次强调过的"配偶的自主"相对于国家法似乎是得到了保障。[4] 现在家庭法学感兴趣的更多是婚姻破裂后的财产性后果。核心关切是去定型化（De-Stereotypisierung）和个体化。[5]

---

3　Röthel/Heiderhoff（Hg.），*Regelungsaufgabe Paarbeziehung.*

4　例如 Gernhuber/Coester-Waltjen，*Familienrecht*，§ 18，Rn. 13 ff. 。

5　详情参见 Röthel，»Familienrechtswissenschaft«，S. 613 ff. 。

柏林共和时代在 2001 年引入登记生活伴侣这一法律制度。在 20 世纪 90 年代初期，对于"严肃的"家庭法学者来说，"同性生活共同体"这一概念还是一个"绝对的禁忌"。[6] 在从禁忌到法律制度的不到十年的短暂过程中，家庭法学在此几乎没有产生影响，而它最后却相对平静地对待登记伴侣关系。劳舍尔（Rauscher）总结道："对同性伴侣关系在法律上加以规范的宪法性问题展开的积极讨论"，"在实际法政策上近乎寂静无声"。[7] 剧烈激荡的时代基本上属于引入生活伴侣关系后最初的那些年头。它将一些技术性的具体问题移到了前台。生活伴侣关系在多大程度上与婚姻相近这一核心问题，一直都较少有人研究，但在材料排布上却仍可一窥端倪：施瓦布（Schwab）和穆施勒（Muscheler）在他们的家庭法专著的最后一章阐述生活伴侣关系，[8] 而德特洛夫（Dethloff）将生活伴侣关系纳入第一章"婚姻和伴侣关系"之中，[9] 在劳舍尔那里，生活伴侣关系与非婚姻生活共同体作为"无婚姻的生活共同体"一起紧邻婚姻。[10] 向同性"开放婚姻"这一最初所无法想象的事，逐渐成了时间问题。[11]

同性生活共同体的制度化主要在宪法中找到其推动力，而在处理事实性的生活共同体时，非婚姻共同生活在新的联邦州中更为广泛。在生活共同体破裂之后，就（先前做出的）大额财产给予的返还问题，联邦最高法院最终在 2008 年首度认可司法上的公平补偿，并且明确地将

---

6　Schwenzer, »Ein Familienrecht für das 21. Jahrhundert«, S. 29.

7　Rauscher, *Familienrecht*, § 2 Rn. 38.

8　Schwab, *Familienrecht*, §§ 94 ff. ; Muscheler, *Familienrecht*, § 49.

9　Dethloff, *Familienrecht*, § 7.

10　Rauscher, *Familienrecht*, § 27.

11　参见 Röthel, »Institution und Intimität«, S. 32。

生活共同体承认为"法律共同体"(Rechtsgemeinschaft),[12]这与部分家庭法学者长久以来的呼声是一致的。

## (二) 亲子关系

与伴侣关系法相似,亲子关系法也经历了一些变化,它们可被描述为"包容"(Inklusion):非(法律上的)父母(Nicht-Eltern)通过交往权(Umgangsrecht)更为接近子女,父母关系的身份让路,实际的亲子关系被提升了价值。

以重要的改革立法的数量测算,亲子关系法是家庭法内在重新统一以来经历最为深刻的立法变化的领域,此外涉及赋予未与母亲结婚的父亲在世系和照顾方面的法律地位,依子女和/或父亲的意愿澄清世系,登记生活伴侣的收养和交往权,以及涉及只是亲生父亲的交往权,最后涉及儿童保护和父母照顾。这些重新定位,决定了争论的对象和基调。思想上的发展着力处,一方面是子女的法律地位,另一方面是父母双方的亲权的平等。[13] 尽管旧有的婚生子女和非婚生子女的二分法被放弃,但家庭法却仍维持分裂的态势,趋向新的二分法。子女福利和权利平等的关系依旧不清楚(范式聚合),在法的角色——不干预还是干预,即非法律化还是法律化——的问题上,也是言人人殊。许多人批评该"新的"亲子关系法过度法律化;[14]恰恰在亲子关系上法的作用也被高估。[15] 然而,与此同时,一直都有人表达对法律的新的期待。[16] 在有关亲子关系法的出版物中,对法律的批判继续构成最主要的基调。

---

12　BGHZ 177, 193 ff.

13　深入的讨论参见 Röthel, »Familienrechtswissenschaft«, S. 620 ff. 。

14　例如 Frank, »100 Jahre BGB«, S. 420; Schwab, *Konkurs der Familie?*, S. 26。

15　Schwab, *Konkurs der Familie?*, S. 25.

16　例如 Schwab/Vaskovics (Hg.), *Pluralisierung von Elternschaft und Kindschaft*。

关于儿童福利和权利平等，身份关系和事实关系，以及法律化或者不干预多种思路，在此并未产生共同的材料。就这些问题而言，柏林共和时代的家庭法学实质上依然存在类似的分裂，正如其前辈在婚生子女和非婚生子女的关系上的态度分裂一样。

### （三）对成年人的保护

成年人保护法经历了类似的根本性改变。1992 年 1 月 1 日，新创设的法律制度"照管"（Betreuung）取代了禁治产、成年人监护和弱者保佐（Gebrechlichkeitspflegschaft）。从统括的禁治产到较为灵活的、取向于团结互助和自主决定的照料（Fürsorge）的道路，契合了家庭法学文献中的长期主张。1992 年引入照管并且经过 1998 年和 2005 年急速跟进改革法律的这条道路，在基调上也得到了积极的呼应。20 世纪 90 年代和21 世纪最初十年对于照管法的争论相应地也是构想性的和理论取向的。所涉及的不是让成年人保护在价值裁断上以自主决定和辅助性为准则，而是涉及对教义学的结构问题的回答。[17]

# 三、工作方式

对于波恩共和时期的家庭法学而言，西米蒂斯（Simitis）就此曾指出，家庭法学的"经典的反思基础"如何受到"宪法化""普遍化"和相邻学科（"跨学科"）的质疑。[18] 在德国统一后的时代，宪法化和欧洲化可以纳入教义学的工作方法之中〔下文（三）〕。对于社会科学的态度存

---

17　详情参见 Röthel, »Familienrechtswissenschaft«, S. 624 ff. 。
18　Simitis, »Familienrecht«, S. 401 ff. und S. 420 ff.

有争议,但是保持清醒的认识〔下文(四)〕。同时,历史性的工作方式继续让路〔下文(一)〕,而对于外国的关注〔下文(二)〕被赋予更多的意义。

## (一) 历史性的工作方式

在重新统一后的德国,历史性的工作方法在家庭法学中的重要性继续降低(下文1)。重新统一自身最多也只是成为不被历史性工作方法重视的话题(下文2)。

### 1. 从客观的教义历史到阐释方法的统合

兼治私法史和家庭法的研究风格(Forschungsprofile)以及教席变得更为罕见。同时,这一视角的关注点和对象转到了过去。客观的教义历史(nüchterne Dogmengeschichte)让位于"松散的"主题式的统合,而松散的主题式的统合与其说是以点彩画的方式证明发展路径,倒不如说是有助于阐释社会变迁。[19]

显而易见的是,家庭法学对于家庭法历史兴趣的消退,归因于上述包括所有分支领域在内的转型和变化。同时,历史工作方式的重要性降低进一步反映出比较法的工作方式的重要性增长〔下文(二)〕。就此而言,统一后的德国家庭法学既不区别于统一前的"旧"家庭法学,也与20世纪的私法学毫无区别。自从法制史、比较法和法教义学分开发展以来,对于私法学来说,总体上出现了一个认知兴趣的横向化趋势:从垂直的(历史的)法律比较到水平的(当下的)法律比较。在认知兴趣和工作方式的这一普遍变迁中,家庭法学不具有特殊地位。同样在这个问题上,重新定向的推动力也不是源自家庭法学。

---

19　但是参见 Meder, *Familienrecht*。

## 2. 再度统一：隐蔽的重大转折

德国的再统一迄今也未被作为历史工作方法的特别基准点。相反：在家庭法中，统一进程和再度统一几乎未曾被主题化。再统一看上去既不是重大转折，其日期也根本不是特别显眼的日期。其他的事件，比如《德国民法典》的生效和嗣后的《基本法》的生效，标记着观察的期间。[20] 被纳入观察的是整个的时代（从古代到现在）、世纪或者年代（20世纪90年代），很少明示"旧的"共和时期和"新的"再度统一的德国的家庭法。[21] 这可能是令人吃惊的，倘若人们考虑到家庭法学同时是何其感兴趣于审视和处理"变迁"和"重大变革"。[22] 1989年和1990年的政治转向，没有成为这一转变之记录的一个独立篇章。

这一点与《统一条约》保障了"旧"共和时期的家庭法的连续性息息相关。民主德国的家庭法在再统一进程中未能幸存，在统一进程中为人民大会（Volkskammer）加以根本地改革的民主德国的家庭法典，于1990年1月1日生效，然而也已经在1990年10月3日被扔进废纸篓，不再实际应用。同时，最初的《家庭法典》回溯性地塑造了一幅关于远离世界观的、先天残疾的法的图像，该图像不被"老的"家庭法学者视为富有成效的科学借鉴的推动力：依据一个——出自联邦司法部又进入家庭法学的基本感知的——声明，"民主德国的家庭法对于一个民主、开放、主观主义的、受到财政和经济利益强烈支配的社会来说，是不合

---

20　Frank, »100 Jahre BGB«, S. 401 ff.; Limbach/Willutzki, »Die Entwicklung des Familienrechts seit 1949«; Schwab, »Gleichberechtigung und Familienrecht im 20. Jh. «.

21　但是参见 Simon, »Von der sozialistischen und von der bürgerlichen zur postmodernen Familie«, S. 89 ff.; Diederichsen, *Wiedervereinigung im Familienrecht*; Ramm, »Wiedervereinigung und Familienrechtsreform «; Schwab ( Hg. ), *Familienrecht und deutsche Einigung.*

22　例如 Nave-Herz ( Hg. ), *Kontinuität und Wandel*。

适的"。[23] 甚至在民主德国的家庭法所预期的德国统一之后的法律发展的地方,意识形态的保留也阻碍了毫无前见的评价。家庭法的"政治取向"属于民主德国家庭法的明显缺陷。之后也很少有人基于法史的视角对它投以关注。这一点同样也适用于一些问题,就这些问题,家庭法在再度统一后,朝向一个在民主德国改革后的《家庭法典》中已经被创建的方向发展。弗兰克在2000年就这样总结道:"众所周知的是,民主德国的《家庭法典》根本未曾持续地影响1990年后的发展。"[24]

## (二)比较的工作方式

伴随着对于历史工作方法的兴趣消减,相对应的是对于外国法和比较法的兴趣日益增长。已经为西米蒂斯所观察到的波恩共和时期的欧洲内部和外部的争论和改革进程的开启,[25]从统一以来,不只是继续推进,而是获得了新的品质和活力。得之于广度,却部分地失之于深度:对外国的观察,获得了日常的效力(下文1),但是经常限缩于赤裸的规制模式的非情境化的描摹(下文2)。

### 1. 外国作为论据

随着不言自明性的增长,对外国的观察就成了核心的论据,用以表明改革的需要和发展潮流。经常以此种方式产生一幅关于国际性发展标准的图像,德国家庭法退隐于这个图像后面。这特别适用于亲子关系法,之后也同样适用于伴侣关系法。[26] 在施文策尔(Schwenzer,1992)、马丁尼(Martiny,2002)、德特洛夫(Dethloff,2008)和黑尔姆斯

---

23　此为联邦司法部的负责人的意见;参见 Wolf,»Das Familienrecht der DDR und der Einigungsvertrag«,S. 388。

24　Frank,»100 Jahre BGB«,S. 404.

25　Simitis,»Familienrecht«,S. 420 ff.

26　详情参见 Röthel,»Familienrechtswissenschaft«,S. 635 f. 。

（Helms, 2016）提交给德国法律人大会的鉴定报告中, 所查明的外国的改革趋势, 对于改革建议来说, 地位举足轻重。与此同时, 对"欧洲化""欧洲"和"外国"的描述嵌入了针对家庭法的更为体系性的描述。

柏林共和时代的家庭法学彻底地寻求比较, 追求定位、标准和基准。然而, 为此所需的知识, 由一种比较法提供, 该种比较法尽管在广度上是勤劳的和富有成效的, 但并不总是同等地对历史的、制度的和社会的根源感兴趣。[27] 这些质疑并不能阻挡比较法的凯旋。在统一后的德国, 一个主要对评价感兴趣、较少对调查结果感兴趣的比较法构成了法政策的论证助手。

## 2. 原则、示范法和可选用的法：模仿的工作方式

同时, 比较法的法政策的视野扩展了：冷战结束标志着"比较法的新路径"。甚至在家庭法学中, 也组建了欧洲共同取向的跨国研究联合。按照债法中的原则 - 运动的典范, 2001 年成立了欧洲家庭法委员会（Commission on European Family Law, CEFL）。在欧洲家庭法委员会的工作成果中, 即所谓的原则（principles）, 涉及的是制定出的示范法（Modellgesetz）, 其意在作为可选用的法（optionales Recht）或者至少作为欧盟成员国立法者在欧盟范围内的模板。甚至在欧洲家庭法委员会之外, 德语系的家庭法学, 在示范法的发展中也为比较法的工作方法发现一个新的活动领域。

到原则、示范法和可选用的法这一转向, 再一次证明了基准（benchmarks）的吸引力和效用。这一转向同时也是民法学内部交流程序的例证。在此, 为家庭法发展一个自己的工作方法, 并不重要。应当

---

27　但是参见 Gernhuber/Coester-Waltjen, *Familienrecht*, § 2 Rn. 1。

遵循的是"已采取在合同法和侵权法中的路径"。[28] 因此,所伴随的是比较法方法论的进一步打磨。所感兴趣的不是历史地成长的法系,而是"赤裸的"规制模型;感兴趣的不是错综复杂的变化迁徙运动和发展脉络,而是"无前见地"描述"更好的法律"(better law)。在方法论上显示为虚化背景、凸显主题,却也可解读为家庭法学从国家立法的限制迈向解放的步伐。

## (三) 教义学的工作方式

关于教义学的工作方法在德国统一后的家庭法中的重要性,无法勾画出一幅完整的图景。在亲子关系法和伴侣关系法中,民法教义学必须接纳来自宪法和《欧洲人权公约》的根本性的推动。就此而言,民法教义学经受了丧失说服力和工作能力的危险,走出了冲突,最终受益(下文1)。但是在成年人保护法和婚姻财产法的处理上,既可以看出,教义学的工作方法即使没有新发现的改革委托也持续地构成家庭法的自我理解,也可以看出,对此所必要的工具并没有被遗忘(下文2)。

### 1. 危机和宪法化

随着对婚生子女和非婚生子女地位的平等处理,以及对父亲的权利和知晓自身出身的权利的认可,德国联邦宪法法院以及之后欧洲人权法院也把波恩共和时期的"老的"子女身份法的基本结构完全打成碎片。家庭法学至少是部分地未加准备地触及这个主题。一项子女知晓自己出身的权利的发现[29]被视为长年讨论历程的"中断"和"疼痛

---

28　Dethloff, »Europäische Vereinheitlichung des Familienrechts«, S. 568.

29　BVerfGE 79, S. 256 (S. 268 f.); später BVerfGE 90, S. 263 (S. 270); 96, S. 56 (S. 63).

处"。[30] 德国联邦宪法法院和立法者的协作，"在结果上对法教义学的传统功能，并因此对私法秩序的成功运行［……］提出质疑"。[31]

随着时间的推移，有关"宪法至上"的纠葛变得较为少见。德国统一后家庭法学却在短短几年中，建设性地对待家庭法受基本权和人权约束一事。在 20 世纪 90 年代初期仍被提出的批评，即缺少一个对于私法和宪法的"科学性的统观"（Zusammensicht）以及家庭法学"在《基本法》的解释上失灵"，[32]在几年之内即丧失其合理性。家庭法学对宪法由无兴趣和陌生变成了关注和熟悉。由一个被动和认命的基调，在重新统一的德国逐渐产生一个家庭法学，其又自荐作为针对立法和司法的先行思考以及目的指向地思考的知识存储器。在对一贯性的追求中，对逻辑一致性和"体系统合"的关注中，联邦宪法法院和欧洲人权法院将基本权和《欧洲人权公约》纳入其解释当中。家庭法有了一个发展，这是米勒-弗赖恩费尔斯（Müller-Freienfels）在 1991 年就已经预测到的：家庭法学展示出"日益偏好宪法性论证"。[33] 但是，这个重点也越来越多地被发现，即宪法在许多问题上仅提供"法律的基础数据"或者"方向性标志"。[34] 宪法化不再是陌生的，也不再普遍适用于各学科。随着"外部界限"的日益可见，对于私法教义学来说，可"自由"处分的内部空间再度获得其轮廓。

论证方式中类似的位移发生在婚姻财产制和同性生活共同体的法律地位相关问题上。家庭法学最初还赞同联邦宪法法院的"独断"和"专横"，但随着时间的推移，越来越少读到这种事情。在这一发展过程

---

30　Coester, »Reform des Kindschaftsrechts«, S. 810.

31　Diederichsen, »Die Reform des Kindschafts- und Beistandsrechts«, S. 1991.

32　Ramm, »Wiedervereinigung und Familienrechtsreform«, S. 38 und S. 48.

33　Müller-Freienfels, »Vorrang des Verfassungsrechts«, S. 460 ff.

34　例如 Lipp, »Elterliche Sorge für das nichteheliche Kind«, S. 66。

中,超越实证的工作方式上了伤病名单。由于家庭法学找到了一个宪法化的教义学工作方式,信仰的、法哲学的和法伦理学的参照系的重要性加速减损。

## 2. 长期任务和明确的教义化

在家庭法的财产问题中,较少有狂风暴雨来临。对法之素材的说明和澄清持续不断地来到这里。在相对安静的湖面,家庭法学——只给出一些例子——可以展示出亲属间经济上团结互助的"基础",[35]给出对于婚姻财产制的"基本评价"的反思,[36]形成"'婚姻生活关系'的法教义学",[37]雕刻出家庭里的补偿秩序相对于债法的"特殊性",[38]让人注意到体系的漏洞和不一致,揭露"秘密的"指导图像,[39]还有更多。(家庭法学的教义学成果的)接收人和对象(Adressat und Gegenstand)主要是司法,较少是立法者。尽管家庭法学也时而吃惊于联邦宪法法院"插入的干扰性呼喊声",但它却可以有效地教义学式地陪伴家庭财产法的进一步法律发展。这也适用于统一后德国的家庭法学最为激烈的争论之一:婚姻契约自由的界限。(家庭法学)根本的兴趣点在于家庭法与合同法和侵权法的关系。相互冲突的基本取向的汇合,利于家庭法在"债法化"和"家庭化"之间进行教义学的自我反思。

在婚姻财产法中,所涉及的是应对长期的任务,1992 年 1 月 1 日照管这一新法律制度的生效以及与此相连的成年人保护法中的重新定向,通过了特别的机会去考虑家庭法学中的教义学工作方法的位阶值

---

35　Lipp, »Finanzielle Solidarität zwischen Verwandten im Privat- und im Sozialrecht«, S. 2201 ff.

36　Dauner-Lieb, »Reichweite und Grenzen der Privatautonomie«, S. 312 ff.

37　Diederichsen, »Zum Denken in Rechtsbegriffen und Rechtsprinzipien«, S. 30 ff.

38　Röthel, »Ausgleichsordnungen unter Ehegatten«, S. 1916 ff.

39　Röthel, »Institution und Intimität«, S. 9 ff.

（Stellenwert）。从一开始，这里就出现了明显的向教义学的工作方法的转向。[40]

## （四）交叉学科的工作方式

以私法的其他部门领域作为测度参考，据说家庭法一般与社会科学和生命科学有着特别的亲密关系。这一亲密关系也已经构成了波恩共和时期家庭法学的工作方法的特征。[41]

### 1. 开放的表面

20 世纪 70 年代关于法学和社会科学的关系的激烈争论，至少在一点上富有成果：明显的是，潜在的假定和"感受到的"日常知识，现在被一个前置的明确的且可证明的调查结果替代。[42] 在没有这些数据的地方，很快产生了对"法律事实研究"的呼吁。[43] 一个在统一后的德国加强了的、受到公共财政支持的法律事实研究越来越多地响应这一号召，并且由此促成了家庭法学日益的数字取向（Zahlenorientierung）。同时，相邻科学更近地靠拢过来：家庭社会学确立了作为社会学的一个独立的、突出的分支学科，并且在心理学内部形成了家庭法心理学作为分支。

语言的变化也是对相邻学科开放的证明。人们谈论多元化、个性化、细分和变迁，感兴趣于生活形态、性别角色和生命历程视角，强调参

---

40　专著有 Lipp, *Freiheit und Fürsorge* 以及 Sachsen Gessaphe, *Der Betreuer als gesetzlicher Vertreter für eingeschränkt Selbstbestimmungsfähige*；详见 Röthel, »Familienrechtswissenschaft im wiedervereinigten Deutschland«, S. 644 ff. 。

41　Simitis, »Familienrecht«, S. 425 ff.

42　仅参见 Dethloff, *Unterhalt, Zugewinn, Versorgungsausgleich*, S. 12 ff.；Helms, *Rechtliche, biologische und soziale Elternschaft*, F 11 ff. und öfter；详见 Röthel, »Familienrechtswissenschaft«, S. 646 f. 。

43　比如 Coester, »Nichteheliche Elternschaft und Sorgerecht«, S. 1137 ff. 。

与、联系和时间观念对于儿童发展的重要性,并且以过度自信和有限理性来论证,以描述处于个人关系中的决定情形。一个被交叉学科"纯化的"或者至少"赋予灵感的"家庭法学,表面地寻求与相邻科学的"对话":社会学者和心理学者被邀请参与法学会议,法学学者们认为参与非法学的会议是有吸引力的,而且这促成了共同的出版形式。

2. 跨学科的家庭法学或者"严格的法律观点"?

一个对交叉学科至少是感兴趣的,但是在任何情况下都不带偏见的家庭法学能经受住更为细致检查的考验吗?从社会学的视角来看,(相邻学科的)这一靠拢无论如何都较少具有基础性。"家庭法传统上是敌视社会学的",卢克(Lucke)在 2000 年还如此陈述。[44] 明确的方法论的自我反思,在柏林(共和时期)的家庭法学中更为少见,而且在它出现的地方,人们最后发现,关于交叉学科性质的工作方式的内容、发展方向和说服力的"常识"是多么脆弱。

只有少数人明确地主张家庭法学对跨学科开放。[45] 更为典型的是相反的观点,它让相邻科学停留在"辅助科学"的高度,学科交叉性被排挤成为"随机的"工作方式,此外强调法律观念的独立性。[46] 以这样的论证脉络(Argumentationslinien)可以同时保障家庭法学的解释尊严,而且可以较为容易地击退由相邻科学所产生的不受控制的"冲刷"。

重要的是改革争论中的重点的转变。在很长一段时间,改革争论显现为家庭法争论内相邻科学特别着力研究的领域。但是现在这里也更为经常出现再度强调真正的法律立场。人们所提出的告诫是,不应

---

44　Lucke, »Rechtssoziologie, Familiensoziologie und Familienrecht«, S. 105.

45　例如 Cottier, »Inter- und Transdisziplinarität«.

46　对此的描述参考 Röthel, »Familienrechtswissenschaft«, S. 645 ff. 。

当给予人口学上的变化和真正的社会学的观察以论证性的独立自主。[47]
法外的停靠点也不具有像它乍看之下可能具有的明晰性。人们在衡量
交叉学科的论据时，对其持怀疑态度。

　　这样的声音可能并不意味着以法外的知识进行"绝然明白的"论证
的终结。[48] 但是这样的声音证明了，对于直接将法外的调查结果转化为
法政策的呼求，人们的不适感日益增长。出现了这样一种对"严格的法
律观点"的再度强调并且这一强调也没有陷于片面，这很可能再次与联
邦宪法法院在家庭法中的出色效能有关。勒尔（Röhl）在联邦宪法法院
的司法中所观察到的"社会科学的法律批判的共振"，[49] 在此尤其有据
可查。联邦宪法法院在解释基本权时已然进入与相邻科学的冲突中，
因而在此问题上减轻了负担的家庭法学可以依此"严格的法律观点"同
时强调其私法性质。

# 四、一些观察

## （一）在法学内部

　　家庭法长久以来被视为私法中政治性的、接近实践的以及更为
"非教义学式的"领域。家庭法学也认识到自己面临着相应的保留
（态度）。但是这与家庭法在实践中可能失去其重要性并不相关。恰
恰相反：高的离婚数量，新的家庭形式，迄今为止只被视为"事实关系"

---

　　47　比如 Lipp，»Finanzielle Solidarität zwischen Verwandten im Privat- und im Sozialrecht«，S. 2202。

　　48　用语出自 Simitis，»Familienrecht«，S. 433 f. 。

　　49　Röhl，»Zur Bedeutung der Rechtssoziologie für das Zivilrecht«，S. 63.

的关系(非婚姻生活共同体、社会性父母身份)日益法律化,以及照管程序(Betreuungsverfahren)的飞速发展,几乎赋予德国统一后家庭法以实践的繁荣。一方面,众多新的实践取向的杂志被推出,而且无数的实践评注、手册、表格手册(Formularbücher)、专业律师辑要(Kompendien)发现其市场;另一方面,家庭法的教授资格论文的数量屈指可数,而且家庭法的归档文章(Archivbeiträge)也越来越陷于例外之列。"德国家庭法越来越多地交由实践家",德特洛夫在 2007 年总结道。[50] 不同于公司法和资本市场法或者消费者保护法,与实践的亲近关系对于家庭法学在学术界的感知来说不是优势,而是有形的显著缺点。

标志性的是,许多之后共同影响统一后德国的家庭法争论的人,都决意不写"家庭法的"教授资格论文。鉴于征召的带有家庭法鲜明特色的教席数量在持续减少,上述抉择是不难作出的且不失为一种好的策略。同时,作为法学分支学科,家庭法可能成为第一个能够达致显著的妇女比例的法学分支领域;但是在法学内部,这一点并未有助于提升威望。

## (二)在法学外部

通过经常被描绘出的家庭法学贴近实践和亲合政治的生动图画,可以推测出在实践和政治中有一个特别的实际效果。但是事情并非这样一清二楚。粗略而言,至多可以总结出,家庭法学在财产问题上比在个人关系问题上趋向于直接影响实践和政治。[51] 把家庭法学在实践和政治中是否以及如何被感知的问题,限制于重新定位是否已经选取了一个在家庭

---

50  Dethloff, »Familien- und Erbrecht«, S. 1005.

51  详情参见 Röthel, »Familienrechtswissenschaft«, S. 654 ff. 。

法学中显而易见并且被预想的方向，是对问题的简化。在这一直接的效果之外，对于大的领域来说只有较为间接的、较为长期的效果，这些效果已经因为其丰富和多样性而难以记录。家庭法学建立了概念的横向联系，为了让新创制的法律制度比如照管，病人就自己以后不能作出有效的意思表示而作出的预先安排以及预防性授权融入行为能力、意思表示和同意的结构中，家庭法学对于非财产制上的财产补偿（辅助财产法/与夫妻财产制并行的法）的分类和系统化做出了贡献，对于没有彼此结婚的父母的照顾（Sorge）以及法律上认可同性伴侣发展出规制模式，让家庭法的大部分可以获取比较法的知识，从社会学的商谈中引入生物学的、社会的和法律的父母身份的区分到法学的商谈中，将目光投向新的家庭形式（同性伴侣家庭/混合家庭）等。一些在实践和政治中落脚，其他的则依旧难以把握，作为伴随知识或者意见频谱而存在，而与波恩共和时期相比没有构成一个在重要性增长或者减损的方向上确定的趋势。

　　但是，在那些改革成效并非"明晰的"情形上，要对政治界和实务界对家庭法学之关注程度进行准确判断，实为困难，此种困难别具代表性。这一困难指示出学术与政治和实践关系上的特性，而这个特点在柏林共和时代进一步增强：家庭法学、家庭法实务和家庭法政策都不是自我闭合的领域，而是彼此聚合生长，即对于自我理解和角色意识来说，"科学"和"实践"的区分不只是对于许多实务人士，而且对于很多学者都既丧失其说服力也丧失了吸引力。学者和实务人士以同一的格式并且在同样的地方，特别也在《家庭法大全杂志》（FamRZ）刊载文章。学术交流的重要论坛同时是学术、实践和政治相会的论坛。未曾有而且现在也不存在对于德国法负有义务的制度化的（像民法教师协会那样）只保留给大学的家庭法学的会议形式（Begegnungsform）。学术和实践的这种自组织关系，尽管使家庭法学能够尽早在实践和政策中注入知识和态度,但是,家庭法学与实践和政治的这一亲密关系,并不仅仅向有利于自身的方向发展。伴随着这样的距离,其贡献的区别力也陷于危险之中。施托莱斯此前已经就波恩共和时期的行政法学与行政实践的关系指出了类似的情形。[52] 但是统一后德国家庭法学所经历的(实践和政策的)拥抱,由于家庭法学缩小为更小的群体,可能在感觉上不成比例地更为有力。

# 五、总结

两德统一带来了转折和全新的事物吗? 德国统一后家庭法学遭受了新型的挑战或者无名的阻力? 一个模棱两可的调查结果即是:在基调上,连续性的图像占据上风,因为两德统一并不标识着争论和工作方式的重大转折〔下文(一)〕。但是同时,它构成一个对于家庭法学来说特殊的、新的挑战:伴随着两德统一,主要是随着柏林的家庭政策,家庭法经历了一种新的政治化〔下文(二)〕。碰到此一政治化的家庭法学,力图越来越多地再教义学化以及由此去政治化〔下文(三)〕。

## (一) 从波恩到柏林之路的连续性

对争论、工作方式和观察的筛分,绘制了一幅关于家庭法学的画卷,该家庭法学总体上是在统一之前"旧"共和时代就已经展开的空间内活动。继续以权利平等、自治和包容为指导(上文二),比较法的工作方式的重要性进一步提升,以及历史工作方式的重要性进一步消退〔上

---

52　Stolleis, » Verwaltungsrechtswissenschaft in der Bundesrepublik Deutschland «, S. 243:法学"点缀"司法。

文三之(一)和(二)],宪法化和欧洲化整合到教义学的工作方式之中
〔上文三之(三)〕,最后对于相邻的人文和社会科学的有控制的开放
〔上文三之(四)〕,就如同争取家庭法学在法学内的地位〔上文四之
(一)〕以及家庭法学得到实践和政治的倾听〔上文四之(二)〕,都没有
更多原则性的新东西。

基于家庭法学的视角,"柏林"在整体上与"波恩"没有太多不同:
两德统一,对于波恩共和时期的"旧"家庭法学来说,并不意味着重大转
折,也没有导致深刻的新的定位。首先,当事人和对象保持不变,波恩
共和时期的家庭法学同时也构成两德统一后的"新的"家庭法学;其次,
《统一条约》保障了波恩共和时期家庭法的存续。甚至在自我感知中,
统一也没有被程式化为重大转折——恰恰与之相反。对历史性时刻
的兴趣充其量是短暂的。一贯处理"变迁"和"重大变革"的家庭法
学,经由两德统一,既没有看到方法论上的调整,也没有看到内容上
的质疑。

### (二) 家庭政策的转向:柏林与波恩不同之处

对于家庭法和家庭政策而言,可想而知的是,这里也强调连续性多
于转折。这一点也是大部分切合实际的:随着两德统一,家庭法明显的
重新定位,要么处理的是在20世纪80年代就已经出现的议程,要么是
需要转化的宪法法院急迫的改革委托。但是柏林共和时代的家庭法并
不都只是70年代或者80年代的家庭政策的延续。更确切地说,在90
年代的进程中家庭法学看到自己面临这样一个家庭政策,通过法律手
段将家庭以一种对于老的联邦共和时期来说新的、直接并且显而易见
的方式经济化。两德统一后,家庭政策放弃了它对于人口和劳动力市
场政策调控家庭的保留。民主德国的家庭法在统一的过程中基于同样

的原因被断然拒绝，这一点已被遗忘，在家庭法学中也是如此。[53] 柏林的家庭法政策已经察觉到，同时把家庭的"经济的魅力"以及家庭法作为调控家庭的工具。[54] 人口变化、未来技术熟练的专业人员数量的短缺以及"国际学生能力评估测试成绩带来的冲击"（PISA-Schock），引入了一个政治变化，其后果就是，由于受人口政策、劳动力市场政策和教育政策激励，家庭的经济效用最大化成为家庭政策的明确目标，并因此也成为家庭法的明确目标。这一新的家庭政策的里程碑，随着2007年的扶养法改革，2006年父母津贴（Elterngeld）的引入，最后随着照管津贴（Betreuungsgeld）的引入，而被设立。

但是在家庭法学中，这一政策变化没有被主题化。对于国家和法在家庭方面的角色，尽管有着不断的思考，但是家庭法学界还是在其他一些问题上产生争执。[55] 在此趋势下，私法上的田园生活的家庭法学与作为远离国家的室内空间的家庭一直保持着连接。"家庭法是私法[……]相应地，统摄的理念是家庭是自治、与国家目的无关的"，克斯特尔-瓦尔钦（Coester-Waltjen）在2009年对私法社会理念在家庭法中的效力做了如上总结。[56] 伴随这一新的家庭政策，触及了家庭自治、家庭法的人的图像以及准许调控的界限，这一点最初在公法中为人所注意。[57]

## （三）一个再度政治化的家庭法中的去政治化的家庭法学

柏林共和时代的家庭法学对于"新的"人口市场和劳动力市场取向

---

53　Schumann, »Kindeswohl zwischen elterlicher und staatlicher Verantwortung«, S. 225 Anm. 186。这是舒曼的特殊功绩，引起了人们对此的关注。

54　对此的描绘，参见 Schumann, »Die Ökonomisierung der Familie«, S. 444 ff.。

55　详细讨论参见 Röthel, »Familienrechtswissenschaft«, S. 660 ff.。

56　Coester-Waltjen, »Die Theorie der Privatrechtsgesellschaft«, S. 292.

57　Seiler, *Grundzüge eines öffentlichen Familienrechts*.

的家庭政策的反应,与对两德统一的家庭政策自身的反应相比,略有不同:家庭法从历史、政治和经济中获得动力,尽管两次被人注意到有这种背景,但是只是次要地而且最多是迟延地成为明确的感知对象。家庭法引人注目的政治化,代表着统一德国的开端,而且之后应该算是统一以来的首个 25 年的家庭政策的特征;家庭法学对于家庭法的政治化作出了回应,在这两种情况下都是通过去政治化。这一去政治化尤其可以从工作方式中看出来。相比于本国法的历史性,外国的法律发展被统一后的德国家庭法学赋予了更多的权重;相比于对社会、政治和法之间的复杂变动的理解,"赤裸的规制模式"更受家庭法学关注。与此同时,在这一通过宪法化和欧洲化拓展的并且日益有意识地形成的教义学基础上,也成功地将固有的家庭法从历史传统、社会观念和信仰背景中解放出来,并且对传统的二分法——婚姻和非婚姻、异性和同性伴侣关系、婚生和非婚生子女身份以及母亲和父亲权利——加以检验。考虑到非常清楚的与国家的紧密联系、家庭法学的对象的巨大的政治依赖性以及实践和政治一直以来日益强大的拥抱,家庭法学运用同样的生存策略——这种生存策略是法学所盼望的——获得其作为超越时间的、脱离国家的、远离政治的并且从自己的渊源进行创造的科学的独立自主。将这一困境转换成反思性的生产力是个不小的功绩,尤其是考虑到家庭法学的圈子很小。

# 六、远景:从连续到颠覆

在"柏林共和时代"的未来,家庭法学是否或多或少也能够沿着波恩共和时期已有的道路前行? 相反的态势更为可能,可以预料的是,家庭法和家庭法学更有可能面临日益严重的颠覆。法和科学必须在规制家庭时以更短的间隔与确定性损失和范式转变作斗争,因为家庭法传统的针对颠覆性的外部影响(自然、道德法和强制秩序)的"防护罩"此刻基本上已被消除。这在 19 世纪末尚为不同,当时家庭法持有关于家庭成员的"有机"地位的自然主义思想,旨在将现有的"道德法则"转化为强行法。[58] 这种对家庭法的防护氛围(atmosphärische Abschirmung)在 20 世纪所剩无多。我们对人类有机性的形象受到技术-医学进步不断变化的影响,最初以强行法加以稳定的道德法则随着家庭法日益取向于自治概念而逐渐消失。[59] 对于社会变革、重估(Umbewertungen)和技术创新而言,家庭法的表面一点一点地变得更可渗透。这就解释了为什么家庭法学长期以来一直关注对变迁的处理〔上文第三部分(一)之 2〕。

此外,越来越明显的是,家庭法中的法和科学将来会处理新的变革品质。越来越多的颠覆性事件(disruptiven Ereignissen)正在发生,不再位于长期波浪运动的走廊内,而是越来越多地在法和科学毫无准备的时候与其相遇,并从根本上质疑传统范式。到目前为止,家庭法的颠覆性变化主要是由技术创新[60]和(从普通法律的角度来看)宪法[61]驱动的。在未来,我们将不得不考虑颠覆性事件的第三个来源:由于移民和全球化[62]导致的突然的社会变革(社会创新)。[63] 移民和全球化迫使家庭法

---

58　Savigny, *System des heutigen römischen Rechts*, § 53.

59　Röthel, *Autonomie im Familienrecht*.

60　对于创新现象的综合分析,参见 Hoffmann-Riem, *Innovation und Recht—Recht und Innovation*, §§ 2, 13, S. 29 ff. 。

61　例如 BVerfGE 79, S. 256(S. 268 f. )和 BVerfGE 96, S. 56(S. 63 ff. )——知晓自身出身的权利;BVerfGE 128, S. 109(S. 124)——享有与长期认知的性别认同相对应的公民身份状况(Personenstand)的权利;BVerfGE 121, S. 175(S. 198 f. )——手术变性后的婚姻同居权;BVerfGE 127, S. 132(S. 152 ff. )——未婚父亲的父母权利(Elternrecht nichtehelicher Väter)。

62　类似的观察参见本文集玛丽埃塔·奥尔的文章。

63　Hoffmann-Riem, *Innovation und Recht—Recht und Innovation*, S. 199 ff.

"直接"面对迄今尚未处理的家庭生活观念。与此同时,家庭法对自治和意识形态中立的定位意味着它难以避免要处理"陌生的"思想,而必须为周全的答案奋斗。在 2012 年必须决定父母权利是否还包括因非医疗原因对其无同意能力(einwilligungsunfähig)的儿子进行包皮环切[64]时就可观察到这有多难,或是在 2014 年涉及是否将通过代孕出生在国外的孩子分配给德国的同性的想要成为父母的人(Wuncheltern)[65]时,也能观察到寻求周全的处理何其困难。

　　具有颠覆性事件的本质是,它们的外观和效果都无法预见。相应地,相关的规制任务也很难。在关于医疗技术进步或意识形态容忍的利弊的时有动荡的、日常政治的辩论中,客体化(Versachlichung)和合理化将比以往更有意义。颠覆性变化的时代可能导致不确定性,并引发对于一个更容易通过自然和道德法则掌握和固定家庭秩序的时代所逝去的确定性的渴望。通过经验和教义学来应对这些不安全感和渴望,将是柏林共和时代未来家庭法研究中最为紧迫的任务之一。

## 参考文献

Frank Brunssen, *Das neue Selbstverständnis der Berliner Republik*, Würzburg 2005.

Michael Coester, » Reform des Kindschaftsrechts «, in: *JuristenZeitung* (1992), S. 809 – 816.

—, » Nichteheliche Elternschaft und Sorgerecht «, in: *Zeitschrift für das gesamte Familienrecht* (2007), S. 1137 – 1145.

---

64　LG Köln, *Neue Juristische Wochenschrift* 2012, S. 2128 ff. ; Gesetz über den Umfang der Personensorge bei einer Beschneidung des männlichen Kindes v. 20. 12. 2012, BGBl. I 2749.

65　BGHZ 203, S. 350 (S. 357 ff. ).

Dagmar Coester-Waltjen,» Die Theorie der Privatrechtsgesellschaft: Wirkkraft der Theorie im heutigen Familienrecht «, in: Karl Riesenhuber ( Hg. ), *Privatrechtsgesellschaft*, Tübingen 2009, S. 271 – 294.

Michelle Cottier,»Inter- und Transdisziplinarität in der Familienwissen-schaft aus der Perspektive des Familienrechts «, in: Andrea Büchler, Markus Müller-Chen ( Hg. ), *Private law. National—global—comparative. Festschrift für Ingeborg Schwenzer*, Bern 2011, S. 351 – 361.

Barbara Dauner-Lieb,»Reichweite und Grenzen der Privatautonomie im Ehevertragsrecht«, in: *Archiv für die civilistische Praxis* 201 (2001), S. 295 – 332.

Nina Dethloff,»Europäische Vereinheitlichung des Familienrechts«, in: *Archiv für die civilistische Praxis* 204 (2004), S. 544 – 568.

—, *Familienrecht*, München ³¹2015.

—,» Familien- und Erbrecht zwischen nationaler Rechtskultur, Vergemeinschaftung und Internationalität «, in: *Zeitschrift für Europäisches Privatrecht* (2007), S. 992 – 1005.

—, *Unterhalt, Zugewinn, Versorgungsausgleich. Sind unsere familienrechtlichen Ausgleichssysteme noch zeitgemäß? Gutachten A für den 67. Deutschen Juristentag*, München 2008.

Uwe Diederichsen, *Wiedervereinigung im Familienrecht* ( Nachrichten der Akademie der Wissenschaften zu Göttingen, 1. Philologisch-Historische Klasse Nr. 6 ), Göttingen 1991.

—,» Die Reform des Kindschafts- und Beistandsrechts «, in: *Neue Juristische Wochenschrift* (1998), S. 1977 – 1991.

—,»Zum Denken in Rechtsbegriffen und Rechtsprinzipien im Unterhaltsrecht«, in: Elke Völmicke, Gerd Brudermüller ( Hg. ), *Familie—ein öffentliches Gut?*, Würzburg 2010, S. 15 – 49.

Horst Dreier ( Hg. ), *Rechtssoziologie am Ende des 20. Jahrhunderts. Erträge, Aufgaben, Perspektiven*, Tübingen 2000.

Rainer Frank,»100 Jahre BGB. Familienrecht zwischen Rechtspolitik, Verfassung und Dogmatik«, in: *Archiv für die civilistische Praxis* 200 (2000), S. 401 – 425.

Joachim Gernhuber, Dagmar Coester-Waltjen, *Familienrecht*, München ⁶2010.

Tobias Helms, *Rechtliche, biologische und soziale Elternschaft—Herausforderungen durch neue Familienformen. Gutachten für den 71. Deutschen Juristentag*, München 2016.

Wolfgang Hoffmann-Riem, *Innovation und Recht—Recht und Innovation*, Tübingen 2016.

Jutta Limbach, Siegfried Willutzki, »Die Entwicklung des Familienrechts seit 1949«, in: Rosemarie Nave-Herz ( Hg. ), *Kontinuität und Wandel der Familie in Deutschland*, Stuttgart 2002, S. 7 – 44.

Martin Lipp, » Elterliche Sorge für das nichteheliche Kind nach dem Kindschaftsrechtreformgesetz «, in: *Zeitschrift für das gesamte Familienrecht* (1998), S. 65 – 76.

Volker Lipp, *Freiheit und Fürsorge*, Tübingen 2000.

—, »Finanzielle Solidarität zwischen Verwandten im Privat- und im Sozialrecht«, in: *Neue Juristische Wochenschrift* (2002), S. 2201 – 2207.

Doris Lucke, » Rechtssoziologie, Familiensoziologie und Familienrecht. Eine Fallstudie am Beispiel einer Jahrhundertreform «, in: Horst Dreier ( Hg. ), *Rechtssoziologie am Ende des 20. Jahrhunderts. Erträge, Aufgaben, Perspektiven*, Tübingen 2000, S. 86 – 114.

Dieter Martiny, *Empfiehlt es sich, die rechtliche Ordnung finanzieller Solidarität zwischen Verwandten in den Bereichen des Unterhaltsrechts, des Pflichtteilsrechts, des Sozialrechts und des Sozialversicherungsrechts neu zu gestalten?, Gutachten A für den 64. Deutschen Juristentag*, München 2002.

Stephan Meder, *Familienrecht. Von der Antike bis zur Gegenwart*, Köln 2013.

Wolfram Müller-Freienfels, »› Vorrang des Verfassungsrechts ‹ und › Vorrang des Privatrechts‹ «, in: Manfred Löwisch u. a. ( Hg. ), *Beiträge zum Handels- und Wirtschaftsrecht. Festschrift für Fritz Rittner zum 70. Geburtstag*, München 1991, S. 423 – 470.

Karlheinz Muscheler, *Familienrecht*, München [3]2013.

Rosemarie Nave-Herz ( Hg. ), *Kontinuität und Wandel der Familie in Deutschland*, Stuttgart 2002.

Thilo Ramm, »Wiedervereinigung und Familienrechtsreform«, in: Thilo Ramm u. a.

(Hg.), *Familie und Recht. Zum Familienrecht im vereinten Deutschland und zur Bedeutung der Rechtsprechung des Europäischen Gerichtshofes für Wanderungsbewegungen*, Bd. 2, München 1994, S. 9 – 133.

—,»Wiedervereinigung und Familienrecht«, in: Thilo Ramm, *Familienrecht. Verfassung, Geschichte, Reform*, Tübingen 1996.

Thomas Rauscher, *Familienrecht*, Heidelberg ²2008.

Klaus F. Röhl,»Zur Bedeutung der Rechtssoziologie für das Zivilrecht«, in: Horst Dreier (Hg.), *Rechtssoziologie am Ende des 20. Jahrhunderts. Erträge, Aufgaben, Perspektiven*, Tübingen 2000, S. 39 – 85.

Anne Röthel,»Institution und Intimität. Die Ehe, ihre Leitbilder und ihr Recht«, in: Anne Röthel u. a. (Hg.), *Ehe, Familie, Abstammung—Blicke in die Zukunft*, Frankfurt am Main 2010, S. 9 – 32.

—, Bettina Heiderhoff (Hg.), *Regelungsaufgabe Paarbeziehung: Was kann, was darf, was will der Staat?*, Frankfurt am Main 2012.

—,»Ausgleichsordnungen unter Ehegatten: fiktive Innengesellschaft versus reale Gütergemeinschaft«, in: *Zeitschrift für das gesamte Familienrecht* (2012), S. 1916 – 1922.

—,»Familienrechtswissenschaft im wiedervereinigten Deutschland. Debatten, Arbeitsweisen, Wahrnehmungen«, in: *Archiv für die civilistische Praxis* 214 (2014), S. 603 – 663.

—, Bettina Heiderhoff (Hg.), *Regelungsaufgabe Mutterstellung: Was kann, was darf, was will der Staat?*, Frankfurt am Main 2016.

—,»Autonomie im Familienrecht der Gegenwart«, in: *JuristenZeitung* (2017), S. 116 – 123.

Karl August von Sachsen Gessaphe, *Der Betreuer als gesetzlicher Vertreter für eingeschränkt Selbstbestimmungsfähige*, Tübingen 1999.

Friedrich Karl von Savigny, *System des heutigen römischen Rechts*, Bd. 1, Berlin 1840.

Eva Schumann,»Kindeswohl zwischen elterlicher und staatlicher Verantwortung«, in: Okko Behrends, Eva Schumann (Hg.), *Gesetzgebung, Menschenbild und Sozialmodell im Familien- und Sozialrecht*, Berlin 2008, S. 169 – 225.

—, » Die Ökonomisierung der Familie «, in: *Jahrbuch der Akademie der Wissenschaften zu Göttingen* (2011), S. 443 – 494.

Dieter Schwab (Hg.), *Familienrecht und deutsche Einigung*, Bielefeld 1991.

—, *Konkurs der Familie?*, München 1994.

—, »Gleichberechtigung und Familienrecht im 20. Jh.«, in: Ute Gerhard (Hg.), *Frauen in der Geschichte des Rechts. Von der frühen Neuzeit bis zur Gegenwart*, München 1997, S. 790 – 824.

—, Laszlo A. Vaskovics (Hg.), *Pluralisierung von Elternschaft und Kindschaft*, Opladen 2011.

—, *Familienrecht*, München ²⁴2016.

Ingeborg Schwenzer, *Empfiehlt es sich, das Kindschaftsrecht neu zu regeln? Gutachten A für den 59. Deutschen Juristentag*, München 1992.

—, » Ein Familienrecht für das 21. Jahrhundert «, in: *Siebzehnter Deutscher Familiengerichtstag*, Brühl 2008, S. 27 – 40.

Christian Seiler, *Grundzüge eines öffentlichen Familienrechts*, Tübingen 2008.

Spiros Simitis, »Familienrecht«, in: Dieter Simon (Hg.), *Rechtswissenschaft in der Bonner Republik*, Frankfurt am Main 1994, S. 390 – 448.

Dieter Simon (Hg.), *Rechtswissenschaft in der Bonner Republik*, Frankfurt am Main 1994.

Dietrich V. Simon, » Von der sozialistischen und von der bürgerlichen zur postmodernen Familie «, in: Elisabeth Koch (Hg.), *10 Jahre Deutsche Rechtseinheit*, Tübingen 2001, S. 89 – 109.

Kurt Sontheimer, »Berlin schafft keine neue Republik—und sie bewegt sich doch«, in: *Aus Politik und Zeitgeschichte* 1 – 2 (2001), S. 3 – 5.

Michael Stolleis, » Verwaltungsrechtswissenschaft in der Bundesrepublik Deutschland«, in: Dieter Simon (Hg.), *Rechtswissenschaft in der Bonner Republik*, Frankfurt am Main 1994, S. 227 – 258.

Alfred Wolf, »Das Familienrecht der DDR und der Einigungsvertrag«, in: *Deutsch-Deutsche Rechts-Zeitschrift* (1995), S. 386 – 390.

# 处在新时代？

## ——柏林共和时代的商法和公司法[*]

〔德〕简·蒂森[**] 著

葛平亮[***] 译 张怀岭[****] 校

## 一、爱因斯坦咖啡馆

2000 年 10 月 27 日,在菩提树下大街爱因斯坦咖啡馆的早餐中,报告人会谈纪念性地结束了!迁都后,即便在如此微不足道的事情上,立法也已经与先前不同了。[1]

德国联邦司法部负责公司法的司长乌尔里希·赛贝特(Ulrich Seibert)借用此言描述柏林共和时代的立法。需要注意的是,这里强调

---

  \* 本文的扩展版发表在 *Rg Rechtsgeschichte—Legal History* 25 (2017), S. 46–84,扩展版在本文的基础上增加了企业法的其他内容(商法、破产法和企业改组法等),本文内容仅限于企业法的核心领域——公司法。

  \*\* 简·蒂森(Jan Thiessen),生于 1969 年,在柏林攻读法学,2004 年获博士学位,2009 年获得教授资格。2010 年至 2017 年任图宾根大学民法、德国法律史与法学当代史、商法与公司法教授,2015 年起任美因茨科学和文学研究院法学与当代史工作组成员,2017 年起任柏林洪堡大学民法、法律史和经济法史教授。

  \*\*\* 葛平亮,山东莒县人,德国汉堡大学法学博士,现任中国政法大学民商经济法学院商法所副教授。主要研究领域:公司法、破产法。

  \*\*\*\* 张怀岭,河北邯郸人,德国柏林洪堡大学法学博士,现任西南财经大学法学院副教授。主要研究领域:商法、国际投资法。

1 Seibert, »Aus dem Gesetzgebungsverfahren zur Änderung des § 67 AktG«, S. 475.

的并非位于蒂尔加滕分区选帝侯大街上的爱因斯坦咖啡馆"总店",而
是在柏林米特区的政客会晤。德国联邦议会大厦坐落在施普雷河畔,
从国会大厦移步到爱因斯坦咖啡馆,人们几乎不会注意到跨过先前的
占领区界线。如今,这条界线借由"柏林墙历史街"的石块路面得以再
现。从西方走向东方——柏林共和时代的柏林变得更加广阔,对于餐
饮业而言,也是如此。[2]

一个咖啡馆成为时代的见证?然而,开篇所引述的那段话中含有
一个小词"也":"迁都后,即便在如此微不足道的事情上,立法也已经与
先前不同了。"这句话的含义是:在"重大事项"上,如在主题、专业和法
学等方面,立法同样已经与先前不同,公司法亦不例外。然而,公司法
与当代法律史有何关系?

让我们将目光投向当代史学家安塞尔姆·德林-曼陀菲尔(Anselm
Doering-Manteuffel)和卢茨·拉斐尔(Lutz Raphael)在他们著名的《1970
年以来的当代史观》(Perspektiven auf die Zeitgeschichte seit 1970)一书中
提出的一些范畴。如同书中所言,这些范畴虽然始于"大轰炸之后",
而不是"波恩之后";但是,德林-曼陀菲尔和拉斐尔查明的却是,所有
的这些范畴在 20 世纪 90 年代达到顶峰,也因此成为从波恩共和时代
向柏林共和时代转折的特征。这些范畴是:自由化、个体化、私有化、
欧洲化、全球化、数字化和经济化,简而言之即,"数字化的金融市场
资本主义"[3]。虽然在本文集中将由托比亚斯·特勒格尔(Tobias
Tröger)对"数字化的金融市场资本主义"展开研究,[4]但是,上述所有的
进程同样影响着公司法。如果个体的"经济化"是数字化金融市场资本

---

2　Seibert, »Aus dem Entwurfs-Atelier der Gesetzgebung«, S. 124.

3　Doering-Manteuffel/Raphael, *Nach dem Boom*, S. 26 ff. und S. 63 ff.

4　参见本文集中托比亚斯·特勒格尔的文章。

主义的附随现象,[5] 那么柏林共和时代就属于真正的"经济共和国"。[6]

　　本文将展示如何从当代史的视角研究公司法的当代法律史。因此,首先需要确认的是,公司法的法教义发生了什么改变(下文三和四)。由于法律修订是法院、法律咨询实务和(大学)学界的交汇点,因此有必要关注法律的起草者,即德国联邦司法部的各个主管部门(下文五)。[7] 在这些部门没有采取行动的领域,法院便发挥积极作用,对此,法院在公司法领域也许比在其他领域拥有更强的自我意识(下文六)。传统上,立法者在公司法中采纳商人和他们的顾问实际应用的规则以及他们在法院审判中适用的实务规则。因此,还需要注意在企业和企业律师的世界中发生的诸多变化(下文七)。在大学的学术及其当代史中,除公开的学术观点外,还主要涉及诸如教育、大学教授资格论文(主题)、职业发展和教席等关键事项(下文八)。在德国公司法领域,人们赞同法律起草者、法官和律师在学术上有所抱负,并与以实践为导向的学者展开合作。为此,存在许多会议和媒体形式的特殊对话平台(下文九)。本文最后的展望落脚于在狂热和清醒之间的柏林共和时代的公司法学(下文十)。

---

　　5　Vgl. Vogl, *Das Gespenst des Kapitals*, S. 136 ff.

　　6　此处借用 Nörr, *Die Republik der Wirtschaft*, *Teil 1* und *Teil 2* 的标题;关于该文对这一概念的选择见 Nörr, *Die Republik der Wirtschaft*, *Teil 1*, S. 1 ff. 。

　　7　此处不涉及谁是"立法者"以及"立法者"的功能等永恒的话题,对此可参见 Baldus, »Einleitung«, S. 1 ff. ; Fleischer, »Gesetzesmaterialien im Spiegel der Rechtsvergleichung«, S. 7 f. ; Landenberg-Roberg/Sehl, »Genetische Argumentation als rationale Praxis«, S. 141 ff. und S. 145 ff. ; Wischmeyer, »Wille des Gesetzgebers«, S. 958 ff. 。

## 二、舍恩菲尔德法律汇编一瞥

在对"柏林共和时代法学"当代史的回溯中,人们首先想到的不是立法。然而在成文法的背景下,法律人——无论是法官、立法者和大学教授,[8] 都致力于钻研制定法,在公司法领域亦如此。他们不仅影响制定法的解释,也影响制定法的修订。[9] 因此,我们必须查阅舍恩菲尔德法律汇编中每部法典前面的表格,查明在过去 20 多年里诸如《股份法》或《有限责任公司法》在何时发生了何种变化。[10]

柏林共和时代的公司法至今仍受德意志邦联和威廉帝国时期法典编纂的影响:自 1861/1897 年法国-普鲁士主导的《商法典》,[11] 据称由德国自 1892 年发明的有限责任公司[12]以及自 1937/1965 年根据解释受美国影响的或者国家社会主义去纳粹化的《股份法》。[13] 所有的这些旧法典在 20 世纪末和 21 世纪初的柏林共和时代或多或少地(当然不是第一次)被修订。[14] 因此,应查明这些法律修订中的"柏林特色",或者承认不存在柏林特色。在柏林共和时代,这些法律经历了截然不同的修

---

8　此处借用 Caenegem, *Judges, Legislators and Professors* 的标题。

9　此处不涉及如今已经普遍被认为是错误的德国法律人是否是实证主义者的问题,对此参见 Haferkamp, »Positivismen als Ordnungsbegriffe«, S. 207 ff. ; J. Schröder, *Recht als Wissenschaft*, S. 327 f. 。

10　由于作者缺乏对合作社法的研究,因此其在本文中不予考虑。

11　Scherner, »Das HGB—Monument oder Reformgesetz?«, S. 361 ff. und S. 383 ff. ; Nörr, »Kodifikation und Wirtschaftsordnung«, S. 56 ff. ; J. W. Flume, »Law and Commerce«, S. 49 ff.

12　Thiessen, »Transfer von GmbH-Recht im 20. Jahrhundert«, S. 446.

13　Thiessen, »Wirtschaftsrecht und Wirtschaftsrechtler im Schatten der NS-Vergangenheit«, S. 211 f. und S. 235 ff.

14　Ebd. , S. 208 f.

订史,它们的修订史影响了本文的研究重点。

# 三、在规制与自由化之间的《有限责任公司法》

在 2008 年之前,《有限责任公司法》的修订仅限于个别条文。[15] 之后实施的、改动幅度相对较大的《有限责任公司法现代化与反滥用法》(Gesetz zur Modernisierung des GmbH-Rechts und zur Bekämpfung von Missbräuchen, MoMiG)[16]表明,法律修订的重心可以在短时间内发生变化。[17] 150 年以来在自由化和规制之间摇摆的资合公司立法,[18]在当代有限责任公司法的领域愈加趋向自由化——但是会走向"无限制的自由化"吗?[19]

在上次《有限责任公司法》修订讨论之初,即大约自 2005 年起,出现了与自由化相对立的"反滥用"理念(《有限责任公司法现代化与反滥用法》德文简写"MoMiG"中的"Mi"即为"滥用")。"反滥用"主要反对所谓的"企业安葬",即以损害债权人的利益为代价,将一个已经进入破产状态的企业迁至新的住所地或在"礼仪师"的住所地悄悄地清算。[20] 与此同时,欧洲法院数次作出判决,[21]确认外国公司的发起人享

---

15　关于这一方面的概述见 Fleischer, »Einleitung«, Rn. 82 ff. 。

16　2008 年 10 月 23 日颁布的《有限责任公司法现代化和反滥用法》,BGBl. I 2026。

17　Seibert, »MoMiG—Gesetz und Gesetzgebungsverfahren im Überblick«, S. 1 ff.

18　Thiessen, »Gesellschafterfremdfinanzierung nach dem MoMiG«, S. 399 ff.

19　借用 Hofer, *Freiheit ohne Grenzen?* 的标题。

20　Seibert, »Die rechtsmissbräuchliche Verwendung der GmbH in der Krise«, S. 587 ff. ; Kleindiek, »Ordnungswidrige Liquidation durch organisierte › Firmenbestattung‹ «, S. 277 ff.

21　主要参见 EuGH, Urteil vom 30. September 2003—Rs. C - 167/01 (»Inspire Art«) Slg. 2003, I - 10155。

有无限制的基本自由(Grundfreiheit)。[22] 由此,企业经营者可以花费较少的资本在欧盟境内的外国设立一家公司,并利用这家公司在德国绕开德国公司法的壁垒进行经营。也许基于看似微不足道的语言障碍,企业经营者们集中选择一种外国企业法律形式:"就如乡巴佬第一次品尝高档饭店的自助早餐并且仅吃萨赫蛋糕一样,他们从欧洲法院企业形式的自助餐中只选择英国的私人有限责任公司[……],与国内的有限责任公司相比,它显然被认为别具美味。"[23] 对"英国有限责任公司"浪潮的担忧——在今天看来已经退潮,[24] 造就了《有限责任公司法现代化与反滥用法》名称中的"现代化"。在立法者的竞争中,[25] 为了使德国的有限责任公司具有竞争力,明确允许了许多原先被禁止的有限责任公司财务规则[26]——关键词:自由化,这样一个变化过程在许多其他法域中也同样存在。[27]

一个不引人注目的国家机关退让的例子是股权善意取得制度(《有限责任公司法》第16条第3款)。引入该制度的目的是,消除在大宗股权交易"尽职调查"中普遍要求的高额保证。[28] 这一制度本应在结构上

---

22　基础性文献见 Weller, *Europäische Rechtsformwahlfreiheit und Gesellschafterhaftung*, S. 29 ff. ; Teichmann, *Binnenmarktkonformes Gesellschaftsrecht*, S. 402 ff. 。

23　Zöllner, » Konkurrenz für inländische Kapitalgesellschaften durch ausländische Rechtsträger«, S. 2. 关于"菜单"的比喻也见 Zimmer, »Zwischen Theorie und Empirie«, S. 1790。

24　对持续数年衰退的数据记录见 Kornblum, » Bundesweite Rechtstatsachen zum Unternehmens- und Gesellschaftsrecht«, S. 695。

25　对此仅见 Teichmann, *Binnenmarktkonformes Gesellschaftsrecht*, S. 353 ff. ; Zimmer, »Zwischen Theorie und Empirie«, S. 1793 ff. 。

26　关于造成新的法律不安定性的观点见 Bayer, »Kapitalschutz in der GmbH—eine Generalkritik«, S. 27 ff. 。

27　Viera González/Teichmann ( Hg. ), *Private Company Law reform in Europe*.

28　见《有限责任公司法现代化与反滥用法(政府草案)》,BT-Drs. 16/6140, S. 38。

与不动产善意取得类似。[29] 然而，当时州司法局无法承担设立一个与土地登记簿类似的股权登记簿的费用。[30] 代替股权登记簿的是由公司执行董事管理的股东名册，其由执行董事和公证员——倘若有德国公证员参与股权变动——提交至商事登记簿（《有限责任公司法》第40条）。通过这种方式，权利外观的载体部分地实现私法化。

# 四、"持续的股份法改革"

与《有限责任公司法》的徐徐发展相比，《股份法》呈现的是一幅日异月殊的图景。本文开篇提及的[31]自1992年起主管立法的负责人乌尔里希·赛贝特[32]推动了"持续的股份法改革"，[33]这导致《股份法》几乎以年为周期被或多或少地根本性修订。赛贝特在其戏谑地称之为1965年《股份法》的五十年($\pi\varepsilon\nu\tau\eta\kappa\text{ov}\tau\alpha\varepsilon\tau\text{í}\alpha$)中，总结了产生这一持续改革的根本时代原因：

> 从向他人融资、内部融资以及银行融资转向通过股市进行自有资本融资。上市发行的需求不断增长。在此之前，德国企业主要掌控在大股东（家族、银行、保险公司和交叉持股公司）手中。所

---

29　对此点的认可见 Seibert, »MoMiG—Gesetz und Gesetzgebungsverfahren im Überblick«, S. 7；Bergmann 对此作出的类似评价见 Grau, »Bericht über die Diskussion des Referats Bergmann«, S. 21。

30　关于此点的暗示参见《有限责任公司法现代化与反滥用法（政府草案）》，BT-Drs. 16/6140, S. 39。Bergmann 亦认为，一个仿照土地登记簿的解决方式在国际商业往来中会产生诸多问题，见 Grau, »Bericht über die Diskussion des Referats Bergmann«, S. 21。

31　见前注1。

32　更详细地关于其本人，见后注106。

33　Zöllner, » Aktienrechtsreform in Permanenz «；对此回应的文章见 Seibert, »Aktienrechtsreform in Permanenz?«。

谓的德意志股份公司[*****]——德意志要塞,慢慢地塌陷,银行告别
了对工业企业的参股。在全球化背景下,资本市场日趋国际化,但
是公司法和资本市场法依然保持民族化。值得注意的是,境外机
构投资者持续增持德国公司的股份。境外投资者期待德国《股份
法》也采纳他们已经习惯的规则范式。以英美为榜样的公司治理
讨论席卷德国。股东价值理念成为主流。[34]

　　早在20世纪第二个十年就已经存在类似的讨论,德国法学家大会曾数次
探讨,德国《股份法》是否应尤其向美国投资者传递更多他们熟知的法律规
则。[35] 当时,德国立法者对此意愿不足。[36] 与当年不同,如今赛贝特宣

---

[*****]　　"德意志股份公司"德文为"Deutschland AG",究其起源,可溯及英国经济学
家安德鲁·肖恩菲尔德(Andrew Shonfield)的著名的《现代资本主义》(*Modern Capitalism*)
一书。在该书中,肖氏认为德国是以大型银行与企业之间普遍存在人事融合为特征,并因
此将德国称为一个"组织化的私营企业"(organized private enterprise),以及一个对内限制
竞争和对外团结一致的组织(参见 Andrew Shonfield, *Modern Capitalism*, Oxford University
Press, 1965, pp. 239 – 264)。"德意志股份公司"是组织化资本主义(organisierter
Kapitalismus)的一种类型〔参见 Wolfgang Streeck/Martin Höpner, »Einleitung: Alle Macht
dem Markt?«, in Wolfgang Streeck/Martin Höpner (Hg.), *Alle Macht dem Markt?*, Campus
Verlag GmbH, Frankfurt/Main 2003, S. 16 f.〕。从20世纪90年代以来,由于担任监事的
数量限制、资本市场的国际化以及重视投资银行而减少长期持股等原因,"德意志股份公
司"逐渐"瓦解"(对此详见本文集中托比亚斯·特勒格尔的文章)。

34　Seibert, »50 Jahre Aktiengesetz 1965«, S. 594 f. 对此也见 Ulmer, »Aktienrecht im
Wandel«, S. 144 ff.；Siems, *Die Konvergenz der Rechtssysteme im Recht der Aktionäre*, S. 340
ff.；Fleischer, »Gesellschafts- und Kapitalmarktrecht als wissenschaftliche Disziplin«, S. 61
ff.；Bachmann, »Reform der Organhaftung?«, E18 f., 以及本文集中特勒格尔的文章,和从
当代史的角度展开的研究:Ahrens u. a., *Die »Deutschland AG«*。

35　基础性文献见 Hein, *Die Rezeption US-amerikanischen Gesellschaftsrechts in
Deutschland*, S. 126 ff.。

36　详细见 Hein, *Die Rezeption US-amerikanischen Gesellschaftsrechts in Deutschland*,
S. 154, S. 160 f., S. 167 ff.。关于这一时髦的即1937年《股份法》的公司机关权限划分
以美国为榜样的观点之深刻的批评,见 Thiessen, »Wirtschaftsrecht und Wirtschaftsrechtler
im Schatten der NS-Vergangenheit«, S. 240 ff.。在本文别处还将讨论这一点。

称,域外的"影响指引了过去 25 年间立法草案的方向"。[37] 同时,他列举了那些也被当代史研究[38]强调的观点:

> (对立法者的影响)可以——精简地——被概括为"国际化和数字化"。二者紧密相连,因为资本市场国际化带来的诸多问题只能借助于新媒介得以解决。股票交易大厅、封条保存、盖有钢印的股份证书、保险柜中的可剪息票、书面的表决权授权书和书面的商事登记摘录等各种形式的纸面文件在全球证券市场中已经过时。[39]

我们可以将这些当代史上的现象与每个改革步骤联系起来。一般而言,每次股份法改革的关键词都能匹配一个或多个当代史中的关键词。记名股票的胜利反映的是对外国,主要是美国投资者习惯的让步,关键词:全球化或国际化。[40] 如果没有全球化,特别是美国化,我们今天就不会讨论商事判断规则(*business judgment rule*),而是如我们之前一样,只是简简单单地规定企业管理者的义务和注意标准。[41] 如果没有全

---

37  Seibert, »50 Jahre Aktiengesetz 1965«, S. 595.
38  见前注 3。
39  Seibert, »50 Jahre Aktiengesetz 1965«, S. 595.
40  2001 年 1 月 18 日颁布的《记名股票和表决权行使简化法》(Gesetz zur Namensaktie und zur Erleichterung der Stimmrechtsausübung, Namensaktiengesetz—NaStraG), BGBl. I, 123;《记名股票和表决权行使简化法政府草案》, BT-Drs. 14/4051, S. 9; Seibert, »Aus dem Gesetzgebungsverfahren zur Änderung des § 67 AktG«, S. 470 – 475。
41  关于商事判断规则的继受历史见 Hein, *Die Rezeption US-amerikanischen Gesellschaftsrechts in Deutschland*, S. 913 ff. 。关于司法判例的特别作用见后注 170。

球化和欧盟化，没有全球金融危机，[42]我们就不会再次讨论董事薪酬[43]和股东大会的股东决定薪酬（*say on pay*）[44]，我们也不会对看似长时间搁置的股东民主展开新的讨论。[45] 如果没有欧盟化，就不会存在一个超国家的法律形式。[46] 如果没有席卷一切的数字化，就不会产生替代古老的"公司公告书"的"电子通知媒介"（《股份法》第 25 条第 2 句），同样也不会产生"电子化的股东大会"（《股份法》第 118 条第 1 款第 2 句、第 2 款）。上述所有的关联都很容易建立。需要进一步研究的反而是股份法改革的两个视角，它们反映了具有时代特征的股份公司、国家和立法之间的关系，这两个视角分别是"公司治理"和"女性比例"。

42　Seibert, »Managervergütungen«, S. 955.

43　2009 年 7 月 31 日颁布的《董事薪酬适当法》（Gesetz zur Angemessenheit der Vorstandsvergütung, VorstAG）, BGBl. I 2509。关于立法程序见 Seibert, » Das Gesetzgebungsverfahren und die politischen Verhandlungen zum Gesetz zur Angemessenheit der Vorstandsvergütung«。

44　欧盟议会和欧盟理事会于 2017 年 5 月 17 日颁布的《修订 2007/36/EG 号指令以支持股东的长期参与以及修订 2013/34/EU 号指令中涉及企业经营解释的特定要素的指令》（Richtlinie des Europäischen Parlaments und des Rates zur Änderung der RL 2007/36/EG im Hinblick auf die Förderung der langfristigen Einbeziehung der Aktionäre sowie der RL 2013/34/EU in Bezug auf bestimmte Elemente der Erklärung zur Unternehmensführung）, ABl. L 132/1；对此见 Zetzsche, »Langfristigkeit im Aktienrecht?«, S. 1128 ff.；Renner, »Hauptversammlungszuständigkeit und Organadäquanz«, S. 515 und S. 522；Bayer/Schmidt, »BB-Gesetzgebungs- und Rechtsprechungsreport Europäisches Unternehmensrecht 2014/15 «, S. 1731 ff.；Bayer/Schmidt, » BB-Gesetzgebungs- und Rechtsprechungsreport Europäisches Unternehmensrecht 2015/16 «, S. 1923 f.；Lanfermann/Maul, » Überarbeitete EU-Aktionärsrechterichtlinie—gesetzgeberischer Handlungsbedarf bei der Vorstandsvergütung «, S. 1218 ff.；关于在 2013 年德国议会选举之前失败的立法程序见 Seibert, » Von der Aktienrechtsnovelle 2011 zum VorstKoG«, S. 674 ff. 。

45　保留意见：Fleischer, »Aktionärsdemokratie versus Verwaltungsmacht«。

46　支持共同体的共同法见 Fleckner, »Europäisches Gesellschaftsrecht«, S. 672 ff. 。

## （一）以"公司治理"为例

在多个法律修订案的名称中反复出现的一个关键词是"透明"（Transparenz）；[47]这一时髦的概念被当今各种不同政治体系下的法律政策归功于"新客观主义"（Neue Sachlichkeit）的建筑美学和设计美学。[48] 投资者和债权人应当通过公司对他们的透明获得保护。而透明通过（同属著名关键词的）"公开"（Publizität）得以实现，"公开"主要是指会计报表公开（Rechnungslegungspublizität）。对此，首先董事会承担内部"审查"的义务，即采取预防措施，以便能够及早发现经营风险并将经营风险对公司存续可能产生的影响予以分门别类（《股份法》第 91 条第 2 款）。因此董事会必须在阶段性的会计报表之外，随时掌握公司的经济状况。理所当然地，法律规定了相应的惩罚措施。[49] 同样毋庸置疑地，法律进一步规定：董事会应当将有关公司状况的透明化信息提供给监事会供其履行监督职责（《股份法》第 90 条第 1 款第 1 项），提供给审计师供其审计（《股份法》第 111 条第 2 款第 3 句），提供给股东和管理股东账户的银行供他们行使表决权（《股份法》第 125 条第 1 款第 3 和 4 句，第 135 条），最后提供给投资者以供其决定投资或者"撤资"。[50]

目标不言而喻，但是在法律技术的细节上却错综复杂甚至困难重

---

47　1998 年 4 月 27 日颁布的《企业控制与透明法》〔Gesetz zur Kontrolle und Transparenz im Unternehmensbereich（KonTraG）〕，BGBl. I 786；2002 年 7 月 19 日颁布的《股份法和会计报表法进一步修订法：透明和公开》（简称《透明和公开法》）〔Gesetz zur weiteren Reform des Aktien- und Bilanzrechts, zu Transparenz und Publizität（Transparenz- und Publizitätsgesetz）〕，BGBl. I 2681。

48　例如至少让人信服的解释见 Damler, *Rechtsästhetik. Sinnliche Analogien im juristischen Denken*, S. 302 ff.；也见 Damler, *Der Staat der Klassischen Moderne*, S. 121 f.。

49　Seibert, »Die Entstehung des § 91 Abs. 2 AktG im KonTraG«, S. 435 ff.

50　关于《企业控制与透明法》的政策性目的见 Seibert, »Kontrolle und Transparenz im Unternehmensbereich«, S. 66* ff.。

重。对于真实的或假设的当然之事[51]，或至少对众所周知的问题和解决方案[52]的规制成本，在"公司治理"中被再次提及。立法委员会首先将这些无处不在的代码（Chiffre）[53]转化为同名立法草案[54]中的"经营领域中的控制和透明"，随后立法委员会将它们描述为"完善大型企业，特别是上市公司管理和控制的法律规则和事实规则的集合"。[55] 这两次修法均受市场全球化，尤其金融市场全球化的影响。[56]

　　伴随着 2002 年《透明和公开法》（Transparenz-und Publizitätsgesetz）的颁布，"公司治理"成为《股份法》的专业术语。[57] 立法者在此引入了一个在正当性上尚存争议的"半国家化的"[58]经济自我规制。[59] "半国家化的"经济自我规制由"政府委员会"进行协调，其最初的联系地址是法兰克福的"商业银行股份公司转交"；委托人和地址的关联已经充分体现占领运动（Occupy-Bewegung）中老生常谈的问题。如今，转交的地址变更为德国股份协会已登记社团（Deutsche Aktieninstitut e. V.），它也是私法上的法人，并自我宣称："当下我们的成员有约 200 家来自各个行业的股份公司、银行和金融服务提供商、投资者、交易所以及著名的律

---

51　批评例如见 Jahn, »Den Kodex abspecken«。

52　Fleckner, »Stock Corporation«, S. 1605.

53　关于它们传播的历史见 Schmoeckel, »Von der Korporation zur Corporate governance«, S. 546 ff. 。

54　见前注 47；类似也见 Seibert, »› Gesetzesmaterialien‹ in der Gesetzgebungspraxis«, S. 123。

55　Seibert, »Was ist Corporate Governance?«, S. 1111.

56　Seibert, »Kontrolle und Transparenz im Unternehmensbereich«, S. 65 *；Seibert, »Was ist Corporate Governance?«, S. 1112 f.

57　Art. 1 Nr. 16 TransPuG（Anm. 47）2682.

58　Habersack, » Staatliche und halbstaatliche Eingriffe in die Unternehmensführung. Gutachten E«, E10.

59　比较法上关于公司治理的制定法规制和自我规制之间的关系见 Hopt, »Comparative corporate governance«, S. 16 ff. 。

所、领先的咨询公司和其他重要的资本市场参与者。"[60]立法者通过一条连接规范（Brückennorm）（《股份法》第 161 条第 1 款）连接《德国公司治理准则》（Deutschen Corporate Governance Kodex, DCGK），并——自愿或不自愿地——赋予了执法部门设立的委员会至少在广泛采纳该准则的实践中准立法者的权限。[61] 由此，受规制的自我规制（regulierte Selbstregulierung）[62]在《股份法》[63]中具备了新的标准。[64] 这是否至少使《股份法》无需再制定越来越繁琐细致的规则，[65]是值得质疑的。[66] 关于进一步改革的需求已经付诸讨论，[67]同样，讨论还涉及《德国公司治理准则》和准则委员会的未来。[68] 不应解散准则委员会和不应删除《股份法》第 161 条，[69]这一主张的主要理由似乎只是，此举会引起国际社会的

---

60　»Unsere Mitglieder«，可查网址：www. dai. de，最后访问时间：2017 年 4 月 5 日。

61　批评见 Krieger, » Corporate Governance und Corporate Governance Kodex in Deutschland«, S. 215 f.；Bachmann, »Überlegungen zur Reform der Kodex-Regulierung«, S. 82 ff. 。同时期支持引入《股份法》第 161 条和《德国公司治理准则》见 Ulmer, »Aktienrecht im Wandel«, S. 166 ff.；Ulmer, »Der Deutsche Corporate Governance Kodex«。

62　Vgl. Seckelmann, »Regulierte Selbstregulierung«, S. 42 ff。

63　关于其在 19 世纪的起源见 Schubel, »Aktienrecht«, S. 163 ff. 。

64　详细见 Grünberger, »Geschlechtergerechtigkeit im Wettbewerb der Regulierungsmodelle«, S. 30 ff.。

65　这方面的倾向见 Hopt, »Der Deutsche Corporate Governance Kodex«, S. 566 und S. 572；关于制定法和准则建议相互作用引发矛盾的观点见 Goette, » § 161 AktG«, Rn. 20 f.。

66　Krieger, »Corporate Governance und Corporate Governance Kodex in Deutschland«, S. 218 f.；一名来自一家 DAX 企业的董事会主席的激烈批评见 Kley, »Eine schlechte Kommission«。

67　关于《德国公司治理准则》最新的修订见 Werder/Bartz, »Die aktuellen Änderungen des Deutschen Corporate Governance Kodex«；关于欧盟委员会讨论主题的多样性见 Seibert, »Corporate Governance«, S. 1104 ff.；Seibt, »Richtlinienvorschlag zur Weiterentwicklung des europäischen Corporate Governance-Rahmens«。

68　这一讨论被完整地总结于 Theisen, » Aufstieg und Fall der Idee vom Deutschen Corporate Governance Kodex«, S. 2060 ff.，他称之为"存在危机"并认为"准则理念在德国已经失败"（S. 2064）。

69　未有定论如 Bachmann, »Überlegungen zur Reform der Kodex-Regulierung«, S. 82。

误解。[70]

## （二）以"女性比例"为例

本文详述"女性比例"[71]的理由主要有三点:其属于柏林共和时代的重大法律政策项目,其属于公司治理论战中的一部分内容,其属于股份公司和国家之间关系的法律史长河中的一幕。

自 2010 年开始,准则委员会建议董事会应当"在建构企业管理职能中注重多样性以及尤其要对女性予以合理的考虑"(《德国公司治理准则》第 4.1.5 条)。准则同样也建议监事会在组建董事会(《德国公司治理准则》第 5.2.1 条)和自我组建(《德国公司治理准则》第 5.4.1 条)时应承担相同的职责。然而这一建议规则的成效对于从 2013 年到 2017 年担任联邦家庭事务部部长的曼努拉·施韦西希(Manuela Schwesig)而言还微不足道:

> 《德国公司治理准则》第 5.4.1 条的建议是一条正确的道路,它展示了正确的观念,并且获得了真正的实施。然而,改变却异常缓慢。[……]它以蜗牛的速度前行,因此是时候需要制定国家标准了。[72]

在归属联邦的企业、行政机关和法院以及其他机构中,作为法律主

---

70　有说服力的警告见 Hopt,》Der Deutsche Corporate Governance Kodex《, S. 571 f. 。

71　2015 年 4 月 24 日颁布的《女性和男性平等参与私营经济和公共服务中的领导职位法》(Gesetz für die gleichberechtigte Teilhabe von Frauen und Männern an Führungspositionen in der Privatwirtschaft und im öffentlichen Dienst), BGBl. I 642。关于立法程序见 Seibert,》Frauenförderung durch Gesellschaftsrecht《。

72　Schwesig, *Ansprache der Bundesministerin für Familie, Senioren, Frauen und Jugend Manuela Schwesig*, S. 6 f.

体的联邦共和国可以影响它们的构建,女性比例的要求自然比在私营经济中的企业更容易获得实现。在私营经济中,最重要的制定法规则规定(《股份法》第 96 条第 2 款第 1 句）:

> 适用《职工共同决定法》《煤钢共同决定法》和《共同决定补充法》的上市公司的监事会,至少由 30% 的女性和 30% 的男性组成。

对于股份公司而言,应当确定董事会的女性目标比例（Zielgrößen）(《股份法》第 76 条第 4 款）。因为有限责任公司无法上市,《有限责任公司法》只规定了女性目标比例(《有限责任公司法》第 36 条、第 52 条第 2 款）。由此,立法者规定了经营性公司的管理机关和监督机关的组成,这类公司以公开的方式进入资本市场[73]并因其员工的数量而对劳动市场异常重要。[74][75]

---

73　这里使用的上市公司和非上市公司在公司法上的（不仅仅是资本市场法上的）体系化区分源自德国在 1994 年 8 月 2 日颁布的《小股份公司法和股份法去规制法》（Gesetz für kleine Aktiengesellschaften und zur Deregulierung des Aktienrechts）, BGBl. I 1961。关于区分的现状见 Habersack, »Staatliche und halbstaatliche Eingriffe in die Unternehmensführung. Gutachten E«, E29 ff.。

74　Habersack, »Staatliche und halbstaatliche Eingriffe in die Unternehmensführung. Gutachten E«, E41. 该文忽视了上市和共同决定之间的关联以及上市和监事会中女性比例之间的关联。

75　参见 2015 年 4 月 24 日立法（前注 71）的政府草案中的论证, BT-Drs. 18/3784, S. 120。

关于"女性比例"在经济上的合理性和在宪法上的正当性的争议巨大。[76] "持续修订股份法"的立法委员会不负责这次改革,并在引入"女性比例"之前就质疑,"女性比例"是否真正属于公司治理的内容。[77] 因为,在此必须证明,较高的女性比例带来更好的企业效益,以及当下由男性统治的机关因歧视女性的人事决定而损害企业的利益。如果其中一项无法获得证明,则必须清晰地说明比例背后的非经营性的一般平等政策目标。主管此事务的德国联邦家庭事务部部长将其宣称为一次如同一般社会意义上的企业"文化更迭"。对此必要的"付出"将"既对企业有利也促进在这个国家内实现女性与男性在事实上的平等"。[78] 她同时强调:"可兹证明的是,以机会平等和多样性为基础的企业更加成功。"[79] 一项由她主管的联邦家庭事务部委托的研究却首先得出了一个不同的结论:"对于德国而言,无法证明女性在监事会中产生数据上

---

76 强烈的批评已有:Habersack,»Staatliche und halbstaatliche Eingriffe in die Unternehmensführung. Gutachten E«,E36 ff.;Hopt,»Der Deutsche Corporate Governance Kodex«,S. 577 f.;对2015年4月24日立法(前注71)的立法委员会草案在宪法上的质疑见 Habersack/Kersten,»Chancengleiche Teilhabe an Führungspositionen in der Privatwirtschaft«,S. 2822 ff.;概述见 Grünberger,»Geschlechtergerechtigkeit im Wettbewerb der Regulierungsmodelle«,S. 11 ff.;Weller/Benz,»Frauenförderung als Leitungsaufgabe«,S. 467;Weller u. a.,»Der internationale Anwendungsbereich der Geschlechterquote für Großunternehmen«,S. 362 f.。

77 Seibert,»Was ist Corporate Governance?«,S. 1113 f.;类似观点见 Habersack,»Staatliche und halbstaatliche Eingriffe in die Unternehmensführung. Gutachten E«,E34 und E37 ff.;对法政策争论的回顾见 Seibert,»Die Dialektik der Frauenquote«,S. 1133 ff.。

78 Schwesig,*Ansprache der Bundesministerin für Familie,Senioren,Frauen und Jugend Manuela Schwesig*,S. 20. 另也参见施韦西希于2015年1月30日在德国联邦议会全体会议上的演讲:BT-Plenarprotokoll 18/83,S. 7914 ff.。

79 Schwesig,*Ansprache der Bundesministerin für Familie,Senioren,Frauen und Jugend Manuela Schwesig*,S. 23.

显著普遍的（无差别的）积极业绩效应。"[80]政府草案只援引了该项研究中符合政策的第二项结论：女性在监事会中对于全体员工中女性比例较高且以私人客户业务为主业的企业而言"会稳定地产生显著的积极业绩效应"。[81]

当时最新的可能也是最全面的德语研究——一项以 38 个国际独立研究报告为基础的原始分析，谨慎地评价道：

> 首先，总体而言无法辨识出，管理队伍中的性别多样性与经营业绩之间具有显著的关联性。其次，无论是管理队伍的规模还是行业、文化背景或所使用的业绩标准都不能证明上述关联性的显著存在。
>
> 然而，一项额外的发现［……］却表明，性别多样性在财务的关键业绩指标上会明显产生一个——即便很小的——典型的正面效应；不过，每个研究中的相关效应值的不确定性使得这一结论无法一般化地适用于不同的场景。[82]

据此，该项研究得出结论，性别多样性既不能自动产生积极的经济效益，也不会必然削弱企业的管理。诚然，可以想象的是，在积极支持女性方面声誉较好的企业，将来在越来越狭窄的专业人才市场上招聘

---

80  Lindstädt u. a., *Frauen in Führungspositionen*, S. 5. 进一步见政治学研究的观点，转引自《欧洲公司治理框架绿皮书》(Grünbuch Europäischer Corporate Governance-Rahmen), KOM (2011) 164 endgültig, S. 7 f. 。

81  Lindstädt u. a., *Frauen in Führungspositionen*, S. 5；被引于 2015 年 4 月 24 日立法（前注 71）的政府草案中，BT-Drs. 18/3784, S. 42；另也参见施西希于 2015 年 1 月 30 日在德国联邦议会全体会议上的演讲，BT-Plenarprotokoll 18/83, 7915D。

82  Reinwald u. a., »Gender Diversity in Führungsteams und Unternehmensperformanz«, S. 280.

高能力的女性更有竞争优势,并因此能够带来经济上的效益。[83] 一项最新基于 91 个国家的 22 000 家企业的英文研究同样得出不同的结论。据该项研究,无法证明女性比例对董事会(board)产生影响,但是可以推测,一项降低女性升职难度的企业政策可以带来可观的利益。[84] 转化到德国语境,这意味着:不是监事会,而是董事会的领导层缺少女性。然而,恰恰在董事会中不存在比例,法律只规定了目标规模。监事会中的女性可以铺平女性进入董事会的道路,但是该项研究担忧,比例也可能会适得其反地导致女性在企业阶层中的地位降低。该项研究因此强调,为女性经理创设"通道"(pipeline)是非常重要的。此举是否成功,关键取决于企业文化。在此意义上,另一项查明多样性可以产生广泛且重要积极效应的研究在最后承认,另一种不同的解释也可以想象,即多样性措施与企业效益之间存在关联,是因为效益更好的企业能够在多样性事务上投入更多的人力和财务资源。[85] 质言之,就其自身而言无法证明产生积极或消极经济效应的事物,产生于其他的原因,即只是那些已经在经济上获得成功的企业对此作出的让步;或者另外的原因:人们必须能够并且愿意接受联邦部长施韦西希鼓吹的"文化更迭"。随之而来的问题是,谁可以在《股份法》中做什么。

关于女性比例争议的法律史表明,在过去两个世纪对股份公司的政治认知和工具化中,某些已经过时的事物显然继续存在。即便在今天,股份公司也不能幸免。如同《普鲁士一般土地法》的时代一样,股份公司服务于"持

---

83　Reinwald u. a., »Gender Diversity in Führungsteams und Unternehmensperformanz«, S. 287;类似来自相关研究的评价见 Grünberger, »Geschlechtergerechtigkeit im Wettbewerb der Regulierungsmodelle«, S. 11 ff.,对于"多样性"概念也见该研究第 8 及以下诸页。

84　支持者也见 Noland u. a., *Is Gender Diversity Profitable?*, S. 1 und S. 16 f.。

85　Herring, »Does Diversity Pay?«, S. 220.

续的公益目的";[86]亦如《德意志普通商法典》的时代一样,股份公司的成立在事实上基于国家的特许,只不过特许的前提要件被类型化地确定于《股份法》的规范条文中,以及不再需要一个明文的特许。[87] 股份公司不仅在经济上,也在政治上具有如此重要的力量,以至于国家不能仅赋予其在经济上的效益目标。在与国家的关系中,股份公司在今天和历史上一样,从来不是股东的私人活动。[88] 股份公司在此意义上依然属于国家在市场上的一种让步(一种"特许")。因此,股份公司并非因其"服务于[……]社会政策的需求"当然地"走上通往国家管理的股份公司之路"[89]——而是恰恰处于返回国家管理的股份公司之路。在此,追求一般的社会利益自然不是通过企业的经营范围(例如:铁路)[90]或者机关的行为控制(例如:董事会的公益拘束)[91],而是通过机关的构成,或者通过——与公司社会责任(*corporate social responsibility*)有关的——会计法中的报告义务。[92]

　　将目光转回柏林共和时代,值得注意的是,国家是如何进行干涉的。

---

86　ALR II.6 § 25;对此见 Kießling, »Das preußische Aktiengesetz von 1843«, S. 208; Schäfer/Jahntz, »Gründungsverfahren und Gründungsmängel«, S. 228 f. 。

87　Vgl. Art. 174, S. 208 ADHGB 1861 vs. Art. 173 ff., S. 207 ff. ADHGB 1870. 关于特许制和准则制之间变动的界限见 Lieder, »Die 1. Aktienrechtsnovelle vom 11. Juni 1870«, S. 329 f. 。

88　德国之外的视角见 Jongh, *Tussen societas en universitas*;对此详细的评注见 Fleckner, »Rezension«。

89　例如 Habersack, »Staatliche und halbstaatliche Eingriffe in die Unternehmensführung. Gutachten E«, E33 一文的标题。也参见 Richter, »Gute Policey im Aktienrecht«, S. 584 ff. und S. 615 ff. 。

90　Albrecht, *Bismarcks Eisenbahngesetzgebung*.

91　Stolleis, *Gemeinwohlformeln im nationalsozialistischen Recht*, S. 151 ff.

92　《强化企业在企业状况报告和康采恩状况报告中的非财务性报告法》(又称《企业社会责任指令转化法》)〔Gesetz zur Stärkung der nichtfinanziellen Berichterstattung der Unternehmen in ihren Lage- und Konzernlageberichten(CSR-Richtlinie-Umsetzungsgesetz)〕,于2017 年 3 月 9 日在德国议会上通过并颁布;对立法委员会草案的批评见 Schön, »Der Zweck der Aktiengesellschaft«, S. 280 ff. 。

显而易见,国家如今不会再向公司派遣国家"委员"(Kommissarius)。[93] 但是,如一个世纪前[94]一样,在自 20 世纪 70 年代中期以来的去管制化的时代中,(依然)主流的经济学理论认为,国家没有能力并因此没有权利管理市场。[95] 尽管如此,丧失权力的国家并没有隐退,而是通过管制作出回应。其他提升机会平等的工具,几乎无法再被其使用。针对女性的教育和职业的法律限制或事实限制早已被废止。然而,一直以来,高水平的女性几乎很难获得领导职位。尽管当下的高税收和负贷款利率,德国仅能够或愿意通过有限的投入以提高教育水平和更加公平地分配教育资源。国家同样很少全面性地参与公共企业,以便于女性自我创设更好的晋升机会。在此情景下,国家要求的不仅是个体的机会平等。如果个体能够在各个方面都比国家出色,那么就应请他们积极追求平等。因此,"女性比例"与《一般平等待遇法》[96]一样,是"数字化金融市场资本主义"[97]的产物——在它看来可能不希望有这个产物并因此不乐意承认这个产物。符合 19 世纪的观念并因此符合我们法典化[98]的私法和公法的职能划分(Arbeitsteilung)继续存续着,但是区分的界限已经发生推移。德国《基本法》第 3 条第 2 款第 2 句规定的国家

---

93　关于这一实践见 Kießling, » Das preußische Aktiengesetz von 1843 «, S. 215; Pahlow, »Aktienrecht und Aktiengesellschaft«, S. 263 f. ; Lieder, »Die 1. Aktienrechtsnovelle vom 11. Juni 1870«, S. 327 f. 。

94　Lieder, »Die 1. Aktienrechtsnovelle vom 11. Juni 1870«, S. 328.

95　Balleisen, »Regulation«, S. 83 ff. ; Doering-Manteuffel／Raphael, *Nach dem Boom*, S. 49 f. und S. 64 ff.

96　2006 年 8 月 14 日颁布的《欧盟实现平等原则指令转化法》(Gesetz zur Umsetzung europäischer Richtlinien zur Verwirklichung des Grundsatzes der Gleichbehandlung) 第 1 款,BGBl. I 1897;基础的体系化见 Grünberger, *Personale Gleichheit*, S. 600 ff. ;关于《一般平等待遇法》还参见本文集中约阿希姆·吕克特(Joachim Rückert)的文章(中文版未收录——译者注)。

97　关于这一概念见前注 3。

98　Rückert, »Das BGB und seine Prinzipien«, S. 60, S. 92, S. 100 f. und S. 122.

"促进男女平等"之任务交由私人经济来实现,[99] 社会国原则
(Sozialstaatsprinzip)亦如此(《基本法》第 20 条第 1 款和第 28 条第 1 款)。
二者——再度符合时代地——转化为经济(自我)最优化的表述。[100]

# 五、谁制定法律?

## (一) 国家部委中的工作人员

　　主管公司法的立法委员们自 20 世纪 90 年代初以来一直都是他们所
在部门的司长:汉斯-维尔纳·奈厄(Hans-Werner Neye)负责欧洲公司法、
康采恩法和企业改组法,乌尔里希·赛贝特负责公司法、公司治理和企业
组织结构。这样的连贯性在柏林共和国的部委中非常少见,并且至少从
前的"议会领导层"也同样不愿看到。例如,联邦司法部部长扎比内·洛
伊特霍伊塞尔-施纳伦贝格尔(Sabine Leutheusser-Schnarrenberger)宣扬一
场"变革的文化"。[101] 然而,这一主张对于本文所涉及的部门而言,仅在
做准备工作的立法委员身上得以实现——通常他们被从州司法部借调
来工作一段时间,但未在部门司长上得到实施。[102] 在政治官员的"弹射
座椅"上,我们的立法委员明显不希望被提拔。对于公司法学以及法律
的当代史而言,这样的连贯性是一个巨大的优势。

---

　　99　Vgl. Grünberger, »Geschlechtergerechtigkeit im Wettbewerb der Regulierungsmodelle«,
S. 6 ff.

　　100　参见前注 5。

　　101　Leutheusser-Schnarrenberger, *Politische Verantwortung für einen starken öffentlichen
Dienst.*

　　102　关于部门司长和立法委员在概念上的区别见 Seibert, »Aus dem Entwurfs-Atelier
der Gesetzgebung«, S. 123 Anm. 2。

与其他例如负责商事交易和合作社的部门司长不同,这两个部门的司长经常出席专业性的公开活动。法律起草者在关于对外在何种程度上可以通过他们起草的草案被辨识出,以及在何种程度上维护公共关系以提升草案在法政策上的可接受度的自我认识上,显然完全不同。一个法律史学家无须对此作出评价。但是作为当代史学家,在档案法上的锁定期到期之前,他只能依靠已经公开的渠道,并且不愿意动用《信息自由法》。[103] 奈厄和赛贝特经常在专业杂志[104]上解释(并宣传)最新的立法计划,以及在他们写作的包含立法材料汇编的手册中对已颁布的法律进行评注。[105] 除此之外,他们在祝贺文集中定期介绍已经结束的或者甚至正在进行的立法程序的背景。因此,他们是重要的时代见证人。

## (二)"法律设计师"

赛贝特公开以立法委员的身份行为。[106] 虽然自我认知作为法律史的来源存疑,但是本文却予以详细地援引,因为它们贴近事实。当赛贝特就"部委工作方式和思维方式"[107]给出"一些个人的或者最好可被一般化的观察",那么这些观察对于柏林共和时代的部委官员而言可能具有代表性;但是,这些观察又首先具有个人风格。[108] 他的个人风格不仅

---

103 2005 年 9 月 5 日颁布的《联邦信息获取规定法》(又称《信息自由法》)〔Gesetz zur Regelung des Zugangs zu Informationen des Bundes(Informationsfreiheitsgesetz—IFG)〕,BGBl. I 2722。

104 典型如 Neye/Teichmann, »Der Entwurf für das Ausführungsgesetz zur Europäischen Aktiengesellschaft«; Seibert, »Referentenentwurf«。

105 典型如 Neye, *Die Europäische Aktiengesellschaft*; Seibert, *Gesetz zur Modernisierung des GmbH-Rechts und zur Bekämpfung von Missbräuchen*。

106 Seibert, »Aus dem Entwurfs-Atelier der Gesetzgebung«; Seibert, »›Gesetzesmaterialien‹ in der Gesetzgebungspraxis«.

107 Ebd., S. 123.

108 Ebd., S. 132.

体现在关于"柏林餐饮业现状"的暗示中，"相比于当时在波恩而言"，其"诚然总体变得令人乐观"[109]——对此本文开篇便给出了一个例子[110]，或者体现在周末对金融市场稳定性的回顾中："在周六新哈登贝格城堡的晚会上，我接到一个电话：'已经开始了……'，导致我的宴会突然结束。"[111]这一类的说辞不是自我标榜，而是完全可信的。《法兰克福汇报》上的一篇人物介绍强调了赛贝特的独立性，这是正确的。[112] 这一独立性要求他毫不迟延地向在位的联邦总理说明，"在紧要关头，她可能无法遵守她那著名的关于储蓄款安全的格言"。[113] 赛贝特对唯一的将草案变成法律的议会特别地尊重："对于立法委员——法律起草者而言，这类似于建筑师与业主以及广告商中的创意主管与委托人之间的关系。"[114]第二个类比尤其表明，赛贝特自视为典型的柏林共和时代的立法委员：

> 我在前不久开玩笑地将"法律设计师"印在名片上并分发出去，我的严肃的学界同事们对此惊讶不已。不言而喻，这些名片明显是面向新的柏林米特区的公众，在这里，每个网页设计师、创意主管或者完全普通的任意一个人都是文化创造者，司长则在一旁显得尤为过时。只有在维也纳的萨赫酒店（Hotel Sacher），从迂腐的虚张声势的酒店工作人员口中说出"司长先生"时，听起来才美妙极了。[115]

---

109 Ebd., S. 124.
110 见前注1。
111 Seibert, »Deutschland im Herbst«, S. 2533.
112 Jahn, »Ein Handwerksmeister in der Gesetzesschmiede«.
113 Seibert, »Deutschland im Herbst«, S. 2530 f.
114 Seibert, »Aus dem Entwurfs-Atelier der Gesetzgebung«, S. 129.
115 Ebd., S. 131.

此处再次提到萨赫蛋糕。[116] 人们喜欢用傲慢或自我讽刺形容这段说辞。但是早在 19 世纪和 20 世纪初,就已经存在"立法艺术"[117]这个概念。最后,即便是完全认真地使用[118]法律设计师的头衔,也仅是意味着服务人员的自我认知,只是这一服务人员具有独立的想法,不仅知道如何将法律作为委托人的产品进行宣传,[119]也知道如何创造法律:"严谨、生动以及简洁地表达。"[120]

## (三) 法官、学者和律师之间的关系

通过赛贝特可以非常容易地建立与其他公司法领域角色[121]之间的桥梁。他本人曾是法官,[122]对该职业下文还有详述。[123] 此外,他还以荣誉教授的身份在杜塞尔多夫大学授课。以荣誉教授的身份从国家部委到大学授课,这在公司法领域中具有传统。兹列举在 20 世纪第二个十年柏林的施勒格贝格尔(Schlegelberger),之后在波恩还有恩斯特·盖斯勒(Ernst Geßler)和布鲁诺·克罗普夫(Bruno Kropff)。然而,赛贝特并未将学术性的

---

116　参见前注 23。

117　具体例子参见 Mertens, *Gesetzgebungskunst im Zeitalter der Kodifikationen*, S. 3 f. ; Emmenegger, *Gesetzgebungskunst*, S. 71 f. und S. 230 ff. 。

118　Seibert, » Aus dem Entwurfs-Atelier der Gesetzgebung «, S. 131; Seibert, »›Gesetzesmaterialien‹ in der Gesetzgebungspraxis«, S. 115 f.

119　Seibert, »›Gesetzesmaterialien‹ in der Gesetzgebungspraxis«, S. 113 f.

120　Seibert, »Aus dem Entwurfs-Atelier der Gesetzgebung«, S. 132.

121　Fleischer, »Ein kleiner Fremdenführer durch das deutsche Gesellschaftsrecht«, S. 132,该文作者将立法者、法院和公司法学界称为"公司法的主角"。针对这一观点,本文增加了律师,参见后注 133 和下文六。此外还有强调团体的作用,对此见 Zimmermann, »Text und Kontext«, S. 317 und S. 319。关于一个宪法上的比较的视角见 Mayer, »Das Verhältnis von Rechtswissenschaft und Rechtspraxis im Verfassungsrecht in Deutschland«。

122　Seibert, »Aus dem Entwurfs-Atelier der Gesetzgebung«, S. 124.

123　见下文五。

体系建构视为其职责，同样也没有进行"患病情形下的"的全面诊断。[124] 立法者的保守，开启了通往法律续造之门。[125] 例如，无论是 1998 年的商法改革[126]，还是 2001 年的债法改革[127]，本来应向相关的立法委员提供接纳民事合伙成为企业主体的机会。这在当时既没有发生，到现在也没有改变，基于这一现实，联邦法院依据学界中的激烈讨论，作出了法律续造性的"ARGE Weißes Ross"缺席判决（Versäumnisurteil）。[128]

在 2009 年德国议会大选前夕，德国政界讨论了另外一个完全不同的主题，即由国家部委负责的法律交由律师起草。[129] 这也在一定程度上波及了联邦司法部。[130] 早在 2004/2005 年，赛贝特就经历了他完全没有意料到的事情："立法委员无论如何也要尽可能地避免出现在媒体上。"[131]《经理人杂志》（*Manager Magazin*）曾报道，登记阻却程序制度（Freigabeverfahren）——根据该程序，已登记的股东大会决议不受提起撤销之诉的影响，甚至在撤销之诉胜诉后依然保有效力（《股份法》第

---

124　Seibert, »Aus dem Entwurfs-Atelier der Gesetzgebung«, S. 127 und S. 130; Seibert, »›Gesetzesmaterialien‹ in der Gesetzgebungspraxis«, S. 120 und S. 121 f.

125　Vgl. Ulmer, »Aktienrecht im Wandel«, S. 143.

126　1998 年 6 月 22 日颁布的《商人法和商号法更新以及其他商事规则和公司法规则改革法》（简称《商法改革法》）〔Gesetz zur Neuregelung des Kaufmanns- und Firmenrechts und zur Änderung anderer handels- und gesellschaftsrechtlicher Vorschriften（Handelsrechtsreformgesetz—HrefG）〕，BGBl. I 1474 - 1484。

127　2001 年 11 月 26 日颁布的《债法现代化法》（Gesetz zur Modernisierung des Schuldrechts），BGBl. I 3138。详细见本文集吕克特的文章。

128　德国联邦法院 2001 年 1 月 29 日判决：Urteil vom 29. Januar 2001—II ZR 331/00—BGHZ 146, S. 341。

129　对此见 Seibert, »Deutschland im Herbst«, S. 2533。对这一主题的研究主要从宪法的角度展开，关于最新的研究发展见 Zimmermann, »Text und Kontext«, S. 320 mit Anm. 29。

130　在联邦议会和联邦参议院的资料汇编和信息查询系统中查询印刷品当然首要涉及其他的行政部门，BT-Drs. 16/12182, S. 17 ff.; 16/14025; 16/14133; 16/13899; 16/13906; 16/13983。

131　Seibert, »Aus dem Entwurfs-Atelier der Gesetzgebung«, S. 126.

246a 条）[132]——是在赛贝特领导的立法委员会中的一名柏林律师的参与下产生的。[133] 自此之后，尽管类似的律师辅助工作不再被公开，但是《法兰克福汇报》在没有具体证据的情况下，依然在 2009 年报道称，赛贝特所在的"国家部委——同其他许多部委一样——在此期间经常将一部分（条款起草）的工作外包给律师事务所"[134]。

一个著名的赛贝特自述的例子是资本市场的稳定。就此事，联邦财务部，而不是联邦司法部，听取了富尔德律所（Kanzlei Freshfields）的建议[135]——赛贝特对这一决定辩护道：

> 在这样一个极端情形下，将来自律师界的实务人士与立法连接起来是一件幸运的事情。在 2009 年的夏季竞选中，在立法中引入"外部人员"的主题被过度渲染。这简直荒谬，所涉及的不过仅此一点：当外部人员参与时，部委则必须每时每刻掌握专业上和政治上的主导，必须每时每刻能够看透外部人员全部工作的细枝末节以及对所有的利益产生的影响，并在必要时修正外部人员的工作。这些都已经得到了保障。[136]

在引入外部人员方面，与国家部委的主导同样重要的是公开。然而，即便保证公开，若外部人员不是由国家部委而是由联邦议会的议员引入，

---

132　2005 年 9 月 22 日颁布的《企业诚实经营与撤销权现代化法》（Gesetz zur Unternehmensintegrität und Modernisierung des Anfechtungsrechts, UMAG）第 1 条第 23 项，BGBl. I 2802。

133　*Manager Magazin* vom 23. April 2004, S. 126; *Manager Magazin* vom 22. April 2005, S. 140.

134　Jahn, »Ein Handwerksmeister in der Gesetzesschmiede«.

135　Siehe BT-Drs. 16/14133, S. 8 f.

136　Seibert, »Deutschland im Herbst«, S. 2533.

那么媒体上的"揭秘文章"就会损害政府草案本身。[137] 例如，最近自 2010 年开始准备的股份法修订由于各种状况已经搁置了很长时间。首先，法律委员会的两名议员，马可·布施曼（Marco Buschmann）和斯特凡·哈巴特（Stephan Harbarth），请求德国律师协会商法委员会的主任米夏埃尔·霍夫曼-贝金（Michael Hoffmann-Becking）[138]提供一份立法建议。联邦部委公开了这份立法建议，并同往常一样请求社会团体、各个州和联邦法院对此待确定的立法建议提出意见。最终，《德国商报》（*Handelsblatt*）详细报道了这个无论如何也已经不再是秘密的草案的诞生。[139] 然而，这家报纸提到了另外一名"幽灵写手"——弗洛里安·布吕格尔（Florian Brügel），他来自一家与布施曼有关联的律所，他的作者身份仅显示在一份作为电子邮件附件寄出的立法建议稿的文件名中。[140] 可能是媒体的报道导致在野党将股份法修订议案提交到联邦议会全体大会，但并非为了讨论议案，而是为了当众揭丑。[141] 联邦议会全体大会没有再就此立法建议——异议股东非以股份而是以现金的方式进行补偿[142]以及将关于

---

137　接下来的详细论述见 Seibert，»Von der Aktienrechtsnovelle 2011 zum VorstKoG«，S. 668 ff.。

138　其人物介绍见 *DIE ZEIT* vom 22. Januar 2009，S. 30。

139　*Handelsblatt* vom 8./9./10. Februar 2013，S. 1 und S. 6 f.；vom 11. Februar 2013，S. 8；vom 15./16./17. Februar 2013，S. 14；vom 18. Februar 2013，S. 8；vom 27. Februar 2013，S. 10；vom 5./6./7. April 2013，S. 10.

140　关于在邮件的附件中的文件名上提到布吕格尔一事见 2013 年 2 月 27 日的德国议会全体会议纪要，Plenarprotokoll 17/224，S. 27835 ff.。

141　Ingrid Hönlinger 议员和 Jerzy Montag 议员的质询见 BT-Drs. 17/12439，5；2013 年 2 月 27 日联邦会议全体大会上议会国务秘书 Max Stadler 以及两位议员的额外质询见 Plenarprotokoll 17/224，27835 ff.。

142　该建议更早见于 Maier-Reimer，»Verbesserung des Umtauschverhältnisses in Spruchverfahren«，S. 574 ff. 以及德国律师协会商法委员会，记录于 Burwitz，»Handelsrechtsausschuss des DAV«，S. 499 ff.。

补偿的审判程序限制在一个审级[143]——的实质正当性或不正当性展开辩论。[144]

这一事件表明,在处理说客的影响方面存在重大的不足。说客的影响遍及各个方面,但是却不被连带公开,因此政府以及组建政府的政党在什么时候听从哪一个说客就不得而知了。在野党建议联邦政府"在每份立法草案上增加'立法的足迹'(legislative Fußspur),即在扉页表明是否有外部人士参与,以及如果是,则列明哪些外部人士为起草立法草案作出了重大贡献"[145]。这一建议事实上不希望说客参与,或至少不希望有影响力的说客参与。[146]

# 六、联邦法院的第二民事审判庭

公司法案件和部分商法案件最后审级的管辖法庭是联邦法院的第二民事审判庭。该审判庭以具有自我意识地续造法律而著称,[147]但同样也以"还原法律"而闻名。[148] 审判庭的法官们作为一个团体,通常不仅

---

143　该建议作为法政策上的讨论重点更早提出于 Burwitz, »Handelsrechtsausschuss des DAV«, S. 499;对此的支持见《法兰克福汇报》2013 年 2 月 27 日对 Eberhard Stilz 的采访, *Frankfurter Allgemeine Zeitung* vom 27. Februar 2013, S. 19。

144　仅举行了另外一场法律委员会议员与外部专家之间的发言人对话,Seibert, »Von der Aktienrechtsnovelle 2011 zum VorstKoG«, S. 672 f. 。

145　"关于在联邦行政中引入外部人员方面更加透明化"的提案,BT-Drs. 17/5230, S. 1。

146　但是参见透明国际(Transparency International)再次提出的建议, *Frankfurter Allgemeine Zeitung* vom 14. Oktober 2014, S. 16。关于最新的发展见 Strässer/Meerkamp, »Lobbying im parlamentarischen Bereich«, S. 236 ff. 。

147　Mülbert, »Einheit der Methodenlehre?«, S. 210.

148　Westermann, »Probleme mit der Rechtsrückbildung im Gesellschaftsrecht«, S. 610 und S. 626 ff.

借助他们的判决而且也以出版物和演讲等成为法律的制定者。[149] 担任审判庭庭长的法官尤其如此。[150] 这里再次引用赛贝特对——从 20 世纪 60 年代起的——审判庭庭长的描写：

> 因为立法者[……]宁愿保守，所以出现了[……]一段以审判庭庭长罗伯特·菲舍尔（Robert Fischer，1963—1968）和瓦尔特·施廷佩尔（Walter Stimpel，1971—1985）为主导的法官造法时期。现在，人们仍旧谈论森林漫步，施廷佩尔和来自海德堡的乌尔默（Ulmer）教授，以及其他审判庭成员和一个新形成的高校教师群体[151]参与其中，并讨论了诸多重大的法律问题。然而，也有传闻，部分司法判决在一定程度上受此影响，并因此招致批评。此外，我们还记得适格的事实康采恩[152]以及对授权资本进行严苛的内容审查[153]——关于他们的时代已经

---

149　Weiß,»Der Richter hinter der Rechtsfortbildung«, S. 241.

150　Weiß,»Der Richter hinter der Rechtsfortbildung«, S. 243 ff.

151　Seibert,»50 Jahre Aktiengesetz 1965«, S. 594 Anm. 7,该文将这一群体称之为"公司法改革工作组"（成员有 Götz Hueck, Marcus Lutter, Hans-Joachim Mertens, Eckard Rehbinder, Peter Ulmer, Herbert Wiedemann 和 Wolfgang Zöllner）的前身。

152　Bundesgerichtshof, Urteil vom 16. September 1985—II ZR 275/84—BGHZ 95, S. 330 und S. 334 ff.—Autokran；Urteil vom 20. Februar 1989—II ZR 167/88—BGHZ 107, S. 7 und S. 15 ff.—Tiefbau；Urteil vom 23. September 1991—II ZR 135/90—BGHZ 115, S. 187 und S. 189 ff.—Video；Urteil vom 29. März 1992—II ZR 265/91—BGHZ 122, S. 123 und S. 126 ff.—TBB；其他的证据见后注 159 和 160；关于这一司法裁判的发展见 Röhricht,»Von Rechtswissenschaft und Rechtsprechung«, S. 464 ff.；Goette,»Dialog zwischen Rechtswissenschaft und Rechtsprechung«, S. 314 ff.。

153　Bundesgerichtshof, Urteil vom 13. März 1978—II ZR 142/76—BGHZ 71, S. 40 und S. 43 ff.—Kali + Salz（zur Sachkapitalerhöhung）；Urteil vom 19. April 1982—II ZR 55/81—BGHZ 83, S. 319 und S. 320 ff.—Holzmann；Urteil vom 23. Juni 1997—II ZR 132/93—BGHZ 136, S. 133 und S. 138 ff.—Siemens/Nold；Urteil vom 10. Oktober 2005—II ZR 148/03—BGHZ 164, S. 241 und S. 244 ff.—Mangusta/Commerzbank I；Urteil vom 10. Oktober 2005—II ZR 90/03—BGHZ 164, S. 249 und S. 254 ff.—Mangusta/Commerzbank II；关于这一司法裁判的发展见 Röhricht,»Von Rechtswissenschaft und Rechtsprechung«, S. 469 ff.；Goette,»Dialog zwischen Rechtswissenschaft und Rechtsprechung«, S. 318 ff.。

过去了。之后的审判庭庭长分别是谨慎的卡尔海因茨·布穹（Karlheinz Boujong, 1988—1996）、实用主义的福尔克尔·勒里希特（Volker Röhricht, 1996—2005）和固执己见的武尔夫·格特（Wulf Goette, 2005—2010）。今天，联邦法院的第二民事审判庭在保守的阿尔弗雷德·贝格曼（Alfred Bergmann）庭长之下，担负起更多的司法上的自我节制。[154]

因此，当公司法学人面对第二民事审判庭时，折磨他们的两个问题大致可被描述为：相比于立法者，法律续造可以做什么？以及司法审判与学界的距离应保持多远或多近？对于第一个问题，上文提及的数个法官已经公开作出回应。对于第二个问题，那些近距离参与的人有意地保持沉默；这种近距离参与，自然特别受到那些远离这个小群体的人的批评。

## （一）在忠于法律和背离法律之间

罗伯特·菲舍尔[155]、瓦尔特·施廷佩尔[156]以及卡尔海因茨·布穹[157]对法官造法积极地进行辩护。在法官造法与学术上的体系建构被混为一谈时，福尔克尔·勒里希特对法官造法持怀疑态度。[158] 但是，他主导

---

154　Seibert, »50 Jahre Aktiengesetz 1965«, S. 594.

155　Fischer, »Die GmbH in der Rechtsprechung des Bundesgerichtshofs«, S. 269.

156　Stimpel, »Aus der Rechtsprechung des II. Zivilsenats«, S. 13 f.

157　Boujong, »Zur Auslegung und Fortbildung des GmbH-Rechts in der neueren Judikatur des Bundesgerichtshofs«, S. 207.

158　Röhricht, »Von Rechtswissenschaft und Rechtsprechung«, S. 453 ff. und S. 461 ff.

下的审判庭最终同样进行着法律续造，[159]武尔夫·格特[160]以及阿尔弗雷德·贝格曼[161]在任时也如出一辙。贝格曼甚至还强调："审判庭在判决中应尊重立法者的职权，并且审判庭从事立法不具有合法性。"[162]

在柏林共和时代，法官遇到一个更加积极的立法者。但是，几乎不会因此产生公开的激烈冲突。例如，2008 年的《有限责任公司法现代化与反滥用法》[163]毫不犹豫地"禁止"了之前法官自 1984 年[164]起违背 1980 年的立法者意愿[165]再次适用的关于替代自有资本的股东贷款裁判规则（《有限责任公司法》第 30 条第 1 款第 3 句及以下条文，《股份法》第 57 条第 1 款第 4 句）。[166] 在《有限责任公司法现代化与反滥用法》生效后不久，虽然《法兰克福汇报》认为："联邦法院在由武尔夫·格特这样一位同样自知的法律人担任民事审判庭庭长的情况下，有可能会违背立

---

159　Bundesgerichtshof, Urteil vom 17. September 2001—II ZR 178/99—BGHZ 149, S. 10 und S. 16 f. —Bremer Vulkan；Urteil vom 25. Februar 2002—II ZR 196/00—BGHZ 150, S. 61 und S. 67 f.；Urteil vom 24. Juni 2002—II ZR 300/00—BGHZ 151, S. 181 und S. 186 ff.—KBV. 关于对审判庭成员和庭长的更换的影响见 Weiß, »Der Richter hinter der Rechtsfortbildung«, S. 267 ff. 。

160　Bundesgerichtshof, Urteil vom 16. Juli 2007—II ZR 3/04—BGHZ 173, 246, 251 ff.—Trihotel. 参见另外一份完全不同的联邦法院判决：Urteil vom 29. Januar 2001—II ZR 331/00—BGHZ 146, 341。

161　BGH, Urteil vom 24. Januar 2012—II ZR 109/11—BGHZ 192, S. 236 und S. 238 ff.；Urteil vom 10. Mai 2016—II ZR 342/14—NZG 2016, S. 742 und S. 743 f.。

162　贝格曼支持 Hommelhoff 的观点，分别记录于 Schneider, »Bericht über die Diskussion des Referats Bergmann«, S. 21. 对这一保守的批评见 K. Schmidt, »Alles klar bei § 25 HGB?«, S. 846 und S. 862。

163　见前注 16。

164　Bundesgerichtshof, Urteil vom 26. März 1984—II ZR 14/84—BGHZ 90, S. 370 und S. 376 ff.

165　1980 年 7 月 4 日颁布的《有限责任公司法和其他商法规范修订法》第 1 条第 12 项，第 2 条第 3、6、7 项，第 8 条第 1 项和第 9 条第 1 项，BGBl. I S. 836, S. 838, S. 841 und S. 848 f.。

166　关于其一般历史语境下的教义历史见 Thiessen, »Gesellschafterfremdfinanzierung nach dem MoMiG«, S. 398 ff.。

法委员乌尔里希·赛贝特的意志,作出完全不同的裁判。"[167]但是,被指摘的武尔夫·格特用诙谐的语言调侃道:

> 具有联邦司法部部门负责人身份的立法者(原文如此)在忠于法律方面对第二民事审判庭极度不信任,这可能源自那个著名的发布在 BGHZ 90, 370 ff. 上的"背离判决"(Auflehnungsurteil)[……]。因为该判决引发的不信任,立法者如今自感被号召,从多方面将"未适用之规则"写入法典。我不认为此举具有可能的必要性,因为一方面我们不是在书写 1985 年这个年份,另一方面审判庭已经在(之前的一些判决中)证明,其自然会将条文中的修订转化为司法裁判规则。[……]但是如果所提到的规范被认为是必要的,也许就需要针对"施廷佩尔"——审判庭的"子孙们"就 1980 年法律修订后作出的载于 BGHZ 第 90 卷的判决予以回应;在第二民事审判庭的大家庭内,我们都非常乐于接受这一点。[168]

柏林共和时代的卡尔斯鲁厄法官们认为,与在波恩时期的同事们——针对认为有局限的法律改革亲自续造司法裁判规则——相比,他们更加忠于法律。并且他们更容易接受国际化。例如格特的前任福尔克尔·勒里希特在对 ARAG/Garmenbeck 案[169]作出基础性的联邦法院

---

167　Jahn, »Ein Handwerksmeister in der Gesetzesschmiede«.

168　Goette, »Die Änderungen des GmbHG durch das MoMiG aus richterlicher Sicht«, S. 11 f. und S. 21 f.

169　Bundesgerichtshof, Urteil vom 21. April 1997—II ZR 175/95—BGHZ 135, S. 244 und S. 253 f. 最新关于本案的法教义学争议见 Koch, »Die schleichende Erosion der Verfolgungspflicht nach ARAG/Garmenbeck«, S. 935 ff.。本案背后的历史见 Koch, »Die ARAG/ Garmenbeck-Entscheidung des BGH (BGHZ 135, 244)«.

判决前，向"汉堡外国私法和国际私法马克斯·普朗克研究所请求提供有关美国商事判断规则(*business judgment rule*)的书面资料"。[170] 需要注意的是，此处所涉及的不是一份常见的在复杂案件中查明外国法的专家意见(《德国民事诉讼法》第 293 条第 2 款)[171]，而是一份在虽然涉外但是仅需依德国法裁判的案件中的比较法专家意见。

## (二) 对话或顺从？

关于司法裁判和学术在法律续造方面是否应当共生的问题越来越受到质疑。部分可能与代际交替或代际冲突有关，但也存在方法论上的因素。在一次关于"私法方法论"的会议[172]上，之前几乎不会遇到的批评性意见[173]被以严厉的方式提出[174]——值得关注的是法官在本次会议中的缺席。

针对公司法领域中的大规模法律续造，彼得·穆博特(Peter Mülbert)在他的会议报告中指出了几种不同的原因，其中包括参差不齐的规范库存(Normenbestand)，立法者零碎的、分配不均的工作，以及法官和学术界的紧密合作。[175] 在会议讨论中，拉尔斯·克勒恩(Lars Klöhn)分析了律师、学者和法官的激励结构。律师和学者在公司法领域的客户以及专家意见书上获利颇丰。这吸引了高水平的法律人，并激励他们提供高水准的诉讼书状和专家意见书，由此降低了法官在法

---

170 对此的报告见 Hopt, »Die business judgment rule«, S. 219 f. 。关于德国《股份法》对商事判断规则的继受见前注 41。

171 对此见 Prütting, » § 293«, Rn. 30。

172 参见会议论文集的前言：Zimmermann, »Vorwort：Methoden des Privatrechts«。

173 非常明确见 Wilhelm, »Rechtswissenschaft und Rechtsprechung im Gesellschaftsrecht«, S. 322 f. 。

174 记录于 Kumpan, »Diskussionsbericht zum Referat von Peter Mülbert«。

175 Mülbert, »Einheit der Methodenlehre?«, S. 217 ff. und S. 291 ff.

律续造上的障碍。对于法官而言,审理公司法领域内数量众多的具有公众影响力的"高调"案件,是一个备受欢迎的可通过法律续造最大化个人价值的舞台。[176] 公司法上的法律续造被批评犯了与贪婪和虚荣类似的两大重罪。对于这些批评,格哈德·瓦格纳(Gerhard Wagner)另外献上了以下——在一定程度上"法律续造式的"——奉承之言:

> 瓦格纳对部分法学学者与特定的联邦法院审判庭之间过度密切的关系持批评态度。与其他不存在如此密切关系的国家相比,学界的投入更多,这一点有益于司法裁判的质量,但是也带来了重大的不仅存在于公司法领域中的弊端,即被指摘的学术界与实务界之间的距离缩减或有完全消灭之虞。人们不再无忌惮地指出明显错误的判决,或批评司法裁判越权,皆因担心不再被重视。可以经常读到法学家们对联邦法院判决的评议,他们对审判法官极尽赞美之辞,甚至恳求作出进一步的指引,犹如法官从西奈山上走下来,并手持真理之石碑。[……]法学的核心任务不包括对司法的赞美,但包括对司法的批评性引导。穆博特对此表示赞同,并指出第二民事审判庭在其判决中援引的资料非常广泛。有些同行可能会担忧,若不顺从且对联邦法院提出批评,则将不再被援引。这可能进一步地对将来被委任为鉴定专家或仲裁员带来不利的影响,并且这一前景必然会影响公司法上的学术研究。[177]

---

176　Klöhn bei Kumpan, »Diskussionsbericht zum Referat von Peter Mülbert«, S. 305;对这一点的怀疑见上注。

177　Wagner und Mülbert bei Kumpan, » Diskussionsbericht zum Referat von Peter Mülbert«, S. 305 f. ;在此持同样的观点也包括 W. -H. Roth。

尽管如此,令人惊讶的却是,没有人愿意为之前高度赞扬[178]的法官、学者和律师之间的紧密合作进行积极的辩护。原因可能在于,私法教师联合会会议并非是一个重要的论坛。[179]

如果人们从"私法方法论"的视角切入,观察公司法中的法律续造史,[180]那么法律续造不是矫枉过正,而是法律渊源的问题。[181] 新公司法或者至少对新公司法的需求首先产生于企业家的实践,进而律师将其写入合同文本中。文本内容是否合法,则在企业法务之间和在公共法院或私人争端解决机构的法律争议中,由律师代理当事人以及学者作为鉴定专家或仲裁员,通过诉讼或合意解决。若产生一个法院的判决,那么判决将被公开;进而律师或学者对此判决进行评注,或者发表他们的专家鉴定意见——即便该案件通过仲裁庭审理。关于这一切,会议上都有所讨论。在这个过程中未被提及的事项,则可能作为立法需求留给了立法者。企业主联盟(或者如上文提及的德国律师协会的商法委员会[182])在立法政策中表达了这类需求,立法者对此要么回应,要么忽视。

总而言之,在对"新的经济生活现象"的处理方式上,与在魏玛共和

---

178 Fischer, » Zur Methode revisionsrichterlicher Rechtsprechung auf dem Gebiet des Gesellschaftsrechts «, S. 23 f. ; Fischer, » Die GmbH in der Rechtsprechung des Bundesgerichtshofs«, S. 271;自相矛盾的观点:Röhricht, » Von Rechtswissenschaft und Rechtsprechung«, S. 446;辩护的观点:Ulmer, » Entwicklungen im Kapitalgesellschaftsrecht 1975 bis 1999«, S. 779;新时代的视角:Goette, » Dialog zwischen Rechtswissenschaft und Rechtsprechung«, S. 309 f. , S. 312 ff. und S. 320 f. ; Fleischer, »Ein kleiner Fremdenführer durch das deutsche Gesellschaftsrecht«, S. 135 f. 。

179 见下文九。

180 如前注 172。

181 Mülbert, » Einheit der Methodenlehre? «, S. 217 ff. ; Fleischer, » Ein kleiner Fremdenführer durch das deutsche Gesellschaftsrecht«, S. 125 ff. und S. 132 ff.

182 前注 142 以下。

时代中一样，[183]柏林共和时代[184]和波恩共和时代[185]亦无不同。人们甚至
可以认为，在公司法领域，法律渊源在彼此相互关系中的改变——以 19
世纪和 20 世纪之交时为典型，[186]并不如在其他私法领域中那么清晰可
辨。企业主的或法律纠纷预防的实践活动虽然不再如同商事习惯法之
于制定法那样在法律渊源的位阶中处于原先的地位，[187]但是，这类实践
活动只要恰好未被法院或立法者禁止，则可作为习惯法或法官法的源
泉，并因此成为间接的法律渊源。[188]学理虽然是一项真正的法源但不再
被认可，并且受制于一个越来具有自主意识的司法裁判的竞争。[189]尽管
如此，学理依然可以维持其影响力。[190]换言之，公司法中的"合作式"法
律续造依然在很大的范围内展开，因为法律实务工作者和学者相比于
法院和立法一如既往地被视为法律的源泉——不论正当与否。与此相
对的是，法官热衷于进入学界，常见的方式是名誉教授，[191]此外存在大量
的由联邦法官参与的法律评注，它们在一起形成了"帝国法院法官评注

183　Schubert（Hg.），*Quellen zur Aktienrechtsreform der Weimarer Republik*, S. 750.

184　Ulmer，»Entwicklungen im Kapitalgesellschaftsrecht 1975 bis 1999«, S. 754 f. und
S. 772 ff. ; Fleischer, »Gesellschafts- und Kapitalmarktrecht als wissenschaftliche Disziplin«,
S. 54 ff. und S. 61 ff. ; Westermann und Bachmann bei Kumpan, »Diskussionsbericht zum
Referat von Peter Mülbert«, S. 304 und S. 307.

185　Fischer，» Zur Methode revisionsrichterlicher Rechtsprechung auf dem Gebiet des
Gesellschaftsrechts«, S. 23 f.

186　J. Schröder, *Recht als Wissenschaft*, S. 293 ff. , S. 311 ff. und S. 393 ff.

187　Mertens，» Verhältnis von Handelsgewohnheitsrecht zu Gesetz und Verkehrssitte «,
S. 69 ff.

188　K. Schmidt, *Gesellschaftsrecht*, S. 34 ff. ; Westermann bei Kumpan,
»Diskussionsbericht zum Referat von Peter Mülbert«, S. 304.

189　J. Schröder, *Recht als Wissenschaft*, S. 300 f. , S. 305 ff. und S. 392 ff. ;
Vogenauer, »An Empire of Light?«, S. 651 ff.

190　Fleischer，» Ein kleiner Fremdenführer durch das deutsche Gesellschaftsrecht «,
S. 135 f.

191　Ulmer，»Entwicklungen im Kapitalgesellschaftsrecht 1975 bis 1999«, S. 780；批评
见：Röhricht，»Von Rechtswissenschaft und Rechtsprechung«, S. 462。

的再次上线"。因此,"学术界"也并非如偶尔描述的那样对"法院"彻头彻尾地卑躬屈膝。

## 七、商业实践与法律纠纷预防实践

本文已经从两个角度提及律师:作为偶有争议的立法咨询者[192]以及作为学者和法院的对话者。[193] 在后一个角色中,企业主和他们的法律顾问们的实践也影响了柏林共和时代的公司法。

上文已经提及的尽职调查,是引入可以善意取得有限责任公司股权制度的诱因。[194] 对作为股权善意取得制度基础的股东名册进行更新,是德国公证员的一项新任务(《德国有限责任公司法》第 40 条第 2 款),由此,德国公证员在有限责任公司股权取得(《德国有限责任公司法》第 15 条第 3、4 款和第 16 条第 1 款)方面上的制度地位得以提升。[195] 然而,只要德国联邦法院允许公司执行董事不通过公证员即可修改由公证员提交的股东名册,以及承认通行的瑞士外国公证书与德国公证书具有同等效力,那么当然就会对公证员的职权提出质疑。[196] 尽管如此,一些著名的专门在公司法领域从事公证业务的公证处不断调整合同实践以满足市场的需求。[197]

---

192　见上文前注 137。
193　见上文前注 181。
194　见上文前注 28。
195　Seibert, »MoMiG—Gesetz und Gesetzgebungsverfahren im Überblick«, S. 7.
196　Bundesgerichtshof, Urteil vom 17. Dezember 2013—II ZR 21/12—ZIP 2014, S. 216 und S. 220 f.; Beschluss vom 17. Dezember 2013—II ZB 6/13—BGHZ 199, S. 270 und S. 275 ff.;关于"公证员事少钱多"的讨论的记录见 Grau, »Bericht über die Diskussion des Referats Bergmann«, S. 21 f.。
197　关于柏林共和时代公证处的情况见 Vossius, »Das Notariat in der Bundesrepublik und im wiedervereinigten Deutschland«, S. 241 ff., S. 247 ff. und S. 252 ff.。

另外一个由投资者带来的改革是资金池（*cash pooling*）制度，即在集团公司之间分配流动资金。[198] 这一企业融资的实践违背了对德国公司法资本缴纳原则和资本维持原则的严格解释。在德国联邦法院坚守这两个原则时，[199]德国的立法者根据实践的需求，放宽了《股份法》和《有限责任公司法》中的管制。[200] 这再次显示，尤其是美国投资者和他们的顾问不仅仅带来了特定的商业实践，而且比魏玛共和时期更具影响力的是，他们能够引发对他们熟悉的法律规则的继受。[201]

投资者和他们的顾问还带来了一个全新的大型律师事务所类型。[202] 自 1990 年以来，那些早已处于龙头地位的德国经济法律师事务所再次在律师和分所的数量、当事人的数量以及一定程度上在营业额和收益方面获得增长，其中自生的发展凤毛麟角，更常见的是通过国内和/或国际合并。这一发展的原因与一般当代史上的[203]，特别是股份法改革的原因相同。[204] 国际客户希望有律所懂当事人的语言，至少理解当事人在法律上的想法，同时熟知投资项目所适用的德国法和欧盟法，并且有大批高度专业化的律师尽可能随时随地地提供服务，能够为当事人提供包括会计和税务在内的全面咨询。相关的实用手册列举了 20 多家此

---

198　对此最后见 Vetter, »Konzernweites Cash Management«。

199　Bundesgerichtshof, Urteil vom 24. November 2003—II ZR 171/01—BGHZ 157, S. 72 und S. 75 ff.

200　Regierungsentwurf zum MoMiG, BT-Drs. 16/6140, S. 34 und S. 40 f.

201　见上文前注 35、41 和 170。

202　接下来部分的基础性文献见 Pöllath, » Woher kommen und wohin gehen die Wirtschaftsanwaltsfirmen in und aus Deutschland? «, S. 7, S. 11 ff., S. 14 f. und S. 18 ff.; Hellwig, »Internationalisierung und Europäisierung der deutschen Anwaltschaft«, S. 1191 ff.; 典型的例子如 Freshfields Bruckhaus Deringer ( Hg. ), *175 Jahre Freshfields Bruckhaus Deringer in Deutschland*, S. 174 ff. und S. 187 ff.。

203　见上文前注 3。

204　见上文前注 37。

种类型的律师事务所。[205]

其中一家律师事务所在 2010 年因雇佣德国公司法领域最为著名的法官之一,即上文已多次提到的武尔夫·格特提供顾问服务〔使用了美国化的律师语言:"法律顾问"(*of counsel*)〕而备受瞩目。由于武尔夫·格特加盟律所导致他提前退休,所以他从德国联邦法院转会大型律师事务所的行为招致了公共媒体的声讨。[206] 这一事件——就事件本身而言显然——至今尚未在公司法学界公开讨论,但是格特的决定,与在他的审判庭同事们之间一样,也显然同样在公司法学界引发了相应的反响。[207] 是否存在如媒体所推测的具体利益冲突,[208]在此无法通过当代法律史的工具作出评价。因为德国联邦法院的案件卷宗因评议保密(Beratungsgeheimnis)而被封存 50 年。[209] 格特本人认为,任何对其执行公务的独立性的质疑都是损害其声誉的行为。[210] 他从前所在的审判庭驳回了与此相关的法官回避申请。[211] 在转型成为律师后,格特虽然在是否强制监事会对违反义务的董事提起诉讼或者允许监事会依据其裁量

---

205　Pöllath/Saenger (Hg.), *200 Jahre Wirtschaftsanwälte in Deutschland*, S. 29 ff.

206　*Manager Magazin* vom 19. November 2010, S. 24; *DER SPIEGEL* 22/2011, S. 32 und S. 34; Derleder, »Marktchancen«, S. 8 f.

207　关于他的同事们的反应,2010 年 11 月 19 日的《经理人杂志》作了相关报道,见 *Manager Magazin* vom 19. November 2010, S. 24。

208　如前注 206。

209　根据《德国联邦宪法法院法》(Bundesverfassungsgerichtsgesetz, BVerfGG)第 35b 条第 5 款的规定,联邦宪法法院也存在类似的情形,对此参见 Meinel/Kram, »Das Bundesverfassungsgericht als Gegenstand historischer Forschung«。

210　*Manager Magazin* vom 19. November 2010, S. 24.

211　Bundesgerichtshof, Beschluss vom 21. Februar 2011—II ZB 2/10—ZIP 2011, S. 685 und S. 686 ff.

不进行追责的问题上存在观点上的显著变化。[212] 但是,格特的核心论点是,ARAG／Garmenbeck 案[213]的原则性判决建立在一个罕见的案件事实之上,因此该判决中过于一般化的表述值得质疑。[214] 这一论点早在格特担任庭长期间审判庭作出轰动性的"11 月判决"[215]中而为众人周知。[216] 此外,如果一个法官被视为具有"自我意识"[217]的代表或者甚至是"固执己见"[218]的典型,那么在经过数十载的法官独立性之后突然为了不同的当事人利益不再展开批评,才是让人惊讶的。[219] 虽然,等待期(*Cooling off*-Periode),如从董事会进入监事会时所适用的(《股份法》第 100 条第 2 款第 4 项)期间限制,似乎也符合一个良好的司法治理(*judicial governance*)。[220] 但是,只要追踪媒体数年来对于前德国联邦法院院长克劳斯·托尔克斯多夫(Klaus Tolksdorf)在格特退休之后采取的人事政策的报道,[221]则在格特的提前退休和法袍颜色转变之中呈现出一个清晰的

---

212　Goette, »Zur ARAG／GARMENBECK-Doktrin«, S. 154 ff. ,对比 Goette, »Leitung, Aufsicht, Haftung«, S. 139 f. ;关于后续的著作以及对不同观点的全面综述见 Koch, »Die schleichende Erosion der Verfolgungspflicht nach ARAG／Garmenbeck «, S. 935 ff. ; Koch, »Die ARAG／ Garmenbeck-Entscheidung des BGH (BGHZ 135, 244)«, S. 104 ff. ;概览见 Bachmann, »Reform der Organhaftung?«, E80 f. 。

213　如前注 169。

214　Goette, »Zur ARAG／GARMENBECK-Doktrin«, S. 154 ff.

215　如前注 199。

216　Goette, » Anmerkung zu Bundesgerichtshof, Urteil vom 16. Januar 2006—II ZR 76／04«, S. 768.

217　如前注 167。

218　如前注 154。

219　参见 Goette, »Gedanken zum Kapitalschutzsystem der GmbH«, S. 752 ff. ,该文包含格特自其离开岗位后对反对当事人鉴定的批评性意见;此外见 Goette, »Gesellschaftsrechtliche Schiedsverfahren«, S. 35, "当仲裁法庭中的一个成员无法将从他的'主业'产生的利益导向转移到当事人的利益导向时",会对仲裁程序造成负面影响。

220　关于司法治理的概念见 Scirica, »Judicial Governance and Judicial Independence«。

221　仅参见 *Frankfurter Allgemeine Zeitung* vom 8. Februar 2011, S. 11; 11. Februar 2012, S. 4; 31. Mai 2013, S. 4; vom 25. Januar 2014, S. 5; vom 12. Januar 2015, S. 17。

违背院长的自我决定——院长对格特兼职担任学者非常不满。[222]

# 八、学界"本身"

法学"本身"(als solche)在此已经接近尾声。这不是某种象征性的说法。在德国,研究现行法的学界花费了大部分时间和精力用于对法律、立法资料(Gesetzesmaterialien)、法院判决和合同文本的注释。通过此类解释产生的文献呈现了学界的争议,学界的争议又合乎逻辑地反过来影响法律、立法资料、法院判决和合同文本。在上文中已经对学界的这个功能进行了阐释。因此,这一部分仅探讨学者"本身"。

对于以学术为主业,即首先不以部委委员、法官或律师身份工作的学者们,柏林共和时代同样引入了新的职业门槛。与其他所有的法律职业群体一样,这首先触及教育。虽然在三个核心的法教义学领域,教育与在波恩共和时期并无实质区别。[223] 特别是与大学教育分开的匿名国家大考(Staatsexam)得以保留。此外,原来作为国家大考的一部分选修课学期成为大学专业课学期,[224]这一改革显著地提升了公司法的地位。总之,根据德国法学院大会(Deutscher Juristen-Fakultätentag)[225]的统计,几乎在所有的法学院中都成功地开设了(一般被称为)企业法专业重点方向(Schwerpunktbereich)。

---

[222] 参见对格特的采访: *Frankfurter Allgemeine Zeitung* vom 22. September 2010, S. 25;另见 *Wirtschaftswoche* 14/2014, S. 22。

[223] 参见本脚注文集中的一部分文章:Grundmann/Riesenhuber(Hg.) *Deutschsprachige Zivilrechtslehrer des 20. Jahrhunderts in Berichten ihrer Schüler*, Bd.1, S. 131 ff. und Bd.2, S. 53 ff.。

[224] 对此见 Mager, »Die Ausbildungsreform von 2002«。

[225] www.djft.de, 最后访问时间:2017 年 4 月 5 日。

　　与早期的专业化并行的是国际化。如同几乎所有的德国大学都设有交换项目一样,如今众多耕耘在公司法领域的学者们都拥有一个法律硕士学位(Magister Legum),其中绝大多数来自美国或英国。与此相应的是研究主题的改变。[226] 对特定法律领域展开全面体系化研究的经典教义学教授资格论文虽然依然是主流,但是也存在很多教授资格论文进行法律比较、法律经济分析以及部分展开历史的研究。从一个基础学科的视角对现行法展开基础性研究的兴趣日益增长,这种现象的产生可直接归因于全球化和欧洲化动摇了先前德国法教义学的自负。从事纯内国法和纯法教义学研究的公司法学者因此变得越来越少。[227] 鉴于资本市场法在实践中的重要性,它对传统公司法的影响越来越大。此外,两篇资格论文中至少有一篇必须属于民法领域,也绝不再理所当然。

　　大量的法学出版物都是法典评注。尽管评注潮流的弊端不断被质疑和批评,[228]但是在公司法领域,德国市场对新的评注依然存有需求。另外,几乎没有一个成长中的学者愿意放弃评注者的身份。值得注意的是,伴随着全球化和欧洲化,产生了许多关于美国公司法[229]、跨国企业并购[230]或英国公司法案[231]的德文文献。此外,同时有三本大型教科书讲

---

226　以下关于资格论文和教席命名的数据基于我的研究助手 Lilly Gerstorfer 的统计,对此深表谢意。她为此制作了一个表格,在本书出版的同时,可以在欧洲法律史马普所的网页上浏览该表格。

227　Vgl. Fleischer, »Gesellschafts-und Kapitalmarktrecht als wissenschaftliche Disziplin«, S. 52 f.; Fleischer, »Ein kleiner Fremdenführer durch das deutsche Gesellschaftsrecht«, S. 136.

228　Fleischer, »Ein kleiner Fremdenführer durch das deutsche Gesellschaftsrecht«, S. 136.

229　Merkt, *US-amerikanisches Gesellschaftsrecht*.

230　Merkt (Hg.), *Internationaler Unternehmenskauf*.

231　Schall (Hg.), *Companies Act*.

授欧洲公司法、欧洲企业法和欧洲资本市场法。[232] 与此同时，产生了数量众多的杂志，在偶尔倾向于"本国自恋式审视"（nationale Nabelschau）之外，它们越来越致力于欧洲化和国际化。[233] 与针对评注一样，就此也会产生这样的疑问，"学术质量是否能够真正跟得上越来越多的杂志数量"。[234]

大学里的状况看起来杂乱无章，这皆因教席名称的区分度不明显。[235] 在当今德国，属于德国法学院大会成员的机构中，大约有180个教席或类似的研究机构的名称中含有商法、经济法、公司法、企业法或资本市场法等标识。换言之，在经济法领域内，需要将这些法律部门与卡特尔法、竞争法、著作权法、专利法和商标法或也与银行（监管）法相区分。与劳动法的结合几乎没再增加。尽管含有商法标识，但是纯粹以商法为重点的教席几乎没有，与此相反，常被研究的公司法或者资本市场法也并不当然被用作标识。另外还有一部分是新设立的破产法研究机构，它们与公司法有显著的关联。一直以来，汉堡马克斯·普朗克研究所承担了融合的职责，其活跃的包括已经退休的以德国和外国公司法以及资本市场法为研究重点的所长们不仅集结同事，还组织国际上讲德语的年轻学者们共同举办会议和出版著作。

---

232 Grundmann, *Europäisches Gesellschaftsrecht*; Habersack/Verse, *Europäisches Gesellschaftsrecht*; Lutter u. a., *Europäisches Unternehmens- und Kapitalmarktrecht*.

233 Fleischer, » Ein kleiner Fremdenführer durch das deutsche Gesellschaftsrecht «, S. 135. 关于《欧洲公司和财务法律评论》的创办见 Hommelhoff, » Marcus Lutter «, S. 115 f. 。

234 Fleischer, » Gesellschafts- und Kapitalmarktrecht als wissenschaftliche Disziplin «, S. 67.

235 参见前注 226 的暗示。

# 九、社会关系网

本文谈及的所有角色,他们作为一个封闭团体(*closed shop*),定期在著名专业集刊〔《商法和经济法全刊》(*Zeitschrift für das gesamte Handelsrecht und Wirtschaftsrecht, ZHR*)和《企业法和公司法杂志》(*Zeitschrift für Unternehmens- und Gesellschaftsrecht, ZGR*)〕于陶努斯山区举办的年会上或经常在法兰克福的公司法联合会(Gesellschaftsrechtlichen Vereinigung,VGR)上碰面。[236] 在公司法联合会上,每年有超过 100 名来自各个职业群体的法律人聚集在法兰克福飞机场的一家酒店。[237] 特别是年轻的律师和青年学者在此有机会将那些平时只能在脚注中看到的学者、大律师或联邦法院法官的名字与真人联系在一起。[238] 当特别复杂的法律问题和高额的诉讼额导致仲裁程序取代了法院的程序时,这些"精英集团"在公共场合之外越来越多地以当事人代表、当事人委托鉴定专家或仲裁员的身份会面。[239]

至此,笔者已经详细地研究了学者、法官和律师以及立法委员之间的对话。[240] 至少在自我认知中,这一对话构成了德国公司法的一项特征;[241]

---

236　Hommelhoff, »Marcus Lutter«, S. 115; Goette, »Dialog zwischen Rechtswissenschaft und Rechtsprechung«, S. 313.

237　Krieger, »Vorwort«, S. V。该开幕致辞称最终有 400 名与会者。

238　让人难于理解的是对公司法联合会的激烈批评,载于 *Wirtschaftswoche* 14/2014, S. 22 f. 。然而,对于一个超过十年会龄见证者的本文作者而言,这样的批评显失公允。

239　关于细分的仲裁法庭的优点和缺点见 Goette, » Gesellschaftsrechtliche Schiedsverfahren«。

240　见上文六之(二)。

241　Goette, »Dialog zwischen Rechtswissenschaft und Rechtsprechung«; Fleischer, »Ein kleiner Fremdenführer durch das deutsche Gesellschaftsrecht«, S. 135 f. ; Koch, »Die ARAG/Garmenbeck-Entscheidung des BGH (BGHZ 135, 244)«, S. 109 f.

然而正是柏林共和时代的这些主题以及参加公司法联合会的律师人数的特别变化，使得这一对话具有了柏林共和时代的特征。

# 十、在狂热与清醒之间

最后，需从教义史或历史轶事之外的视角，阐释上文所述的一般当代史特别是经济史的变迁和延续。从这一视角出发，需要注意的是，各种法学职业群体中的活跃分子对于经济波动、20 世纪 90 年代的狂热以及 2007 年以来的清醒所作出的反应。

新的投资者或新投资形式要求新的规则，或者至少要求摒弃旧的规范。但是最后的结果可能是，无论欧洲内部市场抑或全球化的资本市场都无法离开规则而存在。[242] "数字化的金融市场资本主义"造成国家的退让，并带来自由化和私有化的进程。[243] 这并不当然意味着去规制化，同样也并未表明伴随着 2007 年以来的金融危机和经济危机产生了新的规制动力。[244] 给市场参与者带来更多自由的并非所谓的减少立法，而是例如制定"资本市场法——直到资本市场法破灭……"。[245] 因此，公司法的参与者们研究的主题并没有减少，反而产生了新的研究课题。电子登记簿、资金池、商事判断规则、排挤式合并、公司治理和女性比例，"迁徙"到欧洲或在欧洲"出生"的公司，所有的这些主题，都被寄希望于各类法律人的参与上。

---

242　关于现代立法一般性的发展趋势见 Schuppert, *Staatswissenschaft*, S. 512 ff. 。

243　如前注 3。

244　Balleisen, »Regulation«, S. 84 f. ;关于危机诱发的股份法改革和资本市场法改革见 Fleischer, »Von ›bubble laws‹ und ›quack regulation‹«。

245　例如见一篇批评性主编寄语的标题:Kalss, »Kapitalmarktrecht—bis esimplodiert...«。

在形形色色的变化中,一些看上去没有改变的德国公司法制度,与波恩共和时期相比,也或多或少地变得不同了。立法程序已经提速,其虽然仍然奔跑在至今几乎未有改变的基本法的轨道上,但是在已经明显改变的欧盟法的铁轨上越跑越快。[246] 因此,被立法纳入考量的利益群体还应变得更广。一些结构上的冲突,如大投资者与小投资者之间的冲突,可能变得更加激烈或者更加明显。[247] (不仅)第二民事审判庭审理的案件数量因出现新的法律难题、争议问题和涉及诉讼法上的争议而不断增加,[248]获得执照的律师人数[249]和律所的数量[250]也不断增加。学界、法院和律师之间传统的紧密合作,[251]由于三者的人数和流动性,已经变得不像以前那样密切。作为此类合作产物的法律续造也越来越多地遭受批评。[252] 越来越专业化和更多比较法或法律经济分析的视角[253]使得语言体系分崩离析,尽管人们依然必须通过法律考试机关组织的几乎没有任何改变的核心部门法考试。[254] 对某一部门(或整个部门)中如潮水般的出版物进行整体的概述变得越来越困难。[255] 同时,对基本原则和法学方法的研究变得越来越热门。[256]

对于当代史研究者而言,具有争议的是,我们当下是否在经历着民

---

246　如前注 242。

247　Vgl. Mülbert, »Einheit der Methodenlehre?«, S. 294 ff.

248　Bergmann, » Die aktuelle Rechtsprechung des Bundesgerichtshofs «, S. 1 f.; *Frankfurter Allgemeine Zeitung* vom 25. Januar 2014, S. 5.

249　Busse, *Deutsche Anwälte*, S. 629 ff.

250　见上文前注 202。

251　见上文六之(二)。

252　见上文前注 174。

253　见上文前注 227。

254　见上文前注 223。

255　见上文前注 228。

256　如前注 172。

族国家的解体[257]或者不再是民族国家的回归。[258] 即便如此,柏林共和时代将不会回到波恩共和时代。假使未来不是在爱因斯坦咖啡馆而是在常设代表处(Ständige Vertretung)中讨论公司法,也不会改变这一点。

## 参考文献

Ralf Ahrens, Boris Gehlen, Alfred Reckendrees ( Hg. ), *Die »Deutschland AG «. Historische Annäherungen an den bundesdeutschen Kapitalismus* ( Bochumer Schriften zur Unternehmens- und Industriegeschichte 20), Essen 2013.

Claudia Albrecht, *Bismarcks Eisenbahngesetzgebung. Ein Beitrag zur inneren Reichsgründung in den Jahren 1871–1879* ( Rechtsgeschichtliche Schriften 6), Köln 1994.

Gregor Bachmann, »Überlegungen zur Reform der Kodex-Regulierung«, in: Gerd Krieger u. a. ( Hg. ), *Festschrift für Michael Hoffmann-Becking zum 70. Geburtstag*, München 2013, S. 75–90.

—, »Reform der Organhaftung? Materielles Haftungsrecht und seine Durchsetzung in privaten und öffentlichen Unternehmen. Gutachten E zum 70. Deutschen Juristentag«, in: Ständige Deputation des Deutschen Juristentages ( Hg. ), *Verhandlungen des 70. Deutschen Juristentages Hannover 2014, Band I: Gutachten Teil E*, München 2014, E9–E124.

Christian Baldus, »Einleitung«, in: Christian Baldus, u. a. ( Hg. ), *»Gesetzgeber« und Rechtsanwendung. Entstehung und Auslegungsfähigkeit von Normen*, Tübingen 2013, S. 1–4.

Edward J. Balleisen, » Regulation «, in: Stanley N. Katz ( Hg. ), *The Oxford International Encyclopedia of Legal History, Bd. 5: Prussian Allgemeines*

---

257 Doering-Manteuffel, »Zeitbögen«, S. 321.
258 Hoeres, »Gefangen in der analytisch-normativen Westernisierung der Zeitgeschichte«, S. 433.

*Landrecht-Torture*, Oxford 2009, S. 75－86.

Walter Bayer,》Kapitalschutz in der GmbH—eine Generalkritik《, in: Gesellschaftsrechtliche Vereinigung ( Hg. ), *Gesellschaftsrecht in der Diskussion 2012. Jahrestagung der Gesellschaftsrechtlichen Vereinigung*, Köln 2013, S. 25－52.

—, Jessica Schmidt,》BB-Gesetzgebungs- und Rechtsprechungsreport Europäisches Unternehmensrecht 2014/15 《, in: *Betriebs-Berater* 70 ( 2015 ), S. 1731－1742.

—, Jessica Schmidt,》BB-Gesetzgebungs- und Rechtsprechungsreport Europäisches Unternehmensrecht 2015/16 《, in: *Betriebs-Berater* 71 ( 2016 ), S. 1923－1934.

Alfred Bergmann,》Die aktuelle Rechtsprechung des Bundesgerichtshofs《, in: Gesellschaftsrechtliche Vereinigung ( Hg. ), *Gesellschaftsrecht in der Diskussion 2014*, Köln 2015, S. 1－17.

Karlheinz Boujong,》Zur Auslegung und Fortbildung des GmbH-Rechts in der neueren Judikatur des Bundesgerichtshofs《, in: *GmbH-Rundschau* 83 ( 1992 ), S. 207－212.

Gero Burwitz,》Handelsrechtsausschuss des DAV: Gesetzgebungsvorschlag zum Spruchverfahren bei Umwandlung und Sachkapitalerhöhung und zur Erfüllung des Ausgleichsanspruchs durch Aktien《, in: *Neue Zeitschrift für Gesellschaftsrecht* 10 ( 2007 ), S. 497－505.

Felix Busse, *Deutsche Anwälte. Geschichte der deutschen Anwaltschaft 1945－2009*, Bonn 2010.

R. C. van Caenegem, *Judges, Legislators and Professors. Chapters in European Legal History*, Cambridge 1987.

Daniel Damler, *Der Staat der Klassischen Moderne* ( Wissenschaftliche Abhandlungen und Reden zur Philosophie, Politik und Geistesgeschichte 71 ), Berlin 2012.

—, *Rechtsästhetik. Sinnliche Analogien im juristischen Denken*, Berlin 2016.

Peter Derleder,》Marktchancen. Die Morphologie von Bundesrichtern《, in: *myops* 8 ( 2014 ), S. 5－15.

Anselm Doering-Manteuffel,》Die deutsche Geschichte in den Zeitbögen des 20.

Jahrhunderts «, in: *Vierteljahrshefte für Zeitgeschichte* 62 ( 2014 ), S. 321 – 348.

—, *Lutz Raphael*, *Nach dem Boom. Perspektiven auf die Zeitgeschichte seit 1970*, Göttingen ³2012.

Sigrid Emmenegger, *Gesetzgebungskunst. Gute Gesetzgebung als Gegenstand einer legislativen Methodenbewegung in der Rechtswissenschaft um 1900—Zur Geschichte der Gesetzgebungslehre* ( Grundlagen der Rechtswissenschaft 5 ), Tübingen 2006.

Robert Fischer, »Zur Methode revisionsrichterlicher Rechtsprechung auf dem Gebiet des Gesellschaftsrechts dargestellt an Hand der Rechtsprechung zu den Stimmrechtsbindungsverträgen«, erstmals in: Kurt Ballerstedt, u. a. ( Hg. ), *Recht und Rechtsleben in der sozialen Demokratie. Festgabe für Otto Kunze zum 65. Geburtstag*, Berlin 1969, S. 95 – 108, hier zitiert nach: Robert Fischer, *Gesammelte Schriften. Grundfragen revisionsrechtlicher Rechtsprechung und Beiträge zum Gesellschaftsrecht*, hg. Von Marcus Lutter u. a. , Berlin 1985, S. 23 – 36.

—, »Die GmbH in der Rechtsprechung des Bundesgerichtshofs«, erstmals in: Hans-Martin Schmidt ( Hg. ), *Pro GmbH. Analysen und Perspektiven des Gesellschafts- und Steuerrechts der GmbH*, Köln 1980, S. 137 – 167, hier zitiert nach: Robert Fischer, *Gesammelte Schriften. Grundfragen revisionsrechtlicher Rechtsprechung und Beiträge zum Gesellschaftsrecht*, hg. Von Marcus Lutter u. a. , Berlin 1985, S. 269 – 299.

Andreas M. Fleckner, » Europäisches Gesellschaftsrecht «, in: Stefan Grundmann u. a. ( Hg. ), *Festschrift für Klaus J. Hopt zum 70. Geburtstag am 24. August 2010. Unternehmen, Markt und Verantwortung, Bd. 1*, Berlin 2010, S. 659 – 687.

—, » Stock Corporation «, in: Jürgen Basedow, Klaus J. Hopt, Reinhard Zimmermann ( Hg. ), *The Max Planck Encyclopedia of European Private Law*, Oxford 2012, S. 1602 – 1607.

—, » Rezension zu Johan Matthijs de Jongh, Tussen societas en universitas. De beursvennootschap en haar aandeelhouders in historisch perspectief «, in:

*Zeitschrift der Savigny-Stiftung für Rechtsgeschichte. Germanistische Abteilung* 133 (2016), S. 671 – 675.

Holger Fleischer,» Gesellschafts- und Kapitalmarktrecht als wissenschaftliche Disziplin—Das Proprium der Rechtswissenschaft «, in: Christoph Engel, Wolfgang Schön ( Hg. ), *Das Proprium der Rechtswissenschaft* ( Recht—Wissenschaft—Theorie 1), Tübingen 2007, S. 50 – 76.

—,» Von › bubble laws ‹ und › quack regulation ‹ —Zur Kritik kriseninduzierter Reformgesetze im Aktien- und Kapitalmarktrecht«, in: Peter Hommelhoff u. a. ( Hg. ), *Festschrift für Hans-Joachim Priester zum 70. Geburtstag*, Köln 2007, S. 75 – 93.

—,»Aktionärsdemokratie versus Verwaltungsmacht: Empowering Shareholders oder Director Primacy?«, in: Holger Fleischer, Susanne Kalss, Hans-Ueli Vogt ( Hg. ), *Konvergenzen und Divergenzen im deutschen, österreichischen und schweizerischen Gesellschafts- und Kapitalmarktrecht*, Tübingen 2011, S. 81 – 115.

—,»Gesetzesmaterialien im Spiegel der Rechtsvergleichung«, in: Holger Fleischer ( Hg. ), *Mysterium » Gesetzesmaterialien «. Bedeutung und Gestaltung der Gesetzesbegründung in Vergangenheit, Gegenwart und Zukunft*, Tübingen 2013, S. 1 – 45.

—, ( Hg. ), *Mysterium » Gesetzesmaterialien «. Bedeutung und Gestaltung der Gesetzesbegründung in Vergangenheit, Gegenwart und Zukunft*, Tübingen 2013.

—,» Ein kleiner Fremdenführer durch das deutsche Gesellschaftsrecht: Charakteristika—Besonderheiten—Eigenarten «, in: Thomas Ackermann, Johannes Köndgen ( Hg. ), *Privat- und Wirtschaftsrecht in Europa. Festschrift für Wulf-Henning Roth zum 70. Geburtstag*, München 2015, S. 125 – 142.

—,»Einleitung«, in: Holger Fleischer, Wulf Goette ( Hg. ), *Münchener Kommentar zum GmbHG*, München [2]2015, S. 1 – 124.

Johannes W. Flume,»Law and Commerce: The Evolution of Codified Business Law in Europe«, in: *Comparative Legal History* 2 (2014), S. 45 – 83.

Freshfields Bruckhaus Deringer ( Hg. ), *175 Jahre Freshfields Bruckhaus Deringer in Deutschland. Eine Sozietätsgeschichte im Wandel von Wirtschaft, Recht und*

Politik, München 2015.

Wulf Goette, »Leitung, Aufsicht, Haftung—zur Rolle der Rechtsprechung bei der Sicherung einer modernen Unternehmensführung«, in: Karlmann Geiß u. a. ( Hg. ), *Festschrift aus Anlaß des fünfzigjährigen Bestehens von Bundesgerichtshof, Bundesanwaltschaft und Rechtsanwaltschaft beim Bundesgerichtshof*, Köln 2000, S. 123 – 142.

—, »Anmerkung zu Bundesgerichtshof, Urteil vom 16. Januar 2006—II ZR 76/04«, in: *Deutsches Steuerrecht* 44 ( 2006 ), S. 767 – 768.

—, »Die Änderungen des GmbHG durch das MoMiG aus richterlicher Sicht«, in: Rainer Schröder ( Hg. ), *Die Reform des GmbH-Rechts* ( Schriftenreihe des Instituts für Notarrecht der Humboldt-Universität zu Berlin 4 ), Bonn 2009, S. 11 – 23.

—, »Zur ARAG/GARMENBECK-Doktrin«, in: Michael Hoffmann-Becking u. a. ( Hg. ), *Liber amicorum für Martin Winter*, Köln 2011, S. 153 – 66.

—, »Gesellschaftsrechtliche Schiedsverfahren: Erfolg zu Lasten der Gerichte?«, in: *Anwaltsblatt* 62 ( 2012 ), S. 33 – 34.

—, » § 161 AktG «, in: Wulf Goette, Mathias Habersack ( Hg. ), *Münchener Kommentar zum Aktiengesetz*, Bd. 3, München [3]2013, S. 1090 – 1134.

—, » Dialog zwischen Rechtswissenschaft und Rechtsprechung in Deutschland am Beispiel des Gesellschaftsrechts«, in: *Rabels Zeitschrift für ausländisches und internationales Privatrecht* 77 ( 2013 ), S. 309 – 321.

—, »Gedanken zum Kapitalschutzsystem der GmbH«, in: *Zeitschrift für das gesamte Handelsrecht und Wirtschaftsrecht* 177 ( 2013 ), S. 740 – 755.

Nadine Grau, » Bericht über die Diskussion des Referats Bergmann «, in: Gesellschaftsrechtliche Vereinigung ( Hg. ), *Gesellschaftsrecht in der Diskussion* 2014, Köln 2015, S. 19 – 24.

Michael Grünberger, »Geschlechtergerechtigkeit im Wettbewerb der Regulierungsmodelle— Wege zur tatsächlichen Durchsetzung der Gleichberechtigung in Führungspositionen der Wirtschaft«, in: *Rechtswissenschaft* 3 (2012), S. 1 – 45.

—, *Personale Gleichheit. Der Grundsatz der Gleichbehandlung im Zivilrecht* ( Neue Schriften zum Zivilrecht 1 ), Baden-Baden 2013.

Stefan Grundmann, *Europäisches Gesellschaftsrecht. Eine systematische Darstellung unter Einbeziehung des Europäischen Kapitalmarktrechts*, Heidelberg [2]2011.

—, Karl Riesenhuber ( Hg. ), *Deutschsprachige Zivilrechtslehrer des 20. Jahrhunderts in Berichten ihrer Schüler. Eine Ideengeschichte in Einzeldarstellungen*, Bd. *1*, Berlin 2007.

—, Karl Riesenhuber ( Hg. ), *Deutschsprachige Zivilrechtslehrer des 20. Jahrhunderts in Berichten ihrer Schüler. Eine Ideengeschichte in Einzeldarstellungen*, Bd. *2*, Berlin 2010.

Mathias Habersack, »Staatliche und halbstaatliche Eingriffe in die Unternehmensführung. Gutachten E «, in: Ständige Deputation des Deutschen Juristentages ( Hg. ), *Verhandlungen des Neunundsechzigsten Deutschen Juristentages München 2012*, Bd. *I: Gutachten*, *Teil E*, München 2012, E9 - E106.

—, Jens Kersten, » Chancengleiche Teilhabe an Führungspositionen in der Privatwirtschaft—Gesellschaftsrechtliche Dimensionen und verfassungsrechtliche Anforderungen«, in: *Betriebs-Berater* 69 ( 2014 ), S. 2819 - 2830.

—, Dirk A. Verse, *Europäisches Gesellschaftsrecht. Einführung für Studium und Praxis*, München 2011.

Hans-Peter Haferkamp, »Positivismen als Ordnungsbegriffe einer Privatrechtsgeschichte des 19. Jahrhunderts«, in: Okko Behrends, Eva Schumann ( Hg. ), *Franz Wieacker. Historiker des modernen Privatrechts*, Göttingen 2010, S. 181 - 211.

Jan von Hein, *Die Rezeption US-amerikanischen Gesellschaftsrechts in Deutschland* ( Beiträge zum ausländischen und internationalen Privatrecht 87 ), Tübingen 2008.

Hans-Jürgen Hellwig, » Internationalisierung und Europäisierung der deutschen Anwaltschaft «, in: Deutscher Anwaltverein ( Hg. ), *Anwälte und ihre Geschichte. Zum 140. Gründungsjahr des Deutschen Anwaltvereins*, Tübingen 2011, S. 1185 -1221.

Cedric Herring, » Does Diversity Pay? Race, Gender, and the Business Case for Diversity«, in: *American Sociological Review* 74 ( 2009 ), S. 208 - 224.

Peter Hoeres, » Gefangen in der analytisch-normativen Westernisierung der

Zeitgeschichte. Eine Kritik am Konzept der Zeitbögen«, in: *Vierteljahrshefte für Zeitgeschichte* 63 (2015), S. 427 – 436.

Sibylle Hofer, *Freiheit ohne Grenzen? Privatrechtstheoretische Diskussionen im 19. Jahrhundert* (Jus Privatum 53), Tübingen 2001.

Peter Hommelhoff, »Marcus Lutter«, in: Stefan Grundmann, Karl Riesenhuber (Hg.), *Deutschsprachige Zivilrechtslehrer des 20. Jahrhunderts in Berichten ihrer Schüler. Eine Ideengeschichte in Einzeldarstellungen*, Bd. 2, Berlin 2010, S. 97 –125.

Klaus J. Hopt, »Comparative corporate governance: the state of the art and international regulation«, in: Andreas M. Fleckner, Klaus J. Hopt (Hg.), *Comparative Corporate Governance. A Functional and International Analysis*, Cambridge 2013, S. 3 – 101.

—, »Der Deutsche Corporate Governance Kodex: Grundlagen und Praxisfragen«, in: Gerd Krieger u. a. (Hg.), *Festschrift für Michael Hoffmann-Becking zum 70. Geburtstag*, München 2013, S. 563 – 587.

—, »Die business judgment rule. Ein sicherer Hafen für unternehmerische Entscheidungen in Deutschland und in der Schweiz«, in: Robert Waldburger u. a. (Hg.), *Festschrift für Peter Nobel zum 70. Geburtstag*, Bern 2015, S. 217 – 234.

Joachim Jahn, »Ein Handwerksmeister in der Gesetzesschmiede. Ulrich Seibert führt die Feder bei der › Aktienrechtsreform in Permanenz ‹«, in: *Frankfurter Allgemeine Zeitung* vom 10. Juli 2009, S. 18.

—, »Den Kodex abspecken«, in: *Frankfurter Allgemeine Zeitung* vom 22. Juni 2015, S. 17.

Johan Matthijs de Jongh, *Tussen societas en universitas. De beursvennootschap en haar aandeelhouders in historisch perspectief* (Uitgaven vanwege het Instituut voor Onderne-mingsrecht 94), Dordrecht 2014.

Susanne Kalss, » Kapitalmarktrecht—bis es implodiert. . . «, in: *Europäische Zeitschrift für Wirtschaftsrecht* 18 (2015), S. 569 – 570.

Erik Kießling, »Das preußische Aktiengesetz von 1843«, in: Walter Bayer, Mathias Habersack (Hg.), *Aktienrecht im Wandel, Bd. 1: Entwicklung des*

Aktienrechts, Tübingen 2007, S. 193 – 236.

Detlef    Kleindiek,    » Ordnungswidrige    Liquidation    durch    organisierte
› Firmenbestattung‹ «, in: *Zeitschrift für Unternehmens- und Gesellschaftsrecht* 36
(2007), S. 276 – 310.

Karl-Ludwig Kley, »Eine schlechte Kommission«, in: *Frankfurter Allgemeine Zeitung*
vom 19. Juni 2015, S. 22.

Jens Koch, » Die schleichende Erosion der Verfolgungspflicht nach ARAG/
Garmenbeck «, in: *Neue Zeitschrift für Gesellschaftsrecht* 17 ( 2014 ),
S. 934 – 942.

—, » Die ARAG/Garmenbeck-Entscheidung des BGH ( BGHZ 135, 244 ).
Geschichte und Wirkungsgeschichte «, in: Susanne Kalss, u. a. ( Hg. ),
*Bahnbrechende Entscheidungen im deutschen, österreichischen und schweizerischen
Gesellschafts- und Kapitalmarktrecht*, Tübingen 2016, S. 91 – 111.

Udo    Kornblum,    »Bundesweite    Rechtstatsachen    zum    Unternehmens-    und
Gesellschaftsrecht ( Stand 01. 01. 2015)«, in: *GmbH-Rundschau* 106 (2015),
S. 687 – 696.

Gerd Krieger, » Corporate Governance und Corporate Governance Kodex in
Deutschland «, in: *Zeitschrift für Unternehmens- und Gesellschaftsrecht* 41
(2012), S. 202 – 227.

—, »Vorwort«, in: Gesellschaftsrechtliche Vereinigung ( Hg. ), *Gesellschaftsrecht in
der Diskussion 2015*, Köln 2016, S. V – VII.

Christoph Kumpan, »Diskussionsbericht zum Referat von Peter Mülbert«, in: *Archiv
für die civilistische Praxis* 214 (2014), S. 301 – 308.

Michael von Landenberg-Roberg, Markus Sehl, » Genetische Argumentation als
rationale Praxis. Eine theoretische Annäherung an das Rekonstruktionsziel
› Wille des Gesetzgebers‹ « als Sättigungskriterium genetischer Argumente«, in:
*Rechtswissenschaft* 6 (2015), S. 135 – 166.

Georg Lanfermann, Silja Maul, » Überarbeitete EU-Aktionärsrechterichtlinie—
gesetzgeberischer Handlungsbedarf bei der Vorstandsvergütung «, in: *Betriebs-
Berater* 72 (2017), S. 1218 – 1225.

Sabine Leutheusser-Schnarrenberger, *Politische Verantwortung für einen starken öffentlichen Dienst. Rede auf dem 9. Potsdamer Forum für Führungskräfte im öffentlichen Dienst am 07. Juni 2011*, nicht mehr abrufbar unter 〈www. bmjv. de 〉, letzter Zugriff 02. 10. 2015.

Jan Lieder,»Die 1. Aktienrechtsnovelle vom 11. Juni 1870 «, in: Walter Bayer, Mathias Habersack ( Hg. ), *Aktienrecht im Wandel, Bd. 1: Entwicklung des Aktienrechts*, Tübingen 2007, S. 318 – 387.

Hagen Lindstädt, Kerstin Fehre, Michael Wolff, *Frauen in Führungspositionen. Auswirkungen auf den Unternehmenserfolg*, Berlin 2011.

Marcus Lutter, Walter Bayer, Jessica Schmidt, *Europäisches Unternehmens- und Kapitalmarktrecht* ( Zeitschrift für Unternehmens- und Gesellschaftsrecht Sonderheft 11 ), Berlin 2012.

Ute Mager,» Die Ausbildungsreform von 2002. Ziele, Inhalte, Erfahrungen und Folgerungen für weitere Reformen «, in: Christian Baldus u. a. ( Hg. ), *Bologna und das Rechtsstudium*, Tübingen 2011, S. 239 – 250.

Georg Maier-Reimer,»Verbesserung des Umtauschverhältnisses in Spruchverfahren«, in: *Zeitschrift für das gesamte Handelsrecht und Wirtschaftsrecht* 164 ( 2000 ), S. 563 – 588.

Franz C. Mayer,» Das Verhältnis von Rechtswissenschaft und Rechtspraxis im Verfassungsrecht in Deutschland«, in: *JuristenZeitung* 71 ( 2016 ), S. 857 – 866.

Florian Meinel, Benjamin Kram,» Das Bundesverfassungsgericht als Gegenstand historischer Forschung. Leitfragen, Quellenzugang und Perspektiven nach der Reform des § 35b BVerfGG«, in: *JuristenZeitung* 69 ( 2014 ), S. 913 – 921.

Hanno Merkt ( Hg. ), *Internationaler Unternehmenskauf*, Köln [3]2011.

—, *US-amerikanisches Gesellschaftsrecht*, Frankfurt am Main [3]2013.

Bernd Mertens, *Gesetzgebungskunst im Zeitalter der Kodifikationen. Theorie und Praxis der Gesetzgebungstechnik aus historisch-vergleichender Sicht* ( Tübinger Rechtswissenschaftliche Abhandlungen 98 ), Tübingen 2004.

—,» Das Verhältnis von Handelsgewohnheitsrecht zu Gesetz und Verkehrssitte ( Usance) im 19. /20. Jahrhundert«, in: *Zeitschrift für Neuere Rechtsgeschichte* 37 (2015 ), S. 68 – 79.

Peter O. Mülbert, » Einheit der Methodenlehre? —Allgemeines Zivilrecht und Gesellschaftsrecht im Vergleich «, in: *Archiv für die civilistische Praxis* 214 (2014), S. 188 – 300.

Hans-Werner Neye, *Die Europäische Aktiengesellschaft. Einführung und Materialiensammlung zum Gesetz zur Einführung der Europäischen Gesellschaft (SEEG)*, München 2005.

—, Christoph Teichmann, »Der Entwurf für das Ausführungsgesetz zur Europäischen Aktiengesellschaft«, in: *Die Aktiengesellschaft* 48 (2003), S. 169 – 179.

Knut Wolfgang Nörr, *Die Republik der Wirtschaft. Recht, Wirtschaft und Staat in der Geschichte Westdeutschlands, Teil I: Von der Besatzungszeit bis zur Großen Koalition* (Beiträge zur Rechtsgeschichte des 20. Jahrhunderts 25), Tübingen 1999.

—, »Kodifikation und Wirtschaftsordnung im Deutschland des 19. Jahrhunderts: Ein Fall von benign neglect?«, in: *Zeitschrift für Neuere Rechtsgeschichte* 23 (2001), S. 51 – 61.

—, *Die Republik der Wirtschaft. Recht, Wirtschaft und Staat in der Geschichte Westdeutschlands, Teil II: Von der sozial-liberalen Koalition bis zur Wiedervereinigung* (Beiträge zur Rechtsgeschichte des 20. Jahrhunderts 53), Tübingen 2007.

Marcus Noland, Tyler Moran, Barbara Kotschwar, *Is Gender Diversity Profitable? Evidence from a Global Survey* (Peterson Institute for International Economics Working Paper Series WP 16 – 3), Washington 2016.

Louis Pahlow, » Aktienrecht und Aktiengesellschaft zwischen Revolution und Reichsgründung. Das Allgemeine Deutsche Handelsgesetzbuch von 1861«, in: Walter Bayer, Mathias Habersack (Hg.), *Aktienrecht im Wandel, Bd. 1: Entwicklung des Aktienrechts*, Tübingen 2007, S. 237 – 286.

Reinhard Pöllath, »Woher kommen und wohin gehen die Wirtschaftsanwaltsfirmen in und aus Deutschland? Zwei Jahrzehnte › Urknall‹ —zwei Jahrhunderte Wirtschaftsanwälte«, in: Reinhard Pöllath, Ingo Saenger (Hg.), *200 Jahre Wirtschaftsanwälte in Deutschland*, Baden-Baden 2009, S. 7 – 28.

—, Ingo Saenger (Hg.), *200 Jahre Wirtschaftsanwälte in Deutschland*, Baden-

Baden 2009.

Hanns Prütting, » § 293 «, in: Wolfgang Krüger, Thomas Rauscher ( Hg. ), *Münchener Kommentar zur Zivilprozessordnung mit Gerichtsverfassungsgesetz und Nebengesetzen*, *Bd. 1*, München ⁵2016, S. 1999 – 2018.

Max Reinwald, Hendrik Hüttermann, Julia Kröll, Sabine Boerner, »Gender Diversity in Führungsteams und Unternehmensperformanz: Eine Metaanalyse «, in: *Schmalenbachs Zeitschrift für betriebswirtschaftliche Forschung* N. F. 67 (2015), S. 262 – 296.

Moritz Renner, » Hauptversammlungszuständigkeit und Organadäquanz «, in: *Die Aktiengesellschaft* 60 (2015), S. 513 – 523.

Wolfgang Richter, »Gute Policey im Aktienrecht«, in: *Zeitschrift für das gesamte Handelsrecht und Wirtschaftsrecht* 177 (2013), S. 577 – 618.

Volker Röhricht, »Von Rechtswissenschaft und Rechtsprechung«, in: *Zeitschrift für Unternehmens- und Gesellschaftsrecht* 28 (1999), S. 445 – 478.

Joachim Rückert, »Das BGB und seine Prinzipien: Aufgabe, Lösung, Erfolg«, in: Mathias Schmoeckel u. a. ( Hg. ), *Historisch-kritischer Kommentar zum BGB*, *Bd. 1: Allgemeiner Teil §§ 1 – 240*, Tübingen 2003, S. 34 – 122.

Carsten Schäfer, Katharina Jahntz, »Gründungsverfahren und Gründungsmängel«, in: Walter Bayer, Mathias Habersack ( Hg. ), *Aktienrecht im Wandel, Bd. 2: Grundsatzfragen des Aktienrechts*, Tübingen 2007, S. 217 – 285.

Alexander Schall ( Hg. ), *Companies Act*, München 2014.

Karl Otto Scherner, »Das HGB—Monument oder Reformgesetz?«, in: *Zeitschrift für Neuere Rechtsgeschichte* 22 (2000), S. 358 – 390.

Karsten Schmidt, *Gesellschaftsrecht*, Köln ⁴2002.

—, » Alles klar bei § 25 HGB? Hinweise zu einem Hinweisbeschluss «, in: *Zeitschrift für Gesellschafts- und Unternehmensrecht* 43 (2014), S. 844 – 864.

Mathias Schmoeckel, »Von der Korporation zur Corporate governance. Traditionen der Aktiengesellschaft und die Trennung von Eigentum und Geschäftsführung«, in: Thomas Ackermann, Johannes Köndgen ( Hg. ), *Privat- und Wirtschaftsrecht in Europa. Festschrift für Wulf-Henning Roth zum 70. Geburtstag*, München 2015, S. 533 – 550.

Birgit Schneider,»Bericht über die Diskussion des Referats Bergmann«, in: Gesellschaftsrechtliche Vereinigung (Hg.), *Gesellschaftsrecht in der Diskussion 2013*, Köln 2014, S. 17 – 21.

Wolfgang Schön,»Der Zweck der Aktiengesellschaft—geprägt durch europäisches Gesellschaftsrecht?«, in: *Zeitschrift für das gesamte Handelsrecht und Wirtschaftsrecht* 180 (2016), S. 279 – 288.

Jan Schröder, *Recht als Wissenschaft. Geschichte der juristischen Methodenlehre in der Neuzeit (1500 – 1933)*, München ²2012.

Christian Schubel,»Aktienrecht: Staatliche Regulierung und wirtschaftliche Selbstorganisation im wechselseitigen Zusammenspiel«, in: Peter Collin u. a. (Hg.), *Selbstregulierung im 19. Jahrhundert. Zwischen Autonomie und staatlichen Steuerungsansprüchen* (Studien zur europäischen Rechtsgeschichte 259 / Moderne Regulierungssysteme 1), Frankfurt am Main 2011, S. 151 – 168.

Werner Schubert (Hg.), *Quellen zur Aktienrechtsreform der Weimarer Republik (1926 – 1931)*, Bd. 2, Frankfurt am Main 1999.

Gunnar Folke Schuppert, *Staatswissenschaft*, Baden-Baden 2003.

Manuela Schwesig, *Ansprache der Bundesministerin für Familie, Senioren, Frauen und Jugend Manuela Schwesig beim Abendessen auf der 14. Fachkonferenz der Regierungskommission Deutscher Corporate Governance Kodex am 17. 06. 2015 in Berlin*, abrufbar unter ⟨http://www. dcgk. de ⟩, letzter Zugriff 05. 04. 2017.

Anthony J. Scirica,»Judicial Governance and Judicial Independence«, in: *New York University Law Review* 90 (2015), S. 779 – 801.

Margrit Seckelmann,»Regulierte Selbstregulierung—Gewährleistungsstaat—Kooperativer Staat—Governance: Aktuelle Bilder des Zusammenwirkens von öffentlichen und privaten Akteuren als Analysekategorien für historische Kooperationsformen«, in: Peter Collin u. a. (Hg.), *Regulierte Selbstregulierung in der westlichen Welt des späten 19. und frühen 20. Jahrhunderts* (Studien zur europäischen Rechtsgeschichte 290 / Moderne Regulierungssystems 4), Frankfurt am Main 2014, S. 27 – 56.

Ulrich Seibert, » Kontrolle und Transparenz im Unternehmensbereich—Die Aktienrechtsnovelle PRO und KonTraG«, in: *Die Aktiengesellschaft* 42 (1997), S. 65 – 69.

—, »Die Entstehung des § 91 Abs. 2 AktG im KonTraG—› Risikomanagement‹ oder › Frühwarnsystem‹?«, in: Harm Peter Westermann, Klaus Mock (Hg.), *Festschrift für Gerold Bezzenberger zum 70. Geburtstag am 13. März 2000. Rechtsanwalt und Notar im Wirtschaftsleben*, Berlin 2000, S. 427 – 438.

—, »Aus dem Gesetzgebungsverfahren zur Änderung des § 67 AktG—Entwurf eines Gesetzes zur Namensaktie und zur Erleichterung der Stimmrechtsausübung (Namensaktiengesetz—NaStraG)«, in: Marcus Lutter u. a. (Hg.), *Festschrift für Martin Peltzer zum 70. Geburtstag*, Köln 2001, S. 469 – 487.

—, »Aktienrechtsreform in Permanenz?«, in: *Die Aktiengesellschaft* 47 (2002), S. 417 – 420.

—, »Aus dem Entwurfs-Atelier der Gesetzgebung—Beobachtungen zur Denk- und Arbeitsweise des Gesetzgebungsreferenten im Bundesministerium«, in: Rolf Wank u. a. (Hg.), *Festschrift für Herber Wiedemann zum 70. Geburtstag*, München 2002, S. 123 – 132.

—, » Die rechtsmissbräuchliche Verwendung der GmbH in der Krise—Stellungnahmen zu einer Umfrage des Bundesjustizministeriums«, in: Georg Crezelius u. a. (Hg.), *Festschrift für Volker Röhricht zum 65. Geburtstag. Gesellschaftsrecht, Rechnungslegung, Sportrecht*, Köln 2005, S. 585 – 601.

—, »Der Referentenentwurf eines Gesetzes zur Umsetzung der Aktionärsrichtlinie (ARUG)«, in: *Zeitschrift für Wirtschaftsrecht* 29 (2008), S. 906 – 910.

—, *Gesetz zur Modernisierung des GmbH-Rechts und zur Bekämpfung von Missbräuchen—MoMiG* (RWS-Dokumentation 23), Köln 2008.

—, » MoMiG—Gesetz und Gesetzgebungsverfahren im Überblick «, in: Rainer Schröder (Hg.), *Die Reform des GmbH-Rechts* (Schriftenreihe des Instituts für Notarrecht der Humboldt-Universität zu Berlin 4), Bonn 2009, S. 1 – 9.

—, »Deutschland im Herbst—Erinnerungen an die Entstehung des Finanzmarktstabilisierungsgesetzes im Oktober 2008 «, in: Stefan Grundmann u. a. (Hg.), *Festschrift für Klaus J. Hopt zum 70. Geburtstag am 24. August 2010, Bd. 2,*

Berlin 2010, S. 2525 – 2547.

—,»Die Koalitionsgruppe › Managervergütungen ‹ : Rechtspolitische Überlegungen zur Beschränkung der Vorstandsvergütung ( Ende 2007 bis März 2009 ) «, in: Peter Kindler u. a. ( Hg. ), *Festschrift für Uwe Hüffer zum 70. Geburtstag*, München 2010, S. 955 – 972.

—,»Das Gesetzgebungsverfahren und die politischen Verhandlungen zum Gesetz zur Angemessenheit der Vorstandsvergütung ( VorstAG) vom Kabinettsbeschluss bis zu seinem Inkrafttreten ( März bis August 2009 ) «, in: Mathias Habersack, Peter Hommelhoff ( Hg. ), *Festschrift für Wulf Goette zum 65. Geburtstag*, München 2011, S. 487 – 497.

—,»Was ist Corporate Governance und warum beschäftigt sie die Gesetzgebung so intensiv?«, in: Bernd Erle u. a. ( Hg. ), *Festschrift für Peter Hommelhoff zum 70. Geburtstag*, Köln 2012, S. 1111 – 1121.

—,» Corporate Governance: The Next Phase—Die Corporate Governance-Debatte schreitet weiter zu den Pflichten der Eigentümer und ihrer Helfer «, in: Gerd Krieger u. a. ( Hg. ), *Festschrift für Michael Hoffmann-Becking zum 70. Geburtstag*, München 2013, S. 1101 – 1118.

—,»› Gesetzesmaterialien ‹ in der Gesetzgebungspraxis «, in: Holger Fleischer ( Hg. ), *Mysterium » Gesetzesmaterialien «. Bedeutung und Gestaltung der Gesetzesbegründung in Vergangenheit, Gegenwart und Zukunft*, Tübingen 2013, S. 111 – 126.

—,»50 Jahre Aktiengesetz 1965. Entwicklung von Kapitalmarkt und Corporate Governance in Deutschland aus der Sicht der Gesetzgebung «, in: *Die Aktiengesellschaft* 60 ( 2015), S. 593 – 596.

—,»Von der Aktienrechtsnovelle 2011 zum VorstKoG in der 17. Wahlperiode—Zu den Aufs und Abs eines Gesetzgebungsverfahrens «, in: Reinhard Bork u. a. ( Hg. ), *Festschrift für Bruno M. Kübler zum 70. Geburtstag*, München 2015, S. 665 – 679.

—,»Frauenförderung durch Gesellschaftsrecht—Die Entstehung des Frauenfördergesetzes«, in: *Neue Zeitschrift für Gesellschaftsrecht* 19 ( 2016), S. 16 – 20.

—,»Die Dialektik der Frauenquote«, in: Helmut Siekmann ( Hg. ), *Festschrift für*

*Theodor Baums zum siebzigsten Geburtstag*, Bd. 2, Tübingen, S. 1133 – 1144.

Christoph H. Seibt, »Richtlinienvorschlag zur Weiterentwicklung des europäischen Corporate Governance-Rahmens—Vorschlag der EU-Kommission zur Änderung der Aktionärsrechterichtlinie und Empfehlung zur Qualität der Berichterstattung über die Unternehmensführung«, in: *Der Betrieb* 67 (2014), S. 1910 – 1919.

Mathias M. Siems, *Die Konvergenz der Rechtssysteme im Recht der Aktionäre. Ein Beitrag zur vergleichenden Corporate Governance in Zeiten der Globalisierung* (Beiträge zum ausländischen und internationalen Privatrecht 80), Tübingen 2005.

Walter Stimpel, »Aus der Rechtsprechung des II. Zivilsenats (Gesellschafts-, Wertpapier-, Bank- und Schiffahrtsrecht)«, in: Gerda Krüger-Nieland (Hg.), *25 Jahre Bundesgerichtshof am 1. Oktober 1975*, München 1975, S. 13 – 31.

Michael Stolleis, *Gemeinwohlformeln im nationalsozialistischen Recht* (Münchener Universitätsschriften—Juristische Fakultät, Abhandlungen zur rechtswissenschaftlichen Grundlagenforschung 15), Berlin 1974.

Christoph Strässer, Frank Meerkamp, »Lobbying im parlamentarischen Bereich—Politiker im Lobbyfokus«, in: Rudolf Speth, Annette Zimmer (Hg.), *Lobby Work. Interessenvertretung als Politikgestaltung*, Wiesbaden 2015, S. 219 – 244.

Christoph Teichmann, *Binnenmarktkonformes Gesellschaftsrecht*, Berlin 2006.

Manuel R. Theisen, »Aufstieg und Fall der Idee vom Deutschen Corporate Governance Kodex—Analyse eines deutschen Sonderwegs«, in: *Der Betrieb* 67 (2014), S. 2057 – 2064.

Jan Thiessen, »Transfer von GmbH-Recht im 20. Jahrhundert—Export, Import, Binnenhandel«, in: Vanessa Duss u. a. (Hg.), *Rechtstransfer in der Geschichte—Legal Transfer in History* (Jahrbuch Junge Rechtsgeschichte 1), München 2006, S. 446 – 497.

—, »Wirtschaftsrecht und Wirtschaftsrechtler im Schatten der NS-Vergangenheit«, in: Manfred Görtemaker, Christoph Safferling (Hg.), *Die Rosenburg. Das Bundesministerium der Justiz und die NS-Vergangenheit—Eine Bestandsaufnahme*, Göttingen 2013, S. 204 – 295.

—,»Gesellschafterfremdfinanzierung nach dem MoMiG. Bestandsaufnahme und Perspektiven«, in: *Zeitschrift für Unternehmens- und Gesellschaftsrecht* 44 (2015), S. 396‑445.

Peter Ulmer,»Entwicklungen im Kapitalgesellschaftsrecht 1975 bis 1999. Zum Einfluß von Gesetzgebung, Rechtsprechung, Wissenschaft und Kautelarpraxis auf die Fortbildung des Aktien- und GmbH-Rechts«, in: *Zeitschrift für Unternehmens- und Gesellschaftsrecht* 28 (1999), S. 751‑780.

—,»Aktienrecht im Wandel—Entwicklungslinien und Diskussionsschwerpunkte«, in: *Archiv für die civilistische Praxis* 202 (2002), S. 143‑178.

—,»Der Deutsche Corporate Governance Kodex—ein neues Regulierungsinstrument für börsennotierte Aktiengesellschaften«, in: *Zeitschrift für das gesamte Handelsrecht und Wirtschaftsrecht* 166 (2002), S. 150‑181.

Jochen Vetter,»Konzernweites Cash Management—Rechtliche Schranken und Risiken«, in: Marcus Lutter, Walter Bayer (Hg.), *Holding-Handbuch. Konzernrecht, Konzernsteuerrecht, Konzernarbeitsrecht, Betriebswirtschaft*, Köln ⁵2015, S. 471‑520.

A. Jorge Viera González, Christoph Teichmann (Hg.), *Private Company Law reform in Europe: the race for flexibility*, Cizur Menor 2015.

Stefan Vogenauer,»An Empire of Light? II: Learning and Lawmaking in Germany Today«, in: *Oxford Journal of Legal Studies* 26 (2006), S. 627‑663.

Joseph Vogl, *Das Gespenst des Kapitals*, Zürich 2010.

Oliver Vossius,»Das Notariat in der Bundesrepublik und im wiedervereinigten Deutschland«, in: Mathias Schmoeckel, Werner Schubert (Hg.), *Handbuch zur Geschichte des deutschen Notariats seit der Reichsnotariatsordnung von 1512* (Rheinische Schriften zur Rechtsgeschichte 17), Baden-Baden 2012, S. 213‑255.

—, *Auf den Spuren des Bösen. Vorstudien zur vorsorgenden Rechtspflege im Dritten Reich* (Schriften zum Notarrecht 35), Baden-Baden 2013.

Christian Weiß,»Der Richter hinter der Rechtsfortbildung. Einfluss und Bedeutung von Richtern auf die Rechtsfortbildung am Beispiel des II. Zivilsenats des BGH«, in: Daniel Effer-Uhe, u. a. (Hg.), *Jahrbuch Junger*

*Zivilrechtswissenschaftler 2014. Richterliche Rechtsfortbildung und kodifiziertes Richterrecht. Kölner Tagung 10. – 13. September 2014*, Stuttgart u. a. 2016, S. 239 – 273.

Marc-Philippe Weller, *Europäische Rechtsformwahlfreiheit und Gesellschafterhaftung. Zur Anwendung der Existenzvernichtungshaftung auf Scheinauslandsgesellschaften nach » Überseering« und » Inspire Art «* ( Abhandlungen zum deutschen und europäischen Handels- und Wirtschaftsrecht 148), Köln 2004.

—, Nina Benz, »Frauenförderung als Leitungsaufgabe«, in: *Die Aktiengesellschaft* 60 (2015), S. 467 – 476.

Marc-Philippe Weller, Charlotte Harms, Bettina Rentsch, Chris Thomale, » Der internationale Anwendungsbereich der Geschlechterquote für Großunternehmen«, in: *Zeitschrift für Unternehmens- und Gesellschaftsrecht* 44 (2015), S. 361 – 395.

Axel von Werder, Jenny Bartz, »Die aktuellen Änderungen des Deutschen Corporate Governance Kodex«, in: *Der Betrieb* 68 (2015), S. 1577 – 1580.

Harm Peter Westermann, »Probleme mit der Rechtsrückbildung im Gesellschaftsrecht«, in: Manfred Lieb u. a. ( Hg.), *Festschrift für Wolfgang Zöllner zum 70. Geburtstag, Bd. 1*, Köln 1998, S. 607 – 633.

Jan Wilhelm, » Rechtswissenschaft und Rechtsprechung im Gesellschaftsrecht insbesondere in den Beispielen der verdeckten Sacheinlage und der Vor-GmbH«, in: Wolfgang Schön u. a. ( Hg.), *Gedächtnisschrift für Brigitte Knobbe-Keuk*, Köln 1997, S. 321 – 367.

Thomas Wischmeyer, »Der › Wille des Gesetzgebers ‹. Zur Rolle der Gesetzesmaterialien in der Rechtsanwendung«, in: *JuristenZeitung* 70 (2015), S. 957 – 966.

Dirk Zetzsche, »Langfristigkeit im Aktienrecht? —Der Vorschlag der Europäischen Kommission zur Reform der Aktionärsrechterichtlinie«, in: *Neue Zeitschrift für Gesellschaftsrecht* 17 (2014), S. 1121 – 1131.

Daniel Zimmer, »Zwischen Theorie und Empirie: Zur Konkurrenz der Gesetzgeber im Gesellschaftsrecht«, in: Georg Bitter u. a. ( Hg.), *Festschrift für Karsten Schmidt zum 70. Geburtstag*, Köln 2009, S. 1789 – 1803.

Reinhard Zimmermann, »Text und Kontext. Einführung in das Symposium über die

Entstehung von Gesetzen in rechtsvergleichender Perspektive «, in: *Rabels Zeitschrift für ausländisches und internationales Privatrecht* 78 (2014), S. 315 – 328.

—, »Vorwort: Methoden des Privatrechts«, in: *Archiv für die civilistische Praxis* 214 (2014), S. 1 – 6.

Wolfgang Zöllner, »Aktienrechtsreform in Permanenz—Was wird aus den Rechten des Aktionärs?«, in: *Die Aktiengesellschaft* 39 (1994), S. 336 – 342.

—, » Konkurrenz für inländische Kapitalgesellschaften durch ausländische Rechtsträger, insbesondere durch die englische Private Limited Company«, in: *GmbH-Rundschau* 97 (2006), S. 1 – 12.

# 从莱茵资本主义到资本市场法
## （以及重新回归？）

〔德〕托比亚斯·特勒格尔[*] 著

葛平亮[**] 译 张怀岭[***] 校

## 一、引言

在柏林共和时代，资本市场法已经发展成为一个完全融入法学的核心企业法研究领域；与此相反，在之前的几十年里，资本市场法首要表现为几乎不深入研究[1]规范基础的实务性领域。本文尝试对此现象进行阐释，该现象的产生虽然也与柏林共和时代社会经济和政治的发展有关，但是其主要产生于一个广泛横跨不同司法管辖和不同国民经济的语境，即便"欧洲化"和"全球化"这两个关键词也仅能对这一语境

---

   \* 托比亚斯·特勒格尔（Tobias Tröger），生于 1972 年，曾在慕尼黑学习法学，在哈佛大学获得法学硕士学位（2003—2004），1999 年获法学博士学位，2011 年完成教授资格论文。2011 年起任法兰克福大学民法、商法和经济法及法学理论教授，并于 2014 年起兼任货币与金融稳定研究所教授。

   \*\* 葛平亮，山东莒县人，德国汉堡大学法学博士，现任中国政法大学民商经济法学院商法所副教授。主要研究领域：公司法、破产法。

   \*\*\* 张怀岭，河北邯郸人，德国柏林洪堡大学法学博士，现任西南财经大学法学院副教授。主要研究领域：商法、国际投资法。

   1 例如参见霍普特具有前瞻性的教授资格论文：Hopt, *Der Kapitalanlegerschutz im Recht der Banken*。

作片面的和不精确的描述。无论如何,这些要素无一例外地影响了过去 25 年的法学研究,成为柏林共和时代法学的一个标志性共同点,[2] 但是同时不应忽视该共同点在不同法律部门中表现出的多样性。下文即展示这些国内的和泛欧洲的(全球的)现象在企业法中产生的独特的相互作用,以及一个因此兴起的法学研究部门。在此必须首要明确的是,首都的改变对于本文研究的领域并不重要,毋宁说本文描述这样一种发展,其肇始于波恩共和时代,在德国统一后继续,并在 2016 年之前受到越来越紧密的欧盟融合——特别是"如何融合"的影响。

为了阐释这一主题,需要首先解释本文使用的经济史学上的概念,并探究这些概念在德国国民经济和法律制度中的基本特征(下文二)。在此基础上,分别研究企业法的发展和资本市场法的兴起(下文三)。进而通过因果关系的观察来探究所得结论之间更为深入的关联(下文四)。同样,本文还将展现,伴随着上述的发展并未出现直觉上认为可能产生的企业法的去政治化,因此本文最终的结论,即市场力量不可避免地导致企业法的"历史的终结"[3] 并未出现,也不会让人惊讶(下文五)。

## 二、概念阐释和基本特征

在本文的标题中,资本市场法的兴起被视为对(远离资本市场的)

---

2　对此也参见本文集中玛丽埃塔·奥尔、贡纳尔·富克·舒佩特和斯特凡·马根的文章。

3　对此见著名的、源自后共产主义时代下社会经济学变革的假设:Hansmann/Kraakman, »The End of History for Corporate Law«。

莱茵资本主义的告别。因此,无论如何,从波恩共和时代到柏林共和时代,从未在国民经济的生产部门和销售部门中产生根本性的体制变革,而是在市场经济下发生了不同经济秩序类型之间的变迁〔下文(一)〕,下文将在与本文主题相关的范围内对它们的基本特征进行简短的对比〔下文(二)〕。

## (一) 市场经济的两种类型

"莱茵资本主义"(Rheinischen Kapitalismus)这个概念首先由法国天主教经济学家米歇尔·阿尔贝特(Michel Albert)在波恩共和时代终结之后提出,[4]他在保险业取得事业成功后,也涉足其个人喜好的新闻媒体业。这个概念主要用于区分20世纪下半叶的盎格鲁-撒克逊式的市场经济资源配置类型,即弗里德里希·奥古斯特·冯·哈耶克(Friedrich August von Hayek)和米尔顿·弗里德曼(Milton Friedman)所代表的新自由主义下的里根经济学(*Reagonomics*)和撒切尔主义(*Thatcherism*)。但是,这个概念并未成为国际学术研究中的术语。在国际学术研究中,常用的是"自由市场经济"(*Liberal Market Economy*)和"协调市场经济"(*Coordinated Market Economy*)这组概念。[5] 然而,为了能够更加形象化地澄清体系差异和在协调体系中发生的法学变迁,这一成熟的范式再合适不过了。

## (二) 莱茵资本主义和"德意志股份公司"的基本特征

不同类型的资本主义之间的区别体现在生产组织、金融体系、社会

---

4　参见 Albert, *Capitalisme contre capitalisme*。
5　这组概念首次应用于 Hall/Soskice, *Varieties of Capitalism*。

分配体系和社会对货物是否或应否可交易以及在何种范围内可交易达成的共识等方面。

对于此处不同模式间的转变具有重要意义的是,在盎格鲁-撒克逊的模式中,企业是一件商品,如市场上其他商品一样;与此相反,在莱茵资本主义中,企业被赋予了共有财产的属性,因而仅可以被有限地交易。与企业以投资者为中心的观点密切相关的是盎格鲁-撒克逊模式中主张的股东利益至上理论(*shareholder primacy-Modell*)[6],与之相对的是莱茵资本主义中的利益相关者理论(*stakeholder-Ansatz*),根据后者,应当通过建立合理的管理层目标函数(Zielfunktion)以平衡股东与其他利益群体——首要是员工——之间的力量。[7] 美国的投资者资本主义(*investor capitalism*)模式是20世纪70年代和80年代的产物,其如同在之前占据主导地位的管理层主导的资本主义〔管理层资本主义(*managerial capitalism*)〕[8] 一样,仅是关于企业法的规范性正当目的之争论中的一个中间过程。[9] 就此而言,首要

---

6　例如参见 Sharfman, »Shareholder Wealth Maximization and Its Implementation Under Corporate Law«; Strine Jr. , »Our Continuing Struggle with the Idea that For-Profit Operations Seek Profit«。

7　在此意义上,德国《股份法》主要适用"多元利益目标体系",参见本文注释33。关于对此模型的美国观点——该文作者显然不支持,见 Stout, »Takeovers and the Ivory Tower«, S. 1445:"直到最近,有关董事可能会关注利益相关者利益的观点主要与穿着拖鞋的活动家联系在一起。"

8　详细参见 Gelter, »The Pension System and the Rise of Shareholder Primacy«, S. 915-921; Hansmann/Kraakman, »The End of History for Corporate Law«, S. 444。

9　其中,至少在20世纪30年代,也有著名学者主张以利益相关者或者更准确的共同利益为目的的立场,一如著名的多德和贝勒论战所展示的:Dodd Jr. , »For Who Are Managers Trustees?«, S. 1147 f. ; Berle Jr. , »Corporate Powers as Powers in Trust«; Berle Jr. , »For Whom Corporate Managers are Trustees: A Note«, S. 1366 f. 。

的是范式转变背后的社会经济性因素[10]具有重要意义,因为这些因素作为资本市场开放的结果产生了超越美国国界的影响。[11] 之所以如此,也因为经济学知识对范式发展的智力支持对未来企业领导层(以及最终也对部委官僚机构中的高级公务员)的培养产生了影响。[12]

金融体系,即国民经济中负责将流动性资金转化为生产性资金的部门,在盎格鲁-撒克逊模式中以公众资本市场为主,而在莱茵资本主义模式中以银行为核心。[13] 数据显示,德国企业中上市公司的数量明显少于美国和英国的上市公司数量。[14] 至少在 20 世纪下半叶,欧洲大陆资本市场出现的市场流动性匮乏和市场深度不足,[15]造成向小股东出售大宗控制股份的困难,并进一步导致大股东成为德国公司股东结构的主流:与美国企业相比,在历史上,德国公司显然更加普遍地拥有能够产生决定性影响的控制股东。[16] 实证研究表明,一半以上被调研的企业

---

10 与其并列的以功能-效率为基础的观点认为,在实施股东优先模式中存在一个演化的过程,在这个过程中(经济)科学证明的最具有信服力的模式得以实施。参见 Khurana, *From Higher Aims to Hired Hands*, S. 313 f.; Romano, »After the Revolution in Corporate Law«, S. 343 – 346; Davis, »The Twilight of the Berle and Means Corporation«, S. 1127 – 1130。完全类似,但是明显超出美国的发展,参见 Hansmann/Kraakman, »The End of History for Corporate Law«, S. 449:股东优先模式"借助逻辑"而获得普遍认同;对合乎事物本质的美国制度的优越性的质疑见 Roe, »German ›Populism‹ and the Large Public Corporation«。

11 对此详见下文四之(二)。

12 Davis, *Managed by the Markets*, S. 87 – 93; Khurana, *From Higher Aims to Hired Hands*, S. 297 – 305; Hansmann/Kraakman, »The End of History for Corporate Law«, S. 440 f.;典型如 Bainbridge, »Participatory Management Within a Theory of the Firm«, S. 717一文所称"股东利益最大化原则"的全面全球化。

13 关于以银行为核心的欧洲企业融资体系的(相对的)效率的有争议的评价,见欧洲系统性风险委员会的报告: *Is Europe Overbanked?*。

14 Cheffins, »The Metamorphosis of ›Germany Inc.‹«, S. 499 f.

15 不同的情形主要存在于第一次世界大战:Rajan/Zingales, »The Great Reversals: the Politics of Financial Development in the Twentieth Century«.

16 特别见 Becht/Röell, »Blockholdings in Europe«。

拥有一名持股超过 50% 注册资本的股东。[17] 在上市公司的股东大会中,大股东虽然持股份额不高,但是由于他们事实上出席股东大会,故而在因出席导致的相对表决权关系中最终占据 54.84% 的有效多数。[18] 除银行、保险公司和国家外,家族是最重要的上市公司控股股东。[19] 此外,紧密的交叉持股是德意志股份公司的又一特征,[20]这种交叉关系又常通过企业管理层的关联和客户关系的交叉获得强化。[21] 交叉持股反映了战后维持国民经济整体稳定和尽可能地实现全面刺激国民经济增长的目标。

鉴于资本市场的作用较小,有影响力且被期待能够弥补这一缺陷[22]的大型综合性银行遂在企业融资的各个领域中扮演着决定性的角色。[23] 银行和企业之间的密切结合,特别是企业与主银行(Hausbank)之间的结合形式,是莱茵资本主义的特征。必须注意的是,在"德意志股份公司"高度发展的阶段中,德国银行原则上仅持有相对较少的股份,但是却几乎在德国所有的著名企业中都持有份额。这种投资组合被视为一种防范特定企业风险的多元性战略($\alpha$),其结果是,银行关心其全部投

17　Edwards/Nibler, »Corporate Governance in Germany«; Franks/Mayer, »Ownership and Control of German Corporations«. 另外,关于此时期德国表决权集中的数据见 Becht/Boehmer, »Ownership and Voting Power in Germany«; Becht/Boehmer , »Voting Control in German Corporations«。

18　Edwards/Weichenrieder, *Ownership Concentration and Share Valuation*, S. 16.

19　Faccio/Lang, » The Ultimate Ownership of Western European Corporations «; Boehmer, » Who Controls German Corporations?«; Prigge, » A Survey of German Corporate Governance«, S. 974 - 978.

20　Höpner/Krempel, »The Politics of the German Company Network«, S. 341.

21　Windolf/Nollert, »Institutionen, Interessen, Netzwerke«; »The History of Corporate Ownership and Control in Germany«.

22　关于以市场和银行为基础的企业融资作出的平衡性弥补的基础性文献见 Merton/Bodie, »A Framework for Analyzing the Financial System«。

23　Elsas, »Universal Banks and Relationships with Firms«; Hackethal/Schmidt/Tyrell, »The Transformation of the German Financial System«.

资组合的成功(β)并且因而关注国民经济的整体成功,因此银行的参与被认为产生了部分的稳定功能。[24] 在这一功能之外,银行在德国股份公司的企业经营和控制中确定无疑地起到重要的作用。例如,在一项对德国工业企业和服务业企业的抽样调查中,银行平均持有 6.7% 的普通股另加 8.5% 的委托表决权,[25]后者确保了银行在普遍存在最高表决权限制的背景下依然保有重大的影响力。银行尝试利用这一权力地位,以使其心仪的监事人选在其投资的公司中获得委任。此举确保银行获取信息,降低信贷者的不确定性,并加强银行和企业之间的紧密联系。[26]

# 三、法学

## (一)莱茵资本主义的制度和学术(企业法)

波恩共和时代的制度和关于这些制度的法学研究实质上反映了莱茵资本主义的基本特征和上述法律事实。

例如,在德国《股份法》中,至少自 1965 年起,对经营性股东的控制是法律规范的核心,同样也是对这些规范进行教义学研究的重点。[27] 它们一方面表现为《股份法》第 291 条以下对康采恩法的法典化——此举在国际上虽然罕见,[28]但是康采恩法在德国国内的研究中却早已属于最

---

24　Ringe, *Changing Law and Ownership Patterns in Germany*, S. 11.

25　Edwards/Nibler, »Corporate Governance in Germany«.

26　Mayer, »New Issues in Corporate Finance«.

27　关于从盎格鲁-撒克逊的外部视角对此判断的看法,参见 Cheffins, » The Metamorphosis of ›Germany Inc.‹ «, S. 497。

28　有关法律比较的概述参见 European Model Company Act, *Chapter16*, S. 3 f.; Hopt, »Comparative Corporate Governance«, S. 45。

深入和最透彻的领域之一;另一方面体现为在此背景下需要提及的股东忠实义务,其虽然也存在于盎格鲁-撒克逊公司法中,[29]但是在 20 世纪下半叶的德国《股份法》中,股东忠实义务得以正当化的主要理由在于,应首先纠正控股股东对企业经营产生的广泛影响以及保护小股东的利益。[30] 德国《股份法》对股东忠实义务的聚焦和与之相关的研究对本文的主题意义重大,因为德国法长久以来未能明确地解决股东(投资者)和管理层之间的代理冲突。[31] (与此相反,英美公司法的主要目标正是要解决这一冲突。[32])

　　股东首先被视为一个至少也包括以实现雇员利益和共同利益为目标的团体的成员。董事会负有根据自己独立的判断合理安排不同群体利益的义务。[33] 这首先意味着,董事会在经营管理时不能仅以股东利益为行为标准,而应以——包括其他利益相关者利益的——企业利益为

---

　　29　关于特拉华州公司法中的信义义务,在此仅参见 Smith v. van Gorkom, 488 A. 2d 858 (Del. 1985); In re Caremark International Inc. Derivative Litigation, 698 A. 2d 959 (Del. Ch. 1996),这两个案件详述了管理层为股东利益应尽的注意义务和监督义务;关于大股东与小股东之间的冲突也见 Sinclair Oil Corp. v. Levien 280 A. 2d 717 (Del. 1971)。

　　30　根本同意此观点见 Zöllner, *Schranken mitgliedschaftlicher Stimmrechtsmacht*, S. 462 f.。

　　31　Baums/Scott, »Taking Shareholder Protection Seriously?«, S. 40;但是也参见 Rathenau, *Von kommenden Dingen*, S. 141 ff.,这一问题意识影响了当今被作为经典援引的这篇文献:Berle Jr./Means, *The Modern Corporation and Private Property*(参见该书第352页的脚注);另参见 Nörr, »Ein Gegenstand der Reflexion«, S. 141。

　　32　这一产生于 Berle Jr./Means(同上注)和 Jensen/Meckling, »Theory of the Firm«两文的观点成了一个影响深远的定理,例如见 Kahan/Kamar, »The Myth of State Competition in Corporate Law«, S. 681。

　　33　根据立法者的理解,该规则的适用与在 1965 年改革中删除的 1937 年《股份法》第 70 条规定的国家社会主义公共利益条款无关,参见明确指出这一点的德国联邦议会法律委员会的报告,重印于 Kropff, *Aktiengesetz*, S. 98。当下主流的观点见 Hüffer, »Das Leitungsermessen des Vorstands in der Aktiengesellschaft«, S. 163 f.; Kort, »Vorstandshandeln im Spannungsverhältnis zwischen Unternehmensinteresse und Aktionärsinteresse«。

导向。[34] 最典型的以股份公司的共同利益为导向的制度范例是(平等的)企业职工共决制度,其中规定了要求引入的职工参与企业经营和管理的职权。[35]

最后,德国《股份法》以对(大)债权人进行鲜明的法定保护而著称,其中包括法定最低注册资本制度,以及尤其重要的资本真实缴纳原则和资本维持原则,这两个原则通过司法裁判和学说已发展成为高度精密的规范体系。

与此相反,关于公众资本市场投资者的法律制度非常不健全,并且长久以来,法学研究对此漠不关心。于是乎,不得不从一般民法中发展出核心的投资者保护制度,[36]而在当时,学界既没有事先预判法律续造,也没有事后立即对其展开批判。此外,资本市场中也不存在典型的投

---

34 众所周知,在法学界一直以来都存在一个相反的理念,即企业的管理仅仅以与团体有关的股东利益(公司利益)为导向,该理念接近于盎格鲁-撒克逊模式,例如 Zöllner, *Schranken mitgliedschaftlicher Stimmrechtsmacht*, S. 23 ff.;对董事会的经营裁量作出精确的内容预先规定之一般性怀疑见 Großmann, *Unternehmensziele im Aktienrecht*, S. 61 ff.;Brinkmann, *Unternehmensinteresse und Unternehmensrechtsstruktur*, S. 23 ff.;对于德国法上纯粹以投资者导向的股东价值中心论为基础的股东利益市场价值最大化,例如参见 Mülbert, »Marktwertmaximierung als Unternehmensziel der Aktiengesellschaft«, S. 424 ff.。

35 与此无关的是,文献中在以分配正义为基础的正当性理由之外还出现了纯粹基于效率对共同决定的证成。这些交易成本经济学上的论证强调为了追求长期盈利,(股东的)核心利益是激励在企业专属人力资本上进行投资,这种投资只能事后通过对剥削作出可信赖的限制实现。主要参见 Blair/Stout, »A Team Production Theory of Corporate Law«, S. 288 f.;Stout, »The Mythical Benefits of Shareholder Control«, S. 795–797。因此,这是一种(很容易理解的)股东利益理念,其与本文作为范式使用的经典英美股东优先模式不同。后者虽然可以短期造就一个——以投资者利益驱动的——成功企业,但是却打击了其他利益群体(不仅包括员工)形成企业专属资本的动力,并因此产生了类似公地悲剧的后果,进而限制了国民经济的未来增长。Stout, *The Shareholder Value Myth*, S. 52–54, S. 86 und S. 91。

36 例如在德国联邦法院的判决 BGH Urt. v. 16. 11. 1978—II ZR 94/77, BGHZ 72, S. 382, S. 388 中,将招股责任视为典型的信赖责任;在德国联邦法院的判决 BGH Urt. v. 19. 07. 2004—II ZR 218/03;II ZR 217/03;II ZR 402/02, BGHZ 160, S. 134 中以《德国民法典》第 826 条认定资本市场虚假信息责任。

资者导向型的保护制度；与此相关的规范体系几乎不受学界关注，实质上已经"名存实亡"。企业控制权市场尚属阙如，按照新古典主义的观点，企业控制权市场是一个重要的纠正管理层机会主义行为的机制。[37]由于德意志股份公司中的股份集中和交叉持股，事实上并不存在一个这样的纠正机制，以至于对（敌意的）企业收购进行广泛的规制显得多余。由此造成的结果是，小股东在控股股份转移中不能获得任何保护，[38]以投资者保护为目标的自我规制并未获得证券发行人的认可。[39]

　　在研究上述制度的企业法学界，引人注目的是主流研究所表现的纯粹教义学和首要关注国内的特征。学界研究的重心是，对以资本为基础的债权人保护体系进行体系上的严格解释[40]，以及解决企业团体内部成员之间的利益冲突。[41] 在对现行法的解释性研究中，（法）政策的研究维度主要在保护员工利益的团体法制度上发挥了重要作用，[42]其中引人注意的是，一些著名的企业法学者在他们的研究中主张劳动法和公司法同等重要。[43]

---

　　37　对此基础性的文献参见 Manne，»Mergers and the Market for Corporate Control«；Grossman/Hart，»Takeover Bids，the Free-Rider Problem，and the Theory of the Corporation«。

　　38　具体的法律情势参见 Assmann/Basaldua/Bozenhardt/Pelzer，*Übernahmeangebote*。

　　39　关于德国《收购准则》的失败和《收购准则》之前适用的公开自愿收购要约和交换要约的失败，见 Letzel，»Das Pflichtangebot nach Übernahmekodex«。

　　40　作为范例被提及的如替代自有资本的股东贷款制度的复杂的教义学构造（关于其概述仅见 Goette，»Einige Aspekte des Eigenkapitalersatzrechts aus richterlicher Sicht«）或者隐蔽型利润分配（在此仅见 Tries，*Verdeckte Gewinnausschüttungen im GmbH-Recht*）。

　　41　此类研究主要包括关于康采恩法目标的争论，康采恩法或被解释为纯粹保护小股东利益的法律（支持此论点的基础性德语文献参见 Zöllner，*Schranken mitgliedschaftlicher Stimmrechtsmacht*），或被视为促进企业联合的融合的组织法（后者例如参见 Hommelhoff，*Die Konzernleitungspflicht*）。

　　42　这显然适用于关于平等共决制度合宪性的宪法性争论；例如参见 Schwerdtfeger，*Unternehmerische Mitbestimmung und Grundgesetz*；Badura，»Der Regierungsentwurf eines Mitbestimmungsgesetzes«；同时参见 Raiser，*Grundgesetz und paritätische Mitbestimmung einerseits*；Kübler/Schmidt/Simitis，*Mitbestimmung als gesetzgebungspolitische Aufgabe*。

　　43　特别是学者 Goetz Hueck，Herbert Wiedemann 和 Wolfgang Zöllner。

## (二) 门前的野蛮人? ——资本市场法的兴起和法学的变革

在德国企业的经营环境中,积极的变化是,最晚自 20 世纪 90 年代中期起,公众资本市场投资者的需求越来越受到重视,股份公司被越来越被普遍地看作是在全球金融市场上寻求资本这一稀缺资源的证券(股票、债券)发行者。

1994 年颁布的《企业改组法》拉开了告别传统模式的序幕,[44]该法降低了德国企业重组的难度,[45]并且尤其使与本文相关的国际投资者所要求的核心业务集中成为可能,因为公司法上针对出售无利润的企业部门所应具备的条件现如今可以极其容易地满足。同样,1994 年颁布的《证券交易法》[46]制定了全面的、以小投资者的需求为导向的公开市场投资规则(内部人交易禁止、发行人公告义务、持股披露),并加强了公法上的市场监管。[47] 同时,为了满足采取投资组合策略的(机构)投资者的需求,最终于 1998 年颁布了旨在革新《股份法》的《企业控制与透明法》(Gesetz zur Kontrolle und Transparenz im Unternehmensbereich)[48],该法大规模地废止了多重表决权、表决权限制和其他的产生企业控制权市场的障碍,并全面一般化地提升了小股东的地位。[49] 此外,《企业控制与透明法》还引入了对银行表决权代理的限制,[50]这促进了德意志股份公司的瓦解,并且间接保护投资者免遭因非经营性因素带来的不利。

---

44　1984 年 10 月 28 日颁布的《企业改组法》,BGBl. I, S. 3210。

45　关于改组的目标和手段参见 Neye, »Die Reform des Umwandlungsrechts«。

46　1994 年 7 月 26 日颁布的《证券交易法》,BGBl. I, S. 1749。

47　同时期的看法见 Weber, »Deutsches Kapitalmarktrecht im Umbruch«。

48　1998 年 4 月 27 日颁布的《企业控制与透明法》,BGBl. I, S. 786。

49　关于这一观点参见 Ringe, »Deviations from Ownership-Control Proportionality«。

50　对此见 Steiner, »Depotstimmrecht der Banken«; Schmidt, »Banken(voll)macht im Wandel der Zeit«, S. 2352 f.。

2002 年颁布的《德国公司治理准则》(Deutsche Corporate Governance Kodex,DCGK)旨在使得德国企业的内部管理对外国投资者更加透明并且更加具有吸引力。[51] 最后,2002 年的《有价证券收购和接管法》(Wertpapiererwerbs- und Übernahmegesetz)[52]全面引入了公开要约收购规则,并通过强制要约收购规则保护资本投资者的利益,以使其免遭因大股东退出带来的不利。强制要约规则完全背离了从成员理念出发的康采恩法(在单纯大股东控制下对留在团体中的保护,《股份法》第 311 条及以下)。[53] 自此以后,资本市场法的众多改革都实质上以进行组合投资的理性投资者(小股东)为参照对象。当然,资本市场法的发展不是直线向前的,[54]并且正是在那些资本市场法的核心规则中,蕴含着以管理者为中心且普遍以共同利益为导向的莱茵资本主义的重要制度结晶。[55]

这一变迁在司法实践中最显著的表现莫过于联邦法院著名的"西门子诉诺德案"(Siemens/Nold)判决[56]。这个判决在很大程度上抛弃了主要以公司成员间的义务拘束(忠实义务)为基础的法律续造[57],并明

---

51　参见德国公司治理准则政府委员会主席 Gerhard Cromme 于 2001 年 12 月 18 日公布《德国公司治理准则(草案)》时发表的释义:http://www. dcgk. de/de/kommission/die - kommission - im - dialog/deteilansicht/ausfuehrungen - von - dr - gerhard - cromme - 70. html? file = files/dcgk/usercontent/de/download/2001/RedeDrCromme. pdf。

52　2001 年 12 月 20 日颁布的《有价证券收购和接管法》,BGBl. I, S. 3822。

53　Tröger, »Unternehmensübernahmen im deutschen Recht (Ⅱ)«.

54　对一个以效率为基础但是在政治经济学上被熟知的模型的解释见 Bebchuk/Roe, »A Theory of Path Dependence in Corporate Ownership and Governance«, S. 143 - 149 und S. 151 - 153。

55　一个例子是(理论上)管理层可以采取非常广泛的措施防御敌意收购,《有价证券收购和接管法》第 33 条第 1 款第 2 句第 3 种情形,只要敌意收购不当然地符合服务于股东利益的企业控制权(前注 37)市场的"纯粹理论"。

56　BGH v. 23. 06. 1997—Ⅱ ZR 132/93, BGHZ 136, S. 133.

57　BGH v. 19. 04. 1982—Ⅱ ZR 55/81, BGHZ 83, S. 319 (Holzmann).

确提出注重公司在全球资本市场上的需求。[58]

在学术研究中，也可以通过一些纲领性的教授资格论文发现这一范式流变，[59]它们以资本市场为导向尝试对现行法进行新的解释，并且更多地因（金融学上所熟知的）研究方法而不是因其教义学主题备受关注。总体而言，20世纪90年代末以降，资本市场法从一个冷门专业变成了企业法学者的重点研究领域。热门的研究主题包括内部人交易、持股披露和要约收购，[60]与此同时，之前如资本制度[61]和康采恩法这类常见的研究主题被视为已经过时而热度消退。[62] 其原因不仅仅在于从事教义学研究的传统主义者面对跨学科的功能性研究新潮流所产生的代际冲突或学派之争，更在于资本市场法的学术研究——也因国家立

---

58 从"经典"团体法视角对此作出尖锐的批评，例如参见 Lutter，» Zum Bezugsrechtsausschluß bei der Kapitalerhöhung im Rahmen des genehmigten Kapitals«。

59 特别见 Mülbert, *Aktiengesellschaft*, *Unternehmensgruppe und Kapitalmarkt*。

60 产生于制定《有价证券收购和接管法》过程中的著作浪潮，其最初并无实践上的意义，之后汇入了对新法的评注和体系性的整体阐释中。例如参见 Apfelbacher, *German Takeover Law*; Assmann/Pötzsch/Schneider, *Wertpapiererwerbs- und Übernahmegesetz*; Baums/Thoma, *WpÜG. Kommentar zum Wertpapiererwerbs- und Übernahmegesetz* (2002 et seq.); Beckmann/Kersting/Mielke, *Das neue Übernahmerecht*; Ehricke/Ekkenga/Oechsler, *WpÜG. Wertpapiererwerbs- und Übernahmegesetz. Kommentar*; Geibel/Süßmann, *Wertpapiererwerbs- und Übernahmegesetz*; Haarmann, *Öffentliche Übernahmeangebote*; Hirte, *Kölner Kommentar zum WpÜG*; Semler, *Das neue Übernahmerecht*; Steinmeyer, *WpÜG. Wertpapiererwerbs- und Übernahmegesetz. Kommentar*; Zschocke, *Bad Homburger Handbuch zum Übernahmerecht*。

61 在此不能忽视的是，恰恰是在21世纪最初十年中，关于保证资本（Garantiekapital）的概念被广泛地讨论，但是主要是从效率体系的法政策视角和在与相对的债权人保护体系的优劣比较中展开。例如参见 Enriques/Macey, » Creditors versus Capital Formation «; Armour, » Legal Capital: › An Outdated Concept ‹ «; Engert, » Life Without Legal Capital: Lessons from American Law«，这一个概念也出现在德国学者研究（欧盟的）公司制度竞争的著作中，参见 Eidenmüller, »Wettbewerb der Gesellschaftsrechte in Europa«; Tröger, »Choice of Jurisdiction in European Corporate Law«。

62 关于康采恩法研究浪潮的消退，例如参见 Drygala, »Europäisches Konzernrecht«, S. 198 f.。

法行为自始受到无法忽视的欧盟预定规则的影响[63]——较少地关注法律素材的教义学体系化,而更多地重视对创造的或新生的规则进行功能上的评价。通过一些独立的聚焦某一领域的英文专业期刊(例如《欧洲商业组织法评论》《欧洲公司和金融法评论》和最新的《金融规制杂志》)展开泛欧盟化的研究符合这一潮流。这类研究以功能研究为出发点,促进了学科的融合,并——只要从金融学和(制度)经济学的角度展开即可——引领研究的主流方向。

# 四、母鸡和鸡蛋

要回答企业法部门发生上述变化的原因,首先必须明确的是,德意志股份公司的瓦解〔下文(一)〕产生了企业融资的需求,这使得资本市场越来越重要,并进而提升了资本市场法的地位。与此同时,资本市场对私人财产构成的影响不断增强,这是因为通过国家再分配体系分享国民经济创造价值的做法越来越迅速地隐退,取而代之的是各种针对重要政治参与者的行为激励:根据这一观察,资本市场法地位的提升是资本市场对于企业和财政的重要性不断提升的结果〔下文(二)〕。这一社会经济领域中的变化产生了深远的影响,在此背景下,主张相反的因果关系并将资本市场地位的提升解释为制度改变——在法律上改善了对投资者的保护——的结果之尝试的可信度微乎其微〔下文(三)〕。资本市场地位的提升与伴随而生的资本市场法重要性的提升虽然能够

---

63　仅参见《招股说明书指令》(Börsenprospektrichtlinie 80/390/EWG)(ABl. EG v. 17.04.1980 Nr. L 100, S. 1);《持股披露指令》(Beteiligungstransparenzrichtlinie 88/627/EWG)(ABl. EG v. 17.12.1988, Nr. L 348, S. 62);《内部人交易指令》(Insiderhandelsrichtline 89/592/EWG)(ABl. EG vom 18.11.1989, Nr. L 334, S. 30);按照时间顺序见 Wilhelmi, »Entwicklungslinien des europäischen Kapitalmarktrechts«。

解释企业法研究领域的变迁,但是不能充分地证明研究方法的改变,后者首要产生于英美法在多方面对德国学者的思维方式的影响〔下文(四)〕。

## (一) 德意志股份公司的瓦解

实证研究表明,明显有越来越多的德国(大型)企业走向资本市场,这些企业大多拥有数量众多且持股分散的投资型股东,并且银行对它们的影响力已经衰退。

例如,DAX30 公司中的自由流通股(free float),即所有持股比例低于5%的股东持有的股份以及那些由财产管理人、基金、资本投资公司、信托公司和养老金公司持有的股份,从 2001 年的64.5%上涨到 2009 年的82.6%。[64] 对于在当时官方市场上由国家管制的交易所中上市的公司,最高表决权限制的平均值(取平均值算法)从 1999 年的59.76%(中位数是61.40%)降至 2005 年的 52.62%(中位数是50.10%),仅银行和不动产公司未发生类似的变化。[65] 股份集中现象的衰退最终还体现在这一事实上,在 1999 年有 39.1%的企业拥有一个持有表决权股份超过75%的大股东,而到了 2005 年这一比例仅为 36.1%。[66]

在前 150 家德国上市公司中,安联集团、德意志银行、德国商业银行、慕尼黑再保险集团和拜仁联合抵押银行等前五大德国金融机构重大参股(超过 5%的表决权股份)公司的数量显著下降:从 1998 年的

---

64 Bundeszentrale für Politische Bildung, *Aktionärsstruktur von DAX-Unternehmen*. 在 DAX 之下的指数中,股东结构更加集中:自由流通股在 MDAX 中的比例是 62%,在 SDAX 中是53%,在 TecDAX 中是 67%;Cometis AG und Ipreo Ltd, *Wem gehört der börsennotierte Mittelstand?*, S. 6。

65 Weber, »An Empirical Analysis of the 2000 Corporate Tax Reform in Germany«.

66 Weber, »An Empirical Analysis of the 2000 Corporate Tax Reform in Germany«.

128 家降低至 2006 年的 20 家。[67]

## (二) 以供应方为视角:资本市场法作为资本市场地位(强制性)双重提升的结果

德国企业重视通过公众资本市场融资被视为是银行经营模式转变的结果。最晚自 20 世纪 90 年代中期起,国际上对投资者的竞争愈加激烈,受此影响,银行的经营模式开始转变,然而低利润的传统信贷业务——尤其与获益更高的投资银行相比——已成为竞争的阻碍。[68] 持有大额股份产生的收益在 20 世纪 80 年代和 90 年代间持续地下降,[69] 原因之一是,与其他国家相比,德国企业的投资者更加显著地持续[70]国际化,[71]导致"德意志股份公司"内部的(相互)监督变得愈加低效。[72] 国有银行——如邮政银行——的私有化,以及网络银行的产生,进一步加剧了传统信贷业务的竞争,并且竞争伴随着外国银行进入工业领域愈演愈烈。[73] 在这一背景下,为企业合并和企业收购提供金融服务意味着更高的利润。然而,为了能够作为值得企业信赖的(中立的)代理人

---

67 Andres/Betzer/van den Bongard, »Das Ende der Deutschland AG«. 所得出的银行影响力的降低之结论也通过其他研究证成,例如参见 Onetti/Pisoni, »Ownership and Control in Germany«, S. 60。

68 对此例如参见 Cioffi, *Public Law and Private Power*, S. 146 f.; Höpner/Krempel, »Ein Netzwerk in Auflösung«, S. 9–14。

69 Gorton/Schmid, »Universal Banking and the Performance of German Firms«; Frick/Lehmann, »Corporate Governance in Germany«.

70 Van der Elst, »Are Shareholder Rights Appealing to Foreign Shareholders?«,根据该文的数据,在德国,从 1999 年到 2007 年持股超过 5% 的外国大股东比例不断增长(从 12% 到 30%),远远高于其他国家。

71 最新的数据参见 Handelsblatt, »Auf welche Dax-Aktien Ausländer schwören«; Sommer, »Der Dax geht fremd«。

72 Beyer, *Managerherrschaft in Deutschland?*.

73 Himmelmann, *Wandlung des »Modells Deutschland« zur »Shareholder-Gesellschaft«*.

出现在这个市场上,综合性银行必须出售大量的工业参股以释放中立性的信号。[74] 两德统一的高额成本导致的经济衰退和随之而来的 20 世纪 90 年代的银行危机,进一步提升了德国银行出售股份的热情,银行使用资产出售所得进行投资,从而提升了银行投资部门的地位。[75] 最后,在社会政策(见下文)中,越来越强化引导私人家庭通过公众资本市场获得财富,在此背景下,立法者采取降低税收的方式持续地维护着银行的利益。[76] 德国企业对公众自有资本市场和他有资本市场的兴趣与日俱增,这表明因银行撤离造成的企业融资困境得到了妥善的解决。

其他融资渠道的开拓也变得容易,主要因为同时在养老保险领域,再分配体系被抛弃并转向以资本为基础的养老保险体系,由此更多的资本进入投资领域而非消费领域。[77] 在这一方面,首先,美国体系在 20 世纪 70 年代和 80 年代中的转变至关重要,因为通过这次转变产生了数额庞大的寻求投资的资金,[78]资金管理人清楚地了解这些资金偏好以投

---

74　Streeck, *Re-Forming Capitalism*; El Alaoui, *When Europe Hits Home*, S. 87.

75　Vitols, »Changes in Germany's Bank-Based Financial System«.

76　根据《法人所得税法》(Körperschaftsteuergesetz)旧法第 8b 条第 2 款的规定,在本国公司出售自有资本所得中,向出售方法人征收 40% 的所得税。2000 年 10 月 23 日颁布的《降低税额和改革企业征税法》(Gesetz zur Senkung der Steuersätze und zur Reform der Unternehmensbesteuerung, StSenkG)(BGBl. I vom 26. 10. 2000, S. 1460)引入了半数收入课税程序(Halbeinkünfteverfahren)。自该法颁布起很大程度上有利于即将出售的大宗股份,不论该股份是由工业企业抑或是银行在德国股份公司中持有,参见 Becht/Boehmer, »Voting Control in German Corporations«, S. 4; Goergen/Manjon/Renneboog, » Recent developments in German corporate governance«, S. 189; Rünger, *The Effect of the Repeal of the German Corporate Capital Gains Tax*, S. 65 – 85; Weber, »An Empirical Analysis of the 2000 Corporate Tax Reform in Germany«。关于英国采取的在时间上较早但结构上相似的措施,见 Cheffins, *Corporate Ownership and Control*, S. 321 – 327。

77　对此也参见 Gordon, » The International Relations Wedge in the Corporate Convergence Debate«, S. 171。

78　在此主要包括各种各样的激励,促使从固定收益计划(defined benefit plan)的企业养老转向固定投资不固定收益(defined contribution plan)的养老金体系,参见 Gelter, »The Pension System and the Rise of Shareholder Primacy«, S. 929 – 931。

资人为导向的公司治理和资本市场监管。[79] 以主流金融学理论[80]为基础的投资策略在逻辑上必然催生以先进的信息技术和资本市场的全球化为基础的跨境多元化投资。由此一来,资产管理人关于可以通过资本市场有效保护投资者的观念得以输出。这些观念对政治活动家而言颇有吸引力:由于(应当)越来越少地通过再分配体系建立社会公正,所以必须通过其他方式确保国民能够参与国民经济的不断繁荣发展。[81]就此而言,出现通过持有公开交易的生产资本参与国民经济的发展是理所当然的,而且必须为此创造基础性的条件。[82] 美国所经历的发展大约在 20 年之后才在德国出现。对此起决定性作用的是,以资本市场为基础的养老保险导致中产阶级的利益在许多方面更依赖于一个以投资者为导向的公司法和资本市场法,而不是一个以员工为导向的企业法。[83] 由于这主要影响(低层)中产阶级的利益,以及也会触及左派党派和工会代表的群体的利益,[84]所以相应规则范式的改变存在广泛的政

---

79　对此详见 Gelter, »The Pension System and the Rise of Shareholder Primacy«, S. 921 - 936。对于这一有趣的视角同样具有意义的是,在美国,固定收益的养老保险体系也能够增强对投资者的保护,只要其被允许投资相应的资本市场证券:例如在美国,在投资者保护领域中最活跃的基金是支付固定收益的工会养老组织或国家养老机构,ebd., S. 954 - 963。

80　决定性的是投资组合理论(Portfoliotheorie),Markowitz, »Portfolio Selection«,和以此为基础的资本资产定价模型(Capital Asset Pricing Modell, CAPM), Lintner, »The Valuation of Risk Assets and the Selection of Risky Investments in Stock Portfolios and Capital Budgets«, Sharpe, »Capital Asset Prices«, Mossin, »Equilibrium in a Capital Asset Market«。

81　特别是美国的发展,也产生了对财富较少的社会阶层贷款购买房产的政策性诱导资助,并因此导致了 2007 年和 2008 年的金融危机,Rajan, *Fault Lines*, S. 21 - 44。

82　此处提出的解释与纯粹功能主义的法与金融理论〔对此参见下文四之(三)〕兼容,但是因果关系论却强调不同的观点,因为国家的"外部刺激"才是最重要的。

83　关于偏好员工的转变见 Gourevitch/Shinn, *Political Power and Corporate Control*, S. 220 f. 。

84　Gelter, »The Pension System and the Rise of Shareholder Primacy«, S. 949 f.

治力量基础。[85] 同样,《减税法》(Steuersenkungsgesetz,StSenkG)规定的股份出售优待也适应了这一在政治多样化中的左倾范式改变,这是因为较少的股权集中提升了养老保险参与投资和获益的市场的流动性。在这一背景下,最终导致先前国有企业的私有化,并产生了"人民股份"(Volksaktien),而这些与主张国家低持股的经济自由主义秩序政策理念无关。

### (三) 以需求方为视角:资本市场法作为资本市场地位提升的原因?

本文倾向于将资本市场法的兴起并成为企业法学的核心归因于资本市场地位双重提升所产生的外部激励。因此,越来越精细的市场法律规则以及适用越来越广的法律规范产生于外部的社会经济发展。

与此对立的主要是金融学中一些颇具影响力的解释模型,它们将市场发展视为强有力的法律制度的结果:首先,(通过资本市场法的)有效的投资者保护使大众投资成为可能,并由此产生了——主要在普通法系的国民经济中——作为投资者保护制度结果的纵深流动性市场。[86] 即便这个在法律和金融文献中颇具影响力的因果关系命题受到许多公允的批评,[87] 但是其仍有一个重要的与此处提出的假设有关的命题:至少对于资本市场的长期成功而言,起决定性作用的是借助公司法和资本市场法对投资者的利益进行适当性保护,并且投资者也在资本市场

---

85  对此例如参见 Dignam/Galanis, *The Globalization of Corporate Governance*, S. 66-70。

86  主要参见 La Porta/Lopez-de-Silanes/Shleifer/Vishny, »Legal Determinants of External Finance«; dies., »Law and Finance«; dies., »What Works in Securities Laws«。

87  例如见 Spamann, »The ›Antidirector Rights Index‹ Revisited«。

的价格形成中获得利益。[88] 在此情境中可以产生互相促进式的发展：一旦公众资本市场在企业融资中取得核心地位，那么全体市场参与者就对投资者进行适当的法律保护享有广泛的利益，这种利益进而促使政治人物和学者频繁地从事资本市场法的立法和研究工作。

## （四）在法学中产生的结果

法学的重点从以成员为中心建构的企业内部组织法转向融资关系法和融资市场法，这是资本市场地位提升和资本市场法律规则受到重视的必然结果，而研究方法改变的原因不在于此，其另需单独进行说明。起初主要通过欧盟的力量实现欧盟内部市场的目标。[89] 这是一场包罗万象的法律统一运动，例如 1999 年的《金融服务业行动计划》。[90] 这场运动致力于在本文研究的法律领域中创造一个公平竞争的环境，以及以统一的标准保护参与其他成员国企业的投资者和债权人，[91] 他们中的典型是原则上采取组合投资策略的跨境机构投资者。

在全部的法律部门中，这种功能性的法律目的开启了利用经济学和金融学的基础理论对具体规范的目的进行重构的大门，并且前景光

---

88　从理论和实践的角度参见 Bebchuk, *A Rent-Protection Theory of Corporate Ownership and Control*; Black, »The Legal and Institutional Preconditions for Strong Securities Markets«; Shleifer/Wolfenzon, » Investor Protection and Equity Markets «; Stulz, » Securities Laws, Disclosure, and National Capital Markets in the Age of Financial Globalization«。

89　在知识上支撑的是经济学基础理论，即市场的融合提升了效率和促进了竞争，并反过来强制企业进一步地专业化，例如参见 Gilson/Whitehead, » Deconstructing Equity«, S. 240。

90　Europäische Kommission, *Finanzdienstleistungen: Umsetzung des Finanzmarktrahmens: Aktionsplan.*

91　参见 Armour/Ringe, »European Company Law 1999 – 2010: Renaissance and Crisis«, S. 149 – 153。

明。[92] 此外,这种超实证的研究方法还使得德国法学研究在国际上不具有实证法教义学特征以及方法的法学研究中取得话语权,并因此打开了通过科学创新——有时候仅通过(适应)引入外来思想——获得不仅在一国之内也包括在欧盟境内职业发展的大门。[93] 众多研究资本市场法的学者拥有的美国经验促进了这一发展,并导致相关的经济学概念被人们熟知并被用于研究核心的法律问题。另外,在德国大学中,通过相关的工作论文网站(如 *Social Science Research Network*, *bepress*, *ideas* 等)几乎可以实时掌握榜样式的美国研究。

## 五、去政治化?

研究对象和研究方法的改变都未带来企业法学的去政治化。虽然,经济学中具有重要影响力的资本市场理论,特别是资本资产定价模型( Preismodell für Kapitalgüter )[94]、信息有效资本市场假说( die Hypothese informationseffizienter Kapitalmärkte )[95],以及最近流行的一种行为科学上的概念行为金融学(*behavioral finance*)[96],是对现实进行纯粹描述的社会科学模型,但是适用这些定理和逻辑前提并非不附条件。例如,将关于公司和公司机关目标函数——关于股东利益优先原

---

92  对此一般也参见 Tröger, *Arbeitsteilung und Vertrag*, S. 61‑67。

93  在科研中对于整个欧洲而言产生吸引力和有效果的重要例子是,新近 Horst Eidenmüller 教授从慕尼黑大学转会到牛津大学。

94  前注 80。

95  对此仅见 Fama, »Efficient Capital Markets«。至于从法律视角来看的意义,参见 Gilson/Kraakman, » The Mechanisms of Market Efficiency «; Gilson/Kraakman, » Market Efficiency After the Fall«。

96  例如见 Shleifer, *Inefficient Markets*; 也见 Zingales, »Learning to Live with Not-So-Efficient Markets«。

则——的争论作为关于企业组织效率的论辩是一个政治决定。[97] 同样，允许国家进行干预，即便其实质仅是确保有效地分配资本这个资源，也是一个政治决定。[98] 这与20世纪70年代和80年代的不只是关于企业职工共决问题的讨论存在明显的不同，其原因在于，诸如分配正义的视角被忽视。在影响广泛的法学理论著作中，几乎全面驳斥将效率目标作为法学的规范性标准（normativer Maßstab）的正当性，[99] 即便如此，福利经济学确定的目标在资合公司法和资本市场法的学术研究中依然占据主流。以纯粹效率考量的研究导向是以全球化的资本市场不可阻挡的放松管制力量为假定前提的；然而，即便从内部视角看，这类研究导向自身也并不完整：其忽视了政治上遇到阻力的可能性，这些政治阻力可以导致过于简单的福利经济学计算失算。[100]

曾在一定时期内，金融危机和国债危机看上去似乎会导致钟摆回转。伦理和道德在经济学和法学中被重新发现，[101]现有的金融体系中的规制和作为基础范式的投资者资本主义至少也遭到部分主流学者的质疑，[102]由这一认知产生的大规模的修法计划得以启动，目的是为了使规制和监管扮演更加重要的角色（"国家的回归"）。[103] 然而，在这些论辩

---

97　参见上文二之（二）。

98　对于这一基础理论见 Ledyard, »Market Failure«。

99　主要参见 Eidenmüller, *Effizienz als Rechtsprinzip*。

100　方向性的文献见 Roe, »Backlash«。

101　例如参见 Hellwig, »Finanzkrise und Reformbedarf«, E 9–10。

102　典型的是美国的相关争论：Dallas, »Short-Termism, the Financial Crisis, and Corporate Governance«; Greenfield, »The Puzzle of Short-termism«, S. 629 f.。

103　中央机构——如欧盟委员会委任的专家小组——的组成表明，在这一领域并没有根本性的改变。对专家小组的委任状却几乎都如此表述，提供的建议不应仅治标不治本，并且不能停滞不前。参见 High-Level Group on Financial Supervision in the EU, *Report*, S. 16–42；Hochrangige Expertengruppe für Strukturreformen im EU-Bankensektor, *Schlussbericht*, S. 88–109。

能够持续地影响现行(资本市场)法研究之前,至少在欧盟层面已经开始再次出现了 180 度的转弯,以刺激停滞的(信贷融资支撑的)经济增长。所谓的资本市场联盟[104]至少部分上也是一个被视为过于激进的后危机改革的缓和计划,其应当设法使资本市场尽可能不受限制地发挥力量。因此,将来资本市场法将会变得异常重要,且无需首先等待学术研究依赖的规范基础或方法基础发生重大的变革。与此同时,对所有的利益相关者的利益进行正确平衡的研究不会因为这一法律部门或许应当遵循经济学的自身逻辑而终结。

## 参考文献

Michel Albert, *Capitalisme contre capitalisme*, Paris 1991.

Christian Andres, André Betzer, Inga van den Bongard, »Das Ende der Deutschland AG«, in: *Kredit und Kapital* 44 (2011), S. 185 – 216.

Gabriele Apfelbacher, *German Takeover Law*, München 2002.

John Armour, »Legal Capital: › An Outdated Concept ‹ «, in: *European Business Organization Law Review* 7 (2006), S. 5 – 27.

—, Wolf-Georg Ringe, »European Company Law 1999 – 2010: Renaissance and Crisis«, in: *Common Market Law Review* 48 (2011), S. 125 – 174.

Heinz-Dieter Assmann, Nathalie Basaldua, Friedrich Bozenhardt, Martin Pelzer, *Übernahmeangebote*, Berlin 1990.

Heinz-Dieter Assmann, Thorsten Pötzsch, Uwe H. Schneider, *Wertpapiererwerbs- und Übernahmegesetz*, Köln 2005.

Peter Badura, »Der Regierungsentwurf eines Mitbestimmungsgesetzes—Verfassungsrechtliche Einwände«, in: *Zeitschrift für Arbeitsrecht* 5 (1974), S. 357 – 382.

Stephen M. Bainbridge, »Participatory Management Within a Theory of the Firm«,

---

104 Europäische Kommission, *Aktionsplan zur Schaffung einer Kapitalmarktunion*.

*in*: *Journal of Corporation Law* 21 (1996), S. 657 – 730.

Theodor Baums, Kenneth E. Scott,» Taking Shareholder Protection Seriously? Corporate Governance in the United States and Germany«, in: *American Journal of Comparative Law* 53 (2005), S. 31 – 75.

Theodor Baums, Georg Thoma (Hg.), *WpÜG. Kommentar zum Wertpapiererwerbs- und Übernahmegesetz*, Köln 2002 et seq.

Lucian A. Bebchuk, *A Rent-Protection Theory of Corporate Ownership and Control*, National Bureau of Economic Research, Working Paper No. 7203 (1999), ⟨http://www.nber.org/papers/w7203 ⟩.

—, Mark J. Roe, » A Theory of Path Dependence in Corporate Ownership and Governance«, in: *Stanford Law Review* 52 (1999), S. 127 – 170.

Marco Becht, Ailsa Röell, »Blockholdings in Europe: An International Comparison«, in: *European Economic Review* 43 (1999), S. 1049 – 1056.

Marco Becht, Ekkehart Boehmer, »Ownership and voting power in Germany«, in: Fabrizio Barca, Marco Becht (Hg.), *The Control of Corporate Europe*, London 2001, S. 128 – 153.

Marco Becht, »Voting Control in German Corporations«, in: *International Review of Law and Economics* 23 (2003), S. 1 – 29.

Ralph Beckmann, Mark Oliver Kersting, Werner Mielke, *Das neue Übernahmerecht*, München 2003.

Adolf A. Berle, Jr., » Corporate Powers as Powers in Trust «, in: *Harvard Law Review* 44 (1931), S. 1049 – 1074.

—, »For Whom Corporate Managers are Trustees: A Note«, in: *Harvard Law Review* 45 (1932), S. 1365 – 1372.

Adolf A. Berle, Jr., Gardiner Means, *The Modern Corporation and Private Property*, New York 1932.

Jürgen Beyer, *Managerherrschaft in Deutschland? › Corporate Governance‹ unter Verflechtungsbedingungen*, Berlin 1998.

Bernard S. Black, » The Legal and Institutional Preconditions for Strong Securities Markets«, in: *University of California at Los Angeles Law Review* 48 (2001), S. 781 – 855.

Margaret M. Blair, Lynn A Stout, »A Team Production Theory of Corporate Law«, in: *Virginia Law Review* 85 (1999), S. 247 - 328.

Ekkehart Boehmer, »Who Controls German Corporations?«, in: Joseph A. McCahery, Piet Moerland, Theo Raaijmakers, Luc Renneboog (Hg.), *Corporate Governance Regimes: Convergence and Diversity*, Oxford 2002, S. 268 - 286.

Tomas Brinkmann, *Unternehmensinteresse und Unternehmensrechtsstruktur*, Frankfurt am Main 1983.

Bundeszentrale für Politische Bildung, *Aktionärsstruktur von DAX-Unternehmen*, 2010, ⟨http://www. bpb. de/nachschlagen/zahlen - und - fakten/globalisierung/52596/aktionaersstruktur - dax⟩.

Brian R. Cheffins, »The Metamorphosis of ›Germany Inc.‹: The Case of Executive Pay«, in: *American Journal of Comparative Law* 49 (2001), S. 497 - 539.

—, *Corporate Ownership and Control: British Business Transformed*, Oxford 2008.

John W. Cioffi, *Public Law and Private Power: Corporate Governance Reform in the Age of Finance Capitalism*, Ithaca 2011.

Cometis AG und Ipreo Ltd, *Wem gehört der börsennotierte Mittelstand? Eine Analyse der Struktur des institutionellen Aktienstreubesitzes in MDAX, SDAX und TecDAX*, 2014, ⟨http://www. cometis. de/publikationen/stu dien. html⟩ [ nicht mehr aktiv].

Lynne L. Dallas, »Short-Termism, the Financial Crisis, and Corporate Governance«, in: *Journal of Corporate Law* 37 (2012), S. 265 - 364.

Gerald F. Davis, *Managed by the Markets: How Finance Reshaped America*, Oxford 2009.

—, »The Twilight of the Berle and Means Corporation«, in: *Seattle University Law Review* 34 (2011), S. 1121 - 1138.

Merrick Dodd, Jr. , »For Who Are Managers Trustees?«, in: *Harvard Law Review* 45 (1932), S. 1145 - 1163.

Alan Dignam, Michael Galanis, *The Globalization of Corporate Governance*, Farnham 2009.

Tim Drygala, » Europäisches Konzernrecht: Gruppeninteresse und Related Party

Transactions«, in: *Die Aktiengesellschaft* 58 (2013), S. 198 - 210.

Jeremy Edwards, Marcus Nibler, » Corporate Governance in Germany: The Role of Banks and Ownership Concentration«, in: *Economic Policy* 32 (2000), S. 239 - 267.

Jeremy Edwards, Alfons J. Weichenrieder, *Ownership Concentration and Share Valuation: Evidence from Germany*, CESifo Working Paper No. 193 (1999), ⟨http://ideas. repec. org/p/ces/ceswps/_193. html ⟩.

Ulrich Ehricke, Jens Ekkenga, Jürgen Oechsler, *WpÜG. Wertpapiererwerbs- und Übernahmegesetz. Kommentar*, München 2003.

Horst Eidenmüller, *Effizienz als Rechtsprinzip*, Tübingen 1995.

—, » Wettbewerb der Gesellschaftsrechte in Europa: Zugleich Besprechung des Urteils des Europäischen Gerichtshofs vom 05. 11. 2002 in der Rechtssache C - 208/00 ( Überseering )«, in: *Zeitschrift für Wirtschaftsrecht* 23 (2002), S. 2233 - 2245.

Alexander El Alaoui, *When Europe Hits Home: How Europeanization Triggers the Conflict of Capitalism in the German System of Corporate Control*, 2012 Claremont-UC Undergraduate Research Conference on the European Union, Article 8, ⟨http://scholarship. claremont. edu/urceu/ vol2012/iss1/8 ⟩.

Ralf Elsas, » Universal Banks and Relationships with Firms «, in: Jan Pieter Krahnen, Reinhard H. Schmidt ( Hg. ), *The German Financial System*, Oxford 2004, S. 197 - 232.

Andreas Engert, » Life Without Legal Capital: Lessons from American Law «, in: Marcus Lutter ( Hg. ), *Legal Capital in Europe*, Berlin 2006, S. 646 - 694.

Luca Enriques, Jonathan R. Macey, » Creditors versus Capital Formation: The Case Against The European Legal Capital Rules«, in: *Cornell Law Review* 86 (2001), S. 1165 - 1204.

Europäische Kommission, *Finanzdienstleistungen: Umsetzung des Finanzmarktrahmens: Aktionsplan*, 1999 ⟨ http://ec. europa. eu/internal _ market/ finances/docs/ actionplan/index/ action_de. pdf ⟩.

—, *Aktionsplan zur Schaffung einer Kapitalmarktunion*, 2015, ⟨http:// ec. europa. eu/finance/capital - markets - union/docs/building - cmu - actionplan_ de.

pdf ).

European Systemic Risk Board, *Is Europe Overbanked?*, Report of the Scientific Advisory Committee No. 4 (2014), ⟨https://www. esrb. europa. eu/pub/pdf/asc/Reports_ASC_4_1406. pdf ).

European Model Company Act, *Chapter 16. Introduction*, 2013, ⟨http://law. au. dk/fileadmin/Jura/dokumenter/CHAPTER _16 _ GROUPS _ OF _ COMPANIES. pdf ).

Mara Faccio, Larry H. P. Lang, »The ultimate ownership of Western European corporations«, in: *Journal of Financial Economics* 65 (2002), S. 365 – 395.

Eugene Fama, »Efficient Capital Markets«, in: *Journal of Finance* 25 (1970), S. 383 – 417.

Julian R. Franks, Colin P. Mayer, »Ownership and control of German corporations«, in: *Review of Financial Studies* 14 (2001), S. 943 – 977.

Bernd Frick, Erik Lehmann, »Corporate Governance in Germany: Ownership, Codetermination and Firm Performance in a Stakeholder Economy«, in: Howard Gospel, Andrew Pendleton ( Hg. ), *Corporate Governance and Labour Management : An International Comparison*, Oxford 2004, S. 122 – 147.

Caroline Fohlin, »The History of Corporate Ownership and Control in Germany«, in: Randall Morck ( Hg. ), *A History of Corporate Governance around the World*, Chicago 2005, S. 223 – 277.

Stephan Geibel, Rainer Süßmann, *Wertpapiererwerbs- und Übernahmegesetz*, München 2002.

Martin Gelter, »The Pension System and the Rise of Shareholder Primacy«, in: *Seton Hall Law Review* 43 (2013), S. 909 – 970.

Ronald J. Gilson, Reinier H. Kraakman, »The Mechanisms of Market Efficiency«, in: *Virginia Law Review* 70 (1984), S. 549 – 643.

—, »Market Efficiency After the Fall: Where Do We Stand Following the Financial Crisis?«, in: Claire A. Hill, Bret H. McDonnell ( Hg. ), *Research Handbook On The Economics of Corporate Law*, Cheltenham 2012, S. 456 – 475.

—, Ronald J. Gilson, Charles K. Whitehead, » Deconstructing Equity: Public Ownership, Agency Costs, and Complete Capital Markets«, in: *Columbia Law*

Review 108 (2008), S. 231 - 264.

Marc Goergen, Miguel C. Manjon, Luc Renneboog, »Recent developments in German corporate governance«, in: *International Review of Law and Economics* 28 (2008), S. 175 - 193.

Wulf Goette, »Einige Aspekte des Eigenkapitalersatzrechts aus richterlicher Sicht«, in: *Zeitschrift für das gesamte Handels- und Wirtschaftsrecht* 162 (1998), S. 223 - 231.

Jeffrey N. Gordon, »The International Relations Wedge in the Corporate Convergence Debate«, in: Jeffrey N. Gordon, Mark J. Roe (Hg.), *Convergence and Persistence in Corporate Governance*, Cambridge 2004, S. 161 - 209.

Gary Gorton, Frank A. Schmid, »Universal Banking and the Performance of German Firms«, in: *Journal of Financial Economics* 58 (2000), S. 29 - 80.

Peter Alexis Gourevitch, James J. Shinn, *Political Power and Corporate Control*, Princeton 2005.

Kent Greenfield, »The Puzzle of Short-termism«, in: *Wake Forest Law Review* 46 (2011), S. 627 - 640.

Sanford J. Grossman, Oliver D. Hart, »Takeover Bids, the Free-Rider Problem, and the Theory of the Corporation«, in: *Bell Journal of Economics* 11 (1980), S. 42 - 64.

Adolph Großmann, *Unternehmensziele im Aktienrecht*, Köln 1980.

Andreas Hackethal, Reinhard H. Schmidt, Marcel Tyrell, »The Transformation of the German Financial System«, in: *Revue d'économie politique* 116 (2006), S. 431 - 456.

Peter A Hall, David Soskice, *Varieties of Capitalism*, Oxford 2001.

Handelsblatt, »Auf welche Dax-Aktien Ausländer schwören«, in: Handelsblatt vom 21. 01. 2011, (online verfügbar: ⟨http://www. handelsblatt. com/finanzen/aktien/aktien – im – fokus/aktionaersstruktur – auf – welchedax – aktien – auslaender – schwoeren/3768564. html ⟩).

Henry Hansmann, Rainier Kraakman, »The End of History for Corporate Law«, in: *Georgetown Law Journal* 89 (2001), S. 439 - 468.

Wilhelm Haarmann, *Öffentliche Übernahmeangebote*, Heidelberg 2002.

Martin Hellwig, »Finanzkrise und Reformbedarf«, in: *Verhandlungen des 68. Deutschen Juristentags 2010*, München 2010, S. E5 – E57.

High-Level Group on Financial Supervision in the EU, *Report*, Brüssel 2009, 〈http://ec. europa. eu/internal_market/finances/docs/de_larosie re_report_de. pdf 〉.

Gerhard Himmelmann, *Wandlung des »Modells Deutschland« zur Shareholder-Gesellschaft: Die »Deutschland AG« im Prozess der Globalisierung/Internationalisierung. Ansatzpunkte einer politischen Wirtschafts- und Gesellschaftslehre*, Working Paper 2007, 〈https:// www. tu – braunschweig. de/Medien – DB/isw/wandlung – des – modells – deutschland. pdf 〉[nicht mehr aktiv].

Heribert Hirte, *Kölner Kommentar zum WpÜG*, Köln 2003.

Hochrangige Expertengruppe für Strukturreformen im EU-Bankensektor, *Schlussbericht*, 2012, 〈http://ec. europa. eu/finance/bank/docs/high – level_ expert_group/report_de. pdf〉.

Martin Höpner, Lothar Krempel, »The Politics of the German Company Network«, in: *Competition and Change* 8 (2004), S. 339 – 356.

—, »Ein Netzwerk in Auflösung: Wie die Deutschland AG zerfällt«, in: *Jahrbuch des Max-Planck-Instituts für Gesellschaftsforschung* 2003/04, Köln 2005, S. 9 – 14.

Peter Hommelhoff, *Die Konzernleitungspflicht*, Köln 1982.

Klaus J. Hopt, *Der Kapitalanlegerschutz im Recht der Banken*, München 1975.

—, »Comparative Corporate Governance: The State of the Art and International Regulation«, in: *American Journal of Comparative Law* 59 (2011), S. 1 – 73.

Uwe Hüffer, »Das Leitungsermessen des Vorstands in der Aktiengesellschaft«, in: Reinhard Damm, Heermann W. Peter, Rüdiger Veil (Hg.), *Festschrift für Thomas Raiser*, Berlin 2005, S. 163 – 180.

Michael C. Jensen, William H. Meckling, »Theory of the Firm: Managerial Behavior, Agency Costs and Ownership Structure«, in: *Journal of Financial Economics* 3 (1976), S. 305 – 360.

Marcel Kahan, Ehud Kamar, »The Myth of State Competition in Corporate Law«, in: *Standford Law Review* 55 (2002), S. 679 – 749.

Michael Kort, »Vorstandshandeln im Spannungsverhältnis zwischen Unternehmensinteresse und Aktionärsinteresse«, in: *Die Aktiengesellschaft* 57 (2012), S. 605–610.

Rakesh Khurana, *From Higher Aims to Hired Hands: The Social Transformation of American Business Schools and the Unfulfilled Promise of Management as a Profession*, Princeton 2010.

Bruno Kropff, *Aktiengesetz*, Düsseldorf 1965.

Friedrich Kübler, Walter Schmidt, Spiros Simitis, *Mitbestimmung als gesetzgebungspolitische Aufgabe*, Baden-Baden 1978.

Rafael La Porta, Florencio Lopez-de-Silanes, Andrei Shleifer, Robert W. Vishny, »Legal Determinants of External Finance«, in: *Journal of Finance* 52 (1997), S. 1131–1150.

—, » Law and Finance «, in: *Journal of Political Economy* 106 (1998), S. 1113–1155.

—, » What Works in Securities Laws «, in: *Journal of Finance* 61 (2006), S. 1–32.

John O. Ledyard, »Market Failure«, in: Steven N. Durlauf, Lawrence E. Blume (Hg.), *The New Palgrave Dictionary of Economics*, Basingstoke 2008, ⟨http://www. dictionaryofeconomics. com/article? id = pde2008 _ M000056⟩ [nicht mehr aktiv].

Hans-Joachim Letzel, »Das Pflichtangebot nach Übernahmekodex—mit Vorausschau auf das Pflichtangebot nach dem ÜbG«, in: *Neue Zeitschrift für Gesellschaftsrecht* 3 (2001), S. 260–268.

John Lintner, »The Valuation of Risk Assets and the Selection of Risky Investments in Stock Portfolios and Capital Budgets «, in: *The Review of Economics and Statistics* 47 (1965), S. 13–37.

Marcus Lutter, »Zum Bezugsrechtsausschluß bei der Kapitalerhöhung im Rahmen des genehmigten Kapitals«, in: *JuristenZeitung* 53 (1998), S. 50–53.

Henry G. Manne, »Mergers and the Market for Corporate Control«, in: *Journal of Political Economy* 73 (1965), S. 110–120.

Harry M. Markowitz, »Portfolio Selection«, in: *The Journal of Finance* 7 (1952), S. 77–91.

Collin Mayer, »New Issues in Corporate Finance«, in: *European Economic Review* 32 (1988), S. 1167 - 1183.

Robert C. Merton, Bodie Zvi, »A Framework for Analyzing the Financial System«, in: Dwight B. Crane u. a. (Hg.), *The Global Financial System: A Functional Perspective*, Boston 1995, S. 3 - 32.

Jan Mossin, »Equilibrium in a Capital Asset Market«, in: *Econometrica* 34 (1966), S. 768 - 783.

Peter O. Mülbert, *Aktiengesellschaft, Unternehmensgruppe und Kapitalmarkt*, München 1995.

—, »Marktwertmaximierung als Unternehmensziel der Aktiengesellschaft«, in: Georg Crezelius, Heribert Hirte, Klaus Vieweg (Hg.), *Festschrift für Volker Röhricht zum 65. Geburtstag. Gesellschaftsrecht, Rechnungslegung, Sportrecht*, Köln 2005, S. 421 - 441.

Hans-Werner Neye, » Die Reform des Umwandlungsrechts «, in: *Der Betrieb* 48 (1994), S. 2069 - 2072.

Knut-Wolfgang Nörr, »Ein Gegenstand der Reflexion: Die Aktiengesellschaft in den Schriften Franz Kleins, Rudolf Hilferdings, Walther Rathenaus«, in: *Zeitschrift für das gesamte Handels- und Wirtschaftsrecht* 172 (2008), S. 133 - 143.

Alberto Onetti, Alessia Pisoni, » Ownership and Control in Germany: Do Cross-Shareholdings Reflect Bank Control on Large Companies? «, in: *Corporate Ownership and Control* 6 (2009), S. 54 - 77.

Stefan Prigge, »A Survey of German Corporate Governance«, in: Klaus J. Hopt u. a. (Hg.), *Comparative Corporate Governance—The State of the Art and Emerging Research*, Oxford 1998, S. 943 - 1044.

Thomas Raiser, *Grundgesetz und paritätische Mitbestimmung*, Berlin 1975.

Raghuram G. Rajan, *Fault Lines*, Princeton 2010.

—, Luigi Zingales, »The Great Reversals: the Politics of Financial Development in the Twentieth Century«, in: *Journal of Financial Economcis* 69 (2003), S. 5 - 50.

Walther Rathenau, *Von kommenden Dingen*, Berlin 1917.

Wolf-Georg Ringe, » Deviations from Ownership-Control Proportionality—Economic Protectionism Revisited«, in: Ulf Bernitz, Wolf-Georg Ringe (Hg.), *Company*

*Law and Economic Protectionism—New Challenges to European Integration*, Oxford 2010, S. 209 – 240.

—, *Changing Law and Ownership Patterns in Germany*, Oxford Legal Studies Research Paper No. 42/2014, ⟨http://ssrn. com/abstract = 2457431 ⟩.

Mark J. Roe, » German › Populism ‹ and the Large Public Corporation «, in: *International Review of Law and Economics* 14 ( 1994 ) , S. 187 – 202.

—, »Backlash«, in: *Columbia Law Review* 98 ( 1998 ) , S. 217 – 241.

Roberta Romano, » After the Revolution in Corporate Law «, in: *Journal of Legal Education* 55 ( 2005 ) , S. 342 – 359.

Silke Rünger, *The Effect of the Repeal of the German Corporate Capital Gains Tax*, Berlin 2014.

Jessica Schmidt, » Banken ( voll ) macht im Wandel der Zeit «, in: *Zeitschrift für Wirtschafts- und Bankrecht* 63 ( 2009 ) , S. 2350 – 2358.

Gunther Schwerdtfeger, *Unternehmerische Mitbestimmung und Grundgesetz*, Frankfurt am Main 1972.

Johannes Semler, *Das neue Übernahmerecht*, München 2003.

Bernard S. Sharfman, » Shareholder Wealth Maximization and Its Implementation Under Corporate Law«, in: *Florida Law Review* 65 ( 2013 ) , S. 389 – 431.

William F. Sharpe, » Capital asset prices: A theory of market equilibrium under conditions of risk«, in: *Journal of Finance* 19 ( 1964 ) , S. 425 – 442.

Andrei Shleifer, *Inefficient Markets*, Oxford 2000.

—, Daniel Wolfenzon, » Investor Protection and Equity Markets «, in: *Journal of Financial Economics* 66 ( 2002 ) , S. 3 – 27.

Ulf Sommer, »Der Dax geht fremd«, in: *Handelsblatt* vom 25. 09. 2013.

Holger Spamann, » The › Antidirector Rights Index ‹ Revisited «, in: *Review of Financial Studies* 43 ( 2010 ) , S. 467 – 486.

Claus Steiner, » Depotstimmrecht der Banken «, in: *Zeitschrift für das gesamte Kreditwesen* 51 ( 1998 ) , S. 550.

Roland Steinmeyer, *WpÜG. Wertpapiererwerbs- und Übernahmegesetz. Kommentar*, Berlin 2002.

Lynn A. Stout, » Takeovers and the Ivory Tower: How Academics Are Learning

Martin Lipton May Be Right《, in: *Business Lawyer* 60 (2005), S. 1435 - 1454.

—,》The Mythical Benefits of Shareholder Control《, in: *Virginia Law Review* 93 (2007), S. 789 - 810.

—, *The Shareholder Value Myth*, San Francisco 2012.

Wolfgang Streeck, *Re-Forming Capitalism Institutional Change in the German Political Economy*, Oxford 2009.

Leo E. Strine, Jr.,》Our Continuing Struggle with the Idea that For-Profit Operations Seek Profit《, in: *Wake Forest Law Review* 47 (2012), S. 135 - 172.

René M. Stulz,》Securities Laws, Disclosure, and National Capital Markets in the Age of Financial Globalization《, in: *Journal of Accounting Research* 47 (2009), S. 349 - 390.

Hermann Josef Tries, *Verdeckte Gewinnausschüttungen im GmbH-Recht*, Köln 1991.

Tobias Tröger,》Unternehmensübernahmen im deutschen Recht (II)《, in: *Zeitschrift für Wirtschafts- und Insolvenzrecht* 12 (2002), S. 397 - 407.

—,》Choice of Jurisdiction in European Corporate Law: Perspectives of European Corporate Governance《, in: *European Business Organization Law Review* 6 (2005), S. 3 - 64.

—, *Arbeitsteilung und Vertrag*, Tübingen 2012.

Christoph van der Elst,》Are Shareholder Rights Appealing to Foreign Shareholders?《, in: Stefan Grundmann, Brigitte Haar, Hanno Merkt, Peter O. Mülbert, Marina Wellenhofer (Hg.), *Festschrift für Klaus J. Hopt*, Berlin 2010, S. 629 - 644.

Sigurt Vitols,》Changes in Germany's Bank-Based Financial System: Implications for Corporate Governance《, in: *Corporate Governance: An International Review* 13 (2005), S. 386 - 396.

Anke Weber,》An Empirical Analysis of the 2000 Corporate Tax Reform in Germany: Effects on ownership and control in listed companies《, in: *International Review of Law and Economics* 29 (2009), S. 57 - 66.

Martin Weber,》Deutsches Kapitalmarktrecht im Umbruch《, in: *Neue Juristische Wochenschrift* 47 (1994), S. 2849 - 2859.

Rüdiger Wilhelmi,》Entwicklungslinien des europäischen Kapitalmarktrechts《, in:

*JuristenZeitung* 69（2014），S. 693 – 703.

Paul Windolf, Michael, Nollert, »Institutionen, Interessen, Netzwerke. Unternehmensverflechtung im internationalen Vergleich«, in: *Politische Vierteljahresschrift* 42（2001），S. 51 – 78.

Wolfgang Zöllner, *Schranken mitgliedschaftlicher Stimmrechtsmacht*, München 1963.

Christian Zschocke, *Bad Homburger Handbuch zum Übernahmerecht*, Heidelberg 2003.

Luigi Zingales, »Learning to Live with Not-So-Efficient Markets«, in: *Deadalus* 139（2010），S. 31 – 40.

**图书在版编目 (CIP) 数据**

柏林共和时代的德国法学 / (德) 托马斯·杜斐,
(德) 斯特凡·鲁珀特, 李富鹏编; 郭逸豪等译. —北
京: 商务印书馆, 2021
ISBN 978-7-100-19050-3

Ⅰ.①柏… Ⅱ.①托… ②斯… ③李… ④郭… Ⅲ.
①法学—德国—文集 Ⅳ.① D951.69-53

中国版本图书馆 CIP 数据核字 (2020) 第 173314 号

**柏林共和时代的德国法学**

〔德〕托马斯·杜斐　〔德〕斯特凡·鲁珀特　李富鹏　编

郭逸豪　王泽荣　蒋　毅　等译

商　务　印　书　馆　出　版
(北京王府井大街 36 号　邮政编码 100710)
商　务　印　书　馆　发　行
江苏凤凰数码印务有限公司印刷
ISBN　978-7-100-19050-3

2021 年 1 月第 1 版　　开本 880×1240　1/32
2021 年 1 月第 1 次印刷　印张 19⅜

定价: 75.00 元